SVIZZERA
AUSTRIA
ALPI
DOLOMITI
UNGHERIA
FRANCIA
AOSTA
Aosta
Lago di Como
TRENTINO-ALTO ADIGE
Trento
Cortina d'Ampezzo
FRIULI-VENEZIA GIULIA
SLOVENIA
Lago Maggiore
Milano
Brescia
VENETO
Gorizia
Po
Lago di Garda
Torino
LOMBARDIA
Padova
Trieste
CROAZIA
Venezia
Po
Adige
PIEMONTE
Parma
Genova
EMILIA-ROMAGNA
APPENNINI
LIGURIA
Bologna
Ravenna
BOSNIA-ERZEGOVINA
La Spezia
REPUBBLICA DI SAN MARINO
Pisa
Firenze
Arno
Mare Ligure
MARCHE
Ancona
Siena
Assisi
TOSCANA
Mare Adriatico
Elba
Lago Trasimeno
Perugia
UMBRIA
Corsica (Francia)
Lago di Bolsena
Giglio
Spoleto
Tevere
L'Aquila
LAZIO
VATICANO
ABRUZZI
Roma
Liri
MOLISE
Porto Cervo
Campobasso
Sassari
Olbia
CAMPANIA
PUGLIA
Bari
SARDEGNA
Napoli
Vesuvio
Ischia
Potenza
Brindisi
Capri
Salerno
BASILICATA
Mare Tirreno
Cagliari
0 50 100 150 200 250 Chilometri
0 50 100 150 Miglia
Ustica
Stromboli
Isole Lipari
CALABRIA
Mare Ionio
Palermo
Mare Mediterraneo
Isole Egadi
Reggio Calabria
Etna
SICILIA
Catania
Agrigento
AFRICA
Siracusa

# Parliamo italiano!

**THIRD EDITION**

**Suzanne Branciforte**
*Università degli Studi, Genoa*

**Anna Grassi**

**Houghton Mifflin Company**
Boston • New York

To order books or for customer service, please call 1(800)-CALL-WILEY (225-5945).

Printed in the United States of America.

ISBN-13 978- 0-470-42615-9

10 9 8 7 6 5 4 3 2

# Contents

## UNITÀ 6

# Rilassarsi: Cosa facciamo di bello? 212

**Veneto**

COMMUNICATIVE GOALS

- Talking about things you used to do
- Describing actions, situations, people, and things in the past
- Talking about hobbies
- Talking about sports
- Talking about the future
- Discussing vacations



## UNITÀ 7

# Vestirsi: Vestiamoci alla moda! 246

**Lombardia: Milano**

COMMUNICATIVE GOALS

- Talking about routine daily activities
- Discussing illness and visits to the doctor
- Comparing people, places, and things
- Buying clothing and talking about fashion
- Expressing wishes and requests politely
- Talking about what you and others would do in different circumstances
- Giving commands

## UNITÀ 8
# Lavorare: Lavoriamo insieme! 288
**Piemonte: Torino**

COMMUNICATIVE GOALS
- Expressing desires, opinions, emotions, and doubts
- Talking about professions and the workplace
- Discussing means of transportation



## UNITÀ 9
# Viaggiare: Andiamo in vacanza! 329
**Sardegna**

COMMUNICATIVE GOALS
- Describing past actions
- Making travel plans
- Taking a train or plane
- Expressing doubts, opinions, and emotions about past events
- Making negative statements

# To the Student

*Parliamo italiano!,* Third Edition, emphasizes a culture-based, communicative approach to learning Italian. The program is based on the principle that language is culture and culture is language; we cannot learn one without the other. Language is a medium—it is the way in which we express ourselves—and our mode of expression reflects how we view the world. Different cultures perceive the human experience in different ways, and as a result, languages reflect diversity while teaching us about universality.

The organization of *Parliamo italiano!* reflects the goal of introducing Italian life and culture together with the basic components of linguistic expression and language. Each of the twelve units focuses on a situation or theme relevant to daily life, such as working, shopping, or dining, as well as on a specific region of Italy. The units' titles, like the text's title, contain a first-person plural verb (*let's . . . !*), reflecting the participatory nature of the text's approach and activities. *Parliamo italiano!* is an invitation to partake in the fun and rewarding experience of learning Italian. Its emphasis is on you, the student, working with your classmates and your instructor in a cooperative and enjoyable learning environment.

# An Overview of Your Textbook's Main Features

*Parliamo italiano!* consists of a preliminary chapter, and twelve units. Each unit is organized by region and cultural theme and is divided into four sections.

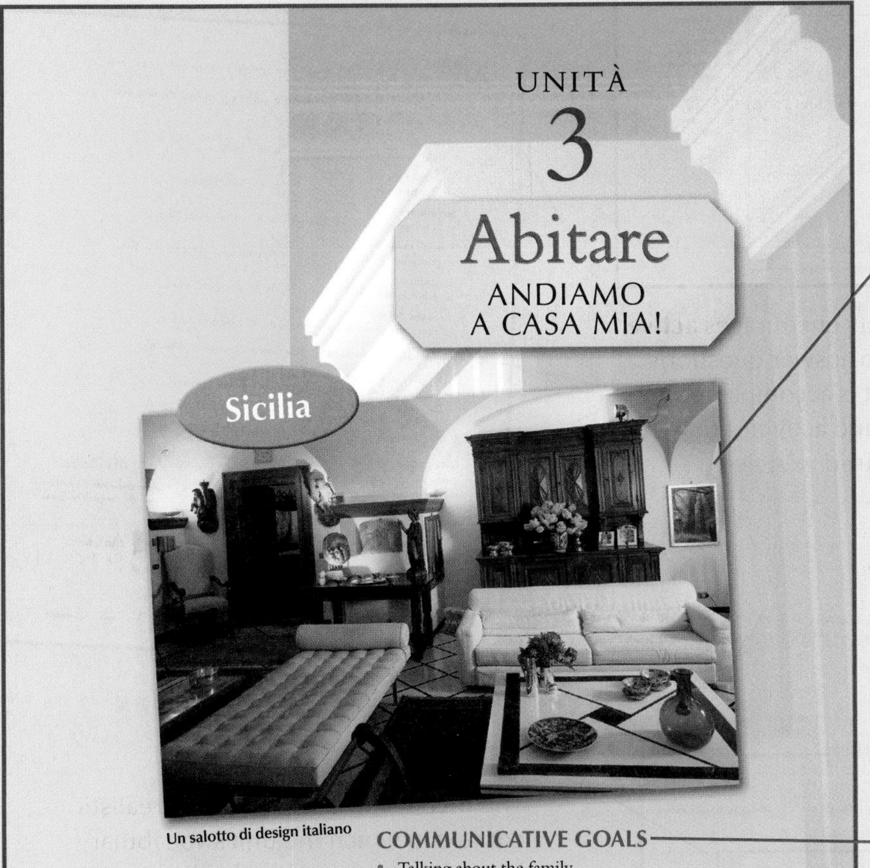

UNITÀ
3
Abitare
ANDIAMO A CASA MIA!
Sicilia
Un salotto di design italiano
COMMUNICATIVE GOALS
Talking about the family
Asking questions
Describing people and things
Describing a home
Indicating people and things
Talking about the weather
Talking about what you have to do, want to do, and can do
Doing errands


**Unit Opener**

Each unit opens with a photograph that sets the scene and introduces cultural and thematic information relevant to the unit content.

Communicative goals establish clear learning objectives.

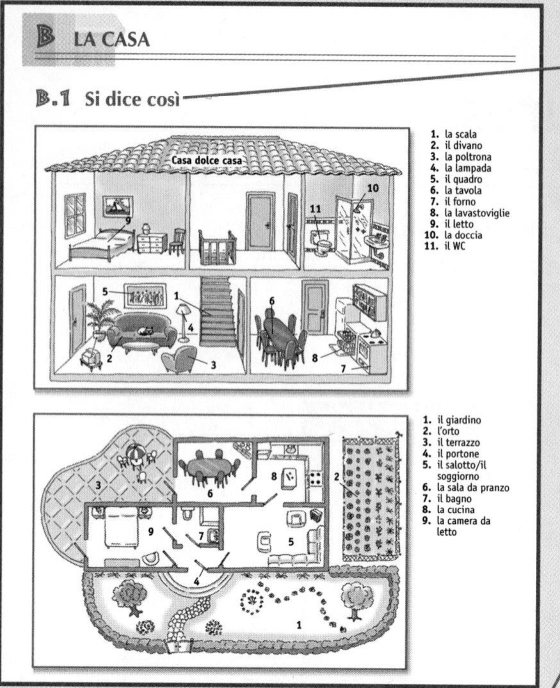

B LA CASA

B.1 Si dice così

Casa dolce casa

1. la scala
2. il divano
3. la poltrona
4. la lampada
5. il quadro
6. la tavola
7. il forno
8. la lavastoviglie
9. il letto
10. la doccia
11. il WC

1. il giardino
2. l'orto
3. il terrazzo
4. il portone
5. il salotto/il soggiorno
6. la sala da pranzo
7. il bagno
8. la cucina
9. la camera da letto

## Si dice così

Each section begins with a thematic presentation of vocabulary (often illustrated) followed by directed, communicative activities **(Attività)** for individual, pair, and group work.

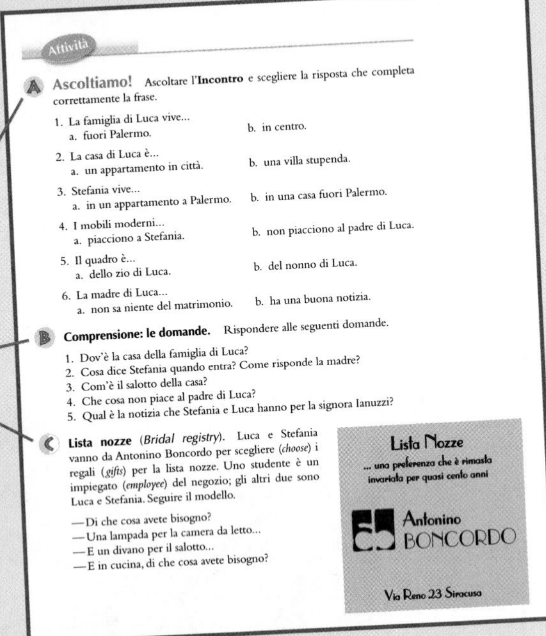

Attività

**A Ascoltiamo!** Ascoltare l'**Incontro** e scegliere la risposta che completa correttamente la frase.

1. La famiglia di Luca vive... a. fuori Palermo. b. in centro.
2. La casa di Luca è... a. un appartamento in città. b. una villa stupenda.
3. Stefania vive... a. in un appartamento a Palermo. b. in una casa fuori Palermo.
4. I mobili moderni... a. piacciono a Stefania. b. non piacciono al padre di Luca.
5. Il quadro è... a. dello zio di Luca. b. del nonno di Luca.
6. La madre di Luca... a. non sa niente del matrimonio. b. ha una buona notizia.

**B Comprensione: le domande.** Rispondere alle seguenti domande.

1. Dov'è la casa della famiglia di Luca?
2. Cosa dice Stefania quando entra? Come risponde la madre?
3. Com'è il salotto della casa?
4. Che cosa non piace al padre di Luca?
5. Qual è la notizia che Stefania e Luca hanno per la signora Ianuzzi?

**C Lista nozze** (*Bridal registry*). Luca e Stefania vanno da Antonino Boncordo per scegliere (*choose*) i regali (*gifts*) per la lista nozze. Uno studente è un impiegato (*employee*) del negozio; gli altri due sono Luca e Stefania. Seguire il modello.

—Di che cosa avete bisogno?
—Una lampada per la camera da letto...
—E un divano per il salotto...
—E in cucina, di che cosa avete bisogno?

Lista Nozze
... una preferenza che è rimasta invariata per quasi cento anni
Antonino BONCORDO
Via Reno 23 Siracusa



A **new Ascoltiamo!** activity encourages **active listening** by asking you to answer questions while you are listening. It is accompanied by comprehension checks and activities that include illustration- and realia-based exercises.

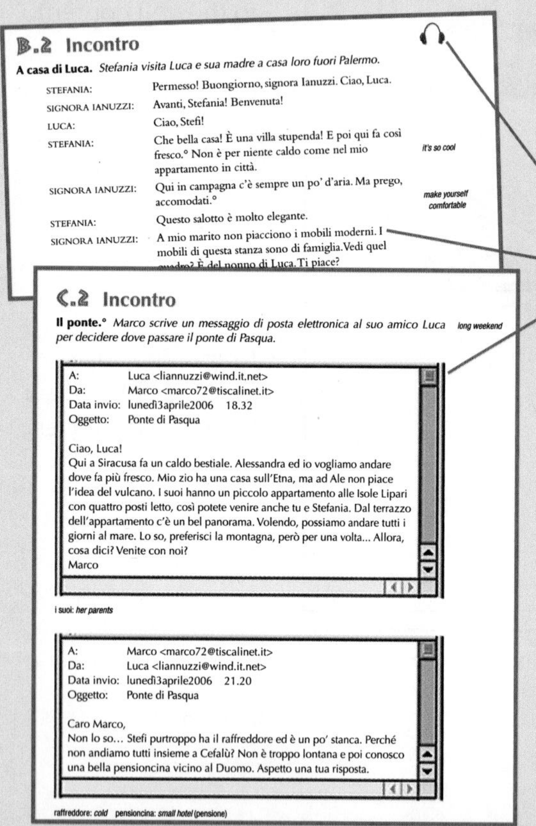

B.2 Incontro

**A casa di Luca.** *Stefania visita Luca e sua madre a casa loro fuori Palermo.*

STEFANIA: Permesso! Buongiorno, signora Ianuzzi. Ciao, Luca.
SIGNORA IANUZZI: Avanti, Stefania! Benvenuta!
LUCA: Ciao, Stefi!
STEFANIA: Che bella casa! È una villa stupenda! E poi qui fa così fresco.° Non è per niente caldo come nel mio appartamento in città. — *it's so cool*
SIGNORA IANUZZI: Qui in campagna c'è sempre un po' d'aria. Ma prego, accomodati.° — *make yourself comfortable*
STEFANIA: Questo salotto è molto elegante.
SIGNORA IANUZZI: A mio marito non piacciono i mobili moderni. I mobili di questa stanza sono di famiglia. Vedi quel quadro? È del nonno di Luca. Ti piace?

C.2 Incontro

**Il ponte.°** *Marco scrive un messaggio di posta elettronica al suo amico Luca per decidere dove passare il ponte di Pasqua.* — *long weekend*

A: Luca <liannuzzi@wind.it.net>
Da: Marco <marco72@tiscalinet.it>
Data invio: lunedì3aprile2006 18.32
Oggetto: Ponte di Pasqua

Ciao, Luca!
Qui a Siracusa fa un caldo bestiale. Alessandra ed io vogliamo andare dove fa più fresco. Mio zio ha una casa sull'Etna, ma ad Ale non piace l'idea del vulcano. I suoi hanno un piccolo appartamento alle Isole Lipari con quattro posti letto, così potete venire anche tu e Stefania. Dal terrazzo dell'appartamento c'è un bel panorama. Volendo, possiamo andare tutti i giorni al mare. Lo so, preferisci la montagna, però per una volta... Allora, cosa dici? Venite con noi?
Marco

i suoi: *her parents*

A: Marco <marco72@tiscalinet.it>
Da: Luca <liannuzzi@wind.it.net>
Data invio: lunedì3aprile2006 21.20
Oggetto: Ponte di Pasqua

Caro Marco,
Non lo so... Stefi purtroppo ha il raffreddore ed è un po' stanca. Perché non andiamo tutti insieme a Cefalù? Non è troppo lontana e poi conosco una bella pensioncina vicino al Duomo. Aspetto una tua risposta.

raffreddore: *cold* pensioncina: *small hotel* (*pensione*)

## Incontro

The **Incontro** provides a lively, realistic context in which the unit's vocabulary, language structures, and culture are introduced. For interest and diversity, the **Incontro** may take the form of interviews, diary entries, e-mail exchanges, and dialogues. The first **Incontro** shown here is a lively dialogue. The next **Incontro** is in the form of an e-mail exchange between two friends. All **Incontro** dialogues are recorded on the In-text Audio CDs and are highlighted with **audio icons.**

## Lo sapevi che... ?

Appearing throughout the units, these cultural notes supply up-to-date information about the language, history, traditions, and culture of Italy.

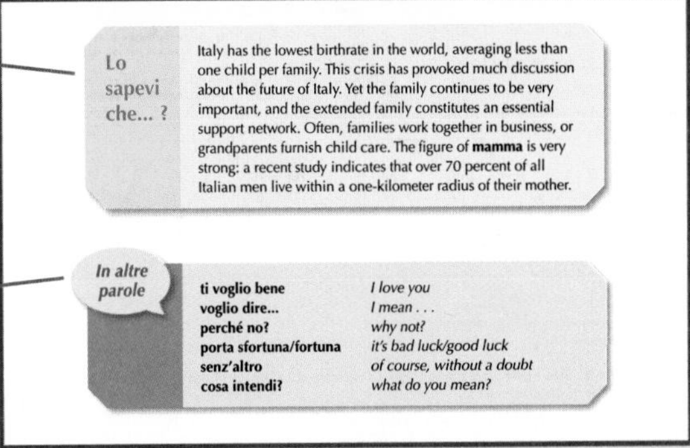

Lo sapevi che... ?

Italy has the lowest birthrate in the world, averaging less than one child per family. This crisis has provoked much discussion about the future of Italy. Yet the family continues to be very important, and the extended family constitutes an essential support network. Often, families work together in business, or grandparents furnish child care. The figure of **mamma** is very strong: a recent study indicates that over 70 percent of all Italian men live within a one-kilometer radius of their mother.

*In altre parole*

| | |
|---|---|
| **ti voglio bene** | *I love you* |
| **voglio dire...** | *I mean . . .* |
| **perché no?** | *why not?* |
| **porta sfortuna/fortuna** | *it's bad luck/good luck* |
| **senz'altro** | *of course, without a doubt* |
| **cosa intendi?** | *what do you mean?* |

## In altre parole

Following each **Incontro** section, these boxes feature frequently used idiomatic expressions that give you a window onto Italian culture, making your language contemporary, colorful, lively, and natural.

### A.3 Punti grammaticali

**Le parole interrogative**

| | |
|---|---|
| **Chi** viene al matrimonio? | *Who is coming to the wedding?* |
| **Dov'è** il matrimonio e **quante** persone vengono? | *Where is the wedding and how many people are coming?* |
| **Perché** non invitano i loro cugini? | *Why aren't they inviting their cousins?* |
| **Quando** partite voi? | *When are you leaving?* |
| **Che cosa** regali tu agli sposi? | *What are you giving to the newlyweds?* |

1. Italian, like English, has three categories of interrogative words:

| pronouns | | adjectives | | adverbs | |
|---|---|---|---|---|---|
| **chi** | *who, whom* | **che** | *which* | **come** | *how* |
| **che cosa/ che/cosa** | *what* | **quale** | *which* | **dove** | *where* |
| **quale** | *which* | **quanto** | *how much, how many* | **perché** | *why* |
| **quanto** | *how much, how many* | | | **quando** | *when* |

2. The pronoun **chi** may be preceded by prepositions such as **a, di, con,** and **per.**

| | |
|---|---|
| **Con chi** vai? | *With whom are you going?* |
| **A chi** parli? | *To whom are you speaking?* |
| **Di chi** è la bicicletta? | *Whose bicycle is it?* |

3. Used interrogatively, **che, che cosa,** and **cosa** mean the same thing and may be used interchangeably.

**Che** leggi?<br>**Che cosa** leggi?<br>**Cosa** leggi? } *What are you reading?*

4. **Quale** has two forms: **quale** for singular and **quali** for plural.

| | |
|---|---|
| **Quale** libro leggi? | *Which book are you reading?* |
| **Quali** amici inviti? | *Which friends are you inviting?* |
| **Qual** è la tua bicicletta? | *Which one is your bicycle?* |

Note that before the verb form **è**, **quale** is shortened to **qual.** The final vowels of **cosa, come,** and **dove** are also often dropped before the verb form **è: cos'è? com'è? dov'è?**

## Punti grammaticali

Explained clearly and concisely in English, grammar points have been streamlined to enable you to focus on essential grammatical structures and avoid feeling overwhelmed by unnecessary structures. All explanations are accompanied by examples of practical use, in natural Italian, and by a variety of activities that progress from simple to more open-ended communicative practice, including some realia- and illustration-based exercises, and pair and group activities (indicated by the two-tone, double semicircle icon).

**D. Al negozio di antiquariato** (*At the antique store*). Siete il proprietario (*owner*) e un/a cliente del negozio nel disegno. Creare un dialogo tra proprietario e cliente.

*Esempio:* —Le piace questo tavolo?
—Preferisco quello. Quanto costa quella lampada?
—Quella costa...

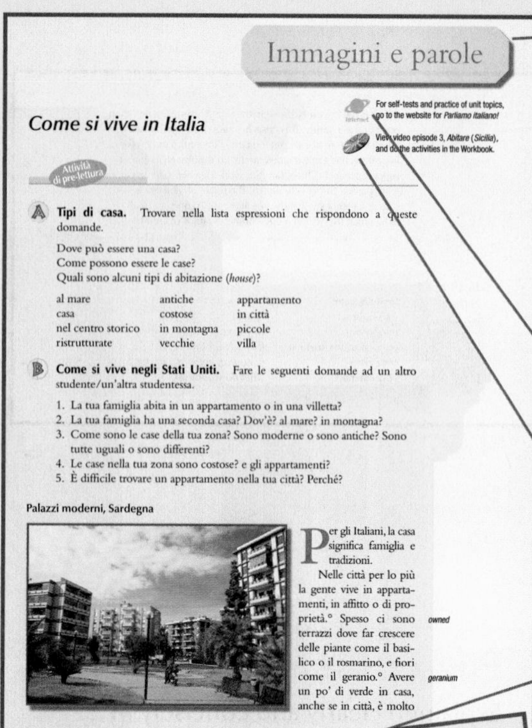

Immagini e parole

*Come si vive in Italia*

For self-tests and practice of unit topics, go to the website for *Parliamo italiano!*

View video episode 3, *Abitare* (*Sicilia*), and do the activities in the Workbook.

Attività di pre-lettura

**A** **Tipi di casa.** Trovare nella lista espressioni che rispondono a queste domande.

Dove può essere una casa?
Come possono essere le case?
Quali sono alcuni tipi di abitazione (*house*)?

| | | |
|---|---|---|
| al mare | antiche | appartamento |
| casa | costose | in città |
| nel centro storico | in montagna | piccole |
| ristrutturate | vecchie | villa |

**B** **Come si vive negli Stati Uniti.** Fare le seguenti domande ad un altro studente/un'altra studentessa.

1. La tua famiglia abita in un appartamento o in una villetta?
2. La tua famiglia ha una seconda casa? Dov'è? al mare? in montagna?
3. Come sono le case della tua zona? Sono moderne o sono antiche? Sono tutte uguali o sono differenti?
4. Le case nella tua zona sono costose? e gli appartamenti?
5. È difficile trovare un appartamento nella tua città? Perché?

**Palazzi moderni, Sardegna**

Per gli Italiani, la casa significa famiglia e tradizioni.

Nelle città per lo più la gente vive in appartamenti, in affitto o di proprietà.° Spesso ci sono terrazzi dove far crescere delle piante come il basilico o il rosmarino, e fiori come il geranio.° Avere un po' di verde in casa, anche se in città, è molto

°owned
°geranium

# Immagini e parole

This end-of-unit section develops your reading and writing skills and expands your cultural knowledge. It includes a cultural reading related to the theme and region of the unit; an authentic reading (realia, magazine article, or literature) in odd-numbered units; and writing strategies in all units as well as pre-reading practice of vocabulary, reading strategies, and post-reading comprehension and communicative activities.

**Internet icons** indicate that links on the *Parliamo italiano!* website provide additional information and activities on the unit's topic.

**CD-ROM icons** indicate where you can go for additional practice on the vocabulary and grammar introduced in the unit.

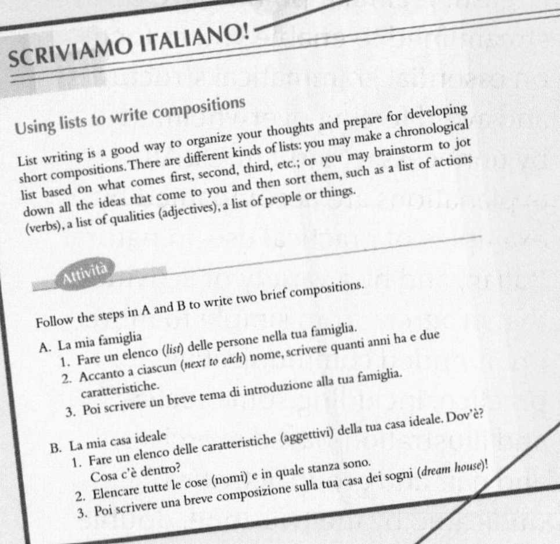

SCRIVIAMO ITALIANO!

Using lists to write compositions

List writing is a good way to organize your thoughts and prepare for developing short compositions. There are different kinds of lists: you may make a chronological list based on what comes first, second, third, etc.; or you may brainstorm to jot down all the ideas that come to you and then sort them, such as a list of actions (verbs), a list of qualities (adjectives), a list of people or things.

Attività

Follow the steps in A and B to write two brief compositions.

A. La mia famiglia
1. Fare un elenco (*list*) delle persone nella tua famiglia.
2. Accanto a ciascun (*next to each*) nome, scrivere quanti anni ha e due caratteristiche.
3. Poi scrivere un breve tema di introduzione alla tua famiglia.

B. La mia casa ideale
1. Fare un elenco delle caratteristiche (aggettivi) della tua casa ideale. Dov'è? Cosa c'è dentro?
2. Elencare tutte le cose (nomi) e in quale stanza sono.
3. Poi scrivere una breve composizione sulla tua casa dei sogni (*dream house*)!

# Scriviamo italiano!

This section, now in all chapters, offers expanded writing practice, supported by thematic vocabulary and idiomatic expressions with a wide range of practice activities. It includes writing strategies that provide you with guided activities to help you express yourself idiomatically in Italian.

Vocabolario

**La famiglia**

| | |
|---|---|
| l'uomo, la donna | *man, woman* |
| il marito, la moglie | *husband, wife* |
| il padre, la madre | *father, mother* |
| il papà/il babbo | *daddy/dad* |
| la mamma | *mommy/mom* |
| i genitori | *parents* |
| il figlio, la figlia | *son, daughter* |
| il fratello, la sorella | *brother, sister* |
| i fratelli | *siblings* |
| il/la parente | *relative* |
| il cugino/la cugina | *cousin* |
| lo zio, la zia | *uncle, aunt* |
| il nonno, la nonna | *grandfather, grandmother* |
| il/la nipote | *nephew, niece, grandson, granddaughter* |
| il suocero, la suocera | *father-in-law, mother-in-law* |
| il cognato, la cognata | *brother-in-law, sister-in-law* |
| la coppia | *couple* |
| il fidanzato/la fidanzata | *fiancé(e)* |
| lo sposo, la sposa | *groom, bride* |
| le nozze/il matrimonio | *wedding* |

**La casa**

| | |
|---|---|
| il bagno | *bathroom* |
| la camera da letto | *bedroom* |
| la cucina | *kitchen* |
| il divano | *couch* |
| la doccia | *shower* |
| il forno | *oven/stove* |
| il giardino | *garden* |
| la lampada | *light, lamp* |
| la lavastoviglie | *dishwasher* |
| l'orto | *vegetable garden* |
| la poltrona | *armchair* |
| il portone | *main door* |
| il quadro | *painting* |
| la sala da pranzo | *dining room* |
| il salotto/il soggiorno | *living room* |
| la scala | *stairway* |
| la tavola | *dinner table* |
| il terrazzo | *terrace* |
| il WC | *toilet* |

**Il tempo atmosferico**

| | |
|---|---|
| che tempo fa? | *how's the weather?* |
| c'è il sole | *it's sunny* |
| c'è la nebbia | *it's foggy* |
| c'è vento | *it's windy* |
| è afoso | *it's muggy* |
| è coperto/è nuvoloso | *it's cloudy* |
| fa bello | *it's nice* |
| fa brutto | *it's bad weather* |
| fa caldo | *it's hot* |
| fa freddo | *it's cold* |
| nevica | *it's snowing* |
| piove | *it's raining* |

**In centro, in città**

| | |
|---|---|
| l'aeroporto | *airport* |
| la banca | *bank* |
| il cinema | *cinema/movie theater* |
| la discoteca | *discotheque, nightclub* |
| il duomo/la cattedrale | *cathedral* |
| l'edicola | *newsstand* |
| il giornale | *newspaper* |
| la farmacia | *pharmacy/drugstore* |
| il municipio | *town hall* |
| il negozio | *shop* |
| il ristorante | *restaurant* |
| lo stadio | *stadium* |
| la stazione (dei treni) | *(railway) station* |
| la tabaccheria | *tobacco store* |
| l'ufficio postale | *post office* |
| la buca delle lettere | *mailbox* |
| il francobollo | *stamp* |
| mandare/inviare | *to send* |
| spedire | *to mail* |
| fare delle commissioni | *to run errands* |

# Vocabolario

The end-of-unit vocabulary lists the active vocabulary presented in the **Si dice così, In altre parole,** and grammar sections of the unit to serve as a study reference.

# Program Components

## Print

**Student Text with In-text Audio CD** Useful icons throughout the text indicate what material is recorded on the accompanying audio CD.

**Student Activities Manual (SAM)** Renamed for the third edition, this component is divided into three sections: the workbook, the lab manual, and the video manual.

- **Workbook** Activities in the workbook include **Vocabolario e grammatica,** which focuses on individual vocabulary and grammar topics, and **Pratica comunicativa,** which provides opportunities to put that vocabulary and grammar to use creatively in open-ended situations.
- **Lab Manual** The **Per la pronuncia** section focuses on practice of the sounds of Italian, while the **Attività per la comprensione** features a wide variety of situations and activities to help you develop listening comprehension skills.
- **Video Manual** Activities in the video manual begin with pre-viewing tasks and questions to prepare you for viewing the video, and continue with comprehension exercises and activities that expand on the content of each video segment.

## Multimedia

**In-text Audio CDs** New for the third edition and packaged with the text, the in-text audio CDs contain recordings of the four **Incontro** dialogues from each unit. Icons in the margin indicate that these dialogues are found on the in-text audio CDs.

**SAM Audio CDs** The set of four SAM audio CDs works in conjunction with the lab manual portion of the Student Activities Manual and contains the audio strands that correspond to **Per la pronuncia** and **Attività per la comprensione.**

**Student CD-ROM (Video and Interactive Practice)** This dual-platform multimedia CD-ROM contains the sixty-minute *Parliamo italiano!* video with useful activities that focus attention on particular vocabulary and grammar topics in each video segment and on general comprehension. Additional activities on the multimedia CD-ROM help you develop reading, writing, listening, and speaking skills in a variety of interactive self-scoring exercises. Other features include a searchable grammar reference, an Italian-English glossary, and a comprehensive progress report.

**E-SAM Powered by Quia** The Quia E-SAM is an electronic version of the Student Activities Manual, and is identical to it in content. In this convenient and engaging online format, you receive immediate feedback on most exercises, and have all the audio material you need at just a click of the mouse. From within the Quia E-SAM, you can link to the Companion Website and other program resources.

**Student Companion Website** The website contains a wealth of resources and practice exercises including web search activities related to the content of each unit of the text, self-tests on grammar, vocabulary, and comprehension, vocabulary flash-cards, MP3 files of the in-text audio material, and video-based exercises for each unit.

**Student Blackboard™ Basic** The student version of the Blackboard™ course cartridge includes all of the material found on the Student Companion Website in Blackboard™ format.

**Student WebCT Basic** The student version of the WebCT course cartridge includes all of the material found on the Student Companion Website in WebCT format.

## Acknowledgments

The authors and publisher would like to thank the following colleagues for their valuable suggestions and comments, which were useful in the creation of the third edition of *Parliamo italiano!*

Tracy Barrett, Vanderbilt University
Caterina Bertolotto, New School University
Norma Bouchard, University of Connecticut at Storrs
Luca Caminati, University of Florida
Nadia Ceccacci, University of Oregon
Giulia Centineo, University of California at Santa Cruz
Claudio Concin, City College of San Francisco
Thomas D. Cravens, University of Wisconsin-Madison
Elvira Di Fabio, Harvard University
Sal Di Maria, University of Tennessee
Paolo Di Renzo, Union County College
Andrea Dini, Hofstra University
Angela Ellis, University of California at Santa Barbara
Tiffani Ferrantelli, Ohio University
Kirk Follo, Washington & Lee University
Chiara Frenquellucci, Harvard University
Giulia Guarnieri, Monmouth University
Giulia Guidotti, Northwestern University
Jan Kozma, University of Kansas
Rosamaria LaValva, S.U.N.Y.-Binghamton
Luigia Maiellaro, Northeastern University
Maria A. Mann, Nassau Community College
Lina Maraschi, Caldwell College
Mario Moroni, University of Memphis
Isella F. O'Rourke, George Washington University
José M. Ortiz-Batista, County College of Morris
Pina Palma, Southern Connecticut State University
Lorella Paltrinieri, Colorado State University
G. A. Picciano, McGill University
Concettina Pizzuti, University of Georgia
Mary Refling, Fordham University
Roberta Ricci, Seton Hall University
Victor A. Santi, University of New Orleans
Judy Serafini-Sauli, Sarah Lawrence College
Roberto Severino, Georgetown University
Clara Sotelo, Bethune Cookman College
Roberta Tabanelli, Pennsylvania State University

Concetta P. Thibideau, Montgomery College–Rockville
Lori J. Ultsch, Hofstra University
Alessandro Vettori, Rutgers University
Irene Wallaert, Indiana University of Pennsylvania
Simona Wright, The College of New Jersey
Robert Youngblood, Washington & Lee University
Barbara Maria Zaczek, Clemson University

We would like to thank all those in the World Languages Department of Houghton Mifflin Company who helped develop the third edition, in particular Van Strength, Glenn Wilson, Erin Kern, Kate Wilkinson, and Rosemary Jaffe. The work of Sharla Zwirek, Susan Lake, and Steven Patterson is also greatly appreciated. Thanks also to our colleagues and friends who were sources of inspiration, sounding boards, and ad hoc consultants, *mille grazie.*

A very special thanks for their hard work and dedication goes to Francesca Molinari and Daniela Di Francesco for their help in preparing the third edition. *Agli amici che mi sono sempre vicino, un ringraziamento di tutto cuore.* To my mother, who never learned Italian, but who suggested I write this book, *grazie* (the answer, mom, is *prego!*). This book is dedicated to my son Max, whose accent will always be better than mine.

Suzanne Branciforte

UNITÀ
PRELIMINARE

# Per cominciare

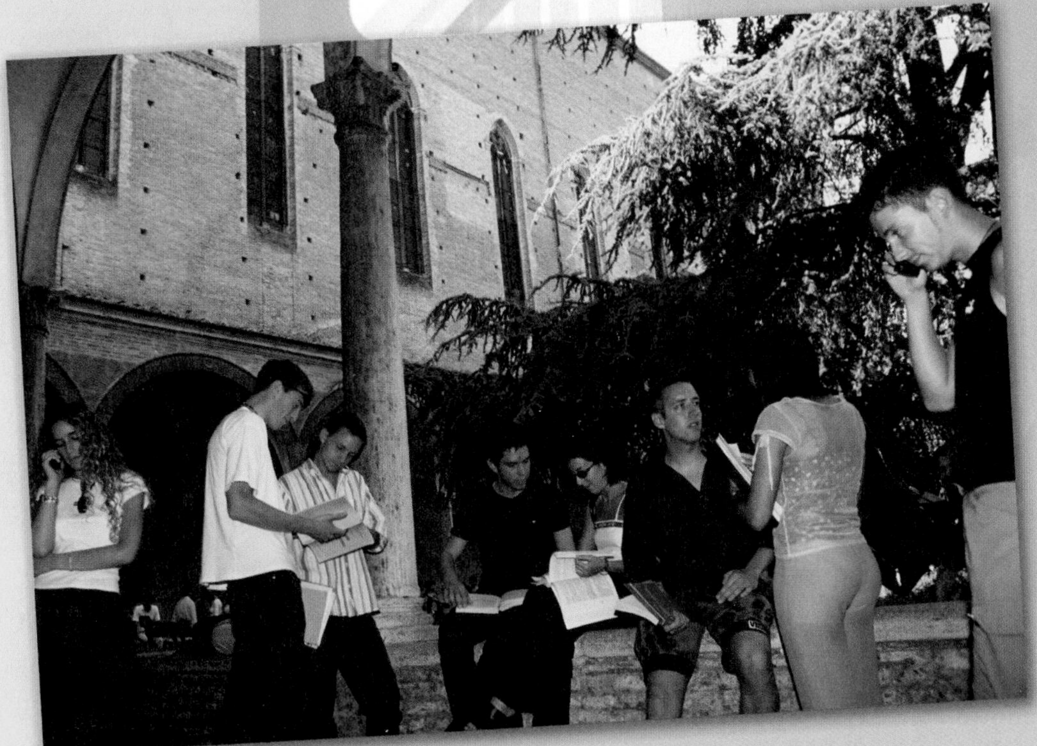

University students, Economics Department, Siena

## COMMUNICATIVE GOALS

- Greeting people and saying good-bye
- Introducing yourself
- Asking people their names and where they are from
- Asking people how they are
- Giving and asking for phone numbers

# A LE PRESENTAZIONI

For additional practice on the vocabulary and grammar introduced in this unit, go to the **Unità preliminare** on your Multimedia CD-ROM.

**Informale**

—Ciao, mi chiamo Roberto. E tu, come ti chiami?
—Mi chiamo Francesca.
—Piacere!
—Piacere!

**Formale**

—Buongiorno, mi chiamo Antonio Martelli. Come si chiama Lei?
—Buongiorno. Mi chiamo Lidia Segre.
—Tanto piacere.
—Molto lieta.

## A.1 Si dice così

| | | | |
|---|---|---|---|
| **Ciao** | *Hi, bye* | **Scusi** | *Excuse me (formal)* |
| **Salve** | *Hello* | **Come ti chiami?** | *What is your name? (informal)* |
| **Buongiorno** | *Good morning, good day* | **Come si chiama?** | *What is your name? (formal)* |
| **Buonasera** | *Good evening* | **Mi chiamo...** | *My name is . . .* |
| **Buonanotte** | *Good night (for leave-taking)* | **E tu?** | *And you? (informal)* |
| **(Tanto) Piacere** | *(So) Nice to meet you* | **E Lei?** | *And you? (formal)* |
| **Molto lieto/lieta** | *Very pleased to meet you* | | |
| **Scusa** | *Excuse me (informal)* | | |

**Lo sapevi che... ?**

Italians commonly greet one another by shaking hands. When friends meet, they often kiss each other on both cheeks. The word **ciao** means both *hello* and *good-bye*. It comes from the Venetian dialect for **schiavo,** which literally means *slave* or *I am your servant.*

## Attività

**A** **Ciao! Come ti chiami?** Introduce yourself in Italian to several classmates, shaking hands as you do so. Follow the model.

*Esempio:* —Ciao! Mi chiamo (Antonella). E tu, come ti chiami?
—Mi chiamo (Paolo).
—Piacere!
—Piacere!

**B** **Buongiorno, professore/professoressa!** With a partner, imagine you are meeting your professor at the beginning of the academic year. Using the pairs of names listed below, greet each other as in the example. Be sure to use **Lei** (polite form) to address a professor and **tu** to address a student.

*Esempio:* —Buongiorno, professoressa!
—Salve! Come ti chiami?
—Mi chiamo Renato Dini.
—Piacere.
—Molto lieto!

1. Professor Zeri / Paola Ristori
2. Professoressa Barca / Antonio Reti
3. Professoressa Lustro / Nico Calvi
4. Professor Necco / Marta Abate

**Lo sapevi che... ?**

Italians generally use the formal form **Lei** with everyone except family, close friends, classmates, and children. The **tu** form denotes familiarity and can also be used to express group solidarity, such as among university colleagues or women.

**C** **Persone famose.** You are a famous political leader, actor, singer, etc. Introduce yourself to classmates and meet as many other "famous" people as you can! Be sure to use the formal **Lei.**

*Esempio:* —Buongiorno! Scusi, come si chiama Lei?
—Buongiorno, mi chiamo Oprah Winfrey. E Lei?
—Mi chiamo Roberto Benigni. Molto piacere, signora Winfrey.

**D** **Il postino.** You are the new mail carrier and are introducing yourself to the tenants of a condominium complex.

*Esempio:* —Buongiorno, sono il nuovo postino. Mi chiamo... E Lei, signora?
—Salve. Mi chiamo Anna Selce. Molto lieta.
—Tanto piacere, signora!

1. Stefano Ardore
2. Rita Pico
3. Sonia Tessi
4. Marco Lotti
5. Giuseppe Trota
6. Angela Gatto

A conversation *per strada,* Florence

**Nomi italiani.** Can you give the English equivalents of these Italian names?

| maschili | | | femminili | | |
|---|---|---|---|---|---|
| Alberto | Enrico | Luca | Alessandra | Elisabetta | Luisa |
| Antonio | Giorgio | Marco | Anna | Giovanna | Maria |
| Andrea | Giacomo | Matteo | Caterina | Giulia | Patrizia |
| Carlo | Giovanni | Riccardo | Cecilia | Ilaria | Susanna |
| Claudio | Giuseppe | Stefano | Chiara | Lucia | Teresa |

## A.2 Di dove sei tu? Di dov'è Lei?

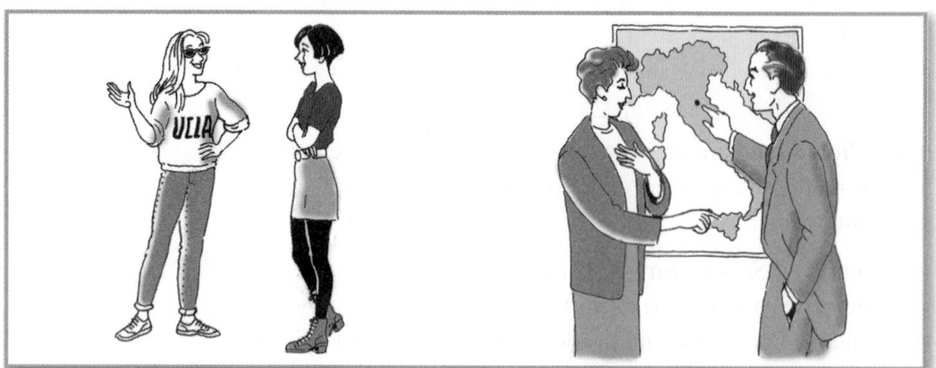


**Informale**

—Ciao, mi chiamo Kristi.
—Io mi chiamo Chiara. Di dove sei?
—Sono di Los Angeles. E tu, di dove sei?
—Sono di Napoli.

**Formale**

—Buongiorno, mi chiamo Paolo Genovesi. Come si chiama?
—Tanto piacere. Io mi chiamo Chiara Fini. Di dov'è?
—Sono di Bologna. E Lei?
—Sono di Palermo.

## A.3 Si dice così

**Di dove sei (tu)?** *Where are you from? (informal)*
**Di dov'è (Lei)?** *Where are you from? (formal)*
**Sono di...** *I am from . . .*
**Dov'è... ?** *Where is . . . ?*
**Ecco...** *Here is . . .*

E **Di dove sei?** Ask your classmates where they are from and tell them where you are from.

*Esempio:* —Di dove sei, Kevin?
—Sono di San Francisco. E tu?
—Io sono di Orlando.

F **Di dov'è Lei?** At a conference, a number of people are becoming acquainted. With a partner, use polite forms and the cities listed below to create four short exchanges.

*Esempio:* —Buongiorno! Di dov'è Lei?
—Sono di Catania. E Lei?
—Sono di Bari.

1. Roma / Parma
2. Milano / Palermo
3. Pisa / Verona
4. Padova / Firenze

G **La presentazione.** On a train in Italy, you strike up a conversation with three other young people. Find out their names and where they are from. Use the model dialogue and choose cities from the map on page 6.

*Esempio:* —Salve, mi chiamo... E tu, come ti chiami?
—Mi chiamo... Piacere!
—Di dove sei?
—Sono di... E tu?
—Io sono di...

**Lo sapevi che... ?**

Italian is spoken on five continents. It is an official language in Italy, Switzerland, the Republic of San Marino, and the State of the Vatican, and there are large Italian communities in Canada, the United States, Germany, Australia, Argentina, Brazil, and Venezuela.

**H La sfida** (*The challenge*). With a partner, take turns finding the cities listed below on the map.

*Esempio:*
—Dov'è Genova?
—Ecco Genova!

Napoli, Torino, Milano, Palermo, Ancona, Bari, Bologna, Reggio Calabria, Venezia

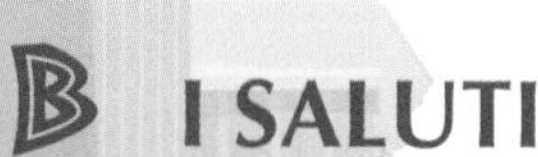

## B I SALUTI

**Informale**
—Ciao, Stefano. Come stai?
—Benone! E tu?
—Non c'è male, grazie.

**Formale**
—Buongiorno, signora Paoli. Come sta?
—Bene, grazie. E Lei, professoressa?
—Sto così così.

## B.1 Si dice così

| | |
|---|---|
| **Come stai?** | *How are you? (informal)* |
| **Come sta?** | *How are you? (formal)* |
| **Come va?** | *How's it going?* |
| **Sto...** | *I'm . . .* |
| **bene** | *fine* |
| **benone** | *terrific* |
| **benissimo** | *very well* |
| **molto bene** | *very well* |
| **abbastanza bene** | *quite well* |
| **così così** | *so-so* |
| **male** | *badly* |
| **Non sto bene.** | *I'm not well.* |
| **Non c'è male.** | *Not too bad.* |
| **Bene, grazie, e tu?** | *Fine, thank you, and you? (informal)* |
| **Bene, grazie, e Lei?** | *Fine, thank you, and you? (formal)* |

Attività

**E tu, come stai?** Ask a few classmates how they are, following the model.

*Esempio:* —Ciao, come stai?
—Sto bene/benissimo. / Sto così così. / Non sto bene... E tu?
—Sto... , grazie!

**Lo sapevi che... ?**

Italians tend to be more formal than Americans, and often use titles in addressing each other. Here are some of the most common courtesy and professional titles and their abbreviations.

| | |
|---|---|
| **signore (Sig.)** | *Mr.* |
| **signora (Sig.ra)** | *Mrs.* |
| **signorina (Sig.na)** | *Miss* |
| **avvocato (Avv.)** | *lawyer* |
| **ingegnere (Ing.)** | *engineer* |
| **professore/professoressa (Prof./Prof.ssa)** | *professor* |
| **dottore/dottoressa (Dott./Dott.ssa)** | *doctor* |

Note that masculine titles ending in **-ore** drop the final **e** before a proper name: **signore: signor Bianchi; professore: professor Ricci.** Feminine titles remain unchanged.

**B Come sta?** Using the following names, greet your partner and ask how he/she is feeling. Be sure to use formal forms.

*Esempio:* Sig. Tomba / Prof.ssa Simonelli
—Buonasera, professoressa Simonelli. Come sta?
—Buonasera, signor Tomba. Sto molto bene. E Lei?
—Bene, grazie.

1. Dott. Rossi / Sig.ra Testi
2. Sig. Biagi / Dott. Bellini
3. Ing. Testori / Sig. Landolfi
4. Prof. Croce / Sig.na Carlini

**C Nel campus.** On your way to class, you meet four friends. Greet each one and ask how he/she is. Vary what you say to each person. Use the following expressions.

To greet: Ciao / Salve / Buongiorno
To ask how a person is: Come stai? / Come va?
To answer: Bene / Non c'è male / Così così / Benissimo, grazie, e tu?

## B.2 Arrivederci

**Informale**
—Ciao, Anna!
—A presto, Marco!
—Ci vediamo!

**Formale**
—ArrivederLa, signore!
—Arrivederci!

## B.3 Si dice così

| | |
|---|---|
| **Ciao** | *Bye* |
| **Arrivederci** | *Good-bye (informal)* |
| **ArrivederLa** | *Good-bye (formal)* |
| **A presto** | *See you soon* |
| **Alla prossima** | *Until next time* |
| **Ci vediamo** | *See you* |
| **Addio** | *Farewell* |

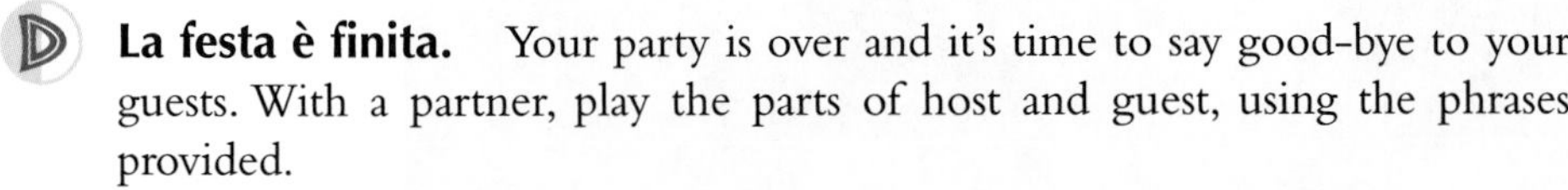

**La festa è finita.** Your party is over and it's time to say good-bye to your guests. With a partner, play the parts of host and guest, using the phrases provided.

*Esempio:* Marco / a presto
— Buonanotte, Marco, e grazie!
— Prego! A presto!

Sig.ra Rosi / arrivederLa
— Buonanotte, signora, e grazie!
— Grazie a Lei! ArrivederLa!

1. Dott.ssa Rossi / ArrivederLa
2. Laura / Ciao
3. Sonia / Ci vediamo
4. Lia / Arrivederci
5. Sig. Manin / A presto
6. Ing. Leoni / ArrivederLa

**All'università.** It's the first day of classes and you and your partner meet for the first time outside a classroom. Create a conversation in which you

- greet each other and introduce yourselves
- express pleasure at meeting each other
- ask how the other person is feeling
- say where you are from
- say good-bye

## L'ALFABETO

| | | | | | | | |
|---|---|---|---|---|---|---|---|
| **a** | a | **h** | acca | **q** | cu | **j** | i lunga |
| **b** | bi | **i** | i | **r** | erre | **k** | cappa |
| **c** | ci | **l** | elle | **s** | esse | **w** | doppia vu |
| **d** | di | **m** | emme | **t** | ti | **x** | ics |
| **e** | e | **n** | enne | **u** | u | **y** | i greca, ipsilon |
| **f** | effe | **o** | o | **v** | vu | | |
| **g** | gi | **p** | pi | **z** | zeta | | |

The letters *j, k, w, x,* and *y* are not regularly used in Italian, although they have become part of the alphabet with the influx of foreign words: *jeep, jet, jogging; koala, killer; western, windsurf; taxi, extra; yogurt, yacht.*

Castel Sant'Angelo and the Tiber River, Rome

## Attività

**A** **Le sigle.** State the following acronyms in Italian.

| | | | | |
|---|---|---|---|---|
| 1. IBM | 3. CD | 5. UVA | 7. VHS | 9. SOS |
| 2. SMS | 4. WWW | 6. TV | 8. BMW | 10. OGM |

**B** **Parole italiane.** Turn to the Italian-English vocabulary at the end of your text. Choose five new words and spell them out in Italian to your partner, who will write them down and then pronounce them. Then switch roles.

*Esempio:* —Elle, a, ti, ti, e
—Latte! (Latte means *milk.*)

**C** **Come si scrive** (*How do you spell that*)? Take turns asking your partner's name and hometown, and how each is spelled.

*Esempio:* —Come ti chiami?
—Mi chiamo Gina Smith.
—Come si scrive?
—Gi-i-enne-a Esse-emme-i-ti-acca.
—Di dove sei?
—Sono di Detroit.
—Come si scrive?
—Di-e...

**D** **Quale città?** Choose a city from the map on page 6. Slowly spell its name for your partner, who will try to guess the city after hearing as few letters as possible.

**Lo sapevi che... ?**

The Italian language borrows words from several other languages. From Latin, it uses *ultimatum, agenda, curriculum;* from French, *chef, chalet, élite, buffet;* from English, *stress, leader, show, business, part-time, fitness,* etc.

## I NUMERI DA 0 A 100

| | | | | | |
|---|---|---|---|---|---|
| 0 | **zero** | 14 | **quattordici** | 26 | **ventisei** |
| 1 | **uno** | 15 | **quindici** | 27 | **ventisette** |
| 2 | **due** | 16 | **sedici** | 28 | **ventotto** |
| 3 | **tre** | 17 | **diciassette** | 29 | **ventinove** |
| 4 | **quattro** | 18 | **diciotto** | 30 | **trenta** |
| 5 | **cinque** | 19 | **diciannove** | 40 | **quaranta** |
| 6 | **sei** | 20 | **venti** | 50 | **cinquanta** |
| 7 | **sette** | 21 | **ventuno** | 60 | **sessanta** |
| 8 | **otto** | 22 | **ventidue** | 70 | **settanta** |
| 9 | **nove** | 23 | **ventitré** | 80 | **ottanta** |
| 10 | **dieci** | 24 | **ventiquattro** | 90 | **novanta** |
| 11 | **undici** | 25 | **venticinque** | 100 | **cento** |
| 12 | **dodici** | | | | |
| 13 | **tredici** | | | | |

1. Numbers in Italian are written as a single word.

2. The numbers **venti, trenta, quaranta,** and so on drop the final vowel before **uno** and **otto,** both of which begin with a vowel: **ventuno, ventotto,** etc.

3. In the numbers 23, 33, 43, and so on, **tre** is spelled with an accent: **ventitré.**

### Attività

**La sfida.** Challenge a neighbor to:

1. Count in multiples of 2 from 20 to 40
2. Count in multiples of 3 from 30 to 60
3. Count in multiples of 5 from 40 to 80
4. Count backward from 100 to 85
5. Count backward from 50 to 35

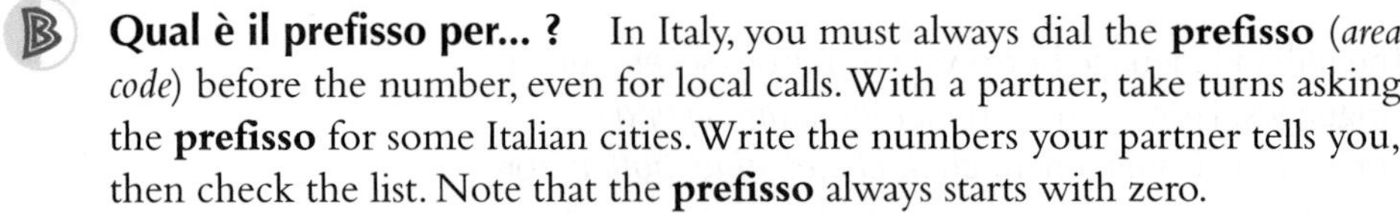

**B** **Qual è il prefisso per... ?** In Italy, you must always dial the **prefisso** (*area code*) before the number, even for local calls. With a partner, take turns asking the **prefisso** for some Italian cities. Write the numbers your partner tells you, then check the list. Note that the **prefisso** always starts with zero.

*Esempio:* —Qual è il prefisso per Torino?
—Il prefisso è 011 (zero, undici).

| Città | Sigla | Prefisso telefonico |
|---|---|---|
| Avellino | AV | 0825 |
| Bari | BA | 080 |
| Bologna | BO | 051 |
| Como | CO | 031 |
| Firenze | FI | 055 |
| Genova | GE | 010 |
| Lucca | LU | 0583 |
| Milano | MI | 02 |
| Napoli | NA | 081 |
| Parma | PR | 052 |
| Perugia | PG | 075 |
| Pisa | PI | 050 |
| Roma | Roma | 06 |
| Siena | SI | 0577 |
| Siracusa | SR | 0931 |
| Torino | TO | 011 |
| Venezia | VE | 041 |

**C** **Qual è il tuo numero di telefono?** Ask five classmates for their phone numbers and write down the numbers.

*Esempio:* —Qual è il tuo numero di telefono?
—È 010-215614 (zero, dieci, ventuno, cinquantasei, quattordici)

**Lo sapevi che... ?**

Cellular phones (**telefono cellulare** or **telefonino**) are extremely popular in Italy. In a country of approximately 58 million people, there are over 40 million cell phones! Some of the largest cell phone companies are TIM (Telecom Italia Mobile), Vodafone, and Wind.

**D** **Pronto, centralinista** (*Hello, operator*)? You are calling directory assistance for the following people's telephone numbers. Your partner will consult the page from the Florence phonebook and tell you the numbers.

LIGHT SHOP (S.R.L.) Negozio Flos Arteluce ---- 28 45 09
62/r bg. S. Jacopo ---- 36 60 32
LIGHTNING RINGRESSI Anna ---- 48 08 12
66 v. Circondaria ---- 239 63 90
LIGI Anna, 20 v. Lambruschini ---- 45 11 87
» Emilia, 17 v. Guelfa ---- 28 31 40
» Florido, 4 v. Serre ---- 66 38 53
» Francesco, 33 bg. Pinti ---- 49 49 24
» Leonilda, 17 v. Marsala ---- 78 66 92
» Settimio, 47 v. Fabroni ---- 57 40 20
LIGIA Carlo, 44/1 v. Fedi ---- 248 02 84
LIGNITE Varo, 3 v. Cavalcanti ---- 68 36 18
» Vera, 1 v. Cimabue ---- 232 13 12
LI GOBBI dr. Romano, 28 v. Kiev ---- 41 50 45
LIGORI Cristina, 111 v. Gelsomino ----
LIGORIO Carlo, 210/c v. Giuliani ---- 69 76 70
LIGUORI dr. Alessandro, v. Pianerottolo ---- 234 15 19
Settignano ---- 31 55 19
» ing. Alfonso, 46 v. Nardi ---- 28 46 30
» Claudio, 14 v. Liguria ---- 732 03 94
» Giorgio, 54 bg. Ognissanti ---- 36 34 95
» Graziano, 5 v. M. di Nardo ---- 58 35 85
» Isabella, 118 v. Ponte alle Mosse ----
» Liana, 47 v. Cairoli ---- 41 10 21
LIGUORI LIANA E MEDICI PAOLO ---- 57 62 12
Lavanderia 33 v. Giuliani ---- 67 73 20
LIGUORI Lucio, 44 vl. Matteotti ---- 67 88 75
» Maria, 73 v. G. Lanza ---- 58 71 39
» gen. Osvaldo, 29 v. Orcagna ---- 61 12 20
» Pietro, 79 v. Pietrafitta ---- 247 96 39
» Rosa Maria, 14 vl. Duse ----
» arch. Salvatore, 9 bg. Pinti ----

---- 422 31 71
49 v. Valdichiana ---- 31 83 04
» Giuseppina, 11 v. Liguria ---- 33 03 14
» Mattia Maria Dolores, 44 v. Gordigiani ---- 41 24 29
LIMONGIELLO Felice, 130 v. Forlanini ----
» Maria Gabriella, Piccolo Antiquariato ---- 21 03 38
24/r v. Faenza
LIMONI GUARINO & FIGLI (S.P.A.)
Profumeria Dettaglio e Ingrosso ---- 29 20 89
15/r. v. Ariento ---- 47 39 82
Profumeria 30/b/c v. Milanesi ----

**LIMONTA S.P.A.**
► *Vedi spazio nella pagina*

LINALDA Profumeria e Bigiotteria ---- 21 60 83
29/r. bg. S. Lorenzo ---- 61 33 52
LINARES Manola, 5 v. Clasio ---- 48 07 09
» Sebastiano, 32 v. Vitt. Eman. II ---- 41 97 04
LINARI Ado, Officina Meccanica 31 v. Gore ---- 680 16 69
» Adolfo, 2/a v. Ser Lapo Mazzei ---- 233 71 53
» Alberto, 1 vl. Aleardi ---- 49 50 28
» Aldo, 13 v. Celso ---- 739 88 15
» Alessandro, 32 v. S. Aretino ---- 45 22 05
» Andrea, 442 v. Giuliani ---- 422 08 15
» BARACCA Marta, 11/1 v. Pisacane ----
» BRACCIANTE Anna Maria ---- 437 92 10
13 v. Matteucci ----
LINARI CAV.UFF. PIETRO & FIGLI ---- 422 05 71
Cicli, Agenzia 62/64/r. v. Vitt. Eman. II ---- 48 84 76
LINARI CECCHI Grazia, 12 v. Abba ---- 232 14 12
» Daniela, 15 v. Massapagani ----

*Esempio:* —Per favore, qual è il numero di Carlo Ligorio?
—Il numero è...

1. Lucio Liguori
2. Aldo Linari
3. Carlo Ligia
4. Vera Lignite
5. Emilia Ligi

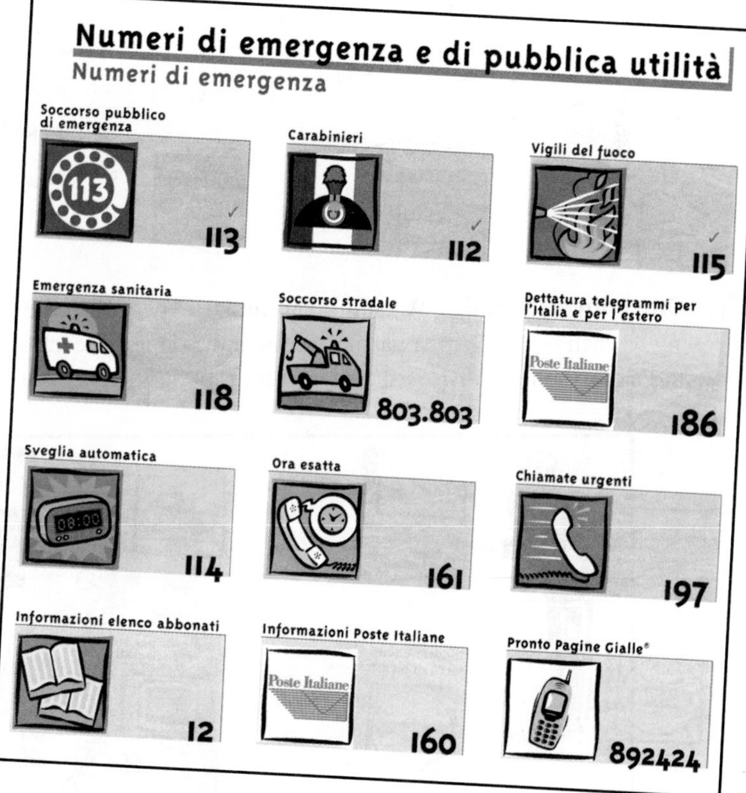

Numeri di emergenza e di pubblica utilità
Numeri di emergenza
Soccorso pubblico di emergenza
113
113
Carabinieri
112
Vigili del fuoco
115
Emergenza sanitaria
118
Soccorso stradale
803.803
Dettatura telegrammi per l'Italia e per l'estero
Poste Italiane
186
Sveglia automatica
08:00
114
Ora esatta
161
Chiamate urgenti
197
Informazioni elenco abbonati
12
Informazioni Poste Italiane
Poste Italiane
160
Pronto Pagine Gialle®
892424


**E** **Numeri utili.** Telecom Italia lists useful numbers at the beginning of the phone book. State the following numbers in Italian. What number would you call if you wanted

- to call an ambulance?
- to report a fire?
- to get a phone number?
- to send a telegram?
- to request a wake-up call?
- to know the exact time?

 **Biglietti da visita** (*Business cards*). Using the following business cards, adopt an identity and introduce yourself to a partner, giving your name, title, city, address, and telephone number.

*Esempio:* Mi chiamo...
Sono... (architetto, professoressa ecc.)
Sono di...
Abito a (*I live at*)...
Il numero di telefono è...

DOTT. LUISA MARTINI
MEDICO
VIA CAVOUR 25, 50125 FIRENZE
TEL. 055 215789
CELL. 347 8805241
Dott. Mario Bianchi
Avvocato
Via Verdi 23, 00187 Roma
Cell. 339 7858439
06 7955320
Professoressa Marcella Costa
Corso Garibaldi 1, 80138 Napoli
081 543621
DOTT. ING. GIOVANNI FERRI
Viale Lazio 4, 20145 Milano
tel. 02 3340195


G **Due conversazioni.** What do you think the people in the drawings are saying to each other? With a partner, create a dialogue for each scene using words and expressions you have learned in this chapter. Then act out both dialogues.

## Vocabolario

### I saluti

| | |
|---|---|
| a presto | *see you soon* |
| addio | *farewell* |
| alla prossima | *until next time* |
| arrivederci | *good-bye (informal)* |
| arrivederLa | *good-bye (formal)* |
| buonanotte | *goodnight (for leave-taking)* |
| buonasera | *good evening* |
| buongiorno | *good morning, good day* |
| ci vediamo | *see you* |
| ciao | *hi, bye* |
| salve | *hello* |

### Le presentazioni

| | |
|---|---|
| bene, grazie, e Lei? | *fine, thank you, and you? (formal)* |
| bene, grazie, e tu? | *fine, thank you, and you? (informal)* |
| come si chiama? | *what's your name? (formal)* |
| come sta? | *how are you? (formal)* |
| come stai? | *how are you? (informal)* |
| come ti chiami? | *what's your name? (informal)* |
| come va? | *how's it going?* |
| e Lei? | *and you? (formal)* |
| e tu? | *and you? (informal)* |
| mi chiamo... | *my name is . . .* |
| molto lieto/a | *very pleased to meet you* |
| non c'è male | *not too bad* |
| non sto bene | *I'm not well* |
| (tanto) piacere | *(so) nice to meet you* |
| scusa | *excuse me (informal)* |
| scusi | *excuse me (formal)* |
| sto... | *I'm . . .* |
| abbastanza bene | *quite well* |
| bene | *fine* |
| benissimo | *very well* |
| benone | *terrific* |
| così così | *so-so* |
| male | *badly* |
| molto bene | *very well* |

### L'origine

| | |
|---|---|
| ecco... | *here is/here are . . .* |
| di dov'è (Lei)? | *where are you from? (formal)* |
| di dove sei? | *where are you from? (informal)* |
| dov'è... ? | *where is . . . ?* |
| sono di... | *I am from . . .* |

### Persone

| | |
|---|---|
| l'avvocato (Avv.) | *lawyer* |
| il dottore (Dott.) | *doctor* |
| la dottoressa (Dott.ssa) | *doctor* |
| l'ingegnere (Ing.) | *engineer* |
| il professore (Prof.) | *male professor* |
| la professoressa (Prof.ssa) | *female professor* |
| la signora (Sig.ra) | *Mrs.* |
| il signore (Sig.) | *Mr.* |
| la signorina (Sig.na) | *Miss* |

### L'alfabeto

| | |
|---|---|
| **a** | a |
| **b** | bi |
| **c** | ci |
| **d** | di |
| **e** | e |
| **f** | effe |
| **g** | gi |
| **h** | acca |
| **i** | i |
| **l** | elle |
| **m** | emme |
| **n** | enne |
| **o** | o |
| **p** | pi |
| **q** | cu |
| **r** | erre |
| **s** | esse |
| **t** | ti |
| **u** | u |
| **v** | vu |
| **z** | zeta |
| **j** | i lunga |
| **k** | cappa |
| **w** | doppia vu |
| **x** | ics |
| **y** | i greca, ipsilon |

## I numeri

| | | | |
|---|---|---|---|
| **0** | zero | **19** | diciannove |
| **1** | uno | **20** | venti |
| **2** | due | **21** | ventuno |
| **3** | tre | **22** | ventidue |
| **4** | quattro | **23** | ventitré |
| **5** | cinque | **24** | ventiquattro |
| **6** | sei | **25** | venticinque |
| **7** | sette | **26** | ventisei |
| **8** | otto | **27** | ventisette |
| **9** | nove | **28** | ventotto |
| **10** | dieci | **29** | ventinove |
| **11** | undici | **30** | trenta |
| **12** | dodici | **40** | quaranta |
| **13** | tredici | **50** | cinquanta |
| **14** | quattordici | **60** | sessanta |
| **15** | quindici | **70** | settanta |
| **16** | sedici | **80** | ottanta |
| **17** | diciassette | **90** | novanta |
| **18** | diciotto | **100** | cento |

UNITÀ

# 1

# Visitare

## SIAMO A ROMA!

The Roman Colosseum

## COMMUNICATIVE GOALS

- Addressing different people
- Asking what and where things are
- Telling someone your age
- Describing states of being
- Negating
- Telling time

# A LA GEOGRAFIA

For additional practice on the vocabulary and grammar introduced in this unit, go to **Unità 1** on your Multimedia CD-ROM.

## A.1 Si dice così

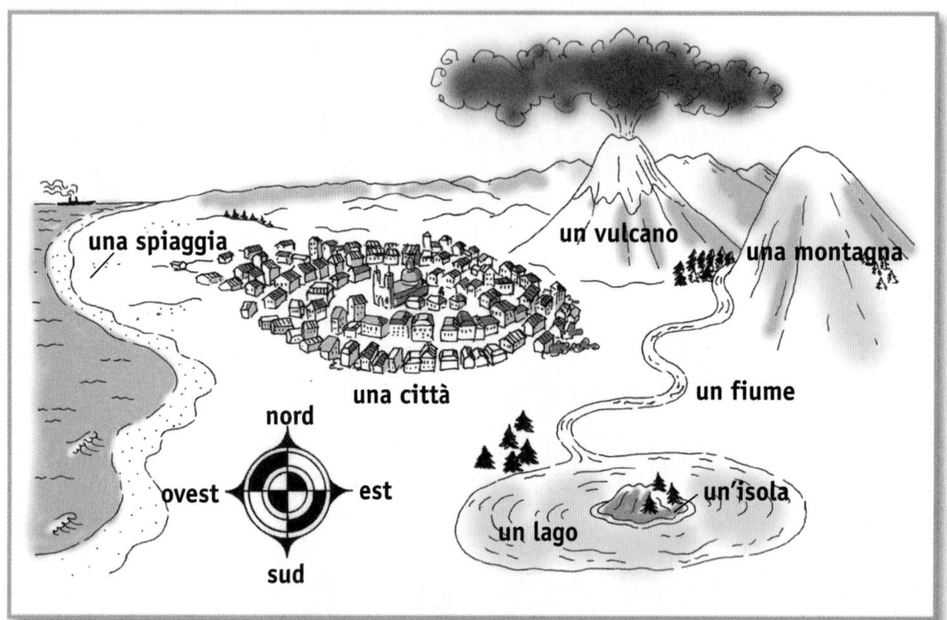


### Parole utili

| | | | |
|---|---|---|---|
| **un paese** | *country, small town* | **una pianura** | *plain* |
| **un mare** | *sea* | **uno stivale** | *boot* |
| **un colle/ una collina** | *hill* | **dov'è?** | *where is?* |
| **una penisola** | *peninsula* | **c'è/ci sono** | *there is/there are* |

**Lo sapevi che... ?**

Words that are spelled almost identically and have the same meaning in different languages are called *cognates.* Can you supply the English equivalents of the following geographic terms in Italian? **una regione, una nazione, una capitale, uno stato, una repubblica, un vulcano, una città**

## Attività

**Che cos'è?** Match the location in the first column with the geographic term in the second column. Consult the map of Italy below.

| | |
|---|---|
| 1. Italia | a. lago |
| 2. Como | b. vulcano |
| 3. Ionio | c. penisola |
| 4. Etna | d. isola |
| 5. Lazio | e. città |
| 6. Arno | f. regione |
| 7. Siena | g. mare |
| 8. Elba | h. fiume |

**Vero** (*Right*)? With a partner, take turns reading the following statements and saying whether or not they are true. Correct each other's statements if necessary, following the models. Consult the map.

*Esempio:* —Venezia è nell'Italia del nord, vero?
—Sì, è vero.

—Milano è in Sicilia, vero?
—No, non è vero; Milano è in Lombardia.

1. Torino è nell'Italia del sud, vero?
2. Palermo è la capitale d'Italia, vero?
3. Torino è in Umbria, vero?
4. La Toscana è una città, vero?
5. La Calabria è nell'Italia del nord, vero?
6. La Sicilia è un'isola, vero?

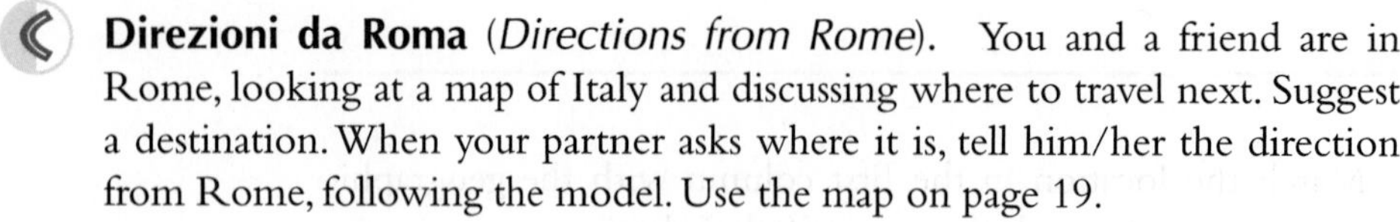

**C** **Direzioni da Roma** (*Directions from Rome*). You and a friend are in Rome, looking at a map of Italy and discussing where to travel next. Suggest a destination. When your partner asks where it is, tell him/her the direction from Rome, following the model. Use the map on page 19.

*Esempio:* —Andiamo (*Let's go*) a Napoli!
—Dov'è Napoli?
—È a sud di Roma.

1. Perugia
2. Reggio Calabria
3. Torino
4. Brindisi
5. Milano
6. Siena
7. Ancona
8. Salerno

**D** **Salve, sono di...** Choose a city from the map of Italy, then introduce yourself to a neighbor and say that you are from that city. When he/she asks where it is, point it out on the map and explain where it is. Then ask his/her name and city of origin.

*Esempio:* —Ciao, mi chiamo ... e sono di Cagliari.
—Dov 'è Cagliari?
—Ecco Cagliari, è in Sardegna! E tu, come ti chiami? Di dove sei?

## A.2 Incontro

**Roma, Città Eterna!** *Antonella è italiana e abita a Roma. Kristi è una studentessa americana. Visita Roma per la prima volta.*

| | | |
|---|---|---|
| KRISTI: | È vero che ci sono sette colli a Roma? | |
| ANTONELLA: | Sì, esatto. I sette colli di Roma. | |
| KRISTI: | Come si chiamano? | |
| ANTONELLA: | Boh,° non ricordo tutti° i nomi ... il Gianicolo, il Palatino, il Campidoglio... | *I don't know / I don't remember all* |
| KRISTI: | E c'è anche un'isola a Roma, no? | |
| ANTONELLA: | Sì! È l'isola Tiberina. | |
| KRISTI: | Dov'è? | |
| ANTONELLA: | In mezzo al fiume° che passa per Roma. | *In the middle of the river* |
| KRISTI: | Come si chiama il fiume? | |
| ANTONELLA: | Il Tevere. Ma, Kristi, quante domande!° | *so many questions!* |
| KRISTI: | È la prima volta che visito Roma e sono curiosa! | |
| ANTONELLA: | Brava! Allora, andiamo al Pincio ... da lì c'è un bel panorama di Roma! È una bella introduzione alla "Città Eterna"! | |

**Lo sapevi che... ?**

There are two independent countries located within Italy: the Republic of San Marino and the Vatican. The Vatican, located in the heart of Rome, has its own postal system and issues its own stamps.

## Attività

**A Ascoltiamo!** While listening to the **Incontro,** mark the following statements as true or false **(vero o falso).** After listening, correct the false statements.

| | Vero | Falso |
|---|---|---|
| 1. Kristi è italiana. | ____ | ____ |
| 2. Kristi è una studentessa. | ____ | ____ |
| 3. Kristi visita Roma per la prima volta. | ____ | ____ |
| 4. Ci sono cinque colli a Roma. | ____ | ____ |
| 5. Tiberina è un'isola. | ____ | ____ |
| 6. Il fiume di Roma si chiama il Tevere. | ____ | ____ |
| 7. Dal Pincio c'è un bel panorama della città. | ____ | ____ |

**B Visitare Roma.** Fill in the blanks with terms from the **Incontro.**

Ci sono ____________ colli a Roma. Il ____________ e il ____________ sono due colli della città. A Roma c'è un ____________ che passa per la città: si chiama ____________. In mezzo al fiume c'è un'____________ che si chiama Isola Tiberina. Sull'isola c'è un ospedale, una chiesa (*church*) e un bar!

**C Lezione di geografia.** Test your partner's knowledge of geography. Take turns asking and answering questions about the geographic features listed, following the model.

*Esempio:* un fiume a Roma
—Come si chiama un fiume a Roma?
—Un fiume a Roma si chiama il Tevere.

1. un'isola negli Stati Uniti
2. un fiume negli Stati Uniti
3. un vulcano in Italia
4. un lago in Italia
5. un lago negli Stati Uniti
6. un fiume in Italia
7. una città nel sud degli Stati Uniti
8. una regione in Italia

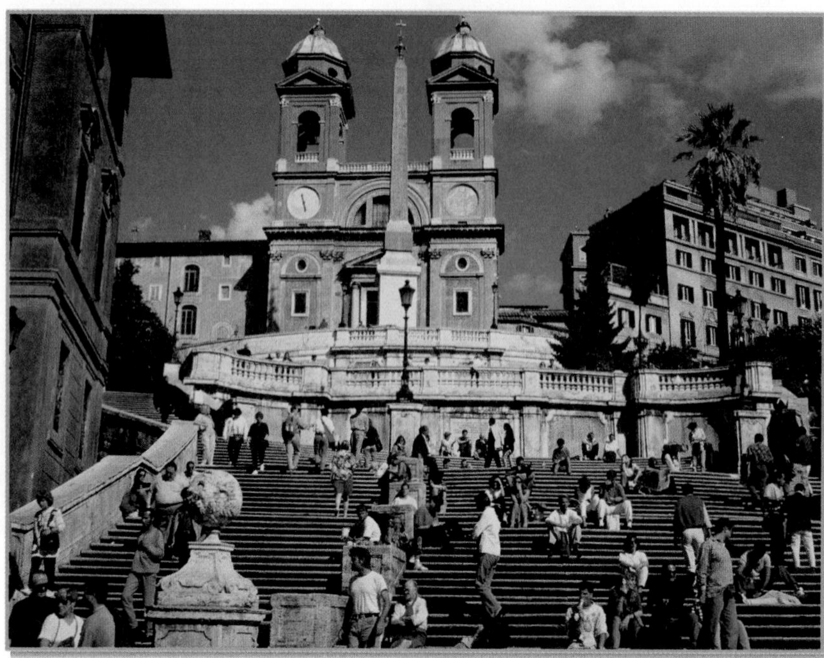

The Spanish Steps (*la Scalinata di Spagna*) is a popular meeting place in the center of Rome.

*In altre parole*

| | |
|---|---|
| **per la prima volta** | *for the first time* |
| **(non) è vero** | *it's (not) true* |
| **esatto** | *exactly* |
| **bravo/a!** | *good for you!/well done!* |

 **La risposta giusta.** Find a sentence in the right-hand column that is a logical response to each statement on the left.

1. Quante domande, Giovanni!
2. Il Vaticano non è una parte dell'Italia, vero?
3. Il Tevere!
4. Ricordo tutti i colli di Roma: il Campidoglio, l'Aventino...
5. Serena è di Firenze.

a. Bravo! Hai una memoria fantastica!
b. Non è vero! È americana!
c. Sono curioso perché sono a New York per la prima volta.
d. Esatto! È il fiume che passa per Roma.
e. Brava! È uno stato indipendente.

 **Bravo/a!** With another student, take turns reading the sentences and responding, as appropriate, **Bravo/a!, Esatto!,** or **Non è vero!**

1. Le Alpi sono una pianura.
2. L'Italia è un'isola.
3. Venezia è una città sull'Oceano Atlantico.
4. Il Veneto, le Marche e la Lombardia sono regioni d'Italia.
5. Il fiume di Firenze si chiama l'Arno.
6. Ci sono sette colli a Roma.
7. Il Vesuvio è un lago.
8. L'Italia ha la forma di uno stivale.

 **A Roma per la prima volta.** In a taxi from Rome's Leonardo da Vinci airport into the city, you chat with the taxi driver. Create a conversation with another student in which you:

- introduce yourself and say where you are from.
- say that you are in Rome for the first time.
- ask three questions about Rome.
- thank the driver and say good-bye.

# A.3 Punti grammaticali

## Il sostantivo singolare

| maschile | femminile |
|---|---|
| un vulcano | una collina |
| un amico | un'isola |
| uno stato | una spiaggia |
| un fiume | una nazione |

1. In Italian, nouns **(sostantivi)** are classified according to gender. Nouns that end in **o** are usually masculine; nouns that end in **a** are usually feminine. Nouns that end in **e** may be masculine or feminine: **un mare** (*m.*), **uno studente** (*m.*), **una chiave** (*key*) (*f.*), **una lezione** (*lesson*) (*f.*).

2. Nouns ending in **-ione** are feminine. Some examples are **regione, stazione, confusione,** and **stagione.** Many of these words are cognates.

3. Nouns that end in a consonant are usually of foreign origin and are masculine: **uno sport, un bar, un computer, un film, un autobus.**

4. Nouns that have a shortened form maintain the gender of the original word.

   | | |
   |---|---|
   | **foto (fotografia)** (*f.*) | *photograph* (*photo*) |
   | **cinema (cinematografo)** (*m.*) | *cinema* |
   | **bici (bicicletta)** (*f.*) | *bicycle* (*bike*) |
   | **auto (automobile)** (*f.*) | *automobile* (*auto*) |

5. Some words of Greek origin ending in **-ma** are masculine: **tema, problema, panorama, programma, sistema.**

## L'articolo indeterminativo

1. The indefinite article **(articolo indeterminativo)** corresponds in English to *a* or *an*.

2. For masculine nouns, the indefinite article is **un. Uno** is used for nouns beginning with **s** + a consonant **(s impura)** or **z.**

| | | | |
|---|---|---|---|
| **un libro** | *a book* | **un uomo** | *a man* |
| **un paese** | *a country* | **un ospedale** | *a hospital* |
| **uno stereo** | *a stereo* | **un sole** | *a sun* |
| **uno sbaglio** | *a mistake* | **un signore** | *a gentleman* |
| **uno zoo** | *a zoo* | **uno zero** | *a zero* |

3. For feminine nouns, the indefinite article is **una. Una** contracts to **un'** before feminine nouns beginning with a vowel.

| | | | |
|---|---|---|---|
| **una donna** | *a woman* | **un'aula** | *a classroom* |
| **una lezione** | *a lesson* | **un'estate** | *a summer* |
| **una spiaggia** | *a beach* | **un'isola** | *an island* |
| **una zia** | *an aunt* | **un'oasi** | *an oasis* |

## Attività

**A** **Maschile o femminile?** Give the gender of the nouns in the list below. Then supply each noun with its corresponding indefinite article.

*Esempio:* mare: maschile ⟶ un mare
fotografia: femminile ⟶ una fotografia

1. stivale
2. vulcano
3. regione
4. fiume
5. pianura
6. oceano
7. stato
8. montagna
9. spiaggia
10. professore
11. isola
12. lago
13. città
14. foto
15. nazione

**B** **Si dice così.** With a partner, take turns asking and supplying the gender of the following words. Include the indefinite article in your answer.

*Esempio:* bar —**Bar** è maschile o femminile?
—Bar è maschile: si dice (*you say*) **un bar.**

1. programma
2. conversazione
3. città
4. hotel
5. sistema
6. opinione
7. sport
8. università
9. panorama

**C** **Che cos'è?** With a partner, take turns asking and answering questions about the following places, as in the model.

*Esempio:* Torino —Che cos'è Torino?
—È una città.

1. la Sardegna
2. l'Etna
3. il Mediterraneo
4. Palermo
5. San Marino
6. il Tevere
7. la Germania
8. l'Umbria
9. il Monte Bianco
10. il Vesuvio

# B LA CITTÀ

## B.1 Si dice così

| | | | |
|---|---|---|---|
| **il monumento** | *monument* | **il ponte** | *bridge* |
| **il museo** | *museum* | **la torre** | *tower* |
| **le rovine** | *ruins* | **la chiesa** | *church* |
| **la strada** | *street* | **la guida turistica** | *guidebook, tour guide* |
| **la via** | *road* | **il/la turista** | *tourist* |
| **la piazza** | *square, plaza* | **sempre** | *always* |
| **la fontana** | *fountain* | **ora** | *now* |

Attività

A **Una guida turistica.** On the following page from a travel guide to Rome, some of the words are missing. Complete the page with words from the list above.

Una visita a Roma:

- il ____________ di Villa Borghese con sculture di Bernini e una Madonna di Caravaggio.
- l'Arco di Costantino, un grandioso ____________ romano del periodo imperiale.
- le ____________ del famosissimo Foro romano.
- la ____________ del Gesù (*Jesus*), con arte religiosa e un altare in stile barocco.
- la ____________ di Trevi con sculture di divinità marine (*sea gods*).
- il ____________ Sant'Angelo che attraversa (*crosses*) il fiume Tevere.
- la ____________ del Corso: strada che porta da Piazza Venezia a Piazza del Popolo.

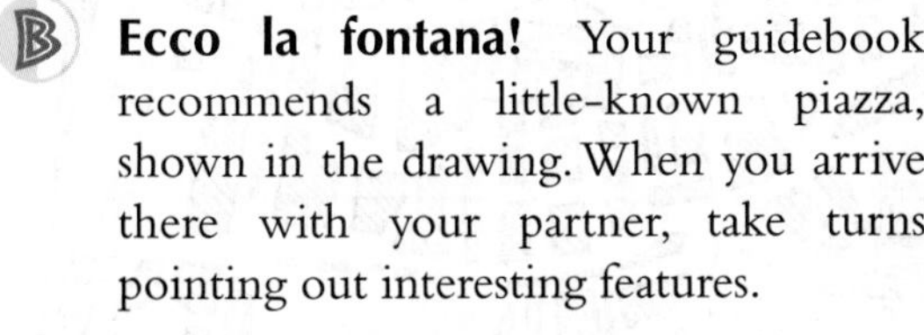

B **Ecco la fontana!** Your guidebook recommends a little-known piazza, shown in the drawing. When you arrive there with your partner, take turns pointing out interesting features.

*Esempio:* —Ecco una statua!

 **Dov'è il Pantheon?** With a partner, look at the map of Rome and take turns asking each other the locations of the places listed in the left-hand column. Find appropriate answers in the right-hand column.

*Esempio:* il Pantheon
—Dov'è il Pantheon?
—Ecco il Pantheon. È vicino (*near*) a Piazza Navona.

| | |
|---|---|
| 1. la Fontana di Trevi | a. È in Via del Corso. |
| 2. la basilica di San Pietro | b. È vicino al Pantheon. |
| 3. Piazza Navona | c. È vicino al fiume. |
| 4. il Palazzo Farnese | d. È vicino a Corso Vittorio Emanuele. |
| 5. Castel Sant'Angelo | e. È in Via della Conciliazione. |
| 6. Piazza del Popolo | f. È vicino a Via del Corso. |

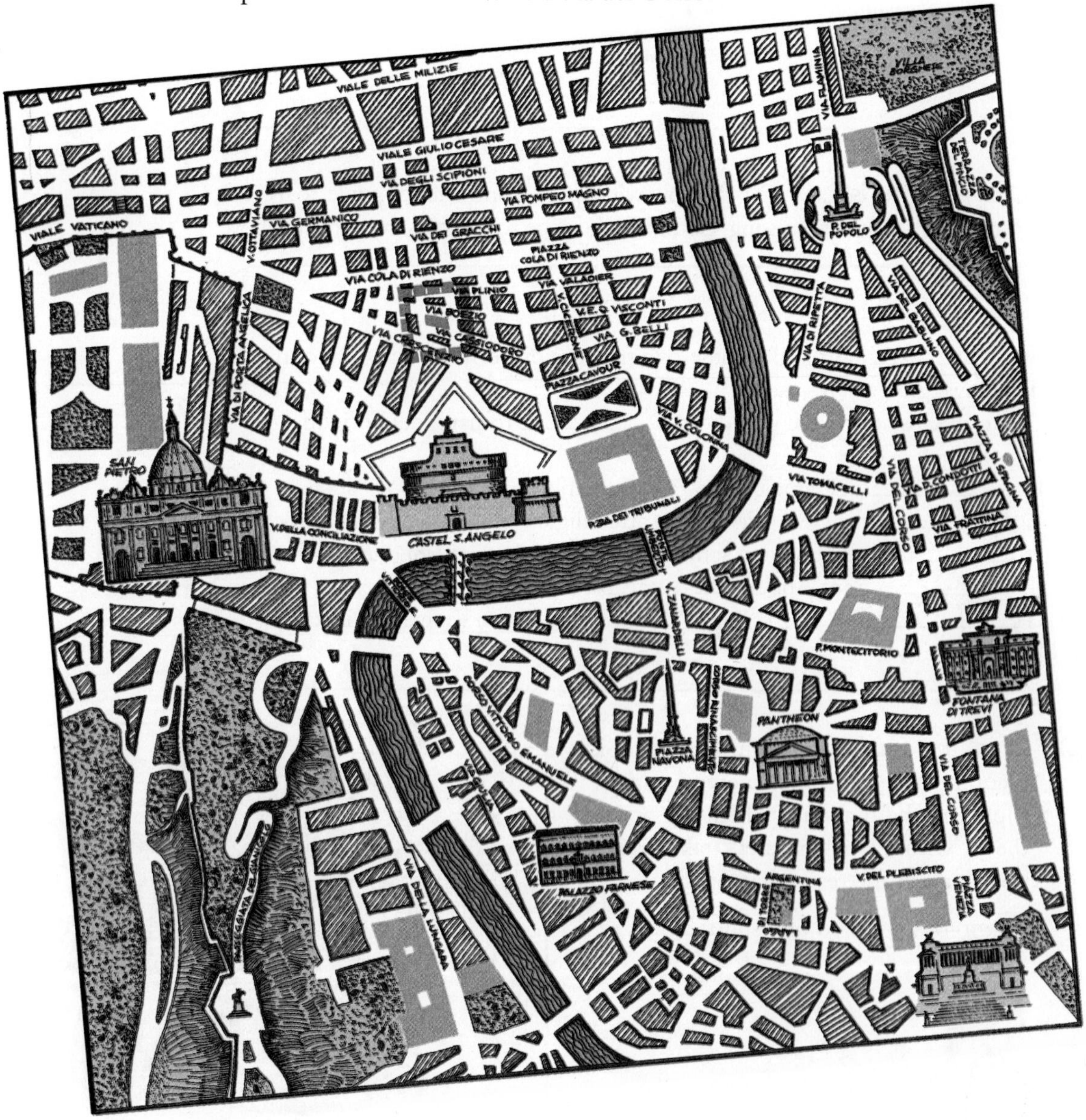

## B.2 Incontro

**Benvenuta a Roma!** (*Welcome to Rome!*) *Antonella e Kristi sono in un bar. Aspettano° Lorenzo.* — *They are waiting for*

| | | |
|---|---|---|
| KRISTI: | Oggi° visitiamo Roma. Ci sono tanti monumenti! Da dove cominciamo? | *Today* |
| ANTONELLA: | Ho un'idea ... andiamo prima al Colosseo. | |
| KRISTI: | Va bene! Per me, Roma è il Colosseo! | |
| ANTONELLA: | Vicino al Colosseo c'è l'Arco di Costantino e ci sono le rovine del Foro romano. | |
| KRISTI: | Non vedo l'ora di essere davanti al Colosseo! Andiamo!° | *Let's go!* |
| ANTONELLA: | Va bene. Oggi pomeriggio° visitiamo Piazza di Spagna e la famosa Scalinata di Trinità dei Monti. | *This afternoon* |
| KRISTI: | D'accordo! Grazie, Antonella, sei una vera amica—visitare Roma con un'amica romana è il massimo! | |
| ANTONELLA: | Prego! Figurati! Ah, ecco Lorenzo! Ciao, Lorenzo. Ti presento Kristi, un'amica americana. | |
| LORENZO: | Salve! Benvenuta a Roma! | |
| ANTONELLA: | Lorenzo è una guida eccellente. E ora andiamo al Colosseo. | |
| KRISTI: | Roma è davvero° la Città Eterna! | *really* |

**Lo sapevi che... ?**

Rome is called **la Città Eterna** (*the Eternal City*) because it was the capital of the Western world in ancient times and the center of Christianity in the West for nearly two thousand years. In Latin it is also referred to as *Caput Mundi,* for "capital of the world."

### Attività

**A Ascoltiamo!** While listening to the **Incontro,** choose the answer that correctly completes the statements below and on the next page.

1. Antonella e Kristi sono in un bar. Aspettano...
   a. Lorenzo — b. Costantino
2. A Roma ci sono tanti...
   a. monumenti — b. fiumi
3. Vicino al Colosseo ci sono le rovine del...
   a. museo — b. Foro romano
4. Oggi pomeriggio le due amiche visitano...
   a. Piazza di Spagna — b. il Pantheon

5. Lorenzo è una...
   a. guida eccellente    b. persona eccellente
6. Per Kristi, Roma è...
   a. l'Arco di Costantino    b. la Città Eterna

**B** **Una visita a Roma.** Arrange the following sentences in the correct order to form a conversation between an American student, Joey, and his Roman friend Beppe. Then act out the exchange with another student.

_______ —OK, il Colosseo è un monumento famosissimo (*very famous*).
_______ —Prego! Figurati!
_______ —Va bene, Joey. Andiamo prima al Colosseo?
_______ —D'accordo. Il Foro romano è incredibile! Grazie, Beppe, sei un vero amico!
_______ —E poi visitiamo le rovine del Foro!
_______ —Allora, Beppe, oggi visitiamo Roma?

**C** **Ti presento...** You are at a café with a friend discussing where to go today. Another friend passes by. Following the model, introduce your two friends, who then ask each other some questions.

*Esempio:* —Dove andiamo oggi?
—Andiamo a...
—Ecco... !
—Ciao... Come stai?...
—Ti presento il mio amico/la mia amica...
—Molto piacere! Di dove sei?
—Sono di...

**In altre parole**

| | |
|---|---|
| **va bene** | *OK/that's fine* |
| **non vedo l'ora di...** | *I can't wait to . . .* |
| **d'accordo** | *agreed* |
| **è il massimo** | *it's the greatest* |
| **prego** | *you're welcome* |
| **figurati** | *don't mention it* |
| **ti presento...** | *let me introduce you to . . .* |

**D** **Cosa dire?** What would you say in the following situations?

1. You hold a door open for someone and he/she thanks you.
2. You introduce your friend Marco to another friend.
3. You agree to meet a friend at a specified time.
4. A friend thanks you profusely for a small favor.
5. You receive a gift you've always wanted.
6. You want to leave but your friends are reluctant to go.

E **Non vedo l'ora!** You are looking forward to your upcoming trip to Rome. List five things you can't wait to see or do, using the model.

*Esempio:* Non vedo l'ora di vedere (*to see*) San Pietro!
Altri suggerimenti: mangiare (*to eat*) in un ristorante romano, visitare il Pantheon, parlare (*to speak*) italiano ecc.

F **Da dove cominciamo?** It's your first day in Rome and you and a friend are deciding what to do. Look at the map on page 26. Create a conversation in which you both agree on two places to go in the morning and two in the afternoon. Also discuss where these places are.

*Esempio:* —A Roma ci sono tanti monumenti. Da dove cominciamo?
—Andiamo prima a... Va bene?
—D'accordo! E poi...
—Oggi pomeriggio andiamo...

# B.3 Punti grammaticali

## I pronomi soggetto

| | singular | | plural | |
|---|---|---|---|---|
| **first person** | **io** | *I* | **noi** | *we* |
| **second person** | **tu** | *you (informal)* | **voi** | *you (informal and formal)* |
| **third person** | **Lei** | *you (formal)* | **loro** | *they* |
| | **lui** | *he* | | |
| | **lei** | *she* | | |

1. There are seven subject pronouns in Italian. Note that there are formal and informal forms for *you.* **Tu** is used to address friends, family, small children, and pets. It is commonly used among young people even when they don't know each other. **Lei** is a formal, polite form used to address people one does not know, older people, and those deserving of respect. **Voi** is commonly used to address groups of people in both formal and informal situations.

2. The subject pronoun **io,** unlike the English *I,* is not capitalized unless it begins a sentence.

3. **Lei** is the formal form for both masculine and feminine and is written with the capital **L** to distinguish it from **lei** (*she*).

4. Ordinarily it is not necessary to use a subject pronoun in Italian, since in most cases the verb form indicates the subject. Subject pronouns are used for emphasis.

Attività

 **Parlare a...** Which subject pronoun would you use to speak directly to the following people?

1. your teacher
2. the president of the U.S.
3. two friends of your mother
4. your father
5. your brother
6. two of your friends
7. a salesclerk in a store
8. your aunt and uncle

B **Parlare di...** Now supply the subject pronoun you would use to talk *about* the people listed above.

C **Io, tu, lui e lei.** Which subject pronoun would you use to refer to the following groups of people?

*Esempio:* io e Valerio ⟶ noi

1. tu e io
2. lei e tu
3. io e Lei
4. io e voi
5. tu, Patrizia e Stefano
6. la signorina e il signore

## Il verbo *essere*

| | |
|---|---|
| **Io sono** uno studente. | *I am a student.* |
| Anche **tu sei** uno studente? | *Are you also a student?* |
| Di dove **siete voi?** | *Where are you from?* |
| **Noi siamo** di Roma. | *We are from Rome.* |

**Essere** (*to be*) is an irregular verb. That is, it does not follow a predictable pattern. Note that **io** and **loro** have the same form: **sono.** The present indicative forms are as follows.

| **essere** (*to be*) | | | | | |
|---|---|---|---|---|---|
| io | **sono** | *I am* | noi | **siamo** | *we are* |
| tu | **sei** | *you (informal) are* | voi | **siete** | *you are* |
| lui/lei | **è** | *he/she is* | loro | **sono** | *they are* |
| Lei | **è** | *you (formal) are* | | | |

## *C'è, ci sono*

| | |
|---|---|
| A Napoli **c'è** un vulcano. | *In Naples there is a volcano.* |
| **C'è** una fontana nella piazza. | *There is a fountain in the square.* |
| A Roma **ci sono** sette colli. | *In Rome there are seven hills.* |
| **Ci sono** molti monumenti a Roma. | *There are many monuments in Rome.* |

**C'è** and **ci sono** correspond to *there is* and *there are.* **C'è** is used when the noun is singular, **ci sono** when the noun is plural.

## Il negativo semplice

| | |
|---|---|
| Luca **non** è di Roma, è di Orvieto. | *Luca is not from Rome, he's from Orvieto.* |
| La Calabria **non** è una città, è una regione. | *Calabria is not a city, it is a region.* |
| —C'è Luisa? | —*Is Luisa there?* |
| —No, **non** c'è. | —*No, she's not.* |

In a negative statement, **non** immediately precedes the conjugated verb.

| | |
|---|---|
| —Come stai? | —*How are you?* |
| —**Non** sto bene. | —*I'm not well.* |

### Attività

**Chi sono?** Complete with the correct form of **essere.**

1. Kristi / una turista
2. Antonella e Lorenzo / due amici romani
3. Tu / americano?
4. Noi / studenti universitari
5. Lorenzo / una guida eccellente
6. Voi / nella classe d'italiano
7. Io / a Roma per la prima volta
8. Kristi e Antonella / in un bar

**B** **Dove siamo?** Complete with the correct form of **essere.**

1. Io e Marco siamo in classe; Luca e a casa.
2. Tu e lei siete in montagna, e io sono in città.
3. Rita e Sonia sono americane; non sono italiane.
4. Tu e il professore siete in biblioteca.
5. Laura, Stefano e io siamo italiani.

**C** **Sì e no.** Using the elements provided, state what is true and what is not true, as in the model.

*Esempio:* Kristi: romana / americana
Kristi è americana; non è romana.

1. Il Colosseo: a Roma / a New York
2. Antonella e Lorenzo: americani / romani
3. Antonella: un'amica di Kristi / una professoressa di Kristi
4. L'Arco di Costantino e il Pantheon: monumenti / isole
5. Io: studente (studentessa) / professore (professoressa)
6. Noi: studenti di filosofia / studenti di italiano

 **La cartolina** (*The postcard*). Write a postcard to a pen pal in Italy telling him/her about your hometown. Describe what there is to see, using phrases such as the following.

Caro Roberto e cara Donatella,
Sono a New York (Washington / Dallas… )
C'è un museo (una chiesa / una piazza); si chiama…
Saluti!

**E** **La tua città** (*Your town*). Ask your partner what city or town he/she is from. Then ask if it has the following features.

*Esempio:* —Di dove sei?
—Sono di...
—E a ... c'è una fontana?
—Sì, c'è una fontana. (No, non c'è una fontana.)

| | | | |
|---|---|---|---|
| 1. un fiume | 3. un'università | 5. una piazza | 7. un lago |
| 2. un museo | 4. montagne | 6. sette colli | 8. un ponte |

## L'articolo determinativo singolare

| maschile | femminile | |
|---|---|---|
| **il** vulcano | **la** collina | *nouns beginning with a consonant* |
| **l'**amico | **l'**isola | *nouns beginning with a vowel* |
| **lo** stato | **la** spiaggia | *nouns beginning with **s impura** or **z*** |
| **il** fiume | **la** nazione | *nouns ending in **e*** |

The definite article **(articolo determinativo)** corresponds to *the* in English, and is used to refer to a specific person, place, or thing. For masculine nouns, the definite article is **il;** for feminine nouns it is **la. Lo** is used for masculine nouns beginning with **z** or **s impura** (**s** + a consonant). **L'** is used for both masculine and feminine nouns beginning with a vowel.

### Attività

 **L'articolo corretto.** Supply the singular definite article for the following nouns.

| | | | |
|---|---|---|---|
| 1. telefono | 5. natura | 9. zero | 13. stazione |
| 2. attenzione | 6. università | 10. biologia | 14. programma |
| 3. opera | 7. cinema | 11. televisione | 15. museo |
| 4. stereo | 8. regione | 12. aeroplano | 16. zoo |

**B** **La Città Eterna.** Complete the paragraph using definite articles.

_____ stato indipendente a Roma si chiama _____ Vaticano. _____ piazza principale è Piazza San Pietro. Anche _____ chiesa si chiama San Pietro. _____ fiume Tevere passa lì vicino. _____ Colosseo è forse _____ monumento più famoso di Roma. Lì vicino ci sono anche _____ Arco di Costantino e _____ Foro romano. Roma è veramente _____ Città Eterna!

Tourists in the Roman Forum with monument to Victor Emmanuel II in background

## C I MESI DELL'ANNO

| | gennaio | febbraio | marzo | aprile | maggio | giugno |
|---|---|---|---|---|---|---|
| l | 2 9 16 23 30 | 6 13 20 27 | 6 13 20 27 | 3 10 17 24 | 1 8 15 22 29 | 5 12 19 26 |
| m | 3 10 17 24 31 | 7 14 21 28 | 7 14 21 28 | 4 11 18 25 | 2 10 15 22 31 | |
| m | 4 11 18 25 | 1 8 15 22 | 1 8 15 22 29 | 5 12 19 | | |
| g | 5 12 19 26 | 2 9 16 23 | | | | |
| v | | | | | | |

| | luglio | agosto | settembre | ottobre | novembre | dicembre |
|---|---|---|---|---|---|---|
| l | 3 10 17 24 31 | 7 14 21 28 | 4 11 18 25 | 2 9 16 23 30 | 6 13 20 27 | 4 11 18 25 |
| m | 4 11 18 25 | 1 8 15 22 29 | 5 12 19 26 | 3 10 17 24 31 | 7 14 21 28 | 5 12 19 26 |
| m | 5 12 19 26 | 2 9 16 23 30 | 6 13 20 27 | 4 11 18 25 | 1 8 15 22 29 | 6 13 20 27 |
| g | 6 13 20 27 | 3 10 17 24 31 | 7 14 21 28 | 5 12 19 26 | 2 9 16 23 30 | 7 14 21 28 |
| v | 7 14 21 28 | 4 11 18 25 | 1 8 15 22 29 | 6 13 20 27 | 3 10 17 24 | 1 8 15 22 29 |
| s | 1 8 15 22 29 | 5 12 19 26 | 2 9 16 23 30 | 7 14 21 28 | 4 11 18 25 | 2 9 16 23 30 |
| d | 2 9 16 23 30 | 6 13 20 27 | 3 10 17 24 | 1 8 15 22 29 | 5 12 19 26 | 3 10 17 24 31 |

## C.1 Si dice così

### Parole utili

| | | | | | |
|---|---|---|---|---|---|
| **l'anno** | *year* | **la stagione** | *season* | **d'estate/ in estate** | *in the summer* |
| **il mese** | *month* | **il compleanno** | *birthday* | | |

**Lo sapevi che... ?**

Trenta giorni ha **novembre**
con **april, giugno e settembre;**
di ventotto ce n'è uno,
tutti gli altri ne han trentuno!

**Attività**

**Abbinamenti.** Match the expressions in the left-hand column with a word from the column on the right.

1. Il mese con ventotto giorni (*days*)
2. Il mese che segue (*follows*) giugno
3. Il numero di mesi nell'anno
4. La stagione di gennaio e febbraio
5. Il numero di giorni di settembre
6. Il mese con la Festa di Cristoforo Colombo
7. La stagione che segue la primavera

a. l'estate
b. trenta
c. luglio
d. febbraio
e. l'inverno
f. ottobre
g. dodici

 **Le quattro stagioni.** Name the months that comprise each season.

I mesi della primavera sono...
I mesi dell'inverno sono...
e i mesi dell'estate?
e dell'autunno?

 **Buon compleanno** (*Happy birthday*)! Using the expressions below, tell your partner the month of your birthday. Then give the months of your father's, mother's, and best friend's birthdays.

- Il mio (*my*) compleanno è a...
- Il compleanno di mio padre (*father*) è a...
- Il compleanno di mia madre (*mother*) è a...
- Il compleanno del mio migliore amico/della mia migliore amica (*my best friend*) è a...

## C.2 Incontro

**Un po' di riposo.** *Antonella e Kristi hanno voglia di mangiare una pizza. Sono a Roma.*

| | | |
|---|---|---|
| KRISTI: | Che fame che ho!° Mangiamo qualcosa? | *How hungry I am!* |
| ANTONELLA: | Va bene! C'è una buona pizzeria vicino a Piazza Navona. Andiamo! | |
| KRISTI: | Ma che caldo oggi!° Ordiniamo una cocacola, va bene? | *How hot it is today!* |
| ANTONELLA: | Sì, certo, ma io ordino anche l'acqua minerale. Dopo tutti i monumenti di stamattina ho sete.° Sei stanca, Kristi? | *I'm thirsty.* |
| KRISTI: | Un po'. E tu? | |
| ANTONELLA: | Sì, anch'io. Non sono in forma!° | *I'm not in shape!* |
| KRISTI: | Ma scherzi! | |
| ANTONELLA: | E ho solo ventidue anni!° Ma, Kristi, tu parli molto bene l'italiano! | *I'm only twenty-two!* |
| KRISTI: | Me la cavo! | |
| ANTONELLA: | Te la cavi bene! | |

*Mangiano e pagano il conto.° Camminano verso° Piazza Navona.* *the check / toward*

### Attività

 **Ascoltiamo!** While listening to the **Incontro,** choose the answer that correctly completes the statements below and on the next page.

1. Kristi e Antonella hanno voglia di...
   a. mangiare spaghetti. b. mangiare una pizza.
2. C'è una buona pizzeria vicino a...
   a. Piazza Navona. b. Piazza San Pietro.

3. Le due amiche ordinano una cocacola e…
   a. anche del vino. b. anche l'acqua minerale.
4. Antonella ha solo…
   a. ventidue anni. b. trentadue anni.
5. Kristi parla molto bene…
   a. l'italiano. b. l'inglese.
6. Le amiche mangiano e…
   a. visitano il Foro romano. b. pagano il conto.
7. Poi camminano verso…
   a. Piazza Navona. b. Via del Corso.

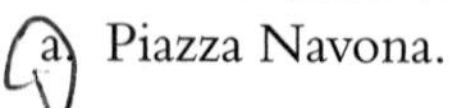

**B** **Che caldo oggi!** You and a friend are in Rome and have been sightseeing all morning. Create a short dialogue in which:

- you say that it is hot today.
- you say you are tired and propose stopping for lunch.
- you both say you are thirsty and order something to drink.
- you decide what to do in the afternoon.

*In altre parole*

| | |
|---|---|
| **un po' (di)** | *a little bit (of)* |
| **anch'io** | *me too* |
| **sono stanco/a** | *I'm tired* |
| **ma scherzi!** | *you're joking!* |
| **cavarsela: me la cavo** | *I get by* |
| **te la cavi bene** | *you get by just fine* |

**C** **Abbinamenti.** Find the sentence in the right-hand column that is an appropriate response to each sentence to the left.

1. Parli bene l'inglese?
2. Andiamo al cinema?
3. Io ho molta fame!
4. Ordiniamo una bottiglia di acqua minerale?
5. Per me l'italiano è molto difficile.

a. Va bene, ho voglia di vedere (*I want to see*) un film.
b. Non è vero! Te la cavi molto bene!
c. Va bene. Ho sete!
d. Anch'io. Andiamo a mangiare una pizza!
e. Me la cavo abbastanza bene.

**D** **Anch'io!** Do the following statements apply to you too? Answer using **Anch'io!** or **Io no.**

1. Robert è di Los Angeles.
2. Io ho sete.
3. Antonella ha ventidue anni.
4. Fabrizio è uno studente dell'università di Roma.
5. Loro sono americani.
6. Io ho voglia di (*I want*) mangiare una pizza.
7. Giorgio parla bene l'italiano.

# C.3 Punti grammaticali

## Il verbo *avere* e le espressioni idiomatiche con *avere*

| | |
|---|---|
| Io **ho** un amico a Roma. | *I have a friend in Rome.* |
| **Hai** un computer? | *Do you have a computer?* |
| **Avete** una lezione oggi? | *Do you have a class today?* |
| Gina e Michele **hanno** una Ferrari. | *Gina and Michele have a Ferrari.* |

1. **Avere** (*to have*) is one of the most useful verbs in Italian. It is used to express possession, age, hunger, thirst, and fear, as well as other physical and emotional states. **Avere** is an important auxiliary verb and is used frequently in combination to form other tenses.

2. The present indicative tense of **avere** is as follows.

| **avere** (*to have*) | | | |
|---|---|---|---|
| io | **ho** | noi | **abbiamo** |
| tu | **hai** | voi | **avete** |
| lui/lei/Lei | **ha** | loro | **hanno** |

3. Some idiomatic expressions that use **avere** are:

| | | | |
|---|---|---|---|
| **avere ... anni** | *to be . . . years old* | **avere fretta** | *to be in a hurry* |
| **avere sonno** | *to be sleepy* | **avere paura di** | *to be afraid (of)* |
| **avere ragione/torto** | *to be right/wrong* | **avere bisogno di** | *to need* |
| **avere fame/sete** | *to be hungry/thirsty* | **avere voglia di** | *to want* |
| **avere freddo/caldo** | *to be cold/hot* | | |

| | |
|---|---|
| **Ho** diciotto **anni.** E tu, quanti anni hai? | *I'm eighteen. And you, how old are you?* |
| È mezzanotte. **Ho sonno!** | *It's midnight. I'm tired!* |
| —Due più due fa quattro. | *—Two plus two is four.* |
| —Sì, **hai ragione.** | *—Yes, you're right.* |
| —Due più due fa cinque. | *—Two plus two is five.* |
| —No! **Hai torto.** | *—No! You're wrong.* |
| Sono in ritardo. **Ho fretta.** | *I'm late. I'm in a hurry.* |
| **Ho bisogno di** una guida turistica. | *I need a guidebook.* |
| —**Hai sete?** | *—Are you thirsty?* |
| —Sì, **ho voglia di** una cocacola! | *—Yes, I want a Coke.* |
| Piero **ha paura di** Frankenstein. | *Piero is afraid of Frankenstein.* |
| **Abbiamo freddo** in inverno e **abbiamo caldo** in estate. | *We're cold in winter and hot in summer.* |

## Attività

**A ciascuno il suo.** Replace the subjects of the following sentences with the new subjects in parentheses.

1. Nicola ha una Ferrari Testarossa. (tu e l'amico / io / tu)
2. Ho una lezione oggi. (noi / la professoressa)
3. Ho un telefono cellulare. (tu / Mamma e Papà / Rosaria)
4. Tina e Maria hanno un appartamento al mare. (noi / Sebastiano)
5. Abbiamo bisogno di un dizionario inglese. (io / Lorenzo e Antonella)

**B Che cosa hai nella tua stanza?** Take turns asking whether your partner has the following things in his/her room.

*Esempio:* un fax —Hai un fax?
—Sì, ho un fax. / No, non ho un fax.

1. un telefono
2. un televisore
3. un dizionario
4. un poster
5. uno stereo
6. un'agenda
7. una videocassetta
8. un computer
9. un calendario

**C Le vignette.** Describe the drawings, inventing a name for each person and telling what he or she is feeling.

*Esempio:* Giovanna ha...

avere fame / sete

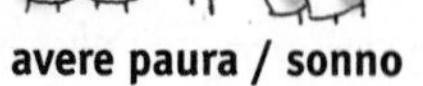

avere paura / sonno

avere freddo / caldo

avere ragione / torto

avere fretta

avere 4 anni

**D** **Che cosa hanno?** Combine each subject in column A with a verb from B and a situation from C to form a complete sentence.

| A | B | C |
|---|---|---|
| I professori | avere freddo | d'estate |
| Io e lei | avere caldo | in classe |
| Tu e Gianni | avere paura | d'inverno |
| Le studentesse | avere ragione | al ristorante |
| Tu | avere torto | del buio (*dark*) |
| Il bambino | avere fame | |

**E** **Quanti anni ha ... secondo te** (*in your opinion*)? With a partner, take turns asking and answering questions about the approximate ages of the following people.

*Esempio:* —Secondo te, quanti anni ha Luciano Pavarotti?
—Secondo me ha settanta anni.

1. Sting
2. Leonardo Di Caprio
3. Gwyneth Paltrow
4. Sophia Loren
5. Andrea Bocelli
6. Julia Roberts
7. Madonna
8. George Clooney
9. Roberto Benigni

**F** **Un gioco: ragione o torto?** Make a list of at least six statements about Italian geography, some true and some false. Read each one to your partner, who will answer that you are right or wrong.

*Esempio:* —La Sicilia è una penisola.
—Ma no! Non è una penisola. Hai torto!
—L'Italia ha venti regioni.
—Esatto! (Bravo/a!) Hai ragione.

## Le preposizioni semplici

| | |
|---|---|
| La pizzeria è **in** Via Mazzini. | *The pizzeria is in Via Mazzini.* |
| Abito **a** Roma. | *I live in Rome.* |
| **Di** dove sei? | *Where are you from?* |
| Parlo **con** Giovanni. | *I am speaking with Giovanni.* |
| Ci sono molti monumenti **in** Italia. | *There are many monuments in Italy.* |
| **Per** me, Roma è il Colosseo. | *For me, Rome is the Colosseum.* |

1. In Italian, simple prepositions **(le preposizioni semplici)** are invariable.

| | |
|---|---|
| Dopo la visita **a** Roma, Laura va **a** Napoli. | *After the visit to Rome, Laura is going to Naples.* |
| **In** estate andiamo **in** Italia. | *In the summer we go to Italy.* |

2. The most frequently used prepositions are **a, in,** and **di;** other prepositions are **da, per, con, su, tra (fra).**

3. The preposition **a** is used with cities and towns. The preposition **in** is used with larger geographical areas, such as nations, states, large islands, and regions.

| | |
|---|---|
| —Abiti **a** Berlino? | *Do you live in Berlin?* |
| —No, abito **a** Roma, **in** Italia. | *I live in Rome, in Italy.* |
| Vado **in** Francia. | *I am going to France.* |
| Andiamo **in** Sicilia. | *We are going to Sicily.* |

4. **Lontano, davanti, vicino,** and **dietro** are adverbs that function as prepositions when coupled with **a** and **da.**

| | | | |
|---|---|---|---|
| **lontano da** | *far from* | **davanti a** | *in front of* |
| **vicino a** | *near* | **dietro a** | *behind* |

5. With certain words, a simple preposition is used: **in campagna, in macchina** (*car*), **in montagna, in città, in centro, in chiesa, in biblioteca, in ufficio** (*office*), **in albergo, a casa, a scuola.**

## Attività

**A** **Dove abita?** State where the following people live.

*Esempio:* Elisabetta II / Inghilterra
Abita in Inghilterra.

1. Michael Schumacher / Germania
2. Banana Yoshimoto / Giappone
3. Dario Fo / Milano
4. Pedro Almodóvar / Spagna
5. Gabriel García Márquez / Colombia
6. Catherine Deneuve / Francia
7. Kevin Spacey / Los Angeles
8. Bono / Irlanda

**B** **Le preposizioni mancanti.** Complete the following sentences with the missing simple prepositions.

1. Pesaro è _____ Italia. Marco abita _____ Pesaro. Pesaro è _____ _____ Ancona.
2. _____ Antonio, Roma è una città fantastica. Antonio abita _____ Milano.
3. _____ il numero quindici e il numero diciassette c'è il numero sedici.
4. Salerno è _____ _____ Napoli e Venezia è _____ _____ Palermo.
5. Filippo è davanti a Marco, cioè Marco è _____ _____ Filippo.
6. È il massimo visitare Roma _____ un'amica romana!
7. Visito l'Italia _____ la prima volta.
8. Mi chiamo Brian. Sono _____ Los Angeles.

# D LA DATA

## D.1 Si dice così

| | | | |
|---|---|---|---|
| **il giorno** | *day* | **ieri** | *yesterday* |
| **la settimana** | *week* | **l'altro ieri** | *day before yesterday* |
| **lunedì** | *Monday* | **dopodomani** | *day after tomorrow* |
| **martedì** | *Tuesday* | **il fine settimana** | *weekend* |
| **mercoledì** | *Wednesday* | **il mattino/la mattina** | *morning* |
| **giovedì** | *Thursday* | **il pomeriggio** | *afternoon* |
| **venerdì** | *Friday* | **la sera** | *evening* |
| **sabato** | *Saturday* | **la notte** | *night* |
| **domenica** | *Sunday* | **il tempo** | *time/weather* |
| **oggi** | *today* | **il programma** | *plan/program* |
| **domani** | *tomorrow* | **ultimo/a** | *last* |

### La data

| | |
|---|---|
| **Oggi è il 24 settembre.** | *Today is September 24.* |
| **Il mio compleanno è il 17 luglio.** | *My birthday is July 17.* |
| **Ho lezione d'italiano il lunedì, il mercoledì e il venerdì.** | *I have Italian class Mondays, Wednesdays, and Fridays.* |
| **Vado in chiesa la domenica.** | *I go to church every Sunday.* |

1. In Italian, the date is expressed with the definite article **il: il 14 giugno, il 9 marzo, l'8 maggio.** Cardinal numbers are used to express dates, except for the first day of the month: **il primo ottobre.**

2. The definite article or the preposition **di** is used with the day of the week or the time of day to indicate that an action is habitual. The days of the week are not capitalized in Italian.

| | |
|---|---|
| **il sabato** | *every Saturday/on Saturdays* |
| **la domenica** | *every Sunday/on Sundays* |
| **la sera** | *every evening* |
| **di giovedì** | *every Thursday/on Thursdays* |
| **di lunedì** | *every Monday/on Mondays* |
| **di mattino** | *every morning* |

## Attività

**La settimana.** Complete the following sentences using words from the list on page 41.

1. I sette giorni della settimana sono...
2. I giorni del fine settimana sono...
3. Abbiamo la lezione d'italiano il...
4. Oggi è... Domani è... Dopodomani è...
5. La data di oggi è... La data di domani è...
6. La data del mio compleanno (*my birthday*) è...

**Qual è la data?** Ask another student the dates of the following events.

*Esempio:* —Qual è la data di Natale?
—Natale è il 25 dicembre.

1. del compleanno di Cristoforo Colombo
2. della festa dell'Indipendenza degli Stati Uniti
3. della festa della mamma
4. di San Valentino
5. di Halloween
6. del primo (*first*) giorno di scuola
7. dell'ultimo (*last*) giorno di scuola

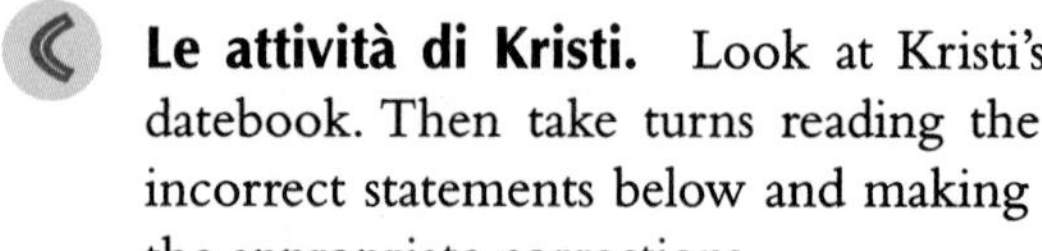

**Le attività di Kristi.** Look at Kristi's datebook. Then take turns reading the incorrect statements below and making the appropriate corrections.

1. Mercoledì Kristi visita il Colosseo.
2. Domenica Kristi parte per la Spagna.
3. Lunedì Kristi va a San Pietro.
4. Martedì Kristi incontra Lorenzo.
5. Giovedì Kristi è libera.
6. Mercoledì Kristi mangia a casa di Lorenzo.
7. Sabato Kristi vede il Pantheon.

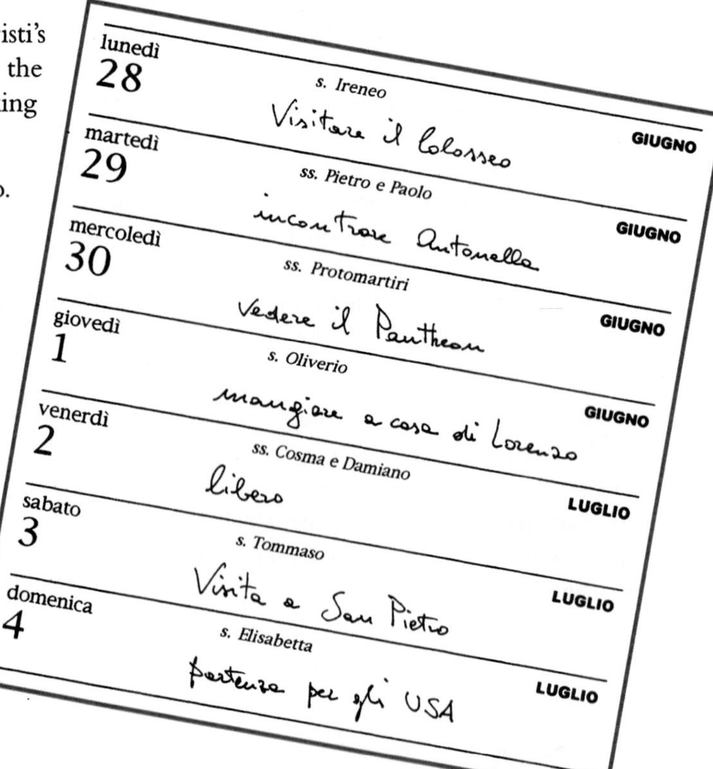

lunedì 28
s. Ireneo
Visitare il Colosseo
GIUGNO
martedì 29
ss. Pietro e Paolo
incontrare Antonella
GIUGNO
mercoledì 30
ss. Protomartiri
Vedere il Pantheon
GIUGNO
giovedì 1
s. Oliverio
mangiare a casa di Lorenzo
GIUGNO
venerdì 2
ss. Cosma e Damiano
libero
LUGLIO
sabato 3
s. Tommaso
Visita a San Pietro
LUGLIO
domenica 4
s. Elisabetta
partenza per gli USA
LUGLIO

**Lo sapevi che... ?**

In Italy, people say **buongiorno** to greet one another until early afternoon. Beginning around 1 P.M., and throughout the afternoon and evening, **buonasera** is used. **Buonanotte** is the final salutation of the evening, used when parting for the night or just before going to bed.

## D.2 Incontro

**Caro diario.** *Il diario di Kristi parla del suo viaggio a Roma.*

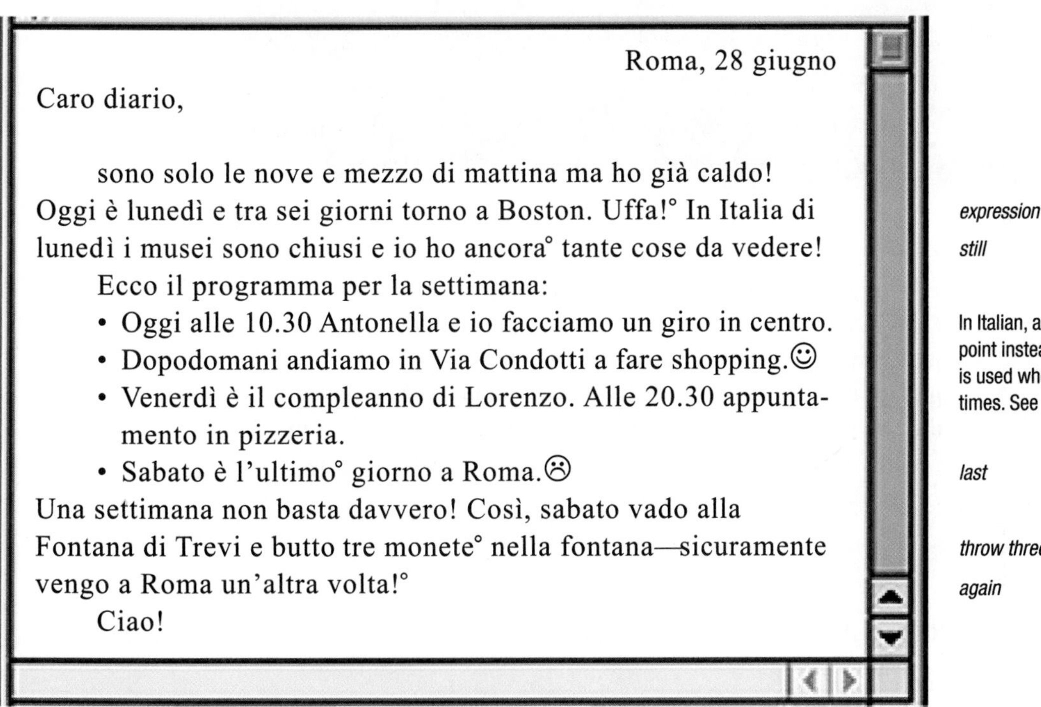

Roma, 28 giugno

Caro diario,

sono solo le nove e mezzo di mattina ma ho già caldo! Oggi è lunedì e tra sei giorni torno a Boston. Uffa!° In Italia di lunedì i musei sono chiusi e io ho ancora° tante cose da vedere!

Ecco il programma per la settimana:

- Oggi alle 10.30 Antonella e io facciamo un giro in centro.
- Dopodomani andiamo in Via Condotti a fare shopping.☺
- Venerdì è il compleanno di Lorenzo. Alle 20.30 appuntamento in pizzeria.
- Sabato è l'ultimo° giorno a Roma.☹

Una settimana non basta davvero! Così, sabato vado alla Fontana di Trevi e butto tre monete° nella fontana—sicuramente vengo a Roma un'altra volta!°

Ciao!

*Uffa!: expression of annoyance*
*ancora: still*
In Italian, a decimal point instead of a colon is used when writing times. See p. 49.
*ultimo: last*
*butto tre monete: throw three coins*
*un'altra volta: again*

**Attività**

**A Comprensione: uno, due o tre?** Complete the following sentences by choosing the correct answer.

1. Kristi ritorna a casa fra (quattro / cinque / sei) giorni.
2. In Italia i musei sono (chiusi / aperti / gratis) di lunedì.
3. Oggi alle 10.30 le due amiche fanno (una pizza / un giro / caldo) in centro.
4. Via Condotti è una bella strada per (mangiare / vedere musei / fare shopping).
5. Secondo Kristi, una settimana a Roma non (ha / basta / è).
6. Se butti tre (giorni / turisti / monete) nella Fontana di Trevi, torni a Roma.

Trevi Fountain, Rome

**Lo sapevi che... ?**

*La Dolce Vita* (1960), a famous film by Italian director Federico Fellini (1920–1993), depicts the high life of the jet set in Rome in the 1960s. In one of the film's most memorable scenes, Anita Ekberg takes a late-night swim in the Trevi Fountain. Fellini coined the word **paparazzo** for the photographer in the film whose invasive picture-taking of celebrities was a sign of things to come.

B **Comprensione.** Answer the following questions.

1. Che giorno è?
2. Cosa prepara Kristi per la settimana?
3. Perché Antonella e Kristi incontrano Lorenzo venerdì? Dove lo incontrano?
4. Qual è la data del compleanno di Lorenzo?
5. Quale monumento visita Kristi sabato? Perché?

C **Il programma di Kristi e Antonella.** Arrange the following sentences in the correct order, and indicate which day Antonella and Kristi plan to do each thing.

*Esempio:* Lunedì Kristi e Antonella...

Visitano la Fontana di Trevi.
Incontrano Lorenzo.
Kristi ritorna a Boston.
Fanno un giro in centro.
Camminano in Via Condotti.
Kristi butta tre monete nella Fontana di Trevi.

**In altre parole**

| | |
|---|---|
| **è aperto, è chiuso** | *it's open, it's closed* |
| **fare un giro** | *to go for a stroll* |
| **davvero** | *really* |

D **L'espressione giusta.** Complete the sentences with the appropriate expression from **In altre parole.**

Oggi è __________ una bella giornata. Andiamo a __________ in centro! Andiamo a vedere San Pietro e i musei Vaticani. Oh! È lunedì, il museo __________. Quanti monumenti! Roma è __________ la Città Eterna.

E **Una settimana a Roma.** You and a friend are in Rome for a week. Make plans for the entire week, scheduling at least one activity each morning and afternoon. Note that many museums are closed on Mondays, and many outdoor sites such as the Roman Forum are closed on Tuesdays. Use expressions like:

- Oggi è...
- Oggi pomeriggio andiamo a...
- Domani mattina visitiamo...
- Mercoledì mattina giriamo...
- Venerdì sera incontriamo...

# D.3 Punti grammaticali

## Il presente indicativo dei verbi della prima coniugazione

| | |
|---|---|
| **Lavoro** a Roma. | *I work in Rome.* |
| Il professore **parla** italiano. | *The professor speaks Italian.* |
| **Impariamo** italiano. | *We are learning Italian.* |
| Gianni e Dario **studiano** inglese. | *Gianni and Dario study English.* |

1. There are three verb conjugations in Italian, commonly referred to as **-are, -ere,** and **-ire** verbs, for the endings of their infinitives. Verbs of the first conjugation end in **-are.** The present tense of **-are** verbs is formed by dropping the infinitive ending and adding the following endings to the stem.

| **abitare** (*to live*) | | | |
|---|---|---|---|
| (io) | abit**o** | (noi) | abit**iamo** |
| (tu) | abit**i** | (voi) | abit**ate** |
| (lui/lei/Lei) | abit**a** | (loro) | abit**ano** |

2. The present tense in Italian corresponds to English *I live, I am living, I do live.* Remember: subject pronouns need not be used except for emphasis.

3. Verbs ending in **-care** and **-gare** require that an **h** be inserted in the **tu** and **noi** forms to represent the hard **c** or **g** sound.

| **pagare** (*to pay for*) | | | |
|---|---|---|---|
| (io) | pago | (noi) | pag**h**iamo |
| (tu) | pag**h**i | (voi) | pagate |
| (lui/lei/Lei) | paga | (loro) | pagano |

| **cercare** (*to look for*) | | | |
|---|---|---|---|
| (io) | cerco | (noi) | cer**ch**iamo |
| (tu) | cer**ch**i | (voi) | cercate |
| (lui/lei/Lei) | cerca | (loro) | cercano |

4. Verbs ending in **-ciare** and **-giare** maintain the soft **c** or **g** sound throughout the conjugation. These verbs do not require an additional **i** in the **tu** and **noi** forms.

| **mangiare** (*to eat*) | | | |
|---|---|---|---|
| (io) | mangio | (noi) | mangiamo |
| (tu) | mangi | (voi) | mangiate |
| (lui/lei/Lei) | mangia | (loro) | mangiano |

| **lasciare** (*to leave*) | | | |
|---|---|---|---|
| (io) | lascio | (noi) | lasciamo |
| (tu) | lasci | (voi) | lasciate |
| (lui/lei/Lei) | lascia | (loro) | lasciano |

5. Verbs like **studiare** and **sciare** have an **i** in the stem that is pronounced. **Sciare** is a special case because the **i** is stressed in the singular and the **loro** forms. The **tu** form therefore retains the stressed **i** of the stem and the **i** of the verb ending. Compare:

| **studiare** (*to study*) | | | |
|---|---|---|---|
| (io) | studio | (noi) | studiamo |
| (tu) | studi | (voi) | studiate |
| (lui/lei/Lei) | studia | (loro) | studiano |

| **sciare** (*to ski*) | | | |
|---|---|---|---|
| (io) | scio | (noi) | sc**ii**amo |
| (tu) | sc**ii** | (voi) | sciate |
| (lui/lei/Lei) | scia | (loro) | sciano |

6. The following is a list of common **-are** verbs, many of which you have already encountered.

| | | | |
|---|---|---|---|
| **abitare** | *to live* | **incontrare** | *to meet* |
| **arrivare** | *to arrive* | **insegnare** | *to teach* |
| **ascoltare** | *to listen (to)* | **lasciare** | *to leave* |
| **aspettare** | *to wait (for)* | **lavorare** | *to work* |
| **ballare** | *to dance* | **mangiare** | *to eat* |
| **camminare** | *to walk* | **pagare** | *to pay (for)* |
| **cantare** | *to sing* | **parlare** | *to speak* |
| **cercare** | *to look (for)* | **passare** | *to pass/to spend* |
| **comprare** | *to buy* | **pensare** | *to think* |
| **desiderare** | *to desire, to want* | **sciare** | *to ski* |
| **domandare** | *to ask* | **studiare** | *to study* |
| **giocare** | *to play* | **trovare** | *to find* |
| **guardare** | *to look (at)* | **viaggiare** | *to travel* |
| **imparare** | *to learn* | **visitare** | *to visit* |

## Attività

**Una giornata a Roma.** Complete the following sentences with the appropriate form of the verb in parentheses.

1. Kristi (aspettare) Antonella davanti al Colosseo.
2. Loro (guardare) il monumento.
3. Kristi (comprare) una guida turistica.
4. Noi (cercare) una buona pizzeria qui vicino.
5. Antonella e Kristi (mangiare) una pizza.
6. "Kristi, (pagare) tu la cocacola?"
7. Lorenzo (lavorare) al Vaticano ed è una guida eccellente.
8. Lorenzo, Kristi e Antonella (visitare) i musei Vaticani.

**Frasi inventate.** Invent as many sentences as you can, using a subject from column A, the correct form of a verb from column B, and an expression from column C.

*Esempio:* Tu e Pietro insegnate in città.

| A | B | C |
|---|---|---|
| Io e Giorgio | viaggiare | la televisione |
| Tu e Serena | sciare | italiano |
| Il prof. Tozzi | incontrare Kristi | bene |
| Antonella e Lorenzo | arrivare | domani |
| Io | lavorare | sempre |
| Tu | giocare | in città |
| Livia | insegnare | a settembre |
| I due amici | studiare | sulle Alpi |
| | ballare | in un ristorante |
| | guardare | a tennis |

**Amici americani a Roma.** Complete the following stories by choosing an appropriate verb from the list and supplying its correct form.

aspettare parlare arrivare studiare abitare avere

1. Greg ____________ un amico, Antonio, che ____________ a Roma. Quando Greg ____________ all'aeroporto, Antonio ____________ con un cartello (*sign*): "Benvenuto, Greg!" Greg ____________ l'italiano all'università, così lui ____________ con Antonio in italiano. Che bello avere un amico a Roma!

cercare esclamare trovare camminare domandare guardare

2. Kerry e Giulia ____________ nel centro di Roma. Kerry ____________ il Colosseo sulla piantina (*map*), ma non lo ____________. "Dov'è il Colosseo?" Kerry ____________ a Giulia. Loro ____________ insieme la piantina. Kerry ____________ "Ecco (*Here is*) il Colosseo!"

**D** **Sì o no?** Ask whether your partner does the following things.

*Esempio:* studiare italiano
—Studi l'italiano?
—Sì, studio l'italiano. (No, non studio l'italiano.)

1. lavorare dopo le lezioni
2. ballare bene
3. parlare francese
4. abitare in un appartamento
5. giocare a tennis
6. guardare la TV
7. mangiare i broccoli
8. cantare come Pavarotti

**E** **L'intervista.** You are going to interview another student. First, prepare a series of questions asking his/her name, age, and hometown, what he/she studies, does on weekends, does during the summer, etc. Jot down the answers and be ready to present them to the class.

## L'ora

**È mezzogiorno.** **È mezzanotte.** **Sono le tre e mezzo.** **Sono le otto e un quarto.** **Sono le undici meno un quarto.**

1. In Italian, there are two ways to ask the time: **Che ora è?** and **Che ore sono?**

2. To state the time, use **sono le** + *hour.*

   —Che ore sono?
   —Sono le due. *It is two o'clock.* —Sono le sette. *It's seven o'clock.*

   The article is feminine plural because **le ore** (*hours*) is feminine plural.

   Only for noon, midnight, and one o'clock is the verb singular. No article is used for noon or midnight; the singular article is used for one o'clock.

   **È mezzogiorno.** **È mezzanotte.** **È l'una.**

3. To express minutes past the hour, use *the hour* + **e** + *number of minutes.*

   Sono le tre **e dieci.** *It is ten past three.*
   Sono le dieci **e venti.** *It is twenty past ten.*
   Sono le nove **e trentacinque.** *It is nine thirty-five.*

4. To express quarter- and half-hours, use the following expressions.

   Sono le quattro **e mezzo.** *It is four-thirty.*
   Sono le cinque **e un quarto.** *It is a quarter past five.*

   The half-hour may be expressed **e mezzo** or **e mezza.** A quarter-hour requires the indefinite article **un.**

5. Minutes before the hour are expressed using **meno.**

| | |
|---|---|
| Sono le cinque **meno** dieci. | *It is ten to five.* |
| Sono le undici **meno** venti. | *It is twenty to eleven.* |
| È l'una **meno** un quarto. | *It is a quarter to one.* |

6. To ask what time something happens, use **a che ora** + *a verb.* To state the time when something happens, use the preposition **a.**

| | |
|---|---|
| —**A che ora** mangi? | —*When (At what time) are you eating?* |
| —**All'**una. | —*At one.* |
| **Alle** otto di sera, guardo la TV. | *At eight in the evening, I watch TV.* |
| Arrivo alla lezione **alle** nove. | *I come to class at nine o'clock.* |
| **A** mezzanotte, sono stanco. | *At midnight, I'm tired.* |

7. The 24-hour clock is used in Italy for train schedules, television and movie schedules, and other official business; a decimal point instead of a colon is used when writing times. For instance, 1:30 P.M. is expressed as 13.30 and 8:45 P.M. as 20.45.

| | |
|---|---|
| Il treno arriva alle quindici e quindici. | *The train arrives at 3:15 P.M.* |
| Sono le venti e cinquantacinque. | *It's 8:55 P.M.* |

8. The expressions **di mattina, di pomeriggio, di sera,** and **di notte** are used to distinguish A.M. and P.M.

| | |
|---|---|
| Ho lezione alle otto di mattina e alle tre di pomeriggio. | *I have class at eight in the morning and at three in the afternoon.* |
| Guardo la TV alle otto di sera. | *I watch TV at eight in the evening.* |

## Attività

**Che ore sono?** Take turns asking and telling the time, using the times listed.

*Esempio:* —Che ore sono? (2.45)
—Sono le due e quarantacinque/le tre meno un quarto.

1. 8.10
2. 3.30
3. 1.15
4. 4.40
5. 11.25
6. 5.45
7. 12.00 P.M.
8. 6.30
9. 2.15
10. 11.55

**La routine del professor Marchetti.** Say what Professor Marchetti does at the times indicated.

*Esempio:* mangia qualcosa (7.15)
Il professor Marchetti mangia qualcosa alle sette e un quarto/alle sette e quindici.

1. guarda il telegiornale (7.00)
2. arriva a scuola (8.35)
3. inizia (*begins*) la lezione (9.05)
4. incontra gli studenti (10.30)
5. mangia alla mensa (*cafeteria*) (12.00)
6. telefona a sua moglie (*wife*) (2.15)

**Che cosa guardiamo?** On the TV schedule, find four programs you want to watch. Tell your partner the title of each program, what type of program it is, which channel it is on, and at what time. Use the preposition **su** to express "on (a particular channel)."

*Esempio:* Su Raidue alle 20.55 c'è il calcio: Coppa Italia.

**RAIUNO**

18.40 L'EREDITÀ Conduce Amadeus
20.00 TELEGIORNALE
20.30 FANTASTICO! 50 ANNI INSIEME

21.00 **Qualcosa è cambiato** Conduce **Alda D'Eusanio** Regia Cristiano D'Alisera

23.15 TG 1
23.20 PORTA A PORTA Conduce Bruno Vespa Regia Marco Aleotti
0.55 TG 1 - NOTTE

**RAIDUE**

17.15 JUANITO JONES Cartoni
17.25 CALCIO: Coppa Italia *Quarti di finale: di Inter - Udinese (ritorno)* 18.20 Tg 2
19.30 IL CLOWN Telefilm "La sorella" Con Sven Martinek, Diana Frank
20.20 IL LOTTO ALLE OTTO
20.30 TG 2 20.30

20.55 **Calcio:** Coppa Italia *Quarti di finale Juventus - Perugia (ritorno)* Nella foto: **Pavel Nedved**

23.00 TG 2
23.05 BULLDOZER Conducono Federica Panicucci Enrico Bertolino Con Aida Yespica Regia Celeste Laudisio
0.30 NATI A MILANO

**RAITRE**

19.00 TG 3
19.30 TG REGIONE - TG REGIONE METEO
20.00 RAI SPORT TRE
20.10 BLOB
20.30 UN POSTO AL SOLE

21.00 **Mi manda Raitre** Conduce **Piero Marrazzo** Regia Fulvio Loru

23.05 TG 3
23.10 TG REGIONE

**CANALE 5**

18.40 PASSAPAROLA Conduce Gerry Scotti Regia Stefano Mignucci
20.00 TG 5 - METEO 5
20.30 STRISCIA LA NOTIZIA LA VOCE DELLA RENITENZA

21.00 **Con le unghie e con i denti** Con Manuela Arcuri, **Antonella Ponziani**, Antonio Giuliani, Giampaolo Morelli Regia Pier Francesco Pingitore 2ª parte

23.00 MAURIZIO COSTANZO SHOW Conduce Maurizio Costanzo Regia Paolo Pietrangeli
1.00 TG 5 NOTTE - METEO 5
1.30 STRISCIA LA NOTIZIA LA VOCE DELLA RENITENZA Conducono Ezio Greggio Enzo Iacchetti (Replica)
2.00 LABORATORIO 5

**RETE 4**

18.55 TG 4 - TELEGIORNALE Meteo 4
19.35 SIPARIO DEL TG 4 Conduce Francesca Senette
20.10 WALKER TEXAS RANGER Telefilm "Libertà vigilata" Con Chuck Norris, Clarence Gyliard, Sheere J. Wilson, Noble Willingham

21.00 **Top Secret** "Lady Diana: il caso è aperto" Conduce **Claudio Brachino** Regia Giovanni Giovannini

23.00 IMMAGINE Con Emanuela Folliero
23.05 DIANA: LA PRINCIPESSA DEL POPOLO Film TV Regia Gabrielle Beaumont Con Amy Seccombe, George Jackos, Anthony Valentine (Biografico, 1998) Tgcom Meteo
1.05 TG 4 RASSEGNA STAMPA

# Immagini e parole

## *La geografia del Bel Paese*

For self-tests and practice of unit topics, go to the website for *Parliamo italiano!*, accessible at **http://college.hmco.com.**

View video episode 1, *Visitare* (*Roma*), and do the activities in the Workbook.

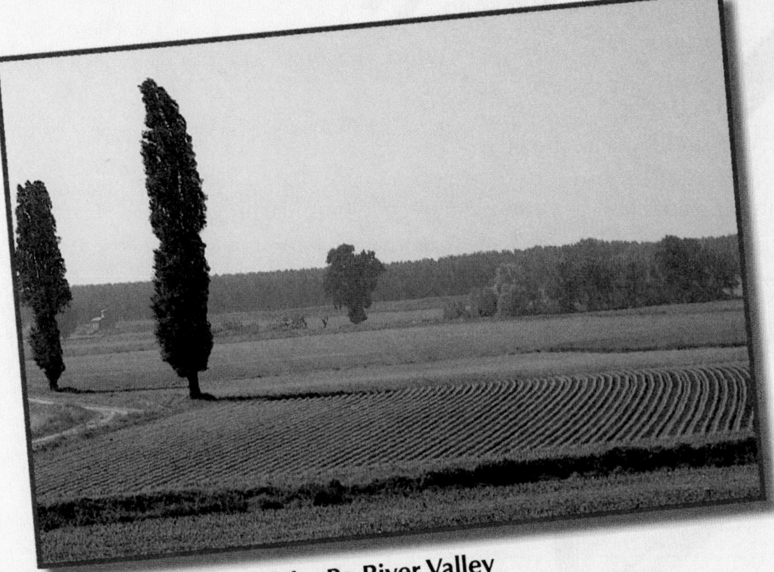

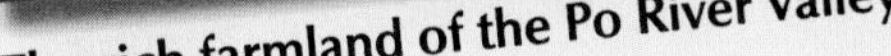
The rich farmland of the Po River Valley

Lago di Garda

**Identificazioni.** The following reading describes the varied geography of the Italian peninsula. Before reading it, look at the map on page 19 and the maps at the beginning and end of the book and try to complete the following sentences accurately.

1. Tre mari che circondano l'Italia sono...
2. Due grandi catene (*chains*) di montagne in Italia sono...
3. Tre importanti fiumi italiani sono...
4. Due vulcani famosi sono...
5. Tre isole italiane sono...
6. La capitale dell'Italia è..., che si chiama anche la...

**B** **Parole analoghe.** Looking for cognates is a useful strategy when learning to read a foreign language. Without pausing to read, scan the text for cognates. Then explain what each one means in English.

*Esempio:* **Penisola** in inglese è *peninsula.*

**C** **Di che cosa parla?** Skim the following reading. Next to each subject, write the number of the corresponding paragraph.

a. _____ le montagne in Italia
b. _____ i mari italiani
c. _____ vulcani e isole
d. _____ la capitale d'Italia
e. _____ le pianure e i fiumi

L'Italia offre un panorama ricco e vario. La penisola italiana è a forma di stivale. Il Mar Mediterraneo si chiama anche Mar Ligure, Mar Tirreno, Mar Ionio e Mar Adriatico.

A nord ci sono le Alpi, una gigantesca barriera con la più alta montagna d'Europa, il Monte Bianco. La catena° degli Appennini è come la spina dorsale° della penisola.

chain / spine

Il fiume più lungo d'Italia si chiama Po e attraversa il Nord del paese. La Val Padana è una grande pianura lungo il Po. Altri fiumi importanti sono il Ticino (al nord), l'Arno, il Tevere (al centro) e il Liri (al sud).

In Italia ci sono alcuni vulcani attivi (il Vesuvio, l'Etna, lo Stromboli) e tante isole. Due grandi isole, la Sicilia e la Sardegna, sono anche regioni. Poi ci sono isole più piccole, come l'Isola d'Elba, Ischia e Capri, con bellissime spiagge e un mare azzurro. Il clima varia molto dal nord al sud.

Roma è la capitale ed è considerata la culla° della civiltà occidentale° e anche il cuore° del Cattolicesimo. Perciò° è chiamata "La Città Eterna". Conoscete° il detto: "Tutte le strade portano a Roma"? Allora, quando vi porterà° la vostra strada nel Bel Paese?

cradle / Western civilization / heart / Thus / Do you know / will bring you

Attività

**Comprensione: abbinamenti.** Find the phrase in the right-hand column that matches each item at the left.

| | |
|---|---|
| 1. Ischia e Capri | a. un altro nome per Roma |
| 2. Val Padana | b. due piccole isole con bellissime spiagge |
| 3. le Alpi | c. la forma della penisola italiana |
| 4. Città Eterna | d. la zona del fiume Po |
| 5. uno stivale | e. una gigantesca barriera fra l'Italia e il resto d'Europa |

**Un, uno, una o un'.** Complete the following paragraph with the appropriate indefinite articles.

L'Italia è ______ nazione a forma di ______ stivale. Ci sono venti regioni in Italia. ______ regione si chiama Lazio. ______ città del Lazio è Roma. ______ fiume del Lazio si chiama Tevere. A Roma ci sono sette colli; ______ colle si chiama Palatino. La Sicilia è ______ isola. In Sicilia c'è ______ vulcano: si chiama Etna ed è come ______ montagna. La Sicilia ha ______ forma triangolare.

C **Spunti di conversazione.** With a partner, look at the table of contents, where you will note that each unit of *Parliamo italiano!* focuses on a particular region of Italy. Find each region on the map on page 19 (also refer to the maps at the beginning and end of the book). Then compose a few statements about the geography of each region.

*Esempio:* —Nel Lazio c'è il fiume Tevere.
—Due città che sono nel Lazio sono Viterbo e Frosinone.
—Il Lazio è sul Mar Tirreno.

# UNA GITA A ROMA

## Scanning for cognates

A useful strategy for reading in Italian is to look for cognates, that is, words that have the same root and therefore look alike and mean the same thing in both languages. Some examples of cognates from the following reading passage are:

**monumentale** *monumental*
**illuminata** *illuminated*
**antica** *antique, ancient*
**termine** *termination*

**Dove andare** (*Where should we go*)? Scan the offerings of the brochure to identify which excursion(s) to take in each case. Remember to use cognates to help you understand.

1. You want to see the Trevi fountain.
2. You want to see the Catacombs.
3. You want to have dinner in a restaurant that offers a local wine and musical accompaniment.
4. You want to have an audience with the Pope.
5. You have only Tuesday morning free.

# Le escursioni da Roma

**Roma Monumentale***
€27
EFFETTUAZIONE
mattina
(termine ore 12.00 circa)

*Fontana di Trevi (sosta) • Pantheon (visita) • Piazza Navona (sosta) • Basilica di San Pietro (visita).*

**Roma Antica***
€27
EFFETTUAZIONE
pomeriggio
(termine ore 17.30/18.00 circa)

*Piazza del Campidoglio (visita) • • Fori Romani e Fori Imperiali (panoramica) • Colosseo (panoramica) • Basilica di San Paolo Fuori le Mura (visita).*

**Musei Vaticani**
€38
EFFETTUAZIONE
mattina
(termine ore 12.00 circa)

*Musei Vaticani (visita, non effettuata la domenica e durante le festività religiose. L'orario potrebbe essere anticipato durante i periodi di grande affluenza).*

**Roma Cristiana**
€32,50
EFFETTUAZIONE
pomeriggio
(termine ore 17.30/18.00 circa)

*Basilica di S. Maria Maggiore (visita) • Scala Santa (visita) • Basilica di S. Giovanni in Laterano (visita) • Via Appia Antica (panoramica) • Catacombe (visita).*

**Tivoli**
€40
EFFETTUAZIONE
tutti i pomeriggi escluso lunedì

*Villa Adriana (visita) • Tivoli-Villa d'Este (visita).*

**Roma Illuminata**
€28,50
EFFETTUAZIONE
sera - con assistente
(durata circa 2 ore - impianto audio con cuffie in pullman)

*Via Veneto (panoramica) • Fontana di Trevi (fermata) • Piazza Venezia (panoramica) • Colosseo (panoramica) • Piazza Navona (fermata).*

**Roma di Notte**
€62
EFFETTUAZIONE
sera - con assistente

*Dopo l'escursione Roma Illuminata, cena a quattro portate incluso vino locale in un ristorante selezionato con accompagnamento musicale.*

**Udienza Papale**
€27
EFFETTUAZIONE
mercoledì mattina

*Fontana delle Naiadi • Villa Borghese • Villa Giulia • Castel S. Angelo • Piazza San Pietro per l'Udienza Papale.*

(*) PER PERMETTERE DI APPREZZARE MEGLIO ALCUNI MONUMENTI NON RAGGIUNGIBILI IN PULLMAN, PARTE DI QUESTE ESCURSIONI VENGONO EFFETTUATE A PIEDI.

**Benedizione Papale nella Città del Vaticano**
€27
EFFETTUAZIONE
domenica mattina

*Alla fine dell'escursione Roma Monumentale, sosta in Piazza San Pietro per la Benedizione del Papa (non viene effettuata nel periodo estivo).*

**Benedizione Papale a Castelgandolfo**
€30
EFFETTUAZIONE
domenica mattina

*Piazza della Repubblica • Fontana della Naiadi • Mercato di Traiano • Torre delle Milizie • Piazza Venezia • Colosseo • Caracalla • Via Appia Antica • Lago di Albano (fermata) • Castelgandolfo (fermata per assistere alla Benedizione del Papa)*

**ORARI DI PARTENZA DAGLI HOTEL**

| HOTEL | MATTINA | POMERIGGIO | SERA |
|---|---|---|---|
| Midas | 07:30 | 14:00 | 19:00 |
| Villa Pamphili | 08:00 | 14:00 | 19:00 |
| Genio | 08:10 | 14:10 | 19:00 |
| Bled - Canada - Corot<br>Portamaggiore - Galeno<br>Rimini- Sofitel<br>Il Piccolo - Athena | 08:15 | 14:15 | 19:15 |
| Cicerone - Claridge - Colonna -<br>Dei Mellini - Ara Pacis | 08:20 | 14:20 | 19:20 |
| Marconi - Astoria Garden | 08:30 | 14:30 | 19:30 |
| De Petris - Imperiale<br>Jolly V. Veneto - Palatino | 08:40 | 14:40 | 19:30 |
| Seiler | 08:45 | 14:45 | 19:45 |
| Santa Prassede<br>(c/o bus terminal P.zza dell'Esquilino 6) | 09:15 | 15:15 | 20:15 |

ORARI DEI PICK UP E MODALITÀ DI EFFETTUAZIONE DELLE ESCURSIONI, POTREBBERO VENIR MODIFICATI IN OCCASIONE DELL'INTRODUZIONE DELLA NUOVA NORMATIVA PER IL TRAFFICO • LE ESCURSIONI VENGONO EFFETTUATE IN PULLMAN GRAN TURISMO • PARTENZA DALL'HOTEL E RIENTRO IN HOTEL O NELLE IMMEDIATE VICINANZE • PER ACCEDERE ALLE BASILICHE, CHIESE E MUSEI VATICANI I PARTECIPANTI SONO INVITATI A INDOSSARE ABITI ADATTI A LUOGHI SACRI • POSSIBILITÀ DI PRENOTARE ESCURSIONI IN PARTENZA DA ROMA PER ASSISI, ORVIETO, FIRENZE, CAPRI, POMPEI E SORRENTO

Attività

 **Roman holiday.** Consult the brochure more closely in order to identify the following information in Italian.

1. The hotel with the earliest departures
2. Two monuments you can visit on the **Roma Antica** tour
3. Which is the most expensive tour
4. What day you can have a papal audience
5. Which tour is available every afternoon except Monday

**C** **A Roma con la guida turistica.** With a partner, plan an itinerary for three days in Rome. You have little time, but want to see as much as possible. Plan visits for each morning, afternoon, and evening.

| | mattino | pomeriggio | sera |
|---|---|---|---|
| **venerdì** | | | |
| **sabato** | | | |
| **domenica** | | | |

# SCRIVIAMO ITALIANO!

## Keeping a journal

A good way to practice Italian is to keep a journal. In it, you can write down, for example, the things you want to or have to do (use the infinitive of the verb!), titles of books you want to read, movies you want to see, etc. Remember that many words that are capitalized in English are not capitalized in Italian: days of the week, months of the year, and the pronoun **io.** With titles of books, articles, and films, only the very first word is capitalized, for example, *La dolce vita* (a film by Federico Fellini).

 **La settimana.** On the first page of a new notebook, write the days of the week and the corresponding dates. For example:

lunedì il 6 settembre
martedì il 7 settembre, etc.

Using Kristi's datebook on page 42 as a guide, make a brief entry in Italian about your planned activities for each day of the week.

 **Caro diario.** Now, using your datebook entry as a guide, write your first journal entry in your notebook about next week's activities. You may want to refer to Kristi's journal entry on page 43 and the list of verbs you've learned on page 46 to inspire you.

## Vocabolario

### I luoghi e la città

| | |
|---|---|
| la chiesa | *church* |
| la città | *city* |
| il colle/la collina | *hill* |
| il fiume | *river* |
| la fontana | *fountain* |
| l'isola | *island* |
| il lago | *lake* |
| il mare | *sea* |
| la montagna | *mountain* |
| il monumento | *monument* |
| il museo | *museum* |
| il paese | *country, small town* |
| la penisola | *peninsula* |
| la pianura | *plain* |
| la piazza | *square, plaza* |
| il ponte | *bridge* |
| le rovine (*f. pl.*) | *ruins* |
| la spiaggia | *beach* |
| lo stivale | *boot* |
| la strada | *street* |
| la torre | *tower* |
| la via | *road* |
| il vulcano | *volcano* |
| | |
| est | *east* |
| nord | *north* |
| ovest | *west* |
| sud | *south* |

### Il calendario

| | |
|---|---|
| l'anno | *year* |
| il compleanno | *birthday* |
| il fine settimana | *weekend* |
| il giorno | *day* |
| il mattino/la mattina | *morning* |
| il mese | *month* |
| gennaio | *January* |
| febbraio | *February* |
| marzo | *March* |
| aprile | *April* |
| maggio | *May* |
| giugno | *June* |
| luglio | *July* |
| agosto | *August* |
| settembre | *September* |
| ottobre | *October* |
| novembre | *November* |
| dicembre | *December* |
| la notte | *night* |
| il pomeriggio | *afternoon* |
| la sera | *evening* |
| la settimana | *week* |
| lunedì | *Monday* |
| martedì | *Tuesday* |
| mercoledì | *Wednesday* |
| giovedì | *Thursday* |
| venerdì | *Friday* |
| sabato | *Saturday* |
| domenica | *Sunday* |
| la stagione | *season* |
| l'autunno | *autumn/fall* |
| l'estate (*m.*) | *summer* |
| l'inverno | *winter* |
| la primavera | *spring* |
| d'estate/in estate | *in the summer* |
| il tempo | *time, weather* |
| | |
| l'altro ieri | *day before yesterday* |
| ieri | *yesterday* |
| oggi | *today* |
| domani | *tomorrow* |
| dopodomani | *day after tomorrow* |

## Verbi

| | |
|---|---|
| avere | *to have* |
| c'è/ci sono | *there is/there are* |
| essere | *to be* |

## Espressioni idiomatiche con *avere*

| | |
|---|---|
| avere … anni | *to be . . . years old* |
| avere bisogno di | *to need* |
| avere caldo | *to be hot* |
| avere fame | *to be hungry* |
| avere freddo | *to be cold* |
| avere fretta | *to be in a hurry* |
| avere paura (di) | *to be afraid (of)* |
| avere ragione | *to be right* |
| avere sete | *to be thirsty* |
| avere sonno | *to be sleepy* |
| avere torto | *to be wrong* |
| avere voglia di | *to want* |

## Verbi in *-are*

| | |
|---|---|
| abitare | *to live* |
| arrivare | *to arrive* |
| ascoltare | *to listen (to)* |
| aspettare | *to wait (for)* |
| ballare | *to dance* |
| camminare | *to walk* |
| cantare | *to sing* |
| cercare | *to look (for)* |
| comprare | *to buy* |
| desiderare | *to desire, to want* |
| domandare | *to ask* |
| giocare | *to play* |
| guardare | *to look (at)* |
| imparare | *to learn* |
| incontrare | *to meet* |
| insegnare | *to teach* |
| lasciare | *to leave* |
| lavorare | *to work* |
| mangiare | *to eat* |
| pagare | *to pay (for)* |
| parlare | *to speak* |
| passare | *to pass/to spend* |
| pensare | *to think* |
| sciare | *to ski* |
| studiare | *to study* |
| trovare | *to find* |
| viaggiare | *to travel* |
| visitare | *to visit* |

## L'ora

| | |
|---|---|
| a che ora… ? | *at what time . . . ?* |
| che ora è/sono? | *what time is it?* |
| è mezzanotte | *it's midnight* |
| è mezzogiorno | *it's noon* |
| sono le tre e mezzo | *it's half past three* |
| sono le otto e un quarto | *it's a quarter past eight* |
| sono le undici meno un quarto | *it's a quarter to eleven* |

## Altre parole ed espressioni

| | |
|---|---|
| anch'io | *me too* |
| bravo/a! | *good for you!/well done!* |
| cavarsela: me la cavo, te la cavi bene | *to get by: I get by, you get by just fine* |
| d'accordo | *agreed* |
| davvero | *really* |
| dov'è? | *where is?* |
| è aperto | *it's open* |
| è chiuso | *it's closed* |
| è il massimo | *it's the greatest* |
| (non) è vero | *it's (not) true* |
| esatto | *exactly* |
| fare un giro | *to go for a stroll* |
| figurati! | *don't mention it!* |
| ma scherzi! | *you're joking!* |
| non vedo l'ora di… | *I can't wait to . . .* |
| per la prima volta | *for the first time* |
| prego | *you're welcome* |
| essere stanco | *to be tired* |
| ti presento… | *let me introduce you to . . .* |
| va bene | *OK/that's fine* |
| davanti a | *in front of* |
| dietro a | *behind* |
| lontano da | *far from* |
| vicino a | *near* |

# UNITÀ 2

# Studiare

## IMPARIAMO L'ITALIANO!

Students on Vespas and bicycles, University of Bologna

## COMMUNICATIVE GOALS

- Talking about school
- Using the plural
- Expressing possession
- Expressing likes and dislikes

# A LA LEZIONE

For additional practice on the vocabulary and grammar introduced in this unit, go to **Unità 2** on your Multimedia CD-ROM.

## A.1 Si dice così

| | |
|---|---|
| **la classe** | *class (students), classroom* |
| **la lezione** | *class (meeting), lesson* |
| **il corso** | *course* |
| **il compito** | *homework* |
| **la scrivania** | *desk* |
| **frequentare** | *to attend a school* |
| **seguire un corso/una lezione** | *to take a course* |
| **insegnare** | *to teach* |
| **imparare** | *to learn* |
| **prendere appunti** | *to take notes* |
| **sbagliare** | *to make a mistake* |
| **corretto, sbagliato** | *correct, incorrect* |

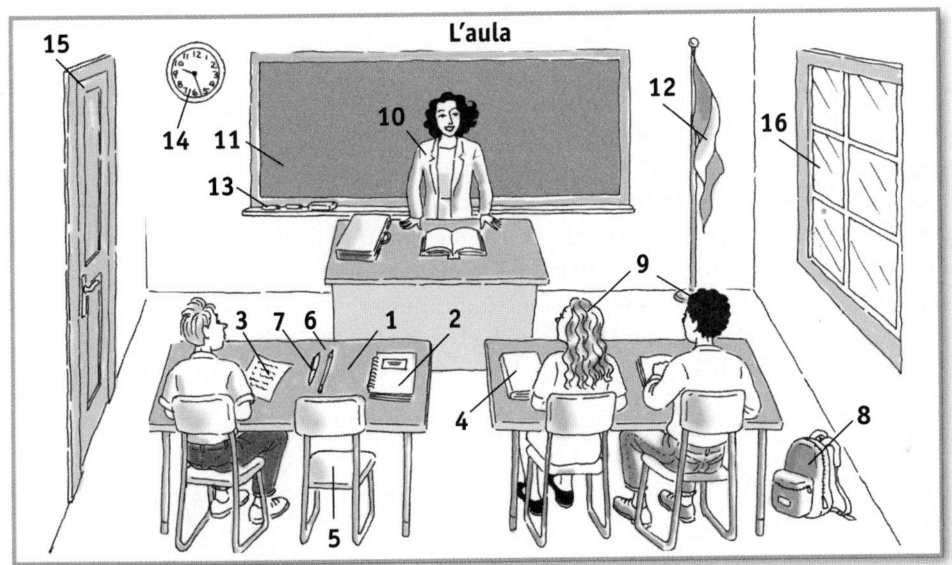


1. il banco
2. il quaderno
3. il foglio di carta
4. il libro
5. la sedia
6. la matita
7. la penna
8. lo zaino
9. lo studente/la studentessa
10. la professoressa
11. la lavagna
12. la bandiera
13. il gesso
14. l'orologio
15. la porta
16. la finestra

### Attività

**A Qualcosa non va** (*Something is not right*). Find the word that belong.

1. ballare / frequentare / insegnare / imparare
2. la scrivania / il banco / il fiume / la sedia
3. il gesso / la penna / la matita / la bandiera
4. lo studente / l'orologio / la studentessa / il professore
5. la porta / lo studente / la lavagna / la finestra
6. il quaderno / la classe / la lezione / il corso

 **In aula.** With a partner, take turns asking and answering whether the following things are present in your classroom.

*Esempio:* un orologio
—C'è un orologio?
—Sì, c'è un orologio. / No, non c'è un orologio.

1. una bandiera
2. un computer
3. uno stereo
4. una lavagna
5. molti libri
6. un banco
7. due finestre
8. un professore

 **Studenti e professori.** Prepare a list of activities typical of students while your partner lists activities typical of professors. Then compare your lists.

*Esempio:* lo studente: frequentare la scuola, studiare...
il professore: insegnare la lezione...

**Lo sapevi che... ?**

In Italy, there are several kinds of high school: the **liceo classico,** where Greek and Latin are required; the **liceo scientifico,** for natural sciences; the **liceo linguistico,** where students study several modern languages; and the **liceo artistico,** for the arts. Students decide which they want to attend on the basis of interests and aptitude. Students may also opt for a **scuola professionale,** which trains nurses, electricians, etc., or an **istituto tecnico,** which trains accountants and the like.

## A.2 Incontro

**In aula.** *Alberto e Silvia sono studenti di un liceo classico a Parma. Sono in aula prima della° lezione di greco.* — *before*

ALBERTO: Ciao, Silvia! Che cosa leggi?

SILVIA: Ciao, Alberto! Leggo il libro di greco.

ALBERTO: Io odio° il greco! Accidenti, oggi c'è un test! Tu sei brava, ma io non sono preparato per la lezione. — *hate*

SILVIA: No, non sono così brava come pensi, ma se il professore mi chiede la traduzione ... per lo meno° sono preparata. — *at least*

ALBERTO: (*cerca nello zaino*) Mamma mia! Ma dov'è il libro di greco? Qui non c'è! Accidenti! Non ho il testo, non ho un quaderno, non ho una penna...

SILVIA: Non hai un quaderno? Ma, Alberto! Ecco! Prendi una penna e un foglio di carta, così prendi appunti.

ALBERTO: Grazie, Silvia! Sei una vera amica! Aiuto, ecco il professore di greco!

## Attività

**A** **Ascoltiamo!** While listening to the **Incontro,** mark whether the following statements are true or false **(vero o falso).** After listening, correct the false statements.

| | Vero | Falso |
|---|---|---|
| 1. Alberto e Silvia sono studenti di un liceo linguistico. | ______ | ______ |
| 2. Gli studenti del liceo classico imparano il greco. | ______ | ______ |
| 3. Silvia legge il libro di latino. | ______ | ______ |
| 4. Alberto non è preparato per la lezione. | ______ | ______ |
| 5. Silvia ha una penna e un foglio di carta per Alberto. | ______ | ______ |
| 6. Alberto dice "Aiuto" perché arriva la mamma. | ______ | ______ |

**B** **L'orario di Silvia.** Read the following questions to your partner, who will answer using Silvia's class schedule. Then check whether the answers are correct.

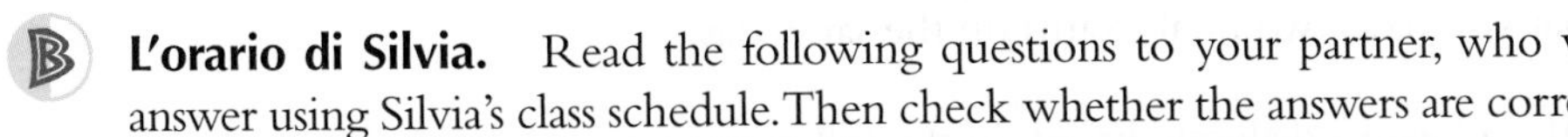

LICEO CLASSICO "TORQUATO TASSO"
**Orario settimanale SEZIONE III B**

| | Lunedì | Martedì | Mercoledì | Giovedì | Venerdì | Sabato |
|---|---|---|---|---|---|---|
| **8.30–9.30** | Italiano | Latino | Scienze | Greco | Italiano | Matematica |
| **9.30–10.30** | Italiano | Greco | Inglese | Italiano | Storia | Geografia |
| **10.30–11.30** | Latino | Storia | Greco | Storia | Inglese | Ed. fisica |
| **11.30–12.30** | Scienze | Filosofia | Filosofia | Ed. fisica | Matematica | Scienze |
| **12.30–13.30** | Religione | Fisica | Latino | Matematica | Greco | Filosofia |

1. Dove studia Silvia?
2. Quante (*how many*) lezioni d'italiano ha alla settimana?
3. Quando ha la lezione di latino?
4. Quali lezioni ci sono il venerdì?
5. Quali giorni ha la lezione di scienze?
6. Silvia ha lezione il sabato? E la domenica?

**C** **Cosa c'è nello zaino?** Make a list of several items that might be in your partner's backpack. Then ask him/her about each item.

*Esempio:* —Hai una matita nello zaino?
—Sì, ho una matita. / No, non ho una matita.
—Hai un libro... ?

**In altre parole**

| | |
|---|---|
| **mamma mia!** | *wow!/gosh!* (*literally, "my mother!"*) |
| **come sei bravo/a!** | *you're so good* (*at something*)*!* |
| **accidenti!** | *darn it!* |
| **essere preparato/a** | *to be prepared* |
| **aiuto!** | *help!* |

**D** **Esclamazioni!** What might you say in the following situations? There may be more than one correct answer.

1. A friend tells you she just won a scholarship.
2. Your teacher announces an exam for tomorrow.
3. A friend tells you he got A's on all his exams.
4. You discover you haven't prepared the homework for today's class.
5. You realize that you have two final exams on the same day.

**E** **Come sei bravo!** Create a dialogue based on the following suggestions.

*Student 1.* On the first day of your Italian class, you forget to bring several necessary items. Introduce yourself to the person next to you and tell him/her your predicament.

*Student 2.* You are always 100% prepared for class. On the first day of class, another student tells you that he/she doesn't have several necessary items. Lend them to him/her.

# A.3 Punti grammaticali

## I verbi della seconda coniugazione

| | |
|---|---|
| —Dove **vivete?** | —*Where do you live?* |
| —Io **vivo** a Napoli; Lina **vive** a Pisa. | —*I live in Naples; Lina lives in Pisa.* |
| —**Prendete** appunti? | —*Are you taking notes?* |
| —No, **leggiamo** un libro. | —*No, we are reading a book.* |
| —Chi **risponde** alla domanda? | —*Who is answering the question?* |
| —Gli studenti **rispondono.** | —*The students are answering.* |

1. Verbs of the second conjugation **(la seconda coniugazione)** end in **-ere.** The present indicative of **-ere** verbs is formed by dropping the infinitive stem and adding the following endings.

| **chiudere** (*to close*) | |
|---|---|
| chiud**o** | chiud**iamo** |
| chiud**i** | chiud**ete** |
| chiud**e** | chiud**ono** |

2. Verbs like **conoscere** and **leggere** are pronounced with a hard consonant only in the **io** and **loro** forms.

| **leggere** (*to read*) | |
|---|---|
| leg**go** | leggiamo |
| leggi | leggete |
| legge | leg**gono** |

| **conoscere** (*to know a person or place*) | |
|---|---|
| conos**co** | conosciamo |
| conosci | conoscete |
| conosce | conos**cono** |

3. Verbs like **rimanere** and **tenere** have a slightly irregular form: the **io** and **loro** forms have a **g** before the endings. Note that **tenere** also changes in the **tu** and **lui/lei** forms.

| **rimanere** (*to remain*) | |
|---|---|
| riman**go** | rimaniamo |
| rimani | rimanete |
| rimane | riman**go**no |

| **tenere** (*to keep*) | |
|---|---|
| ten**go** | teniamo |
| tieni | tenete |
| tiene | ten**go**no |

4. Other common **-ere** verbs are:

| | | | | | |
|---|---|---|---|---|---|
| **chiedere** | *to ask/to request* | **mettere** | *to put* | **scendere** | *to descend* |
| **correre** | *to run* | **prendere** | *to take* | **scrivere** | *to write* |
| **crescere** | *to grow* | **ridere** | *to laugh* | **spendere** | *to spend* |
| **decidere** | *to decide* | **rispondere** | *to respond* | **vedere** | *to see* |
| **discutere** | *to discuss* | **rompere** | *to break* | **vivere** | *to live* |
| **dividere** | *to divide* | | | | |

## I verbi della terza coniugazione

| | |
|---|---|
| —**Capisci** l'italiano? | —*Do you understand Italian?* |
| —Sì, **capisco** bene l'italiano. | —*Yes, I understand Italian well.* |
| —**Senti** la musica? | —*Do you hear the music?* |
| —Sì, **sento** la musica. | —*Yes, I hear the music.* |
| **Partono** per Roma. | *They are leaving for Rome.* |
| Loro **spediscono** una lettera. | *They are sending a letter.* |

1. Verbs of the third conjugation **(la terza coniugazione)** end in **-ire** and follow one of the following patterns.

| **sentire** (*to hear, feel*) | |
|---|---|
| sent**o** | sent**iamo** |
| sent**i** | sent**ite** |
| sent**e** | sent**ono** |

| **capire** (*to understand*) | |
|---|---|
| cap**isco** | cap**iamo** |
| cap**isci** | cap**ite** |
| cap**isce** | cap**iscono** |

NOTE: Verbs like **capire** have **-isc-** between the stem and the ending, except in the **noi** and **voi** forms.

2. Some common **-ire** verbs are:

| | | **with *-isc-*** | |
|---|---|---|---|
| **aprire** | *to open* | **finire** | *to finish* |
| **dormire** | *to sleep* | **preferire** | *to prefer* |
| **offrire** | *to offer* | **pulire** | *to clean* |
| **partire** | *to leave* | **spedire** | *to send* |
| **scoprire** | *to discover* | | |
| **seguire** | *to follow* | | |
| **servire** | *to serve* | | |

## Attività

 **Leggi, apri e pulisci.** Form five sentences by combining a subject from the left-hand column with an object from the right-hand column and using the appropriate form of the verb **leggere.**

*Esempio:* Tu leggi i compiti.

| | |
|---|---|
| il professore | l'esame |
| gli studenti | gli appunti |
| io e Marco | gli esercizi |
| voi | il libro |
| io | il tema |

Form five sentences in the same way using the appropriate form of the verb **aprire.**

| | |
|---|---|
| io | la finestra |
| tu e Luisa | la porta |
| tu | il quaderno |
| io e Gino | il libro |
| Beppe e Anna | lo zaino |

Form five sentences in the same way using the appropriate form of the verb **pulire.**

| | |
|---|---|
| Enzo | la scrivania |
| voi | l'aula |
| io | l'appartamento |
| Angelo e Nicola | la stanza |
| noi | la lavagna |

 **Alla lezione d'italiano.** Complete the paragraph with the correct form of the verbs in parentheses.

Quando la professoressa entra nell'aula, tutti (aprire) il libro. Normalmente in classe (noi/parlare) e (discutere) di cose interessanti. Poi (leggere) un dialogo o (sentire) una cassetta mentre la professoressa (scrivere) alla lavagna. Quando uno studente non (capire) una cosa, (chiedere) aiuto alla professoressa, che (rispondere) sempre gentilmente. A volte noi (vedere) un video comico e tutti (ridere). La lezione (finire) alle undici.

**C** **Le colonne.** Form logical sentences using a subject from the first column, a verb from the middle column, and an expression from the third column. Be sure to give the correct form of the verb.

| | | |
|---|---|---|
| la signora | spedire | la banana nello zaino. |
| io | prendere | per l'Europa dopo l'esame finale. |
| i bambini | vivere | il cinese e il giapponese. |
| la studentessa | partire | venti dollari per un libro. |
| la classe | capire | l'autobus per andare a scuola. |
| voi | spendere | una lettera. |
| tu | mettere | in un appartamento. |

**D** **Una sorpresa.** Giulia is describing her day. How would the paragraph change if the subject were **Giulia e Paolo?** If it were **io e Giulia?** Make all the necessary changes.

Oggi rimango a casa e studio. Se lavoro almeno sei ore senza interruzione, forse (*perhaps*) finisco il compito prima di cena. Prima però (*but*) pulisco un po' la scrivania, metto in ordine tutti i libri e prendo tutti i testi necessari dallo scaffale (*bookcase*). Ma ... sento un rumore (*noise*) alla porta. Apro la porta e vedo Gianni. Ciao, Gianni! Benvenuto!

Oggi Giulia e Paolo...

Oggi io e Giulia...

**E** **Al cinema.** Describe what is going on at the movie theater in the drawing. You might want to use some of the following expressions.

aprire / chiudere la porta
cominciare / finire il film
vendere il gelato / spendere / decidere di
ridere / dormire / correre / pulire

 **Il tempo libero.** Find out what your partner does in his/her free time. Ask:

- se legge molto: che cosa?
- se vede molti film: al cinema, in videocassetta o in DVD?
- se vive da solo/a (*alone*), con la famiglia, con amici
- se dorme molto: quante ore al giorno?
- se discute di politica o di sport con gli amici
- se preferisce stare a casa o andare ad una festa
- se spende molti soldi (*money*) durante la settimana: per che cosa?
- se pratica uno sport; se corre regolarmente

#  LA CASA DELLO STUDENTE

## B.1 Si dice così

1. lo scaffale
2. la televisione/il televisore
3. il videoregistratore
4. lo stereo
5. il letto
6. l'armadio
7. la bicicletta
8. il computer
9. le cuffiette

### Parole utili

| | | | |
|---|---|---|---|
| **la casa dello studente/ il dormitorio** | *dormitory* | **la stampante** | *printer* |
| **la biblioteca** | *library* | **il dischetto** | *diskette* |
| **la libreria** | *bookstore* | **la posta elettronica** | *e-mail* |
| **la mensa** | *cafeteria* | **inviare/ricevere messaggi** | *to send/to receive messages* |
| **la palestra** | *gymnasium* | **essere in ritardo** | *to be late* |

**Lo sapevi che... ?**

Italian university students choose a **facoltà** before enrolling at the university; thus they know what subjects they will study when they begin their first year. **Michele si laurea in storia dell'arte** means *Michele is getting a degree in art history* or *Michele is majoring in art history.*

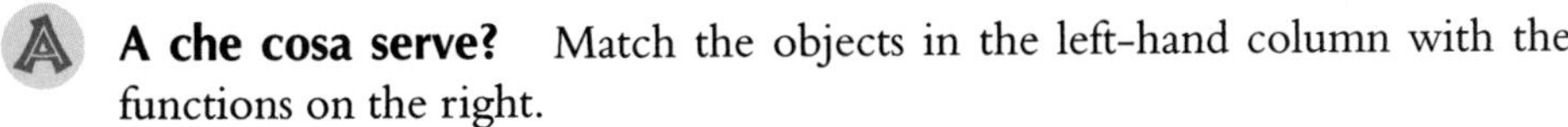


**A** **A che cosa serve?** Match the objects in the left-hand column with the functions on the right.

1. il letto
2. la televisione
3. lo scaffale
4. la posta elettronica
5. il dischetto
6. la stampante
7. l'armadio

a. conservare informazioni per il computer
b. creare una copia dal computer su un foglio di carta
c. dormire
d. riordinare i vestiti (*clothes*)
e. mettere tutti i libri
f. guardare un programma
g. spedire messaggi con il computer

**B** **Dove lo fai?** With a partner, take turns asking where you do the following things. Use the following expressions in your answers: **nello zaino, alla mensa, in aula, a casa, nella camera, in biblioteca, in libreria.**

*Esempio:* prendere appunti
—Dove prendi appunti?
—Prendo appunti in aula.

1. avere la lezione
2. studiare
3. comprare i libri
4. mangiare
5. dormire
6. mettere i quaderni e i libri
7. ascoltare il professore/la professoressa
8. scrivere la posta elettronica

**C** **Cosa c'è nella tua camera?** Ask your partner about the contents of his/her room. Make a list and report to the class.

*Esempio:* —Cosa c'è nella tua camera? Hai una televisione?
—No, non ho una televisione, ma ho un computer...
—Hai... ?

**D** **Lo studente italiano.** Franco is an Italian exchange student who just arrived from Bologna. Naturally, he has lots of questions. Play the part of Franco while your partner attempts to answer your questions.

1. Vivi in un appartamento o in una casa dello studente?
2. Hai un compagno/una compagna di stanza (*roommate*)? Come si chiama?
3. Mangi alla mensa? Se no, dove?
4. Dove studi? in biblioteca? in camera?
5. Lavori? Dove?
6. Hai una televisione a casa? un videoregistratore?

**Lo sapevi che... ?**

Italian universities do not have campuses. Students attend a particular **facoltà,** a division of the university that is usually housed in its own building. **Facoltà** are often scattered throughout the city. Extracurricular activities are minimal, and sports facilities are extremely limited. For studio art and music, one must attend an art school **(l'Accademia di Belle Arti)** or music school **(il Conservatorio di musica)** rather than a university.

## B.2 Incontro

### DOVE SIAMO

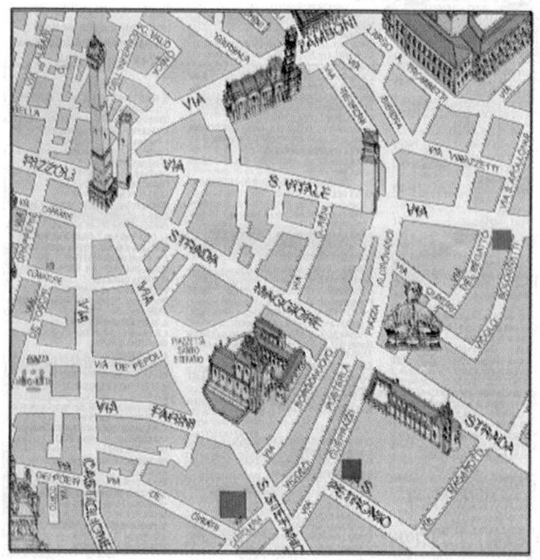


**COLLEGIO ERASMUS**
**Residenza S.Giovanni in Monte**

- Collegio Erasmus (via De'Chiari,8)
- Dependance S.Vitale (via S.Vitale 59/2)
- Appartamento per lunghi soggiorni (via S. Petronio Vecchio, 2)

Dalla STAZIONE
**Autobus:**
**50** (giorni feriali) - fermata **"Cartoleria"**
**11** (giorni festivi) - fermata **"Garganelli"**

Dall'AEREOPORTO
**Autobus:**
**Aereobus** fino alla stazione ferroviaria

**HOME**

- La Residenza è situata nel centro storico della città. Rimane aperta tutto l'anno ad eccezione del mese di agosto.
- È dotata di 31 camere (17 singole e 14 doppie), tutte dotate di bagno, telefono e collegamento Internet.
- Dispone inoltre di sala riunioni, sala televisione, di una dépendance in via S.Vitale con 14 posti e di un appartamento per lunghe permanenze in via S. Petronio Vecchio.

**Collegio Erasmus.** *Milena è studentessa alla Facoltà di Giurisprudenza a Bologna. Cerca una camera nel Collegio Erasmus.*

| | | |
|---|---|---|
| MILENA: | Vorrei una camera nel Collegio Erasmus. | |
| IMPIEGATO:° | Per fortuna ci sono ancora camere disponibili;° una è una camera privata. | *employee / available* |
| MILENA: | Che bello! Va bene, prendo quella. | |
| IMPIEGATO: | Lei ha una borsa di studio?° | *scholarship* |
| MILENA: | Magari! No, pago io. Ecco la carta di credito... | |

**Lo sapevi che... ?**

Most large Italian cities have a public university. The **tasse universitarie** (*tuition*) are very reasonable, less than a thousand dollars a year. There are few private universities in Italy; two of the most famous are the **Università Cattolica** and **La Bocconi,** both located in Milan. University graduates receive the title **dottore** or **dottoressa** and are addressed by this title, even if they do not have a **dottorato** (*Ph.D.*).

## Attività

**Comprensione: Vorrei una camera...** Answer the following questions referring to the information about the Collegio Erasmus. Use complete sentences.

1. Dov'è situato il Collegio Erasmus? In quale via?
2. Quante camere singole ci sono? Quante camere doppie?
3. C'è collegamento Internet?
4. Se prendi l'autobus 50, qual è la fermata per il Collegio Erasmus? Se prendi l'autobus 11, qual è la fermata?
5. Il Collegio è aperto durante il mese d'agosto?

**B** **Posta elettronica.** Write an e-mail message requesting a room at the Collegio Erasmus. Request a single room, and ask if there is a private bath in the room and an Internet hook-up. Ask for the exact address of the residence, and which bus you should take to get there.

***In altre parole***

| | |
|---|---|
| **per fortuna** | *luckily* |
| **che bello!** | *how nice!* |
| **vorrei** | *I would like* |
| **magari!** | *it would be nice, perhaps, if only!* |

**C** **Esclamazioni!** What would you say in the following situations?

1. You don't have to rewrite a composition after all.
2. You are offered a free trip to Rome.
3. A friend gives you a gift.
4. Someone asks if you've finished homework that you just began.

**D** **Magari!** With a partner, take turns asking the following questions and answering appropriately, using **magari!** and **invece** (*instead*) as in the model.

*Esempio:* —Vai in Italia domani?
—Magari! Invece vado alla lezione di biologia.

1. Hai una A in tutti i corsi?
2. Hai una Ferrari Testarossa?
3. Sei preparato/a per l'esame?
4. Canti come Andrea Bocelli?
5. Gli studenti mangiano bene alla mensa?

**E** **La visita al campus.** With a partner, pretend that you are showing an Italian friend around your school. Indicate each building or feature and say a bit about it, answering any questions he/she might have.

*Esempio:* —Ecco una casa dello studente.
—Quante camere ci sono?
—Ci sono sessanta camere.

# B.3 Punti grammaticali

## Il sostantivo plurale

1. Most nouns in Italian change their final vowel endings to form the plural. Regular nouns ending in **-o** or **-e** change to **-i.** Those ending in **-a** change to **-e.**

| nomi femminili | | nomi maschili | |
|---|---|---|---|
| matita | matite | libro | libri |
| aula | aule | zaino | zaini |
| lezione | lezioni | professore | professori |

2. Nouns ending in **-ca** change to **-che** and those ending in **-ga** change to **-ghe** in the plural. The **h** is added to represent the hard **c** or **g** sound.

   bar**ca** (*boat*) — bar**che**; ri**ga** (*line*) — ri**ghe**
   ami**ca** (*friend*) — ami**che**; botte**ga** (*shop*) — botte**ghe**

3. Nouns ending in **-cia** change to **-ce** and those ending in **-gia** change to **-ge** if the **i** is not stressed.

   aran**cia** (*orange*) — aran**ce**; spiag**gia** — spiag**ge**
   provin**cia** (*province*) — provin**ce**; piog**gia** (*rain*) — piog**ge**

   If the **i** is stressed, the **i** is retained, thus nouns ending in **-cia** change to **-cie** and those ending in **-gia** change to **-gie.**

   farma**cia** (*pharmacy*) — farma**cie**; aller**gia** (*allergy*) — aller**gie**

4. Nouns ending in **-co** change to **-chi** and those ending in **-go** change to **-ghi** if the word is stressed on the penultimate (next-to-last) syllable.

| | | | |
|---|---|---|---|
| ar**co** (*arch*) | ar**chi** | fun**go** (*mushroom*) | fun**ghi** |
| tedes**co** (*German*) | tedes**chi** | la**go** | la**ghi** |

BUT: ami**co** ami**ci** gre**co** gre**ci**

Nouns ending in **-co** or **-go** whose stress falls on the antepenultimate (third-to-last) syllable change to **-ci** and **-gi.**

medi**co** medi**ci** psicolo**go** (*psychologist*) psicolo**gi**

5. Nouns ending in **-io** change to **-i** in the plural if the **i** is not stressed.

orolog**io** orolog**i**

When the **i** is stressed, it is retained to form the plural.

**zio** **zii**

6. Nouns of Greek origin ending in **-ma** change to **-mi** and those ending in **-ta** change to **-ti** in the plural.

| | | | |
|---|---|---|---|
| te**ma** | te**mi** | proble**ma** | proble**mi** |
| program**ma** | program**mi** | poe**ta** | poe**ti** |

7. Some nouns are invariable, that is, they do not change in the plural. Nouns ending in a consonant (usually masculine and of foreign origin), an accented vowel, or **i** do not change in the plural.

| | | | |
|---|---|---|---|
| il fil**m** | i fil**m** | il ba**r** | i ba**r** |
| l'autobu**s** | gli autobu**s** | lo spor**t** | gli spor**t** |
| la citt**à** | le citt**à** | il caff**è** | i caff**è** |
| la tes**i** (*thesis*) | le tes**i** | l'oas**i** (*oasis*) | le oas**i** |

## Attività

 **Preparatissima!** Complete each sentence by stating how many of the objects indicated each person has.

*Esempio:* Francesca è preparata—ha tre penne.

1. Piero è preparato—ha (5) quaderno nello zaino.
2. Andrea è puntuale (*punctual*)—ha (15) orologio Swatch.
3. Sandro è studioso—segue (6) lezione.
4. Marta è simpatica—ha (20) amico.
5. Gianni è sportivo—ha (4) bicicletta.
6. Lisa ha fame—mangia (12) biscotto.

**B** **Uno due tre.** Complete the sentences using the plural forms of the nouns listed.

sport fiume facoltà lago liceo giorno mese regione città

Garda, Maggiore e Como sono tre...
Il Po, il Tevere e l'Arno sono tre...
Parma, Bologna e Reggio Emilia sono tre...
Lunedì, mercoledì e sabato sono tre...
Aprile, gennaio e settembre sono tre...
Il calcio, il tennis e lo sci sono tre...
Ingegneria, Medicina e Lettere sono tre...
Classico, scientifico e linguistico sono tre...
La Toscana, il Lazio e l'Emilia-Romagna sono tre...

**C** **Più di uno.** Working with a partner, take turns stating how many things you can count in your classroom. Follow the model.

*Esempio:* —Vedo venti studenti, due finestre...
—Io vedo cinque orologi (*watches*)...

zaino, libro, penna, matita, amico, etc.

## L'articolo determinativo plurale

| | |
|---|---|
| Guardo **i libri.** | *I am looking at the books.* |
| Il professore incontra **gli studenti.** | *The professor meets the students.* |
| Dove sono **gli zaini?** | *Where are the backpacks?* |
| Cerco **le matite.** | *I am looking for the pencils.* |
| Visitano **le università.** | *They are visiting the universities.* |
| Studiate **le scienze** naturali? | *Are you studying the natural sciences?* |

1. The plural forms of the definite article are as follows.

| | Singular | Plural |
|---|---|---|
| masculine nouns beginning with a consonant | **il** compito | **i** compiti |
| masculine nouns beginning with a vowel | **l'**orologio | **gli** orologi |
| masculine nouns beginning with **z** or **s impura** | **lo** zaino | **gli** zaini |
| feminine nouns beginning with a consonant | **la** sedia | **le** sedie |
| feminine nouns beginning with a vowel | **l'**amica | **le** amiche |

2. Some common words are irregular in the plural.

**la** mano (*hand*) **le** mani **l'**uovo (*egg*) **le** uova

3. In Italian, the definite article is repeated before each noun in a series.

| | |
|---|---|
| gli studenti e i professori | *the students and professors* |
| le penne e le matite | *the pens and pencils* |

4. Definite articles are used with courtesy titles such as **signora, signore,** and **signorina,** and with professional titles such as **dottore** and **professore,** when speaking about people but not directly to them.

| | |
|---|---|
| Il dottor Brancusi è di Roma. | *Doctor Brancusi is from Rome.* |
| Scusi, dottor Brancusi, è di Roma? | *Doctor Brancusi, are you from Rome?* |
| La signora Bernardi conosce la professoressa Mancini. | *Signora Bernardi knows Professor Mancini.* |
| Signora Bernardi, parla inglese? | *Signora Bernardi, do you speak English?* |

## Attività

 **Dal singolare al plurale.** Change the following nouns to the plural.

1. il liceo
2. lo zaino
3. lo stato
4. il compito
5. l'aula
6. la classe
7. la biblioteca
8. la lezione
9. la sedia
10. il foglio di carta
11. il film
12. il signore

 **Non vedo l'ora!** Eric will be visiting Italy this spring and is talking about all the things he wants to do. Change the phrases in italics to the plural, as in the example.

*Esempio:* Visito *il monumento.*
Visito i monumenti.

1. Non vedo l'ora di visitare *il museo* per vedere *l'opera* di Michelangelo.
2. Prima desidero visitare *la città* del Sud.
3. Poi ho voglia di vedere *il lago* e *la montagna* del Nord.
4. Forse andiamo a vedere *l'isola.*
5. Non vedo l'ora di conoscere *l'Italiano.*
6. Porto *il libro* con me perché quando torno all'università ho *l'esame.*

**C** **Di chi sono?** Look at the drawings, and then take turns with your partner asking whether certain objects belong to Francesco or Antonella.

*Esempio:* —Di chi è il computer?
—È di Francesco.

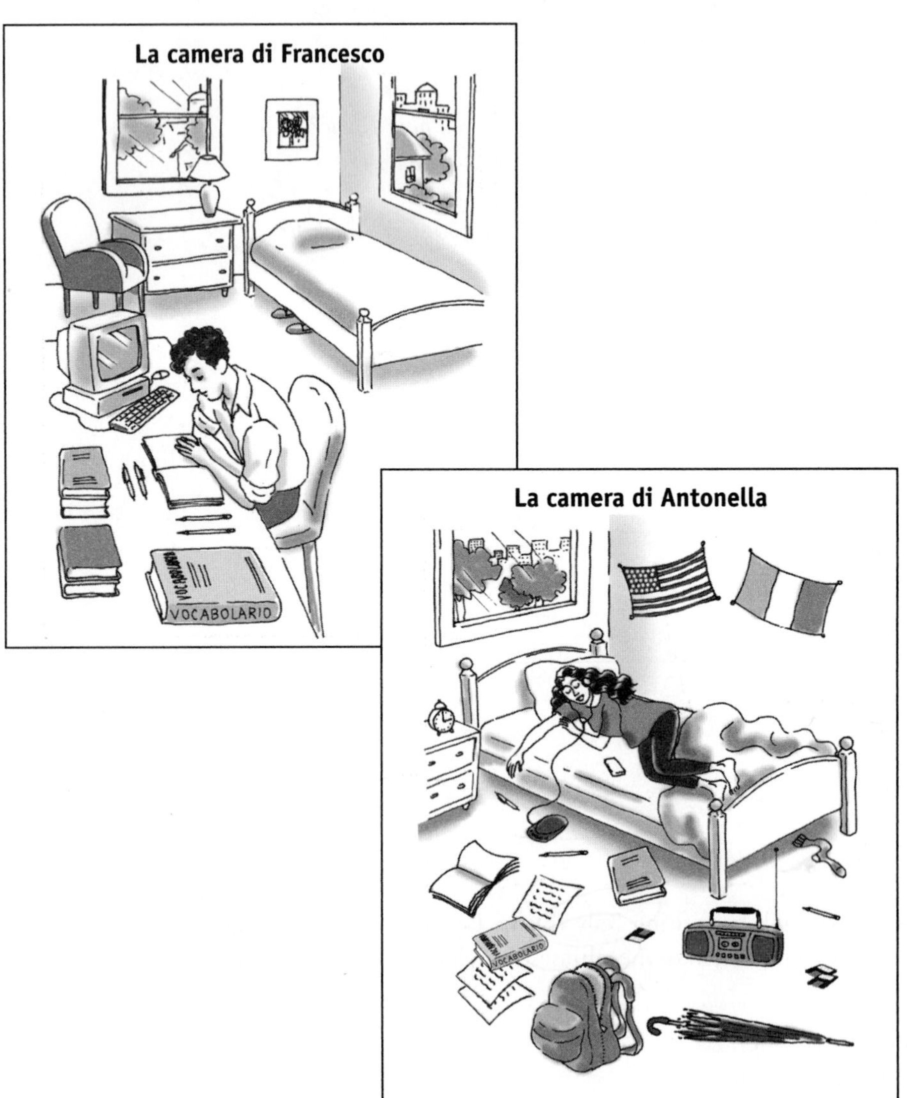


**D** **Cento tipi di pasta.** Did you know that in Italian most types of pasta are referred to in the plural, with the definite article? **Gli spaghetti, le lasagne,** etc. are all plural forms. With a partner, list as many types of pasta as you can. Be sure to include the definite articles.

# C L'UNIVERSITÀ

## C.1 Si dice così

| | | | |
|---|---|---|---|
| **la materia** | *subject* | **laurearsi** | *to graduate* |
| **il tema** | *essay* | **laurearsi in...** | *to major in . . .* |
| **la tesi** | *thesis* | **iscriversi all'università** | *to enroll* |
| **l'esame** (*m.*) | *exam* | **cambiare facoltà** | *to change majors* |
| **il voto** | *grade* | **dare un esame** | *to take an exam* |
| **lo sbaglio** | *mistake* | **facile** | *easy* |
| **essere laureato** | *to have a degree* | **difficile** | *difficult* |

Lettere

Economia e Commercio

Architettura

Ingegneria

Medicina

Giurisprudenza/Legge

INDICAZIONE DEGLI ESAMI | DATA | ESITO DEGLI ESAMI: PROMOSSO con punti | RESPINTO con punti

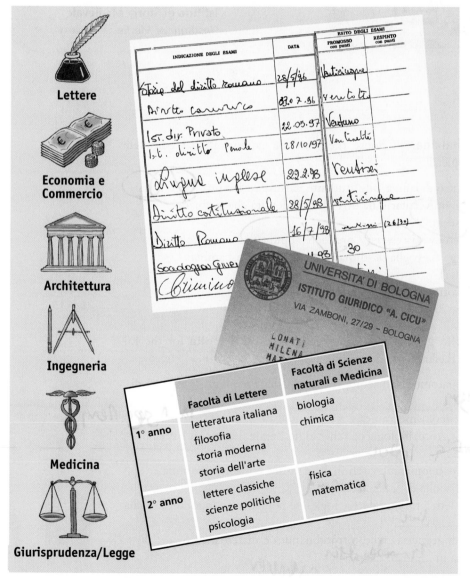

Il libretto (*report card*) di Milena Lonati con i voti

UNIVERSITA' DI BOLOGNA
ISTITUTO GIURIDICO "A. CICU"
VIA ZAMBONI, 27/29 - BOLOGNA

La tessera/ il tesserino (*identification card*) di Milena Lonati

| | Facoltà di Lettere | Facoltà di Scienze naturali e Medicina |
|---|---|---|
| 1° anno | letteratura italiana<br>filosofia<br>storia moderna<br>storia dell'arte | biologia<br>chimica |
| 2° anno | lettere classiche<br>scienze politiche<br>psicologia | fisica<br>matematica |

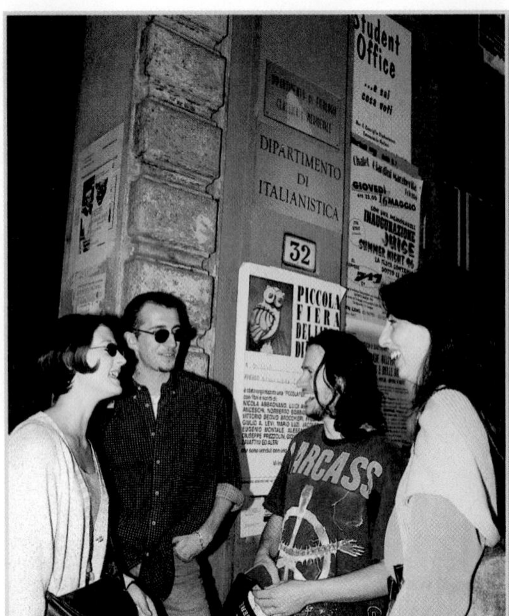


The Italian department, University of Bologna

**Lo sapevi che... ?**

Each **facoltà** contains **dipartimenti** and **istituti.** For instance, the **Facoltà di Lettere** contains the **Dipartimento d'Italianistica** (*Department of Italian Studies*) as well as the **Istituto di Storia Medievale** (*Institute of Medieval History*).

## Attività

**A** **All'università italiana.** Choose the word or expression that completes each sentence logically.

1. Per finire il corso di laurea, uno studente italiano scrive una (tema / tesi).
2. Ogni studente universitario ha una carta d'identità che si chiama (libretto / tesserino).
3. Ogni studente deve (iscriversi / prendere appunti) ad una facoltà.
4. Se uno studente ha voglia di studiare un'altra materia, cambia (laurea / facoltà).
5. L'elenco dei voti si chiama (tesserino / libretto).
6. Dare un esame di medicina è (facile / difficile).

**B** **Qual è la Facoltà giusta?** Choose the appropriate **Facoltà** for the following students. Refer to the drawings on page 75.

1. Laura studia anatomia, farmacologia e ortopedia. Frequenta la Facoltà di ________________.
2. Ivano studia calcolo, meccanica e tecnica. È alla Facoltà di ________________.
3. Stefania studia greco, filologia e archeologia. Segue il corso di laurea in ________________.
4. Marco studia economia internazionale, statistica e macroeconomia. Frequenta la Facoltà di ________________.
5. Renzo studia letteratura moderna, inglese e poesia contemporanea. È alla Facoltà di ________________.
6. Carola studia ingegneria civile, termodinamica e matematica. Segue il corso di laurea in ________________.

**C** **Corsi obbligatori.** Name at least three courses one takes when studying each of the following fields. See the drawings on page 75.

*Esempio:* Uno studente alla Facoltà di Lettere segue corsi di...

1. Lettere 2. Scienze naturali 3. Medicina 4. Ingegneria

**D** **Quali corsi segui?** Ask another student what courses he/she is taking this semester **(questo semestre).** Then ask about each course, using adjectives like **facile, difficile, interessante, noioso** (*boring*), or **divertente** (*fun*).

*Esempio:* —Quali corsi segui questo semestre?
—Seguo un corso di...
—È interessante? ... Segui altri corsi?

**Lo sapevi che... ?**

Italian students consider it bad luck to wish someone good luck **(buona fortuna!)** on an exam or a paper. Instead, they use the expression **In bocca al lupo!** (literally, *In the mouth of the wolf!*). The appropriate response is not **grazie** but **Crepi!** (*May the wolf drop dead!*)

## C.2 Incontro

**Il corso di laurea.** *Giulia e Beppe sono studenti al primo anno all'Università di Bologna. Sono davanti alla Facoltà di Lettere.*

GIULIA: Ciao, Beppe! Come va?

BEPPE: Salve, Giulia! Benone, e tu?

GIULIA: Non c'è male.

BEPPE: Scusa, ma sono di corsa!° La mia lezione di inglese è alle dieci, tra cinque minuti. — ° *in a hurry*

GIULIA: Ah, anch'io studio inglese, ma alla Facoltà di Economia e Commercio.

BEPPE: Economia e Commercio? Ma non studi lettere classiche?

GIULIA: Purtroppo no. Ho cambiato° facoltà. Ora studio economia internazionale, ma non mi piace molto. — ° *I changed*

BEPPE: Mi dispiace! Io sono a Lingue—studio la letteratura americana e canadese.

GIULIA: Che bello!

BEPPE: Se non hai lezione ora, vieni con me!

GIULIA: Magari! Ho diritto internazionale alle undici e scienze politiche alle due e mezzo. Che giornata!

| | | |
|---|---|---|
| BEPPE: | Mamma mia! Sono in ritardo per la mia lezione! Giulia, quando ci vediamo? | |
| GIULIA: | Perché non mangiamo un panino° insieme domani a mezzogiorno? | *sandwich* |
| BEPPE: | D'accordo! Dove? | |
| GIULIA: | Ci troviamo al bar all'angolo.° | *on the corner* |
| BEPPE: | Benissimo! A domani! | |

## Attività

 **Ascoltiamo!** While listening to the **Incontro,** mark whether the phrase refers to Giulia or Beppe.

| | Giulia | Beppe |
|---|---|---|
| 1. Ha lezione tra cinque minuti. | | ✓ |
| 2. Studia inglese alla Facoltà di Economia e Commercio. | ✓ | |
| 3. Ha cambiato facoltà. | ✓ | |
| 4. Studia letteratura americana e canadese a Lingue. | | ✓ |
| 5. Ha una lezione di diritto internazionale. | ✓ | |
| 6. È in ritardo per la sua lezione. | | ✓ |

 **Il programma della settimana.** Find out your partner's weekly routine by asking him/her:

- Quanti corsi segui?
- Quando hai lezione? A che ora?
- Lavori anche? Quando?
- Quando e dove studi?
- Mangi alla mensa? A che ora?

### In altre parole

| | |
|---|---|
| **tra cinque minuti** | *in five minutes* |
| **purtroppo** | *unfortunately* |
| **che giornata!** | *what a day!* |
| **mi dispiace** | *I'm sorry* |
| **quando ci vediamo?** | *when can we get together/see each other?* |
| **ci troviamo...** | *let's meet . . .* |

**C** **Le risposte giuste.** Find an appropriate response in the right-hand column to each question in the left-hand column.

1. Allora, quando ci vediamo?
2. Hai voglia di mangiare un panino alle due?
3. Ho tre lezioni e un appuntamento oggi.
4. Perché non andiamo a ballare stasera?
5. Perché tanta fretta? Hai lezione?

a. Buona idea! Ci troviamo alla discoteca Godzilla.
b. Io sono libero domani mattina. E tu?
c. No, mi dispiace. Ho un appuntamento alle due e mezzo.
d. Povero te! Che giornata!
e. Sì, tra cinque minuti!

**D** **Che giornata!** Comment on Pietro's activities using either **Che bello!** or **Che giornata!**

1. Lunedì Pietro ha quattro lezioni.
2. Martedì Pietro ha un appuntamento al cinema con un'amica.
3. Mercoledì Pietro ha due esami: psicologia e matematica.
4. Giovedì c'è una festa in casa di amici.
5. Venerdì Pietro lavora per sei ore dopo le lezioni.
6. Sabato è il compleanno di Pietro.
7. Pietro passa la domenica con la famiglia.

**E** **Ci troviamo...** On your way to class, you run into a friend from high school you haven't seen for a long time. Greet him/her, then ask what he/she is studying and how it is going. Arrange to meet at the cafeteria at noon so you can talk some more.

# C.3 Punti grammaticali

## L'aggettivo

| | |
|---|---|
| Andrea Bocelli è brav**o.** | *Andrea Bocelli is great.* |
| È un tenore famos**o.** | *He is a famous tenor.* |
| Luisa è simpatic**a.** | *Luisa is nice.* |
| Scrive con le penne ross**e.** | *He/She writes with red pens.* |
| Gli studenti sono giovan**i.** | *The students are young.* |

**1.** Adjectives **(gli aggettivi)** are used to describe people, places, things, and events. In Italian, descriptive adjectives agree in number and gender with the noun they modify. Ordinarily, the adjective follows the noun.

| | |
|---|---|
| Luisa è una ragazza **simpatica.** | *Luisa is a nice girl.* |
| Claudio ha una macchina **veloce.** | *Claudio has a fast car.* |
| Annabella ha gli occhi **azzurri.** | *Annabella has blue eyes.* |
| Gilberto è **biondo.** | *Gilberto is blond.* |

2. Regular adjectives have four forms, ending in **-o** (*masculine singular*), **-a** (*feminine singular*), **-i** (*masculine plural*), and **-e** (*feminine plural*).

| | |
|---|---|
| il professore famos**o** | i professori famos**i** |
| la professoressa famos**a** | le professoresse famos**e** |

Some adjectives end in **-e** in both the masculine and feminine forms, and change to **-i** in the plural.

| | |
|---|---|
| il ragazzo intelligent**e** | i ragazzi intelligent**i** |
| la lezione difficil**e** | le lezioni difficil**i** |

3. Adjectives ending in **-co** and **-go** sometimes require an **h** in the plural to represent the hard **c** and **g** sounds.

| | |
|---|---|
| Abbiamo amiche simpati**che.** | *We have nice (female) friends.* |
| Luciano e Pino sono stan**chi.** | *Luciano and Pino are tired.* |
| Olga e Rita sono tedes**che.** | *Olga and Rita are German.* |
| Olga ha i capelli lun**ghi.** | *Olga has long hair.* |
| BUT: Luca e Gherardo sono studenti atleti**ci.** | *Luca and Gherardo are athletic students.* |

4. Certain common adjectives ordinarily *precede* the nouns they modify.

| | |
|---|---|
| *Beauty:* | bello, brutto |
| *Age:* | nuovo, vecchio, giovane, antico |
| *Goodness:* | bravo, buono, cattivo |
| *Size:* | grande, piccolo |

| | |
|---|---|
| una brutta storia | *a bad story* |
| una nuova macchina | *a new car* |
| un piccolo problema | *a small problem* |
| un bravo ragazzo | *a good boy* |
| un vecchio signore | *an old man* |
| una grande casa | *a big house* |

**Bello, buono,** and **grande** vary in form depending on the noun they modify.

5. An adjective's position may be changed for purposes of emphasis. Compare:

| | |
|---|---|
| È un problema enorme. | *It is an enormous problem.* |
| È un enorme problema per me. | *It is a (really) enormous problem for me.* |
| Pino è un bravo ragazzo. | *Pino is a good boy.* |
| Pino è un ragazzo bravo. | *Pino is a (really) good boy.* |

Sometimes a shift in position changes an adjective's meaning.

| | |
|---|---|
| un caro amico | *a dear friend* |
| un orologio caro | *an expensive watch* |
| un vecchio amico | *an old friend* |
| un amico vecchio | *an elderly friend* |

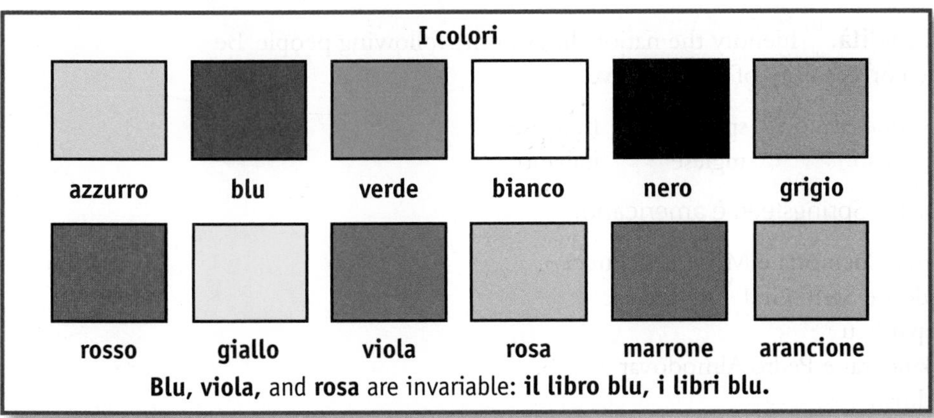


## Attività

 **Come sei?** The following descriptive adjectives are cognates. Read the list to be sure you understand their meanings. Find the four adjectives that describe you best and the four least applicable to you. Then describe yourself using the adjectives.

*Esempio:* —Sono socievole...
—Non sono nervoso/a...

| | | | |
|---|---|---|---|
| creativo | sportivo | serio | religioso |
| dinamico | attivo | timido | socievole |
| intelligente | idealista | cortese | tradizionale |
| paziente | nervoso | indifferente | |
| responsabile | pessimista | ottimista | |

 **Come sono?** Use at least three adjectives from Activity A or from the list below to describe the following people.

*Esempio:* Cindy Crawford
—È ricca, famosa e bella.

| | |
|---|---|
| alto (*tall*) | Danny DeVito |
| allegro (*happy*) | Brittney Spears |
| ricco (*rich*) | Frankenstein |
| divertente (*fun*) | Tiger Woods |
| basso (*short*) | Renee Zellweger |
| triste (*sad*) | Brad Pitt |
| povero (*poor*) | Oprah Winfrey |
| noioso (*boring*) | Ricky Martin |
| grasso (*fat*) | Bill Gates |
| simpatico (*nice*) | Queen Latifah |
| giovane (*young*) | il presidente degli USA |
| magro (*thin*) | Jennifer Lopez |
| antipatico (*mean/unlikable*) | |
| vecchio (*old*) | |

**Diverse nazionalità.** Identify the nationalities of the following people. Be sure to use the correct form of the adjective.

| | | | |
|---|---|---|---|
| australiano | americano | spagnolo | francese |
| tedesco | russo | inglese | italiano |

*Esempio:* Bruce Springsteen è americano.

1. Maria Grazia Cucinotta e Monica Bellucci
2. Wim Wenders e Steffi Graf
3. Gérard Depardieu
4. Antonio Banderas e Pedro Almodóvar
5. Nicole Kidman
6. Tony Blair e Elton John
7. Tom Cruise e Harrison Ford
8. Vladimir Putin

D **Indovina chi è.** Think of a famous person from the realm of sports, politics, or entertainment. Then, in groups of three to five, take turns describing the person you are thinking of to the others, using as many adjectives as possible. Don't say the name! If no one guesses the person's identity, let them take turns asking yes/no questions.

E **La persona ideale.** With a partner, take turns describing your ideal friend, spouse, and professor, using as many adjectives as possible.

L'amico/amica ideale è...
La moglie/Il marito ideale è...
Il professore/La professoressa ideale è...

## Gli aggettivi possessivi

| | |
|---|---|
| Ho **il mio** motorino. | *I have my moped.* |
| Conosco **la tua** amica. | *I know your friend.* |
| Professore, qual è **la Sua** opinione? | *Professor, what is your opinion?* |
| Paola parla con **i suoi** amici. | *Paola talks with her friends.* |
| Il professore corregge spesso **i nostri** sbagli. | *The professor often corrects our mistakes.* |

1. The possessive adjective **(l'aggettivo possessivo)** precedes the noun it modifies and agrees in number and gender with the object possessed, not with the possessor. The definite article is almost always used with the possessive adjective and thus agrees with it in gender and number.

**2.** Possessive adjectives have the following forms.

| | Singular | | Plural | |
|---|---|---|---|---|
| | *masculine* | *feminine* | *masculine* | *feminine* |
| **my** | il mio | la mia | i miei | le mie |
| **your** | il tuo | la tua | i tuoi | le tue |
| **his/her/its** | il suo | la sua | i suoi | le sue |
| **your (formal)** | il Suo | la Sua | i Suoi | le Sue |
| **our** | il nostro | la nostra | i nostri | le nostre |
| **your** | il vostro | la vostra | i vostri | le vostre |
| **their** | il loro | la loro | i loro | le loro |

**3.** Note that the third-person singular form may mean ***her, his, its,*** **or** ***your*** **(formal).**

| | | |
|---|---|---|
| la camera di Giorgio | la sua camera | *his room* |
| la camera di Gina | la sua camera | *her room* |
| la reputazione della scuola | la sua reputazione | *its reputation* |

**4.** Note that the third-person plural form **loro** is invariable.

**5.** Possession is also expressed using the preposition **di.**

la penna di Giovanni *Giovanni's pen* il libro di Silvia *Silvia's book*

**Le nostre cose.** Use a possessive adjective to state that the people indicated in parentheses own the objects listed. Follow the model.

*Esempio:* il libro (Angelo)
il suo libro

1. l'orologio (Giulia)
2. lo zaino (Marco Galli)
3. i libri (Alberto Puliti)
4. la sedia (Giuseppe)
5. le penne (voi)
6. le matite (Antonella)
7. la lezione (noi)
8. lo stereo (Betta e Fausto)

**B** **Dov'è la penna di Giorgio?** With a partner, take turns asking and answering where the following things are. Follow the model.

*Esempio:* penna / Giorgio
—Dov'è la penna di Giorgio?
—Ecco la sua penna!

1. orologio / Roberto
2. scrivania / Ferdinando
3. compiti / Michela e Lori
4. casa / Lina e Silvia
5. appunti / Rocco
6. zaino / Sara
7. biciclette / Salvatore e Bianca

**La nostra lezione...** Rewrite each sentence using a possessive adjective as in the model.

*Esempio:* Noi abbiamo una lezione che è difficile.
La nostra lezione è difficile.

1. Voi avete compiti che sono corretti.
2. Ho una televisione che non funziona.
3. Noi abbiamo un'aula che è grande.
4. Tu hai una lezione che comincia alle otto di mattina.
5. Io ho idee che sono originali.
6. Gino e Beppe hanno una lezione che è difficile.
7. Valentina ha amiche che vivono in Italia.

**Che tipo è il tuo migliore amico/la tua migliore amica?** Describe your best friend to your partner. Tell him/her:

- il suo nome
- com'è fisicamente (*physically*)
- quanti anni ha
- le sue attività preferite
- i suoi libri preferiti
- il suo film preferito

# LA VITA SCOLASTICA

## D.1 Si dice così

| | |
|---|---|
| **l'asilo/la scuola materna** | *nursery school* |
| **la scuola elementare** | *elementary school* |
| **la scuola media** | *middle school* |
| **il liceo** | *high school* |
| **l'insegnante** | *teacher* |
| **il maestro/la maestra** | *elementary-school teacher* |
| **l'allievo/a, l'alunno/a** | *elementary-level student* |
| **l'anno scolastico** | *school year* |
| **saltare una lezione** | *to cut a class* |
| **andare bene/male** | *to do well/poorly* |
| **pigro/a** | *lazy* |
| **attento/a** | *attentive* |
| **studioso/a** | *studious* |
| **annoiato/a** | *bored* |
| **interessato/a** | *interested* |

Attività

 **Definizioni.** Find the word that completes each sentence.

1. Una scuola per i bambini piccoli è...
2. Dopo la scuola elementare, i ragazzi frequentano...
3. L'insegnante in una scuola elementare si chiama...
4. Un alunno che non studia è...
5. Un alunno che non è interessato a una cosa è...

B **Il buono e il cattivo.** Indicate whether a good student or a bad student does the following things.

*Esempio:* saltare la lezione
Un allievo cattivo salta la lezione.

1. fare bene i compiti
2. non rispondere ad una domanda
3. arrivare alla lezione in ritardo
4. aspettare l'intervallo (*recess*)
5. rispettare (*to respect*) l'insegnante
6. essere attento e studioso

C **Che tipo di studente sei?** Ask your partner what kind of student he/she is, and if he/she skips class, is attentive or bored in class, takes notes, etc.

## D.2 Incontro

**Insegnanti futuri.** *Elisa e Gianni sono alla Facoltà di Scienze della Formazione all'Università di Bologna. Studiano per diventare° insegnanti.* — *to become*

| | | |
|---|---|---|
| GIANNI: | Ciao, Elisa! Vieni oggi alla presentazione degli insegnanti del Liceo "Marconi"? Discutono sulla situazione nelle scuole. | |
| ELISA: | No, purtroppo, non vengo. | |
| GIANNI: | Come mai? Due miei amici vengono perché è un argomento° interessante. | *topic* |
| ELISA: | Vedi, ora esco e vado all'asilo "Il Cucciolo"° dove lavoro ogni° pomeriggio. | *puppy / every* |
| GIANNI: | Che peccato! Ti piace lavorare lì? | |
| ELISA: | Oh sì, mi piace molto! Mi piacciono i bambini piccoli. È per questo° che studio alla Facoltà di Scienze della Formazione. Magari l'anno prossimo insegno in una scuola elementare. | *That's why* |
| GIANNI: | Io invece preferisco i ragazzi che hanno tra dodici e quindici anni ... gli anni della scuola media. | |
| ELISA: | Beh, non vedo l'ora di essere di fronte a° una classe! | *in front of* |
| GIANNI: | Figurati, i compiti da correggere, gli studenti che saltano le lezioni... | |
| ELISA: | Ma ci sono anche le gite scolastiche!° | *field trips* |
| GIANNI: | Meno male! | |

Entrance to a middle school, Milano

## Attività

 **Ascoltiamo!** While listening to the **Incontro,** mark whether each sentence is **vero** or **falso.** Then correct the false statements.

| | Vero | Falso |
|---|---|---|
| 1. Elisa e Gianni studiano per diventare insegnanti. | | |
| 2. Oggi c'è una presentazione sulla situazione nelle scuole. | | |
| 3. Elisa va alla presentazione. | | |
| 4. Elisa lavora ogni mattina all'asilo. | | |
| 5. A Gianni piacciono i bambini piccoli. | | |
| 6. Elisa preferisce insegnare in una scuola elementare. | | |
| 7. I ragazzi della scuola media hanno tra dodici e quindici anni. | | |

 **Che bello! C'è la gita scolastica!** With a partner, plan a field trip for your Italian class. Discuss these points; then present the plan to the class.

- where to go
- what day of the week to go
- who should go: all the students? the teacher?
- what time to leave/arrive
- what to do
- when to return

### In altre parole

| | |
|---|---|
| **come mai?** | *how come?* |
| **due miei amici** | *two of my friends* |
| **che peccato!** | *too bad!* |
| **figurati!** | *just imagine!* |
| **meno male!** | *thank goodness!* |

C **Esclamazioni!** Use an expression from **In altre parole** to comment on the following statements.

1. Non vengo a scuola oggi.
2. Non gioco a tennis oggi. Sto male.
3. Due miei studenti vanno male in matematica, ma non studiano!
4. Che bello! Non c'è l'esame oggi!
5. Scusa, Giulia, ho lezione fra cinque minuti.

D **Due insegnanti.** You and your partner teach in an elementary school. One of you has very good students; the other has a more problematic group. Talk about your students: what they are like, how old they are, and what they do in class.

*Esempio:* —I miei studenti sono bravi e studiosi. Sono sempre...
—Invece i miei studenti sono... Infatti (*In fact*) un mio studente...

# D.3 Punti grammaticali

## I verbi irregolari: *andare, venire, uscire, dare, stare*

| | |
|---|---|
| **Vado** a scuola; **vieni** anche tu? | *I am going to school; are you coming too?* |
| **Usciamo** venerdì sera. | *We are going out Friday night.* |
| **Date** un esame oggi? | *Are you taking an exam today?* |
| **Stanno** tutti bene. | *Everybody's fine.* |

1. Many Italian verbs do not follow the regular patterns of the first, second, and third conjugations. Here are five of the most common irregular verbs, conjugated in the present indicative.

| **andare** (*to go*) | |
|---|---|
| vado | andiamo |
| vai | andate |
| va | vanno |

| **venire** (*to come*) | |
|---|---|
| vengo | veniamo |
| vieni | venite |
| viene | vengono |

| **uscire** (*to go out*) | |
|---|---|
| esco | usciamo |
| esci | uscite |
| esce | escono |

| **dare** (*to give*) | |
|---|---|
| do | diamo |
| dai | date |
| dà | danno |

| **stare** (*to be, to stay*) | |
|---|---|
| sto | stiamo |
| stai | state |
| sta | stanno |

2. The **voi** form is always similar to the infinitive, with a **t** in place of the **r.** Both the **noi** and **voi** forms are regular.

3. The **lei** form of **dare (dà)** is written with an accent to distinguish it from the preposition **da.**

## Attività

**A** **Vieni o stai qui?** Ask if the following people are coming with you or staying here.

*Esempio:* Marta
Marta viene con me o sta qui?

tu e Gerardo   gli allievi   Renato   voi   tu   Caterina e Cristina

**B** **Escono sempre!** State how often the following people go out and where they go, as in the model.

*Esempio:* Raffaella / ogni settimana / da una sua amica
Raffaella esce ogni settimana. Va a casa di una sua amica.

1. voi / ogni sabato / al cinema
2. Paola e Fabrizio / il venerdì sera / a ballare
3. io / ogni pomeriggio / in palestra
4. Salvatore / lunedì, mercoledì e venerdì / alla lezione di karatè
5. noi / la sera / a studiare in biblioteca
6. tu / il mercoledì / al campo sportivo
7. gli studenti / ogni sera / alle feste

**C** **Le colonne.** Create plausible sentences using a subject from the first column, a verb from the second column, and an expression from the third column. Be sure to use the correct form of the verb.

| | | |
|---|---|---|
| io | andare | a scuola ogni giorno |
| Cinzia e Antonella | dare | con un suo studente |
| la professoressa | stare | al cinema per vedere un bel film |
| i bambini | uscire | una matita alla sua amica |
| tu | venire | abbastanza bene |
| voi | | in ritardo alla lezione |
| io e il mio compagno | | ogni sabato sera |
| | | un esame difficile domani |

**D** **A voi la parola.** Ask your partner the following questions. Take note of the answers so you can report to the class.

1. Come stai oggi?
2. Dove vai quando la lezione finisce?
3. Esci stasera? Dove vai?
4. Dove vai durante l'estate?
5. Vai a scuola ogni giorno della settimana? Quando non vai?
6. Stai a casa sabato sera o esci?
7. Dai un esame questa settimana? Quale?

## Il verbo *piacere*

| | |
|---|---|
| **Mi piace** il cinema e **gli piace** lo sport. | *I like movies and he likes sports.* |
| —**Ti piace** guardare la TV? | *—Do you like to watch TV?* |
| —Sì, e **mi piace** ascoltare la musica! | *—Yes, and I like listening to music!* |

1. The verb **piacere** is used to express the idea of *to like.* The noun or action that is pleasing to a person is the subject; the person to whom it is pleasing is the indirect object.

| | |
|---|---|
| —**Ti piace** la posta elettronica? | —*Do you like e-mail?* (Literally, *Is e-mail pleasing to you?*) |
| —Sì, **mi piace** molto! | —*Yes, I like it very much!* (Literally, *Yes, it is very pleasing to me!*) |

2. **Piacere** is almost always used in the third-person singular or plural. **Piace** is used if the subject is singular, **piacciono** if the subject is plural.

| | |
|---|---|
| Mi **piace** molto la pasta. | *I really like pasta.* |
| Ti **piacciono** i ravioli? | *Do you like ravioli?* |

3. If the subject is an infinitive, **piace** is used.

| | |
|---|---|
| —Ti **piace** cantare? | —*Do you like to sing?* |
| —No, ma mi **piace** ballare. | —*No, but I like to dance.* |

4. The person to whom the subject is pleasing is represented by an indirect-object pronoun. The indirect-object pronouns are as follows.

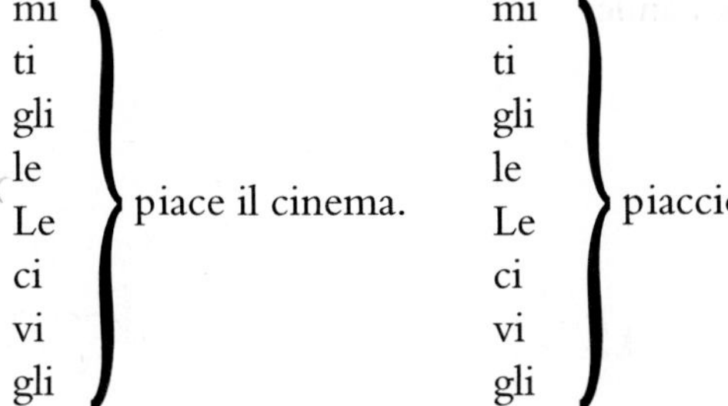

mi / ti / gli / le / Le / ci / vi / gli } piace il cinema.

mi / ti / gli / le / Le / ci / vi / gli } piacciono i film di Morgan Freeman.

5. Dislike is expressed using **non.**

| | |
|---|---|
| **Non** mi piace camminare. | *I don't like to walk.* |
| **Non** ti piacciono i tortellini? | *You don't like tortellini?* |

## Attività

**A** **Gli piace la scuola.** Name the school subjects that the following people like, using the information given. Use the indirect-object pronoun.

*Esempio:* Enrico ama leggere Ovidio e Virgilio.
Gli piacciono le lettere classiche.

1. Stefania ascolta sempre la musica di Brahms e Vivaldi.
2. Marco studia biologia e chimica perché ama la natura.
3. Antonio ammira molto Sigmund Freud e ama analizzare i sogni.
4. Alessandra ama studiare i grandi monumenti architettonici di Roma.
5. Mara va spesso ai musei per vedere le opere dei grandi pittori come Raffaello e Leonardo da Vinci.

**Preferenze personali.** Find out if your partner likes or dislikes the following things.

*Esempio:* gli spaghetti
—Ti piacciono gli spaghetti?
—Sì, mi piacciono. / No, non mi piacciono.

1. l'università
2. gli esami
3. le motociclette
4. le lingue moderne
5. lo sport
6. i compiti
7. la pizza
8. il corso di...
9. i libri di...
10. la musica di...

C **Ti piace... ?** Ask whether your partner likes to do the following things; then answer the same questions yourself. When possible, explain why.

*Esempio:* comprare libri
—Ti piace comprare libri?
—Sì, mi piace comprare libri perché mi piace leggere.

1. viaggiare
2. andare nei ristoranti eleganti
3. parlare con gli amici
4. andare al cinema
5. studiare italiano
6. lavorare
7. uscire con gli amici

# Immagini e parole

Internet

For self-tests and practice of unit topics, go to the website for *Parliamo italiano!*

View video episode 2, *Studiare* (*Bologna*), and do the activities in the Workbook.

## *Il sistema scolastico in Italia*

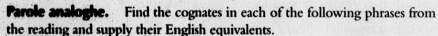

A **Parole analoghe.** Find the cognates in each of the following phrases from the reading and supply their English equivalents.

1. ... il liceo o un istituto professionale...
2. ... il grande esame nazionale...
3. ... un bambino inizia la sua carriera scolastica...
4. ... il massimo voto è trenta, il minimo...
5. ... normalmente ha diciannove anni...

**Di che cosa parla?** Before you begin to read, skim the reading to find the paragraph that discusses each of the following topics.

1. ______ il numero di esami per la laurea
2. ______ l'asilo e i bambini piccoli
3. ______ la tesi
4. ______ le facoltà dell'università
5. ______ la scuola superiore

In Italia, i bambini piccoli vanno all'asilo. Tra i tre ed i cinque anni i bambini frequentano la scuola materna. A sei anni un bambino inizia la sua carriera scolastica nella prima elementare. Molto spesso, gli alunni in Italia vanno a scuola sei giorni alla settimana: vanno anche il sabato mattina! Ci sono cinque anni di scuola elementare, tre anni di scuola media e cinque anni di liceo o di istituto professionale. Quando uno studente finisce il liceo, normalmente ha diciannove anni. Alla fine del liceo, gli studenti danno un grande esame nazionale, l'esame di Stato.

All'università uno studente si iscrive ad una Facoltà come la Facoltà di Lettere, di Giurisprudenza, di Medicina ecc. Il corso di laurea breve dura tre anni; se lo studente vuole un titolo equivalente alla vecchia laurea, deve studiare ancora per due anni. L'anno accademico è diviso° in semestri. Quasi tutti gli esami universitari hanno una parte scritta e una parte orale, cioè lo studente deve rispondere alle domande del professore e riceve il voto finale sul suo libretto. Il voto massimo è trenta, il minimo è diciotto.

*divided*

Per laurearsi, lo studente scrive una tesi e discute la tesi con i professori durante una seduta di laurea.° Il massimo voto è centodieci e lode,° e a volte° lo studente riceve il tradizionale "bacio sulla fronte."°

*defense of the thesis / honors / sometimes / kiss on the forehead*

**Elementary school children in front of Feltrinelli bookstore**

Attività

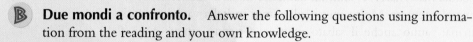

**A Comprensione: abbinamenti.** Find the expression in the right-hand list that completes each partial sentence in the left-hand column.

| | |
|---|---|
| 1. I bambini piccoli frequentano... | a. al liceo. |
| 2. La carriera scolastica inizia con... | b. anche il sabato. |
| 3. Gli alunni in Italia vanno a scuola... | c. dà l'esame di Stato. |
| 4. Dopo la scuola media gli studenti vanno... | d. l'asilo. |
| 5. Alla fine del liceo lo studente... | e. la prima elementare. |
| 6. Per la vecchia laurea è necessario... | f. scrive una tesi. |
| 7. Per laurearsi, lo studente... | g. studiare ancora per due anni. |

**B Due mondi a confronto.** Answer the following questions using information from the reading and your own knowledge.

1. Quanti anni di scuola sono obbligatori in Italia? E nel tuo paese?
2. Come si chiama il grande esame nazionale alla fine del liceo? Nel tuo paese gli studenti danno l'esame di Stato o un equivalente?
3. Quanti tipi di liceo ci sono in Italia? E nel tuo paese?
4. Quali sono le facoltà all'università italiana?
5. Tipicamente, quanti esami dà uno studente italiano ogni anno? e uno studente nel tuo paese? Gli esami sono scritti o orali?
6. Generalmente, quanti anni ha uno studente italiano quando finisce l'università? E uno studente del tuo paese?

**C John e Giovanni.** With a partner, take turns describing the educational careers of two hypothetical students, one Italian and one American, from the first years through university.

*Esempio:* Quando Giovanni ha tre anni frequenta...
Giovanni decide di frequentare il liceo scientifico perché gli piace la matematica...

John inizia la sua carriera scolastica quando ha ... anni...
Quando ha quindici anni frequenta ... e studia...

# SCRIVIAMO ITALIANO!

## Using a bilingual dictionary

When reading and writing a foreign language, it is important to know how to use a bilingual dictionary. Words often have several meanings; look for the translation that is correct for your context. A word may change meaning if used in a legal or military sense, or in a literary or figurative way. Additional information may be given in parentheses that will help you decide which translation is appropriate to your needs.

To use the dictionary properly, you need to know parts of speech and how they are indicated. Some of the most common abbreviations are:

| | | |
|---|---|---|
| s.m. | sostantivo maschile | *masculine noun* |
| s.f. | sostantivo femminile | *feminine noun* |
| avv. | avverbio | *adverb* |
| agg. | aggettivo | *adjective* |
| v.t. | verbo transitivo | *transitive verb* |
| v.i. | verbo intransitivo | *intransitive verb* |

Finally, if you look up a word on the English-Italian side of the dictionary, cross-check it on the Italian-English side before using it. Don't make the mistake of saying **Venerdì sera ho *un dattero*** (*a date,* the fruit) when it should be **Venerdì sera ho *un appuntamento,*** which is the *date* you wanted!

## Attività

**Parole, parole, parole.** Using a bilingual dictionary, find the appropriate Italian translation of the words shown in italics.

1. What is today's *date?*
2. *Spring* is a beautiful season.
3. What *time* is it?
4. Art history is an interesting *subject.*
5. Saturday night I have a *date* with Pietro.
6. Do you have *time* for a coffee?
7. The bed has *springs.*
8. "Noi" is a *subject* pronoun.

**La parola giusta.** Using a bilingual dictionary, find the appropriate English translation of the Italian words shown in italics.

1. Vado all'ufficio postale per spedire tre *lettere.*
2. Elisa studia *diritto* internazionale.
3. Marco studia *lettere.*
4. I bambini vanno all'*asilo.*
5. I profughi (*refugees*) chiedono l'*asilo* politico.
6. Le donne hanno il *diritto* di votare.

**Caro amico, cara amica.** Choose one of the following ideas and write a short e-mail or letter to a friend. Include at least two of the words that you looked up in Activity A. Use what you already know as much as possible, but if you must look up a word, be careful to choose the appropriate translation.

1. Sei all'università di Bologna con una borsa di studio. Come sono i corsi? La vita degli studenti? Dove vivi? Quali corsi frequenti?
2. Descrivi la tua vita all'università. Com'è la tua camera? Chi sono i tuoi amici? Quali sono le tue attività? Quale materia preferisci?

# Vocabolario

## La vita scolastica

| | |
|---|---|
| l'allievo/a, l'alunno/a | *elementary-level student* |
| l'anno scolastico | *school year* |
| l'asilo/la scuola materna | *nursery school* |
| la scuola elementare | *elementary school* |
| la scuola media | *middle school* |
| il liceo | *high school* |
| il maestro/la maestra | *elementary-school teacher* |
| l'insegnante (*m./f.*) | *teacher* |
| andare bene/male | *to do well/poorly* |
| saltare una lezione | *to cut a class* |

## L'aula

| | |
|---|---|
| il banco | *student's desk* |
| la bandiera | *flag* |
| la finestra | *window* |
| il foglio di carta | *piece of paper* |
| il gesso | *chalk* |
| la lavagna | *blackboard* |
| il libro | *book* |
| la matita | *pencil* |
| l'orologio (*m.*) | *clock, watch* |
| la penna | *pen* |
| la porta | *door* |
| il quaderno | *notebook* |
| la sedia | *chair* |
| lo zaino | *backpack* |

## La casa dello studente

| | |
|---|---|
| l'armadio | *closet* |
| la bicicletta | *bicycle* |
| la camera | *room* |
| il computer | *computer* |
| le cuffiette (*f. pl.*) | *headphones* |
| il dischetto | *diskette* |
| il letto | *bed* |
| la posta elettronica | *e-mail* |
| inviare/ricevere messaggi | *to send/to receive messages* |
| lo scaffale | *bookcase/bookshelf* |
| la stampante | *printer* |
| lo stereo | *stereo* |
| la televisione/il televisore | *television set* |
| il videoregistratore | *VCR* |

## L'università

| | |
|---|---|
| la biblioteca | *library* |
| la casa dello studente/il dormitorio | *dormitory* |
| l'esame (*m.*) | *exam* |
| la libreria | *bookstore* |
| la materia | *subject* |
| la mensa | *cafeteria* |
| la palestra | *gymnasium* |
| lo sbaglio | *mistake* |
| il tema | *essay* |
| la tesi | *thesis* |
| il voto | *grade* |
| cambiare facoltà | *to change majors* |
| dare un esame | *to take an exam* |
| essere laureato | *to have a degree* |
| iscriversi all'università | *to enroll* |
| laurearsi | *to graduate* |
| laurearsi in... | *to major in . . .* |

## Le materie

| | |
|---|---|
| l'architettura | *architecture* |
| la biologia | *biology* |
| la chimica | *chemistry* |
| l'economia | *economics* |
| il commercio | *business* |
| la filosofia | *philosophy* |
| la fisica | *physics* |
| la giurisprudenza/la legge/il diritto | *law* |
| l'ingegneria | *engineering* |
| la letteratura | *literature* |
| le lettere | *humanities* |
| le lettere classiche | *classics* |
| la matematica | *mathematics* |
| la medicina | *medicine* |
| la psicologia | *psychology* |
| le scienze naturali | *natural sciences* |
| le scienze politiche | *political science* |
| la storia | *history* |
| la storia dell'arte | *history of art* |

## Aggettivi

| | |
|---|---|
| allegro | *happy* |
| alto | *tall* |
| annoiato | *bored* |
| antico | *ancient* |
| antipatico | *mean/unlikable* |
| atletico | *athletic* |
| attento | *attentive* |
| basso | *short* |
| bello | *beautiful, handsome, nice* |
| bravo | *good, capable* |
| buono | *good* |
| brutto | *ugly, bad* |
| cattivo | *bad, naughty, sorry* |
| difficile | *difficult* |
| divertente | *fun* |
| facile | *easy* |
| famoso | *famous* |
| giovane | *young* |
| grande | *big* |
| grasso | *fat* |
| intelligente | *intelligent* |
| interessato | *interested* |
| magro | *thin* |
| noioso | *boring* |
| nuovo | *new* |
| ogni | *each* |
| piccolo | *small, little* |
| pigro | *lazy* |
| povero | *poor* |
| ricco | *rich* |
| simpatico | *nice* |
| stanco | *tired* |
| studioso | *studious* |
| triste | *sad* |
| vecchio | *old* |
| veloce | *fast* |

| | |
|---|---|
| americano | *American* |
| australiano | *Australian* |
| cinese | *Chinese* |
| francese | *French* |
| inglese | *English* |
| italiano | *Italian* |
| russo | *Russian* |
| spagnolo | *Spanish* |
| tedesco | *German* |

## I colori

| | |
|---|---|
| arancione | *orange* |
| azzurro | *light blue* |
| bianco | *white* |
| blu | *blue* |
| giallo | *yellow* |
| grigio | *gray* |
| marrone | *brown* |
| nero | *black* |
| rosa | *pink* |
| rosso | *red* |
| verde | *green* |
| viola | *purple* |

## Aggettivi possessivi

| | |
|---|---|
| il mio | *my* |
| il tuo | *your (inf.)* |
| il suo | *his, her, its* |
| il Suo | *your (form.)* |
| il nostro | *our* |
| il vostro | *your (pl.)* |
| il loro | *their* |

## Verbi irregolari

| | |
|---|---|
| andare | *to go* |
| dare | *to give* |
| stare | *to be, to stay* |
| uscire | *to go out* |
| venire | *to come* |

## Verbi in *-ere*

| | |
|---|---|
| chiedere | *to ask/to request* |
| correre | *to run* |
| crescere | *to grow* |
| decidere | *to decide* |
| discutere | *to discuss* |
| dividere | *to divide* |
| mettere | *to put* |
| piacere | *to be pleasing, to like* |
| prendere | *to take* |
| ridere | *to laugh* |
| rispondere | *to respond* |
| rompere | *to break* |
| scendere | *to descend* |
| scrivere | *to write* |
| spendere | *to spend* |
| vedere | *to see* |
| vivere | *to live* |

## Verbi in *-ire*

| | |
|---|---|
| aprire | *to open* |
| dormire | *to sleep* |
| finire (-isc-) | *to finish* |
| offrire | *to offer* |
| partire | *to leave* |
| preferire (-isc-) | *to prefer* |
| pulire (-isc-) | *to clean* |
| scoprire | *to discover* |
| seguire | *to follow* |
| servire | *to serve* |
| spedire (-isc-) | *to send* |

## Altre parole ed espressioni

| | |
|---|---|
| accidenti! | *darn it!* |
| aiuto! | *help!* |
| che bello! | *how nice!* |
| che giornata! | *what a day!* |
| che peccato! | *too bad!* |
| ci troviamo... | *let's meet . . .* |
| come mai? | *how come?* |
| come sei bravo/a! | *you're good* (*at something*)*!* |
| di solito | *usually* |
| due miei amici | *two of my friends* |
| essere in ritardo | *to be late* |
| essere preparato/a | *to be prepared* |
| figurati! | *just imagine!* |
| magari! | *it would be nice, perhaps, if only!* |
| mamma mia! | *wow!/gosh!* (*literally, "my mother!"*) |
| meno male! | *thank goodness!* |
| mi dispiace | *I'm sorry* |
| per fortuna | *luckily* |
| purtroppo | *unfortunately* |
| quando ci vediamo? | *when can we get together/ see each other?* |
| tra cinque minuti | *in five minutes* |
| vorrei | *I would like* |

UNITÀ

# 3

# Abitare

## ANDIAMO A CASA MIA!

Sicilia

Un salotto di design italiano

## COMMUNICATIVE GOALS

- Talking about the family
- Asking questions
- Describing people and things
- Describing a home
- Indicating people and things
- Talking about the weather
- Talking about what you have to do, want to do, and can do
- Doing errands

# A LA FAMIGLIA

For additional practice on the vocabulary and grammar introduced in this unit, go to **Unità 3** on your Multimedia CD-ROM.

## A.1 Si dice così

| | |
|---|---|
| **l'uomo** (*pl.* **gli uomini**) | *man* |
| **la donna** | *woman* |
| **il padre, la madre** | *father, mother* |
| **il papà/il babbo** | *daddy/dad* |
| **la mamma** | *mommy/mom* |
| **il marito, la moglie** | *husband, wife* |
| **il figlio, la figlia** | *son, daughter* |
| **i fratelli** | *siblings* |
| **i parenti, il/la parente** | *relatives, relative* |
| **il/la nipote** | *nephew, niece, grandson, granddaughter* |
| **il suocero, la suocera** | *father-in-law, mother-in-law* |
| **il cognato, la cognata** | *brother-in-law, sister-in-law* |
| **il fidanzato/la fidanzata** | *fiancé(e)* |
| **la coppia** | *couple* |
| **le nozze/il matrimonio** | *wedding* |
| **lo sposo, la sposa** | *groom, bride* |
| **il ricevimento** | *reception* |
| **maggiore** | *older* |
| **minore** | *younger* |
| **sposato/a** | *married* |
| **divorziato/a** | *divorced* |

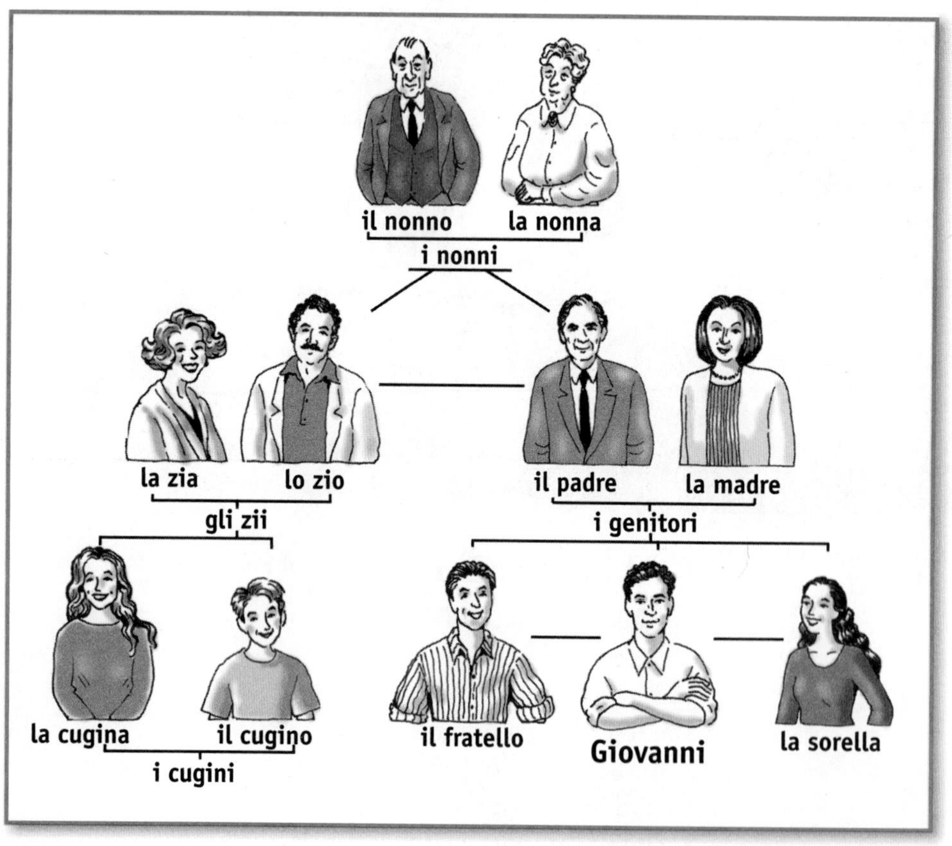

## La regola della famiglia

1. When using a possessive adjective with a *singular unmodified* noun referring to a family member, the definite article is omitted: **mia madre e mio padre sono i miei genitori.** Compare:

| | |
|---|---|
| tuo fratello | i tuoi fratelli |
| mia sorella | la mia sorella minore |
| tuo cugino | il tuo caro cugino |

2. The article is always used with **loro: la loro cugina, il loro padre.**

3. Diminutive terms like **mamma, babbo,** and **papà** are considered to be modified and always take the article: **la mia mamma e il mio babbo sono professori.** Use of the article with **nonna** and **nonno** is optional.

When Italians say **i miei,** it is understood that they mean their parents **(i miei genitori).**

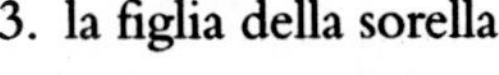


**A Definizioni.** Trovare nella lista le parole che corrispondono alle seguenti definizioni.

1. un altro modo, più familiare, per dire "padre"
2. una festa in onore degli sposi
3. la figlia della sorella
4. quando due persone si sposano
5. una donna che si sposa fra poco
6. la madre del marito

**B Un gioco famigliare.** Guardare il disegno che rappresenta la famiglia di Giovanni e rispondere alle domande sulla parentela fra i vari membri.

*Esempio:* —Chi è il padre della madre di Giovanni?
—È suo nonno.

1. Chi sono i figli degli zii di Giovanni?
2. Chi è il fratello di suo padre?
3. Chi è la figlia del padre di Giovanni?
4. Chi sono i genitori di suo padre?
5. Chi è la madre della cugina di Giovanni?
6. Chi sono i suoceri della zia di Giovanni?
7. Chi è il figlio del fratello del padre della nipote del nonno di Giovanni?

**C** **La tua famiglia.** Fare un diagramma della tua famiglia simile al disegno. Poi spiegare il diagramma ad un altro studente/un'altra studentessa.

*Esempio:* Come vedi, i miei genitori si chiamano ... e...
Ho due zie che si chiamano ... ecc.

**D** **Ficcanaso** (*Busybody*). Dopo Attività C, creare una serie di domande su alcuni membri della famiglia del tuo compagno/della tua compagna. Chiedere...

- quanti anni hanno suo fratello, i suoi cugini, i suoi genitori ecc.
- dove abita suo zio ecc.
- dove lavora suo padre ecc.
- se frequenta l'università sua sorella ecc.

## A.2 Incontro

**Preparativi per le nozze.** *Luca e Stefania sono una giovane coppia. Vivono a Palermo. Tra pochi mesi si sposano.*

LUCA: Allora, amore,° chi dobbiamo invitare al nostro matrimonio? — *darling*

STEFANIA: Per prima cosa decidiamo *quando* e *dove* ci sposiamo. Perché non a giugno? Giugno è un bel mese per sposarsi. Non piove, fa bel tempo e non è troppo caldo. Vediamo un po'... Il 17 giugno è un sabato.

LUCA: No! Per carità! Voglio dire, il 17 porta sfortuna. Facciamo il 24.

STEFANIA: Va bene. Ma dove ci sposiamo? In chiesa? In municipio?° — *city hall*

LUCA: Senz'altro in chiesa, come tradizione. E chi invitiamo al ricevimento? La tua famiglia è così grande!

STEFANIA: I nostri genitori e i nostri fratelli, ovviamente.° Poi tutti i cugini e i loro bambini. — *obviously*

LUCA: "Bambini"? Vuoi veramente tutti i tuoi parenti alle nostre nozze?

STEFANIA: Perché no? Possiamo dare il ricevimento fuori, all'aperto.° — *outside*

LUCA: E se piove?

STEFANIA: Be', sai come si dice,° "Sposa bagnata, sposa fortunata!" — *as they say*

LUCA: Ah, Stefi! Ti voglio bene, sai?

**Lo sapevi che... ?**

Most young Italians live with their parents into their early 30s and often move out of the family home only when they get married. It is not unusual for grown children to live with **mamma** and **papà,** eat their meals at home, and yet go to work and enjoy a great deal of freedom. Families often help their children buy an apartment when they move out. Fewer young Italians rent apartments, although rent in Italy is controlled and Italian law protects renters' rights.

## Attività

**Ascoltiamo!** Ascoltare l'**Incontro** e scegliere la risposta che completa correttamente la frase.

1. Luca e Stefania sono...
   a. una giovane coppia. b. amici.
2. Giugno è un bel mese perché...
   a. fa brutto tempo e piove. b. non piove e non è troppo caldo.
3. In Italia, il numero...
   a. 24 porta sfortuna. b. 17 porta sfortuna.
4. Stefania vuole invitare...
   a. i genitori, i fratelli, i bambini, i cugini. b. gli amici.
5. Stefania dice che vuole fare il ricevimento...
   a. fuori, al ristorante. b. fuori, all'aperto.
6. Un proverbio italiano dice "Sposa bagnata, ...
   a. addio alla sposa!" b. sposa fortunata!"

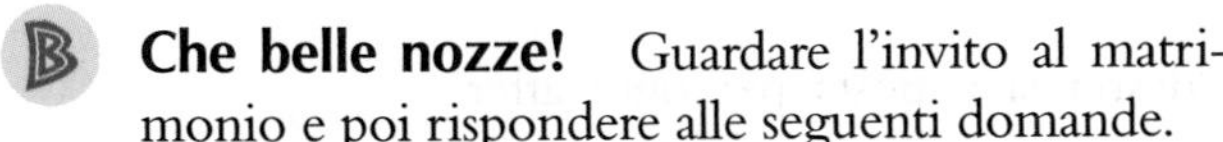

**Che belle nozze!** Guardare l'invito al matrimonio e poi rispondere alle seguenti domande.

1. Come si chiama lo sposo? e la sposa?
2. Come si chiama la chiesa?
3. A che ora si sposano? Qual è la data del matrimonio?
4. Dove vive lo sposo? Dove vive la sposa?
5. Come si chiama il ristorante per il ricevimento? Dov'è?

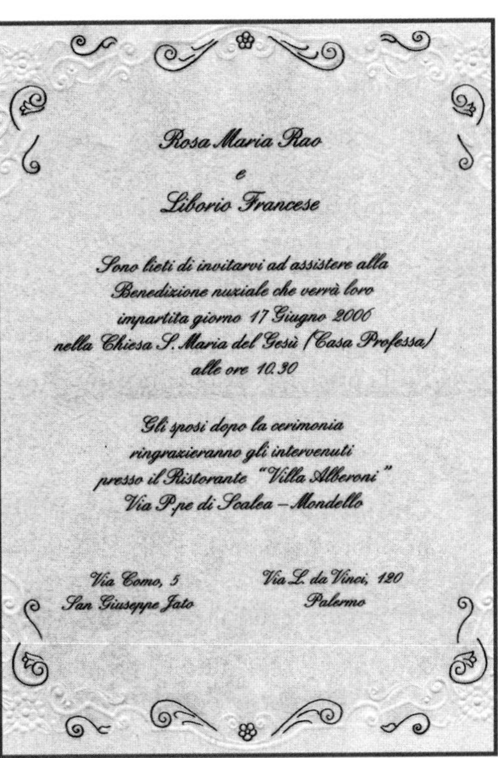

Rosa Maria Rao
e
Liborio Francese

Sono lieti di invitarvi ad assistere alla
Benedizione nuziale che verrà loro
impartita giorno 17 Giugno 2006
nella Chiesa S. Maria del Gesù (Casa Professa)
alle ore 10.30

Gli sposi dopo la cerimonia
ringrazieranno gli intervenuti
presso il Ristorante "Villa Alberoni"
Via P.pe di Scalea – Mondello

Via Como, 5
San Giuseppe Jato

Via L. da Vinci, 120
Palermo

**Preparativi per le nozze.** Con un compagno/una compagna, organizzate le vostre nozze. Bisogna decidere

- la data del matrimonio.
- dove e quando (a che ora) fare il matrimonio.
- chi invitare al ricevimento.
- dove andare per la luna di miele (*honeymoon*).

**Lo sapevi che... ?**

Italy has the lowest birthrate in the world, averaging less than one child per family. This crisis has provoked much discussion about the future of Italy. Yet the family continues to be very important, and the extended family constitutes an essential support network. Often, families work together in business, or grandparents furnish child care. The figure of **mamma** is very strong: a recent study indicates that over 70 percent of all Italian men live within a one-kilometer radius of their mother.

***In altre parole***

| | |
|---|---|
| **ti voglio bene** | *I love you* |
| **voglio dire...** | *I mean . . .* |
| **perché no?** | *why not?* |
| **porta sfortuna/fortuna** | *it's bad luck/good luck* |
| **senz'altro** | *of course, without a doubt* |
| **cosa intendi?** | *what do you mean?* |

**Abbinamenti.** Trovare nella colonna a destra la risposta per ogni affermazione a sinistra.

1. Amore mio, non posso vivere senza di te!
2. Invitiamo anche i bambini al matrimonio?
3. Invito tutti i miei parenti al ricevimento.
4. Oggi è venerdì diciassette.
5. Ti piace l'idea di un matrimonio all'aperto?
6. Tua sorella è sposata?

a. Sì—voglio dire, quasi sposata. Si sposa fra un mese.
b. Anch'io ti voglio bene!
c. Cosa intendi per "tutti"?
d. Oh no! Il diciassette porta sfortuna.
e. Perché no? A giugno fa bel tempo.
f. Senz'altro! I bambini portano allegria.

**Chi invitare?** È il giorno della laurea e c'è un ricevimento al campus in onore dei nuovi laureati. Ogni (*each*) laureato riceve dieci (solo dieci!) biglietti di invito al ricevimento. Decidere chi invitare e poi spiegare ad un altro studente/un'altra studentessa chi inviti e perché.

*Esempio:* Senz'altro invito mio padre e mia madre perché...
Forse (*perhaps*) invito anche la mia amica...
Se lei non viene, invito mio zio...

**Lo sapevi che... ?**

Two changes in Italian law, the legalization of divorce and abortion in the 1970s, radically altered Italian family life. Divorce is less common than in the U.S., but statistics indicate that it is on the rise. It is also becoming more common for unmarried couples to live together.

# A.3 Punti grammaticali

## Le parole interrogative

**Chi** viene al matrimonio? — *Who is coming to the wedding?*
**Dov'è** il matrimonio e **quante** persone vengono? — *Where is the wedding and how many people are coming?*
**Perché** non invitano i loro cugini? — *Why aren't they inviting their cousins?*
**Quando** partite voi? — *When are you leaving?*
**Che cosa** regali tu agli sposi? — *What are you giving to the newlyweds?*

1. Italian, like English, has three categories of interrogative words:

| pronouns | | adjectives | | adverbs | |
|---|---|---|---|---|---|
| **chi** | *who, whom* | **che** | *which* | **come** | *how* |
| **che cosa/ che/cosa** | *what* | **quale** | *which* | **dove** | *where* |
| **quale** | *which* | **quanto** | *how much, how many* | **perché** | *why* |
| **quanto** | *how much, how many* | | | **quando** | *when* |

2. The pronoun **chi** may be preceded by prepositions such as **a, di, con,** and **per.**

**Con chi** vai? — *With whom are you going?*
**A chi** parli? — *To whom are you speaking?*
**Di chi** è la bicicletta? — *Whose bicycle is it?*

3. Used interrogatively, **che, che cosa,** and **cosa** mean the same thing and may be used interchangeably.

**Che** leggi?
**Che cosa** leggi? } *What are you reading?*
**Cosa** leggi?

4. **Quale** has two forms: **quale** for singular and **quali** for plural.

**Quale** libro leggi? — *Which book are you reading?*
**Quali** amici inviti? — *Which friends are you inviting?*
**Qual** è la tua bicicletta? — *Which one is your bicycle?*

Note that before the verb form **è, quale** is shortened to **qual.** The final vowels of **cosa, come,** and **dove** are also often dropped before the verb form **è: cos'è? com'è? dov'è?**

5. As an interrogative adjective, **quanto** agrees in number and gender with the noun it modifies.

| | |
|---|---|
| Per **quanto** tempo rimani in Italia? | *How long are you staying in Italy?* |
| **Quanta** cocacola bevi? | *How much Coca Cola do you drink?* |
| **Quanti** studenti ci sono nella classe? | *How many students are there in the class?* |
| **Quante** sorelle hai? | *How many sisters do you have?* |

**Quanto** can also function as a pronoun.

| | |
|---|---|
| **Quanto** costa? | *How much does it cost?* |

6. **Perché** also means *because. Why* or *how come* may also be expressed as **come mai.**

| | |
|---|---|
| —**Come mai** non mangi stasera? | —*Why aren't you eating tonight?* |
| —**Perché** non ho fame. | —*Because I'm not hungry.* |

7. There are other ways to form questions without using an interrogative. One way is to use rising intonation at the end of a sentence. Another way is to place the subject (noun or pronoun) at the end of the sentence.

| | |
|---|---|
| Mangi con noi? | *Are you eating with us?* |
| Rimangono a casa loro? | *Are they staying home?* |
| Vieni anche tu? | *Are you coming too?* |

You can also add **vero?** (*true? right?*) or **non è vero?** (*isn't it?*) at the end of a sentence.

| | |
|---|---|
| Como è un lago nell'Italia del nord, **vero?** | *Como is a lake in northern Italy, right?* |

## Attività

**A** **Mille domande.** Stefania è una ficcanaso (*busybody*) e fa mille domande alla nuova compagna di stanza. Completare le sue domande.

1. (Dove / Che) abita la tua famiglia?
2. (Chi / Cosa) hai nello zaino?
3. (Quando / Quale) giornale leggi?
4. (Chi / Quanto) costa il tuo libro?
5. (Quale / Dove) lavora tuo padre?
6. (Dove / Chi) studia tuo fratello?
7. Con (chi / che) esci stasera?
8. (Come mai / Quando) non hai un ragazzo (*boyfriend*)?

B **Giornalista disorganizzato/a.** Lavori per il giornale della tua università. Hai intervistato una studentessa straniera (*foreign*) per il giornale. Purtroppo non trovi più le domande, ma hai solo la lista delle risposte. Ricreare le domande fatte.

*Esempio:* Sono di Agrigento.
Di dove sei?

Mi chiamo Gina Catalano.
Ho venti anni.
Ho due sorelle ma non ho fratelli.
Studio all'Università di Palermo.
Studio alla Facoltà di Economia e Commercio.
Sono in America perché voglio imparare bene l'inglese.
In America mi piacciono soprattutto la televisione e la gente.
Torno in Italia a maggio.

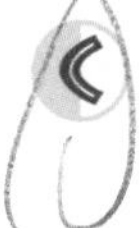

**Quanto in una settimana?** Fare domande sulla settimana del compagno/della compagna secondo il modello.

*Esempio:* pizze / mangiare
—Quante pizze mangi in una settimana?
—Normalmente mangio due pizze (molta pizza / non mangio la pizza) in una settimana.

tempo / passare in biblioteca
televisione / guardare
libri / leggere
lezioni / avere
dollari / spendere
ore / passare al telefono
pasta / mangiare
e-mail / scrivere

**Un'intervista con...** Con un compagno/una compagna, intervistare un personaggio di un programma televisivo. Chiedere...

- il suo nome.
- la sua nazionalità.
- la sua età (*age*).
- che tipo di persona è.
- dove abita e con chi.
- che cosa fa in una giornata tipica.
- dove va la sera.

Poi riportare le informazioni alla classe.

*Esempio:* —Come si chiama Lei?
—Mi chiamo Jennifer Aniston.
—È americana?...

**Ficcanasi.** Preparare dieci domande per il tuo compagno/la tua compagna. Usare le seguenti espressioni interrogative: **quando, dove, quanti/e, quale/i, che cosa, con chi, a che ora, come** e **perché.** Prendere appunti quando il compagno/la compagna risponde.

# B LA CASA

## B.1 Si dice così

1. la scala
2. il divano
3. la poltrona
4. la lampada
5. il quadro
6. la tavola
7. il forno
8. la lavastoviglie
9. il letto
10. la doccia
11. il WC

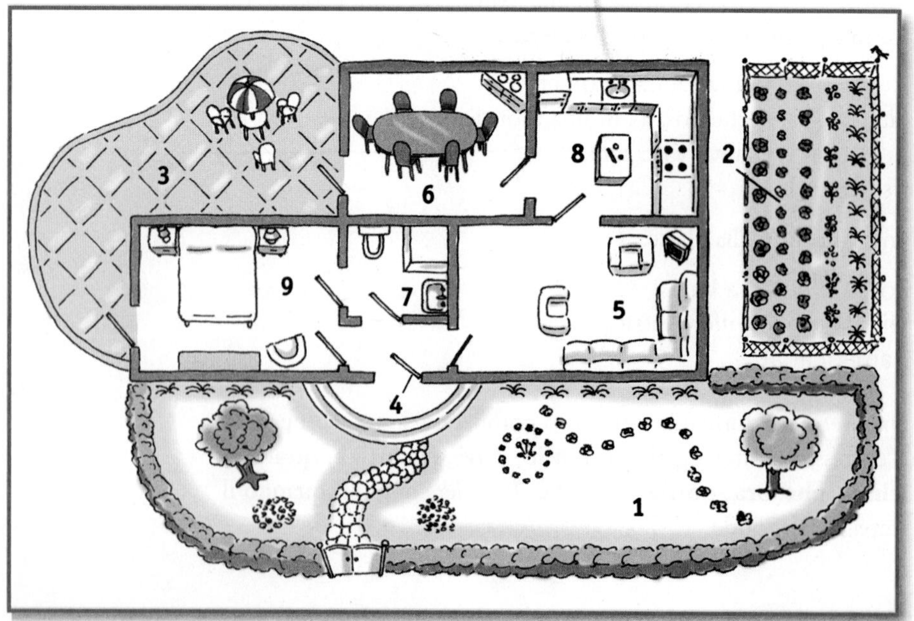

1. il giardino
2. l'orto
3. il terrazzo
4. il portone
5. il salotto/il soggiorno
6. la sala da pranzo
7. il bagno
8. la cucina
9. la camera da letto

Vetrina di un negozio di mobili

**Lo sapevi che... ?**

**Casa** means *home* as well as *house*. A **villa** is a freestanding house; **villette** (smaller freestanding houses) are often two-family residences. Most Italians live in apartments **(appartamenti)**, but all Italians refer to home as **casa mia.**

## Parole utili

| | | | | | |
|---|---|---|---|---|---|
| **l'edificio** | *building* | **i mobili** | *furniture* | **utile** | *useful* |
| **il palazzo** | *apartment building* | **rustico** | *rustic* | **affittare** | *to rent* |
| **il piano** | *floor* | **elegante** | *elegant* | **traslocare** | *to move* |
| **la stanza** | *room* | **comodo** | *comfortable* | | |

### Attività

**Abbinamenti.** Trovare nella lista a destra la parola che corrisponde ad ogni espressione a sinistra.

1. un edificio con molti appartamenti
2. è molto comodo per guardare la televisione
3. un'immagine artistica
4. serve per scendere e salire
5. qui crescono zucchine e broccoli
6. la tavola, il letto e il divano, per esempio
7. la porta principale di un palazzo

a. il divano
b. la scala
c. il palazzo
d. i mobili
e. il quadro
f. il portone
g. l'orto

**B** **Traslocare.** Oggi tu cambi casa e un tuo amico/una tua amica ti aiuta. Quando chiede dove mettere le seguenti cose, rispondi con un luogo appropriato: in soggiorno, in sala da pranzo, in cucina, in camera da letto o in giardino.

*Esempio:* pianoforte
—Dove mettiamo il pianoforte?
—Mettiamo il pianoforte in soggiorno.

| | | | |
|---|---|---|---|
| televisore | letto | poltrona | lampada |
| tavola con le sedie | quadro | lavastoviglie | forno |

**Lo sapevi che... ?**

In Italy, the ground floor of a building is known as the **pianterreno.** What Americans call the second floor is called the **primo piano** (*first floor*).

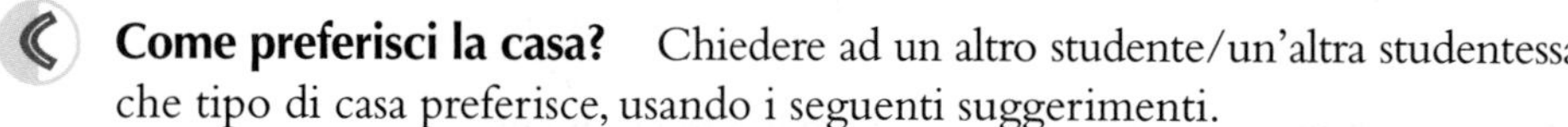

**C** **Come preferisci la casa?** Chiedere ad un altro studente/un'altra studentessa che tipo di casa preferisce, usando i seguenti suggerimenti.

Dove? In centro? In campagna?
Appartamento o villetta?
Grande o piccola?
Che stile? Rustica? Elegante? Tradizionale? Moderna?
Che stile di mobili?
La stanza più importante?

## B.2 Incontro

**A casa di Luca.** *Stefania visita Luca e sua madre a casa loro fuori Palermo.*

| | | |
|---|---|---|
| STEFANIA: | Permesso! Buongiorno, signora Ianuzzi. Ciao, Luca. | |
| SIGNORA IANUZZI: | Avanti, Stefania! Benvenuta! | |
| LUCA: | Ciao, Stefi! | |
| STEFANIA: | Che bella casa! È una villa stupenda! E poi qui fa così fresco.° Non è per niente caldo come nel mio appartamento in città. | *it's so cool* |
| SIGNORA IANUZZI: | Qui in campagna c'è sempre un po' d'aria. Ma prego, accomodati.° | *make yourself comfortable* |
| STEFANIA: | Questo salotto è molto elegante. | |
| SIGNORA IANUZZI: | A mio marito non piacciono i mobili moderni. I mobili di questa stanza sono di famiglia. Vedi quel quadro? È del nonno di Luca. Ti piace? | |
| STEFANIA: | Oh, è meraviglioso! | |

| | | |
|---|---|---|
| LUCA: | Mamma, Stefania ed io abbiamo una bella notizia° per te. | *news* |
| STEFANIA: | Ma come! Tua madre non sa ancora niente?° | *doesn't know anything yet* |
| SIGNORA IANUZZI: | Quale notizia, ragazzi? È una buona notizia, vero? | |

## Attività

**Ascoltiamo!** Ascoltare l'**Incontro** e scegliere la risposta che completa correttamente la frase.

1. La famiglia di Luca vive...
   a. fuori Palermo. b. in centro.
2. La casa di Luca è...
   a. un appartamento in città. b. una villa stupenda.
3. Stefania vive...
   a. in un appartamento a Palermo. b. in una casa fuori Palermo.
4. I mobili moderni...
   a. piacciono a Stefania. b. non piacciono al padre di Luca.
5. Il quadro è...
   a. dello zio di Luca. b. del nonno di Luca.
6. La madre di Luca...
   a. non sa niente del matrimonio. b. ha una buona notizia.

B **Comprensione: le domande.** Rispondere alle seguenti domande.

1. Dov'è la casa della famiglia di Luca?
2. Cosa dice Stefania quando entra? Come risponde la madre?
3. Com'è il salotto della casa?
4. Che cosa non piace al padre di Luca?
5. Qual è la notizia che Stefania e Luca hanno per la signora Ianuzzi?

C **Lista nozze** (*Bridal registry*). Luca e Stefania vanno da Antonino Boncordo per scegliere (*choose*) i regali (*gifts*) per la lista nozze. Uno studente è un impiegato (*employee*) del negozio; gli altri due sono Luca e Stefania. Seguire il modello.

—Di che cosa avete bisogno?
—Una lampada per la camera da letto...
—E un divano per il salotto...
—E in cucina, di che cosa avete bisogno?

Lista Nozze
... una preferenza che è rimasta invariata per quasi cento anni
Antonino
BONCORDO
Via Reno 23 Siracusa

**In altre parole**

| | |
|---|---|
| **permesso** | *with your permission, excuse me* |
| **avanti!** | *come in!* |
| **benvenuto/a** | *welcome* |
| **prego** | *please* |
| **non è per niente...** | *it's not at all . . .* |

**Lo sapevi che... ?**

Italians always say **permesso** before entering a house, even when expressly invited in. **Permesso** is also used to pass through a crowd or when entering a room.

**D** **Che cosa dici?** Rispondere alle seguenti situazioni usando espressioni da **In altre parole.**

1. Entri nell'ufficio di un tuo professore.
2. I tuoi zii, che non vedi da molto tempo, arrivano a casa tua.
3. Tua madre chiede se l'italiano è difficile.
4. Un amico viene da un'altra città a trovare la tua famiglia.
5. Una tua amica bussa (*knocks*) alla tua porta e dice "Permesso!"

**E** **Non è per niente male!** Un tuo amico/una tua amica tende a criticare ma tu preferisci incoraggiare. Creare mini-dialoghi usando i suggerimenti elencati, secondo il modello.

*Esempio:* città / brutto
—La mia città è brutta!
—Ma non è per niente brutta. Anzi, è bella.

1. famiglia / strano (*strange*)
2. stanza / piccolo
3. cugini / antipatico
4. compito / difficile
5. casa / vecchia

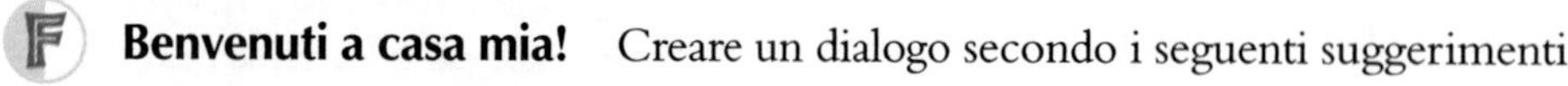

**F** **Benvenuti a casa mia!** Creare un dialogo secondo i seguenti suggerimenti.

*S1:* Un amico/un'amica viene a casa tua per studiare, ma prima desidera vedere la casa. Fare vedere (*show*) tutta la casa, tutte le stanze e anche i mobili che ci sono.

*S2:* Vai a casa di S1 per studiare, ma prima desideri vedere la casa e tutte le stanze. Commentare ogni cosa che vedi e fare anche domande quando possibile.

*Esempio:* —Ecco il nostro salotto.
—È molto bello! Non è per niente piccolo!
—Come vedi, c'è anche un bel quadro dei nonni.
—E chi sono nella foto?...

# B.3 Punti grammaticali

## *Bello* e *buono*

| | |
|---|---|
| Mario ha una **bella** casa. | *Mario has a nice home.* |
| Che **bel** giardino e che **bei** fiori! | *What a beautiful garden and what beautiful flowers!* |
| È un **bell'**orologio. | *It's a beautiful watch.* |
| Tina ha una **buona** memoria. | *Tina has a good memory.* |
| Leggo un **buon** libro. | *I'm reading a good book.* |

1. As you learned in **Unità 2,** the adjectives **bello** and **buono** can either precede or follow the noun they modify. When they precede the noun, their forms vary.

2. The forms of **bello** resemble those of the definite article.

| masculine | | feminine | |
|---|---|---|---|
| *singular* | *plural* | *singular* | *plural* |
| **il bel** divano<br>**il bell'**appartamento<br>**il bello** scaffale | **i bei** divani<br>**i begli** appartamenti<br>**i begli** scaffali | **la bella** casa<br>**la bell'**amica | **le belle** case<br>**le belle** amiche |

3. The forms of **buono** are similar to those of the indefinite article. **Buono** has only two plural forms: **buoni** (*m.*) and **buone** (*f.*).

| masculine | feminine |
|---|---|
| **un buon** divano<br>**un buon** appartamento<br>**un buono** scaffale | **una buona** casa<br>**una buon'**amica |

4. When **bello** and **buono** follow the verb **essere** or the noun they are modifying, they behave like regular adjectives with four forms: **bello, belli, bella, belle** and **buono, buoni, buona, buone.**

| | | | |
|---|---|---|---|
| I mobili sono **belli.** | *The furniture is beautiful.* | Il caffè è **buono.** | *The coffee is good.* |
| Le ville sono **belle.** | *The villas are beautiful.* | Gli spaghetti sono **buoni.** | *The spaghetti is good.* |

## *Questo* e *quello*

| | |
|---|---|
| —Preferisci **questa** casa o **quella** casa? | —*Do you prefer this house or that house?* |
| —Preferisco **quella.** | —*I prefer that one.* |
| —Affitti **quest'**appartamento o **quell'**appartamento? | —*Are you renting this apartment or that apartment?* |
| —Affitto **questo.** | —*I'm renting this one.* |
| —Ti piacciono **questi** mobili o **quei** mobili? | —*Do you like this furniture or that furniture?* |
| —Mi piacciono **quelli.** | —*I prefer those.* |

1. **Questo** (*this/these*) and **quello** (*that/those*) can function as demonstrative adjectives and as demonstrative pronouns.

2. As an adjective, **questo** has four forms: **questo, questi, questa, queste.** It contracts to **quest'** before a singular noun beginning with a vowel.

3. As an adjective, **quello** follows the same pattern as the adjective **bello.**

| | |
|---|---|
| **Quei** mobili sono belli. | *That furniture is beautiful.* |
| **Quegli** orologi sono cari. | *Those watches are expensive.* |
| **Quell'**appartamento è molto grande. | *That apartment is very large.* |

4. As pronouns, used in place of a noun, **questo** and **quello** each have four forms: **questo, questi, questa, queste** and **quello, quelli, quella, quelle.** In the following examples, **quello** replaces **film** and **questi** replaces **libri.**

| | |
|---|---|
| —Quale film preferisci vedere? | —*Which film do you want to see?* |
| —Preferisco vedere **quello.** | —*I prefer that one.* |
| —Quali libri compri? | —*Which books are you buying?* |
| —Compro **questi.** | —*I'm buying these.* |

## Attività

**Dal singolare al plurale.** Cambiare le seguenti espressioni al plurale come nell'esempio.

*Esempio:* il buon amico: i buoni amici

1. quell'università famosa
2. il bel ragazzo
3. questo piccolo paese
4. il buon caffè espresso
5. il bel quadro
6. quel film italiano
7. quest'isola
8. la bella sposa
9. quello studente straniero
10. la buon'amica

**Quello è bello!** Uno/una di voi chiede all'altro/a se sono belle le seguenti cose. L'altro/a risponde di sì, come nell'esempio.

*Esempio:* casa
—Quella casa è bella?
—Sì, è una bella casa.

1. città
2. film (singolare)
3. libri
4. corso
5. bambine
6. giardino
7. fontane
8. appartamento
9. famiglia
10. ragazzi

**Quale preferisci?** Due amiche sono in un negozio di mobili. Completare la loro conversazione con una forma di **questo** o **quello.**

DONATELLA: Ti piace __________ negozio?
VALERIA: No. __________ mobili sono troppo rustici per me.
DONATELLA: Mi piace __________ tavolo là, però.

| | |
|---|---|
| VALERIA: | ______________ con il vaso di fiori? |
| DONATELLA: | Sì. Mi piacciono anche ______________ sedie là. |
| VALERIA: | No, no! ______________ sedie sono orrende! Invece, mi piacciono ______________ scaffali—sono molto moderni. |
| DONATELLA: | ______________ bianchi o ______________ neri? |
| VALERIA: | ______________ bianchi. A te piacciono? |
| DONATELLA: | Mah! |

**D** **Al negozio di antiquariato** (*At the antique store*). Siete il proprietario (*owner*) e un/a cliente del negozio nel disegno. Creare un dialogo tra proprietario e cliente.

*Esempio:* —Le piace questo tavolo?
—Preferisco quello. Quanto costa quella lampada?
—Quella costa...

**Lo sapevi che... ?**

The history of Sicily, the largest island in the Mediterranean, is an endless series of invasions. Once part of Magna Graecia (Greater Greece), Sicily was later ruled by the Phoenicians, Romans, Saracens (Arabs), Normans (French), the Anjou king of Naples, the House of Aragon (Spanish), and the Bourbon kings of Naples. Today it enjoys great autonomy, with its own regional Parliament in Palermo.

**Rovine del tempio di Selinunte**

# ☾ IL TEMPO

**Fa bello. / C'è il sole. / Fa caldo.**

**Fa brutto. / È coperto. / È nuvoloso.**

**Piove.**

**Nevica. / Fa freddo.**

**C'è vento.**

## ☾.1 Si dice così

| | | | |
|---|---|---|---|
| **Che tempo fa?** | *How's the weather?* | **piovere** | *to rain* |
| **Fa un caldo bestiale.** | *It's sweltering.* | **nevicare** | *to snow* |
| **Fa fresco.** | *It's cool.* | **la pioggia** | *rain* |
| **Fa un freddo cane.** | *It's freezing.* | **la neve** | *snow* |
| **È umido.** | *It's humid.* | **la nuvola** | *cloud* |
| **È afoso.** | *It's muggy.* | **la nebbia** | *fog* |
| **C'è la nebbia.** | *It's foggy.* | **il temporale** | *storm* |

**Lo sapevi che... ?**

There are three words for *time* in Italian: **ora, tempo,** and **volta. Tempo** (which also means *weather*) is what we never have enough of **(non vengo al cinema—non ho tempo).** An instance, as in *to do something for the first time,* is **per la prima volta.** Asking the time is **che ora è?**

## Attività

**Che tempo fa?** Trovare nella lista a destra l'espressione che completa in maniera logica ogni frase a sinistra.

1. In Alaska d'inverno...
2. Nelle Hawaii d'estate...
3. A New Orleans a luglio...
4. Sulle Alpi a dicembre...
5. Londra è famosa per...
6. Chicago è famosa per...
7. Seattle è famosa per...

a. la pioggia.
b. è afoso.
c. fa freddo.
d. il vento.
e. fa caldo.
f. la nebbia.
g. c'è molta neve.

**B** **Le previsioni del tempo.** Guardare la cartina dell'Italia e rispondere alle domande.

**TEMPERATURE IN ITALIA**

| | | |
|---|---|---|
| Aosta | np | np |
| Bolzano | –6 | 8 |
| Verona | –3 | 0 |
| Trieste | 4 | 7 |
| Venezia | –3 | 2 |
| Milano | –1 | 3 |
| Torino | –8 | 6 |
| Genova | 5 | 12 |
| Imperia | 5 | 12 |
| Bologna | –4 | 0 |
| Firenze | –1 | 10 |
| Pisa | 0 | 9 |
| Ancona | –1 | 10 |
| Perugia | 1 | 8 |
| Pescara | –1 | 12 |
| L'Aquila | –5 | 6 |
| Roma Urbe | 0 | 10 |
| Roma Fiumicino | 1 | 12 |
| Campobasso | 1 | 8 |
| Bari | 0 | 12 |
| Napoli | 1 | 11 |
| Potenza | –4 | 6 |
| S.M. di Leuca | 5 | 13 |
| Reggio Calabria | 5 | 13 |
| Messina | 6 | 12 |
| Palermo | 6 | 13 |
| Catania | 0 | 13 |
| Alghero | 1 | 15 |
| Cagliari | 9 | 14 |

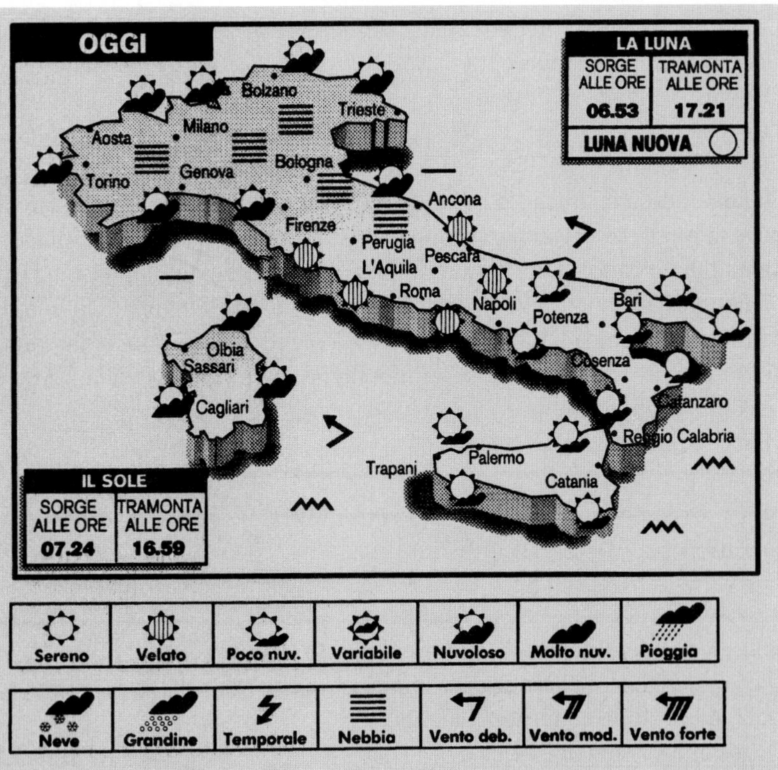


1. Che tempo fa in Sicilia? a Trieste? a Roma?
2. Che tempo fa in Piemonte?
3. Com'è il tempo al Sud?
4. Che tempo fa al centro?
5. In quale parte dell'Italia c'è la nebbia?
6. A che ora sorge (*rises*) il sole? A che ora tramonta (*sets*)?

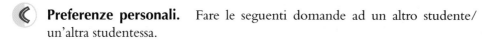

**Preferenze personali.** Fare le seguenti domande ad un altro studente/un'altra studentessa.

1. Che tempo preferisci? Perché? Quale stagione ti piace di più (*most*)?
2. Dove preferisci essere d'estate? d'inverno?
3. Qual è il tempo ideale, secondo te?
4. Che cosa fai quando piove? quando nevica? quando fa un caldo bestiale? quando fa un freddo cane?
5. Che tempo fa di solito nella tua città a febbraio? a luglio? ad ottobre?

## C.2 Incontro

**Il ponte.°** *Marco scrive un messaggio di posta elettronica al suo amico Luca per decidere dove passare il ponte di Pasqua.*

° *long weekend*

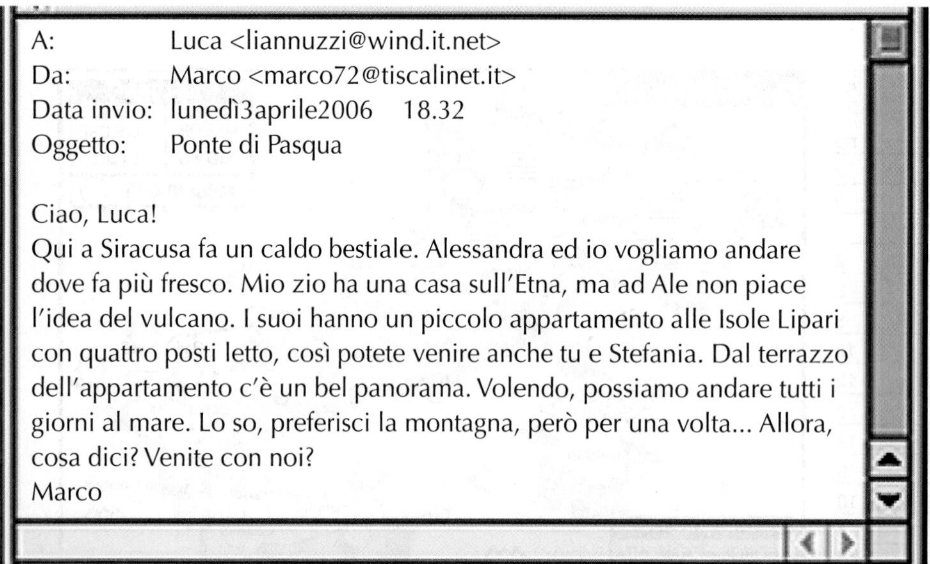

A: Luca <liannuzzi@wind.it.net>
Da: Marco <marco72@tiscalinet.it>
Data invio: lunedì3aprile2006 18.32
Oggetto: Ponte di Pasqua

Ciao, Luca!
Qui a Siracusa fa un caldo bestiale. Alessandra ed io vogliamo andare dove fa più fresco. Mio zio ha una casa sull'Etna, ma ad Ale non piace l'idea del vulcano. I suoi hanno un piccolo appartamento alle Isole Lipari con quattro posti letto, così potete venire anche tu e Stefania. Dal terrazzo dell'appartamento c'è un bel panorama. Volendo, possiamo andare tutti i giorni al mare. Lo so, preferisci la montagna, però per una volta... Allora, cosa dici? Venite con noi?
Marco

i suoi: *her parents*

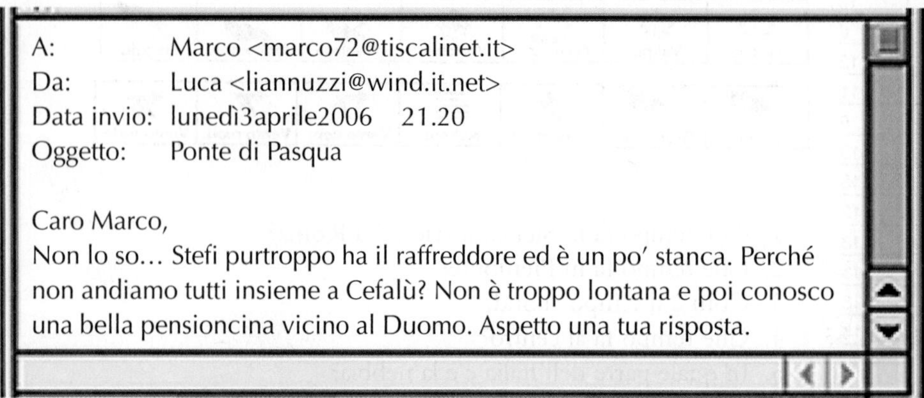

A: Marco <marco72@tiscalinet.it>
Da: Luca <liannuzzi@wind.it.net>
Data invio: lunedì3aprile2006 21.20
Oggetto: Ponte di Pasqua

Caro Marco,
Non lo so… Stefi purtroppo ha il raffreddore ed è un po' stanca. Perché non andiamo tutti insieme a Cefalù? Non è troppo lontana e poi conosco una bella pensioncina vicino al Duomo. Aspetto una tua risposta.

raffreddore: *cold* pensioncina: *small hotel* (pensione)

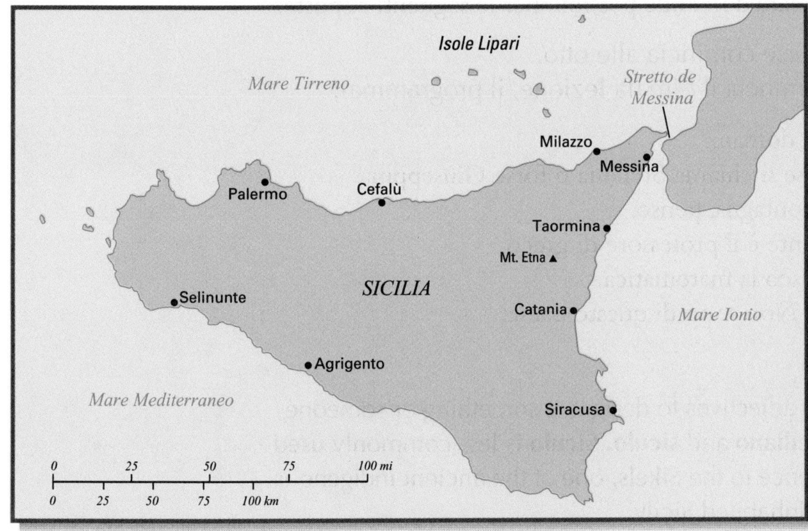


**Puoi trovare i luoghi (*places*) nominati nell'Incontro: Siracusa, Cefalù, Etna, le Isole Lipari? Quali sono le più grandi città della Sicilia? Cos'è l'Etna? Come si chiamano i mari che circondano la Sicilia?**

## Attività

**Comprensione: vero o falso?** Indicare se ogni affermazione è vera o falsa e poi correggere quelle false.

1. Fa fresco a Siracusa.
2. Lo zio di Marco ha una casa vicino al mare.
3. Alessandra ha paura di stare vicino al vulcano.
4. L'appartamento dei genitori di Alessandra è grande e comodo.
5. A Luca piace fare il bagno in mare.

**Il ponte.** Scrivere un messaggio di posta elettronica ad un amico/un'amica per proporre (*propose*) una piccola vacanza. Dove andate per il weekend? Cosa fate lì? Che tempo fa? Chi viene con voi?

### In altre parole

| | |
|---|---|
| **(non) lo so** | *I (don't) know* |
| **volendo...** | *if we/you like . . .* |
| **tutti i giorni** | *every day* |

**Abbinamenti.** Rispondere alle seguenti domande con una frase dalla colonna a destra.

1. Ti piace andare al mare?
2. Quali progetti abbiamo per oggi?
3. Quando è il matrimonio di Stefania?
4. Ma ora in montagna fa brutto tempo, fa molto freddo!

a. Non lo so, forse a giugno, ma non sono sicura.
b. Lo so, preferisci andare al mare.
c. Sì, durante l'estate vado al mare tutti i giorni.
d. Beh, volendo, possiamo andare in centro.

 **Non lo so. Forse...** Creare domande possibili per le seguenti risposte.

*Esempio:* Non lo so. Forse comincia alle otto.
A che ora comincia il film (la lezione, il programma)?

1. Non lo so. Forse piove domani.
2. Quella? Non lo so, forse si chiama Stefania o forse Giuseppina.
3. Non lo so. Vanno in montagna, penso.
4. Non lo so. Probabilmente è il professore di greco.
5. Non lo so. Io non capisco la matematica.
6. Mi dispiace, non lo so. Non sono di questo paese.

**Lo sapevi che... ?**

There are two adjectives to designate something or someone as Sicilian: **siciliano** and **siculo. Siculo** is less commonly used and is a reference to the Sikels, one of the ancient indigenous peoples who inhabited Sicily.

 **Una cartolina** (*a postcard*) **da Luca e Stefania.** Ricevi una cartolina dai tuoi amici Luca e Stefania che passano il ponte a Cefalù. Stefania è molto contenta, Luca no. Cosa scrivono nella cartolina? Inventare il testo.

Caro/Cara...
Saluti dalle Isole Lipari... (*Greetings from Lipari*)
Bacioni! (*Kisses*)

## C.3 Punti grammaticali

### *Volere, dovere, potere*

| | |
|---|---|
| **Voglio** andare al mare; **vuoi** venire con me? | *I want to go to the beach; do you want to come with me?* |
| —**Devi** lavorare stasera? | —*Do you have to work tonight?* |
| —Sì, stasera **devo** studiare. | —*Yes, I have to study tonight.* |
| Angelo non **può** venire con noi. | *Angelo can't come with us.* |
| Non **possiamo** andare al mare. | *We can't go to the beach.* |

1. **Volere, dovere,** and **potere** are known as *auxiliary* or *modal verbs* because they usually precede another verb, which is always in the infinitive. Used as an auxiliary verb, **dovere** expresses necessity or obligation, **potere** expresses ability or willingness, and **volere** expresses desire or preference. Their forms are irregular.

| **volere** (*to want*) | | **dovere** (*to have to*) | | **potere** (*to be able to*) | |
|---|---|---|---|---|---|
| voglio | vogliamo | devo | dobbiamo | posso | possiamo |
| vuoi | volete | devi | dovete | puoi | potete |
| vuole | vogliono | deve | devono | può | possono |

2. Other verbs that may precede an infinitive are **preferire, piacere,** and **desiderare.**

| | |
|---|---|
| Lui **preferisce** andare in montagna. | *He prefers going to the mountains.* |
| Mi **piace** sciare. | *I like to ski.* |
| **Desidero** visitare l'Italia. | *I want to visit Italy.* |

3. **Volere** may be followed by a direct object.

| | |
|---|---|
| **Voglio** un gelato. | *I want an ice cream.* |
| **Vogliamo** un po' di acqua. | *We want some water.* |

## Attività

**Voglio ... ma non posso.** Esprimere i desideri delle seguenti persone e perché non lo possono fare. Formulare frasi logiche con gli elementi dati, secondo il modello.

*Esempio:* Federico / visitare il museo / è chiuso
Federico vuole visitare il museo ma non può perché è chiuso.

| | | |
|---|---|---|
| Noi | comprare un computer | non c'è la neve |
| Olga | andare all'ufficio postale | il televisore non funziona |
| Tu | ascoltare i CD | fa molto freddo |
| I ragazzi | guardare un programma | non c'è uno stereo |
| Io | andare a sciare | costa molto |
| Tu ed Enzo | mangiare un gelato | è domenica |

**Mi dispiace, non posso.** Invitare un altro studente/un'altra studentessa a fare le seguenti cose con te. Lui/lei risponde che non può e spiega il perché.

*Esempio:* andare al cinema
—Vuoi venire al cinema con me stasera?
—Mi dispiace, non posso. Devo... (scrivere un tema, lavorare ecc.)

| | |
|---|---|
| mangiare al ristorante italiano | andare a ballare |
| studiare insieme (*together*) | vedere le fotografie del tuo viaggio a Yosemite |
| prendere un cappuccino | |

**Essere o non essere?** Completare i due brani con la forma giusta dei verbi indicati.

Io (volere) tanto bene alla mia ragazza, Giulietta. Non (potere) vivere senza di lei. Ma c'è un problema: i suoi genitori non (potere) capire il nostro amore e loro non mi (volere) vedere nella loro casa. Noi (volere) scappare insieme, ma dove (potere) andare? Che (dovere) fare noi? (Dovere) scappare noi, o (dovere) aspettare fino al mio sedicesimo (*sixteenth*) compleanno?

Il mio ragazzo è un tipo tanto indeciso: non (potere) mai prendere una decisione. Quando dico —"Tu mi (volere) bene?"— lui risponde —"Non lo so."— Se io dico —"Amleto, (volere) andare a fare un bel bagno nel fiume?"— lui mi dice —"No, mi dispiace, Ofelia, non (potere). (Dovere) stare qui nel castello a parlare da solo."— Che cosa (dovere) fare io? (Dovere) trovare un nuovo ragazzo?

 **Consigli.** Dare consigli agli autori dei due brani in Attività C. Che cosa devono fare? Che possono fare, volendo?

 **Il corso d'italiano.** Con il tuo compagno/la tua compagna, pensare a tutte le cose che **dovete** fare per il corso d'italiano durante il semestre. Poi pensare a tutte le cose che **volete** fare nel corso. Fare una lista e presentare le informazioni alla classe.

*Esempio:* —In questo corso noi dobbiamo imparare il vocabolario, dobbiamo leggere...
—Vogliamo imparare... Vogliamo andare a...

## I verbi irregolari *fare, dire, bere*

—Cosa **fai** stasera? —*What are you doing tonight?*
—**Faccio** i compiti. —*I'm doing homework.*

—Cosa **dice** Elena? —*What does Elena say?*
—**Dice** che esce stasera. —*She says she's going out tonight.*

—Cosa **bevi?** —*What are you drinking?*
—**Bevo** un caffè. —*I'm drinking coffee.*

The verbs **fare, dire,** and **bere** are irregular. Their present indicative forms are as follows.

| **fare** (*to do, to make*) | |
|---|---|
| faccio | facciamo |
| fai | fate |
| fa | fanno |

| **dire** (*to say*) | |
|---|---|
| dico | diciamo |
| dici | dite |
| dice | dicono |

| **bere** (*to drink*) | |
|---|---|
| bevo | beviamo |
| bevi | bevete |
| beve | bevono |

### Attività

 **Tra il dire e il fare...** Dire che le seguenti persone dicono molte cose ma fanno poco.

*Esempio:* Mio fratello dice molte cose ma fa poco.

1. Tu e i tuoi amici
2. Noi studenti
3. Giulio e Fabio
4. Il governo
5. Tu
6. Emilia
7. Io
8. Il presidente

**Cosa bevono?** Che cosa bevono le seguenti persone? Creare una frase completa con un elemento da ogni colonna.

*Esempio:* Mia madre beve il caffè al mattino.

| | | |
|---|---|---|
| tuo cugino | il vino | perché ha sete |
| tu | l'aranciata | perché fa caldo |
| il tuo professore | il cappuccino | alle 4.00 |
| il tuo amico | la cocacola | perché ha sonno |
| tua sorella | l'acqua minerale | al bar |
| i tuoi nonni | il tè | a mezzogiorno |
| tu e la tua amica | la birra | |

**Che cosa bevi/fai/dici?** Rispondere alle domande con frasi complete.

1. Che cosa dici quando un amico ti dà un regalo? Come rispondi se una persona ti dice "Grazie!"?
2. Che cosa bevi quando fa molto caldo? quando fa freddo? Che cosa bevono i tuoi amici alle feste?
3. Che cosa fate il sabato tu e i tuoi amici? E la domenica che fate?
4. Che cosa dice un Italiano quando entra in una stanza? Che cosa dicono gli Italiani quando arriva un amico?
5. Che cosa fate prima della lezione d'italiano?
6. Che cosa fai stasera?

# D IN CENTRO

un parco

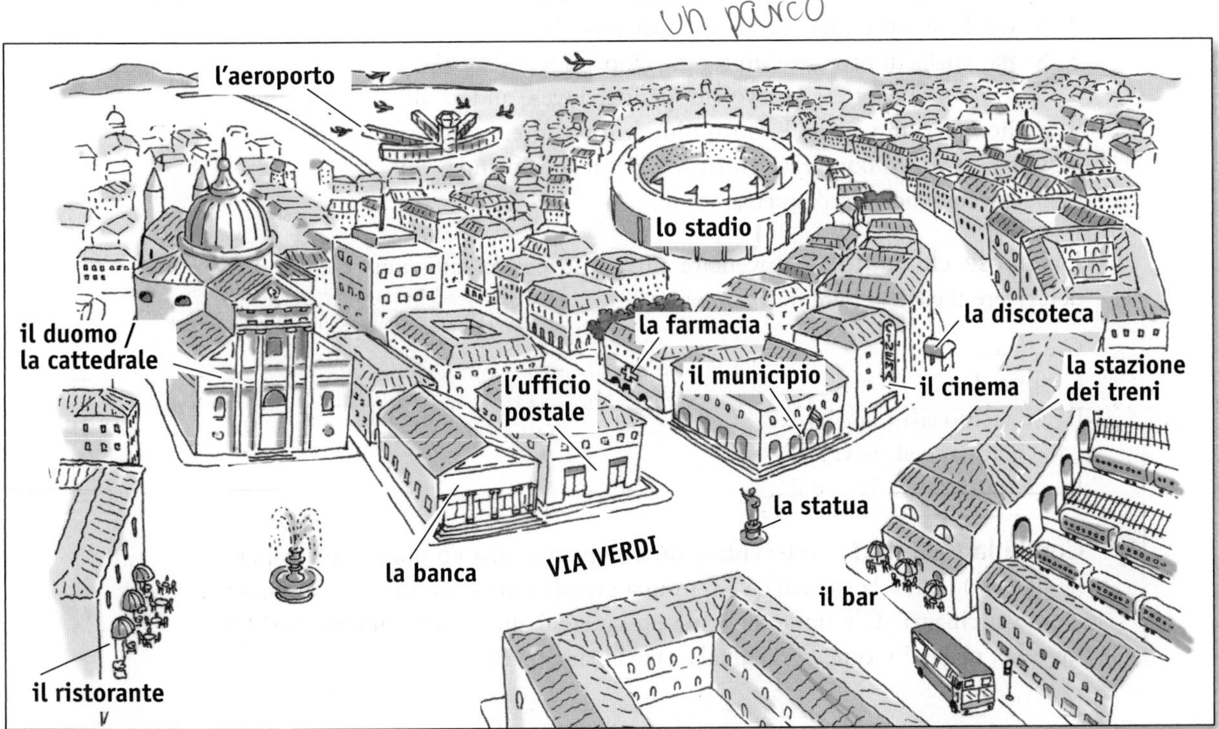

# D.1 Si dice così

| | |
|---|---|
| **il negozio** | *shop* |
| **la tabaccheria** | *tobacco store* |
| **l'edicola** | *newsstand* |
| **la buca delle lettere** | *mailbox* |
| **il giornale** | *newspaper* |
| **il francobollo** | *stamp* |
| **fare delle commissioni** | *to do errands* |
| **mandare/inviare** | *to send* |
| **spedire** | *to mail* |

**Lo sapevi che... ?**

In ancient times, Sicily was called **Trinacria** (Greek for *triangle*) due to the island's shape. In the fourth century B.C., **Siracusa** (Syracuse) was the most powerful city in Europe, overshadowing Athens. Archimedes was born in Syracuse in 287 B.C.

## Attività

**Dove vai?** Dove puoi fare le seguenti cose? Completare le frasi con una parola o un'espressione da **Si dice così.**

1. Quando voglio ballare o sentire la musica, vado in...
2. Se dobbiamo prendere un treno, andiamo alla...
3. Se hai voglia di prendere un cappuccino, puoi andare al...
4. Se avete molte lettere che volete spedire, dovete andare all'...
5. Se ho voglia di vedere il nuovo film di Tornatore, vado al...
6. Quando voglio comprare giornali e riviste, posso andare all'...
7. Se hai bisogno di un'aspirina, vai in...

**Un paese chiamato...** Inventare un nome per la città nel disegno. Poi descrivere il paese. Usare frasi come:

C'è una...
Ci sono due...
Il ... è vicino alla (*close to*)...
La ... è accanto al (*next to*)...
Il ... è tra (*between*) la ... e il...

**Com'è la tua città?** Intervistare un compagno/una compagna per sapere (*to find out*) com'è la sua città. Vive in una grande città o in un piccolo paese? Come si chiama? C'è un aeroporto? un cinema? uno stadio? un museo? Ci sono bei negozi? Come si chiama la strada principale? ecc.

## D.2 Incontro

**Le commissioni in centro.** *Stefania e Alessandra sono in vacanza* (on vacation) *a Cefalù.*

STEFANIA: Allora, Ale, dove andiamo stamattina?

ALESSANDRA: Devo fare delle commissioni: ho bisogno di due francobolli e devo spedire una cartolina all'ufficio postale. Poi voglio comprare il giornale. E tu?

STEFANIA: Anch'io ho da fare. Per prima cosa, voglio comprare i biglietti del treno per Palermo. E poi, vorrei vedere un certo negozio.° Ma prima, beviamo un caffè. C'è un bel bar qui all'angolo. Offro io! *a certain store*

ALESSANDRA: Volentieri!

*Dopo il bar*

ALESSANDRA: Che buono quel caffè! Grazie!

STEFANIA: Prego! Guarda, Ale, qui c'è un'edicola. Possiamo prendere il giornale. Compriamo anche *Il Corriere dello Sport* per i ragazzi?

ALESSANDRA: Va bene. Lì c'è l'ufficio postale e le nostre commissioni sono quasi finite.° Ma scusa, Stefania, quale negozio vuoi vedere? *almost done*

STEFANIA: La Casa della Sposa!

**Tipiche buche delle lettere (*mailboxes*)**

## Attività

**Ascoltiamo!** Ascoltare l'**Incontro** e indicare se la frase si riferisce ad Alessandra (A) o a Stefania (S).

| | A | S |
|---|---|---|
| 1. Deve andare all'ufficio postale perché ha bisogno di due francobolli. | ______ | ______ |
| 2. Compra i biglietti del treno. | ______ | ______ |
| 3. Suggerisce di bere un caffè. | ______ | ______ |
| 4. Suggerisce di comprare *Il Corriere dello Sport*. | ______ | ______ |
| 5. Vede l'ufficio postale. | ______ | ______ |
| 6. Vuole andare al negozio La Casa della Sposa. | ______ | ______ |

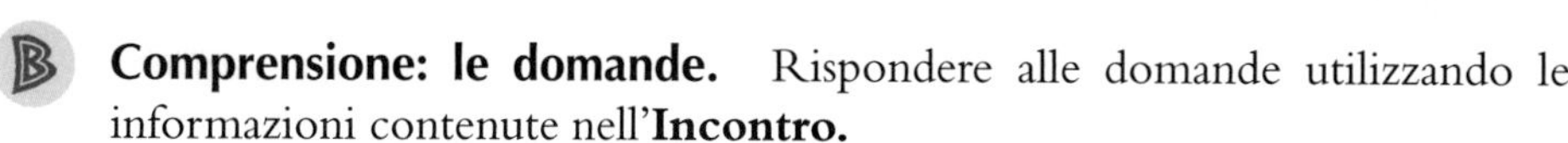

**B Comprensione: le domande.** Rispondere alle domande utilizzando le informazioni contenute nell'**Incontro.**

1. Dove sono Alessandra e Stefania? Cosa fanno oggi?
2. Quali commissioni deve fare Alessandra? e Stefania?
3. Dove prendono il caffè? È buono?
4. Dove vanno dopo il caffè?
5. Stefania vuole far vedere (*to show*) un certo negozio ad Alessandra. Quale negozio? Perché?

**C La storia continua.** Immaginare la reazione di Alessandra alle parole di Stefania. Con un compagno/una compagna, continuare la conversazione.

*Esempio:* —La Casa della Sposa!
—Ma, La Casa della Sposa? Perché? Non mi dire che tu... ?
—Sì, io e Luca...

### In altre parole

| | |
|---|---|
| **scusa/scusi** | *excuse me (inf., form.)* |
| **avere da fare** | *to have things to do* |
| **offro io** | *my treat* |
| **volentieri** | *with pleasure* |

**D Che cosa dici?** Rispondere alle seguenti situazioni con un'espressione da **In altre parole.**

1. Un amico ti invita per un caffè, ma hai fretta. ho da fare scusi
2. Vai al cinema con un amico, ma lui è senza soldi. offro io
3. Due amici ti invitano a teatro. volentieri
4. Hai un appuntamento al bar alle 7.30, ma arrivi alle 7.45. scusi
5. Vuoi sapere che ore sono. Vedi una signora con un orologio.

 **Benvenuto/a nella nostra città!** Creare un dialogo secondo i seguenti suggerimenti.

*S1:* Sei uno studente italiano/una studentessa italiana che visita gli Stati Uniti. Hai bisogno di fare delle commissioni: devi comprare francobolli e spedire lettere, cambiare euro e comprare il dentifricio (*toothpaste*). Per fortuna incontri uno studente/una studentessa che parla italiano. Salutare, presentarsi (*introduce yourself*) e chiedere le informazioni necessarie.

*S2:* Incontri un giovane italiano/una giovane italiana che è in visita nella città della tua università. Non conosce bene l'America e non parla inglese. Cercare di aiutare questa persona quando chiede informazioni.

*Esempio:* —Scusa, mi puoi dire dove posso comprare francobolli?
—Certo! Ma allora tu sei italiano/a? ecc.

# D.3 Punti grammaticali

## Le preposizioni articolate

| | |
|---|---|
| Andiamo **alla** stazione. | *We're going to the station.* |
| Il prezzo **dei** biglietti è 20 euro. | *The price of the tickets is 20 euros.* |
| Saliamo **sull'**autobus. | *We're getting on the bus.* |
| I miei libri sono **nello** zaino. | *My books are in the backpack.* |
| Preferisco spedire le lettere **dall'**ufficio postale. | *I prefer to mail letters from the post office.* |

1. When the prepositions **a, da, di, in,** and **su** precede the definite article, they combine with the article to form a single word **(una preposizione articolata).**

| | |
|---|---|
| È il mio amico Mario. | Telefono **al** mio amico Mario. |
| Ho due libri e uno zaino. | Ci sono due libri **nello** zaino. |

Note that **di** becomes **de-** and **in** becomes **ne-** when combined.

| | **a** | **da** | **di** | **in** | **su** |
|---|---|---|---|---|---|
| **il** | al | dal | del | nel | sul |
| **l'** | all' | dall' | dell' | nell' | sull' |
| **lo** | allo | dallo | dello | nello | sullo |
| **i** | ai | dai | dei | nei | sui |
| **gli** | agli | dagli | degli | negli | sugli |
| **la** | alla | dalla | della | nella | sulla |
| **l'** | all' | dall' | dell' | nell' | sull' |
| **le** | alle | dalle | delle | nelle | sulle |

2. In a number of common phrases designating locations, the preposition **in** is used without the definite article. These phrases are invariable.

| | |
|---|---|
| in banca | in giardino |
| in biblioteca | in piazza |
| in camera | in piedi (*standing*) |
| in centro | in ufficio |
| in chiesa | |

**In** contracts, however, if the noun is modified, as in **nell'ufficio postale.**

Hanno una casa **in Italia;** è **nell'Italia** centrale.
Vivono **negli** Stati Uniti.

3. The preposition **a** is also used in certain fixed phrases without the article.

a casa (*at home*)
a piedi (*by foot*)
a scuola (*at school*)

4. Because prepositions have variable meanings, their uses are idiomatic and must often be memorized.

| | |
|---|---|
| Leggo l'articolo **sul** giornale. | *I read the article in the newspaper.* |
| Vedo il programma **alla** televisione. | *I see the program on television.* |
| La farmacia è **in** via Cavour. | *The drugstore is on Via Cavour.* |

5. Some prepositions, like **per, con, tra,** and **fra,** do not combine with the article.

## Attività

**Risposte negative.** Rispondere negativamente alle seguenti domande utilizzando le espressioni suggerite.

*Esempio:* Arrivi dalla stazione? (l'università)
No, arrivo dall'università.

1. Il televisore è nella camera da letto? (salotto)
2. È una studentessa del liceo scientifico? (l'istituto tecnico)
3. Quella è la casa dei nonni? (zii)
4. L'orologio è sul tavolo? (lo scaffale)
5. Metti la penna nella cartella? (lo zaino)
6. Vieni dalla Calabria? (il Lazio)
7. Studi con gli amici? (le amiche)
8. Andiamo alle catacombe oggi? (i musei Vaticani)

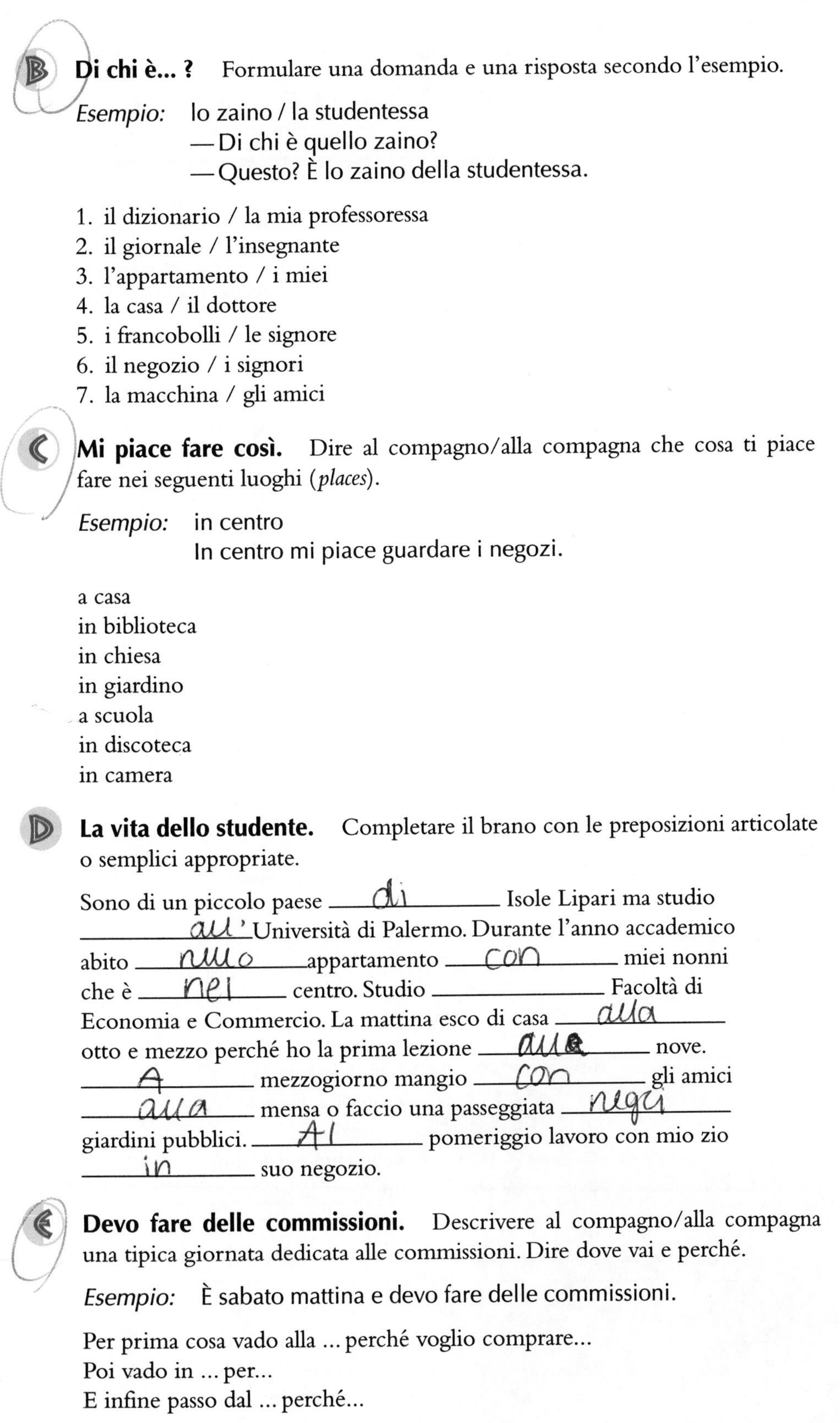

**B** **Di chi è... ?** Formulare una domanda e una risposta secondo l'esempio.

*Esempio:* lo zaino / la studentessa
—Di chi è quello zaino?
—Questo? È lo zaino della studentessa.

1. il dizionario / la mia professoressa
2. il giornale / l'insegnante
3. l'appartamento / i miei
4. la casa / il dottore
5. i francobolli / le signore
6. il negozio / i signori
7. la macchina / gli amici

**C** **Mi piace fare così.** Dire al compagno/alla compagna che cosa ti piace fare nei seguenti luoghi (*places*).

*Esempio:* in centro
In centro mi piace guardare i negozi.

a casa
in biblioteca
in chiesa
in giardino
a scuola
in discoteca
in camera

**D** **La vita dello studente.** Completare il brano con le preposizioni articolate o semplici appropriate.

Sono di un piccolo paese ________ Isole Lipari ma studio ________ Università di Palermo. Durante l'anno accademico abito ________ appartamento ________ miei nonni che è ________ centro. Studio ________ Facoltà di Economia e Commercio. La mattina esco di casa ________ otto e mezzo perché ho la prima lezione ________ nove. ________ mezzogiorno mangio ________ gli amici ________ mensa o faccio una passeggiata ________ giardini pubblici. ________ pomeriggio lavoro con mio zio ________ suo negozio.

**E** **Devo fare delle commissioni.** Descrivere al compagno/alla compagna una tipica giornata dedicata alle commissioni. Dire dove vai e perché.

*Esempio:* È sabato mattina e devo fare delle commissioni.

Per prima cosa vado alla ... perché voglio comprare...
Poi vado in ... per...
E infine passo dal ... perché...

# Immagini e parole

Internet

For self-tests and practice of unit topics, go to the website for *Parliamo italiano!*

View video episode 3, *Abitare* (*Sicilia*), and do the activities in the Workbook.

## *Come si vive in Italia*

**Tipi di casa.** Trovare nella lista espressioni che rispondono a queste domande.

Dove può essere una casa?
Come possono essere le case?
Quali sono alcuni tipi di abitazione (*house*)?

| | | |
|---|---|---|
| al mare | antiche | appartamento |
| casa | costose | in città |
| nel centro storico | in montagna | piccole |
| ristrutturate | vecchie | villa |

**Come si vive negli Stati Uniti.** Fare le seguenti domande ad un altro studente/un'altra studentessa.

1. La tua famiglia abita in un appartamento o in una villetta?
2. La tua famiglia ha una seconda casa? Dov'è? al mare? in montagna?
3. Come sono le case della tua zona? Sono moderne o sono antiche? Sono tutte uguali o sono differenti?
4. Le case nella tua zona sono costose? e gli appartamenti?
5. È difficile trovare un appartamento nella tua città? Perché?

**Palazzi moderni, Sardegna**

Per gli Italiani, la casa significa famiglia e tradizioni.

Nelle città per lo più la gente vive in appartamenti, in affitto o di proprietà.° Spesso ci sono terrazzi dove far crescere delle piante come il basilico o il rosmarino, e fiori come il geranio.° Avere un po' di verde in casa, anche se in città, è molto

*owned*

*geranium*

Casa in stucco con bicicletta

importante. Sui terrazzi si può stendere il bucato° al sole. Le case in città sono molto costose, soprattutto se sono nel centro storico o in zone residenziali. Non è facile trovare una casa e le giovani coppie fanno molti sacrifici per mettere su casa!° Spesso, quando due persone si sposano, sono i genitori che comprano la casa dove la coppia va a vivere.

*laundry* / *to set up a household*

Sono molto apprezzate le case ristrutturate,° cioè case vecchie già esistenti, che vengono modernizzate° all'interno ma lasciate il più possibile nella forma originale. Gli Italiani amano il design e la comodità di oggetti moderni, ma apprezzano anche il valore del passato.

*restored* / *are modernized*

La maggior parte degli Italiani vive nei centri urbani, anche se recentemente il ritorno alla campagna è un trend in crescita. La periferia, cioè la zona che circonda immediatamente la città, è il quartiere° meno ambito,° dove spesso ci sono grandi palazzi popolari.°

*neighborhood / desirable / low-income housing*

Fuori dalle città ci sono ville o villette, moderne o antiche, generalmente con il giardino. Offrono più spazio ma sono meno comode perché lontane dal centro. Recenti sondaggi° dicono che più del sessanta per cento delle famiglie italiane ha una seconda casa, per le vacanze in montagna o al mare, una statistica che rivela il generale benessere del Bel Paese!

*polls*

## Attività

**Comprensione.** Rispondere alle seguenti domande.

1. Perché gli Italiani amano la casa? Cosa significa per loro?
2. Dove vive la gente per lo più?
3. Come si chiama una vecchia casa modernizzata?
4. Che cos'è una villa? e una villetta?
5. Qual è un problema per i giovani?

**Che cosa significa per te la casa?** Trovare nella lista tre parole che tu associ con la parola *casa*. Poi ad un altro studente/un'altra studentessa spiegare il perché delle proprie associazioni.

*Esempio:* Per me la casa significa ... perché...

| | | | |
|---|---|---|---|
| giardino | lontano | tranquillità | quattro mura |
| radici (*roots*) | problemi | famiglia | memorie |
| tradizione | sacrifici | periferia | vacanza |
| amore | | | |

 **I nuovi sposi cercano casa.** Voi siete Luca e Stefania. Fra poco vi sposate e avete bisogno di mettere su casa! Ognuno di voi esprime all'altro/a che tipo di casa vuole e dove la vuole. Cercare di trovare un accordo (*come to an agreement*).

*Esempio:* —Luca, io voglio una casa vicino al...
—Ma Stefania, io preferisco...
—Forse possiamo...

# CASA DOLCE CASA

 **Parole analoghe.** Skim the ads for a general idea of the offerings. Using cognates and context, identify the meaning of the following words.

elevazioni livelli unifamiliare vista sul mare vani

 **Camera con vista.** Scan to find two offerings with a view of the ocean; two with three rooms; two with five rooms; and two with two floors or levels.

● Loc. Bonagia, villa su 3 elevazioni, ben rifinita con annesso giardino

● Loc. Locogrande villetta unifamiliare composta da: salone, cucina, camera, cameretta, bagno con attiguo giardino coltivato.

● **Erice :**
Zona Centrale, immobile di prestigio su 2 elevazioni, con cortile indipendente.

Zona Stadio, appartamento molto luminoso, composto da: 3 vani+accessori, con ampia terrazza.

C.da Tangi, casa indipendente composta da: 5 vani+servizi, magazzino ed uliveto.

Loc. Pizzolungo, ampio locale ristorante.

● **Pantelleria:**
Località Cimillia, vendesi Dammusi di varie dimensioni con annesso giardino.

Località Barone, panoramico Dammuso con incantevole vista sul mare, da poco ristrutturato e ben rifinito.

Località Barone, prestigioso Dammuso, con annesso, ampio giardino con incantevole vista sul mare.

Località Scauri, villa su 3 livelli a 20 mt dal mare, ben rifinita.

● Loc. Kaddiuggia, zona panoramica, villa ben rifinita, con piscina, ed attiguo giardino piantumato.

● **Castellammare del Golfo:**

Loc.Fraginesi, villetta su 2 elevazioni, ben rifinita e molto panoramica.

Via Agrigento, app. al 2°p. composto da 5 vani + accessori. Il tutto da personalizzare.

● **Marusa:**
Villa su 2 livelli, ben rifatta, con attiguo giardino piantumato.

● C.da Bue Marino, ampia villa in stile mediterraneo, ben rifinita, con vista panoramica, garage, giardino piantumato.

● **Erice C.S.:**
Zona Università, app. ben rifinito, molto luminoso, composto da 4 vani + accessori, posto auto.

● **Favignana:**
Loc. tà Bosco, villetta con vista mare composta da 3 vani + accessori.

**C** **Cercasi casa.** Uno studente/una studentessa è un cliente che cerca casa; l'altro/l'altra è l'agente immobiliare (*real estate agent*). Guardare le pubblicità immobiliari (*real estate ads*) e rispondere alle domande del cliente.

1. Cerco una casa ad Erice nella zona universitaria. C'è qualcosa per me? Quanti vani ha? C'è un posto auto?
2. Cerco una villa a Marusa. Ha qualcosa? Può descrivere la casa?
3. Vorrei una casa a Pantelleria con vista sul mare. C'è qualcosa?
4. Abbiamo bisogno di una casa ad Erice, qualcosa di piccolo, anche un appartamento, ma in zona centrale. Ha qualcosa?

**D** **Le pubblicità.** Lavorate in un'agenzia immobiliare e dovete scrivere le pubblicità per il giornale della prossima settimana. Con un compagno/una compagna, inventare quattro descrizioni di appartamenti e ville per la tua zona in base alle pubblicità riportate qui.

# SCRIVIAMO ITALIANO!

## Using lists to write compositions

List writing is a good way to organize your thoughts and prepare for developing short compositions. There are different kinds of lists: you may make a chronological list based on what comes first, second, third, etc.; or you may brainstorm to jot down all the ideas that come to you and then sort them, such as a list of actions (verbs), a list of qualities (adjectives), a list of people or things.

Follow the steps in A and B to write two brief compositions.

A. La mia famiglia
   1. Fare un elenco (*list*) delle persone nella tua famiglia.
   2. Accanto a ciascun (*next to each*) nome, scrivere quanti anni ha e due caratteristiche.
   3. Poi scrivere un breve tema di introduzione alla tua famiglia.

B. La mia casa ideale
   1. Fare un elenco delle caratteristiche (aggettivi) della tua casa ideale. Dov'è? Cosa c'è dentro?
   2. Elencare tutte le cose (nomi) e in quale stanza sono.
   3. Poi scrivere una breve composizione sulla tua casa dei sogni (*dream house*)!

# Vocabolario

## La famiglia

| | |
|---|---|
| l'uomo, la donna | *man, woman* |
| il marito, la moglie | *husband, wife* |
| il padre, la madre | *father, mother* |
| il papà/il babbo | *daddy/dad* |
| la mamma | *mommy/mom* |
| i genitori | *parents* |
| il figlio, la figlia | *son, daughter* |
| il fratello, la sorella | *brother, sister* |
| i fratelli | *siblings* |
| il/la parente | *relative* |
| il cugino/la cugina | *cousin* |
| lo zio, la zia | *uncle, aunt* |
| il nonno, la nonna | *grandfather, grandmother* |
| il/la nipote | *nephew, niece, grandson, granddaughter* |
| il suocero, la suocera | *father-in-law, mother-in-law* |
| il cognato, la cognata | *brother-in-law, sister-in-law* |
| la coppia | *couple* |
| il fidanzato/la fidanzata | *fiancé(e)* |
| lo sposo, la sposa | *groom, bride* |
| le nozze/il matrimonio | *wedding* |

## La casa

| | |
|---|---|
| il bagno | *bathroom* |
| la camera da letto | *bedroom* |
| la cucina | *kitchen* |
| il divano | *couch* |
| la doccia | *shower* |
| il forno | *oven/stove* |
| il giardino | *garden* |
| la lampada | *light, lamp* |
| la lavastoviglie | *dishwasher* |
| l'orto | *vegetable garden* |
| la poltrona | *armchair* |
| il portone | *main door* |
| il quadro | *painting* |
| la sala da pranzo | *dining room* |
| il salotto/il soggiorno | *living room* |
| la scala | *stairway* |
| la tavola | *dinner table* |
| il terrazzo | *terrace* |
| il WC | *toilet* |

## Il tempo atmosferico

| | |
|---|---|
| che tempo fa? | *how's the weather?* |
| c'è il sole | *it's sunny* |
| c'è la nebbia | *it's foggy* |
| c'è vento | *it's windy* |
| è afoso | *it's muggy* |
| è coperto/è nuvoloso | *it's cloudy* |
| fa bello | *it's nice* |
| fa brutto | *it's bad weather* |
| fa caldo | *it's hot* |
| fa freddo | *it's cold* |
| nevica | *it's snowing* |
| piove | *it's raining* |

## In centro, in città

| | |
|---|---|
| l'aeroporto | *airport* |
| la banca | *bank* |
| il cinema | *cinema/movie theater* |
| la discoteca | *discotheque, nightclub* |
| il duomo/la cattedrale | *cathedral* |
| l'edicola | *newsstand* |
| il giornale | *newspaper* |
| la farmacia | *pharmacy/drugstore* |
| il municipio | *town hall* |
| il negozio | *shop* |
| il ristorante | *restaurant* |
| lo stadio | *stadium* |
| la stazione (dei treni) | *(railway) station* |
| la tabaccheria | *tobacco store* |
| l'ufficio postale | *post office* |
| la buca delle lettere | *mailbox* |
| il francobollo | *stamp* |
| mandare/inviare | *to send* |
| spedire | *to mail* |
| fare delle commissioni | *to run errands* |

## Parole interrogative

| | |
|---|---|
| che | *which* |
| che/che cosa/cosa | *what* |
| chi | *who, whom* |
| come | *how* |
| dove | *where* |
| perché | *why* |
| quale | *which* |
| quando | *when* |
| quanto | *how much, how many* |

## Verbi

| | |
|---|---|
| bere | *to drink* |
| dire | *to say* |
| fare | *to do, to make* |
| dovere | *to have to* |
| potere | *to be able to* |
| volere | *to want* |

## Altre parole ed espressioni

| | |
|---|---|
| avanti! | *come in!* |
| avere da fare | *to have things to do* |
| benvenuto/a | *welcome* |
| cosa intendi? | *what do you mean?* |
| non è per niente... | *it's not at all . . .* |
| non lo so | *I don't know* |
| offro io | *my treat* |
| perché no? | *why not?* |
| permesso | *with your permission, excuse me* |
| porta fortuna/sfortuna | *it's good/bad luck* |
| prego | *please* |
| scusa | *excuse me* (*informal*) |
| scusi | *excuse me* (*formal*) |
| senz'altro | *of course, without a doubt* |
| ti voglio bene | *I love you* |
| tutti i giorni | *every day* |
| voglio dire... | *I mean . . .* |
| volendo... | *if we/you like . . .* |
| volentieri | *with pleasure* |
| | |
| quello/a | *that* |
| quelli/e | *those* |
| questo/a | *this* |
| questi/e | *these* |

# UNITÀ 4

# Comprare

## FACCIAMO DELLE COMMISSIONI!

La verdura è sempre fresca al mercato all'aperto

## COMMUNICATIVE GOALS

- Talking about past actions and events
- Specifying quantities
- Talking about food
- Shopping for food
- Shopping in specialty stores
- Handling and changing money
- Avoiding redundancy
- Expressing *there*

#  AL MERCATO ALL'APERTO

For additional practice on the vocabulary and grammar introduced in this unit, go to **Unità 4** on your Multimedia CD-ROM.

## A.1 Si dice così

| | | | |
|---|---|---|---|
| **il mercato all'aperto** | *open-air market* | **il formaggio** | *cheese* |
| **il fruttivendolo** | *fruit vendor* | **l'uovo** (*pl.* **le uova**) | *egg* |
| **il pesce** | *fish* | **fresco** | *fresh* |
| **la carne** | *meat* | **surgelato** | *frozen* |
| **la bistecca** | *steak* | **cotto** | *cooked* |
| **il prosciutto** | *ham* | **crudo** | *raw* |
| **il pollo** | *chicken* | **maturo** | *ripe* |
| **il latte** | *milk* | **assaggiare** | *to try/to taste* |
| **il pane** | *bread* | **fare la spesa** | *to shop for food* |



**Dal fruttivendolo**

**Attività**

 **Frutta rossa, frutta gialla.** Trovare i diversi tipi di frutta o verdura.

1. Due tipi di frutta gialla
2. Due tipi di frutta verde
3. Due tipi di frutta rossa
4. Una verdura arancione
5. Due verdure verdi
6. Una verdura bianca

**Vuoi assaggiare?** Chiedere ad un compagno/una compagna se vuole assaggiare le seguenti cose. Rispondere usando il verbo **piacere.**

*Esempio:* —Vuoi assaggiare le ciliegie?
—Sì, grazie. Mi piacciono le ciliegie! / No, grazie. Non mi piacciono!

1. la bistecca
2. il prosciutto
3. gli spinaci
4. il melone
5. l'insalata
6. le carote
7. i tortellini
8. il pollo

**Preferenze personali.** Fare le seguenti domande ad un compagno/una compagna.

1. Qual è la tua frutta preferita?
2. Quali verdure ti piacciono? Quali non mangi?
3. Preferisci la verdura o la frutta?
4. Preferisci la carne o il pesce? Mangi spesso o raramente il pesce?
5. Ci sono mercati all'aperto nella tua città?
6. Ti piace fare la spesa? Dove vai per comprare frutta e verdura fresche?
7. Dove preferisci mangiare: a casa, al ristorante o alla mensa?

## A.2 Incontro

**Una mattinata al mercato.** *Mirella e Carolina vivono insieme in un appartamento nel centro di Perugia. Raccontano che cosa hanno fatto questa mattina.*

MIRELLA: Ciao, Carolina, da dove arrivi?

CAROLINA: Sono uscita molto presto.° Sono andata al mercato. — *very early*

MIRELLA: Che cosa hai preso?

CAROLINA: Delle banane, un melone bello fresco e delle ciliegie.

MIRELLA: Non hai comprato le fragole?

CAROLINA: No, perché? Ti piacciono?

MIRELLA: Eccome! Moltissimo!

CAROLINA: Se vuoi, esco di nuovo...

MIRELLA: No, va bene, le cerco più tardi quando esco. Sono tornata tardissimo° ieri notte! Ma mi sono divertita° molto. Sono andata a casa di Michele e poi siamo andati al cinema. — *very late / I had a good time*

CAROLINA: Quale film avete visto?

MIRELLA: Un film di Muccino.

CAROLINA: Che bello! È venuto anche Pino?

MIRELLA: Pino? No, perché?

CAROLINA: Perché ha telefonato qui alle 7.30 e io ho detto che eri fuori.° — *you were out*

MIRELLA: Oh, no!

Attività

**A Ascoltiamo! Chi l'ha detto?** Ascoltare l'**Incontro** e indicare se le seguenti affermazioni si riferiscono a Carolina o a Mirella.

| | C | M |
|---|---|---|
| 1. È uscita presto stamattina. | ✓ | |
| 2. È andata al mercato. | ✓ | |
| 3. Ha comprato delle banane e un melone. | ✓ | |
| 4. Ieri notte è tornata molto tardi. | | ✓ |
| 5. È andata al cinema. | | ✓ |
| 6. Le piacciono le fragole. | | ✓ |
| 7. Ha parlato al telefono con Pino ieri sera. | ✓ | |

**Comprensione: le domande.** Rispondere alle seguenti domande.

1. Dove vivono Carolina e Mirella?
2. Dov'è andata stamattina Carolina e che cosa ha fatto lì?
3. Dov'è andata ieri sera Mirella? Con chi?
4. Quale film ha visto Mirella con il suo amico?
5. Secondo te, perché ha telefonato Pino ieri sera? Perché Mirella dice "Oh, no!"?

**In altre parole**

| | |
|---|---|
| **bello fresco** | *very fresh* |
| **di nuovo** | *again* |
| **eccome!** | *and how!/of course!/certainly!* |
| **che bello!** | *how nice!/how wonderful!* |

**Le risposte logiche.** Trovare nella colonna a destra la risposta logica per ogni frase della colonna a sinistra.

1. Ho dimenticato di comprare le ciliegie!
2. Signora, com'è quest'uva?
3. Ha telefonato Pino?
4. Ieri sera ho visto *La vita è bella* di Benigni.

a. Che bello! È il mio film preferito!
b. Eccome! Ha chiamato sei volte.
c. Vuole assaggiare? È bella fresca.
d. Allora devi uscire di nuovo.

**D** **Ti piacciono le offerte? Eccome!** Anna ed Edoardo fanno la spesa da Superbasko. Completare la loro conversazione con informazioni dalla pubblicità e poi recitare (*act out*) con un compagno/una compagna.

ANNA: Guarda il riso Gallo Blond! C'è uno sconto (*discount*) del ______________%.

EDOARDO: Bene! E anche la pasta ______________ (*brand*) è in offerta.

ANNA: Che buona! Quanto costa l'olio di oliva De Cecco?

EDOARDO: ______________ euro. Però l'olio di oliva Bertolli costa solo ______________ euro. Poi, se compriamo due confezioni di ______________ con la Prima Card, abbiamo lo sconto del 25%! Che offerte!

ANNA: Eccome!

# A.3 Punti grammaticali

## Il passato prossimo

| | |
|---|---|
| Ieri **ho mangiato** la bistecca. | *I ate steak yesterday.* |
| **Abbiamo dormito** fino a tardi. | *We slept late.* |
| **Hai letto** il giornale ieri? | *Did you read the newspaper yesterday?* |
| **Sono andata** al mercato stamattina. | *I went to the market this morning.* |
| Ieri sera **siamo usciti** con amici. | *Last night we went out with friends.* |

1. The **passato prossimo** (present perfect) is used to describe actions or events that took place in the past.

| | |
|---|---|
| Ho comprato la frutta. | *I bought the fruit.*<br>*I have bought the fruit.*<br>*I did buy the fruit.* |

It is a compound tense, formed with the present tense of **avere** or **essere** (known as the auxiliary) and the past participle of the verb.

| mangiare | | andare | |
|---|---|---|---|
| ho mangiato | abbiamo mangiato | sono andato/a | siamo andati/e |
| hai mangiato | avete mangiato | sei andato/a | siete andati/e |
| ha mangiato | hanno mangiato | è andato/a | sono andati/e |

2. The past participles of regular verbs are formed as follows.

| | | |
|---|---|---|
| mangiare | **(-ato)** | mangi**ato** |
| vendere | **(-uto)** | vend**uto** |
| finire | **(-ito)** | fin**ito** |

3. **Avere** is the auxiliary for all transitive verbs as well as for many intransitive verbs. A transitive verb has a direct-object complement, that is, a person or thing that receives the action of the verb. For example, in *I ate the cake,* the direct object is *cake.*

| | |
|---|---|
| **Ho comprato** i francobolli. | *I bought the stamps.* |
| La settimana scorsa **abbiamo visto** un bel film. | *Last week we saw a good film.* |
| Chi **avete incontrato** ieri sera? | *Whom did you meet last night?* |
| Angelo **ha mangiato** le fragole. | *Angelo ate the strawberries.* |

4. **Essere** is the auxiliary for many intransitive verbs. When a verb is conjugated with **essere,** the past participle agrees with the subject of the sentence in gender and number. If the subject is plural and includes a masculine noun (or a male person), the masculine plural form is used.

| | |
|---|---|
| Io **sono nata** a Perugia. | *I was born in Perugia.* |
| Noi **siamo tornati** da Assisi. | *We came back from Assisi.* |
| Elisa **è partita** per Spoleto. | *Elisa left for Spoleto.* |
| Giulia ed Anna **sono nate** a Todi. | *Giulia and Anna were born in Todi.* |

5. Many verbs that use **essere** can be paired by opposite actions, and describe motion and states of being.

| | | | |
|---|---|---|---|
| **andare** | *to go* | **venire** | *to come* |
| **arrivare** | *to arrive* | **partire** | *to leave* |
| **nascere** | *to be born* | **morire** | *to die* |
| **scendere** | *to descend* | **salire** | *to ascend* |
| **uscire** | *to exit* | **entrare** | *to enter* |

Other verbs that use **essere** are **tornare** (*to come back*), **crescere** (*to grow*), **vivere** (*to live*), **rimanere** (*to remain*), and **piacere** (*to be pleasing*).

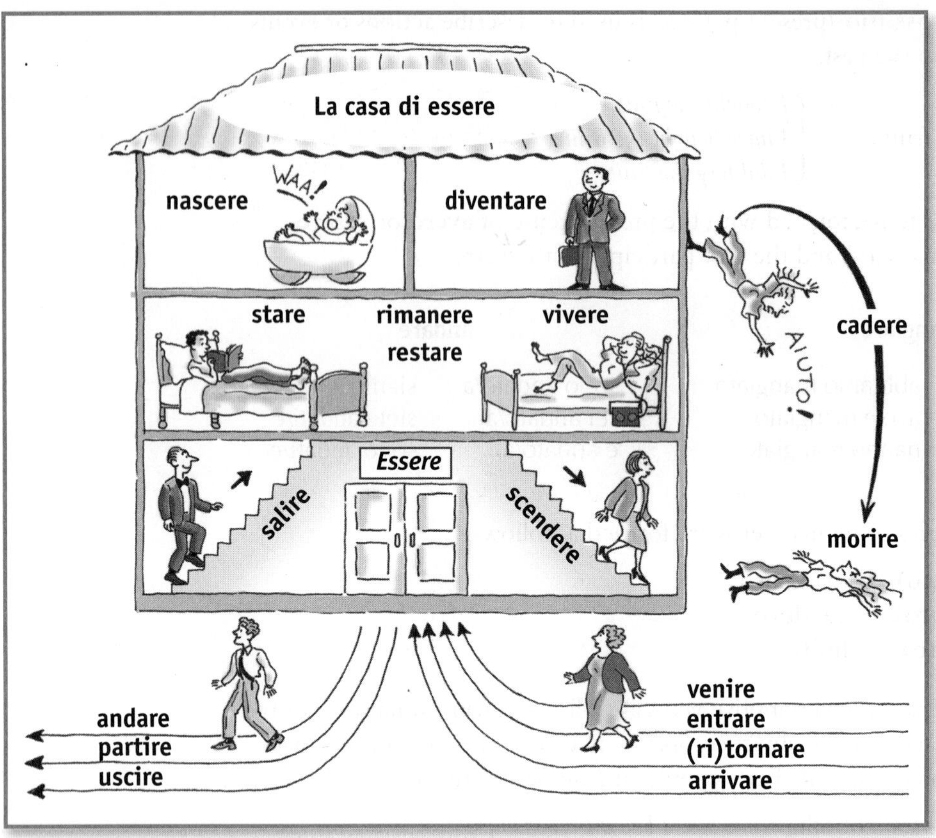


**6.** Many Italian verbs, particularly second conjugation **-ere** verbs, have irregular past participles. Among the most common are:

| infinitive | past participle | infinitive | past participle |
|---|---|---|---|
| leggere | le**tto** | ammettere | amme**sso** |
| scrivere | scri**tto** | mettere | me**sso** |
| fare | fa**tto** | promettere | prome**sso** |
| dire | de**tto** | chiudere | chiu**so** |
| rimanere | rima**sto** | prendere | pre**so** |
| rispondere | rispo**sto** | scendere | sce**so** |
| chiedere | chie**sto** | decidere | deci**so** |
| vedere | vi**sto** | uccidere | ucci**so** |
| stare | sta**to** | ridere | ri**so** |
| nascere | na**to** | morire | mor**to** |
| dare | da**to** | aprire | aper**to** |
| scegliere | scel**to** | offrire | offer**to** |
| vivere | viss**uto** | rompere | ro**tto** |
| bere | bev**uto** | tradurre | trad**otto** |
| venire | ven**uto** | vincere | vin**to** |
| | | perdere | per**so** |

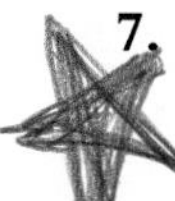

7. Among the most common expressions used to indicate when past actions occurred are:

| | | | |
|---|---|---|---|
| **ieri** | *yesterday* | **un anno fa** | *a year ago* |
| **ieri sera** | *last night* | **la settimana scorsa** | *last week* |
| **l'altro giorno** | *the other day* | **sabato scorso** | *last Saturday* |
| **l'altro ieri** | *the day before yesterday* | **il mese scorso** | *last month* |
| | | **l'anno scorso** | *last year* |
| **un'ora fa** | *an hour ago* | **già** | *already* |
| **una settimana fa** | *a week ago* | **mai** | *ever* |
| **un mese fa** | *a month ago* | | |

| | |
|---|---|
| Sei **mai** stato in Italia? | *Have you ever been to Italy?* |
| Ho incontrato Luigi **un'ora fa.** | *I met Luigi an hour ago.* |
| Siamo usciti **sabato scorso.** | *We went out last Saturday.* |
| Hanno **già** visto quel film. | *They've already seen that film.* |

## Attività

**Cambiamo soggetto.** Riscrivere i seguenti brani con i nuovi soggetti indicati.

Ieri sera io sono andato a casa di due miei amici. Ho mangiato con loro e poi sono andato al cinema: ho visto il nuovo film di Salvatores. Poi sono tornato a casa e ho letto fino alle (*until*) undici.

Ieri sera Alessandra... (Alessandra ed io; Alessandra e suo marito)

Stamattina Caterina è andata all'università. Per prima cosa, ha preso lo zaino e ha messo dentro i suoi libri. Poi ha chiuso la porta di casa ed è uscita. All'università Caterina è entrata nell'aula e ha salutato il professore. Durante la lezione ha risposto alle domande del professore.

Stamattina Fabio e Andrea... (voi; tu)

**La festa di Alberto.** Completare il brano mettendo il verbo dato al passato prossimo. Non dimenticare di accordare (*make an agreement*) il participio passato al soggetto, dove necessario.

Alberto (nascere) a Perugia ma (vivere) a Roma per molti anni. Lui (decidere) di tornare a vivere a Perugia perché (trovare) la vita a Roma troppo caotica. I genitori di Alberto (fare) una festa per celebrare il ritorno del figlio. (Invitare) tutti i suoi vecchi amici. Infatti Alberto (frequentare) l'Università della città. In quegli anni Alberto (conoscere) molti studenti americani perché a Perugia c'è anche una famosa università per stranieri. I genitori di Alberto (preparare) una cena magnifica. Quando io (entrare) e (vedere) Alberto, (dire): "Bravo! Tu (tornare) al tuo vecchio paese!"

**C** **Le colonne.** Formulare delle frasi scegliendo un elemento da ciascuna colonna (*each column*). Mettere i verbi al passato prossimo.

| | | |
|---|---|---|
| Claudio | assaggiare | un bel melone. |
| Il fruttivendolo | chiudere | la verdura al mercato. |
| Noi | bere | la cena. |
| Io | scegliere | l'acqua minerale gasata. |
| Gli sposi | vendere | le porte del salotto. |
| I bambini | comprare | l'autobus per andare in centro. |
| Tu | prendere | le melanzane. |
| Elena ed io | gustare | i pomodori maturi. |

**D** **La febbre del sabato sera** (*Saturday-night fever*). I disegni mostrano dei giovani che sono usciti sabato sera. Che cosa hanno fatto?

Massimiliano

Giorgio ed Emilia

Mirella e Carolina

Enzo

**E** **Intervista.** Chiedere ad un compagno/una compagna che cosa ha fatto sabato scorso. Ecco delle domande possibili.

Sei uscito/a? Dove sei andato/a?
Dove hai mangiato? Con chi?
Che cosa hai fatto dopo cena?
Hai ascoltato della musica?
Hai fatto una telefonata? A chi?
Hai guardato la televisione? Hai visto un film?

## I numeri da 100 a 1.000.000.000

| | |
|---|---|
| Un secolo dura **cento** anni. | *A century lasts one hundred years.* |
| Ho **mille** euro in banca. | *I have a thousand euros in the bank.* |
| Questo televisore costa **trecento** euro. | *This television costs three hundred euros.* |
| Lei ha vinto **un milione** di dollari. | *She won a million dollars.* |
| Lorenzo de' Medici è morto nel **millequattrocentonovantadue.** | *Lorenzo de' Medici died in 1492.* |

**1.** In Italian numbers are usually written as one word.

| | |
|---|---|
| millenovecentonovantanove | 1999 |
| trecentosessantacinque | 365 |
| cinquecento | 500 |

**2.** The plural form of **mille** is **-mila: duemila, diecimila.**

**3.** The indefinite article is not used with **cento** or **mille,** but is used with **milione** and **miliardo. Milione** and **miliardo** require the preposition **di** when followed by a noun.

| | |
|---|---|
| Il *Decameron* ha cento novelle. | *The* Decameron *has a hundred stories.* |
| Vorrei vincere un miliardo di dollari. | *I'd like to win a billion dollars.* |

### Attività

**Anni importanti.** Leggere a voce alta le seguenti frasi.

1. La data della mitica fondazione di Roma è il 21 aprile del 753 avanti Cristo (B.C.).
2. Dante è nato nel 1265 ed è morto nel 1321.
3. Nel 1492 è morto Lorenzo de' Medici, e Cristoforo Colombo è arrivato nel Nuovo Mondo.
4. L'Inquisizione ha condannato Galileo Galilei nel 1632.
5. Nel 1900 hanno rappresentato la *Tosca* di Puccini per la prima volta.
6. Nel 1943 le forze alleate hanno invaso la Sicilia.
7. L'Italia è diventata una repubblica nel 1946.

B **La Repubblica Italiana.** Leggere i seguenti numeri.

| | |
|---|---|
| Data dell'unificazione: | 1870 |
| Superficie: | 301.230 chilometri quadrati |
| Coste: | 4.996 chilometri |
| Strade statali: | 298.000 chilometri |
| Popolazione: | 58.018.500 |
| Numeri di telefono: | 25.600.000 |
| Animali domestici: | 8.950.000 cani |
| | 5.380.000 gatti |

**La spesa al supermercato.** Tu ed un compagno/una compagna avete fatto la spesa. Guardare le ricevute e dire al compagno/alla compagna che cosa hai comprato e quanto hai speso.

SUPERBASKO
Basko Spa
Via Aurelia, 160 Bogliasco
P.IVA 03552200101
Tel.010-3474014 GENOVA

| | euro |
|---|---|
| 6x 0,53 | |
| ACQUA S. BERN | 3,18 |
| SACC.BASKO 38 | 0,04 |
| SACC.BASKO 38 | 0,04 |
| CHARDONNAY CL | 4,85 |
| CHARDONNAY CL | 4,85 |
| BANCO FORMAGG | 2,81 |
| RUCOLA GR 100 | 1,95 |
| FUNGHI CHAMPI | 1,52 |
| BANCO FORMAGG | 6,43 |
| ORTOFRUTTA | 0,96 |
| MACELLERIA | 5,71 |
| LATTE TIGULLI | 1,34 |
| BANCO TAGLIO- | 3,13 |
| ORTOFRUTTA | 0,71 |
| TARALLI AL FI | 1,29 |
| FAGOLOSI SESA | 1,42 |
| ORTOFRUTTA | 0,88 |
| ORTOFRUTTA | 1,18 |
| Subtot | 42,29 |
| Sconto cents | 0,04- |
| **TOTALE** | **42,25** |

lire 81.807

CONTANTI 52,25
RESTO 10,00
Pos04 Op006 Art023 P
Resto Lire 19.363

SUPERBASKO
Basko Spa
Via Aurelia, 160 Bogliasco
P.IVA 03552200101
Tel.010-3474014 GENOVA

| | euro |
|---|---|
| LATTE TIGULLI | 1,34 |
| CHARDONNAY CL | 4,85 |
| 6x 0,53 | |
| ACQUA S. BERN | 3,18 |
| IGIENICA SCOT | 1,75 |
| ORTOFRUTTA | 1,19 |
| SALSA KETCHUP | 1,67 |
| MAIONESE G.50 | 2,06 |
| BASILICO PRA' | 1,75 |
| ORTOFRUTTA | 1,74 |
| ORTOFRUTTA | 1,28 |
| INS.MISTICANZ | 2,20 |
| 6 MAGNUM DOUB | 3,91 |
| Subtot | 26,92 |
| Sconto IGIENICA S | 0,44- |
| ScontiCard 0,44 | |
| Sconto cents | 0,03- |
| **TOTALE** | **26,45** |

lire 51.214

CONTANTI 27,00
RESTO 0,55
Pos01 Op011 Art017 P
Resto Lire 1.065

##  I SOLDI

## B.1 Si dice così

| | | | |
|---|---|---|---|
| **il prezzo** | *price* | **economico** | *economic/cheap* |
| **il conto** | *bill, check* | **pagare (in contanti)** | *to pay (cash)* |
| **il resto** | *change* | **incassare (un assegno)** | *to cash (a check)* |
| **lo sconto** | *discount* | **spendere** | *to spend* |
| **il bancomat** | *ATM* | **costare** | *to cost* |
| **caro** | *expensive* | **risparmiare** | *to save* |
| **costoso** | *costly* | **prestare** | *to lend* |
| **conveniente** | *cheap/reasonably priced* | **cambiare** | *to change/to exchange* |

Il denaro/I soldi

**Lo sapevi che... ?**

The euro, the currency of the European Community, became the official currency of Europe on January 1, 2002. The exchange rate for the lira was established at 1,936.27 lira per euro. While the elimination of the mark, the franc, and the lira, among other currencies, represented an enormous change, the transition was smooth and has made travel and trade within Europe much easier. Euro coins (for 1, 2, 5, 10, 20, and 50 cents, as well as the 1 euro and 2 euro denominations) have different faces to indicate which country minted them. Bills are in the 5, 10, 20, 50, 100, 200, and 500 denominations. Expressions such as **essere senza una lira** (*to be without a penny*) are still a part of common speech.

## Attività

 **Le definizioni.** Trovare nella colonna B definizioni per le parole nella colonna A.

| A | B |
|---|---|
| 1. il portafoglio | a. la cassiera dà questo al cliente quando ha pagato |
| 2. il prezzo | b. le monete, non le banconote |
| 3. lo sconto | c. un prezzo ridotto |
| 4. caro | d. dove mettiamo banconote e carte di credito |
| 5. spendere | e. dare soldi in cambio di un oggetto |
| 6. lo scontrino | f. quanto costa un certo oggetto |
| 7. gli spiccioli | g. costoso, non economico |

**B** **In banca.** Completare il seguente dialogo con le parole appropriate.

CASSIERA: Buongiorno, signorina.
SIGNORINA: ____________! Desidero incassare questo ____________.
CASSIERA: Certamente. Cento, duecento, trecento, quattrocento. Ecco le sue ____________.
SIGNORINA: Grazie. Se possibile, ho bisogno di ____________, per pagare il parcheggio (*to pay for parking*).
CASSIERA: Ecco a Lei.
SIGNORINA: Grazie. Arrivederci!
CASSIERA: ____________.

 **Un buon affare!** (*A good deal!*) Uno studente è il cliente, l'altro è il commesso. Chiedere quanto costano i seguenti oggetti e inventare un prezzo (in euro!) secondo il modello.

*Esempio:* —Quanto costa questo CD?
—Ventidue euro.
—È troppo costoso! / È un prezzo conveniente.

1. una bicicletta
2. un libro di John Grisham
3. un orologio Swatch
4. uno zaino Invicta
5. uno stereo
6. un videoregistratore
7. un computer
8. una macchina usata

## B.2 Incontro

**I ragazzi preparano una cena.** *È mezzogiorno. Pino e Michele fanno la spesa a Perugia.*

PINO: Sbrighiamoci! Tra poco i negozi chiudono.

MICHELE: Ma sei sicuro che Mirella e Carolina vengono a casa nostra stasera?

PINO: E come no! Certo! Oggi è il compleanno di Mirella, no? Senti, poi devo passare in profumeria—voglio prendere un regalo° per lei.

° *gift*

MICHELE: Che esagerato!° Cosa prepari per cena? — *You're too much!*

PINO: La Mirella è vegetariana, quindi faccio la mia specialità—gli spaghetti primavera! Qui compro i pomodori—costano solo due euro al chilo.

MICHELE: Bene. Quanti ne° compri? — *of them*

PINO: Tre chili.

MICHELE: Tre chili?! Ma non sono troppi?

PINO: Ma no!... Mamma mia! Sono senza una lira! Ho solo degli spiccioli. Magari accettano la carta di credito!

MICHELE: Figurati! To'°—ti presto dieci euro. Ma mi raccomando... — *Here, take this*

PINO: Grazie, Michele! Sei un vero amico. Eh, guarda che belle fragole! Ne prendo un chilo.

MICHELE: Un chilo!? Ma quanto costano?

PINO: Dai, Michele, non facciamo i tirchi! A Mirella piacciono tanto le fragole!

MICHELE: Fare i tirchi? Capirai! Con i miei soldi poi!

**Lo sapevi che... ?**

In Italy stores usually open at 9:00 A.M., close for lunch at 12:30 P.M., reopen at 3:30 P.M., and close for the night at 7:30 P.M. The **orario continuato**—remaining open all day—is largely confined to department stores. Very few stores are open on Sunday, and many shops are closed Monday mornings as well. Food stores close one afternoon a week, which varies from city to city.

Le vetrine di un grande magazzino a Firenze

## Attività

**A** **Ascoltiamo! Vero o falso?** Ascoltare l'**Incontro** e indicare se le seguenti affermazioni sono vere o false. Poi, correggere le frasi false.

| | V | F |
|---|---|---|
| 1. Pino ha paura che i negozi chiudano. | ______ | ______ |
| 2. Il compleanno di Mirella è oggi. | ______ | ______ |
| 3. Mirella mangia volentieri la carne. | ______ | ______ |
| 4. I pomodori costano due euro al chilo. | ______ | ______ |
| 5. Michele dice che tre chili di pomodori sono troppi. | ______ | ______ |
| 6. Pino ha i soldi necessari per pagare i pomodori. | ______ | ______ |
| 7. Pino prende un etto di fragole. | ______ | ______ |

**Quanto costa?** Guardando (*looking at*) il disegno alla pagina 135, chiedere ad un compagno/una compagna di classe il prezzo dei seguenti prodotti. Commentare se il prezzo è conveniente oppure no.

*Esempio:* —Quanto costano le carote?
—Costano €1,50 al chilo.
—Oh, sono economiche!

—Quanto costano le fragole?
—Sono €4,50 al chilo.
—Oh, sono care!

1. i pomodori
2. le ciliegie
3. le pere
4. le cipolle
5. il melone
6. gli spinaci

### In altre parole

| | |
|---|---|
| **sbrighiamoci!** | *let's hurry up!* |
| **mi raccomando!** | *I'm warning you!, Don't forget!* |
| **non facciamo i tirchi!** | *let's not be cheap!* |
| **capirai!** | *you must be kidding!* |

**C** **Esclamazioni!** Cosa dici alle seguenti persone nelle situazioni descritte?

1. Il film comincia tra poco e la tua amica non è ancora pronta per uscire.
2. Vuoi comprare una bottiglia di profumo Armani per tua madre, ma tuo fratello dice di no perché è troppo costoso.
3. Sei in centro con un'amica che ama spendere i soldi. L'amica scopre (*discovers*) che non ha soldi e chiede di usare la tua carta di credito.
4. Sei vegetariano/a. Un amico ti chiede se ti piace la bistecca alla fiorentina.
5. Il tuo fratello minore vuole usare la tua bici per andare in centro. Dici di stare attento al traffico. Lui ride (*laughs*).

**D Cambiare banconote.** Creare un dialogo secondo le seguenti indicazioni.

*S1:* Vuoi cambiare delle banconote perché hai bisogno di spiccioli. Entri in un bar e chiedi al cassiere/alla cassiera di cambiare una banconota da cento euro. Hai molta fretta.

*S2:* Sei cassiere/cassiera in un bar. Un signore/una signora entra e chiede di cambiare una banconota. Non ci sono molti soldi nella cassa e dici al/alla cliente di comprare qualcosa. Il/la cliente è impaziente ma ordina qualcosa.

**E Due mondi a confronto.** Rispondere alle seguenti domande.

1. A che ora chiudono normalmente i negozi in Italia? E nel tuo paese?
2. Ci sono mercati all'aperto nel tuo paese? Dove?
3. Sono aperti i negozi in Italia di domenica? E nel tuo paese?
4. Dove compri la frutta e la verdura normalmente? Preferisci il supermercato o il mercato all'aperto? Perché?

**Lo sapevi che... ?**

Banca Nazionale del Lavoro and Gruppo Banca Intesa are among Italy's largest banks. Many banks are regional, as their names indicate: Banco di Napoli, Banco di Sicilia, Banco di Roma. The oldest bank in Italy, the Monte dei Paschi di Siena, was founded in Siena in 1472. Florence was Europe's banking capital in the Middle Ages and the Renaissance, and many financial tools, such as letters of credit, were invented there.

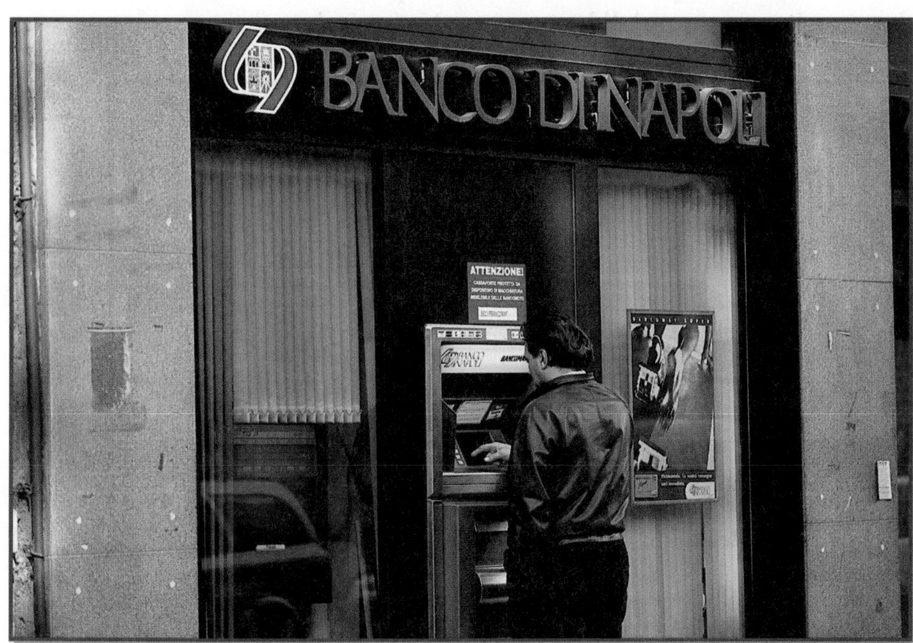


Il bancomat del Banco di Napoli

# B.3 Punti grammaticali

## Il partitivo

| | |
|---|---|
| Ho mangiato **degli** spinaci. | *I ate some spinach.* |
| Abbiamo comprato **delle** mele. | *We bought some apples.* |
| Ho **dei** buoni amici. | *I have some good friends.* |
| Bevono **dell'**acqua minerale. | *They are drinking some mineral water.* |
| Vorrei **un po' di** caffè. | *I'd like some coffee.* |
| **Qualche** pomodoro è maturo. | *Some tomatoes are ripe.* |
| Compro **alcune** banane. | *I'm buying a few bananas.* |

1. There are several ways to express the partitive (*some, a few*) in Italian. The most common way is with the preposition **di** + the definite article, singular or plural: **del, dello, dell', della, dei, degli, delle.**

| | |
|---|---|
| Abbiamo comprato **dell'**olio, **del** pane, **delle** carote, **della** lattuga e **dei** ravioli. | *We bought some oil, some bread, some carrots, some lettuce, and some ravioli.* |
| Piero ha preso **dell'**acqua, **dello** zucchero e **degli** zucchini. | *Piero got some water, some sugar, and some zucchini.* |

2. To indicate an unspecified amount of a substance that cannot be counted, the singular forms **del, dell', dello,** and **della** are used. **Un po' di** (*a bit of, some*) may also be used.

| | | |
|---|---|---|
| Bevo **del** caffè. | Bevo **un po' di** caffè. | *I am drinking some coffee.* |
| Prendi **dello** zucchero? | Prendi **un po' di** zucchero? | *Do you take sugar?* |
| No, ma prendo **del** latte. | Prendo **un po' di** latte. | *No, but I take milk.* |

3. There are two other ways to express *some*. The adjective **alcuni** (*m.*)/**alcune** (*f.*) is used with plural nouns. **Qualche** is used with a singular noun, although it expresses a plural amount.

| | | |
|---|---|---|
| Leggo **alcune** poesie. | Leggo **qualche** poesia. | *I read some poems.* |
| Ho **alcuni** amici a Todi. | Ho **qualche** amico a Todi. | *I have some friends in Todi.* |

**4.** The partitive is not used in negative sentences.

| | |
|---|---|
| Loro non bevono caffè. | *They are not drinking (any) coffee.* |
| Non ho soldi. | *I don't have (any) money.* |

Attività

**Il partitivo.** Indicare la parola o l'espressione corretta.

1. La mamma ha preparato una torta con (qualche / delle) mele fresche.
2. Lucia ha preso (qualche / del) tè e ci ha messo (alcuni / un po' di) zucchero.
3. Ho comprato (alcuni / qualche) fiori e (delle / alcuni) paste per il compleanno di Claudia.
4. Daniele ha incontrato (qualche / dei) vecchio amico dopo tanti anni.
5. Per fare i panini abbiamo comprato (del / alcune) pane.
6. In quel negozio ci sono (qualche / delle) persone simpatiche, non è vero?
7. Hai (un po' di / delle) buone idee (*ideas*) ogni tanto.
8. Se vai in banca, vengo con te. Ho (alcuni / qualche) assegni che devo incassare.

**Al mercato.** Una persona è il venditore, l'altra è il cliente. Creare un dialogo seguendo il modello.

*Esempio:* latte, formaggio, pane
—Desidera, signore?
—Vorrei del latte, del formaggio e del pane, per piacere.
—Ecco a Lei.

1. Verdura: pomodori freschi, spinaci, patate, lattuga
2. Pasta: lasagne, fettuccine, tortellini, spaghetti
3. Frutta: melone, ananas, fragole, limoni
4. Carne: salame, bistecche, prosciutto

**Una mattinata al mercato.** Uno studente/una studentessa stamattina ha fatto la spesa al mercato. Il compagno/la compagna vuole sapere cosa ha comprato. Creare delle risposte usando il partitivo, secondo il modello.

*Esempio:* —Che cosa hai comprato dal fruttivendolo?
—Ho comprato delle fragole, delle pere...

le carote, i fagiolini, la lattuga, le pesche, gli zucchini, i pomodori, l'uva

## *Ne*

| | |
|---|---|
| —Ecco **dei pomodori maturi.** | —*Here are some ripe tomatoes.* |
| —Quanti **ne** vuoi? | —*How many of them do you want?* |
| —**Ne** voglio **un chilo.** | —*I want a kilo (of them).* |
| —Ecco **delle pere fresche.** | —*Here are some fresh pears.* |
| —Quante **ne** vuoi? | —*How many of them do you want?* |
| —**Ne** voglio **tre.** | —*I want three (of them).* |

—Quanti cugini hai?
—**Ne** ho **quindici.**

—*How many cousins do you have?*
—*I have fifteen (of them).*

—Hai bisogno **di una mano?**
—Sì, **ne** ho bisogno.

—*Do you need a hand?*
—*Yes, I do.*

1. **Ne** has many functions in Italian. It replaces nouns introduced by a number or an expression of quantity. When **ne** is used, a quantity is usually specified in the response (either as a number or an amount). The phrases *of it/of them* are optional in English, but **ne** is always used in Italian.

—Quanti amici hai in Italia?
—**Ne** ho **molti.**
—**Non ne** ho.

—*How many friends do you have in Italy?*
—*I have many (of them).*
—*I don't have any.*

—Ecco **un po' di** acqua minerale.
—**Quanta ne** vuoi?
—**Ne** voglio **un po'.**

—*Here's some mineral water.*
—*How much (of it) do you want?*
—*I'd like some (of it).*

2. The pronoun **ne** also replaces nouns and noun phrases introduced by the preposition **di.**

—Parla **della sua famiglia?**
—Sì, **ne** parla sempre.

—*Does he talk about his family?*
—*Yes, he always talks about them.*

—Cosa sai **della situazione?**
—Non **ne** so niente.

—*What do you know about the situation?*
—*I don't know anything (about it).*

3. **Ne** usually directly precedes the conjugated verb, and the quantity specified follows the verb. If the statement is negative, **ne** follows **non.** It may also be attached to an infinitive, which loses the final **e.**

—Ecco le mele! **Ne** compro un chilo.
—Non **ne** vuoi di più?
—Voglio comprar**ne** un chilo.

—*Here are the apples. I'll buy a kilo.*
—*Don't you want any more of them?*
—*I want to buy a kilo (of them).*

Voglio parlar**ne** con te.

*I want to talk to you about it.*

4. When **ne** refers to a quantity and is used with a compound verb such as the **passato prossimo,** the past participle must agree in gender and number with the noun that **ne** is replacing.

—Quanti meloni hai comprato?
—Ne ho comprat**i** tre.

—*How many melons did you buy?*
—*I bought three of them.*

—Quante lettere avete scritto?
—Ne abbiamo scritt**e** molte.

—*How many letters did you write?*
—*We wrote many of them.*

5. **Ne** is often used in expressions pertaining to the date and to people's ages.

—Quanti **ne** abbiamo oggi?
—Oggi **ne** abbiamo **ventidue.**

—*What's the date today?*
—*It's the twenty-second.*

—Quanti anni ha tuo padre?
—**Ne** ha **cinquantatré.**

—*How old is your father?*
—*He's fifty-three.*

## Attività

**Ma io ne ho...** Completare le frasi in maniera logica come nel modello.

*Esempio:* Il mio amico ha un cane *ma io ne ho due.*
La mia amica ha tre sorelle *e anch'io ne ho tre.*

1. Il mio amico ha diciannove anni...
2. Il mio amico segue cinque corsi...
3. Il mio amico parla molte lingue straniere...
4. Il mio amico ha due macchine...
5. Il mio amico ha tre carte di credito...
6. Il mio amico ha molti soldi in banca...

**B** **Quanto ne vuole?** Tu sei al mercato e vuoi comprare le seguenti cose. Il venditore/la venditrice vuole sapere quanto ne vuoi.

*Esempio:* —Vorrei delle ciliegie, per piacere.
—Quante ne vuole?
—Ne vorrei mezzo chilo.

1. pane / chilo
2. zucchini / alcuni
3. uva / un po'
4. vino / un litro
5. pomodori / cinque
6. piselli / mezzo chilo
7. pesce / mezzo chilo
8. prosciutto / due etti
9. melanzane / due

**C** **Ne compri?** Fare ogni domanda al compagno/alla compagna. Poi sostituire le parole sottolineate con le espressioni indicate e continuare a fare domande.

*Esempio:* Compri del vino? (dell'uva, del pane)
—Compri del vino?
—Sì, ne compro. / No, non ne compro. E tu compri dell'uva?
—Sì...

1. Hai paura del buio? (del professore, dei fantasmi, del dentista, dei serpenti)
2. Hai bisogno di studiare molto? (di lavorare, di uscire, di fare dello sport)
3. Quanti dollari hai nel portafoglio? (fotografie, carte di credito, assegni, monete)
4. Quanti studenti vedi ora? (finestre, studentesse, zaini)

**D** **Sondaggio.** Con i vocaboli della lista, fare delle domande ad altri studenti della classe, secondo il modello.

*Esempio:* fratelli
—Quanti fratelli hai?
—Ne ho tre. / Non ne ho.

1. anni
2. amici italiani
3. parenti in Italia
4. bambini
5. macchine
6. professori
7. compagni di stanza
8. soldi

# C LE COMMISSIONI

## C.1 Si dice così

| | | | |
|---|---|---|---|
| **il/la commesso/a** | *salesperson/clerk* | **la vetrina** | *display window of a shop or store* |
| **la profumeria** | *perfume and soap shop* | | |
| **la cartoleria** | *stationery store* | **di ottima qualità** | *best-quality* |
| **il regalo** | *gift* | **fare un pacchetto regalo** | *to gift-wrap* |
| **la marca** | *brand* | **fare due passi** | *to take a walk/to stroll* |
| **in offerta** | *on sale* | **desidera... ?** | *may I help you?* |

### Attività

**Che cos'è?** Trovare la parola adatta per ogni definizione.

1. Dove puoi vedere le cose da comprare mentre cammini per la strada.
2. Un negozio dove vendono profumi e sapone.
3. Usiamo questo per lavare i capelli (*hair*).
4. Usiamo questo per fare un bel bagno rilassante.
5. Usiamo questa cosa per lavare i denti.
6. Un negozio che vende quaderni, agende e matite.
7. La persona che lavora in un negozio e vende ai clienti.

**Che buon profumo!** Scegliere la parola giusta per completare il brano.

Quando vado in (cartoleria / profumeria) non so mai che cosa comprare! (I profumi / I regali) mi attirano (*attract me*). Se devo fare (una marca / un regalo), magari prendo (un bagnoschiuma / un dentifricio). Oh, questo di Armani è (in vetrina / in offerta). (Il cliente / Il commesso) mi chiede "Desidera... ?" e rispondo che prendo questo profumo, è (di ottima qualità / di nuovo).

## C.2 Incontro

**Il regalo per Mirella.** *Pino è in una profumeria in centro a Perugia.*

COMMESSA: Desidera?
PINO: Cerco un profumo per un'amica.
COMMESSA: Che ne dice di questo? È di ottima qualità.
PINO: Costa molto?
COMMESSA: No, anzi. Questa settimana è in offerta.
PINO: Bene. Lo prendo. Può fare un pacchetto regalo?
COMMESSA: Certamente. Mi segua° alla cassa, per piacere. *Follow me*

*Pino usa il suo telefono cellulare per telefonare a Mirella, ma non la trova. Lascia un messaggio registrato sulla segreteria telefonica.°* *answering machine*

— Ciao, Mirella. Sono Pino. Ti chiamo per la cena di stasera. È invitata anche Carolina, naturalmente. Ho parlato con Michele. Lui può passare a prendervi, abita a due passi da voi. Allora, vi aspetto. Ci vediamo più tardi!

### Attività

**Ascoltiamo! Il compleanno di Mirella.** Ascoltare l'**Incontro** e scegliere la risposta che completa la frase in modo giusto.

1. Pino è in una (profumeria / cartoleria).
2. Cerca un (sapone / profumo).
3. Il regalo che compra per Mirella è (molto costoso / economico).
4. Poi Pino paga (alla cassa / a casa).
5. Pino chiama Mirella con (il telefono cellulare / il telefono pubblico).
6. Michele abita (vicino a / lontano da) Mirella e Carolina.

**In profumeria.** Una persona è un/una cliente, l'altra è il commesso/la commessa. Il/La cliente entra in una profumeria. Cosa vuole comprare? Creare un dialogo in base alle seguenti idee:

Il commesso/La commessa: Desidera... ? / Quale marca preferisce? / C'è questo di Valentino, è di ottima qualità.

Il/La cliente: Vorrei... un profumo, un bagnoschiuma, un sapone... / C'è qualcosa in offerta? / Quanto costa il profumo di Bulgari?

**C** **Quale marca preferisci?** Chiedere al compagno/alla compagna quale marca dei seguenti prodotti usa normalmente.

*Esempio:* shampoo
—Quale marca di shampoo usi? / Qual è il tuo shampoo preferito?
—La mia marca preferita è... / Di solito uso...

dentifricio profumo sapone prodotti (*products*) per i capelli

**In altre parole**

| | |
|---|---|
| **che ne dici di** (+ *infinitive*)? | *what do you say to (doing something)?* |
| **per piacere** | *please* |
| **anzi** | *on the contrary/actually (used to contradict or intensify a previous statement)* |
| **essere a due passi** | *to be nearby* |

**D** **Sostituzioni.** Sostituire alle parole in corsivo espressioni da **In altre parole.**

1. Giorgio, puoi fare una cosa per me, *per favore?* Ho bisogno di un'aspirina: puoi andare in farmacia?
2. Veramente non mi interessa l'idea di fare la spesa al supermercato. Prima di tutto, è lontano da qui, e io ho il mercato all'aperto qui, *molto vicino.*
3. Non odio i gatti: *al contrario,* mi piacciono. Il problema è che sono allergico.
4. Senti, Paolo, non usciamo mai. Ho voglia di uscire stasera. *Vuoi* andare a vedere un film?

**E** **La festa della mamma.** È la festa della mamma e tu e tuo fratello/tua sorella andate in una profumeria del centro per trovare un bel regalo per vostra madre. Decidete che cosa comprare con l'aiuto di un commesso/una commessa, che fa anche il pacchetto regalo.

*Esempio:* —Buongiorno. Desiderate?
—Buongiorno, signora. Vogliamo comprare...
—È un regalo?... per chi?...

# C.3 Punti grammaticali

## I pronomi complemento oggetto diretto

—Mangi la carne? —*Do you eat meat?*
—Sì, **la** mangio. —*Yes, I do (eat it).*

—Bevi il vino? —*Do you drink wine?*
—No, non **lo** bevo. —*No, I don't (drink it).*

Ho comprato due libri di Calvino e ora **li** leggo. — *I bought two books by Calvino and now I'm reading them.*

—**Mi** aspettate? — *—Will you wait for me?*
—Sì, **ti** aspettiamo. — *—Yes, we'll wait for you.*

1. A direct object is a word or phrase that receives the action of a verb and answers the question *what?* or *whom?*

   Invito le ragazze a cena. — *I invite the girls to dinner.*
   Leggo i giornali. — *I read the papers.*

   A direct object can be replaced by a direct-object pronoun. The form of the pronoun depends on the gender and number of the noun it replaces.

| **singolare** | | **plurale** | |
|---|---|---|---|
| mi | *me* | ci | *us* |
| ti | *you* | vi | *you* |
| La | *you* (*formal, m. and f.*) | Li | *you* (*formal, m.*) |
| | | Le | *you* (*formal, f.*) |
| lo | *him, it* (*m.*) | li | *them* (*m.*) |
| la | *her, it* (*f.*) | le | *them* (*f.*) |

2. A direct-object pronoun precedes the conjugated verb. In a negative sentence, **non** precedes the object pronoun.

   Io cucino il pollo e **lo** mangio. — *I cook the chicken and eat it.*
   Professore, non **La** sento. — *Professor, I can't hear you.*
   Non ti piace la carne e non **la** mangi. — *You don't like meat and don't eat it.*

3. When used with an infinitive, the direct-object pronoun attaches to the end of the infinitive. The final **e** of the infinitive is dropped.

   —È importante mangiare le verdure? — *—Is it important to eat vegetables?*
   —Sì, è importante mangiar**le.** — *—Yes, it's important to eat them.*

   —Bisogna comprare il latte? — *—Do we have to buy milk?*
   —Sì, bisogna comprar**lo.** — *—Yes, we have to buy it.*

   If the infinitive is preceded by a modal verb **(volere, dovere,** or **potere),** the object pronoun may either attach to the infinitive or precede the conjugated verb.

   —Vuoi vedere il film? — *—Do you want to see the film?*
   —Sì, voglio veder**lo.** / Sì, **lo** voglio vedere. — *—Yes, I want to see it.*

   —Devo finire gli spinaci? — *—Must I finish the spinach?*
   —Sì, devi finir**li.** / Sì, **li** devi finire. — *—Yes, you must finish it.*

   —Posso aprire la finestra? — *—Can I open the window?*
   —Sì, puoi aprir**la.** / Sì, **la** puoi aprire. — *—Yes, you can open it.*

**4.** Some direct-object pronouns elide with verbs that begin with a vowel, and with forms of **avere** beginning with **h. Lo** and **la** normally elide; **li** and **le** never do.

| | | |
|---|---|---|
| —Assaggi **il melone?** | —Sì, **l'**assaggio. | (Lo assaggio.) |
| —Aiuti **Flavia** con i compiti? | —Sì, **l'**aiuto sempre. | (La aiuto.) |
| —Lei **mi** invita? | —Sì, **t'**invita! | (Sì, ti invita.) |
| —Adori **le lasagne?** | —Sì, **le** adoro! | |
| —Marco ordina **i ravioli.** | —**Li** ordina. | |

**5.** Unlike their English counterparts, the verbs **cercare** (*to look for*), **ascoltare** (*to listen to*), **guardare** (*to look at*), and **aspettare** (*to wait for*) are used without prepositions and thus take direct objects.

| | |
|---|---|
| Il turista cerca la guida turistica, però non **la** trova! | *The tourist is looking for the guidebook but can't find it!* |
| Quando parla il professore, **lo** ascolto sempre. | *When the professor speaks, I always listen to him.* |
| Quando ci sono programmi interessanti alla televisione, **li** guardo. | *When there are interesting programs on TV, I watch them.* |
| Dov'è Anna? **L'**aspetto da venti minuti! | *Where's Anna? I've been waiting twenty minutes for her.* |

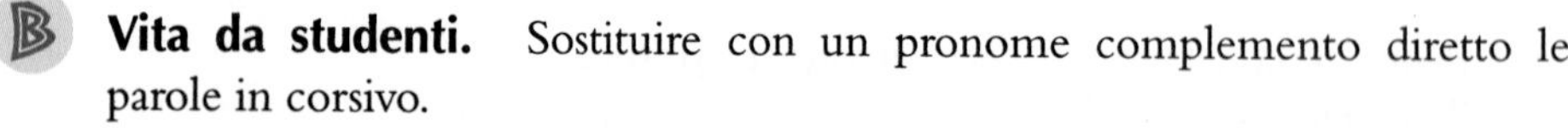


**A** **Le commissioni.** Cristiana è in centro per fare le commissioni. Completare le frasi con pronomi diretti.

1. Ordina un cappuccino al bar e _____ beve in fretta.
2. Ha bisogno di francobolli e _____ compra all'ufficio postale.
3. Dove sono le ciliegie? Non _____ trova perché non sono di stagione.
4. Compra dei fiori perché vuole metter_____ in salotto.
5. Deve cambiare un assegno: _____ cambia in banca.
6. Prende le banconote e _____ mette nel portafoglio.
7. Compra un CD perché desidera mandar_____ a suo fratello.
8. Cerca il suo bagnoschiuma preferito e finalmente riesce a trovar_____.

**B** **Vita da studenti.** Sostituire con un pronome complemento diretto le parole in corsivo.

Quando faccio i compiti, faccio *i compiti* molto bene. Mentre scrivo le parole ripeto *le parole* ad alta voce. Se c'è una frase importante, ripeto *la frase* due volte. Quando consegno i compiti alla professoressa, lascio *i compiti* sulla sua scrivania.

Vado alla mensa e vedo i miei amici. Saluto *i miei amici.* Cerco una mia amica e quando trovo *la mia amica* mangiamo insieme. Lei vuole una cocacola, ma io non voglio *la cocacola,* preferisco l'acqua. Decidiamo di mangiare dei panini, quindi prepariamo *i panini* e portiamo *i panini* a un tavolo libero. Dopo pranzo vogliamo un caffè e beviamo *il caffè* al bar.

C **Andiamo al cinema?** Il tuo amico Marco vuole andare al cinema. Rispondere alle sue domande usando un pronome oggetto diretto.

1. Vuoi vedere il nuovo film di Tornatore?
2. Possiamo invitare le nostre amiche?
3. Mi puoi aspettare davanti al cinema?
4. Dobbiamo comprare i biglietti?
5. Mangiamo il gelato (*ice cream*) dopo il cinema?
6. Prendiamo un caffè dopo il film?

D **Come va l'italiano?** Intervistare un compagno/una compagna per sapere come va in italiano. Chiedi se capisce la grammatica o gli esercizi, se fa sempre i compiti, se ricorda parole ed espressioni o se le dimentica, se guarda le fotografie, se studia le regole della grammatica ecc. Chiedi anche se parla altre lingue straniere. Il compagno/la compagna deve rispondere con un pronome appropriato, se necessario.

*Esempio:* —Capisci il passato prossimo?
—Sì, lo capisco abbastanza.

—Ricordi tutti i participi passati irregolari?
—No, li dimentico sempre.

E **Indovina!** Indovinare a che cosa si riferisce (*refers*) il pronome nella frase.

*Esempio:* Gli studenti in questa classe **lo** studiano. Gli Italiani **lo** parlano.
—L'italiano!

1. Gli studenti **la** mangiano spesso. Alcuni **la** preferiscono con i funghi o con la salsiccia (*sausage*), ma altri **la** mangiano solo con il formaggio mozzarella.
2. **Le** aspettiamo con impazienza ogni anno, ma passano in fretta! Molti **le** passano al mare o in montagna.
3. **Lo** dicono gli amici per salutare. Non devi dir**lo** quando dai del Lei.
4. Molti **lo** prendono con un po' di zucchero e limone. **Lo** bevono gli Inglesi.
5. **Lo** puoi comprare in profumeria. **Lo** usiamo quando siamo sporchi (*dirty*).
6. **Li** puoi trovare al mercato. **Li** compriamo freschi o conservati in lattina. **Li** usano in Italia per creare sughi per la pasta, per la pizza—per tutto!

## *Ci*

| | |
|---|---|
| —Quando vai in Italia? | —*When are you going to Italy?* |
| —**Ci** vado quest'estate. | —*I'm going there this summer.* |
| —I tuoi amici abitano a Perugia? | —*Do your friends live in Perugia?* |
| —Sì, **ci** abitano. | —*Yes, they do (live there).* |
| —Mangiate spesso al ristorante? | —*Do you eat often in restaurants?* |
| —No, **ci** mangiamo raramente. | —*No, we rarely do (eat there).* |

1. The adverb **ci** (*there*) replaces nouns or phrases referring to a place. Often such phrases are introduced by a preposition such as **a, in, da,** or **su.**

| | |
|---|---|
| —Sei andata al mercato? | —*Did you go to the market?* |
| —Sì, **ci** sono andata stamattina. | —*Yes, I went (there) this morning.* |
| —Vuoi andare in centro oggi? | —*Do you want to go downtown today?* |
| —No, non voglio andar**ci.** | —*No, I don't want to go (there).* |
| —Vai alla mensa a mezzogiorno? | —*Are you going to the cafeteria at noon?* |
| —No, ma posso andar**ci** all'una. | —*No, but I can go (there) at one.* |

2. The position of **ci** in a sentence is the same as that of an object pronoun: it may precede a conjugated verb; it may attach to the end of an infinitive, which then drops the final **e;** or, if the infinitive follows **volere, dovere,** or **potere,** it may either precede the conjugated verb or attach to the infinitive.

| | |
|---|---|
| Andiamo spesso al cinema. | **Ci** andiamo spesso. |
| Pensano di andare a Spoleto. | Pensano di andar**ci.** |
| Vorrei andare in Europa quest'estate. | Vorrei andar**ci** quest'estate.<br>**Ci** vorrei andare quest'estate. |

3. **Ci** is also used with certain verbs followed by **a** or **in,** such as **pensare a** (*to think about*) and **credere a/in** (*to believe in*).

| | |
|---|---|
| —Credi a Babbo Natale? | —*Do you believe in Santa Claus?* |
| —No, non **ci** credo. | —*No, I don't (believe in him).* |

**Ci** can also replace an infinitive phrase beginning with **a.**

| | |
|---|---|
| —Andate a sentire il concerto a Spoleto? | —*Are you going to the concert in Spoleto?* |
| —**Ci** andiamo. | —*We're going (there).* |
| —Vai a parlare con il professore? | —*Are you going to talk to the professor?* |
| —**Ci** vado oggi. | —*I'm going today.* |

## Attività

 **Incontro in Umbria.** Durante un viaggio in Umbria incontri una persona curiosa che vuole sapere tutto del tuo viaggio. Rispondere alle domande usando **ci** nella risposta.

1. Sei mai stato/a ad Assisi?
2. Sei andato/a a vedere la chiesa di S. Francesco?
3. Vai anche ad Orvieto?
4. Vai al Festival di Spoleto?
5. Vieni spesso in Italia?
6. Torni in America tra poco?

**In che cosa credi?** Chiedere al compagno/alla compagna se crede nelle seguenti cose: la fortuna/la sfortuna, il malocchio (*the evil eye*), la reincarnazione, Babbo Natale, gli extraterrestri, gli spiriti, l'esistenza di un essere supremo ecc.

*Esempio:* —Credi nella fortuna?
—Sì, ci credo tanto! / No, non ci credo per niente! / A volte (*sometimes*) ci credo e a volte no.

**C** **Abitudini.** Fare le seguenti domande ad un compagno/una compagna e poi presentare le informazioni alla classe.

1. Vai spesso al cinema? Quante volte al mese ci vai?
2. Tu e i tuoi amici andate al ristorante?
3. Vai spesso al supermercato? Dove? Cosa compri?
4. A che ora vai a lezione? Ci vai ogni giorno?
5. Vai spesso in biblioteca? Che cosa fai in biblioteca?
6. Vuoi andare in Italia un giorno? Quando vuoi andarci? Con chi?
7. Sei mai andato/a a Disney World? Hai intenzione di tornarci?

**Lo sapevi che... ?**

A **tabaccheria,** or tobacco store, is also called a **Sali e Tabacchi** because the Italian state holds monopolies on salt and tobacco. Those two items and stamps can always be found at a **tabaccheria.** The national brand of cigarettes is **MS** for **Monopolio dello Stato.**

L'insegna di una tabaccheria

# I NEGOZI

## D.1 Si dice così

| | | | |
|---|---|---|---|
| **la bottega** | *shop* | **la gelateria** | *ice cream store* |
| **il grande magazzino** | *department store* | **la macelleria** | *butcher shop* |
| **il supermercato** | *supermarket* | **la torrefazione** | *coffee store* |
| **la clientela** | *clientele* | **la panetteria/il panificio** | *bread store* |
| **la farmacia** | *pharmacy* | **la tabaccheria** | *tobacco store* |
| **la pescheria** | *fish store* | **il chilo** | *kilo/kilogram* |
| **la salumeria** | *delicatessen* | **il litro** | *liter* |
| **la pasticceria** | *bakery* | **l'etto** | *one hundred grams* |

 **In quale negozio... ?** Chiedere ad un altro studente/un'altra studentessa dove può comprare le seguenti cose.

*Esempio:* carne
—Dove puoi comprare la carne?
—La posso comprare in macelleria. / Posso comprarla in macelleria.

| | |
|---|---|
| delle aspirine | i biscotti |
| un gelato | un po' di pane |
| lo shampoo | tre etti di caffè |
| una bella bistecca | del prosciutto di Parma |

 **Negozianti** (*Shopkeepers*). Finire le frasi in maniera logica.

1. Il signor Ruffini è commesso e vende vestiti da uomo. Lavora in...
2. Il signor Carta è fornaio.Vende il pane in...
3. La signora Botti prepara medicine per i clienti. Lavora in...
4. La signorina Baccari vende il caffè in...
5. Il signor De Mattei trova molto problematico il suo lavoro: mangia sempre il gelato che vende ai clienti. Lavora in...

C **La bottega dell'immaginazione.** Immaginare di essere un negoziante. Descrivere ad un compagno/una compagna dove lavori, se ti piace lavorarci, che cosa fai e l'orario del tuo negozio. Descrivere anche il negozio: è grande? in centro? Ci sono altri commessi?

**Lo sapevi che... ?**

A **chilo** or kilogram contains a thousand grams **(milligrammi)** and is equivalent to 2.2 pounds. An **etto** is a common measurement, equal to 100 grams or one-tenth of a kilo, and is about one quarter pound. A **litro** is approximately a quart. Although the pound has not been used as a unit of measure in Italy since ancient times, our abbreviation *lb.* derives from the Italian word for pound, **libbra.**

## D.2 Incontro

**Che sorpresa!°** *È il compleanno di Mirella. Mirella e Carolina incontrano Pino e Michele per strada.*

° What a surprise

MIRELLA: Mi è piaciuto molto quel film ieri sera. E Michele—che simpatico!

CAROLINA: Oh, guarda! Ci sono Pino e Michele che entrano nella cartoleria!

MIRELLA: Non mi dire! Dove? Oh, eccoli... Dai, andiamo!

CAROLINA: Perché non li salutiamo? Non li vuoi vedere?

MIRELLA: Per carità! Sbrigati!

PINO: Ma guarda chi si vede! Sono proprio loro—Mirella e Carolina! Ciao, Mirella!

MIRELLA: Oh, Pino, salve—che sorpresa! Ciao, Michele, come va?

MICHELE: Ciao, Mirella. Bene. Buon compleanno!

MIRELLA: Grazie.

PINO: Allora, stasera venite a cena da noi?

MIRELLA: Mi dispiace, Pino, non possiamo.

PINO: Ma come? Vi ho invitate la settimana scorsa!

MIRELLA: Davvero? Non mi ricordo.° *I don't remember*

PINO: Ti ho telefonato ieri e oggi—ma non ti ho trovata.

MIRELLA: Strano, non esco mai.

PINO: Senti, Mirella, non sono mica scemo... Noi dobbiamo parlarci chiaro°... *to speak frankly with each other*

## Attività

**Ascoltiamo!** Ascoltare l'**Incontro** ed indicare a chi riferisce ogni frase: a Mirella (M) o a Pino (P).

| | M | P |
|---|---|---|
| 1. Il suo compleanno è oggi. | | |
| 2. Le è piaciuto il film. | | |
| 3. Trova molto simpatico Michele. | | |
| 4. Non vuole vedere gli amici. | | |
| 5. Ha telefonato ieri. | | |
| 6. Dice che non esce mai. | | |

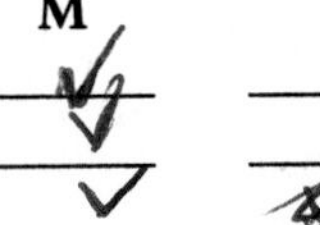

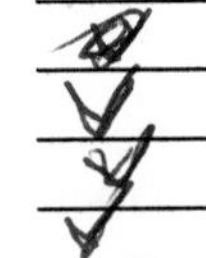

**Le commissioni.** Devi comprare le seguenti cose. Con un compagno/una compagna, creare un dialogo in cui (*in which*) parlate dei negozi dove devi fare le commissioni. Seguite il modello.

*Esempio:* —Cosa devi comprare oggi?
—Ho bisogno di sapone.
—Allora, andiamo in profumeria. E poi?
—Devo prendere del latte e del pane.
—Andiamo in...

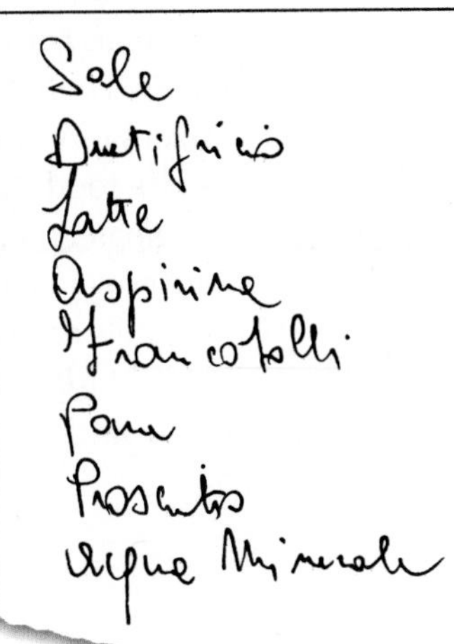

Sale
Dentifricio
Latte
Aspirine
Francobolli
Pane
Prosciutto
Acqua Minerale

**In altre parole**

| | |
|---|---|
| **non mi dire!** | *you don't say!/I can't believe it!* |
| **per carità!** | *please!/for heaven's sake!* |
| **sbrigati!** | *move it!* |
| **dai!** | *come on!* |
| **chi si vede!** | *look who's here!* |
| **essere scemo** | *to be a fool* |

**C** **Risposte logiche.** Quale delle frasi nella colonna a destra è una risposta logica alle frasi della colonna a sinistra?

1. Enrico, non sono ancora pronta!
2. Ho trovato il profumo Cavalli a un prezzo incredibile—solo 26 euro!
3. Guarda, c'è Mauro. Ehi, Mauro, come va?
4. E ora possiamo andare a prendere un gelato!
5. George Clooney ti vuole incontrare. Vieni alla mia festa e te lo presento.

a. Oh! Chi si vede!
b. Dai! È già tardi! Sbrigati!
c. Dai! Non sono mica scema!
d. Non mi dire! È un profumo molto costoso. Hai fatto davvero un affare!
e. Per carità! Abbiamo già mangiato troppo!

**D** **Regali assurdi.** È sempre difficile trovare il regalo perfetto. Un amico/un'amica suggerisce regali assurdi e tu rispondi con espressioni come **Non essere scemo/a!, Per carità!, Dai!** Possibili regali: una Ferrari, una penna Mont Blanc, una borsa Gucci, una motocicletta, un quadro di Botticelli ecc.

*Esempio:* —Perché non compri un orologio Rolex?
—Dai! Non essere scemo!

**Lo sapevi che... ?**

Italian bread comes in many shapes and sizes. In recent years **pane integrale,** or whole wheat bread, has become more popular. **Focaccia,** a flattened bread topped with oil and sometimes other spices or vegetables, is a common snack food. **Grissini,** or breadsticks, originated in Turin, in the north, but are now found in every part of Italy. Bread is eaten at every meal and is bought fresh daily.

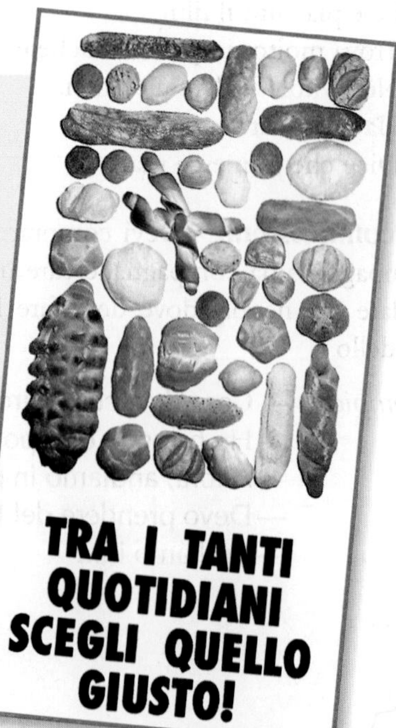
TRA I TANTI
QUOTIDIANI
SCEGLI QUELLO
GIUSTO!

# D.3 Punti grammaticali

## L'accordo con i pronomi complemento diretto nel passato prossimo

| | |
|---|---|
| Ho comprato una bistecca e **l'**ho mangiat**a.** | *I bought a steak and I ate it.* |
| —Avete letto tutti i libri?<br>—Sì, **li** abbiamo lett**i.** | —*Did you read all the books?*<br>—*Yes, we read them.* |
| —Dove ha incontrato le sue amiche?<br>—**Le** ha incontrat**e** in centro. | —*Where did she meet her friends?*<br>—*She met them downtown.* |
| —Ci hai visto (vist**i**) al cinema?<br>—**Vi** ho visto (vist**i**). | —*Did you see us at the movies?*<br>—*I saw you.* |
| —Dove **mi** hai aspettato (aspettat**a**)?<br>—Ti ho aspettato (aspettat**a**) vicino alla biblioteca. | —*Where did you wait for me?*<br>—*I waited for you near the library.* |

1. When a third-person direct-object pronoun **(lo, la, li,** or **le)** precedes the verb in the **passato prossimo,** the past participle agrees in number and gender with the pronoun.

| | |
|---|---|
| Ho mangiato la mela. | **L'**ho mangiat**a.** (**La** ho mangiat**a.**) |
| Abbiamo visto i ragazzi. | **Li** abbiamo vist**i.** |
| Ha scritto le lettere. | **Le** ha scritt**e.** |

2. Agreement with the direct-object pronouns **mi, ti, ci,** and **vi** is optional.

—**Mi** hai salutat**o**/salutat**a?**
—Sì, Angela, **ti** ho salutat**o**/salutat**a.**

**Vi** ho vist**o**/vist**i** al concerto.

3. When **ne** functions like a direct-object pronoun, the past participle must agree with the noun that it represents.

—Quanti libri hai comprato?
—**Ne** ho comprat**i** tre.

—Hai bevuto dell'acqua?
—**Ne** ho bevut**a** poca.

### Attività

**L'hai visto?** A turno (*Taking turns*), domandare e rispondere se avete visto le persone indicate.

*Esempio:* Mirella
—Hai visto Mirella?
—Sì, **l'**ho vist**a.**

1. Giacomo e Beppe
2. Angela e sua madre
3. vostro padre
4. Piero e Chicco
5. Letizia
6. Gilberto e Federica
7. Gabriella e me
8. mia madre

**Preparativi per una festa.** Un tuo amico vuole sapere se hai fatto tutto il necessario per una festa. Rispondere usando un pronome.

1. Hai comprato la cocacola?
2. Hai scelto il vino?
3. Hai pulito il salotto?
4. Hai ordinato la torta?
5. Hai comprato le fragole?
6. Hai invitato i tuoi compagni di classe?
7. Dove hai messo le sedie?
8. Chi ha preparato questa insalata?
9. Chi ha aperto i regali?

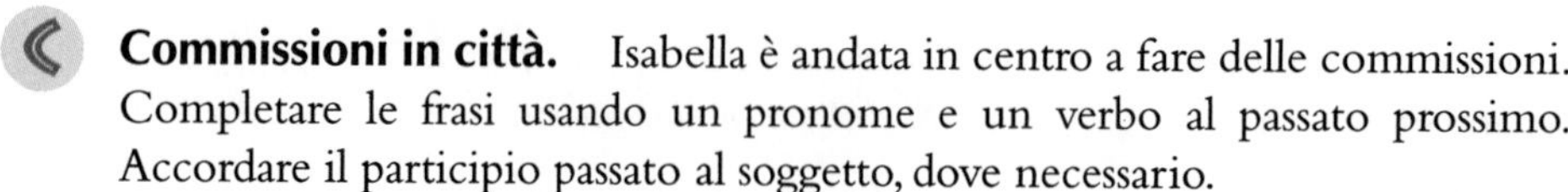

C **Commissioni in città.** Isabella è andata in centro a fare delle commissioni. Completare le frasi usando un pronome e un verbo al passato prossimo. Accordare il participio passato al soggetto, dove necessario.

1. Ha visto le mele al mercato ma non... le ha comprato
2. Deve comprare un profumo e un sapone, quindi (*so*)...
3. Ha visto dei fiori al mercato. Come costano cari! Allora non... li ha comprato
4. Ha bisogno di un'aspirina. Quindi è andata in farmacia e... la ha comprato
5. Ha dimenticato di comprare l'acqua minerale ieri. Allora oggi...
6. Vuole del buon pane. Così è andata al forno e...
7. Ha voglia di fragole. Così, ...

D **L'hai mai letto?** Fare una lista di tre libri che ti piacciono, tre film preferiti, tre canzoni che ti piacciono e tre città che hai visitato. Poi chiedere agli altri membri del gruppo se hanno letto i libri, visto i film, sentito le canzoni e visitato le città.

*Esempio:* —Hai visto *Casablanca*?
—Sì, l'ho visto, piace anche a me. / No, non l'ho mai visto.

# Immagini e parole

Internet

For self-tests and practice of unit topics, go to the website for *Parliamo italiano!*

View video episode 4, *Comprare* (*Umbria*), and do the activities in the Workbook.

## *La spesa quotidiana°*

°*daily*

**Vocabolario familiare.** Trovare una parola italiana che conoscete che è simile ad ogni parola in corsivo.

*Esempio:* la *clientela* del negozio...
cliente

1. la *genuinità* dei prodotti è importantissima...
2. la *freschezza* della frutta e delle verdure
3. ancora caldo, uscito dal forno del *panettiere*
4. le edicole sono aperte per la *vendita* dei giornali

 **I negozi qua e là.** Rispondere alle seguenti domande.

1. Quali sono le cose che compri più frequentemente? Dove le compri?
2. Preferisci pagare in contanti o con la carta di credito? Perché?
3. Nel tuo paese, è normale chiedere lo sconto? Quando e dove?
4. Qual è l'orario del supermercato che frequenti di più? A che ora chiude? È aperto di domenica?
5. Nella tua città, i negozi sono chiusi la domenica? Quali?
6. Che tipo di negozio preferisci? Perché? Quali aspetti di questo negozio ti piacciono di più?
7. Hai mai (*have you ever*) fatto la spesa in un mercato all'aperto?

Fare la spesa è un rito° in Italia. La genuinità e la freschezza dei prodotti sono qualità importantissime e molti Italiani fanno la spesa ogni giorno. La gente esce presto per fare la spesa nei mercati all'aperto o nei negozi vicino a casa. I clienti tendono ad andare sempre negli stessi negozi.

*ritual*

Un'antica profumeria

I supermercati sono frequentati soprattutto dai giovani, che ci vanno perché non hanno tempo di fare la spesa tutti i giorni. È comodo fare la spesa in un supermercato o ipermercato come la Coop, l'Esselunga, la Standa o la Conad perché lì si trova tutto il necessario. Tuttavia° alla gente piace comprare certi prodotti freschi, come per esempio il pane ancora caldo appena uscito dal forno° del panettiere! Fa parte di una vecchia abitudine° ancora conservata, anche nelle grandi città.

*Still*

*oven*

*habit*

L'Italia conserva un'altra tradizione: quasi tutti i negozi sono chiusi di domenica; solo alcune farmacie, i bar e le pasticcerie sono aperti e qualche supermercato è aperto fino a mezzogiorno. Le edicole restano aperte la domenica mattina per la vendita dei giornali.

Rispetto ad altre nazioni, in Italia ci sono pochi grandi magazzini, come La Rinascente o Coin, dove si può comprare di tutto. Ancora oggi, gli Italiani preferiscono i piccoli negozi e le botteghe locali, dove conoscono bene il proprietario o i commessi. Così, in una giornata tipica, è possibile fare due passi, incontrare degli amici per strada, fare le commissioni e alla fine comprare il necessario... fino al giorno dopo!

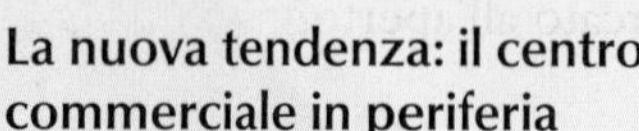
La nuova tendenza: il centro commerciale in periferia

Attività

**A Comprensione: vero o falso.** Decidere se le seguenti frasi sono vere o false, e poi correggere le frasi false.

| | V | F |
|---|---|---|
| 1. La freschezza dei prodotti non ha importanza per gli Italiani. | ______ | ______ |
| 2. La gente tende a tornare negli stessi negozi. | ______ | ______ |
| 3. Sono i vecchi che vanno più spesso al supermercato. | ______ | ______ |
| 4. Esselunga, Coop e Conad sono tutti nomi di gelaterie. | ______ | ______ |
| 5. Anche nelle grandi città la gente compra il pane fresco dal fornaio. | ______ | ______ |
| 6. Di domenica, tutti i bar e le farmacie sono chiusi. | ______ | ______ |
| 7. Ci sono grandi magazzini in Italia. | ______ | ______ |

**B Spunti di conversazione.**

1. Immaginate di dovere fare un regalo insieme per la laurea di Enrico e Stefania. Decidete in quali negozi andare, cosa comprare e quanto spendere. Ecco alcune idee per un regalo.

   una penna — un orologio — un libro di fotografie
   dei CD — un portafoglio — dei fiori

2. Discutere i vantaggi e gli svantaggi (*advantages and disadvantages*) del sistema dove la gente tende a fare la spesa nei supermercati e nei grandi magazzini, e il sistema italiano, dove la gente ancora preferisce il mercato all'aperto e i piccoli negozi.

# SCRIVIAMO ITALIANO!

## Improving writing skills

As you discovered in **Unità 1,** it's good practice to write daily in Italian to reinforce what you are learning and improve your ability to express yourself. The journal you began in **Unità 1** is a good place to log your daily activities and record some impressions. And now that you've learned the **passato prossimo,** you'll also be able to talk about things you did in the past. Keep in mind the following points.

1. It's not always necessary to make complete sentences.
2. Try to say what you know how to say, without getting into complicated structures or topics for which you don't have the necessary vocabulary.
3. Avoid stopping to look up words you don't know in the dictionary while you're writing. Keep writing, even if you have to jot down a word or two in English. The important thing is to keep on writing.
4. Connecting words help the flow. Use words such as **prima** (*first*), **poi** (*then, next*), **dopo** (*after*), and **alla fine** (*finally, at the end*) to indicate the chronology of your day's events. Words like **e** (*and*) and **ma** (*but*) also connect ideas.

**Caro diario...**

1. Elencare (*list*) le attività della settimana scorsa.

*Esempio:* andare a lezione; vedere un amico, Marco; studiare; mangiare un gelato; la sera andare al cinema ecc.

2. Ora trasformare l'elenco in frasi usando il passato prossimo per descrivere le tue attività.

*Esempio:* Prima sono andato/a a lezione e dopo ho visto un amico, Marco. Abbiamo studiato e poi abbiamo mangiato un gelato. La sera sono andato/a al cinema con Mariangela ecc.

**B** **Una giornata incredibile di shopping.** Dopo una giornata faticosa (*exhausting*) di shopping, scrivi un messaggio di posta elettronica ad un amico/un'amica in Italia. Descrivi una cosa incredibile che è successa durante la giornata. Hai incontrato un commesso/una commessa antipatico/a? Hai perso il portafoglio? Hai comprato tutto o hai dimenticato qualcosa?

# Vocabolario

## Al mercato

| | |
|---|---|
| la bistecca | *steak* |
| la carne | *meat* |
| il formaggio | *cheese* |
| il fruttivendolo | *fruit vendor* |
| il latte | *milk* |
| il mercato all'aperto | *open-air market* |
| il pane | *bread* |
| il pesce | *fish* |
| il pollo | *chicken* |
| il prosciutto | *ham* |
| l'uovo (pl. le uova) | *egg* |
| | |
| cotto | *cooked* |
| crudo | *raw* |
| fresco | *fresh* |
| maturo | *ripe* |
| surgelato | *frozen* |
| | |
| assaggiare | *to try/to taste/to sample* |
| fare la spesa | *to go food shopping* |

## La frutta

| | |
|---|---|
| l'ananas (*m.*) | *pineapple* |
| l'arancia (*f.*) | *orange* |
| la banana | *banana* |
| la ciliegia | *cherry* |
| la fragola | *strawberry* |
| il limone | *lemon* |
| la mela | *apple* |
| il melone | *melon* |
| la pera | *pear* |
| l'uva (*f.*) | *grape(s)* |

## La verdura

| | |
|---|---|
| la carota | *carrot* |
| la cipolla | *onion* |
| la lattuga | *lettuce* |
| la melanzana | *eggplant* |
| la patata | *potato* |
| i piselli (*pl.*) | *peas* |
| il pomodoro | *tomato* |
| gli spinaci (*pl.*) | *spinach* |

## Fare acquisti

| | |
|---|---|
| l'assegno | *check* |
| la banconota | *bill/banknote* |
| il bancomat | *ATM* |
| la carta di credito | *credit card* |
| la cassa | *cash register* |
| il cassiere/la cassiera | *cashier* |
| il conto | *bill, check* |
| il denaro/i soldi (*pl.*) | *money* |
| la moneta | *coin* |
| il portafoglio | *wallet* |
| il prezzo | *price* |
| il resto | *change* |
| lo sconto | *discount* |
| lo scontrino/la ricevuta | *receipt* |
| gli spiccioli (*pl.*) | *small change* |
| | |
| cambiare | *to change/to exchange* |
| costare | *to cost* |
| incassare (un assegno) | *to cash (a check)* |
| pagare (in contanti) | *to pay (cash)* |
| prestare | *to lend* |
| risparmiare | *to save* |
| spendere | *to spend* |

## I negozi

| | |
|---|---|
| la bottega | *shop* |
| il/la cliente | *client* |
| la clientela | *clientele* |
| il/la commesso/a | *salesperson/clerk* |
| la marca | *brand* |
| | |
| la farmacia | *pharmacy* |
| la gelateria | *ice cream store* |
| il grande magazzino | *department store* |
| la macelleria | *butcher shop* |
| la panetteria/il panificio | *bread store* |
| la pasticceria | *bakery* |
| la pescheria | *fish market* |
| la salumeria | *delicatessen* |
| il supermercato | *supermarket* |
| la tabaccheria | *tobacco store* |
| la torrefazione | *coffee store* |
| la vetrina | *display window of a shop or store* |

| | |
|---|---|
| il chilo | *kilo/kilogram* |
| l'etto | *one hundred grams* |
| il litro | *liter* |

| | |
|---|---|
| il bagnoschiuma | *bubble bath* |
| il dentifricio | *toothpaste* |
| il profumo | *perfume* |
| il sapone | *soap* |
| lo shampoo | *shampoo* |

## Espressioni di tempo

| | |
|---|---|
| ieri | *yesterday* |
| ieri sera | *last night* |
| l'altro giorno | *the other day* |
| l'altro ieri | *the day before yesterday* |
| un'ora fa | *an hour ago* |
| una settimana fa | *a week ago* |
| un mese fa | *a month ago* |
| un anno fa | *a year ago* |
| la settimana scorsa | *last week* |
| sabato scorso | *last Saturday* |
| il mese scorso | *last month* |
| l'anno scorso | *last year* |
| già | *already* |
| mai | *ever* |

## I numeri da cento a un miliardo

| | |
|---|---|
| cento | *hundred* |
| mille | *thousand* |
| un milione | *million* |
| un miliardo | *billion* |

## Verbi

| | |
|---|---|
| ammettere | *to admit* |
| credere a/in | *to believe in* |
| crescere | *to grow* |
| diventare | *to become* |
| entrare | *to enter* |
| morire | *to die* |
| nascere | *to be born* |
| promettere | *to promise* |
| restare | *to stay* |
| salire | *to ascend* |
| scegliere | *to choose* |
| tornare | *to come back* |
| tradurre | *to translate* |
| uccidere | *to kill* |
| uscire | *to exit* |
| vincere | *to win* |

## Altre parole ed espressioni

| | |
|---|---|
| alcuni/e | *some* |
| anzi | *on the contrary* |
| bello fresco | *very fresh* |
| capirai! | *you must be kidding!* |
| che ne dici di (+ *infinitive*)? | *what do you say to (doing something)?* |
| che bello! | *how nice!/how beautiful!* |
| chi si vede! | *look who's here!* |
| dai! | *come on!* |
| di nuovo | *again* |
| eccome! | *and how!/of course!/certainly!* |
| essere a due passi | *to be nearby* |
| essere scemo | *to be a fool* |
| il gelato | *ice cream* |
| mi raccomando! | *I'm warning you!, Don't forget!* |
| non mi dire! | *you don't say!* |
| non facciamo i tirchi! | *let's not be cheap!* |
| per carità! | *please!/for heaven's sake!* |
| per piacere | *please* |
| sbrigati! | *move it!* |
| sbrighiamoci! | *let's hurry up!* |

# UNITÀ 5

# Mangiare

## TUTTI A TAVOLA!

Liguria
Genova

Pranzo con vista, Portofino

## COMMUNICATIVE GOALS

- Ordering food and drink
- Avoiding redundancy
- Describing actions
- Cooking and sharing recipes

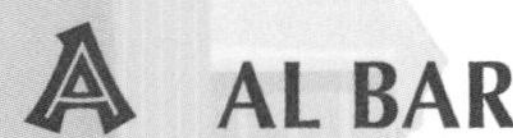

# A AL BAR

For additional practice on the vocabulary and grammar introduced in this unit, go to **Unità 5** on your Multimedia CD-ROM.

## A.1 Si dice così

| | | | |
|---|---|---|---|
| **il bar** | *café* | **gasata/frizzante** | *carbonated* |
| **il barista** | *bartender, counterperson* | **non gasata/senza gas/ naturale** | *noncarbonated* |
| **il banco** | *counter* | **con ghiaccio/senza ghiaccio** | *with ice/without ice* |
| **la colazione/la prima colazione** | *breakfast* | **dolce** | *sweet* |
| **la merenda/lo spuntino** | *snack* | **salato** | *salty* |
| **lo zucchero** | *sugar* | **ordinare** | *to order* |
| **il tavolino** | *café table* | | |

Al banco in un bar del centro

**Lo sapevi che... ?**

Un bar è un luogo dove consumare un caffè, qualcosa da bere o da mangiare, generalmente in piedi al banco. È necessario pagare prima alla cassa. Poi si va al banco e si ordina al barista, presentando lo scontrino. È gentile (*polite*) lasciare degli spiccioli di mancia (*tip*).

**Listino prezzi consumazioni ai tavoli**

| | | |
|---|---|---|
| il caffè espresso | *espresso coffee* | €2,80 |
| macchiato | *with a spot of milk* | €2,80 |
| Hag, decaffeinato | *decaffeinated* | €2,80 |
| lungo, all'americana | *with water, American-style* | €3,00 |
| il cappuccino | *espresso with steamed milk* | €3,00 |
| il caffellatte | *coffee with milk* | €3,00 |
| il tè caldo | *hot tea* | €3,00 |
| il tè freddo | *iced tea* | €3,50 |
| la cioccolata calda | *hot chocolate* | €3,50 |
| l'acqua minerale | *mineral water* | €1,50 |
| il succo di frutta | *fruit juice* | €3,50 |
| la spremuta | *fresh-squeezed juice* | €4,00 |
| l'aperitivo | *aperitif* | €3,50 |
| l'amaro, il digestivo | *after-dinner drink* | €3,50 |
| la brioche, il croissant, il cornetto | *breakfast pastry* | €1,50 |
| il pasticcino, la pasta | *small pastry* | €2,00 |
| il panino | *sandwich on a roll* | €2,50 |
| il tramezzino | *sandwich on sliced bread* | €2,80 |

## Attività

**Qualcosa non va!** Trovare l'elemento che non va con gli altri.

1. caffellatte, espresso, caffè macchiato, cioccolata calda
2. gasata, frizzante, naturale, spremuta
3. il caffè, il digestivo, l'aperitivo, il cornetto
4. il pasticcino, il tramezzino, la brioche, il cornetto
5. il bar, il banco, la colazione, il barista
6. il tè, il tramezzino, la pasta, il panino

**B** **Come fanno gli Italiani?** Completare il brano con le parole date. Ci sono due parole extra.

| | | | | |
|---|---|---|---|---|
| aperitivo | banco | cassa | cappuccino | espresso |
| ghiaccio | naturale | scontrino | tavolino | zucchero |

In generale, quando gli Italiani vanno al bar, stanno in piedi al _______________ e non si siedono (*sit down*) al _______________. È necessario pagare prima alla _______________ e poi presentare lo _______________ al barista.

Bevono il _______________ al mattino quando fanno colazione e mai (*never*) dopo cena. Dopo pranzo e dopo cena prendono il caffè, che è anche chiamato _______________. Normalmente gli Italiani mettono lo _______________ nel caffè. Un'altra abitudine caratteristica è quella di non mettere mai il _______________ nell'acqua minerale perché diventa troppo fredda!

**Preferenze personali.** Fare le seguenti domande ad un altro studente/un'altra studentessa.

1. Cosa bevi normalmente al mattino quando fai colazione?
2. Quando hai freddo, cosa bevi? E quando hai caldo?
3. Bevi il caffè? Lo prendi con il latte? con lo zucchero?
4. Ti piace bere l'acqua con molto o poco ghiaccio? O la bevi senza ghiaccio?
5. Come preferisci il tè, al limone o al latte? con zucchero o senza? caldo o freddo? Hai mai bevuto il tè freddo alla pesca?

## A.2 Incontro

**Colazione al bar.** *Isabella e Giorgio entrano in un bar.*

ISABELLA: Che ne dici di prendere un bel cappuccino caldo? Ti va?

GIORGIO: Veramente preferisco qualcosa di più fresco. Forse un tè freddo alla pesca.

ISABELLA: Io invece prendo un cappuccino. Lo fanno molto bene qui, con molta schiuma.° Ti va di prendere qualcosa da mangiare? — *froth*

GIORGIO: Perché no? Prendo un panino al prosciutto.

ISABELLA: Io ho una fame da lupi! Mi ordini un cornetto con la marmellata mentre vado alla cassa a pagare?

GIORGIO: No, no. Offro io!

ISABELLA: Va bene. Stiamo al banco o preferisci andare a quel tavolino?

GIORGIO: Ma scherzi! Mi va benissimo stare in piedi—abbiamo fretta, e poi bisogna stare attenti ai soldi. Vado alla cassa...

*Alla cassa*

LA CASSIERA: Mi dica, signore...

GIORGIO: Un tè freddo e un cappuccino per piacere, e un panino al prosciutto... Grazie!

ISABELLA: E il mio cornetto?

GIORGIO: Scusami, Isabella! Me lo sono dimenticato!° — *I forgot it!*

## Attività

**Ascoltiamo!** Ascoltare l'**Incontro** e indicare se le seguenti frasi si riferiscono a Giorgio (G) o ad Isabella (I).

| | G | I |
|---|---|---|
| 1. Offre qualcosa al bar. | ______ | ______ |
| 2. Forse prende un tè freddo. | ______ | ______ |
| 3. Preferisce il cappuccino con molta schiuma. | ______ | ______ |
| 4. Le piacciono i cornetti. | ______ | ______ |
| 5. Ha una fame da lupi. | ______ | ______ |
| 6. Preferisce stare al banco perché non ha tempo. | ______ | ______ |
| 7. Va alla cassa a pagare. | ______ | ______ |
| 8. Ha dimenticato di ordinare il cornetto. | ______ | ______ |

**B** **Prendiamo un caffè al bar.** Guardare bene il disegno e con il compagno/la compagna fare una breve descrizione della scena. Chi sono queste persone? Dove sono? Che cosa fanno?

**In altre parole**

| | |
|---|---|
| **ti va di...** | *are you up for . . .* |
| **avere una fame da lupi** | *to be hungry enough to eat a horse* |
| **stare attento/a ai soldi** | *to watch* (*my*) *money* |
| **alla linea** | (*my*) *figure* |

**C** **La risposta logica.** Trovare nella colonna a destra la risposta appropriata a ogni frase nella colonna a sinistra.

1. Ti va di prendere un gelato?
2. Dai! Prendi un pasticcino!
3. Che caldo oggi! Ho sete!
4. Hai fatto colazione stamani?

a. No, grazie, devo stare attento alla linea.
b. Ancora no, e ho una fame da lupi!
c. Ti va di prendere un tè freddo al limone con un po' di ghiaccio?
d. Con questo freddo? No, andiamo al bar a prendere qualcosa di caldo.

**D** **Cosa devo fare?** Come rispondi ai tuoi amici se ti dicono le seguenti frasi? Rispondere come nell'esempio.

*Esempio:* —Ho una fame da lupi!
—Ti va di prendere un panino al prosciutto crudo? Li fanno bene in questo bar.

1. Accidenti! Ho una fame da lupi e in casa non c'è niente da mangiare.
2. Guarda come sono ingrassato!
3. Sono proprio nervosa. Sono due giorni che non dormo.
4. Non so dove andare in vacanza.

**E** **Ordinare in un bar.** Due studenti sono i clienti al bar. Un altro è il/la barista. Creare una scenetta in cui i clienti ordinano qualcosa da bere e qualcosa da mangiare dal listino prezzi (*price list*) a pagina 174. Il barista prende le ordinazioni, prepara le consumazioni e le porta ai clienti. Uno dei clienti deve pagare alla cassa e prendere lo scontrino. Quanto deve pagare?

**Lo sapevi che... ?**

La Liguria è la regione italiana con la più alta densità di popolazione. Genova è il capoluogo e divide la regione in due parti. La Riviera di Levante è a est di Genova (Levante significa "dove si leva il sole") ed è famosa per la sua bellissima costa rocciosa (*rocky*). La Riviera di Ponente è a ovest di Genova (Ponente significa "dove si pone il sole") ed ha delle lunghe spiagge di sabbia.

**Il mare e le case colorate sui monti della Liguria, Imperia**

# A.3 Punti grammaticali

## I pronomi complemento oggetto indiretto

| | | |
|---|---|---|
| —Offri un caffè a me? | —**Mi** offri un caffè? | —*Will you treat me to a coffee?* |
| —Sì, offro un caffè a te. | —Sì, **ti** offro un caffè. | —*Yes, I will (treat you to a coffee).* |
| Angela telefona a Marco. | Angela **gli** telefona. | *Angela telephones him.* |
| Scrivi a Luisa? | **Le** scrivi? | *Are you writing to her?* |
| Lei pensa a voi. | Lei **vi** pensa. | *She thinks about you.* |
| Lui parla con noi. | Lui **ci** parla. | *He's speaking with us.* |
| Compro un gelato ai bambini. | Compro **loro** un gelato. | *I buy ice cream for them.* |

1. The indirect object of a verb indicates a person or thing indirectly affected by the action of the verb and answers the question *to whom?* or *for whom?* In English an indirect object may or may not be preceded by *to* or *for,* but in Italian a preposition is always used before an indirect-object noun. An indirect-object pronoun can replace an indirect object: *I am giving the pen to Mark; I am giving him the pen.* The forms of indirect-object pronouns are as follows.

| singolare | | plurale | |
|---|---|---|---|
| **mi** | *to/for me* | **ci** | *to/for us* |
| **ti** | *to/for you* | **vi** | *to/for you* |
| **Le** | *to/for you* (*formal m. & f.*) | | |
| **gli** | *to/for him* | **gli, loro** | *to/for them* |
| **le** | *to/for her* | | |

2. Indirect-object pronouns are identical to direct-object pronouns except in the third-person singular and plural forms: **gli, le, Le,** and **loro.** In spoken Italian, **gli** is often used for both the singular *to him* and the plural *to them,* instead of **loro.**

| | |
|---|---|
| Offro un caffè a Paolo e Gina. | *I offer Paolo and Gina coffee.* |
| Offro **loro** un caffè./**Gli** offro un caffè. | *I offer them coffee.* |

3. The position of indirect-object pronouns is the same as that of direct-object pronouns: they generally precede a conjugated verb or may attach to an infinitive, which then drops the final **e.** However, **loro** always follows the verb and never attaches to an infinitive.

| | |
|---|---|
| **Gli** offro un panino. | *I'm offering him a sandwich.* |
| Hai qualcosa da dir**mi?** | *Do you have something to say to me?* |
| Devo parlar**gli.**/**Gli** devo parlare. | *I have to speak to him.* |
| Voglio telefonar**le.**/**Le** voglio telefonare. | *I want to call her.* |
| Offro **loro** un panino. | *I'm offering them a sandwich.* |
| Devo parlare **loro.** | *I have to speak to them.* |

4. The past participle does not agree with the indirect-object pronoun in the **passato prossimo** and other compound tenses. Compare the following:

| | |
|---|---|
| Hai visto Maria? | Sì, **l'**ho vist**a**. |
| Hai telefonato a Maria? | Sì, **le** ho telefonat**o**. |

5. The following common verbs are frequently used with indirect-object pronouns.

| | | | |
|---|---|---|---|
| **dare** | *to give* | **portare** | *to bring* |
| **dire** | *to say* | **preparare** | *to prepare* |
| **domandare** | *to ask* | **prestare** | *to lend* |
| **insegnare** | *to teach* | **regalare** | *to give a gift to* |
| **mandare** | *to send* | **restituire** | *to return to* |
| **mostrare** | *to show* | **rispondere** | *to answer* |
| **offrire** | *to offer* | **scrivere** | *to write* |
| **piacere** | *to be pleasing* | **telefonare** | *to telephone* |

| | |
|---|---|
| Se **mi** presti i soldi, **ti** restituisco i soldi domani. | *If you lend me the money, I will return the money to you tomorrow.* |
| Il professore ha insegnato **loro** come scrivere bene. | *The professor taught them how to write well.* |
| Se **ci** scrivete, **vi** rispondiamo. | *If you write to us, we'll answer you.* |

## Attività

**Buongiorno! Anzi, ciao!** Giovanna abita in un piccolo paese. Quando è il giorno di mercato, incontra molte persone e saluta tutti. Completare le frasi come nel modello, usando i pronomi indiretti e il saluto appropriato!

*Esempio:* Giovanna vede la bambina e le dice "Ciao!"

1. Giovanna vede la signora Pippino e...
2. Giovanna incontra un suo amico e...
3. Giovanna incontra due amici dei suoi genitori e...
4. Giovanna incontra il suo professore di chimica e...
5. Giovanna vi vede e...
6. Giovanna incontra sua cugina e...
7. Giovanna mi vede e...

**Regali.** Discutere con un altro studente/un'altra studentessa i regali che fate alle persone indicate e perché. Seguire il modello.

*Esempio:* Carla / una penna
—Che cosa regali a Carla?
—Le regalo una penna perché le piace scrivere.

1. i genitori / un libro di Italo Calvino
2. Mirella / un profumo di Armani
3. Giorgio / una bici
4. Sandra e suo marito / una cena al ristorante
5. la mamma / un libro di cucina
6. Gina e Andrea / dei CD di musica rock
7. tuo fratello / cinque chili di caffè
8. me / cento euro

 **Mangiare mangiare.** Rispondere alle seguenti domande sostituendo le parole in corsivo con un pronome, secondo il modello.

*Esempio:* Telefoni *a Luisa* per invitarla a cena?
Sì, le telefono.

1. Prepari la pizza *per la tua amica?*
2. Puoi portare il caffè *ai nonni?*
3. Insegni *ai tuoi cugini* a fare le lasagne?
4. Ti va di cucinare i tortellini *per i tuoi amici?*
5. Vuoi comprare un gelato *per Marco?*
6. Prepari un panino *per Elisa?*
7. Puoi offrire un cappuccino *a me?*
8. Il barista mostra i pasticcini *ai suoi clienti?*

 **Una brava professoressa.** Sostituire le parole in corsivo con dei pronomi. Fare attenzione all'uso corretto dei pronomi oggetto diretto e indiretto.

Per la professoressa Gribaudi i suoi studenti sono importantissimi. Aiuta *i suoi studenti* ad imparare. Consiglia *agli studenti* metodi utili per studiare. Dà *agli studenti* esempi originali e quando assegna i compiti, spiega molto chiaramente *i compiti*. Piace *a noi* il suo modo di insegnare perché considera *noi* dei colleghi, non tratta *noi* come bambini.

Quando uno studente va a trovare *la professoressa* in ufficio, lei domanda sempre *allo studente* come sta, e chiede *allo studente* se ha capito la lezione di quel giorno. È sempre disponibile (*available*), e ha detto *a noi* che possiamo telefonare *a lei* in qualsiasi momento (*at any time*), anche a casa sua!

**Lo sapevi che... ?**

In Italia, la prima colazione è molto semplice e veloce: un caffè, un tè o una tazza di caffellatte, con biscotti, pane, burro e marmellata. Il pranzo, consumato di solito verso l'una, è un pasto importante e abbondante—spesso consiste di un primo e un secondo—e in passato le famiglie lo mangiavano insieme. Però, ora chi lavora ha poco tempo e preferisce mangiare un panino veloce, un'insalata o un piatto di pasta al bar. Così la cena diventa il pasto principale, consumato generalmente alle otto di sera. Normalmente il pranzo e la cena si concludono con un caffè espresso.

# B IN TRATTORIA

## B.1 Si dice così

| | | | |
|---|---|---|---|
| **il pasto** | *meal* | **il vino rosso, bianco** | *red wine, white wine* |
| **il pranzo** | *lunch* | **la birra** | *beer* |
| **la cena** | *dinner* | **il cameriere, la cameriera** | *waiter, waitress* |
| **il menù** | *menu* | **il coperto** | *cover charge* |
| **l'antipasto** | *appetizer* | **il servizio** | *service* |
| **il primo (piatto)** | *first course* | **il conto** | *bill/check* |
| **il secondo (piatto)** | *second course* | **la mancia** | *tip* |
| **il contorno** | *side dish* | **pranzare** | *to eat lunch* |
| **il dolce** | *dessert* | **cenare** | *to eat dinner* |

**Lo sapevi che... ?**

In Italia ci sono diverse categorie di ristoranti. Un ristorante è più formale e più costoso di una trattoria. La trattoria offre un ambiente più rilassato e semplice. La pizzeria è un locale molto informale che offre un menù meno vario—ovviamente la pizza e a volte un menù limitato di primi e secondi. Secondo la tradizione italiana, la vera pizza italiana deve essere cotta in un forno a legna (*wood-burning oven*). In una tavola calda si possono comprare piatti già fatti, pronti da portare a casa.

Un pizzaiolo davanti al suo forno a legna

**Attività**

**A Cosa prendere?** Consultare il menù a pagina 182. Indicare la parola o espressione che completa logicamente la frase.

1. Come antipasto prendo (prosciutto e melone / la crostata).
2. Come primo piatto prendo (gli scampi / gli gnocchi).
3. Per secondo prendo (risotto ai frutti di mare / pollo allo spiedo).
4. Come contorno prendo (le trenette / le patate).
5. Prendo (le vongole / il tiramisù) come dolce.
6. Da bere preferisco il vino (rosso / fritto).
7. Alla fine della cena arriva, purtroppo, il (brodo / conto).
8. Quando pago la cena, lascio una piccola (mancia / birra) sul tavolo.

Il menù di oggi

ANTIPASTI
Prosciutto e melone
antipasto misto
bruschetta

PRIMI
Trenette al pesto
gnocchi alla bava
risotto ai frutti di mare
spaghetti alle vongole
Tortellini in brodo

SECONDI
Scampi alla griglia
pollo allo spiedo
calamari fritti

CONTORNI
Patate al forno
insalata mista

DOLCI
Zuppa inglese
Tiramisù
crostata di mele
macedonia di frutta fresca

PREZZO FISSO €32
BEVANDE ESCLUSE

**B** **Il pesce? Lo adoro!** Completare le frasi con un vocabolo adatto.

*Esempio:* Giulia adora il pesce, sicché (*and so*) ha preso l'antipasto di mare.

1. Io adoro ________________, sicché ho preso la crostata di mele.
2. Mio fratello adora ________________, sicché ha preso la macedonia.
3. Noi adoriamo ________________, sicché mangiamo sempre la bistecca.
4. Lei adora ________________, sicché ha preso il prosciutto e melone.
5. Loro adorano ________________, sicché prendono sempre spinaci o fagiolini come contorno.
6. Io adoro ________________, sicché al ristorante mangio sempre il primo.

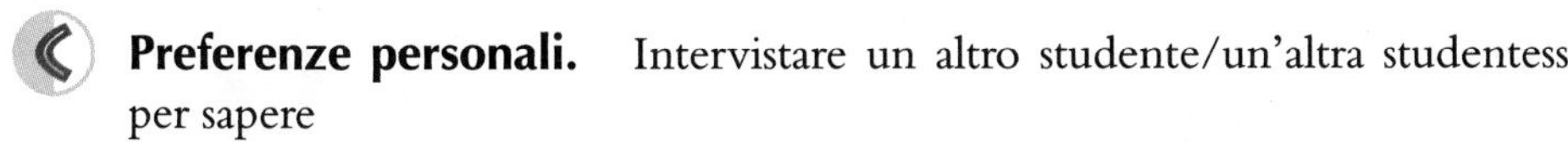

**C Preferenze personali.** Intervistare un altro studente/un'altra studentessa per sapere

- se esce spesso per mangiare fuori. Con chi? Quando?
- che tipo di ristorante preferisce (elegante / pizzeria / fast food).
- che tipo di cucina gli/le piace di più.
- il ristorante preferito. Perché? Qual è la specialità del ristorante?
- se lascia sempre una mancia. Quanto?

**D È arrivato il conto!** Tu e due tuoi amici avete appena finito di mangiare una cena modesta nella trattoria "Il Veliero." Creare una conversazione secondo i seguenti suggerimenti.

*S1 e S2:* Uno di voi ha ordinato gli spaghetti alle vongole con un secondo di pollo allo spiedo. L'altro ha preso l'antipasto misto e gli scampi alla griglia. Avete anche preso una bottiglia di acqua minerale e due caffè. Quando il cameriere vi porta il conto vedete che c'è un errore. Chiedere al cameriere di spiegare il totale.

*S3:* Sei il cameriere nel ristorante. Quando porti il conto (a destra) ai due clienti, hanno qualche domanda per quanto riguarda (*about*) il totale. Rispondere alle loro domande.

Alcune espressioni utili:
C'è stato un errore.
Il conto è sbagliato.
Mi dispiace moltissimo.

Denominazione, residenza o domicilio, ubicazione esercizio, cod, fisc, partita IVA
TRATTORIA "IL VELIERO"
di Ratti D. & M. s.n.c.
P.zza Bastreri, 2 - Tel. 901670
PORTOVENERE (SP)
part. IVA 00764150112

RICEVUTA FISCALE - FATTURA

| QUANTITÀ | DESCRIZIONE | IMPORTO |
|---|---|---|
| 2 | COPERTI | 5,00 |
| 1 | VINO - BIRRA | 11,00 |
| 1 | ACQUA MINERALE | 2,50 |
| | PIZZA | |
| | PASTI A PREZZO FISSO | |
| 1 | ANTIPASTI | 8,00 |
| 2 | PRIMI PIATTI | 20,00 |
| | | |
| 2 | SECONDI PIATTI | 26,00 |
| | | |
| | CONTORNI | |
| | FORMAGGI | |
| | FRUTTA | |
| | DOLCI - DESSERT | |
| 2 | CAFFÈ -LIQUORI | 4,00 |
| | | |
| | | 76,50 |
| | | |
| CONTEGGIO IVA____% | TOTALE (IVA compresa) | |
| Imponibile | | |
| Imposta | TOTALE | 76,50 |

Data 11/07/06

P 2833469 /02

**Lo sapevi che... ?** In Italia, ristoranti e trattorie fanno pagare un coperto. È una somma nominale (di solito tra 2 e 3 euro) che copre la spesa dell'uso della tovaglia e del pane. Il coperto è anche un'indicazione di quanto sia costoso il locale.

## B.2 Incontro

**Una cena fra amici.** *In trattoria alle otto di sera. Sandra e Piero aspettano i loro amici.*

| | | |
|---|---|---|
| SANDRA: | Ah, eccoti finalmente! | |
| PIERO: | Ciao, Sandra, scusa il ritardo ... il traffico è pazzesco° a quest'ora. | *crazy* |
| SANDRA: | Non ti preoccupare! Ma non sono ancora arrivati Giorgio e la sua amica! | |
| CAMERIERE: | Buonasera, signori. In quanti siete? | |
| PIERO: | Veramente siamo in quattro. Gli altri arrivano fra poco. | |
| CAMERIERE: | Benissimo. C'è un tavolo libero vicino alla finestra, con la vista sul mare. Vi va bene? | |
| SANDRA: | Sì. Ci porti il menù per cortesia, e anche dell'acqua minerale gasata. | |
| CAMERIERE: | Sissignora. Ve li porto subito! | |
| SANDRA: | Sono curiosa, non conosco la nuova amica di Giorgio. | |
| PIERO: | Nemmeno io.° Ma me ne ha parlato a lungo l'altro giorno—deve essere una persona davvero speciale! | *Neither do I* |
| SANDRA: | A me non ha detto niente. Io gli ho chiesto pure°... | *even* |
| CAMERIERE: | Volete ordinare, signori? | |
| PIERO: | Sì, va bene. Cosa c'è di buono stasera? | |
| SANDRA: | Piero, dai, vergognati! Aspettiamoli ancora cinque minuti! | |
| PIERO: | Ma io ho fame! (*al cameriere*) Scusi, senta, mi può dire che cosa c'è di primo, per favore? | |
| CAMERIERE: | Abbiamo le trofie al pesto e i pansoti con salsa di noce... | |
| SANDRA: | Oh, guarda, sono arrivati i ritardatari.° Finalmente! | *latecomers* |
| PIERO: | Ha una faccia simpatica la nuova amica di Giorgio... | |
| SANDRA: | Ma io la conosco! È Isabella!!! Ciao, Isa!!! | |

**Lo sapevi che... ?**

Il pesto è un piatto tipico della Liguria. È molto semplice fare il pesto: ci vogliono il basilico, l'aglio, l'olio d'oliva e tanto parmigiano buono! I pinoli sono un ingrediente speciale! Il basilico ligure è particolarmente profumato perché cresce vicino al mare ... o almeno si dice così!

Attività

**Ascoltiamo!** Ascoltare l'**Incontro** e scegliere la risposta che completa la frase in modo giusto.

1. Piero arriva in ritardo per via del (traffico / lavoro).
2. Stasera sono (in cinque / in quattro) a mangiare.
3. Mangiano ad un tavolo (sulla veranda / vicino alla finestra).
4. Il cameriere porta (il menù e dell'acqua gasata / del vino e dell'acqua gasata).
5. Sandra (vuole ordinare / vuole aspettare).
6. Come primo ci sono (gli spaghetti alla carbonara / le trofie al pesto).
7. La nuova amica di Giorgio si chiama (Sandra / Isabella).

**Una cena in trattoria.** Incontri tre amici in trattoria per festeggiare il tuo compleanno. Come rispondi al cameriere quando ti dice:

—Buonasera, signore/signora. In quanti siete?
—Questo tavolo vicino alla finestra va bene?
—Prendete un antipasto?
—E per primo cosa desiderate? E come secondo?
—Da bere, signori?
—Vi serve altro?
—Ecco il conto. Come desidera pagare?

**In altre parole**

| | |
|---|---|
| **scusa il ritardo** | *sorry I'm late* |
| **siamo in quattro/in due** | *there are four of us/two of us* |
| **non ti preoccupare** | *don't worry* |
| **vergognati!** | *shame on you!* |

**Cosa dici?** Cosa dici nelle seguenti situazioni?

1. Un'amica ti aspetta al bar alle otto. Per via del traffico, arrivi alle 8.35. Cosa le dici?
2. Tu e la tua amica andate insieme in una trattoria. Quando entrate e il cameriere vi chiede in quanti siete, cosa gli dici?
3. Alla fine della cena la tua amica scopre che non ha soldi e non sa come pagare la sua parte della cena. Cosa le dici?
4. La tua amica ha detto che ha dimenticato il compleanno di sua madre. Che cosa le dici?

 **Che bravo cameriere!** Andate in un'osteria sulla costa ligure. Il locale è molto popolare e rinomato (*renowned*) per il pesce. Creare un dialogo in cui due clienti entrano nell'osteria, scelgono un tavolo e ordinano la cena, secondo i seguenti suggerimenti.

*S1:* Sei il cameriere/la cameriera dell'osteria. Stasera c'è solo un tavolo libero, vicino alla cucina. Cerchi sempre di accontentare i clienti ma stasera sembra impossibile.

*S2:* Per te la cosa più importante è mangiare con una bellissima vista sul mare.

*S3:* Tu adori il pesce, ma la vista sul mare non è importante.

*Esempio:* —Buonasera, signori. In quanti siete?
—Buonasera. Siamo in due e desideriamo...

**Lo sapevi che... ?**

La parola *osteria* è una parola antica. Durante il Medioevo, i viaggiatori potevano fermarsi in un'osteria per mangiare e anche per dormire la notte. L'atmosfera era accogliente e l'oste serviva del buon vino. In tempi più recenti, quando un ristorante si chiama con la parola *osteria*, per esempio "Osteria della Vecchia Lanterna," generalmente significa che il locale è di moda, un luogo chic, spesso anche costoso. Come cambiano le cose!

# B.3 Punti grammaticali

## I pronomi doppi

| | |
|---|---|
| Mi dai la tua penna?<br>**Me la** dai? | *Will you give me your pen?*<br>*Will you give it to me?* |
| Ti offro la cena.<br>**Te la** offro io. | *I'll offer you dinner.*<br>*I'll offer it to you.* |
| Compro il gelato a Gino.<br>**Glielo** compro. | *I'm buying the ice cream for Gino.*<br>*I'm buying it for him.* |
| Dai i tortellini ai bambini?<br>**Glieli** dai? / **Li dai loro?** | *Are you giving tortellini to the children?*<br>*Are you giving them to them?* |
| Ti ha parlato della sua amica?<br>**Te ne** ha parlato? | *Did he speak to you about his girlfriend?*<br>*Did he speak to you about her?* |

1. When the same verb has both a direct and an indirect object, certain combinations of pronouns **(pronomi doppi)** can be used to replace both objects.

| | **+ lo** | **+ la** | **+ li** | **+ le** | **+ ne** |
|---|---|---|---|---|---|
| **mi** | me lo | me la | me li | me le | me ne |
| **ti** | te lo | te la | te li | te le | te ne |
| **ci** | ce lo | ce la | ce li | ce le | ce ne |
| **vi** | ve lo | ve la | ve li | ve le | ve ne |
| **gli/le/Le** | glielo | gliela | glieli | gliele | gliene |

Note that **mi, ti, ci,** and **vi** change to **me, te, ce,** and **ve. Gli, le,** and **Le** all change to **glie-** before the direct-object pronoun is attached.

| | | |
|---|---|---|
| Offri la cocacola a Roberto? | Sì, **gliela** offro. | *I offer it to him.* |
| Offri la cocacola a Giulia? | Sì, **gliela** offro. | *I offer it to her.* |
| Mi consegni il compito? | Sì, professoressa, **glielo** consegno. | *Yes, professor, I turn it in to you.* |

2. The indirect-object pronoun **loro** is extremely formal. **Loro** always follows the verb and cannot combine with a direct-object pronoun.

| | |
|---|---|
| Porto loro il caffè sul terrazzo. | **Lo** porto **loro** sul terrazzo. |
| Lascio loro la chiave della macchina. | **La** lascio **loro.** |

3. The position of double object pronouns is the same as that of single object pronouns: they generally precede a conjugated verb and may attach to an infinitive.

| | |
|---|---|
| —Devi scrivere *la lettera a tuo fratello?* | —Sì, **gliela** devo scrivere. / Sì, devo scriver**gliela.** |
| —Puoi passar*mi il sale?* | —Certo, **te lo** posso passare. / Certo, posso passar**telo.** |

4. When a direct-object pronoun precedes a compound verb, such as the **passato prossimo,** the past participle agrees in gender and number with the direct-object pronoun.

| | |
|---|---|
| Paolo *mi* ha regalato *le carte.* | **Me le** ha regalat**e.** |
| Ho indicato *la strada a quel signore.* | **Gliel'**ho indicat**a.** |
| Abbiamo scritto *tre lettere a mia zia.* | **Gliene** abbiamo scritt**e** tre. |

## *Ci*

When the adverb **ci** (*there*) is used in conjunction with the pronouns **mi, ti,** and **vi,** the combinations are as follows: **mi ci, ti ci,** and **vi ci.**

| | | |
|---|---|---|
| —Mi porti al cinema? | —**Mi ci** porti? | —*Will you bring me there?* |
| —Sì, ti porto al cinema. | —**Ti ci** porto. | —*I will bring you there.* |
| Ci raggiungi all'osteria? | **Vi ci** raggiungo. | *I will meet you (pl.) there.* |

Note that there is no **ci ci** combination.

Mario **ci** porta al cinema. *Mario is taking us to the cinema.*

## Attività

**Tante richieste!** Alcune persone hanno bisogno delle seguenti cose e le chiedono a te. Dici sempre di sì!

*Esempio:* Giovanni: Mi presti (la bicicletta, i soldi)?
—Mi presti la bicicletta?
—Certo, te la presto!

—Mi presti i soldi?
—Va bene. Te li presto.

1. Donatella: Mi offri (un caffè, la cena, il gelato, dell'acqua minerale)?
2. Il professore: Mi dà (i compiti, il tema, una penna, l'esame)?

3. Un amico: Mi presti (le chiavi della macchina, un libro, gli appunti)?
4. Uno studente all'insegnante: Mi spiega (i pronomi, l'espressione, il passato prossimo, queste parole), per piacere?

**B** **L'ho fatto!** Riscrivere le frasi con i pronomi appropriati. (Attenzione agli accordi!)

*Esempio:* La mamma ha preparato gli spaghetti per noi.
La mamma ce li ha preparati.

1. Abbiamo fatto il tiramisù per te.
2. Ho preso il gelato per te.
3. Silvana ha portato questi pasticcini per voi.
4. Ho scritto la lettera ai nonni.
5. Ho promesso una torta a Margherita.
6. Barbara ha parlato a me della nuova trattoria.
7. Piero ha portato un aperitivo agli amici.
8. Rosa ha preparato i funghi per suo marito.

**C** **Regali particolari.** Formulare frasi logiche con un soggetto dalla colonna A, un verbo dalla colonna B, un oggetto diretto dalla colonna C e un oggetto indiretto dalla colonna D. Infine ripetere la frase sostituendo gli oggetti con dei pronomi.

*Esempio:* Eva offre una mela ad Adamo. Eva gliela offre.

| A | B | C | D |
|---|---|---|---|
| Il mago di Oz | dare | una mela | ai francesi |
| I bravi genitori | offrire | 41 sorprese | a Giulio Cesare |
| Lucrezia Borgia | regalare | la verità | al Leone |
| George Washington | dire | l'Egitto | ai figli |
| Bruto e Cassio | | del buon vino | al suo papà |
| Cleopatra | | il coltello | a Marco Antonio |
| Eva | | il coraggio | ad Adamo |
| Maria Antonietta | | i soldi | agli invitati |
| Lizzie Borden | | la torta | alla madre |

**D** **Non ti preoccupare, mamma!** La madre di Stefano ha molte cose da fare, allora chiede aiuto al figlio. Formulare le risposte di Stefano alla mamma, secondo il modello.

*Esempio:* —Devi dire a tuo fratello di studiare di più!
—Non ti preoccupare, mamma, glielo dico.

1. Devi regalare una cravatta a tuo padre! È il suo compleanno!
2. Devi portare il cane al parco!
3. Devi scrivere una lettera alla zia Teresa!
4. Devi prestare dei soldi a tua sorella! Ne ha bisogno!
5. Mi devi accompagnare al supermercato! Sono senza uova!
6. Devi dare le uova fresche alla nonna!
7. Devo andare a teatro con la mia amica! Ci puoi accompagnare?
8. Devi dare dei cioccolatini ai bambini!

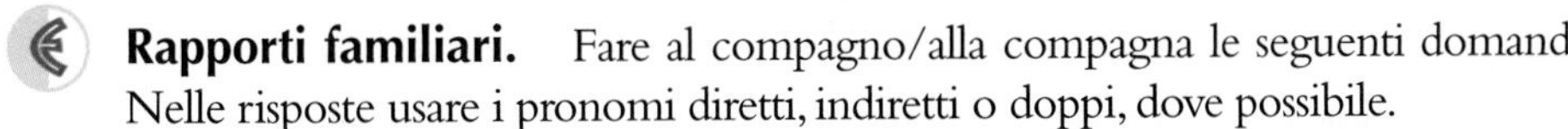

**Rapporti familiari.** Fare al compagno/alla compagna le seguenti domande. Nelle risposte usare i pronomi diretti, indiretti o doppi, dove possibile.

1. Parli spesso ai genitori? Parli loro di quello che fai? Spieghi loro i tuoi problemi? Dici loro che vuoi bene a loro? E loro, cosa dicono a te?
2. Fai regali ai vari membri della tua famiglia? A chi li fai? Quando glieli fai?
3. Scrivi lettere ai parenti? Mandi biglietti di auguri ai nonni? Telefoni loro ogni tanto?
4. Nella tua famiglia, a chi chiedi consigli? Quando glieli chiedi? Ti dà sempre buoni consigli questa persona?

**Lo sapevi che... ?**

L'Italia è il paese che produce più vino in tutto il mondo. Il vino fa parte della cultura italiana: è bevuto regolarmente a pranzo e a cena, anche dai ragazzi che lo mescolano (*mix*) con l'acqua. Il vino fa parte del pasto, come il pane. Non c'è limite di età per bere alcolici; l'alcolismo non rappresenta un grave problema per la società italiana. Invece, gli Italiani bevono regolarmente l'acqua minerale, frizzante o naturale, ma raramente bevono l'acqua del rubinetto (*faucet*)!

Le regioni più note per i loro vini sono la Toscana, il Piemonte e il Veneto. Vini come il marsala, il vermut e lo spumante sono conosciuti in tutto il mondo. Alcuni vini italiani famosi sono:

**Toscana** rosso: Chianti, Vino Nobile di Montepulciano, Brunello di Montalcino
bianco: Vernaccia di San Gimignano
**Piemonte** rosso: Barolo, Barbera, Dolcetto
**Veneto** bianco: Soave, Pinot Grigio

# AL RISTORANTE

## C.1 Si dice così

| | | | |
|---|---|---|---|
| **l'appetito** | *appetite* | **misto** | *mixed* |
| **la specialità** | *specialty* | **alla carbonara** | *with eggs, cheese, and pancetta* |
| **lo spumante** | *sparkling wine* | **alla bolognese/al ragù** | *with meat sauce* |
| **la minestra** | *soup, first course* | **alla marinara** | *in seafood sauce* |
| **la zuppa** | *soup* | **ai frutti di mare** | *with shellfish* |
| **il sugo** | *sauce* | **delizioso** | *delicious* |
| **al forno** | *baked* | **squisito** | *exquisite* |
| **alla griglia** | *grilled* | **sano** | *healthy* |
| **fritto** | *fried* | **essere goloso/a** | *to have a sweet tooth* |
| **alla milanese** | *breaded* | **fare un brindisi/brindare** | *to offer a toast/to toast* |
| **bollito** | *boiled* | | |

**Lo sapevi che... ?**

L'espressione tipica per un brindisi in Italia è "Cin cin!" Curiosamente, "Cin cin" è un'espressione di origine cinese (ch'ing-ch'ing) che significa "prego." Si usa con lo stesso significato di "Alla salute!" oppure "Alla salute del cuoco/della cuoca!"

### Attività

 **Le parole mancanti.** Completare le frasi con il vocabolo appropriato.

1. Una persona che mangia molti dolci è...
2. Gli spaghetti preparati con un sugo di carne e pomodoro sono...
3. "Cin cin!" è l'espressione tipica per...
4. Un'altra parola per descrivere un piatto delizioso è...
5. Un'altra parola per minestra è...
6. Una cosa cucinata in olio caldo è...

B **Che buoni questi piatti!** Quali piatti puoi fare con i seguenti ingredienti?

1. una costoletta di vitello (*veal cutlet*), olio e pane grattuggiato
2. spaghetti, uova, pancetta e formaggio parmigiano
3. risotto, pomodoro, calamari, vongole e cozze (*clams and mussels*)
4. tortellini, pomodoro e carne macinata (*ground*)

C **Stanlio e Ollio.** Con un altro studente/un'altra studentessa, descrivere la scena nel disegno. Chi sono queste persone? Che cosa fanno?

## C.2 Incontro

**Una cena squisita.** *Daniele e Teresa cenano in un ristorante a Portofino per il compleanno di Teresa.*

DANIELE: Allora, tesoro, brindiamo al tuo compleanno! Cin cin!

TERESA: Lo spumante! Che bello! E che buon profumo! Ho l'acquolina in bocca!

| | |
|---|---|
| CAMERIERE: | Buonasera, signori. Prego. |
| DANIELE: | Che cosa ci consiglia come antipasto? |
| CAMERIERE: | L'antipasto misto della casa. È tutto pesce. |
| TERESA: | È fresco? |
| CAMERIERE: | Si capisce! Poi, vi consiglio il risotto ai frutti di mare. È la ricetta segreta del cuoco! |
| TERESA: | Benissimo. |
| CAMERIERE: | Come secondo, vi possiamo preparare un'orata alla griglia. |
| TERESA: | Ottimo! |
| DANIELE: | Invece per me un prosciutto e melone, gli spaghetti alla carbonara ed una bistecca alla griglia. |
| TERESA: | Ma, Daniele, siamo qui con la vista sul mare e non mangi il pesce? |
| DANIELE: | Io, il pesce, lo odio! |
| TERESA: | Poverino! Mi dispiace. |
| DANIELE: | Fa niente. |

*Alla fine della cena*

| | |
|---|---|
| TERESA: | Che cena squisita! |
| DANIELE: | E il tiramisù non lo finisci? |
| TERESA: | Non ce la faccio più! |
| DANIELE: | Ci credo! Hai mangiato tantissimo! E ora, un digestivo ci vuole proprio! |
| TERESA: | Sono senza parole! |

## Attività

**Ascoltiamo!** Ascoltare l'**Incontro** e indicare cosa dice Daniele e cosa dice Teresa.

| | D | T |
|---|---|---|
| 1. Cin cin! | ✓ | |
| 2. Ho l'acquolina in bocca! | | ✓ |
| 3. Ottimo! | | ✓ |
| 4. Fa niente. | ✓ | |
| 5. Sono senza parole! | | ✓ |
| 6. Ci credo! | ✓ | |
| 7. Poverino! Mi dispiace. | | ✓ |
| 8. Io, il pesce, lo odio! | ✓ | |

**In altre parole**

| | |
|---|---|
| **si capisce!** | *naturally!/of course!* |
| **avere l'acquolina in bocca** | *to have one's mouth watering* |
| **poverino!** | *poor thing!* |
| **fa niente** | *it's nothing* |
| **non farcela** | *not to be able to make it, handle it* |
| **essere senza parole** | *to be speechless* |

**B** **La risposta logica.** Trovare nella colonna a destra le frasi che si abbinano logicamente con le frasi a sinistra.

1. Dai, Gianna! Prendi ancora un po' di torta!
2. Cosa ha detto Lucia quando le hai dato il regalo?
3. Riccardo, tu mi vuoi veramente bene?
4. E dopo gli spaghetti alle vongole ho mangiato una bella bistecca.
5. Hai sentito? Tommaso ha preso un brutto voto all'esame.
6. Scusami, Antonella. Non c'è più acqua.

a. Fa niente. Anzi, preferisco il vino.
b. Poverino! E ha studiato tanto!
c. No, per carità! Non ce la faccio più!
d. Che buono! Ho l'acquolina in bocca.
e. Non sapeva cosa dire. È rimasta senza parole!
f. Si capisce! Sei mia moglie!

**C** **Da Spizzico.** Per il tuo compleanno, il tuo ragazzo/la tua ragazza ti ha invitato a mangiare da Spizzico. Il giorno seguente, un tuo amico/una tua amica ti chiede come hai festeggiato il tuo compleanno. Raccontagli/le tutta la serata meravigliosa!

—Allora, come hai festeggiato il tuo compleanno?
—Siamo andati...

**D** **Tanti auguri!** Volete organizzare una cena in un ristorante per festeggiare il compleanno di un amico/un'amica comune. Discutere i particolari della cena.

- i regali
- il ristorante
- la data e l'ora
- chi invitare
- il menù
- il brindisi

Poi presentare i vostri progetti alla classe.

*Esempio:* Noi organizziamo una festa al ristorante ... per festeggiare il compleanno di... La festa è il ... alle...

**Lo sapevi che... ?**

Esistono più di trecento varietà di formaggi in Italia; ogni regione, ogni piccola zona, ne produce un tipo locale. Forse il formaggio più conosciuto e più diffuso è il parmigiano, prodotto vicino a Parma, in Emilia-Romagna. Alcuni formaggi italiani che si trovano facilmente all'estero sono la mozzarella, usata sulla pizza, il gorgonzola e l'asiago.

# C.3 Punti grammaticali

## Gli avverbi

| | |
|---|---|
| Andrea balla **divinamente.** | *Andrea dances divinely.* |
| **Veramente,** è la prima volta che mangio i carciofi. | *Really, it's the first time I've eaten artichokes.* |
| **Finalmente** siete arrivati. | *Finally you've arrived.* |
| Noi andiamo **spesso** in trattoria. | *We often go to the trattoria.* |
| Grazia cucina **semplicemente.** | *Grazia cooks simply.* |
| Robbie Williams canta **bene;** io invece canto **male.** | *Robbie Williams sings well; I, on the other hand, sing badly.* |

**1.** An adverb modifies a verb, an adjective, or another adverb. Adverbs describe how, when, where, and how often an action occurs.

| | |
|---|---|
| —Come canta Dalla? | —*How does Dalla sing?* |
| —Dalla canta **bene.** | —*Dalla sings well.* |
| —Come guida Angelo? | —*How does Angelo drive?* |
| —Angelo guida **prudentemente.** | —*Angelo drives carefully.* |
| —È bella Monica Bellucci? | —*Is Monica Bellucci pretty?* |
| —Sì, è **molto** bella. | —*Yes, she is very pretty.* |
| —Come sta Giuseppe? | —*How is Giuseppe?* |
| —Sta **molto male.** | —*He's not at all well.* |

**2.** Many adverbs are formed by adding **-mente** to the feminine form of an adjective. This form corresponds to English adverbs ending in **-ly.**

vero → **vera** → veramente (*truly*)  raro → **rara** → raramente (*rarely*)

| | |
|---|---|
| È una canzone **lenta,** e la canta **lentamente.** | *It's a slow song, and she sings it slowly.* |
| La risposta di Marco è **esatta;** lui ha risposto **esattamente.** | *Marco's answer is correct; he answered correctly.* |

If the adjective ends in **e,** then **-mente** is added directly to the adjective.

semplic**e** → semplicemente (*simply*)  dolc**e** → dolcemente (*sweetly*)

If the adjective ends in **-le** or **-re,** the **e** is dropped before **-mente.**

normale → normalmente (*normally*)  regolare → regolarmente (*regularly*)

| | |
|---|---|
| È una lezione **facile,** e l'abbiamo completata **facilmente.** | *It's an easy lesson, and we completed it easily.* |

3. An adverb normally follows the conjugated verb. Some adverbs relating to time (**già** *already,* **sempre** *always,* **mai** *never,* **ancora** *yet*) are placed between the auxiliary verb and the past participle in compound tenses.

| | |
|---|---|
| Non hai **mai** mangiato i funghi porcini? | *You've never eaten porcini mushrooms?* |
| Ho **sempre** creduto nel destino. | *I've always believed in destiny.* |
| Maria non è **ancora** arrivata. | *Maria hasn't arrived yet.* |

4. Adverbs are invariable. They have only one form and do not agree in gender or number with the subject.

5. The adverbs **bene** and **male** correspond to the adjectives **buono** and **cattivo.**

| | |
|---|---|
| Mario è un **buon** giocatore; gioca **bene** a calcio. | *Mario is a good player; he plays soccer well.* |
| Io sono una **cattiva** ballerina; ballo **male.** | *I'm a bad dancer; I dance badly.* |

## *Molto* e *troppo*

| | |
|---|---|
| I tortellini sono **molto** buoni. | *The tortellini are very good.* |
| La minestra è **troppo** calda. | *The soup is too hot.* |

As adverbs, **molto** (*very, a lot*) and **troppo** (*too*) are invariable.

| | |
|---|---|
| Lei è **molto** brava. | *She is very smart.* |
| Gli spaghetti sono **troppo** piccanti. | *The spaghetti is too spicy.* |

Compare the following:

| ***molto* and *troppo* as adjectives** | ***molto* and *troppo* as adverbs** |
|---|---|
| Io ho **molti** amici.<br>*I have many friends.* | Ho amici **molto** simpatici.<br>*I have very nice friends.* |
| Lui ha mangiato **troppi** cioccolatini.<br>*He ate too many chocolates.* | I cioccolatini erano **troppo** dolci.<br>*The chocolates were too sweet.* |

Simona ha riso molto.

Simona ha molto riso.

## Attività

**Due brani.** Creare avverbi dagli aggettivi elencati qui sotto. Poi sostituire le parole in corsivo con gli avverbi di significato simile.

*Esempio:* gentile → gentilmente
Mi ha detto *in modo cortese* che...
Mi ha detto gentilmente che...

| accurato | raro | perfetto | misterioso | semplice |
|---|---|---|---|---|
| normale | divino | recente | rapido | |

1. *Di solito* Cristina e Roberto passano la serata insieme a casa e *non* escono *quasi mai*. Oggi, però, Roberto ha telefonato a Cristina al lavoro e le ha parlato *in modo molto strano*. Le ha detto *solo* di essere pronta per uscire alle sette e mezzo. Quella sera l'ha portata a mangiare all'osteria Zi' Rosella dove si mangia *in modo squisito*.

2. *Non molto tempo fa* Andrew è andato in Italia per seguire un corso intensivo di lingua italiana. Ha studiato molto e ha imparato *in poco tempo*. Ora parla bene l'italiano: non *senza errori*, si capisce, ma abbastanza *in modo preciso*.

**B** **Come l'hanno fatto.** Trasformare l'aggettivo tra parentesi in un avverbio e rispondere alle seguenti domande usando l'avverbio, come nell'esempio.

*Esempio:* Hai studiato per l'esame d'italiano? (chiaro)
Chiaramente, ho studiato molto!

1. Michele ti ha raccontato le sue avventure? (breve)
2. Vieni alla festa di Lorenza? (sicuro)
3. Com'era vestita la sposa? (semplice)
4. Fai dello sport? (regolare)
5. Esci di casa alle otto tutti i giorni? (normale)
6. In che modo ti ha parlato quel signore? (gentile)

**C** **Molto o troppo?** Completare il brano con **molto** o **troppo** come aggettivo o avverbio.

Quando sono a casa mangio ______________ bene. Mia madre è ______________ brava in cucina e sa preparare ______________ piatti che sono buoni ma che sono ______________ sani allo stesso tempo. Poi mangiamo ______________ verdure e ______________ frutta. Non mangiamo ______________ carne, anzi la nostra è una dieta quasi vegetariana.

Quando esco con gli amici invece è tutta un'altra storia. Andiamo ______________ spesso alla stessa pizzeria. La pizza lì non è male, ma ci mettono ______________ olio. E poi ci piace mangiare nei fast food. Il cibo lì non costa ______________ anche se tutti sanno che mangiare spesso hamburger non fa ______________ bene alla salute!

 **Mai o sempre?** Formulare domande da fare ad un altro studente/un'altra studentessa. Rispondere usando **mai, sempre, spesso, molto, poco** ecc.

*Esempio:* guardare una telenovela
—Hai mai guardato una telenovela?
—Sì, ho sempre guardato le telenovelas. / No, non ho mai guardato le telenovelas.

abitare in un appartamento
credere agli extraterrestri
mangiare i carciofi (*artichokes*)
andare in Italia
vivere da solo/a
mangiare i frutti di mare

**Lo sapevi che... ?**

In Liguria c'è una zona che si chiama "le Cinque Terre." Questa zona era conosciuta nel Medioevo per la produzione di un vino, la Vernaccia. Cinque pittoreschi paesini (Vernazza, Monterosso, Corniglia, Manarola, Riomaggiore) continuano a produrre questo famoso vino bianco. La "Via dell'amore" offre stupendi panorami sul mare ed attira turisti da tutto il mondo. Fino agli anni ottanta (*until the 1980s*) non si potevano raggiungere le Cinque Terre in macchina, ma solo via mare, in treno o a piedi!

## *Conoscere* e *sapere*

| | |
|---|---|
| —Conosci Roberto Benigni?<br>—Sì, lo conosco; è un attore. | —*Do you know who Roberto Benigni is?*<br>—*Yes, I know him; he's an actor.* |
| —Conoscete Genova?<br>—No, ma conosciamo bene la Riviera. | —*Do you know Genova?*<br>—*No, but we know the Riviera well.* |
| —Sai nuotare?<br>—No, ma so sciare. | —*Do you know how to swim?*<br>—*No, but I know how to ski.* |
| —Quando parti?<br>—Non lo so. | —*When are you leaving?*<br>—*I don't know.* |

1. The verbs **conoscere** and **sapere** both mean *to know*, but they are used differently. **Sapere** is irregular in the present indicative.

| **conoscere** (p.p. **conosciuto**) | |
|---|---|
| conosco | conosciamo |
| conosci | conoscete |
| conosce | conoscono |

| **sapere** (p.p. **saputo**) | |
|---|---|
| so | sappiamo |
| sai | sapete |
| sa | sanno |

2. **Conoscere** expresses the idea of being acquainted with someone or something, such as people, places, books, or films. In the past tense, **conoscere** signifies having met someone.

| | |
|---|---|
| —Conosci Silvia? | —*Do you know Silvia?* |
| —No, ma so chi è. | —*No, but I know who she is.* |
| —Dove l'hai conosciuta? | —*Where did you meet her?* |
| —L'ho conosciuta a Camogli. | —*I met her in Camogli.* |

3. **Sapere** expresses knowledge or awareness of factual information. **Sapere** + *infinitive* means *to know how to do something. I don't know* is idiomatically expressed in Italian as **Non lo so.** In the past tense, **sapere** expresses the idea of having found something out.

| | |
|---|---|
| —Sai l'indirizzo della trattoria? | —*Do you know the trattoria's address?* |
| —Non lo so. | —*I don't know (it).* |
| Olga sa parlare il russo. | *Olga knows how to speak Russian.* |
| Ho saputo che non è vero. | *I learned that it wasn't true.* |

## Attività

**A** **Al ristorante.** Completare i brani con la forma appropriata dei verbi **conoscere** o **sapere.**

1. Mario ______________ tutti i ristoranti della città. È un cliente abituale del ristorante La Forchetta: i camerieri lo ______________ e ______________ quali piatti preferisce.
2. Noi non ______________ cucinare molto bene, così andiamo a mangiare al ristorante. Chiediamo ad un amico: "Tullio, ______________ dov'è L'Osteria del Giglio?" Lui risponde: "Non lo ______________, però ______________ una buona trattoria qui vicino."
3. Io ______________ quel signore seduto al tavolo laggiù, ma non ______________ dove l'ho visto prima. Ah, adesso mi ricordo. È il padre di Angela. L'ho ______________ a quella festa la settimana scorsa.

**B** **Conoscere o sapere?** Chiedere ad un compagno/una compagna se sa o conosce le seguenti cose e persone. Rispondere con un pronome.

*Esempio:* la musica di Vivaldi
—Conosci la musica di Vivaldi?
—Sì, la conosco. / Non, non la conosco.

1. il film *La vita è bella*
2. l'attore Roberto Benigni
3. quando è morto Federico Fellini
4. quante regioni ci sono in Italia
5. Los Angeles
6. cucinare un piatto italiano
7. quali sono gli ingredienti del tiramisù
8. parlare tedesco
9. un buon ristorante italiano qui vicino
10. i proprietari del ristorante

**Le cose che sappiamo fare.** Dire ad un altro studente/un'altra studentessa

- tre cose che sai fare molto bene.
- due cose che non sai fare ma che vuoi imparare.
- tre persone simpatiche che conosci.
- una città affascinante che conosci.
- tutte le lingue che sai parlare.

# D IN CUCINA

## D.1 Si dice così

| | | | |
|---|---|---|---|
| **il cuoco/la cuoca** | *chef/cook* | **il peperoncino** | *hot red pepper* |
| **il forno** | *oven* | **piccante** | *spicy/hot* |
| **la pentola** | *pot* | **apparecchiare** | *to set the table* |
| **la padella** | *pan* | **sparecchiare** | *to clear the table* |
| **la ricetta** | *recipe* | **cuocere** | *to cook* |
| **l'ingrediente** (*m.*) | *ingredient* | **bollire** | *to boil* |
| **il sale** | *salt* | **bruciare** | *to burn* |
| **il pepe** | *pepper* | **condire** | *to dress (a salad)* |
| **l'olio** | *oil* | **tagliare** | *to cut* |
| **l'aceto** | *vinegar* | **servire** | *to serve* |
| **l'aglio** | *garlic* | **a tavola!** | *(come) to the table!* |

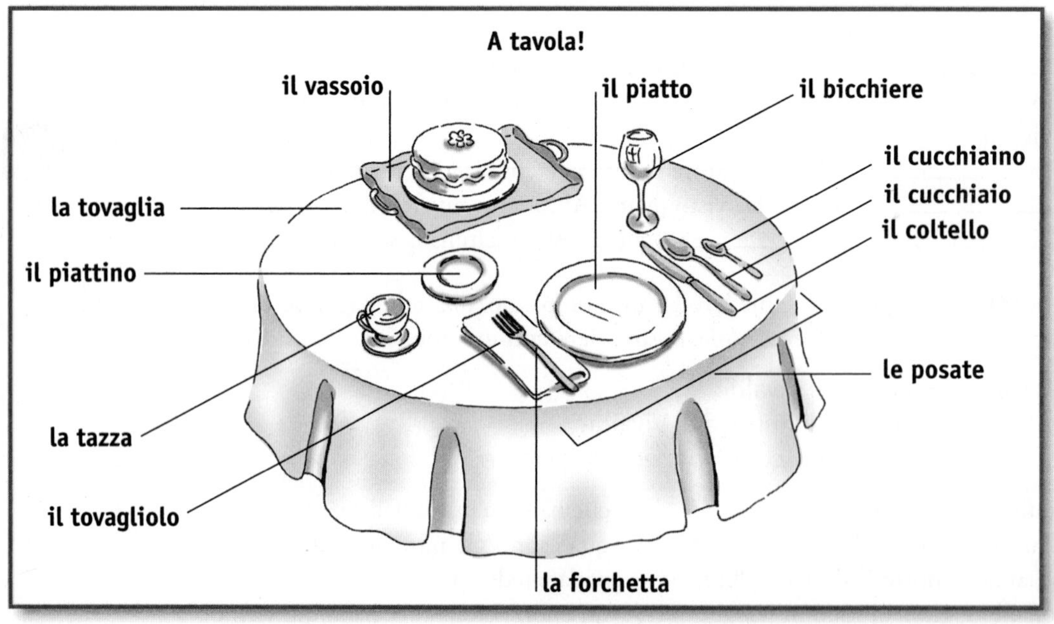

## Attività

 **Definizioni.** Abbinare le definizioni a sinistra con le parole e le espressioni a destra.

1. Servono per (*used for*) condire un'insalata.
2. Sono necessari per cuocere.
3. Sono delle posate.
4. Serve per pulire la bocca.
5. Servono per bere.
6. Danno sapore (*flavor*) alla cucina italiana.
7. Due espressioni che si sentono a tavola.

a. cucchiaio, forchetta
b. bicchiere, tazza
c. aglio, peperoncino
d. olio, aceto, sale
e. Buon appetito! Altrettanto!
f. padella, pentola
g. tovagliolo

 **Prepariamo gli spaghetti!** Completare la descrizione con parole appropriate. Attenzione ad usare la forma corretta delle parole.

La cosa più bella degli spaghetti è che sono facilissimi da preparare. Prima mettiamo l'acqua fredda in una grande ______________. L'acqua deve ______________. Poi mettiamo ______________ e poi gli spaghetti. Devono ______________ per otto minuti. Quando gli spaghetti sono cotti, li ______________ con il sugo, e poi li ______________ in tavola.

 **A casa tua.** Domandare ad un altro studente/un'altra studentessa come fanno a casa loro.

1. Normalmente, a casa tua chi apparecchia la tavola? Chi sparecchia? Avete la lavastoviglie? Se no, chi lava i piatti?
2. Cenate in sala da pranzo o in cucina? A che ora mangiate?
3. Usate i bicchieri di cristallo, di plastica o di carta? Come sono i piatti che usate: eleganti o economici?
4. Quante persone cenano con te normalmente? C'è tutta la famiglia? Cosa fate mentre mangiate?
5. Chi prepara la cena di solito? Che cosa sa preparare bene?

**Lo sapevi che... ?**

Molti piatti italiani sono famosi all'estero e conosciuti con il loro nome in italiano. Ad esempio, il minestrone è, come dice il suo nome, una grande minestra con tante verdure diverse. Il pollo alla cacciatora è preparato nel modo in cui cucina il cacciatore, cioè con pomodoro e cipolla. Il risotto è un piatto particolare fatto con il riso prodotto nel nord Italia. Il radicchio, che cresce solo in Veneto, nella zona di Treviso, e la rucola sono ora in vendita in molti supermercati stranieri e mantengono i loro nomi italiani.

## D.2 Incontro

**Il suo piatto preferito.** *Pippo ha scritto alla mamma per chiedere la ricetta del suo piatto preferito, le tagliatelle con prosciutto e piselli. Ecco la risposta della mamma.*

*Amore mio,*

*Ecco la ricetta per le tagliatelle. Non dimenticare, si comprano le tagliatelle buone nel negozio di pasta fresca. Ricordati° di buttare la pasta quando l'acqua bolle (non prima!) e di scolarla° quando è ancora° al dente. Buon appetito! Alla salute del cuoco!*

*Mamma*

Remember
drain it / still

**TAGLIATELLE PROSCIUTTO E PISELLI**
***Per 6 persone***

***Ingredienti:***
***gr. 500 di tagliatelle all'uovo***
***gr. 150 di prosciutto crudo***
***gr. 50 di burro***
***gr. 200 di piselli freschi***
***gr. 150 di parmigiano reggiano grattugiato***
***1 cipolla***
***salsa di pomodoro***
***brodo - sale - pepe***

**Soffriggere nel burro la cipolla tagliata fine, aggiungervi il prosciutto a dadini e lasciare cuocere per alcuni minuti. Versare poi i piselli, la salsa di pomodoro, un po' di brodo e fare cuocere almeno per 30 minuti a tegame coperto; aggiungere sale e pepe.**
**Cuocere le tagliatelle in abbondante acqua salata, condire con il sugo ottenuto e con il parmigiano reggiano.**

a dadini: *in cubes* tegame: *saucepan*

**Lo sapevi che... ?**

Nella parte meridionale della Riviera di Levante si trova l'importante porto di La Spezia. Il nome della città deriva dalle sue origini medievali quando le spezie (*spices*) erano la principale merce di scambio.

## Attività

**A** **Comprensione: l'ordine giusto.** Mettere le frasi nell'ordine giusto indicato nella ricetta.

_____ aggiungere sale e pepe
_____ condire con il sugo
_____ soffriggere la cipolla nel burro
_____ versare i piselli, la salsa di pomodoro
_____ far cuocere per almeno 30 minuti

**B** **La tua ricetta preferita.** Spiegare ad un altro studente/un'altra studentessa un piatto che sai preparare bene.

Quali sono gli ingredienti?
Come si prepara?
È facile o difficile da preparare?
In quale occasione cucini questo piatto?
Chi te l'ha insegnato?

### In altre parole

| | |
|---|---|
| **buttare la pasta** | *to throw pasta into boiling water* |
| **al dente** | *pasta cooked just right, not overdone* |
| **alla salute del cuoco/ della cuoca** | *(a toast) to the health of the chef* |
| **buon appetito!** | *enjoy!* |
| **altrettanto!** | *same to you!* |

**C** **Mini-dialoghi.** Completare i mini-dialoghi in modo appropriato.

—Che profumo! Mmm, le lasagne! Mangiamo!
—_______________!

—Quando dobbiamo _______________ la pasta?
—Quando l'acqua bolle.

—Attenzione alla pasta! Le penne devono essere _______________!
—Non ti preoccupare! Le ho appena assaggiate e sono ancora crude!

—Ragazzi, facciamo un brindisi a Giorgio che ci ha preparato questa cena squisita. _______________!
—Grazie, e _______________ a voi! Cin cin!

**Sale, pepe e segreti.** Creare un dialogo secondo le seguenti indicazioni.

*S1:* Sei un/a giornalista della rivista di gastronomia *La Cucina Italiana.* La rivista ti ha mandato ad intervistare un cuoco famoso/una cuoca famosa. Vuoi sapere come ha imparato a cucinare, dove ha lavorato, quali sono alcune sue specialità e che cosa preferisce mangiare. Ma soprattutto (*above all*) vuoi avere la ricetta del suo piatto più famoso, le trofie al pesto, per poterla pubblicare sulla rivista.

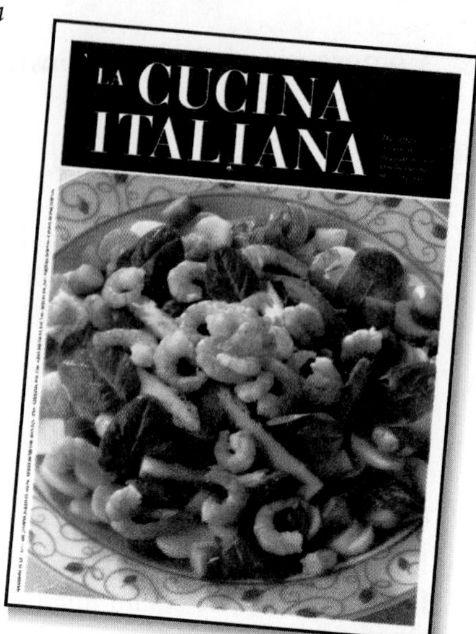


*S2:* Sei un famoso cuoco/una famosa cuoca genovese. Un/a giornalista del mensile *La Cucina Italiana* viene per intervistarti. Tutto bene, ma ad un certo punto vuole sapere la tua ricetta per le trofie al pesto e tu sei molto geloso/a delle tue ricette. Alla fine decidi di dargliela, ma con alcuni ingredienti "sbagliati."

# D.3 Punti grammaticali

## *Si* impersonale e passivante

| | |
|---|---|
| In classe **si parla** italiano. | *In class we speak Italian.* |
| **Si mangia** bene in Italia. | *One eats well in Italy.* |
| Mi dispiace, non **si può** fumare qui. | *I'm sorry, you can't smoke here.* |
| **Si preparano** gli spaghetti all'amatriciana con la cipolla. | *Spaghetti all'amatriciana is prepared with onion.* |

1. **Si** + *third person* of the verb is an impersonal construction with an unspecified, collective subject that corresponds in English to *one, you, we, they,* or *people.* This construction is often used for general rules, habits, and customs.

2. **Si** usually precedes the third-person singular of the verb, but if the verb is followed by a plural noun, **si** precedes the third-person plural of the verb and is considered a passive contruction **(si passivante).**

| | |
|---|---|
| Si cucina tutte le sere. | *We cook/One cooks every night.* |
| Si usa l'olio d'oliva per preparare quel piatto. | *One uses olive oil to prepare that dish./ Olive oil is used to prepare that dish.* |
| Si tagliano fine gli zucchini. | *One chops the zucchini finely./The zucchini are chopped finely.* |
| Non si accettano assegni. | *Checks are not accepted./We do not accept checks.* |

3. In compound tenses, the **si impersonale** construction is conjugated with **essere.** The past participle agrees in gender and number with the object.

| | |
|---|---|
| **Si sono mangiati** troppi tortellini ieri. | *We ate too many tortellini yesterday.* |
| **Si è preparata** una buona cena per gli amici. | *We prepared a nice dinner for friends.* |
| **Si è mangiato** bene in quella trattoria. | *One ate well in that trattoria.* |

4. An adjective that follows the verb **essere** in the **si impersonale** is in the masculine plural form. The verb is singular.

| | |
|---|---|
| Quando si è **ricchi,** non si è sempre **contenti.** | *When people are rich, they aren't always happy.* |
| Quando si è **liberi,** si è **felici.** | *When one is free, one is happy.* |

5. Object pronouns precede **si.**

| | |
|---|---|
| Marco è contento. **Lo si vede** dalla faccia. | *Marco is happy. You can see it from his face.* |
| Ma è Jennifer Aniston! **La si riconosce** subito. | *But it's Jennifer Aniston! One recognizes her immediately.* |

The only exception is **ne,** which follows **si.**

| | |
|---|---|
| **Se ne parla** sempre. | *One is always talking about it.* |
| Secondo me, di gelati buoni non **se ne mangiano** mai troppi. | *If you ask me, one can never eat too much good ice cream.* |

## Attività

**A Che cosa ci si può comprare?** Trovare nella lista a sinistra prodotti che si possono comprare nei luoghi elencati a destra. Poi formulare frasi usando **si.**

*Esempio:* Le mele si comprano dal fruttivendolo.

| | |
|---|---|
| 1. le sigarette e i francobolli | a. in farmacia |
| 2. il bagnoschiuma al profumo di mughetto | b. in libreria |
| 3. i biscotti | c. dal macellaio |
| 4. l'aspirina | d. dal fioraio |
| 5. il caffè | e. in profumeria |
| 6. rose e tulipani | f. in pasticceria |
| 7. il nuovo romanzo di Umberto Eco | g. in tabaccheria |
| 8. delle costolette di vitello | h. alla torrefazione |

**Che buona la carbonara!** Costruire la ricetta per gli spaghetti alla carbonara secondo i suggerimenti, usando il **si impersonale** secondo l'esempio.

*Esempio:* prima / tagliare / la pancetta Prima si taglia la pancetta.

poi / cuocere / la pancetta / in una padella
sbattere / quattro uova fresche
grattuggiare / due etti di parmigiano
fare bollire / l'acqua per la pasta
aggiungere / il sale
quando l'acqua bolle / buttare la pasta nell'acqua salata
dopo sei minuti / scolare / gli spaghetti
mescolare / gli spaghetti, le uova, la pancetta, il formaggio e il pepe
dire / Buon appetito a tutti!
mangiare / un bel piattone di spaghetti alla carbonara!

**Fare come si deve.** Una studentessa italiana che partecipa a un programma di scambio (*exchange program*) è arrivata poco fa al vostro campus. Il vostro/la vostra insegnante vi ha chiesto di aiutarla ad inserirsi (*fit in*) nella vita accademica e sociale della vostra università. Aiutatela rispondendo alle sue domande. Usate il **si impersonale** e il **si passivante** dove possibile.

1. Non ne posso più del caffè americano! Dove si può trovare un buon cappuccino?
2. Si mangia abbastanza bene alla mensa qui? Si trovano piatti italiani? Come sono?
3. Sono perduta senza il mio computer. Dove si possono trovare dei computer qui nel campus?
4. Che stress! Non ho più sigarette e non ho visto nessuna tabaccheria qui. Dove si possono comprare le sigarette?
5. Ma ragazzi, è vero che qui in America si va sempre alle lezioni? E quando si fanno gli esami orali?
6. Cosa si fa durante il weekend? Si va in discoteca?

**Due mondi a confronto.** Con un altro studente/un'altra studentessa, discutete alcune differenze tra come si mangia in Italia e come si mangia negli Stati Uniti. Cercate di usare il **si impersonale** e il **si passivante** dove appropriato. Alcuni argomenti possibili sono:

- differenze di orario (in America si cena alle...)
- differenze nei pasti (in Italia si consuma un pranzo abbondante che consiste in...)
- differenti ingredienti tipici (in Italia si usano molto...)
- differenti tradizioni (negli Stati Uniti si mangia spesso nei fast food...)

# Immagini e parole

For self-tests and practice of unit topics, go to the website for *Parliamo italiano!*

View video episode 5, *Mangiare* (*Liguria*), and do the activities in the Workbook.

## *La cucina italiana: i sapori d'Italia*

**Parole analoghe.** Le parole in corsivo sono tutte parole analoghe. Cercare di determinare l'equivalente inglese.

1. tipici *elementi* della cucina mediterranea
2. il pomodoro è diventato il *simbolo* della cucina italiana
3. *inventori* della pizza
4. le spezie hanno *sostituito* il sale
5. le *origini* della mortadella e del prosciutto
6. l'*itinerario* gastronomico dell'Italia

**Come mangiamo noi?** Da solo/a, fare una lista di tutte le cose che hai mangiato e bevuto ieri. Indicare anche gli ingredienti quando possibile. Poi confrontare la tua lista con quella del compagno/della compagna.

Quali sono alcuni ingredienti tipici delle vostre diete?
Ci sono ingredienti in comune?
Chi segue una dieta più sana? Chi mangia male?
Che cosa volete cambiare nella vostra dieta? Mangiate molte verdure e frutta? Molta carne? Molte cose fritte?
In Italia si mangia come mangiate voi? Cosa pensate?

Gli ingredienti di base della cucina italiana sono l'olio d'oliva, il pane e la pasta. La dieta mediterranea contiene poca carne ma molto pesce. Il pomodoro, anche se viene dal Sudamerica, è diventato il simbolo della cucina italiana: molti sughi come la "pommarola," il sugo alla bolognese e la marinara contengono il pomodoro.

Uno dei piatti italiani più diffusi nel mondo è la pizza! I napoletani, gli inventori di questa specialità, aggiungono anche le acciughe,° piccoli pesci salati. La pizza tricolore (rosso per il pomodoro, bianco per la mozzarella e verde per il basilico) ricorda i colori della bandiera italiana. In Italia si usano molto le spezie° (basilico, prezzemolo,° salvia,° rosmarino) che crescono facilmente nei giardini e sui balconi delle case. In passato le spezie hanno sostituito un ingrediente molto costoso, usato solo dai ricchi: il sale!

*anchovies*
*spices*
*parsley / sage*

Un tavolo di antipasti tipici

In Italia il vino è bevuto ai pasti. In generale si beve il vino bianco con il pesce e il rosso con la carne.

La cucina italiana è molto varia, grazie alle differenze regionali. Al nord, soprattutto in Piemonte e Lombardia, si mangiano il riso e il risotto, e nel Veneto la polenta, un piatto a base di mais.° L'Emilia-Romagna è famosa per la sua cucina molto ricca. Il parmigiano, il prosciutto, il salame e la mortadella trovano le loro origini in Emilia. La Toscana è conosciuta per i suoi vini, specialmente il Chianti, prodotto in una bella zona collinosa° tra Firenze e Siena. La Sicilia è conosciuta per i dolci—i cannoli, la cassata e la pasta di mandorle. Anche la granita al caffè o al limone è tipica della Sicilia.

*corn*

*hilly*

L'itinerario dell'Italia, come si vede, è anche un itinerario gastronomico! In tutto il mondo si possono trovare dei ristoranti italiani, perché—si sa—la cucina italiana piace molto!

## Attività

 **Quali sono?** Trovare nella lettura parole ed espressioni per completare ogni frase.

1. Alcuni ingredienti della dieta italiana sono...
2. Gli ingredienti della pizza napoletana sono...
3. Tre sughi famosi a base di pomodoro sono...
4. In Italia si usano molte spezie come...
5. Alcuni piatti tipici del nord d'Italia sono...
6. La Sicilia è rinomata per dolci come...
7. Una regione famosa per il salame e il prosciutto è...
8. La regione dove si produce il Chianti è...

**Mondi a confronto.** Discutere con altri studenti dei seguenti temi.

1. Quali sono gli ingredienti di base della tua cucina preferita? Sono simili a quelli della cucina italiana? Sono ingredienti sani e genuini?
2. Perché c'è tanta varietà nella cucina italiana? Quali sono alcuni esempi di piatti regionali in Italia? C'è una cucina regionale anche nel tuo paese? Qual è un esempio di un piatto tipico di una regione?
3. Quali sono alcuni vini italiani? Che importanza ha il vino nella gastronomia italiana? Quali differenze ci sono fra il tuo paese e l'Italia per quanto riguarda il vino?

## UNA RICETTA

Attività di pre-lettura

**Prima di cominciare.** Dare un'occhiata (*scan*) alla ricetta per rispondere alle seguenti domande.

1. Per quante persone è la torta di ricotta e asparagi?
2. È una ricetta difficile, semplice o media?
3. Quante calorie ci sono per porzione?
4. A che temperatura deve essere il forno?
5. In quanti minuti cuoce la torta?

**Cosa vuol dire?** Indovinare dal contesto il significato della parola in corsivo scegliendo la parola inglese più simile tra quelle date.

1. Lasciate *ammorbidire* il burro fuori dal frigorifero.
   a. melt b. soften c. harden
2. Unitevi la ricotta, le uova e il burro e *amalgamate* bene gli ingredienti.
   a. fry b. cook c. combine
3. Distribuite la pasta sul fondo dello stampo e *premete* molto bene con le mani in modo da ottenere uno strato uniforme.
   a. cut b. press c. remove
4. Mettete le uova, la ricotta, gli asparagi, il grana, sale e pepe e *mescolate* bene.
   a. mix b. add c. serve
5. Quando gli asparagi sono cotti, scolateli, eliminate tutto il gambo e *tritate* le punte.
   a. drain b. chop c. stir

## Torta di ricotta e asparagi

1 ora e 30' 4 persone media 740 cal/porz.

500 g di asparagi
150 g di fette biscottate
85 g di burro
500 g di ricotta
100 g di panna liquida
4 uova
50 g di grana grattugiato
30 g di Gruyère grattugiato
sale
pepe

**1** Lasciate ammorbidire il burro fuori dal frigorifero per circa mezz'ora. Spezzettate le fette biscottate e passatele al mixer in modo da ridurle in polvere; trasferitele in una ciotola, unitevi 75 g di burro, 2 uova e amalgamate bene gli ingredienti mescolando con un cucchiaio di legno fino a ottenere un composto cremoso.

**2** Foderate uno stampo a cerniera del diametro di 20-22 cm con carta da forno imburrata, distribuite sul fondo il composto preparato e premetelo molto bene con le mani in modo da ottenere uno strato uniforme, poi mettete lo stampo in frigorifero.

**3** Pulite gli asparagi eliminando le parti legnose e cuoceteli a vapore per circa 10-15 minuti a seconda delle dimensioni; quindi scolateli, eliminate tutto il gambo e tritate grossolanamente le punte. Mettete il trito in una casseruolina, unitevi la panna e cuocete per 5 minuti; salate e pepate.

**4** Mettete la ricotta in una terrina, unitevi le uova rimaste, il composto di asparagi e il grana; regolate di sale, pepate e mescolate bene per amalgamare gli ingredienti.

**5** Togliete lo stampo dal frigorifero, versatevi il composto di ricotta e asparagi e mettetelo in forno già caldo a 180°. Cuocete la torta per 50 minuti circa, poi togliete per un attimo dal forno, cospargetela con il Gruyère grattugiato, rimettetela in forno, alzate la temperatura a 250° e lasciatevela per 5 minuti: la superficie dovrà diventare leggermente dorata. Lasciate riposare la torta per 10 minuti prima di sformarla e servitela tiepida.

fette biscottate: *crispbread* grana: *parmesan cheese*
cucchiaio di legno: *wooden spoon* carta da forno: *kitchen parchment or other paper for ovens* stampo: *mold*
casseruolina: *small casserole dish* gambo: *stalk*

### Attività

**Comprensione.** Leggere la ricetta e poi mettere le seguenti frasi nell'ordine giusto.

_____ Si mette la ricotta in una terrina e si aggiungono le uova.
_____ Si puliscono e si cuociono gli asparagi.
_____ Si cuoce la torta per 50 minuti circa.
_____ Si lascia il burro fuori dal frigo e si uniscono le fette biscottate e le uova.
_____ Si prepara lo stampo con la carta da forno.

# SCRIVIAMO ITALIANO!

## Using models

When learning to write a foreign language, it can be useful to use documents of various types as models, such as a diary, a datebook, an article, or a letter. Each type of document has its own key phrases and idiomatic expressions that may be recycled and reworked.

As you have probably noticed, directions in Italian may be given using the infinitive form of the verb (like the directions for activities in this book), the **voi** form of the verb (like the recipes in this unit), or the **si impersonale.**

Use the recipe on page 208 and the menu on page 174 as models to do the following activities.

### Attività

 **Libro di cucina.** La mia ricetta preferita: Scrivi la tua ricetta preferita in italiano. Prima, fa' una lista degli ingredienti. Poi, usando il **si impersonale,** scrivi le direzioni. Quanto tempo ci vuole per la preparazione? Quali sono gli ingredienti? Alla fine, raccogliete le ricette da tutta la classe e fate un bel libro di cucina!

 **Da noi.** Tu e un compagno/una compagna siete proprietari di una trattoria.

1. Preparate il menù per stasera usando il menù alla pagina 182 come modello.
2. Descrivete i piatti per i clienti: Quali sono gli ingredienti? Come si preparano questi piatti? Descrivete anche l'ambiente del ristorante, chi cucina, qual è il vostro piatto preferito ecc.

## Vocabolario

### Al bar

| | |
|---|---|
| il banco | *counter* |
| il bar | *café* |
| il barista | *bartender, counterperson* |
| la colazione/la prima colazione | *breakfast* |
| la merenda/lo spuntino | *snack* |
| ordinare | *to order* |
| il tavolino | *café table* |
| lo zucchero | *sugar* |
| con/senza ghiaccio | *with/without ice* |
| gasata/frizzante | *carbonated* |
| non gasata/senza gas/naturale | *noncarbonated* |
| l'acqua minerale | *mineral water* |
| l'amaro/il digestivo | *after-dinner drink* |
| l'aperitivo | *aperitif* |
| la brioche | *type of breakfast pastry* |
| il caffè espresso | *espresso* |
| il caffè Hag/decaffeinato | *decaffeinated coffee* |
| il caffè lungo/all'americana | *American-style coffee (*not as strong as espresso*)* |
| il caffè macchiato | *coffee with a little milk added* |
| il caffellatte | *latte (coffee with milk)* |
| il cappuccino | *espresso with steamed (frothy) milk* |
| la cioccolata calda | *hot chocolate* |
| il cornetto | *type of breakfast pastry* |
| il croissant | *croissant* |
| il pasticcino/la pasta | *small pastry* |
| il panino | *sandwich on a roll* |
| la spremuta | *freshly squeezed juice* |
| il succo di frutta | *fruit juice* |
| il tè caldo | *hot tea* |
| il tè freddo | *iced tea* |
| il tramezzino | *sandwich on sliced bread* |

### Al ristorante, in trattoria

| | |
|---|---|
| l'antipasto | *appetizer* |
| l'appetito | *appetite* |
| la birra | *beer* |
| il cameriere, la cameriera | *waiter, waitress* |
| la cena | *dinner* |
| cenare | *to eat dinner* |
| il conto | *bill/check* |
| il contorno | *side dish* |
| il coperto | *cover charge* |
| il dolce | *dessert* |
| la mancia | *tip* |
| il menù | *menu* |
| la minestra | *soup, first course* |
| il pasto | *meal* |
| pranzare | *to eat lunch* |
| il pranzo | *lunch* |
| il primo (piatto) | *first course* |
| il secondo (piatto) | *second course* |
| il servizio | *service* |
| la specialità | *specialty* |
| lo spumante | *sparkling wine* |
| il sugo | *sauce* |
| il vino | *wine* |
| la zuppa | *soup* |
| ai frutti di mare | *with shellfish* |
| al forno | *baked* |
| alla bolognese/al ragù | *with meat sauce* |
| alla carbonara | *with eggs, cheese, and pancetta* |
| alla griglia | *grilled* |
| alla marinara | *with seafood sauce* |
| alla milanese | *breaded* |
| bollito | *boiled* |
| delizioso | *delicious* |
| dolce | *sweet* |
| fritto | *fried* |
| misto | *mixed* |
| piccante | *spicy/hot* |
| salato | *salty* |
| sano | *healthy* |
| squisito | *exquisite* |
| essere goloso/a | *to have a sweet tooth* |
| fare un brindisi/brindare | *to offer a toast/to toast* |

## A tavola

| | |
|---|---|
| apparecchiare | *to set the table* |
| il bicchiere | *glass* |
| il coltello | *knife* |
| il cucchiaino | *teaspoon* |
| il cucchiaio | *spoon* |
| la forchetta | *fork* |
| il piattino | *dessert plate* |
| il piatto | *plate* |
| le posate | *silverware* |
| sparecchiare | *to clear the table* |
| la tazza | *cup* |
| la tovaglia | *tablecloth* |
| il tovagliolo | *napkin* |
| il vassoio | *tray* |

## In cucina

| | |
|---|---|
| a tavola! | *(come) to the table!* |
| l'aceto | *vinegar* |
| l'aglio | *garlic* |
| il cuoco/la cuoca | *cook/chef* |
| il forno | *oven* |
| l'ingrediente (*m.*) | *ingredient* |
| l'olio | *oil* |
| la padella | *pan* |
| la pentola | *pot* |
| il pepe | *pepper* |
| il peperoncino | *hot red pepper* |
| la ricetta | *recipe* |
| il sale | *salt* |
| bollire | *to boil* |
| bruciare | *to burn* |
| condire | *to dress (a salad), to add sauce (to pasta)* |
| cuocere | *to cook* |
| servire | *to serve* |
| tagliare | *to cut* |

## Altre parole ed espressioni

| | |
|---|---|
| al dente | *pasta cooked just right* |
| alla salute del cuoco/della cuoca | *(a toast) to the health of the chef* |
| altrettanto | *same to you* |
| avere una fame da lupi | *to be hungry enough to eat a horse* |
| avere l'acquolina in bocca | *to have one's mouth watering* |
| buon appetito! | *enjoy your meal* |
| buttare la pasta | *to throw pasta into boiling water* |
| essere senza parole | *to be speechless* |
| fa niente | *it's nothing* |
| non farcela | *not to be able to make it, handle it* |
| non ti preoccupare | *don't worry* |
| poverino! | *poor thing!* |
| scusa il ritardo | *sorry, I'm late* |
| si capisce! | *naturally!/of course!* |
| siamo in quattro/in due | *there are four of us/two of us* |
| stare attento ai soldi | *to watch (my) money* |
| stare attento alla linea | *to watch (my) figure* |
| ti va di... | *are you up for . . .* |
| vergognati! | *shame on you!* |

# UNITÀ 6

# Rilassarsi

## COSA FACCIAMO DI BELLO?

Una gara di ciclismo

### COMMUNICATIVE GOALS

- Talking about things you used to do
- Describing actions, situations, people, and things in the past
- Talking about hobbies
- Talking about sports
- Talking about the future
- Discussing vacations

# HOBBY E TEMPO LIBERO

For additional practice on the vocabulary and grammar introduced in this unit, go to **Unità 6** on your Multimedia CD-ROM.

## A.1 Si dice così

| | |
|---|---|
| **l'hobby** (*m.*) | *hobby* |
| **la collezione/ la raccolta** | *collection* |
| **la cartolina** | *postcard* |
| **la mostra** | *exhibition/show* |
| **la galleria d'arte** | *art gallery* |
| **la fotografia** | *photograph, photography* |
| **il gioco** | *game* |
| **rilassante** | *relaxing* |
| **stressante** | *stressful* |
| **collezionare/raccogliere** | *to collect/to gather* |
| **disegnare** | *to draw* |
| **dipingere** | *to paint* |
| **giocare a dama** | *to play checkers* |
| **a scacchi** | *chess* |
| **a carte** | *cards* |
| **suonare il pianoforte** | *to play the piano* |
| **la chitarra** | *guitar* |

Una partita di calcetto tra amici

**Non è possibile!** Quale delle parole ed espressioni date tra parentesi **non** dà un senso compiuto (*finished*) alla frase? Perché?

1. Mio padre è un musicista eccellente: suona (il pianoforte / il violino / la chitarra / la ciliegia).
2. Ieri siamo andati ad una mostra di (vetrina / sculture / fotografie / quadri).
3. Quando piove io e le mie sorelle giochiamo a (chitarra / carte / scacchi / dama).
4. Daniele dedica molto tempo alla sua (collezione / cartolina / raccolta) di francobolli.
5. Gli zii sono tutti bravi (giocatori / scacchi / fotografi).
6. Raffaella è un tipo molto artistico: le piace molto (dipingere / giocare a dama / disegnare).

 **Hobby rilassanti.** Siete due esperti psicologi la cui (*whose*) specialità è di suggerire passatempi rilassanti ai pazienti nervosi. Dire quale hobby consigliate ai seguenti pazienti e perché.

*Esempio:* A lui/A lei consiglio il ... perché è un hobby molto... Il signore può così...

1. Il signor M. è un tipo che non ama la compagnia. Preferisce stare da solo e contemplare le cose belle del mondo. Quale hobby gli suggerite?
2. La signorina D. lavora alle pubbliche relazioni per una grande compagnia ma trova il suo lavoro molto stressante perché deve essere sempre gentile e diplomatica. Ha bisogno di un'attività per esprimere la propria aggressività naturale. Quale hobby le suggerite?
3. I signori V. hanno una figlia di cinque anni che è nervosa e sempre in movimento. È disorganizzata e senza disciplina, e questo fatto preoccupa molto i genitori. Quale hobby suggerite alla bambina? Perché?

 **Il tempo libero.** Chiedere al tuo vicino/alla tua vicina

- come passa il tempo libero.
- se ha un hobby o se colleziona qualcosa.
- se suona uno strumento musicale.
- quali giochi gli/le piacciono.

## A.2 Incontro

**Erano altri tempi!** *Alessandra è a Venezia a casa della nonna. Fa brutto, e quindi non può uscire.*

ALESSANDRA: Nonna, sta piovendo e non ho niente da fare! Che barba!

LA NONNA: Quando ero giovane, non mi annoiavo mica,° cara. Avevo sempre tante cose da fare. *(° I didn't get bored at all)*

ALESSANDRA: Cosa facevi, nonna? Avevi un hobby?

LA NONNA: Per passare il tempo suonavo il pianoforte o giocavo a scacchi con le mie amiche. Tuo nonno invece dipingeva. E mio fratello, lo zio Angelo, era un bravo pescatore.° Però, erano altri tempi! Ci divertivamo° tanto con cose semplici. *(° fisherman; ° We had a good time)*

ALESSANDRA: E mio padre, quando era ragazzino, aveva anche lui un hobby?

LA NONNA: Tuo padre, ma certo! Disegnava molto bene. E tuo zio Luigi faceva fotografie. Era molto bravo! Sai che hanno organizzato una mostra delle sue foto in una galleria a Venezia?

ALESSANDRA: Caspita! Davvero?

LA NONNA: Sì sì. È così che tuo padre ha conosciuto tua madre.

ALESSANDRA: Dici sul serio?

LA NONNA: Certo, perché anche a tua madre piaceva l'arte. Conosceva il proprietario della galleria e ha conosciuto tuo padre alla mostra di fotografie dello zio Luigi.

ALESSANDRA: Che bella storia! Chissà se riesco a trovare° un hobby anch'io. Magari la fotografia come lo zio Luigi. *if I can find*

LA NONNA: E perché no? Vediamo ... penso di avere ancora la sua prima macchina fotografica in cantina.° Se la vuoi, è tua! *in the basement*

## Attività

**A Ascoltiamo! Chi lo faceva?** Ascoltare l'**Incontro** e collegare le persone e le azioni in modo appropriato.

| | |
|---|---|
| 1. Aveva molte cose da fare. | a. la nonna |
| 2. Suonava il pianoforte. | b. il nonno |
| 3. Dipingeva. | c. il padre di Alessandra |
| 4. Era un bravo pescatore. | d. lo zio Luigi |
| 5. Disegnava molto bene. | e. lo zio Angelo |
| 6. Faceva fotografie. | |

**In altre parole**

| | |
|---|---|
| **che barba!** | *how boring!* |
| **mica** | *hardly* |
| **invece** | *instead/on the other hand* |
| **caspita!** | *wow!* |
| **dire sul serio** | *to say something seriously/honestly* |
| **chissà** | *who knows* |

**B** **La parola giusta.** Completare le seguenti frasi con un vocabolo nuovo.

1. Non è (invece / mica) difficile trovare un hobby divertente.
2. Preferisco giocare a scacchi, (che barba / invece).
3. (Invece / Che barba), questa mostra! Non mi piace per niente!
4. Alberto è davvero un bravo fotografo! (Chissà! / Caspita!)
5. (Mica / Chissà) se i nostri amici vengono alla mostra di scultura.

**C** **Che barba!** Commentare le seguenti situazioni usando una di queste esclamazioni.

Caspita, che bello/a!    Che barba!    Magari!

1. —Che ne dici di andare a vedere la mostra di francobolli canadesi?
2. —Forse facciamo un viaggio di sei settimane in Europa. Vuoi venire con noi?
3. —Guarda la mia nuova moto!
4. —Sai giocare a scacchi?
5. —Guarda questa rivista! C'è una pubblicità per il nuovo modello della Mercedes. Mica male! Ti piace?
6. —Al corso di latino studiamo tutti i tempi dei verbi, la declinazione dei nomi e qualche volta leggiamo un brano di Cicerone.

**D** **Una collezione di...** Creare un dialogo basato sulle seguenti indicazioni.

*S1:* Sei un/una giornalista per la rivista *Collezionismo oggi*. L'editore ti ha mandato a visitare una mostra di ... ed a intervistare il proprietario/la proprietaria di una collezione veramente originale. Domandare a questa persona perché gli/le piace quel tipo di raccolta, quando ha cominciato la sua collezione e quali sono i pezzi più importanti.

*S2:* Hai la collezione più completa nel mondo di ... e hai organizzato una mostra per esibire la tua collezione. Un/Una giornalista vuole scrivere un articolo sulla mostra e vuole sapere alcune cose. Rispondere e poi mostrare i tuoi pezzi preferiti.

# A.3 Punti grammaticali

## L'imperfetto

| | |
|---|---|
| Io **andavo** al mare ogni estate quando **ero** giovane. | *I went to the beach every summer when I was young.* |
| **Suonavamo** il pianoforte quando **eravamo** piccoli. | *We used to play piano when we were small.* |
| Mentre Giulia **beveva** un Campari, Pino **preparava** la cena. | *While Giulia was drinking a Campari, Pino was preparing dinner.* |
| I giocatori **erano** alti e forti. | *The players were tall and strong.* |

**1.** The **imperfetto** is a past tense used to indicate habitual or ongoing action in the past. It corresponds to the English *used to, would,* or *was + -ing.*

2. The **imperfetto** is a highly regular tense. In all three conjugations, it is formed by dropping the **-re** of the infinitive and adding the endings **-vo, -vi, -va, -vamo, -vate,** and **-vano.**

| giocare | | vedere | | partire | |
|---|---|---|---|---|---|
| gioca**vo** | gioca**vamo** | vede**vo** | vede**vamo** | parti**vo** | parti**vamo** |
| gioca**vi** | gioca**vate** | vede**vi** | vede**vate** | parti**vi** | parti**vate** |
| gioca**va** | gioca**vano** | vede**va** | vede**vano** | parti**va** | parti**vano** |

Note that **v** is characteristic of the **imperfetto.**

3. Some verbs have an irregular stem in the **imperfetto,** but use the regular endings.

**dire:** dice**vo,** dice**vi,** dice**va,** dice**vamo,** dice**vate,** dice**vano**
**bere:** beve**vo,** beve**vi,** beve**va,** beve**vamo,** beve**vate,** beve**vano**
**fare:** face**vo,** face**vi,** face**va,** face**vamo,** face**vate,** face**vano**

4. **Essere** is irregular in the **imperfetto.**

| | | | |
|---|---|---|---|
| io | **ero** | noi | **eravamo** |
| tu | **eri** | voi | **eravate** |
| lui/lei/Lei | **era** | loro | **erano** |

**Avere** is regular.

5. The **imperfetto** is used to describe:

**a.** habitual actions in the past. Certain time expressions are often used with descriptions of habitual or ongoing actions in the past.

| | |
|---|---|
| **ogni** | *every* |
| **sempre** | *always* |
| **di solito** | *normally* |
| **il/di sabato, la/di domenica** ecc. | *every Saturday, Sunday, etc.* |
| Passavamo **ogni agosto** in montagna. | *We spent every August in the mountains.* |
| **Il sabato** si mangiava il gelato. | *We ate ice cream every Saturday.* |
| **Ogni estate** nuotavamo nel lago. | *Every summer we used to swim in the lake.* |
| **La domenica** andavamo alla partita. | *Every Sunday we used to go to the game.* |

**b.** ongoing, parallel actions—that is, actions that were occurring simultaneously. This may be indicated by a word like **mentre** (*while*). The **imperfetto** is used to describe both actions.

parallel actions

| | |
|---|---|
| Noi giocavamo a scacchi **mentre** i ragazzi guardavano la partita. | *We were playing chess while the kids were watching the game.* |
| Giorgio leggeva **mentre** io guardavo la TV. | *Giorgio was reading while I was watching TV.* |

**c.** interrupted actions. An action that was going on when another interrupted it is expressed in the **imperfetto.** The **passato prossimo** is used for the interrupting action.

interrupted action **(imperfetto)** — interrupting action **(passato prossimo)**

| | |
|---|---|
| **Parlavo** al telefono quando Luigi è arrivato. | *I was talking on the phone when Luigi arrived.* |
| **Leggevo** il giornale quando Maria è tornata. | *I was reading the newspaper when Maria came back.* |

**d.** age, weather, and time of day in the past.

| | |
|---|---|
| **Avevo cinque anni** quando ho imparato ad andare in bicicletta. | *I was five when I learned to ride a bicycle.* |
| **Pioveva** quando siamo usciti. | *It was raining when we went out.* |
| **Erano le sei e mezzo** quando Luca è arrivato. | *It was six-thirty when Luca arrived.* |

**e.** physical characteristics, mental states, and psychological attributes.

| | |
|---|---|
| L'uomo **era** alto e biondo e **aveva** gli occhi azzurri. | *The man was tall and blond, and he had blue eyes.* |
| **Era** contenta quando il suo amico ha vinto la gara. | *She was happy when her friend won the race.* |
| La casa **era** grande; **aveva** quattro camere da letto. | *The house was big; it had four bedrooms.* |

## Attività

**Hobby e tempo libero.** Formare frasi utilizzando gli elementi dati e mettendo i verbi all'imperfetto.

1. Io / raccogliere / i francobolli / quando io / essere / giovane.
2. Tu / parlare al telefono / e noi / giocare a scacchi.
3. Tu e lo zio / essere / dei bravi fotografi.
4. Mentre il nonno / suonare il violino / la nonna lo / accompagnare / al pianoforte.
5. Quanti anni / avere / quando sei andato in Giappone?
6. La galleria d'arte / mostrare / molte fotografie interessanti.
7. Riccardo / dipingere / dei bei quadri da giovane.
8. Noi / cantare / mentre la mamma / leggere.

**Le vacanze estive.** Completare i brani con l'imperfetto del verbo dato tra parentesi.

Da giovane non mi (piacere) andare in vacanza al mare. Da quando mia sorella Carlotta (avere) quattro anni, tutte le estati noi (andare) a Iesolo ad agosto. (Fare) sempre troppo caldo e (esserci) troppa gente. I miei cugini, invece, (andare) ogni anno in montagna. La nonna Renata (rimanere) sempre a casa, mentre loro (stare) al fresco della montagna. Io (volere) andare in montagna con i cugini, ma (dovere) rimanere con i miei genitori al mare. Che barba!

Quando (essere) piccoli, io e mia sorella (giocare) a tennis tutti i giorni. (Fare) bello d'estate e le giornate (sembrare) molto lunghe. Ricordo che mio padre (dormire) sulla terrazza mentre mia madre (lavorare) in giardino. Lei mi (dire) sempre "Com'è bello stare tutti insieme d'estate!"

C **Lo zio Angelo.** Tu e tua nonna guardate le fotografie di un vecchio album di famiglia e trovate una foto dello zio Angelo quando era molto giovane. La nonna ti spiega com'era. Mettere i verbi all'imperfetto.

Eh sì, tuo zio **è** un bell'uomo. Guarda! **Ha** tanti capelli e **porta** i baffi (*moustache*). **Pratica** tutti gli sport e **suona** anche il violino. Bene anche! Ma quello che gli **piace** di più **è** la pesca. Di domenica **esce** presto la mattina e **torna** con dei bellissimi pesci. **Arriva** a casa sempre prima delle undici perché **dobbiamo** andare a messa. **Ha** molto successo con le ragazze e lui **piace** a tutte. Non **conosce** ancora tua zia! Nel quartiere tutti gli **vogliono** bene perché **è** un tipo sempre allegro.

D **Durante il tempo libero.** Dire come le seguenti persone passavano il tempo usando un soggetto dalla colonna A, un verbo dalla colonna B e una frase avverbiale dalla colonna C. Mettere il verbo all'imperfetto.

| A | B | C |
|---|---|---|
| Mia nonna | mangiare il gelato | quando pioveva |
| Io | andare a sciare | tutte le domeniche |
| Mio padre | fare fotografie | da bambino/a |
| I miei amici | visitare una galleria | ogni vacanza |
| Io e il mio amico | suonare il pianoforte | di sabato |
| Il mio professore | guardare un vecchio film | sempre |
| Voi | giocare a scacchi | ogni inverno |
| | bere un tè | |

E **Com'eri da bambino/a?** Intervistare un amico/un'amica per sapere che tipo di bambino/a era e cosa faceva allora. Usare i seguenti suggerimenti per formulare le domande.

| | |
|---|---|
| il tipo di casa | la scuola e i compagni di scuola |
| la famiglia | gli hobby e i giochi preferiti |
| gli amici | il cibo preferito |

F **Una persona interessante.** Hai mai conosciuto una persona davvero interessante (un attore o un'attrice, un insegnante, un artista o un musicista)? Quanti anni aveva? Puoi descrivere questa persona fisicamente? Che tipo di persona era? Perché ti piaceva tanto? Preparare una descrizione di questa persona, usando l'imperfetto.

# LO SPORT

## B.1 Si dice così

| | | | |
|---|---|---|---|
| **l'allenamento** | *practice/training* | **perdere** | *to lose* |
| **l'atleta** | *athlete* | **pareggiare** | *to tie* |
| **la gara** | *match/competition/race* | **correre** | *to run* |
| **la partita** | *game* | **fare footing** | *to jog* |
| **la corsa** | *race* | **fare sport** | *to play a sport* |
| **la palla** | *ball* | **fare aerobica** | *to do aerobics* |
| **il gol** | *goal* | **fare ginnastica** | *to exercise* |
| **fare il tifo, tifare** | *to be a fan, to cheer* | **giocare a tennis** | *to play tennis* |
| **allenare** | *to train others* | **a calcio/pallone** | *soccer* |
| **vincere** | *to win* | **segnare** | *to score* |

**Lo sapevi che... ?**

L'origine dell'espressione *essere tifoso* è il tifo, la malattia che produce una febbre molto alta e provoca agitazione.

il ciclismo

lo sci

la pallavolo

il calcio

la vela

il pattinaggio

la pallacanestro

il nuoto

## Attività

 **Definizioni sportive.** Trovare le parole nella lista di **Si dice così** che corrispondono alle seguenti definizioni.

1. Il contrario di **perdere:**
2. La persona che allena la squadra:
3. Una persona che fa il tifo:
4. La persona che durante la partita controlla le regole del gioco:
5. Conta un punto nel risultato della partita di calcio:
6. Dove si vede la partita di calcio:
7. Un gruppo di giocatori (undici per il calcio):

 **Quale sport?** Rispondere alle seguenti domande con una frase completa.

1. Quali sono due sport che si praticano d'inverno?
2. In quale sport è un vantaggio essere alto/a?
3. Quali sono tre sport che non si possono praticare senza acqua?
4. In quale sport si usa la bicicletta?
5. Quali sono degli sport più individuali, cioè, che non richiedono una squadra?
6. Quale sport si gioca con squadre di cinque persone? di sei persone? di undici persone?

 **Sei sportivo/a?** Scoprire se il tuo vicino/la tua vicina è sportivo/a: Fa dello sport? È in una squadra? È tifoso/a? Quali sport preferisce? Perché? Quando era più giovane, che sport faceva?

**Lo sapevi che... ?**

In Italia lo sport più popolare è il calcio, seguito dal ciclismo. Ci sono moltissime squadre di calcio, ma le più importanti giocano nelle prime tre categorie, la serie A, la serie B e la serie C. Le migliori squadre sono in serie A. Quando finisce il campionato (*sports season*), le ultime squadre della serie A retrocedono in serie B e le prime squadre della serie B avanzano, cioè passano in serie A. La Nazionale italiana di calcio riunisce i migliori calciatori di nazionalità italiana che in campo portano una maglia azzurra, e perciò vengono chiamati "gli Azzurri."

## B.2 Incontro

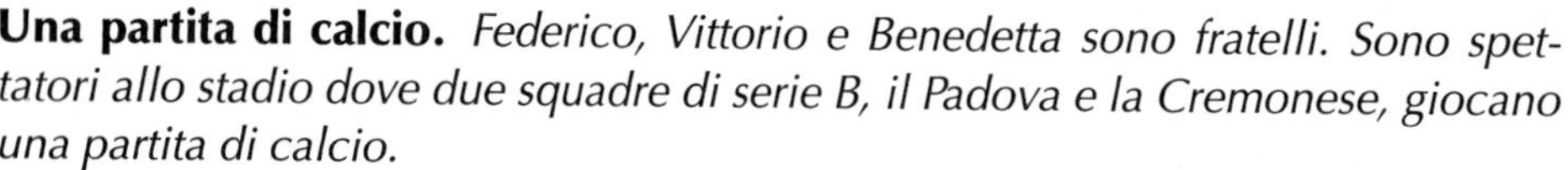

**Una partita di calcio.** *Federico, Vittorio e Benedetta sono fratelli. Sono spettatori allo stadio dove due squadre di serie B, il Padova e la Cremonese, giocano una partita di calcio.*

BENEDETTA: Forza Padova!

FEDERICO: La nostra squadra perde sempre! Fa pena.

VITTORIO: La *tua* squadra, caro. Io tifo per la Juve.

BENEDETTA: Ma noi siamo di Padova, e quindi dobbiamo tifare per la squadra della nostra città, anche se è in serie B. Certo, oggi ha ragione Federico, fa pena.

VITTORIO: Che ne sai, tu?° Non te ne intendi mica di pallone. *What do you know about it?*

BENEDETTA: Non è vero. Sono molto sportiva. L'altro giorno ero in palestra e mentre facevo ginnastica...

VITTORIO: (*ridendo*) Appunto!° *Exactly!*

BENEDETTA: Sciocco! Come stavo dicendo... Lì ho visto i giocatori del Padova che si allenavano...

VITTORIO: In palestra? Ma non dovevano essere sul campo?

FEDERICO: Gol! Tre a zero per la Cremonese! Mamma mia, che disastro!

BENEDETTA: Comunque i nostri giocatori sono bravi, dai!

VITTORIO: Eh, si vede! Saranno gli arbitri magari che non vedono bene?

FEDERICO: Porca miseria! Non ne posso più! Io cambio sport ... o almeno squadra!

**Lo sapevi che... ?**

*La Gazzetta dello Sport* è uno dei giornali più venduti in Italia, e si pubblica da oltre cento anni. Ma non è il solo giornale sportivo in Italia; oltre alla *Gazzetta,* ci sono *Tutto Sport* e *Il Corriere dello Sport.* Parlano principalmente di calcio, però danno notizie anche sulla Formula Uno (sulla Ferrari) e sul ciclismo, soprattutto durante la famosa gara, il Giro d'Italia. Gli Italiani sono anche appassionati di sport americani come la pallacanestro (il basket), la pallavolo, il baseball e anche il football americano.

## Attività

**Ascoltiamo!** Ascoltare l'**Incontro** e scegliere la risposta che completa la frase in modo appropriato.

1. Federico, Benedetta e Vittorio sono...
   a. amici. b. fratelli.
2. Benedetta tifa per...
   a. il Padova. b. la Cremonese.
3. Vittorio tifa per...
   a. la Juve. b. il Padova.
4. Benedetta va in palestra...
   a. a vedere i giocatori. b. a fare ginnastica.
5. Il punteggio è...
   a. uno a zero. b. tre a zero.
6. Secondo Vittorio, il problema è che...
   a. gli arbitri non vedono bene. b. i giocatori non sono bravi.

**In altre parole**

| | |
|---|---|
| **forza... ! dai... !** | *go . . . ! come on . . . !* |
| **fa pena, che pena** | *it's pitiful, how pitiful* |
| **te ne intendi di...** | *you understand about/you know a lot about . . .* |
| **sciocco!** | *stupid!* |
| **che disastro!** | *what a disaster!* |
| **porca miseria!** | *oh, hell!* |
| **non ne posso più!** | *I can't take it anymore!* |

**B** **Le risposte logiche.** Trovare nella colonna a destra una risposta logica ad ogni frase della colonna a sinistra.

1. Ma perché la nostra squadra fa così pena?
2. Te ne intendi di gastronomia?
3. Che ne dici di fare ancora un po' di footing?
4. Un altro gol! Che disastro!
5. Com'è andata la partita di pallacanestro?
6. Chi ha segnato?

a. Sono stanchissimo! Non ne posso più!
b. Che disastro! Abbiamo perso 60 a 83!
c. Totti della nostra squadra! Forza Roma!
d. Perché l'allenatore non è bravo.
e. Porca miseria! Il nostro portiere (*goalie*) fa pena!
f. Beh, non so cucinare, ma mi piace molto mangiare!

**C** **Te ne intendi tu di... ?** Chiedere ad un vicino/una vicina se si intende delle seguenti cose.

*Esempio:* —Te ne intendi di sci?
—No, non me ne intendo per niente. / Sì, me ne intendo. Scio molto bene e vado spesso in montagna.

1. di pallavolo
2. di musica classica
3. di sport in Italia
4. di fotografia
5. di arte
6. di pallacanestro

**D** **Tifosi antagonisti.** Tu ed un amico/un'amica guardate una trasmissione sportiva alla televisione. È una partita importante ed emozionante. Ma c'è un problema: l'amico/a tifa per l'altra squadra! Decidere

- di quale sport si tratta.
- quali sono le squadre che giocano.
- di quale squadra siete.

Poi creare un dialogo basato sulle vostre reazioni mentre guardate la trasmissione.

# B.3 Punti grammaticali

## Il tempo progressivo

| | |
|---|---|
| Non posso uscire; **sto studiando.** | *I can't go out; I'm studying.* |
| I bambini **stanno giocando** a pallone. | *The children are playing soccer.* |
| **State guardando** la partita alla TV? | *Are you watching the game on TV?* |
| La nostra squadra **stava vincendo** quando l'avversario ha fatto un gol. | *Our team was winning when the opponent made a goal.* |
| I giocatori **stavano correndo** quando l'arbitro è caduto. | *The players were running when the referee fell down.* |

1. The **tempo progressivo,** like the present and the imperfect, expresses ongoing actions. It is used to stress the fact that an action is in the process of occurring at the moment one is speaking, or was occurring when another action took place. The **tempo progressivo** corresponds to the present or past continuous form (*to be* + verb + *ing*): **sto mangiando** (*I am eating*); **stavamo studiando** (*we were studying*).

2. The progressive is formed with the present or imperfect tense of **stare** + **il gerundio.** Regular verbs form **il gerundio** as follows.

| -are → -ando | | -ere → -endo | | -ire → -endo | |
|---|---|---|---|---|---|
| mangiare | mangi**ando** | vedere | ved**endo** | partire | part**endo** |
| giocare | gioc**ando** | perdere | perd**endo** | capire | cap**endo** |
| andare | and**ando** | correre | corr**endo** | scoprire | scopr**endo** |

The **gerundi** of **essere** and **avere** are regular: **essendo** and **avendo.** The **gerundi** of **dire, bere,** and **fare** are **dicendo, bevendo,** and **facendo.**

| presente | imperfetto |
|---|---|
| sto mangiando | stavo mangiando |
| stai mangiando | stavi mangiando |
| sta mangiando | stava mangiando |
| stiamo mangiando | stavamo mangiando |
| state mangiando | stavate mangiando |
| stanno mangiando | stavano mangiando |

3. The past progressive is used to describe an ongoing action in the past. It is formed with the imperfect of **stare** + **il gerundio.**

—**Stavi facendo** il compito quando Gerardo è entrato? — *Were you doing your homework when Gerardo came in?*
—No, **stavo parlando** al telefono. —*No, I was talking on the phone.*

## Attività

 **Che disastro questa partita!** Cambiare i verbi indicati al tempo progressivo.

*Esempio:* Massimiliano parla con Patrizia...
Massimiliano sta parlando con Patrizia...

Patrizia **gioca** a pallacanestro mentre i suoi due fratelli, Franco e Massimiliano, la **guardano.** Patrizia **fa** molti punti ma la sua squadra **perde** lo stesso (*anyway*). Franco e Massimiliano **fanno** il tifo per la squadra e **dicono** "Forza! Andiamo, ragazze!," ma senza risultato.

Un amico di Franco e Massimiliano li vede e gli chiede: "Ma ragazzi, che **fate** qui?" E loro rispondono: "**Aspettiamo** la fine di questa partita disastrosa."

**Che bella notizia!** La squadra nazionale di calcio, l'Italia, ha vinto il Campionato del Mondo. Dire che cosa stavano facendo le seguenti persone quando hanno sentito questa bella notizia.

*Esempio:* gli amici / studiare
Gli amici *stavano studiando* quando hanno sentito la notizia.

1. io / ascoltare una cassetta di Mina
2. Carlo / leggere l'*Eneide* per il corso di letteratura latina
3. noi / finire la cena
4. tu / scrivere una lettera alla zia Amalia
5. tu e Alberto / suonare il pianoforte e la chitarra
6. Margherita / finire i compiti scritti
7. alcuni studenti / studiare in biblioteca
8. Pietro / guardare i cartoni animati

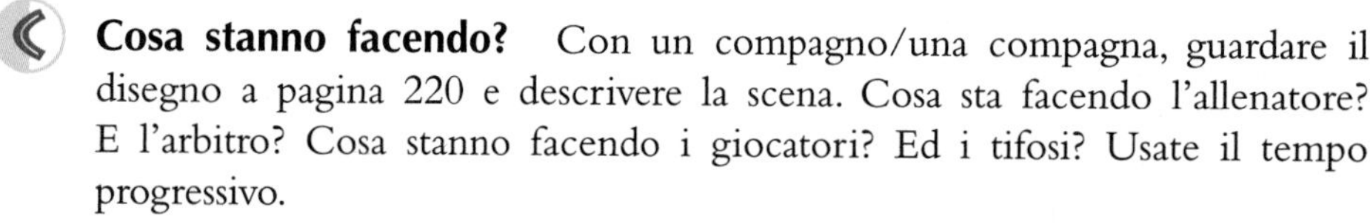

**Cosa stanno facendo?** Con un compagno/una compagna, guardare il disegno a pagina 220 e descrivere la scena. Cosa sta facendo l'allenatore? E l'arbitro? Cosa stanno facendo i giocatori? Ed i tifosi? Usate il tempo progressivo.

**Lo sapevi che... ?**

Il simbolo M vuol dire "abbasso" (*down with . . .*) e il simbolo W vuol dire "viva" o "evviva" (*long live . . .*). A Milano ci sono due squadre di calcio, il Milan e l'Inter, e sono rivali. Quindi è comune trovare dei graffiti a Milano che dicono "W Milan" accanto alla scritta "M Milan, W Inter."

Il fenomeno degli "ultras"—i tifosi fanatici e violenti del calcio—è purtroppo molto diffuso in Europa.

**Un graffito su un muro di Milano**

## L'imperfetto e il passato prossimo

| | |
|---|---|
| Sandra **ascoltava** la musica mentre Beppe **scriveva** una lettera. | *Sandra was listening to music while Beppe was writing a letter.* |
| **Faceva** freddo quando **siamo andati** in montagna. | *It was cold when we went to the mountains.* |
| **Stavo partendo** quando Elisa **è arrivata.** | *I was leaving as Elisa arrived.* |
| **Avevo** diciotto anni quando **ho visitato** l'Italia per la prima volta. | *I was eighteen when I visited Italy for the first time.* |

1. Both the **imperfetto** and the **passato prossimo** are used to describe past actions. The **passato prossimo** describes completed actions, whereas the **imperfetto** describes habitual and ongoing actions. Compare the following:

| | |
|---|---|
| Ieri sera **ho mangiato** un gelato. | *Last night I ate an ice cream.* |
| Ogni estate **mangiavamo** il gelato al mare. | *Every summer we ate ice cream at the seaside.* |
| **Ho letto** quel libro. | *I read that book.* |
| **Leggevo** quel libro mentre Pino **parlava** al telefono. | *I was reading that book while Pino was talking on the phone.* |

2. Use of both tenses in the same sentence can establish a sequence of events.

| | |
|---|---|
| **Cercavo** Anna quando **ho visto** Enrico. | *I was looking for Anna when I saw Enrico.* |
| **Avevo** fame e **ho mangiato** la mela. | *I was hungry and ate the apple.* |
| **Pioveva,** così **abbiamo giocato** a carte. | *It was raining, so we played cards.* |
| **Guardavamo** la partita quando il telefono **ha squillato.** | *We were watching the game when the phone rang.* |

3. **Conoscere** and **sapere** change meaning according to the tense in which they are expressed. Compare:

| | |
|---|---|
| **Ho conosciuto** Robert De Niro ad una festa! | *I met Robert De Niro at a party!* |
| Non **conoscevi** i film di Fellini? Sono bellissimi! | *You didn't know Fellini's films? They're wonderful!* |
| —Un incendio ha distrutto il teatro La Fenice, **lo sapevi?** | *—A fire destroyed La Fenice theater, did you know?* |
| —Non **lo sapevo,** ma quando l'**ho saputo** sono rimasta molto sorpresa! | *—I didn't know, but when I found out I was very surprised!* |

## Attività

**L'uso dell'imperfetto.** Indicare perché si usa l'imperfetto in ciascuna frase.

1. Erano le sette quando siamo arrivati a casa.
2. Mentre lui leggeva, lei giocava a scacchi.
3. Ero stanca e avevo sete, ma ero felice.
4. Loro giocavano a dama quando Piero ha telefonato.
5. Faceva freddo venerdì scorso.
6. Quando ero piccola, giocavo a tennis.
7. Avevamo vent'anni quando siamo andati in Italia.
8. Mangiavamo sempre all'una quando abitavamo a Milano.

 **Cosa facevi quando... ?** Completare la frase mettendo i verbi al passato prossimo o all'imperfetto.

*Esempio:* mentre io / guardare la partita in TV / Claudio / dormire
Mentre io guardavo la partita in TV, Claudio dormiva.

1. Quando voi / arrivare, noi / guardare la TV.
2. Quando io / avere tre anni, / dormire ogni giorno dopo pranzo.
3. Mentre Enrico / preparare la cena, Alessandra / bere un aperitivo.
4. Cosa / fare loro, quando tu / telefonare?
5. Essere / le quattro e mezzo quando il treno / partire.
6. Che tempo / fare in Sicilia quando tu ci / andare in vacanza?
7. Alla festa di Silvia io / conoscere un ragazzo molto simpatico.
8. Che ora / essere quando voi / tornare ieri sera?

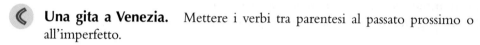

 **Una gita a Venezia.** Mettere i verbi tra parentesi al passato prossimo o all'imperfetto.

L'estate scorsa la mia famiglia ed io (andare) a Venezia. (Rimanere, noi) due settimane in un albergo centrale della città. Ogni giorno (andare, noi) ad un museo diverso—quanti quadri (vedere, noi)! (Mangiare, noi) specialità venete, come il risotto nero, ma confesso che il pesce non mi (piacere) molto! Mia madre ed io (fare) shopping, mentre mia sorella e mio padre (visitare) il Palazzo dei Dogi. (Piovere) due giorni, ma gli altri giorni (splendere) il sole. La sera (andare, noi) sempre a teatro e (sentire, noi) un bel concerto alla Fenice.

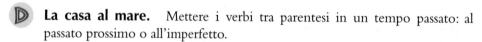

 **La casa al mare.** Mettere i verbi tra parentesi in un tempo passato: al passato prossimo o all'imperfetto.

Quando io (essere) bambino, ogni estate (andare, noi) al mare dove mio zio (avere) una casa in Riviera. (Essere) giorni lunghi e felici sotto il sole. Poi, quando io (avere) 12 anni, lo zio e la zia (divorziare) e lo zio (vendere) la casa. Noi non ci (andare) più. Invece (prendere) in affitto un appartamentino al Lido di Venezia. L'anno scorso io (essere) per caso in Liguria e (decidere) di andare a vedere un'altra volta quella casa. Che brutta sorpresa: la casa non (esserci) più. Al suo posto (trovare, io) un villaggio turistico.

 **Siamo tutti sportivi.** Completare le frasi in maniera logica.

1. Non siamo andati alla partita domenica scorsa perché...
2. I miei amici hanno deciso di cambiare sport perché...
3. Avevo sedici anni quando...
4. Ieri facevo un po' di footing nel parco quando...
5. La nostra squadra stava perdendo perché...

 **La prima lezione d'italiano.** Ricordate la prima lezione d'italiano? Discutere con l'amico/a le seguenti cose.

- la data, l'ora, che tempo faceva
- come ti sentivi prima della lezione
- l'insegnante: come si chiamava, com'era, che cosa ha fatto, se parlava inglese o italiano
- altri studenti: chi c'era, quanti studenti c'erano, con chi hai parlato
- che cosa hai imparato, se hai parlato in italiano, che cosa hai detto
- come ti sentivi alla fine della lezione

# C LA PASSEGGIATA

## C.1 Si dice così

| | |
|---|---|
| **la cartina/la piantina/ la mappa** | *map* |
| **l'itinerario** | *itinerary* |
| **il percorso** | *way/course/route* |
| **il sentiero** | *path* |
| **l'isola pedonale** | *walking street/area closed to traffic* |
| **il parco** | *park* |
| **il bosco** | *woods/forest* |
| **l'albero** | *tree* |
| **il fiore** | *flower* |
| **il cielo** | *sky* |
| **il paesaggio** | *countryside* |
| **fare una passeggiata/ passeggiare** | *to take a walk* |
| **girare a destra, a sinistra** | *to turn right, left* |
| **andare avanti** | *to go on* |
| **andare dritto** | *to go straight ahead* |
| **laggiù** | *down there* |
| **lassù** | *up there* |
| **in mezzo a** | *in the middle of* |

### Attività

 **La parola giusta.** Trovare il vocabolo nuovo che completa ciascuna frase.

1. Prima di fare una passeggiata, decidiamo (il paesaggio / il percorso).
2. Quando camminiamo in montagna, seguiamo (il bosco / un sentiero).
3. Ci sono alcuni alberi magnifici (nel bosco / nel cielo).
4. Quando fai una passeggiata, puoi raccogliere (i fiori / gli alberi).
5. Con (un albero / una cartina), puoi seguire il sentiero.
6. Per andare lassù, bisogna (scendere / salire).

**La cartina di Cortina.** Sei a Cortina d'Ampezzo nel posto indicato sulla cartina. Chiedere ad un altro studente/un'altra studentessa come arrivare ai seguenti posti.

- all'ufficio postale
- al campo da tennis
- all'albergo Miramonti
- allo Stadio Olimpico del Ghiaccio
- alla farmacia
- al cinema

L'altro studente/l'altra studentessa risponde, guardando la cartina e utilizzando frasi come **girare a sinistra/a destra, andare dritto, lassù** ecc.

*Esempio:* —Scusi, come si arriva a...
—È facile. Bisogna andare a sinistra qui e poi girare in Via del Mercato...
—È lontano?
—No, è a due passi da qui!

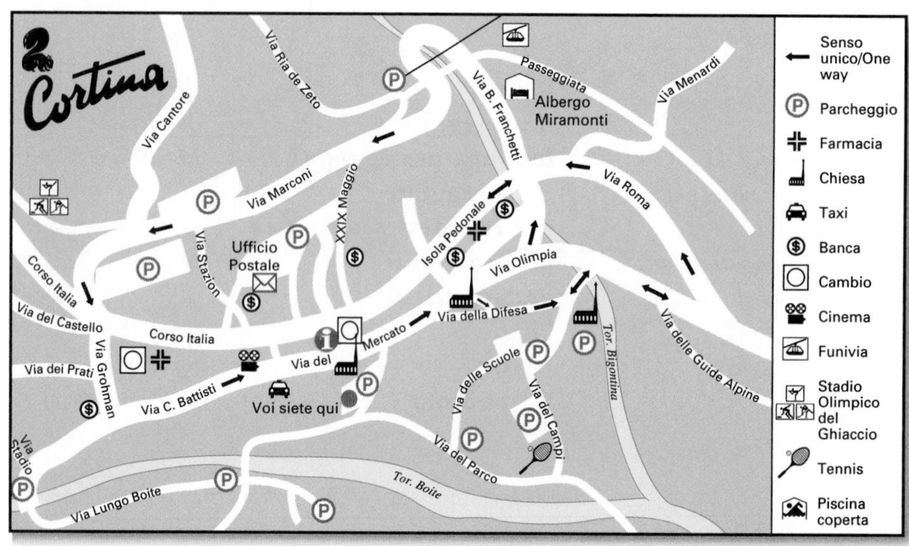


**Lo sapevi che... ?**

La passeggiata è da molto tempo un costume italiano, un fenomeno della vita sociale. In ogni paese e città, la gente ama fare una passeggiata di domenica dopo pranzo. È quasi un rito che offre la possibilità di vestirsi bene, guardare le vetrine dei negozi e incontrare casualmente amici e parenti per strada. Si finisce quasi sempre per prendere un gelato o un caffè insieme! "Facciamo due passi!" o "Facciamo quattro passi!" significa "Facciamo una passeggiata!"

**Un panorama delle Dolomiti, Lago di Misurina**

## C.2 Incontro

**Una passeggiata.** *Sara e Pietro sono a Venezia per il weekend.*

SARA: Dai, Pietro! Su, andiamo! È già tardi!

PIETRO: Va bene, sono pronto. Ma sei sicura che non vuoi fare due passi da sola?

SARA: Lo so, non hai voglia di camminare, ma non fare tante storie! Ci sono tante cose da vedere a Venezia. Non ti annoierai, promesso.

PIETRO: Qual è il nostro itinerario?

SARA: Ecco la piantina della città. Andiamo prima a Rialto, e poi facciamo una passeggiata verso San Marco. Vedrai, ti divertirai.

PIETRO: Va be'. Comunque, porto la *Gazzetta dello Sport*—non si sa mai!

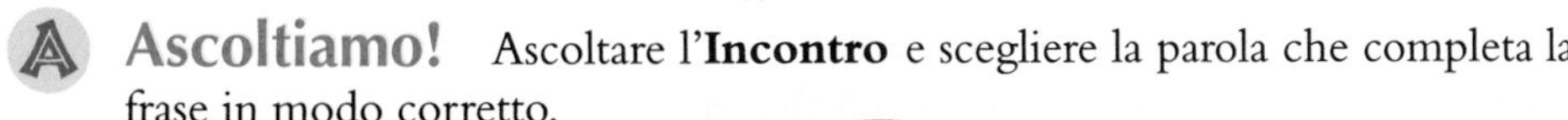


**A** **Ascoltiamo!** Ascoltare l'**Incontro** e scegliere la parola che completa la frase in modo corretto.

1. Sara e Pietro sono a (Verona / Venezia) per il weekend.
2. Sara dice "Dai, Pietro! È già (tardi / su)!"
3. Pietro dice "Va bene, sono (pigro / pronto)."
4. Sara dice "Non fare tante (cose / storie)."
5. Pietro chiede "Qual è il nostro (sentiero / itinerario)?"
6. Sara ha (un percorso / una piantina) della città.
7. Vanno prima (a Rialto / allo stadio).
8. Pietro porta la *Gazzetta dello Sport* perché (non gli piace camminare / gli piace fare la passeggiata).

**B** **Una gita a Venezia.** Guardare la piantina di Venezia e rispondere alle domande.

1. Come si chiamano due chiese che Sara e Pietro possono visitare?
2. Come si chiamano due palazzi a Venezia?
3. Come si chiamano due ponti?
4. Come si chiama un teatro?

C **Un bell'itinerario.** Con un compagno/una compagna, siete a Venezia e volete vedere il più possibile. Quali monumenti visitate? Insieme fate un itinerario di uno o due giorni usando alcune espressioni come: **prima, poi, dopo, alla fine, giriamo a destra, giriamo a sinistra** ecc.

*In altre parole*

| | |
|---|---|
| **su, andiamo!** | *come on, let's get going!* |
| **non si sa mai!** | *one never knows!* |
| **non fare tante storie!** | *don't complain so much!* |
| **da solo/a/i/e** | *alone* |

D **Sostituzioni.** Trovare un modo più idiomatico di esprimere le parole in corsivo.

1. Mio fratello è un tipo molto indipendente. Preferisce fare le cose *senza nessuno.*
2. Hai ragione! Sono un po' ridicolo perché ho l'ombrello con questo sole. Ma guarda: *non si può prevedere il futuro!*
3. Marina, sbrigati che sono le sette e venti e tu devi prendere l'autobus delle sette e trentacinque. *Forza! Dai!*
4. Roberto, lo so che piove! Lo so che fa freddo. Lo so che dobbiamo camminare ancora due ore, ma purtroppo non c'è niente da fare. Andiamo e *non lamentarti* (*complain*)!

E **Su, andiamo!** Chiedere al compagno/alla compagna

- se gli/le piace fare passeggiate.
- dove preferisce camminare: in città o in campagna? in montagna o al mare?
- se preferisce camminare da solo/a o in compagnia.
- a che ora preferisce passeggiare: presto la mattina o alla sera?
- cosa preferisce fare durante la passeggiata: parlare o ammirare il paesaggio?

# C.3 Punti grammaticali

## Il futuro

| | |
|---|---|
| —Scrivi le cartoline ora? | —*Are you writing postcards now?* |
| —No, ma dopo **scriverò** una lettera. | —*No, but I'll write a letter later.* |
| —Avete fatto la passeggiata oggi? | —*Did you go for a walk today?* |
| —No, ma la **faremo** domani. | —*No, but we will tomorrow.* |
| —Andate in Italia quest'anno? | —*Are you going to Italy this year?* |
| —Sì, tra un mese **andremo** in Italia. | —*Yes, in a month we'll go to Italy.* |

1. The future tense **(il futuro)** is used to describe future actions, expressing the idea of *to be going to* or *will.*

2. Regular verbs form the **futuro** by dropping the final **e** of the infinitive and adding the endings **-ò, -ai, -à, -emo, -ete, -anno.** First-conjugation **-are** verbs change the **a** of the infinitive ending to **e.**

| portare | | scrivere | | servire | |
|---|---|---|---|---|---|
| port<u>e</u>**rò** | port<u>e</u>**remo** | scrive**rò** | scrive**remo** | servi**rò** | servi**remo** |
| port<u>e</u>**rai** | port<u>e</u>**rete** | scrive**rai** | scrive**rete** | servi**rai** | servi**rete** |
| port<u>e</u>**rà** | port<u>e</u>**ranno** | scrive**rà** | scrive**ranno** | servi**rà** | servi**ranno** |

3. Some verbs undergo spelling changes for pronunciation purposes.

   a. Verbs ending in **-ciare** and **-giare** drop the **i.**

   **cominciare:** comincerò, comincerai, comincerà,...
   **lasciare:** lascerò, lascerai, lascerà,...
   **mangiare:** mangerò, mangerai, mangerà,...

   b. Verbs ending in **-care** or **-gare** add an **h** after the **c** and **g** of the stem to retain the hard sound.

   **dimenticare:** dimenticherò, dimenticherai, dimenticherà,...
   **giocare:** giocherò, giocherai, giocherà,...
   **pagare:** pagherò, pagherai, pagherà,...

   c. Several verbs have irregular stems in the future. The following verbs drop the characteristic vowel of the infinitive.

   **andare (andr-):** andrò, andrai, andrà,...
   **avere (avr-):** avrò, avrai, avrà,...
   **dovere (dovr-):** dovrò, dovrai, dovrà,...
   **potere (potr-):** potrò, potrai, potrà,...
   **sapere (sapr-):** saprò, saprai, saprà,...
   **vedere (vedr-):** vedrò, vedrai, vedrà,...

   d. Some verbs have a double **r** in the future stem.

   **bere (berr-):** berrò, berrai, berrà,...
   **rimanere (rimarr-):** rimarrò, rimarrai, rimarrà,...
   **venire (verr-):** verrò, verrai, verrà,...
   **volere (vorr-):** vorrò, vorrai, vorrà,...

   e. Some verbs simply drop the final **e** before adding the future endings.

   **dare (dar-):** darò, darai, darà,...
   **dire (dir-):** dirò, dirai, dirà,...
   **fare (far-):** farò, farai, farà,...
   **stare (star-):** starò, starai, starà,...

   f. The verb **essere** uses the stem **sar-** and the regular future endings.

   **sarò, sarai, sarà, saremo, sarete, saranno**

4. Among the words and phrases that indicate the future are:

| | |
|---|---|
| **domani** | *tomorrow* |
| **dopodomani, domani l'altro** | *day after tomorrow* |
| **la settimana prossima** | *next week* |
| **il mese prossimo** | *next month* |
| **l'anno prossimo** | *next year* |
| **in futuro** | *in the future* |
| **tra/fra una settimana/un mese/un anno ecc.** | *in a week/month/year, etc.* |

5. The future may also be used to express conjectures and guesses, and to indicate probability.

| | |
|---|---|
| —Dov'è Mario? | —*Where's Mario?* |
| —**Sarà** a casa sua. | —*He must be home.* |
| —Non so dove siamo. | —*I don't know where we are.* |
| —Lo **saprà** Pino—lui ha la cartina! | —*Pino must know—he has the map!* |
| **Sarà** tardi. Torniamo indietro. | *It must be late. Let's turn back.* |

## Attività

 **L'estate al mare.** Trasformare le frasi dal presente al futuro secondo il modello. Aggiungere espressioni che indicano un tempo futuro.

*Esempio:* Passo l'estate al mare.
*L'anno prossimo* passerò l'estate al mare.

1. La mia amica Elisabetta viene con me al mare.
2. Mangiamo nelle trattorie.
3. Nel tempo libero corriamo nel parco.
4. Elisabetta e mia sorella passeggiano con il cane.
5. Non siamo mai in casa.
6. Io faccio una nuotata in mare.
7. Giochiamo a calcio.
8. Quando tu parti per la montagna, noi andiamo al mare.
9. Cercate un pallone per giocare.
10. Elisabetta spedisce le cartoline ai suoi amici.

 **La settimana in montagna.** Guido progetta una breve vacanza nelle Dolomiti. Ecco la lista di tutte le cose che Guido intende fare. Usare il futuro per descrivere i suoi progetti.

preparare lo zaino venerdì sera
partire sabato mattina presto
prendere il treno e cambiare a Verona
arrivare a Cortina nel pomeriggio
dormire sotto le stelle
fare lunghe passeggiate per i sentieri del bosco
stare da solo
scendere a Cortina solo alla fine della settimana

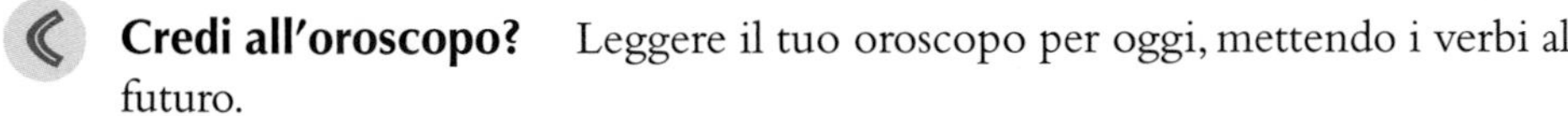

**C Credi all'oroscopo?** Leggere il tuo oroscopo per oggi, mettendo i verbi al futuro.

Oggi (essere) una giornata fortunata per te. Tu (avere) buone notizie da un parente e un nuovo amico ti (dare) buoni consigli. Se tu li (seguire), (vincere) un premio desiderato. Se (cercare) di fare nuove amicizie, (conoscere) molte persone. Una persona che non vedi da molto tempo (entrare) di nuovo nella tua vita e questa persona (cambiare) la tua vita per sempre.

**D Come mai?** Rispondere alle domande usando un verbo al futuro per indicare probabilità. Seguire il modello.

*Esempio:* Berto suona bene il pianoforte! Come mai? (fare esercizio)
*Farà esercizio* tutti i giorni.

1. I negozi stanno chiudendo.
2. I giocatori vincono sempre.
3. Marco è un bravo fotografo.
4. Camilla e Stefano non camminano più.
5. Nando non è venuto in montagna.
6. Perché Paolo non è ancora tornato?
7. Perché Cristina non viene con noi?

a. fare molte fotografie
b. avere le sue ragioni
c. tornare più tardi
d. fare molti allenamenti
e. avere molte cose da fare
f. essere stanchi
g. essere già tardi

**E Cosa farai domani sera?** Intervistare un vicino/una vicina circa i suoi progetti per il futuro. Puoi chiedere:

- dove andrà quando la lezione finirà?
- cosa farà domani sera? il prossimo weekend? l'estate prossima?
- cosa farà quando avrà finito l'università?

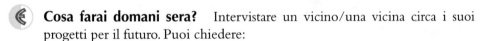

# D AL MARE E IN MONTAGNA

## D.1 Si dice così

| | | | |
|---|---|---|---|
| **la vacanza** | *vacation* | **abbronzato/a** | *suntanned* |
| **la gita** | *trip/excursion* | **nuotare** | *to swim* |
| **la piscina** | *swimming pool* | **fare il bagno** | *to take a swim* |
| **la valle** | *valley* | **andare in barca a vela** | *to sail* |
| **andare in vacanza** | *to go on vacation* | **fare campeggio** | *to go camping* |

## Attività

**Le vacanze enigmistiche.** Creare due liste dal diagramma: una lista di cose e di azioni che si trovano al mare, un'altra di cose della montagna. Le otto parole non eliminate formeranno una simpatica descrizione delle vacanze.

| sabbia | essere abbronzato/a | le | campeggio | valle |
|---|---|---|---|---|
| vacanze | bagnino | sdraio | sono | belle |
| spiaggia | funivia | in | tenda | tutti |
| ombrellone | i | barca | posti | nuotare |

**Le corrispondenze.** Trovare le corrispondenze tra gli elementi nella colonna a sinistra e quella a destra.

1. Quando una persona prende il sole diventa... a. nuotare
2. Un breve viaggio a poca distanza è... b. una tenda
3. L'ombrellone serve a chi non vuole prendere... c. la funivia
4. Per salire una montagna serve... d. una gita
5. Un altro modo di dire "fare il bagno" è... e. il sole
6. Al campeggio è importante avere... f. abbronzata

**Preferenze personali.** Fare le seguenti domande ad un compagno/una compagna per sapere come preferisce passare le vacanze.

1. Preferisci il mare o la montagna? Perché?
2. Sei mai stato/a in montagna? Dove? Che cosa hai fatto lì?
3. Qual è la tua spiaggia preferita? Dove vai normalmente al mare? Che cosa fai in spiaggia?
4. Dove vai in vacanza di solito, al mare o in montagna?
5. Dove andrai per le prossime vacanze?
6. Con chi fai le vacanze di solito?

## D.2 Incontro

**Una telefonata.** *Ornella è andata in vacanza al mare al Lido di Venezia, sull'Adriatico. La sua amica Paola è in montagna a Cortina. Una sera Paola telefona a Ornella.*

ORNELLA: Pronto? Ciao, Paola! Allora, come vanno le tue vacanze?

PAOLA: Pronto! Ciao, Ornella! Sono felice di sentirti! Io sto bene... Come vanno le cose da te?

ORNELLA: Qui da noi c'è un tempo stupendo. Il mare è pulito e io ho preso molto sole.

PAOLA: Beata te! A Cortina sta piovendo, tanto per cambiare! Guido e Alessandro stanno facendo il bagno nella piscina coperta. Più tardi andrò con loro al cinema.

ORNELLA: Che brutto tempo! Mi dispiace per voi. Com'è il campeggio? Vi piace?

PAOLA: Il campeggio è davvero bello. Il panorama è incredibile! Vicino a noi c'è la tenda di un ragazzo americano. È molto carino e anche simpatico. Quando ci vedremo,° ti racconterò tutto di lui. *When we see each other*

ORNELLA: Roba da matti! E Guido e Alessandro?

PAOLA: Ma dai, Guido è mio fratello e conosco Alessandro da anni! E tu, invece, hai qualche novità?° *some news*

ORNELLA: Gianluca va spesso in barca. Io leggo un libro sotto l'ombrellone, oppure prendo il sole sulla spiaggia e faccio il bagno in piscina. Ho conosciuto il bagnino—un ragazzo molto simpatico.

PAOLA: Eh, allora...

ORNELLA: Quando ci vediamo avremo tante cose da raccontarci...° *to tell each other*

## Attività

**Ascoltiamo! A chi si riferisce?** Ascoltare l'**Incontro** ed indicare se la frase si riferisce ad Ornella (O) o a Paola (P).

| | O | P |
|---|---|---|
| 1. È andata in vacanza al mare. | ______ | ______ |
| 2. È in montagna. | ______ | ______ |
| 3. Ha preso molto sole. | ______ | ______ |
| 4. Dice che il tempo è brutto e sta piovendo. | ______ | ______ |
| 5. Più tardi andrà al cinema. | ______ | ______ |
| 6. Sta facendo campeggio con due ragazzi. | ______ | ______ |
| 7. Ha conosciuto un ragazzo americano che le piace molto. | ______ | ______ |
| 8. Ha conosciuto un bagnino interessante. | ______ | ______ |
| 9. Legge sotto l'ombrellone mentre Gianluca va in barca. | ______ | ______ |

**Tante cose da raccontare.** Le vacanze sono finite e Ornella e Paola sono tornate in città. Immaginare la conversazione tra le due ragazze. Che cosa ha da raccontare Paola? E Ornella?

*Esempio:* —Allora, Paola, come sono andate le vacanze?
—Bene! Ho...
—E quel ragazzo americano che hai conosciuto?

### In altre parole

| | |
|---|---|
| **da noi, da te,...** | *at our place, at your place, . . .* |
| **beato/a te!** | *lucky you!* |
| **tanto per cambiare** | *just for a change (ironic)* |
| **roba da matti!** | *that's crazy!* |
| **conoscere qualcuno da anni** | *to know someone for years* |

**A te la parola.** Rispondere con una parola o espressione adatta.

1. Il cielo è sempre pieno di nuvole. Anche oggi sta piovendo. (Dai! / Tanto per cambiare!)
2. Il signor Verdi ama gli animali—ha dieci cani! (Roba da matti! / Tanto per cambiare!)
3. Abbiamo ballato tutta la notte. (Subito! / Beati voi!)
4. Luigi non è mai puntuale. È arrivato in ritardo all'appuntamento con il medico. (Tanto per cambiare! / Beato te!)
5. Mario ha pagato tanto per la sua nuova macchina—è una Maserati. (Che barba! / Roba da matti!)

**Le vacanze ideali.** Progettare insieme ad un gruppo di amici una bellissima vacanza per la prossima estate. Dovete decidere

- quando partire.
- dove andare.
- come viaggiare.
- quanto tempo rimanere.
- quanto pagare.
- cosa fare mentre siete in vacanza.
- quando tornare.

# D.3 Punti grammaticali

## I pronomi tonici

| | | |
|---|---|---|
| Mi stai parlando? | Stai parlando con **me?** | *Are you speaking to me?* |
| Sto con Gianluca. | Sto con **lui.** | *I'm with him.* |
| La telefonata è per Laura. | È per **lei.** | *It's for her.* |
| Ci piace la spiaggia. | A **noi** piace la spiaggia. | *We like the beach.* |
| Ho visto **lui**, ma non ho visto **te.** | | *I saw him, but I didn't see you.* |

1. Stressed pronouns **(pronomi tonici)** are used after a preposition or a verb and can replace both direct- and indirect-object pronouns for purposes of emphasis or clarity. The stressed pronouns are as follows.

| | | | |
|---|---|---|---|
| **me** | *me* | **noi** | *us* |
| **te** | *you* | **voi** | *you* |
| **lui** | *him* | **loro** | *them* |
| **lei** | *her* | | |
| **sé** | *himself/herself/itself* | **sé** | *themselves* |

2. When a sentence has two or more direct- or indirect-object pronouns, stressed pronouns are used to distinguish between them.

| | |
|---|---|
| Hanno scritto a **lui** ma non a **me.** | *They wrote to him but not to me.* |
| Stavo parlando con **lei,** non con **te.** | *I was speaking to her, not to you.* |
| Hanno chiamato **me,** non **voi.** | *They called me, not you.* |
| Ho visto **voi** ma non **loro.** | *I saw you but not them.* |

3. **Sé** is used when the pronoun refers back to the third-person (singular or plural) subject to mean *himself/herself/themselves.*

| | |
|---|---|
| Angela pensa solo a **sé.** | *Angela thinks only of herself.* |
| Marco parla sempre di **sé.** | *Marco always talks about himself.* |

4. Stressed pronouns are also used for emphasis. Compare the following.

| | | |
|---|---|---|
| Non ti parlo. | Non parlo a **te** (ma a **lui**). | *I'm not talking to* you. |
| Volevo vedervi. | Volevo vedere (proprio) **voi.** | *I wanted to see* you. |
| Ti amo. | Amo (solo) **te.** | *I love* you. |
| Ti conosco. | Conosco **te** (ma non **lui**). | *I know* you (*but not him*). |

5. Stressed pronouns are also used in certain fixed expressions.

| | |
|---|---|
| Come vanno le cose **da voi?** | *How are things at your place?* |
| **Secondo me,** la spiaggia è bella. | *In my opinion, the beach is pretty.* |
| **Beato te!** Vai in vacanza. | *Lucky you! You're going on vacation.* |

## Attività

**A** **Secondo me, secondo te.** Completare le seguenti frasi con un pronome tonico.

1. Elio passa sempre le ferie a Cortina. Secondo ________ le Dolomiti sono le più belle montagne in Italia.
2. Marisa, sei la persona più importante del mondo. Non posso vivere senza di ________.
3. Angela è molto egoista. Parla solo di ________.
4. Siete al mare? Che tempo fa? Come vanno le cose da ________?
5. Pioverà, penso. Secondo ________, arriva il brutto tempo.
6. Andiamo al cinema. Vieni con ________?

**B** **A casa nostra.** Usare la preposizione **da** con un pronome per indicare il luogo.

*Esempio:* Elena ci ha invitato a cena, così stasera andiamo *da lei.*

1. Stasera faccio una festa a casa mia. Perché non vieni ________ verso le otto?
2. Ciao, Marta. Qui il tempo è stupendo. Com'è ________?
3. Viviamo in montagna— ________ in inverno fa freddo.
4. Vittorio e Teresa ci hanno invitato a cena. Andiamo ________ stasera.
5. Rocco ha una casa sulla spiaggia. Se andiamo ________ possiamo nuotare.

**C** **Beato te!** Usare l'espressione **beato te/noi/voi** ecc. per indicare che le seguenti persone sono fortunate.

*Esempio:* Avete ricevuto un bel regalo, una vacanza al mare. *Beati voi!*

1. Maria è ricca, bella e intelligente:
2. I signori Palazzeschi sono pieni di amici, di soldi e di fortuna:
3. Abbiamo vinto un viaggio in Italia:
4. Bruno è atletico, intelligente, bello e fortunato:

**D** **Lui, non lei!** Completare i mini-dialoghi con pronomi tonici appropriati.

—Ornella, mi devi dire la verità: ami me o quel bagnino?
—Va bene, allora te la dico, Gianluca: amo ________, non ________.

—Guido, tu e Alessandra non volete venire a trascorrere una settimana con noi in montagna?
—Guarda, il problema è che la montagna piace a ______________ ma non a ______________.

—Ragazzi, c'è vostro padre al telefono.
—Con chi vuole parlare, con ______________ o con ______________?

—Anna, perché sei così arrabbiata?
—Perché io e Francesco abbiamo chiesto dei soldi alla mamma e lei ne ha dati a ______________ ma non a ______________.

# Immagini e parole

For self-tests and practice of unit topics, go to the website for *Parliamo italiano!*

View video episode 6, *Rilassarsi* (*Venezia*), and do the activities in the Workbook.

## *Venezia "La Serenissima"*

**Le parole-chiave.** Trovare nella lista:

1. due periodi storici
2. cinque aggettivi che descrivono la città di Venezia
3. cinque famosi pittori veneziani
4. tre luoghi famosi di Venezia
5. tre descrizioni storiche della città

| | | |
|---|---|---|
| affascinante | particolare | la Basilica di S. Marco |
| il Canal Grande | Veronese | misteriosa |
| Medioevo | un porto importantissimo | Tiepolo |
| romantica | Bellini | Tiziano |
| malinconica | il Palazzo Ducale | un centro commerciale |
| Rinascimento | una potenza marinara | Tintoretto |

**Una passeggiata a Venezia.** Immaginare di fare una passeggiata a Venezia. Con un altro studente/un'altra studentessa, usare la fantasia e fare una lista di tutte le cose che vedete. Fare anche una lista di cose che **non** si vedono.

Venezia nasce nel quinto secolo° quando un gruppo di persone della pianura cerca rifugio sulle isole della laguna per sfuggire° alle invasioni dei barbari.° Venezia diventa un porto importantissimo, un centro del commercio internazionale durante il Medioevo. A poco a poco la gente costruisce una città che diventa una grande potenza marinara.° Nel Rinascimento, la Repubblica di Venezia ha il suo massimo splendore ed è chiamata "la Serenissima".

*5th century A.D.*
*to escape*
*barbarians*
*marine power*

**Il Ponte di Rialto e il Canal Grande, Venezia**

Venezia è una città molto particolare, affascinante e famosa in tutto il mondo. È costruita su più di cento isole separate da centosessanta canali e collegate fra loro da più di quattrocento ponti. Le strette vie si chiamano *calli* e le piccole piazze si chiamano *campi* o *campielli*. Per girare la città si usano le romantiche (e costose) gondole o i veloci (e più economici) vaporetti.

Il Lido di Venezia è una spiaggia famosa. È uno dei posti di mare più chic d'Italia, con casinò e tanti alberghi di lusso. È anche la sede del Festival Internazionale del Cinema che ha luogo ogni anno a settembre.

In Piazza San Marco, famosa per i colombi° e i caffè, si trovano la Basilica di San Marco ricca di mosaici dorati,° il campanile e lo splendido Palazzo Ducale. Lungo le rive del Canal Grande, che è il canale più grande di Venezia, si trovano i bellissimi palazzi costruiti per le famiglie nobili veneziane. Le chiese e i musei sono ricchissimi di opere d'arte di pittori come Bellini, Tiziano, Tintoretto, Tiepolo e Veronese.

*doves*
*gilded mosaics*

Oltre alla sua bellezza, Venezia è famosa per i suoi problemi di sopravvivenza.° Spesso si sente dire che Venezia sta morendo e che sta affondando.° L'inquinamento° dell'acqua e dell'aria rovina i palazzi veneziani. Ci sono diverse fondazioni che si occupano della salvaguardia° dei beni artistici di Venezia, beni che costituiscono un vero tesoro per tutto il mondo.

*survival*
*drowning / pollution*
*safeguarding*

C'è chi dice che in inverno Venezia è una città morta, triste, malinconica. Ma quando ci sono meno turisti e l'acqua alta e la nebbia invadono la città, Venezia è ancora più bella, più misteriosa e più isolata dal mondo esterno ... ed è più Venezia.

## Attività

**Comprensione: definizioni.** Trovare nel testo parole ed espressioni che corrispondono alle seguenti definizioni.

1. Un veloce mezzo di trasporto a Venezia:
2. Un mezzo di trasporto meno veloce ma più tradizionale:
3. Il nome che i veneziani danno alle strette vie della città:
4. Il nome che a Venezia si dà alle piazze:
5. Il problema ecologico della città:
6. Il nome che i veneziani danno alla loro città:
7. Il modo in cui la Basilica di S. Marco è decorata:
8. Il periodo di massimo splendore della città:
9. Il numero di isole che formano la città:
10. Il numero di ponti che collegano le isole:

 **Argomenti.** Scegliere uno dei seguenti temi e parlarne con un altro studente/un'altra studentessa.

1. **Una gita a Venezia.** Parti per Venezia con un amico/un'amica. Come sarà questa vacanza? Un weekend romantico? Una gita turistica per visitare i monumenti più famosi? Dove andrete e cosa vedrete?
2. **La Serenissima.** Immaginate di vivere a Venezia in un particolare periodo storico. Com'è la vostra vita nella repubblica marinara? Come vi muovete (*do you get around*)? Che lavoro fate? Nel tempo libero, che cosa fate?

# SCRIVIAMO ITALIANO!

## Sequencing and chronological order

Chronological order is used for many different kinds of writing, such as diaries, travelogues, histories, and biographies. Creating a timeline before writing a chronology is a useful strategy to help you organize the order of actions and events. Verb tenses and sequencing expressions help you to express when actions take place so that the reader or audience understands the order of events.

By now you have learned how to use two past tenses, the **passato prossimo** and the **imperfetto,** as well as the present and the future to talk about many topics. You have also learned a variety of adverbs of time that help establish chronology, such as **prima, dopo, poi,** and **alla fine.** Other frequently used adverbs of time are:

| | |
|---|---|
| al mattino, alla sera | *in the morning, in the evening* |
| presto | *early, soon* |
| più tardi | *later* |
| spesso | *often* |
| raramente | *rarely* |

 **Sequenza dei tempi.** Completare le frasi con un avverbio di tempo tra quelli sopraindicati (*above*). Riordinare poi la sequenza delle frasi.

1. _______________ abbiamo incontrato Enrico e Patrizia sulla funivia.
2. _______________ siamo tornati a casa stanchi ma contenti—è stata una bella giornata.
3. Andiamo _______________ in montagna perché ci piace camminare.
4. Marco ed io siamo usciti _______________ sabato mattina per andare in montagna.
5. Abbiamo preso il caffè al bar e _______________ siamo andati a fare una passeggiata.

 **Futuri scrittori.** Scegliere uno dei seguenti argomenti (*subjects*) per scrivere un breve tema. Prima di scrivere, organizzare gli eventi in sequenza (*timeline*), per ordinare le informazioni.

1. Scrivere una biografia di un amico, di una persona della tua famiglia o di una persona famosa. Non dimenticare le seguenti informazioni: Dove è nato/a? Dove abita? Cosa ha fatto in passato? Cosa fa ora? Cosa farà in futuro?
2. Scrivere un diario di una vacanza reale o inventata. Dove sei andato/a? Con chi? Per quanto tempo? Cosa avete fatto? Com'era? Cosa farai di diverso nella prossima vacanza?

## Vocabolario

### Hobby e tempo libero

| | |
|---|---|
| la cartolina | *postcard* |
| la collezione/la raccolta | *collection* |
| la fotografia | *photograph, photography* |
| la galleria d'arte | *art gallery* |
| il gioco | *game* |
| l'hobby (*m.*) | *hobby* |
| la mostra | *exhibition/show* |
| rilassante | *relaxing* |
| stressante | *stressful* |
| collezionare/raccogliere | *to collect/to gather* |
| dipingere | *to paint* |
| disegnare | *to draw* |
| giocare | *to play (a game)* |
| giocare a carte | *to play cards* |
| giocare a scacchi | *to play chess* |
| suonare | *to play (an instrument)* |
| suonare la chitarra | *to play the guitar* |
| suonare il pianoforte | *to play the piano* |

### Lo sport

| | |
|---|---|
| l'allenamento | *practice/training* |
| l'allenatore | *trainer* |
| l'arbitro | *referee* |
| l'atleta (*m. or f.*) | *athlete* |
| il calcio | *soccer* |
| il campo (da calcio) | *(soccer) field* |
| il ciclismo | *cycling/bicycle racing* |
| la corsa | *race* |
| la gara | *match/competition/race* |
| il giocatore | *player* |
| il gol | *goal* |
| il nuoto | *swimming* |
| la palla | *ball* |
| la pallacanestro | *basketball* |
| la pallavolo | *volleyball* |
| il pallone | *ball* |
| la partita | *game* |
| il pattinaggio | *skating* |
| il punteggio | *score* |
| la squadra | *team* |
| lo sci | *skiing* |
| il tifoso | *fan* |
| la vela | *sailing* |
| allenare | *to train (others)* |
| correre | *to run* |
| fare aerobica | *to do aerobics* |
| fare footing | *to jog* |
| fare ginnastica | *to exercise* |
| fare sport | *to play a sport* |
| fare il tifo | *to be a fan* |
| giocare a calcio/a pallone | *to play soccer* |
| giocare a tennis | *to play tennis* |
| pareggiare | *to tie (score)* |
| perdere | *to lose* |
| segnare | *to score* |
| tifare | *to cheer* |
| vincere | *to win* |

## La passeggiata

| | |
|---|---|
| l'albero | *tree* |
| il bosco | *forest/woods* |
| la cartina/la piantina/la mappa | *map* |
| il cielo | *sky* |
| il fiore | *flower* |
| l'isola pedonale | *walking street (area closed to traffic)* |
| l'itinerario | *itinerary* |
| il paesaggio | *countryside* |
| il parco | *park* |
| il percorso | *way/course/route* |
| il sentiero | *path* |
| andare avanti | *to go on* |
| andare dritto | *to go straight ahead* |
| fare una passeggiata/passeggiare | *to take a walk* |
| girare a destra | *to turn right* |
| girare a sinistra | *to turn left* |
| laggiù | *down there* |
| lassù | *up there* |

## Al mare e in montagna

| | |
|---|---|
| il bagnino | *lifeguard* |
| la barca a vela | *sailboat* |
| il binocolo | *binoculars* |
| il campeggio | *camping* |
| la funivia | *cable car* |
| la gita | *trip/excursion* |
| nuotare | *to swim* |
| l'ombrellone (*m.*) | *beach umbrella* |
| la piscina | *swimming pool* |
| la sabbia | *sand* |
| il sacco a pelo | *sleeping bag* |
| la sedia a sdraio | *lounge chair/deck chair* |
| la spiaggia | *beach* |
| la tenda | *tent* |
| la vacanza | *vacation* |
| la valle | *valley* |
| abbronzato/a | *suntanned* |
| andare in barca a vela | *to sail/to go sailing* |
| andare in vacanza | *to go on vacation* |
| fare il bagno | *to take a swim* |
| fare campeggio | *to go camping* |
| prendere il sole | *to sunbathe* |

## Altre parole ed espressioni

| | |
|---|---|
| beato/a te! | *lucky you!* |
| caspita! | *wow!* |
| che barba! | *how boring!* |
| che disastro! | *what a disaster!* |
| chissà | *who knows* |
| conoscere qualcuno da anni | *to know somebody for years* |
| da noi, da te... | *at our place, at your place, . . .* |
| da solo/a/i/e | *alone* |
| dire sul serio | *to say something seriously/honestly* |
| fa pena, che pena | *it's pitiful, how pitiful* |
| forza... ! dai... ! | *go . . . ! come on . . . !* |
| invece | *instead/on the other hand* |
| mica | *hardly* |
| non fare tante storie! | *don't complain so much!* |
| non ne posso più! | *I can't take it anymore!* |
| non si sa mai! | *one never knows!* |
| porca miseria! | *oh, hell!* |
| roba da matti! | *that's crazy!* |
| sciocco! | *stupid!* |
| su, andiamo! | *come on, let's get going!* |
| suggerire | *to suggest* |
| tanto per cambiare | *just for a change (ironic)* |
| te ne intendi di... | *you understand (know a lot) about . . .* |

## Espressioni di tempo

| | |
|---|---|
| di solito | *normally* |
| domani l'altro | *day after tomorrow* |
| dopo | *later, then* |
| in futuro | *in the future* |
| mentre | *while* |
| ogni | *every* |
| tra/fra una settimana/un mese/un anno ecc. | *in a week/month/year, etc.* |
| il/di sabato, la/di domenica ecc. | *every Saturday, Sunday, etc.* |

UNITÀ

# 7

# Vestirsi

## VESTIAMOCI ALLA MODA!

Lombardia
Milano

Shopping davanti alle vetrine di Versace, Milano

## COMMUNICATIVE GOALS

- Talking about routine daily activities
- Discussing illness and visits to the doctor
- Comparing people, places, and things
- Buying clothing and talking about fashion
- Expressing wishes and requests politely
- Talking about what you and others would do in different circumstances
- Giving commands

# IL CORPO, LA SALUTE

For additional practice on the vocabulary and grammar introduced in this unit, go to **Unità 7** on your Multimedia CD-ROM.

## A.1 Si dice così

**Il corpo**

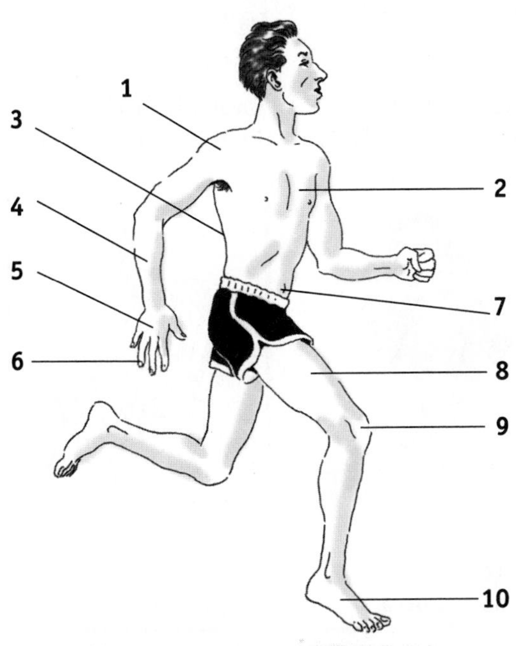


1. la spalla
2. il petto
3. la schiena
4. il braccio (*pl.* le braccia)
5. la mano (*pl.* le mani)
6. il dito (*pl.* le dita)
7. lo stomaco
8. la gamba
9. il ginocchio (*pl.* le ginocchia)
10. il piede

**La testa**

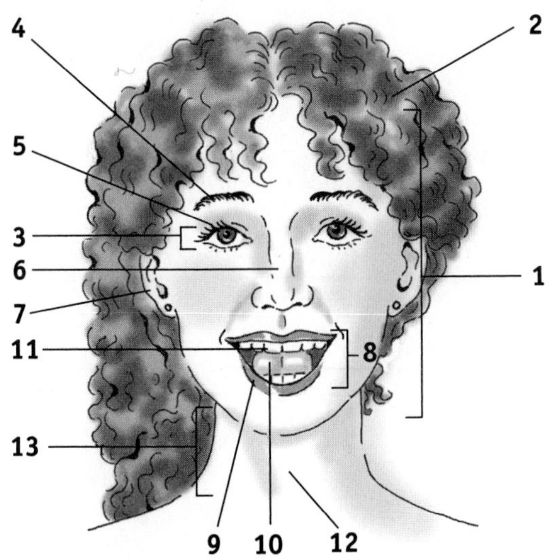


1. il viso/la faccia
2. i capelli
3. l'occhio
4. il sopracciglio (*pl.* le sopracciglia)
5. il ciglio (*pl.* le ciglia)
6. il naso
7. l'orecchio (*pl.* le orecchie)
8. la bocca
9. il labbro (*pl.* le labbra)
10. la lingua
11. il dente
12. la gola
13. il collo

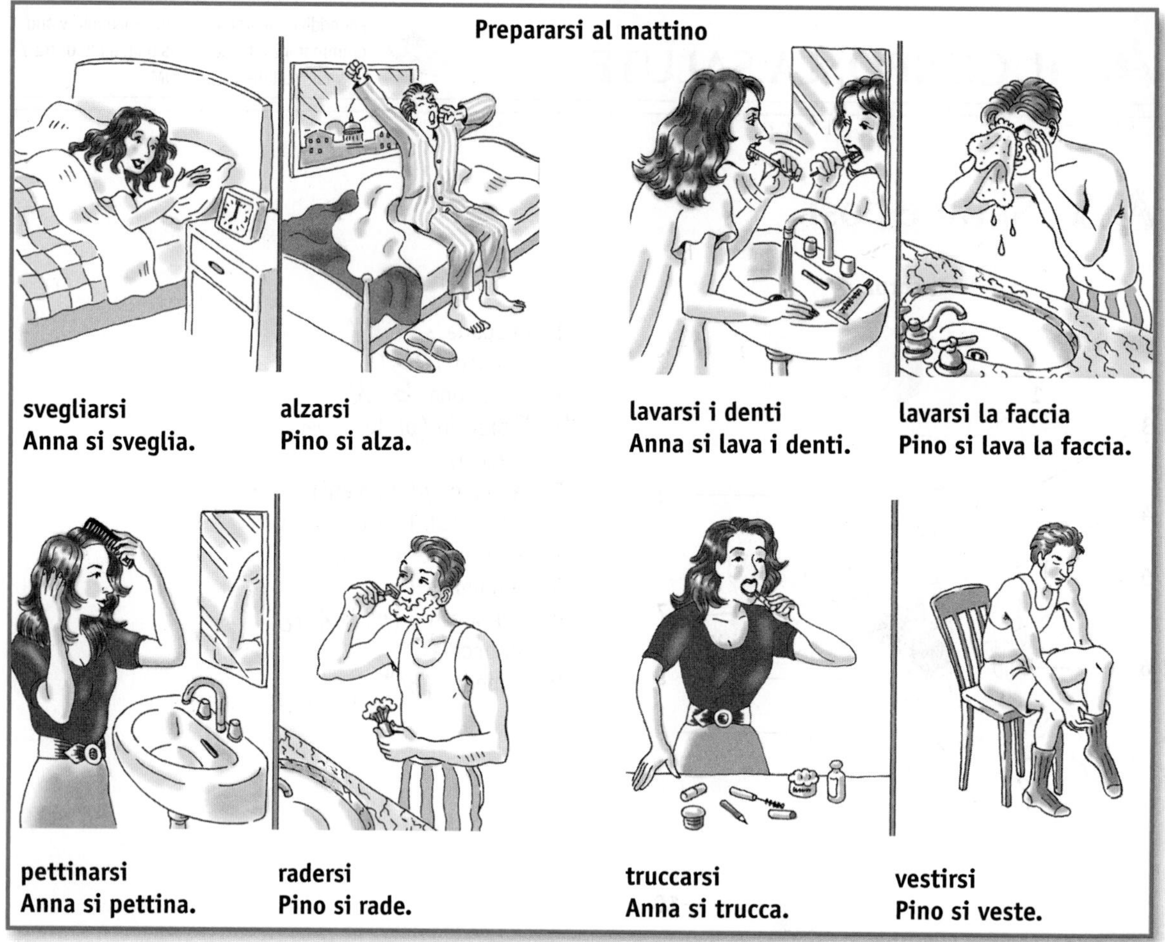

Prepararsi al mattino
svegliarsi
Anna si sveglia.
alzarsi
Pino si alza.
lavarsi i denti
Anna si lava i denti.
lavarsi la faccia
Pino si lava la faccia.
pettinarsi
Anna si pettina.
radersi
Pino si rade.
truccarsi
Anna si trucca.
vestirsi
Pino si veste.


## Parole utili

| | |
|---|---|
| **la malattia** | *sickness* |
| **il raffreddore** | *cold* |
| **l'influenza** | *flu* |
| **il sintomo** | *symptom* |
| **la febbre** | *fever* |
| **la tosse** | *cough* |
| **il dolore** | *pain* |
| **farsi male** | *to hurt oneself* |
| **misurarsi la temperatura** | *to take one's temperature* |
| **rompersi** | *to break (a bone)* |
| **spogliarsi** | *to undress* |
| **sedersi** | *to sit down* |
| **ammalarsi** | *to get sick* |

Attività

**A** **Qualcosa non va!** Trovare la parola che non va con le altre.

1. l'influenza, il sopracciglio, il raffreddore, la malattia
2. il corpo, la schiena, il petto, il labbro
3. l'orecchio, il naso, il collo, la febbre
4. il piede, il ginocchio, la gola, la gamba
5. radersi, pettinarsi, vestirsi, ammalarsi
6. l'orecchio, il dente, la lingua, le labbra

**B** **Le parole mancanti.** Completare le frasi in maniera logica utilizzando le parole da **Si dice così**.

1. La tosse e la febbre sono due sintomi di un'...
2. Per vedere se hai la febbre è necessario...
3. Il contrario di spogliarsi è...
4. Le orecchie, la bocca e il naso sono tutte parti della...
5. Molte persone, quando si alzano la mattina, si pettinano i...

**C** **Quali parti del corpo?** Quali parti del corpo usi per fare queste cose?

*Esempio:* Quando suono il pianoforte uso...

1. suonare il pianoforte
2. giocare a calcio
3. vedere un film
4. abbracciare
5. camminare
6. ascoltare musica l'orecchio
7. ballare
8. mangiare i tortellini
9. sentire il profumo di un fiore
10. andare in bicicletta

**D** **Magari!** Descrivere al compagno/alla compagna le tue qualità fisiche ideali, citando persone famose.

*Esempio:* Vorrei avere le braccia di Arnold Schwarzenegger.
Vorrei avere i capelli come...
Vorrei avere il naso di...

## A.2 Incontro

**Mamma mia, che stress!** *Cristina e Silvia sono compagne di stanza.*

SILVIA: Ciao, Cristina! Ti vedo proprio bene oggi.

CRISTINA: Mi sento in gran forma. Ma tu, Silvia—hai proprio una brutta faccia! Cos'hai?

SILVIA: Ho un esame di matematica oggi. Ho studiato tutta la notte e non ho dormito! Mi sono svegliata alle cinque. E ora mi fanno male gli occhi e ho mal di testa. Che stress!

CRISTINA: Non ti preoccupare! Andrà tutto bene, vedrai. In bocca al lupo!

SILVIA: Crepi!

**PUNTO numero uno: non soltanto avere ma pensare di avere il controllo del proprio corpo. Contro lo stress imparate a respirare lentamente, rilassando i muscoli del collo come in una sorta di training autogeno, e, proprio come consigliano in alcuni corsi di preparazione al parto per il controllo del dolore, cercate di "staccare" la spina pensando ad immagini piacevoli e positive. Evitare di frequentare compagni ansiosi che tendono a riversa-**

## Respirate lentamente per controllare le vostre tensioni

**re la propria insicurezza sugli altri e ricordate che è assolutamente inutile studiare la notte prima degli esami, molto meglio una passeggiata all'aria aperta e rivedere magari due o tre specchietti ma solo come un rito propiziatorio. Consigli analoghi per i genitori: non sottovalutate lo stato di tensione dei ragazzi, qualunque esame coinvolge emotivamente, persino i più semplici: cercate dunque di assicurare loro un contorno di tranquillità, con ritmi uguali e rassicuranti, un'alimentazione che li aiuti a sostenere gli sforzi per trovarsi nelle condizioni ottimali per sostenere gli esami. Senza dimenticare un po' di attività fisica.**

del proprio: *of one's own* autogeno: *self-controlled* parto: *birth* staccare: *detach*
specchietti: *tables, notes* propiziatorio: *favorable* rassicuranti: *reassuring* sforzi: *efforts*

 **Comprensione.** Leggere la conversazione e l'articolo e poi scegliere la risposta giusta.

1. Silvia ha studiato tutta la notte e ora...
   a. le fa male la schiena. b. le fanno male gli occhi. c. si sente in gran forma.
2. Per controllare lo stress bisogna respirare...
   a. rapidamente. b. lentamente. c. normalmente.
3. Bisogna anche pensare...
   a. agli esami. b. alle vacanze. c. ad immagini piacevoli e positive.
4. È _____ studiare tutta la notte prima degli esami.
   a. inutile b. utile c. necessario
5. Secondo l'articolo, la notte prima degli esami è meglio...
   a. mangiare un gelato. b. vedere gli amici nervosi. c. fare una passeggiata all'aria aperta.
6. I genitori devono _____ i loro figli.
   a. correggere b. rassicurare c. ignorare

 **In bocca al lupo!** Con un compagno/una compagna, create un dialogo in cui (*in which*) il/la paziente descrive i sintomi dello stress prima degli esami. Il medico suggerisce cosa deve fare per superare (*overcome*) questo problema.

**Il malato immaginario.** Creare una conversazione basata sui seguenti suggerimenti.

*S1:* Hai studiato tutta la notte. Sei nervoso/a per un esame e hai un raffreddore. Dire all'amico/a tutte le cose che ti fanno male e tutti i tuoi sintomi.

*S2:* Sei uno studente/una studentessa di medicina. Provare a fare una diagnosi della salute di un amico/un'amica che ti racconta tutti i suoi dolori.

*Esempio:* —Oggi non mi sento per niente bene.
—Che cosa hai?
—Ho mal di testa e mi fa male...
—Forse...

| | |
|---|---|
| **ti vedo proprio bene** | *you look great* |
| **avere una brutta faccia** | *to look pale, unwell* |
| **cos'hai?** | *what's the matter?* |
| **mi fa male la testa, la gola** | *my head hurts, my throat aches* |

**Abbinamenti.** Trovare nella lista a destra la risposta logica per ogni frase a sinistra.

1. Perché cammini così? Stai male?
2. Ti piace il mio nuovo *look?*
3. Allora non vieni alla lezione oggi? Cos'hai?
4. Ma tu hai una brutta faccia! Avrai mica l'influenza?

a. Sì, moltissimo! Ti vedo proprio bene!
b. No, sto benissimo. Sono solo un po' stanco.
c. Non è niente. Solo che mi fa male il piede.
d. Ho la febbre e il dottore mi ha detto di stare a casa.

**Mi fa male!** Dire che cosa ti fa male nelle seguenti situazioni.

*Esempio:* Ho lavorato tutta la notte con il computer e adesso... mi fanno male gli occhi. (mi fa male la schiena)

1. Ho fatto molta ginnastica ieri e ora...
2. Accidenti a questo raffreddore! Piove da una settimana e ora...
3. Non hai mica un'aspirina da darmi, per piacere? ...
4. Devo andare subito dal dentista perché...
5. Dopo due ore al pianoforte...
6. Mi piace correre, ma se corro troppo...

**Lo sapevi che... ?**

Ci sono molte espressioni che utilizzano le parti del corpo. Ad esempio, si dice che una persona che è veramente brava e competente è **in gamba.** Quando qualcuno ha bisogno di aiuto, si può **dare una mano.** E quando una persona parla molto ed esprime le sue opinioni bruscamente (*bluntly*), si dice che **non ha peli sulla lingua!**

# A.3 Punti grammaticali

## I verbi riflessivi

| | |
|---|---|
| —Quando **ti alzi, ti vesti** subito? | —*When you get up, do you dress right away?* |
| —No, prima **mi lavo** i denti. | —*No, I brush my teeth first.* |
| **Ci laviamo** le mani prima di mangiare. | *We wash our hands before eating.* |
| —**Vi siete divertiti** alla festa di Lucia? | —*Did you have fun at Lucia's party?* |
| —Sì, ma **ci siamo dimenticati** il regalo a casa. | —*Yes, but we forgot the gift at home.* |

1. A reflexive verb **(verbo riflessivo)** is a verb whose subject acts on itself, such as *I hurt myself* or *we enjoyed ourselves.* A reflexive verb is always accompanied by a reflexive pronoun, **mi, ti, si, ci, vi,** or **si,** and is conjugated according to tense and subject.

| **vestirsi** (*to dress*) | | | | | |
|---|---|---|---|---|---|
| **mi** | vesto | *I dress myself* | **ci** | vestiamo | *we dress ourselves* |
| **ti** | vesti | *you dress yourself* | **vi** | vestite | *you dress yourselves* |
| **si** | veste | *he/she dresses him/herself*<br>*you (formal) dress yourself* | **si** | vestono | *they dress themselves* |

2. Some of the most common reflexive verbs are:

| | | | |
|---|---|---|---|
| **addormentarsi** | *to fall asleep* | **pettinarsi** | *to comb one's hair* |
| **alzarsi** | *to get up* | **preoccuparsi** | *to worry* |
| **annoiarsi** | *to be bored* | **prepararsi** | *to prepare oneself* |
| **arrabbiarsi** | *to get angry* | **radersi** | *to shave* |
| **chiamarsi** | *to be called* | **ricordarsi** | *to remember* |
| **dimenticarsi** | *to forget* | **sedersi** | *to sit* |
| **divertirsi** | *to have a good time* | **spogliarsi** | *to undress* |
| **lamentarsi** | *to complain* | **svegliarsi** | *to wake up* |
| **lavarsi** | *to wash oneself* | **truccarsi** | *to put on makeup* |
| **perdersi** | *to get lost* | **vestirsi** | *to get dressed* |

3. The position of a reflexive pronoun is the same as for other pronouns: either it directly precedes the conjugated verb, or it is attached to an infinitive, which drops its final **e.**

| | |
|---|---|
| **Mi** devo svegliare presto domani./Devo svegliar**mi** presto domani. | *I have to get up early tomorrow.* |
| **Ti** vuoi lavare i capelli?/Vuoi lavar**ti** i capelli? | *Do you want to wash your hair?* |
| **Si** può sedere qui./Può seder**si** qui. | *You can sit here.* |

When the reflexive is used to refer to things that belong to the subject, such as parts of the body or clothing, the possessive adjective is not used; the definite article is used instead.

| | |
|---|---|
| Mi lavo **le** mani. | *I am washing my hands.* |
| Ti sei dimenticato **la** giacca. | *You forgot your jacket.* |

4. Many verbs have both reflexive and nonreflexive forms depending on whether the action is performed by the subject on itself or on something or someone else. Compare:

| **reflexive** | **nonreflexive** |
|---|---|
| Mi lavo la faccia.<br>*I wash my face.* | La mamma lava il viso al bambino.<br>*The mother washes the baby's face.* |
| Mi sveglio alle sette.<br>*I'll wake up at seven.* | Ti sveglio alle sette.<br>*I'll wake you at seven.* |
| Si chiama Giuseppe ma...<br>*His name is Giuseppe but . . .* | noi lo chiamiamo Beppe.<br>*we call him Beppe.* |
| Ci prepariamo per la festa.<br>*We're getting (ourselves) ready for the party.* | Preparo una torta per la festa.<br>*I'm making a cake for the party.* |

5. In compound tenses like the **passato prossimo,** reflexive verbs take the auxiliary verb **essere.** The past participle agrees with the subject in gender and number.

| | |
|---|---|
| Le ragazze si sono sedut**e** vicino alla finestra. | *The girls sat near the window.* |
| Mia madre si è preoccupat**a** per me. | *My mother worried about me.* |

6. When a reflexive verb is used with the impersonal construction, **ci si** is used to avoid juxtaposing the reflexive **si** and the impersonal **si.**

| | |
|---|---|
| Quando non si dorme abbastanza, **ci si addormenta** facilmente. | *When one doesn't sleep enough, one falls asleep easily.* |
| Quando **ci si annoia,** non **ci si diverte.** | *When you are bored, you don't have a good time.* |

## Attività

**Una giornata così.** Sostituire il soggetto del brano con i seguenti soggetti: Tommaso; Tommaso e Giulio.

Quando devo andare all'università, mi sveglio alle sette e trenta e mi preparo per la giornata. Mi lavo la faccia, mi rado, mi lavo i denti e mi vesto. Faccio colazione al bar vicino a casa e vado alla prima lezione. Mi siedo vicino al professore e ascolto attentamente le sue spiegazioni. Non mi annoio mai all'università perché le lezioni sono interessanti. Dopo cena mi spoglio, mi metto il pigiama e mi addormento davanti alla TV.

 **Le colonne.** Creare delle frasi con un elemento preso da ciascuna colonna, mettendo i verbi al presente indicativo.

| | | |
|---|---|---|
| Caterina | lavarsi | dopo cena |
| Noi | preoccuparsi | di prendere le medicine |
| Fabio | addormentarsi | la temperatura |
| Tu ed Elio | lamentarsi | per l'esame di storia |
| Io | prepararsi | della qualità del cibo |
| Patrizia e Sara | sedersi | le mani con acqua e sapone |
| Le zie | ricordarsi | per la salute dei bambini |
| Tu | misurarsi | su una poltrona comoda |

 **Le vacanze disastrose.** Le seguenti persone sono tornate a casa dopo delle vacanze disastrose. Completare le frasi con il passato prossimo dei verbi tra parentesi.

*Esempio:* Carlo non (divertirsi) a casa degli zii.
Carlo non si è divertito a casa degli zii.

1. A Lucia non è piaciuta la festa e (annoiarsi) molto.
2. Marco e Alessandro (alzarsi) tardi quella mattina e hanno perso il treno.
3. Noi siamo andati a Eurodisney ma non (divertirsi) per niente.
4. Gherardo è andato nella giungla e (ammalarsi) gravemente.
5. I miei genitori (perdersi) nel deserto.
6. Io (arrabbiarsi) perché mio fratello (dimenticarsi) di portare il passaporto e siamo dovuti tornare a casa.
7. Lisa e Gabriella (farsi male) in un incidente sulle autostrade di Los Angeles.

 **Abitudini.** Fare le seguenti domande ad un altro studente/un'altra studentessa, che risponderà con frasi complete.

1. A che ora ti alzi il sabato mattina? E la domenica mattina?
2. Quante volte al giorno ti lavi i denti?
3. Quali prodotti usi per raderti/truccarti?
4. Come si chiamano gli amici che vedi di più?
5. Ti preoccupi quando hai un esame importante?
6. Ti diverti all'università? al lavoro? a casa?
7. A che ora ti addormenti di solito?

## I verbi reciproci

| | |
|---|---|
| Marco mi scrive e io gli scrivo. | *Marco writes to me and I write to him.* |
| **Ci scriviamo.** | *We write each other.* |
| Tu telefoni a Roberto e Roberto telefona a te. | *You telephone Robert and Robert telephones you.* |
| **Vi telefonate.** | *You telephone each other.* |
| Romeo ama Giulietta e Giulietta ama Romeo. | *Romeo loves Juliet and Juliet loves Romeo.* |
| Romeo e Giulietta **si amano.** | *Romeo and Juliet love each other.* |

1. In Italian, the plural reflexive pronouns **ci, vi,** and **si** are used with the plural forms of the verb to form the reciprocal construction (*I see you and you see me: we see each other. I help you and you help me: we help each other.*).

| | |
|---|---|
| **Ci vedevamo** spesso. | *We used to see each other often.* |
| **Vi telefonate** stasera? | *Are you telephoning each other tonight?* |
| **Si scrivono** una volta al mese. | *They write to each other once a month.* |

2. In compound tenses like the **passato prossimo,** the reciprocal construction uses the auxiliary **essere.** The past participle agrees with the subject in gender and number.

| | |
|---|---|
| **Ci siamo incontrate** in centro. | *We met in the center of town.* |
| **Si sono sposati** a giugno. | *They got married in June.* |
| **Vi siete abbracciati?** | *Did you hug one another?* |

3. The following verbs express reciprocal action.

| | | | |
|---|---|---|---|
| **abbracciarsi** | *to hug each other* | **salutarsi** | *to greet each other* |
| **aiutarsi** | *to help each other* | **scriversi** | *to write to each other* |
| **baciarsi** | *to kiss each other* | **sposarsi** | *to marry each other* |
| **incontrarsi** | *to meet, run into each other* | **telefonarsi** | *to phone each other* |
| **innamorarsi** | *to fall in love with each other* | **vedersi** | *to see each other* |
| **odiarsi** | *to hate each other* | | |

### Attività

**Cioè...** Completare ogni frase con verbi reciproci come nell'esempio.

*Esempio:* Tu aiuti Beppe e lui ti aiuta, cioè (*that is*) voi vi aiutate.

1. Io vedo Filippo e lui mi vede, cioè...
2. Il medico saluta Cristina e lei lo saluta, cioè...
3. Io ti incontro in centro e tu mi incontri, cioè...
4. Carola capisce Sandro e lui la capisce, cioè...
5. Tu hai telefonato a me e io ti ho telefonato, cioè...
6. Piero ha conosciuto Angela e lei lo ha conosciuto alla festa, cioè...

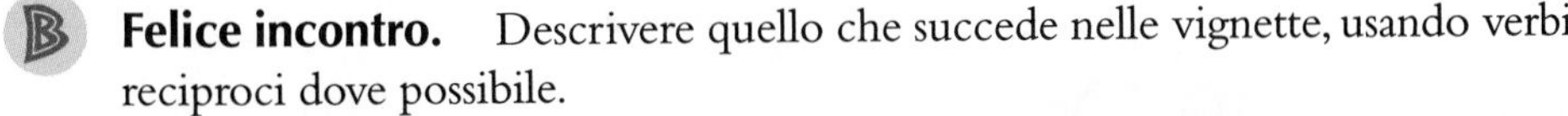

**Felice incontro.** Descrivere quello che succede nelle vignette, usando verbi reciproci dove possibile.

incontrarsi, abbracciarsi

salutarsi, baciarsi

divertirsi, innamorarsi

C **Colpo di fulmine** (*Love at first sight*). Domandare al compagno/alla compagna informazioni sui suoi genitori. Scoprire per esempio:

- come si chiamano.
- come si sono conosciuti.
- se si sono innamorati subito.
- quanti anni avevano quando si sono sposati.
- dove abitano.

Poi presentare alla classe le informazioni raccolte.

# B L'ABBIGLIAMENTO

## B.1 Si dice così

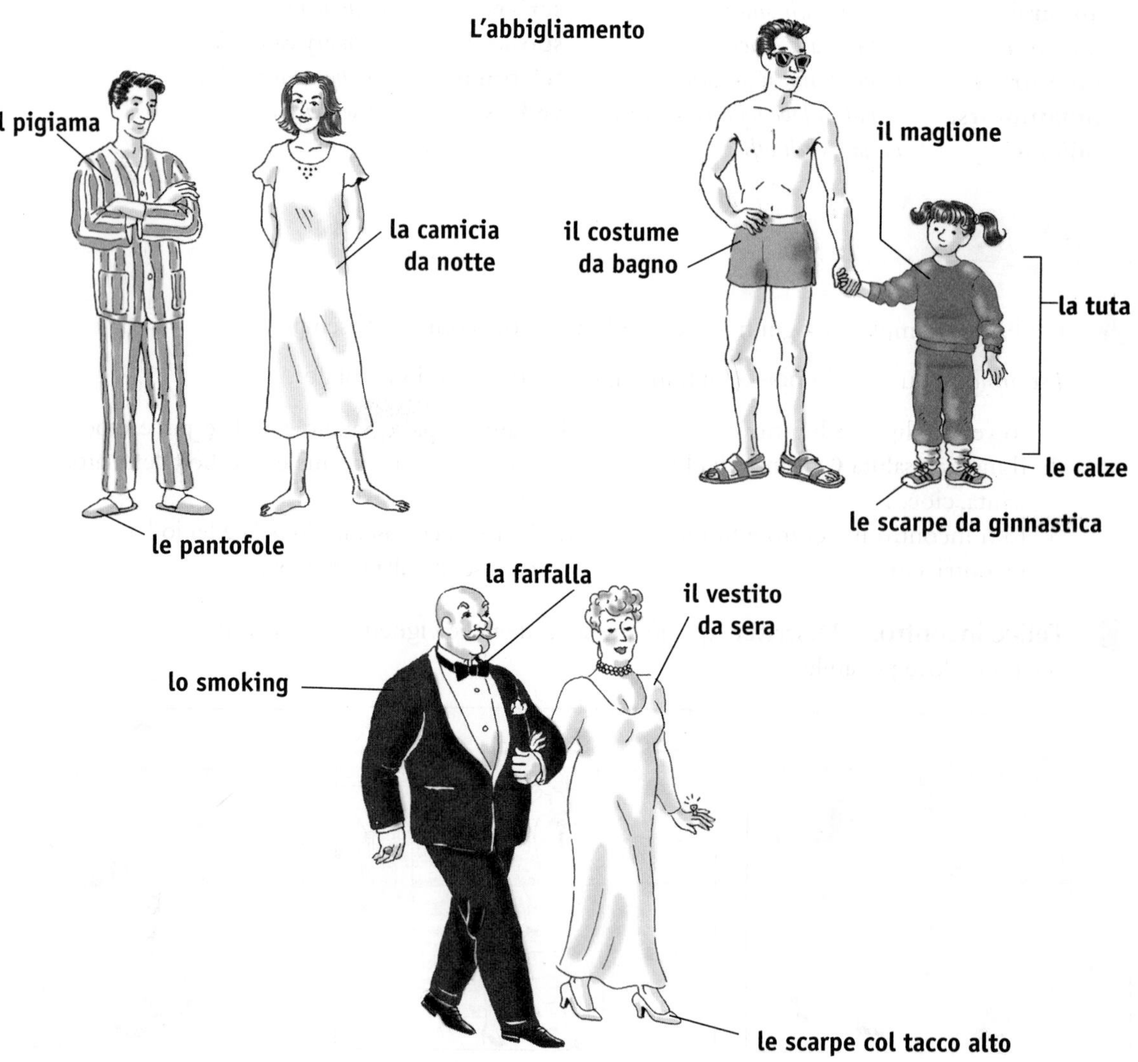

## Parole utili

| | | | | | |
|---|---|---|---|---|---|
| **i vestiti** | *clothes* | **pesante** | *heavy* | **sportivo** | *casual* |
| **chiaro** | *light (color)* | **leggero** | *light* | **indossare** | *to wear* |
| **scuro** | *dark (color)* | **elegante** | *elegant* | **mettersi** | *to put on* |

**Lo sapevi che... ?**

La moda italiana è apprezzata in tutto il mondo. I nomi degli stilisti più importanti, come Armani, Gucci, Prada o Versace, sono conosciuti a Tokio come a New York. Alcuni stilisti che rappresentano lo stile più elegante e tradizionale sono Valentino, Ferragamo e Gianfranco Ferré, mentre degli stilisti più trasgressivi sono Dolce e Gabbana, Romeo Gigli e Moschino.

### Attività

 **Cosa ti metti quando... ?** Dire che cosa ti metti nelle seguenti situazioni, usando almeno due vocaboli.

Cosa ti metti quando...

1. vai in piscina?
2. fa freddo?
3. esci con gli amici?
4. piove?
5. vai a dormire?
6. fa caldo?

**B** **Le foto.** Descrivere le persone nelle foto. Paragonare (*compare*) come sono vestiti i ragazzi a destra con quelli a sinistra. Cosa indossano i ragazzi? E le ragazze? Cosa fanno?

**C** **Chi sarà?** Descrivere l'abbigliamento di una persona in classe. Che cosa indossa? Il compagno/la compagna deve indovinare chi è.

*Esempio:* In classe c'è una persona che indossa una maglietta azzurra. Ha le scarpe...

**D** **Preferisco i jeans!** Hai un articolo di abbigliamento preferito? Un vecchio paio di jeans? Una maglietta spiritosa? Descriverlo al compagno/alla compagna, spiegando dove e quando l'hai comprato o ricevuto e perché è tanto importante per te.

## B.2 Incontro

**Non so cosa mettermi!** *Patrizia e Marcella si preparano per andare ad una festa di amici.*

MARCELLA: Cosa ti metti stasera per la festa di Giancarlo?

PATRIZIA: Boh! Pensavo di mettermi i jeans e una maglietta. E tu?

MARCELLA: Così sportiva? Perché non ti metti qualcosa di più elegante? Io ho un nuovo vestito di Moschino—non vedo l'ora di mettermelo.

PATRIZIA: Un vestito firmato! Capirai! E come credi che si vestiranno i ragazzi? In smoking?

MARCELLA: Non fare la scema! È un bel vestito, ma è anche spiritoso!° *witty*

PATRIZIA: Ma insomma! È solo un dopocena° tra amici, e tu ti vuoi mettere un vestito firmato! Vedrai, gli altri ragazzi saranno meno eleganti di te e indosseranno pantaloni e magliette. Niente giacca e cravatta, vedrai! *party, get-together*

MARCELLA: Non mi importa niente di come si vestono gli altri! Ecco! Perché non ti metti questa gonna di Armani? È bellissima! E quella camicetta rosa...

PATRIZIA: Marcella, te l'ho detto ... sono più sportiva di te. Sarò più semplice nei miei gusti, ma i jeans sono comodi.

MARCELLA: Farai una bruttissima figura!

PATRIZIA: Ma quale brutta figura?! Luca è capace di venire in tuta!

MARCELLA: Luca! Ma se non capisce niente di moda! Mentre io...

### Attività

**Ascoltiamo!** **Cosa si metteranno?** Ascoltare bene l'**Incontro** ed indicare quali dei seguenti capi di abbigliamento i ragazzi probabilmente si metteranno per la festa e quali no.

| | Probabilmente sì | Probabilmente no |
|---|---|---|
| jeans | ______ | ______ |
| giacca e cravatta | ______ | ______ |
| vestito di Moschino | ______ | ______ |
| tuta | ______ | ______ |
| magliette e pantaloni | ______ | ______ |
| smoking | ______ | ______ |
| gonna di Armani | ______ | ______ |
| pigiama | ______ | ______ |

**Cosa mi metto?** Chiedere al tuo compagno/alla tua compagna cosa si mette normalmente per andare ad una festa, ad un concerto rock, ad una cena elegante, quando esce per la prima volta con un ragazzo/una ragazza. Gli/le piacciono abiti firmati? Preferisce uno stile sportivo?

**In altre parole**

| | |
|---|---|
| **boh!** | *I dunno!* |
| **vestiti/abiti firmati** | *designer (literally, signed) clothes* |
| **non fare lo scemo/la scema!** | *don't be a fool!* |
| **non mi importa niente di...** | *I don't care anything about . . .* |
| **fare una bella/brutta figura** | *to make a good/bad impression* |

C **Abbinamenti.** Trovare una risposta logica nella colonna a destra per le frasi nella colonna a sinistra.

1. Venite con noi al cinema!
2. Sai, al ricevimento mi sono vestito in modo sportivo, mentre gli altri ragazzi indossavano lo smoking.
3. Giacomo è sempre così elegante?
4. Sono stufa di lui e dei suoi modi! Non mi piace per niente.
5. Quali stilisti italiani ti piacciono?
6. Cosa ti metti per la festa?

a. Ci credo! Spende tanti soldi in vestiti firmati!
b. Grazie, veniamo volentieri.
c. Oddio! Hai fatto proprio una brutta figura.
d. Boh! Non ho ancora deciso. Forse i jeans.
e. Ma non fare la scema! Lo so che sei innamorata di lui.
f. Boh! Non mi piacciono gli stilisti e non mi importa niente della moda.

D **Preferenze personali.** Intervistare un compagno/una compagna. Come gli/le piace vestirsi di solito? Che cosa si mette normalmente per andare all'università? Quando esce? Quali sono i suoi negozi preferiti? Indossa abiti firmati?

**Lo sapevi che... ?**

L'espressione **fare bella figura** o **brutta figura** fa parte della mentalità italiana. È molto importante come una persona si presenta, com'è vestita e come si comporta. La società italiana è ancora abbastanza tradizionale e ci sono regole di comportamento che la gente tende a seguire. Queste espressioni sono usatissime e indicano come viene vista (*is seen*) la persona.

E **Non mi importa niente della moda!** Siete due amici/amiche; stasera uscite per passare una serata in discoteca. Problema: uno di voi ama vestirsi elegante, l'altro preferisce la moda molto sportiva. Discutere come vestirvi per questa occasione.

# B.3 Punti grammaticali

## Il comparativo

| | |
|---|---|
| Marcella è **più** formale **di** Patrizia. | *Marcella is more formal than Patrizia.* |
| Ho **più** jeans **che** vestiti. | *I have more jeans than dresses.* |
| Quella camicia è **più** comoda **che** bella. | *That shirt is more comfortable than pretty.* |
| È **più** divertente ballare **che** cantare. | *It is more fun to dance than to sing.* |
| Elisa è **tanto** alta **quanto** Maria. | *Elisa is as tall as Maria.* |
| Luigi è **così** elegante **come** Giacomo. | *Luigi is as elegant as Giacomo.* |

1. Comparisons are of three types: comparisons of equality, comparisons of superiority, and comparisons of inferiority. Comparisons may be made between adjectives, adverbs, nouns, and verbs.

2. Comparisons of equality use either **(tanto) ... quanto** or **(così) ... come.** **Tanto** and **così** are optional in both phrases.

| | |
|---|---|
| La seta è **(tanto)** preziosa **quanto** il lino. | *Silk is as costly as linen.* |
| Armani è **(così)** famoso **come** Ralph Lauren. | *Armani is as famous as Ralph Lauren.* |

When comparing verbs and quantities of nouns, **tanto ... quanto** must be used. When **tanto** and **quanto** precede a noun, they agree with it in gender and number.

| | |
|---|---|
| Ho **tanti** stivali **quante** scarpe. | *I have as many boots as shoes.* |
| Ci sono **tanti** ragazzi **quante** ragazze in classe. | *There are as many boys as girls in class.* |

To express the idea that one person performs a given action *as much as* another person, **tanto quanto** is used.

| | |
|---|---|
| Hai mangiato **tanto quanto** me. | *You ate as much as I did.* |
| Marco ha studiato **tanto quanto** Luisa. | *Marco studied as much as Luisa did.* |

3. Comparisons of inequality use the constructions **più ... di/che** (*more than*) and **meno ... di/che** (*less than*).

   **a.** When comparing two nouns in terms of one quality (adjective or adverb), **più ... di** and **meno ... di** are used.

   Alberto/Luigi: alto

   | | |
   |---|---|
   | Alberto è **meno** alto **di** Luigi. | *Alberto is shorter than Luigi.* |

   La Ferrari/La Fiat: veloce

   | | |
   |---|---|
   | La Ferrari è **più** veloce **della** Fiat. | *A Ferrari is faster than a Fiat.* |

   **b.** When comparing two nouns in terms of quantity, **più ... che** and **meno ... che** are used.

   cravatte/abiti

   | | |
   |---|---|
   | Marco ha **più** cravatte **che** abiti. | *Marco has more ties than suits.* |

   barche/macchine

   | | |
   |---|---|
   | A Venezia ci sono **più** barche **che** macchine. | *In Venice there are more boats than cars.* |

**c.** When comparing two qualities of one noun, **più ... che** and **meno ... che** are used.

| | |
|---|---|
| bello/comodo: scarpe col tacco alto | |
| Le scarpe col tacco alto sono **più** belle **che** comode. | *High-heel shoes are prettier than they are comfortable.* |
| lunga/larga: l'Italia | |
| L'Italia è **più** lunga **che** larga. | *Italy is longer than it is wide.* |

**d.** When comparing two infinitives, **più ... che** and **meno ... che** are used.

| | |
|---|---|
| fare acquisti/lavorare | |
| Mi piace **più** fare acquisti **che** lavorare. | *I like shopping better than working.* |
| cantare/ballare | |
| Mi piace **più** cantare **che** ballare. | *I prefer singing to dancing.* |

**4.** When a preposition precedes the second noun in a comparison, **che** is used.

| | |
|---|---|
| Mi diverto **più** a scuola **che** a casa. | *I have more fun at school than at home.* |
| La moda è **più** tradizionale in America **che** in Italia. | *Fashion is more traditional in America than in Italy.* |

**Lo sapevi che... ?**

La Lombardia è la regione più ricca d'Italia. Il capoluogo, Milano, oltre ad essere la capitale della moda, è il centro finanziario (*financial*) ed economico del paese. Molti giovani vengono da altre regioni italiane perché a Milano trovano lavoro. Di conseguenza, Milano è una città dinamica con un ritmo di vita più veloce che in altre zone dell'Italia.

## Attività

**A Di o che?** Completare le seguenti frasi con **di** o **che.**

1. Il vestito di Fiorucci è meno elegante _____ quello di Armani.
2. Gianna è più sportiva _____ Riccardo.
3. Si fa più attenzione alla moda in Italia _____ negli Stati Uniti.
4. Secondo me, andare in giro per i negozi è più divertente _____ andare al cinema.
5. Roberto è più giovane _____ Luca? Sì, anche se sembra più vecchio _____ lui.
6. Quanto sei alto? Più o meno _____ Andrea?
7. Questo maglione di lana è molto meno delicato _____ quella camicia di seta.
8. Nel mio armadio ci sono più abiti sportivi _____ eleganti.

**Un mondo di vestiti.** Inventare per ogni coppia di parole una frase usando i comparativi.

*Esempio:* cappotto / giacca / pesante
Il cappotto è più pesante della giacca.

1. il costume da bagno / lo smoking / formale
2. i negozi di Milano / i negozi di Des Moines / famoso
3. i pantaloni / la gonna / comodo
4. la collezione di Benetton / la collezione di Armani / sportivo
5. la maglietta / il maglione / leggero
6. indossare abiti firmati / indossare jeans e maglietta / pratico
7. sentirsi comodo / essere di moda / importante
8. camminare con le scarpe col tacco alto / con le scarpe da ginnastica / facile

**Un dilemma.** Antonella è andata ad un dopocena da amici e ha conosciuto due fratelli, Luca e Luigi. Leggere le sue osservazioni e creare delle frasi comparative come nel modello.

*Esempio:* Luca è alto, Luigi no. Luca è più alto di Luigi.

1. Luigi è bello, anche Luca è bello.
2. Luca è molto elegante; portava vestiti firmati. Luigi invece indossava i jeans.
3. Luigi è divertente. Raccontava tante barzellette (*jokes*). Luca invece è serio.
4. Luca è molto spiritoso, ma è anche intelligente.
5. A Luigi piace ballare. Non gli piace cantare.
6. Luca è simpatico, ma Luigi è molto simpatico.
7. Luigi ha i capelli corti, mentre Luca ha i capelli lunghi.
8. Oddio! Non so cosa fare! Mi piace Luigi e mi piace anche Luca.

**Due mondi a confronto.** Creare insieme due o tre frasi comparative per ogni coppia di persone o aspetti della vita italiana e la vita nel vostro paese.

la cucina italiana / la cucina nel vostro paese
la lingua del vostro paese / la lingua italiana
la moda nel vostro paese / la moda in Italia
le università italiane / le università nel vostro paese
Giorgio Armani / uno stilista del vostro paese
Roma / una grande città del vostro paese

**Liceo o università?** Discutere con i compagni le differenze tra il liceo e l'università. Trattare temi come:

qual è più grande; la varietà di materie di studio; gli studi; la difficoltà dei corsi; il tempo richiesto per fare i compiti; l'orario; il calendario; la vita sociale; dove puoi conoscere più persone; altre differenze come la libertà, la responsabilità ecc.

Poi, creare insieme una lista di differenze espresse in frasi complete con il comparativo e presentarla alla classe.

## Il superlativo relativo

| | |
|---|---|
| Quel vestito è **il più bello** del negozio. | *That dress is the most beautiful in the store.* |
| La Rinascente è **il più grande negozio** della città. | *Rinascente is the biggest store in the city.* |
| La signora Rossi è **la signora più elegante** della festa. | *Signora Rossi is the most elegant lady at the party.* |

1. The relative superlative **(il superlativo relativo)** designates *the most, the best, the least,* or *the -est* in a particular group. It is formed as follows:
definite article + **più/meno** + adjective + **di** + group

| | |
|---|---|
| Teresa è sportiva; è **la più sportiva** delle nostre amiche. | *Teresa is athletic; she's the most athletic of our friends.* |
| Antonio è **il più alto** della famiglia. | *Antonio is the tallest in the family.* |

2. The relative superlative is also expressed in the following ways.

   **a.** With adjectives that precede the noun:
   definite article + **più/meno** + adjective + noun + **di** + group

| | |
|---|---|
| Questo è **il più vecchio libro** della biblioteca. | *This is the oldest book in the library.* |
| *Amica* è **la più bella rivista** di moda. | Amica *is the best fashion magazine.* |

   **b.** With adjectives that follow the noun:
   definite article + noun + **più/meno** + adjective + **di** + group

| | |
|---|---|
| Nancy è **la ragazza più simpatica** della scuola. | *Nancy is the nicest girl in school.* |
| Ho comprato **il vestito più elegante** del negozio. | *I bought the most elegant dress in the store.* |

## Il superlativo assoluto

| | | |
|---|---|---|
| Giorgio è **molto intelligente.** | È **intelligentissimo.** | *Giorgio is very intelligent.* |
| Roma è **molto antica.** | È **antichissima.** | *Rome is very old.* |
| I bambini sono **molto belli.** | Sono **bellissimi.** | *The children are very beautiful.* |

1. The absolute superlative **(il superlativo assoluto)** expresses the highest degree of a quality (*very, extremely, the most/least*). The absolute superlative may be expressed in two ways: by using the adverb **molto** before the adjective, or by dropping the final vowel of the adjective and adding the suffix **-issimo/a/i/e.** Adjectives that require an **h** in the masculine plural form also require an **h** before **-issimo: antichissimo, larghissimo, ricchissimo,** etc.

2. The absolute superlative of adverbs may be formed by using **molto** or by adding the suffix **-issimo.** If the adverb ends in **-mente, -issima** is inserted between the adjective root of the adverb and the ending **-mente.** If the adverb does not end in **-mente,** the suffix **-issimo** is added after dropping the final

vowel. The relative superlative of adverbs is expressed with the phrase **più/meno ... di tutti.**

| | |
|---|---|
| Gianni guida **molto veloce.** Guida **velocissimo.** | *Gianni drives very fast.* |
| Guida **più veloce di tutti.** | *He drives the fastest of all.* |
| Maria mangia **molto lentamente.** Mangia **lentissimamente.** | *Maria eats very slowly.* |
| Mangia **più lentamente di tutti.** | *She eats the slowest of all.* |
| Nella si veste **molto semplicemente.** Si veste **semplicissimamente.** | *Nella dresses very simply.* |
| Si veste **più semplicemente di tutti.** | *She dresses the most simply of all.* |

## Comparativi e superlativi irregolari

| adjective | comparative | relative superlative | absolute superlative |
|---|---|---|---|
| buono | migliore/i | il/la migliore | molto buono, buonissimo, ottimo |
| cattivo | peggiore/i | il/la peggiore | molto cattivo, cattivissimo, pessimo |
| grande | maggiore/i | il/la maggiore | molto grande, grandissimo, massimo |
| piccolo | minore/i | il/la minore | molto piccolo, piccolissimo, minimo |
| **adverb** | **comparative** | **relative superlative** | **absolute superlative** |
| bene | meglio | meglio di tutti | benissimo, molto bene |
| male | peggio | peggio di tutti | malissimo, molto male |

1. The adjectives **buono, cattivo, grande,** and **piccolo** have both regular and irregular comparative and superlative forms.

| | |
|---|---|
| Il gelato è **buono,** ma la torta è **migliore (più buona).** | *Ice cream is good, but cake is better.* |
| La torta è **il dolce migliore.** | *Cake is the best dessert.* |
| I piselli sono **cattivi,** ma i carciofi sono **peggiori (più cattivi).** | *Peas are bad, but artichokes are worse.* |
| I carciofi sono **la verdura peggiore.** | *Artichokes are the worst vegetable.* |
| La differenza è **molto piccola;** è proprio **minima.** | *The difference is very small; it's really very small.* |

2. **Maggiore** and **minore** express *greater/lesser,* or *older/younger* when referring to family members.

| | |
|---|---|
| Giorgio è più grande di me; è il mio fratello **maggiore.** | *Giorgio is bigger than I am; he is my older brother.* |
| Anna è la più piccola; è la mia sorella **minore.** | *Anna is the smallest one; she is my younger sister.* |

The regular forms **(più grande, più piccolo/a)** are used to express size.

| | |
|---|---|
| Milano è **più grande** di Brescia. | *Milan is bigger than Brescia.* |
| Capri è **più piccola** di Ischia. | *Capri is smaller than Ischia.* |

3. The adjectives **buono, cattivo, grande,** and **piccolo** have alternative absolute superlative forms.

| | |
|---|---|
| È un'**ottima** idea! | *It's a great idea!* |
| Il film era **pessimo!** | *The film was terrible!* |
| Chi è il **massimo** poeta inglese? | *Who is the greatest English poet?* |
| La differenza è **minima.** | *The difference is minimal.* |

4. The adverbs **bene** and **male** also have irregular comparative and superlative forms.

| | |
|---|---|
| Io canto **bene,** ma Luca canta **meglio** (di me). | *I sing well, but Luca sings better.* |
| Canta **meglio di tutti.** | *He sings better than anyone.* |
| Mario gioca **male** a carte, ma io gioco **peggio** (di lui). | *Mario plays cards badly, but I play worse.* |
| Gioca **peggio di tutti.** | *He plays worst of all.* |
| Si veste **benissimo.**/Si veste **molto bene.** | *She dresses very well.* |
| Si veste **meglio di tutti.** | *She dresses better than anyone.* |

## Attività

**Bravissimi!** Trovare persone o cose che corrispondono alle descrizioni date. Poi descrivere le qualità di queste persone o cose usando dei superlativi assoluti.

*Esempio:* una persona ricca
Bill Gates è molto ricco; anzi, è ricchissimo.

1. una persona divertente
2. una persona che canta bene
3. una persona elegante
4. una brava attrice
5. un libro interessante
6. una persona antipatica
7. una città antica
8. due belle macchine

**Meglio o peggio?** Completare le frasi scegliendo l'espressione corretta fra quelle date.

1. —Liliana è la tua sorella (più piccola, minore)?
   —Sì, è più giovane di me. Io sono il (più grande, maggiore) della famiglia.
2. —Quale cravatta mi consigli di indossare con questa giacca?
   —Vediamo... va (migliore, meglio) questa cravatta.
   —È la mia (migliore, meglio) cravatta—di pura seta!
3. —Mio marito cucina bene, ma il tuo cucina ancora (migliore, meglio).
   —Infatti, mio marito è un bravissimo cuoco. È il cuoco (migliore, meglio) della famiglia!
4. —Tu sei davvero un disastro! Balli (peggiore, peggio) di me!
   —Ma dai! Non sono il ballerino (peggiore, peggio) della festa!
5. —Oggi hai un aspetto (migliore, meglio) di ieri.
   —È vero, mi sento (migliore, meglio) oggi.

 **Nella tua famiglia.** Chiedere al compagno/alla compagna informazioni sulla sua famiglia: Chi è il più divertente? Chi è il più onesto? Chi è lo studente migliore? Il peggiore? Chi legge di più? Chi è il più pigro? Chi guarda di più la televisione? Chi si veste peggio? Chi è il maggiore dei fratelli? Il minore? ecc.

*Esempio:* —Chi è il più alto della tua famiglia?
—Mia madre è la più alta.

# FARE ACQUISTI

## C.1 Si dice così

| | | | |
|---|---|---|---|
| **i saldi** | *sales* | **il cuoio/la pelle** | *leather* |
| **il camerino** | *dressing room* | **la fantasia** | *design/print* |
| **la misura/la taglia** | *size* | **colorato** | *colorful* |
| **il modello** | *design/style* | **in tinta unita** | *solid* |
| **il tessuto/la stoffa** | *cloth/fabric* | **a righe** | *striped* |
| **la seta** | *silk* | **di lusso** | *luxurious/deluxe* |
| **il cotone** | *cotton* | **abbinare** | *to put/go together* |
| **la lana** | *wool* | **provarsi** | *to try on* |
| **il lino** | *linen* | **fare acquisti** | *to shop for clothes* |
| **il pizzo** | *lace* | | |

### Attività

 **Abbinamenti.** Trovare a destra la parola che corrisponde a ogni definizione a sinistra.

| | |
|---|---|
| 1. parte di un negozio dove si possono provare i vestiti | a. i saldi |
| 2. un tessuto leggero che si usa d'estate | b. il lino |
| 3. comprare vestiti nei negozi | c. la seta |
| 4. il materiale delle scarpe, spesso | d. abbinare |
| 5. riduzioni del prezzo di un articolo in un negozio | e. il camerino |
| 6. un tessuto di lusso, usato spesso per le cravatte | f. il cuoio |
| 7. mettere insieme due o più cose | g. fare acquisti |

**B** **Mini-dialoghi.** Completare con vocaboli dall'elenco di **Si dice così.**

1. COMMESSA: Buongiorno! Prego!
   CLIENTE: Buongiorno. Vorrei ______________ una camicia di ______________.
   COMMESSA: Quale ______________ porta, signore?
   CLIENTE: La 46.
   COMMESSA: Le piace questa camicia ______________?
   CLIENTE: Veramente, vorrei una cosa molto semplice, in tinta unita.

2. NICOLA: Angela, cosa pensi della nuova boutique in Via Roma?
ANGELA: È molto bella, ma è troppo ______________ per me.
NICOLA: Ma ora ci sono ______________ e i prezzi sono bassissimi. Andiamo!
ANGELA: Va bene, mi serve un paio di pantaloni di ______________.

3. COMMESSO: Buongiorno, signora. Desidera?
CLIENTE: Buongiorno. Ho visto una maglia di ______________ in vetrina.
COMMESSO: Sì, sì. Vuole provarla? Ecco il ______________.
CLIENTE: Grazie. Vorrei ______________ la maglia con un paio di pantaloni.
COMMESSO: Abbiamo questi pantaloni di seta, un tessuto ______________.

**C Dove compri i tuoi vestiti?** Descrivere ad un altro studente/un'altra studentessa il tuo negozio di abbigliamento preferito. Come si chiama? Dov'è? Come sono i prezzi? È un negozio specializzato o ha una clientela varia? Che cosa hai comprato lì l'ultima volta che ci sei andato/a? Quanto spendi generalmente per vestirti?

## C.2 Incontro

**Nel negozio di abbigliamento.** *Michele sta facendo acquisti; parla con la commessa in una boutique di Via Montenapoleone a Milano.*

COMMESSA: Buongiorno, mi dica!

MICHELE: Buongiorno. Cercavo un maglione. Vorrei qualcosa di particolare...

COMMESSA: Allora Le faccio vedere le nuove maglie di Missoni: sono splendide!

MICHELE: Belle, ma costeranno un occhio della testa!

COMMESSA: Non si preoccupi! Ci sono i saldi di fine stagione° e tutto è al cinquanta per cento.

° *end of season*

MICHELE: Che colpo! C'è una cena da amici questo weekend e vorrei fare bella figura.

COMMESSA: Ho capito. Che taglia porta?

MICHELE: La 50.

COMMESSA: Ecco! Se non Le piacciono questi modelli, allora ci sarebbero anche questi maglioni di Versace, oppure questi di Dolce e Gabbana. Se li provi! Venga!

*Michele entra e prova i maglioni. Esce dal camerino.*

MICHELE: Allora, mi dica: come sto?

COMMESSA: Sta proprio bene! Volendo, potrebbe abbinarlo con dei pantaloni di Armani...

MICHELE: Non esageriamo! Prendo solo il maglione. Signorina, La ringrazio tanto del Suo aiuto. È stata molto gentile.

COMMESSA: Di niente, si figuri! Sicuramente sarà l'uomo meglio vestito della festa!

MICHELE: (*a se stesso*) Già!° Ma chi posso portare alla festa con me?

° *Indeed!*

**Lo sapevi che... ?**

Gli Italiani spendono di più pro capite (*per capita*) sull'abbigliamento che in qualsiasi altro paese del mondo. È molto importante essere alla moda! Ogni stagione ci sono colori "nuovi" scelti dagli stilisti e dalle ditte che producono i tessuti. Così una persona sa se un articolo è di questa stagione o della stagione scorsa.

**Una boutique, una telefonata**

**A Ascoltiamo!** Ascoltare l'**Incontro** e scegliere la risposta giusta.

1. Chi sta parlando?
   a. due amici b. un cliente ed una cameriera c. un cliente ed una commessa
2. Michele cerca...
   a. una maglietta. b. un maglione. c. dei pantaloni.
3. Ci sono i saldi di fine stagione e tutto è al _____ per cento.
   a. 50 b. 500 c. 15
4. Che taglia porta Michele?
   a. la cinquecento b. la cinquanta c. la quindici
5. La commessa suggerisce di abbinare al maglione...
   a. dei modelli di Dolce e Gabbana. b. dei pantaloni di Armani.
6. La commessa dice che Michele...
   a. sarà l'uomo meglio vestito della festa. b. è stato gentile.
7. Michele...
   a. ringrazia la commessa. b. porta la commessa alla festa.

**B** **Comprensione: l'ordine giusto.** Ordinare le frasi seguendo il dialogo dell'**Incontro.**

_____ Michele decide di prendere il maglione.
_____ Michele dice che non ha nessuno da portare alla festa.
_____ La commessa suggerisce i maglioni di Missoni.
_____ La commessa chiede la taglia di Michele.
_____ La commessa porta Michele nel camerino.
_____ Michele saluta la commessa e le dice che cerca un maglione.
_____ La commessa vuole abbinare al maglione un paio di pantaloni di Armani.
_____ Michele dice che un maglione di Missoni costerà troppo.
_____ Michele prova i maglioni.

*In altre parole*

| | |
|---|---|
| **mi dica!** | *may I help you?* (*literally, tell me!*) |
| **non esageriamo!** | *let's not go overboard!* |
| **che colpo!** | *what luck!* |
| **La/ti ringrazio** | *thank you* |
| **di niente!** | *you're welcome!* (*it's nothing!*) |

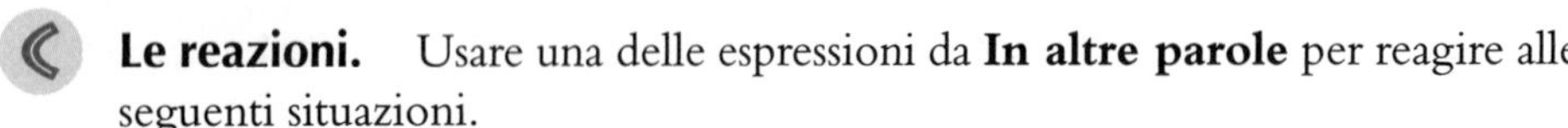

**C** **Le reazioni.** Usare una delle espressioni da **In altre parole** per reagire alle seguenti situazioni.

1. Hai bisogno di un nuovo cappotto. Un tuo amico ti porta in un negozio dove ci sono i saldi di fine stagione e trovi proprio quello che cercavi a metà prezzo.
2. Un'amica ti invita ad andare al cinema, poi a cena fuori e poi a ballare in quel nuovo locale, poi...
3. Sei un commesso/una commessa in un negozio. Entra un cliente.
4. Un amico ti ha ringraziato perché l'hai aiutato con i compiti.

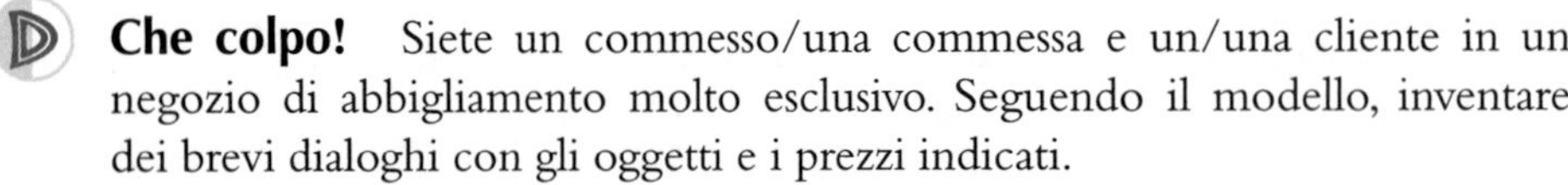

**D** **Che colpo!** Siete un commesso/una commessa e un/una cliente in un negozio di abbigliamento molto esclusivo. Seguendo il modello, inventare dei brevi dialoghi con gli oggetti e i prezzi indicati.

*Esempio:* maglione / €200
—Mi dica, signore (signorina/signora)!
—Buongiorno. Quanto costa quel maglione?
—Viene 200 euro.
—Che colpo! / Costa un occhio della testa!

1. impermeabile / €700
2. scarpe di Gucci / €250
3. costume da bagno / €150
4. cravatta di Versace / €150
5. stivali / €30
6. gonna di Prada / €1.100

**Lo sapevi che... ?**

Quando qualcosa è costosissimo, si dice che costa **l'ira di Dio** (*the wrath of God*) oppure che costa **un occhio della testa** (*a fortune* or, literally, *an eye from one's head*). Sono due modi di dire che rendono molto bene l'idea di quanto una persona spende quando il prezzo è esagerato!

## C.3 Punti grammaticali

### Il condizionale

| | |
|---|---|
| Ti **piacerebbe** andare in Italia? | *Would you like to go to Italy?* |
| Claudia **comprerebbe** il vestito, ma è troppo caro. | *Claudia would buy the dress, but it is too expensive.* |
| Siamo così stanchi che **potremmo** dormire tutto il giorno. | *We're so tired that we could sleep all day.* |
| **Vorrei** un po' di acqua. | *I would like some water.* |

1. The conditional **(il condizionale)** is used to describe what one should or would do, or what would happen in a given situation. It is also used to express desires and requests in a polite way. It corresponds to the English *would/should + verb.*

| | |
|---|---|
| **Dovresti** metterti un cappotto; fa freddo. | *You should put on a coat; it's cold.* |
| **Verremmo** alla tua festa, ma dobbiamo studiare per l'esame. | *We would come to your party, but we have to study for the exam.* |
| —**Potresti** darmi una mano? | —*Could you give me a hand?* |
| —Mi **piacerebbe** aiutarti, però non ho tempo ora. | —*I would like to help you, but I don't have time right now.* |

2. The present conditional is formed using the future stem and adding the conditional endings **-ei, -esti, -ebbe, -emmo, -este, -ebbero.** Remember that **-are** verbs change the **a** to **e.**

| **comprare** (comprer-) | | **leggere** (legger-) | | **dormire** (dormir-) | |
|---|---|---|---|---|---|
| comprer**ei** | comprer**emmo** | legger**ei** | legger**emmo** | dormir**ei** | dormir**emmo** |
| comprer**esti** | comprer**este** | legger**esti** | legger**este** | dormir**esti** | dormir**este** |
| comprer**ebbe** | comprer**ebbero** | legger**ebbe** | legger**ebbero** | dormir**ebbe** | dormir**ebbero** |

## Attività

**A** **Avere o essere.** Completare le seguenti frasi con il condizionale presente dei verbi **essere** o **avere.**

1. Elisabetta, ______________ un momento per parlare di una cosa importante?
2. Davvero verrete in Italia presto? Rivedervi tutti ______________ una cosa bellissima!
3. Mio marito ed io ______________ felici di invitarvi a cena domani sera. Siete liberi?
4. Per fortuna hanno indossato dei cappotti pesanti; altrimenti ora ______________ freddo.
5. Con quel vestito penso che tu ______________ la più elegante della serata.
6. Mi scusi, non ______________ per caso una taglia più piccola?

**B** **Che cosa desidera, signora?** Completare questa conversazione tra un commesso in un negozio di abbigliamento e una sua cliente mettendo il verbo dato al condizionale.

—Buongiorno, mi dica, signora.
—Buongiorno. Forse lei mi (potere) aiutare.
—Che cosa (desiderare), signora?
—Devo andare ad un matrimonio e mi (piacere) trovare un vestito adatto.
—Ecco, signora, abbiamo questo modello. (Essere) perfetto per un ricevimento formale.
—È molto bello, ma costerà l'ira di Dio. Veramente io (preferire) una cosa più semplice che, volendo, (potere) mettere anche per andare al lavoro.
—Ho capito. Allora io Le (suggerire) questo abito. È un modello in stile Armani. E questa camicetta di seta (andare) molto bene con la giacca.
—Mm. È interessante. Sì, mi (piacere) provarlo.

**C** **Troppo gentile!** Trasformare le seguenti frasi al condizionale.

1. Mi presti la tua sciarpa (*scarf*)?
2. Mi piace fare acquisti in centro.
3. Posso fare una domanda?
4. Daniele ci aiuta volentieri.
5. Quale film volete vedere?
6. Stai meglio con i tacchi alti.
7. Quale tessuto preferisce, signora?
8. Mi dà la taglia 48?

**D** **Mi piacerebbe, ma...** Inventare una cosa che ti piacerebbe fare ma che non puoi fare per il motivo dato. Usare il condizionale.

*Esempio:* ... ma dobbiamo studiare.
Verremmo alla festa con voi ma dobbiamo studiare.

1. ... ma non ho i soldi.
2. ... ma abbiamo i biglietti per il teatro.
3. ... ma hanno una lezione d'italiano.
4. ... ma sono molto timido/a.
5. ... ma ho paura di ingrassare (*to gain weight*).
6. ... ma non è molto pratico.
7. ... ma ho sempre troppe cose da fare!
8. ... ma tu non studi abbastanza.

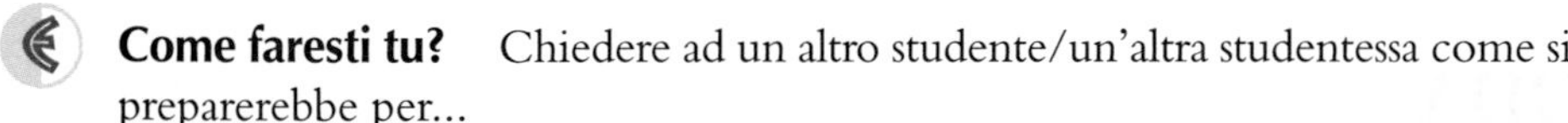

**E Come faresti tu?** Chiedere ad un altro studente/un'altra studentessa come si preparerebbe per...

incontrare un professore.
andare ad una festa fra amici.
un esame difficile.
un appuntamento (*date*) con una persona speciale.

*Esempio:* —Come ti prepareresti per un incontro con un professore?
—Mi alzerei presto perché non vorrei fare tardi.
—E come ti vestiresti?
—Dunque, mi metterei un abito molto tradizionale con...

**F Complimenti! Hai vinto un premio** (*prize*)! Una mattina, mentre fai colazione, guardi nella scatola dei cereali e scopri che hai vinto un bellissimo premio: un biglietto aereo per Milano e duecentomila euro da spendere in Italia. Dire al compagno/alla compagna cosa faresti, in quali negozi andresti e che cosa compreresti.

*Esempio:* Per prima cosa andrei ~~in~~ Via Montenapoleone a Milano.
Andrei...

**Lo sapevi che... ?**

I giovani italiani amano la moda americana—i jeans, le scarpe Timberland e Nike, le tute Champion. E voi conoscete la moda giovane italiana di Benetton, Diesel e Sisley? È colorata, rilassata, sportiva. La più famosa marca italiana di scarpe da tennis è Superga. Fiorucci, un negozio di Milano, offre ai giovani una moda spiritosa a prezzi bassi.

Andiamo da Fiorucci, a Milano

# D LA MODA

## D.1 Si dice così

### Parole utili

| | | | |
|---|---|---|---|
| **la sfilata** | *fashion show* | **fatto a mano** | *hand-made* |
| **la modella/la fotomodella** | *fashion model* | **snello** | *slim* |
| **lo/la stilista** | *fashion designer* | **slanciato** | *slender* |
| **gli accessori** | *accessories* | **cucire** | *to sew* |
| **i bijoux/la bigiotteria** | *costume jewelry* | **seguire la moda** | *to keep up with fashion* |
| **i gioielli** | *jewelry* | **dimagrire** | *to lose weight* |
| **di moda** | *stylish* | **ingrassare** | *to gain weight* |
| **fuori moda** | *unfashionable* | | |

Attività

 **Quale?** Indicare la risposta giusta.

1. Chi disegna le collezioni di moda? la modella / lo stilista
2. Quali sono accessori? la cintura e le scarpe / il tessuto e la taglia
3. Come sono le modelle? robuste e basse / slanciate e alte
4. Cosa vuole fare una persona che segue una dieta? ingrassare / dimagrire
5. Cosa sono i diamanti autentici? i gioielli / i bijoux
6. Dove gli stilisti mostrano le loro nuove collezioni? alla sfilata / nel negozio

 **Diversi stili.** Con un compagno/una compagna, descrivere le tre persone nel disegno in **Si dice così** e discutere: Chi sono? Come si chiamano? Come sono? Come sono vestiti? Cosa fanno? Dove vanno?

## D.2 Incontro

**A ciascuno il suo!** *Marilena, Leonardo e Giacomo sono studenti di design all'Istituto Europeo di Design di Milano. Sono amici, ma Leonardo è geloso del successo di Giacomo.*

MARILENA: Mi piacerebbe vedere la prossima sfilata di Max Mara—è il mio stilista preferito. Allora, Giacomo, tu ci andrai?

GIACOMO: Sì, certo! Non me la perderei per nulla al mondo... Lo sapete che Max Mara ha scelto alcuni miei bijoux per le sue modelle?

LEONARDO: Taci,° ti prego! Marilena, diglielo anche tu di non ricominciare con questa storia! Altrimenti ci spiegherà com'è la nuova tendenza, i colori che sono di moda e ci racconterà quante modelle ha conosciuto...

*Shut up!*

MARILENA: Lascialo parlare, invece! Sai che Giacomo è bravissimo a disegnare i bijoux. Li comprerei tutti! Dimmi, allora, mi fai entrare con te?

GIACOMO: Certo, cara!

LEONARDO: "Certo, cara!" Eh sì, oramai sei famoso! E per di più, sei anche modesto! E frequenti ancora i vecchi amici...

MARILENA: Lascia perdere, Leo! Non fare lo spiritoso! Senti, Giacomo, mi piacerebbe vedere anche la sfilata di Prada. Che ne dici? Riusciremo° a vederle tutte e due?

*Will we be able*

LEONARDO: Voi due! Siete ossessionati!° Sentite, io stasera vado al cinema a vedere un giallo. Se qualcuno vuole venire con me...

*obsessed*

GIACOMO: No, grazie, Leo, devo finire il nuovo progetto per una linea di occhiali da sole. Sono disegni fantastici ... audaci,° proprio come piacciono a me!

*wild*

MARILENA: E io purtroppo devo studiare.

LEONARDO: A ciascuno il suo!

## Attività

**Ascoltiamo! Chi lo dice?** Ascoltare bene l'**Incontro** e indicare chi dei tre amici pronuncia le seguenti frasi, Leonardo (L), Marilena (M) o Giacomo (G).

| | L | M | G |
|---|---|---|---|
| 1. Mi piacerebbe vedere la prossima sfilata di Max Mara. | ______ | ✓ | ______ |
| 2. Max Mara ha scelto alcuni miei bijoux per le sue modelle. | ______ | ______ | ✓ |
| 3. Diglielo anche tu di non ricominciare con questa storia! | ✓ | ______ | ______ |
| 4. Sai che Giacomo è bravissimo a disegnare i bijoux. | ______ | ✓ | ______ |
| 5. Voi due! Siete ossessionati! | ✓ | ______ | ______ |
| 6. Devo finire il nuovo progetto per una linea di occhiali da sole. | ______ | ______ | ✓ |
| 7. A ciascuno il suo! | ✓ | ______ | ______ |

**Il terzo incomodo** (*the third wheel*). Due di voi sono ossessionati da... (sport, televisione, musica, moda...). Alla terza persona non interessa per niente. Creare una conversazione in cui i due entusiasti parlano animatamente dell'argomento preferito e il terzo cerca di cambiare discorso.

*Esempio:* —Tu guarderai la partita stasera?
—Certo, non la perderei per nulla al mondo.
—Dicono che i Cowboys...
—Dai, ragazzi, basta con il football. Invece parliamo di...

**In altre parole**

| | |
|---|---|
| **non me (lo/la/li/le) perderei per nulla al mondo!** | *I wouldn't miss it/them for the world!* |
| **ti prego** | *I beg you/please* |
| **per di più** | *what's more/moreover* |
| **lascia perdere!** | *forget it!* |
| **a ciascuno il suo!** | *to each his own!* |

**C Mini-dialoghi.** Completare i seguenti mini-dialoghi con un nuovo vocabolo appropriato.

1. —Papà, puoi prestarmi dei soldi per comprare una camicia?
—Gianni, tu hai già mille camicie che non ti metti mai, e ______________ ti ho dato dei soldi ieri.
—______________! Li chiederò alla mamma!

2. —Non mi piace affatto la nuova collezione di Armani!
   —No? Io la trovo stupenda! ______________!
3. —Vuoi vedere un film giallo stasera?
   —Non farmi vedere un giallo, ______________! Non mi piacciono per niente!
4. —Bruno, vuoi vedere lo spettacolo al Teatro Goldoni stasera?
   —No, mi dispiace. C'è la partita stasera; ______________!

 **Segui la moda?** Fare le seguenti domande ad un altro studente/un'altra studentessa. Rispondere personalmente, secondo i propri gusti, e poi cercare di formare un giudizio sui gusti dei vostri compagni.

1. Segui la moda? Quali stilisti ti piacciono? Perché? Quali stilisti o negozi sono popolari fra gli studenti della vostra scuola?
2. Come ti vesti tu? Sei vestito/a alla moda o fuori moda? Qual è la moda preferita dagli studenti della vostra scuola?
3. Come ti vesti di solito? Cosa ti metti?
4. Come ti sembrano le modelle? Sono belle? Hai delle modelle preferite? Come si chiamano?
5. Hai mai visto una sfilata? Quando? Ti è piaciuta?

# D.3 Punti grammaticali

## L'imperativo

| | |
|---|---|
| **Scusa** il ritardo. | *Excuse the delay.* |
| **Ascoltate** bene! | *Listen carefully!* |
| Professore, lo **ripeta,** per favore! | *Professor, repeat that, please!* |
| Elena, **non scrivere** sul libro! | *Elena, don't write in the book!* |
| Ragazzi, **andiamo!** | *Let's go, guys!* |

**1.** The imperative **(l'imperativo)** is used for commands and polite suggestions. It is formed thus.

| | **guardare** | **rispondere** | **aprire** | **pulire** |
|---|---|---|---|---|
| **tu** | guard**a!** | rispond**i!** | apr**i!** | pul**isci!** |
| **Lei** | guard**i!** | rispond**a!** | apr**a!** | pul**isca!** |
| **noi** | guard**iamo!** | rispond**iamo!** | apr**iamo!** | pul**iamo!** |
| **voi** | guard**ate!** | rispond**ete!** | apr**ite!** | pul**ite!** |
| **(tu, negative)** | non guardare! | non rispondere! | non aprire! | non pulire! |

Note that the **noi** form is always identical to the present indicative.

2. To form a negative imperative, add **non** before the affirmative **Lei, noi,** and **voi** forms. The negative imperative of the **tu** form is **non** + *infinitive.*

| | |
|---|---|
| **Non si preoccupi,** signora! | *Don't worry, ma'am!* |
| **Non perdiamo** la testa, per piacere! | *Let's not lose our heads, please!* |
| **Non toccate!** | *Don't touch!* |
| Angelo, **non parlare** durante il film! | *Angelo, don't talk during the film!* |
| **Non dimenticare** la giacca; fa freddo! | *Don't forget your jacket; it's cold!* |

3. **Essere** and **avere** have the following imperative forms.

| | essere | avere |
|---|---|---|
| **tu** | sii | abbi |
| **Lei** | sia | abbia |
| **noi** | siamo | abbiamo |
| **voi** | siate | abbiate |

**Siate** buoni, ragazzi, e **abbiate** pazienza! *Be good, kids, and be patient!*

4. The verbs **andare, dare, dire, fare,** and **stare** have shortened **tu** forms, which are frequently used, and irregular formal **Lei** forms. Their other forms are regular.

| | andare | dare | dire | fare | stare |
|---|---|---|---|---|---|
| **tu** | vai (va') | dai (da') | di' | fai (fa') | stai (sta') |
| **Lei** | vada | dia | dica | faccia | stia |
| **noi** | andiamo | diamo | diciamo | facciamo | stiamo |
| **voi** | andate | date | dite | fate | state |

| | |
|---|---|
| **Va'** a letto, Beppe! | *Go to bed, Beppe!* |
| Mi **dia** una mano, per piacere! | *Give me a hand, please!* |
| **Di'** la verità, Gianni! | *Tell the truth, Gianni!* |
| **Faccia** attenzione, prego! | *Pay attention, please!* |
| **Sta'** zitto, Luigi! Non parlare! | *Be quiet, Luigi! Don't speak!* |

5. Reflexive, direct-, indirect-, and double-object pronouns, and **ci** and **ne,** follow and attach to the **tu, noi,** and **voi** forms of the imperative. Pronouns always precede the polite form **Lei.**

| | |
|---|---|
| Hai i guanti? Metti**teli!** | *Do you have gloves? Put them on!* |
| Alzate**vi,** ragazzi! È tardi! | *Get up, guys! It's late!* |
| Andiamo**ci!** | *Let's go there!* |
| Dite**glielo!** | *Tell him (it)!* |
| Prendiamo**ne!** | *Let's take some!* |
| **Mi** dica! | *Tell me!* |
| Non **si** preoccupi! | *Don't worry!* |
| Non parlar**mene!** | *Don't tell me about it!* |

6. When a pronoun attaches to a one-syllable **tu** form of the imperative (**da', fa', va',** etc.), the apostrophe is dropped and the first consonant of the pronoun is doubled, except in the case of **gli.**

| | |
|---|---|
| **Dimmi** cosa c'è! | *Tell me what's wrong!* |
| **Fatti** vivo! | *Keep in touch!* |
| **Vacci** subito! | *Go there right away!* |
| *but* **Daglielo!** | *Give it to him!* |

## Attività

 **Dal medico.** Martedì mattina il dottor Bernardini visita quattro pazienti: una bambina di sei anni, una signora anziana e due giovani fratelli. A tutti dice di fare le stesse cose, ma dando del tu, del Lei e del voi. Ripetere le frasi del dottore usando l'imperativo nella forma giusta, seguendo l'esempio.

*Esempio:* Giovannina, siediti su questa sedia. Descrivi...
Signora, si sieda su...
Carlo e Paolo, sedetevi su...

| | |
|---|---|
| sedersi su questa sedia | stare a letto e non uscire |
| descrivere i sintomi | prendere queste medicine |
| aprire la bocca | non prendere freddo |
| dire "trentatré" | andare subito a casa |

 **Che freddo!** La mamma si preoccupa perché fa molto freddo e Angelino vuole uscire. Completare il dialogo con i verbi all'imperativo.

—Angelino, fa molto freddo. (Coprirsi) bene! (Mettersi) quel maglione di lana e non (dimenticare) i guanti! E (ricordarsi) il cappello.
—Mamma, non (preoccuparsi)!
—Angelino, (portare) una sciarpa!
—Mamma, (stare) zitta!
—Angelino, (essere) buono!
—(Scusare), mamma!
—Va bene, ma non (tornare) tardi!

 **Ma io non voglio!** Un padre ordina alla figlia di fare certe cose. La figlia replica. Creare mini-dialoghi seguendo il modello e usando i pronomi per gli oggetti diretti e indiretti.

*Esempio:* pulire la tua stanza
—Angela, pulisci la tua stanza, per favore.
—Ma, papà! Non voglio pulirla.
—Puliscila!

| | |
|---|---|
| 1. finire gli spinaci | 5. mettersi la giacca |
| 2. lavarsi le mani | 6. telefonare alla nonna |
| 3. fare i compiti | 7. dirmi la verità |
| 4. non guardare la TV | 8. studiare gli appunti |

 **Nel negozio di abbigliamento.** Completare il mini-dialogo tra una commessa e la cliente usando l'imperativo formale.

| | |
|---|---|
| COMMESSA: | Buongiorno! (Dire a me)! |
| SIGNORA: | Buongiorno! (Fare vedere a me) la nuova collezione di Prada. |
| COMMESSA: | (Venire)! Ecco qui! |
| SIGNORA: | Che belli! (Sentire), non ci sono per caso i saldi di fine stagione? |
| COMMESSA: | No, mi dispiace. (Provarsi i vestiti), comunque! |
| SIGNORA: | Va bene. (Avere) pazienza! Potrei provare anche quei pantaloni? |
| COMMESSA: | (Figurarsi)! Certo! (Accomodarsi) pure! (Scusare) un attimo, devo rispondere al telefono. |
| SIGNORA: | (Fare) pure! |

 **Ordini e comandi.** Quali imperativi userebbero le seguenti persone nelle situazioni descritte? Usare la fantasia o i suggerimenti indicati.

1. Un professore dice agli studenti quello che devono fare in preparazione all'esame finale. (studiare..., ripassare..., leggere attentamente il capitolo... ecc.)
2. Una commessa in un negozio di abbigliamento parla con una cliente. (venire con me, provarsi questo..., andare al camerino ecc.)
3. Un giovane spiega ad una signora come arrivare all'ufficio postale in centro. (andare dritto, girare a sinistra, prendere l'autobus numero...)

 **Tu vuoi fare l'Americano!** Uno studente italiano si è iscritto alla vostra università. Vorrebbe vivere proprio come uno studente universitario americano. Come deve vestirsi? Cosa deve fare la sera? Quali posti deve frequentare? Quali corsi deve seguire? Dargli suggerimenti usando l'imperativo.

*Esempio:* Se vuoi sembrare uno studente americano, mettiti i jeans...

# Immagini e parole

## *Il Made in Italy*

For self-tests and practice of unit topics, go to the website for *Parliamo italiano!*

View video episode 7, *Vestirsi* (*Milano*), and do the activities in the Workbook.

**Quali occhiali da sole scegliere?**

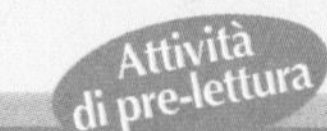

Attività di pre-lettura

**Parole analoghe.** Le parole in corsivo sono parole analoghe. Trovare il termine equivalente in inglese.

1. È ormai una delle *industrie* più importanti.
2. Compratori da tutto il mondo vengono a vedere le collezioni e ad *acquistare*.
3. Sono conosciuti per gli abiti *provocanti*.
4. Ferré disegna abiti come opere *architettoniche*.
5. Per la moda di *tendenza*, Benetton è molto popolare.
6. Diesel ha *conquistato* il mercato dei jeans.

**Scorrendo il testo.** Scorrere il testo e le foto in quest'unità. Poi elencare alcuni/e...

1. stilisti italiani
2. tessuti
3. vie importanti per lo shopping
4. stilisti di abbigliamento per i giovani
5. accessori per gli abiti

Armani, Prada, Versace, Gucci, Fendi: chi non conosce queste grandi firme della moda italiana? Il Made in Italy è ormai una delle industrie principali del paese. Dai tessuti come seta e lana, agli accessori come scarpe, borse e cinture, al design degli stilisti italiani, nell'abbigliamento c'è tutta l'arte italiana.

Salvatore Ferragamo

MaxMara

Ogni anno ci sono le sfilate per le stagioni invernali ed estive a Milano, Roma e Firenze. Compratori° da tutto il mondo vengono a vedere le collezioni e ad acquistare. Per farsi un'idea dell'ultima moda, basta guardare una delle tante riviste come *Amica, Grazia* o *Vogue Italia,* oppure camminare per le vie del centro delle grandi città a vedere le vetrine e la gente che fa shopping. A Milano, la capitale della moda italiana, le vie più famose, sinonimi di alta moda, sono Via Montenapoleone e Via della Spiga.

° *Buyers*

Ogni stilista "firma"° la sua collezione, così che il suo stile è come un autografo: Armani si distingue per il taglio moderno ed elegante; Dolce e Gabbana, Moschino e Roberto Cavalli sono conosciuti per i loro abiti provocanti. Ferré disegna abiti come opere architettoniche che rivelano i suoi studi di architettura. Missoni e Laura Biagiotti trasformano la maglia di lana in un capolavoro.° Per la moda di tendenza, Benetton è molto popolare tra i giovani, mentre Diesel ha conquistato il mercato dei jeans.

° *signs*

° *masterpiece*

Gucci e Ferragamo sono famosi soprattutto per le scarpe, gli stivali, i foulard e le cinture. Luxottica è il più grande produttore di occhiali al mondo. Anche le industrie della bigiotteria e della gioielleria sono importantissime in Italia e spesso riflettono l'ultima moda e un gusto raffinato.

GIORGIO ARMANI

Cerca nel tuo guardaroba:° ti sei lasciato conquistare dalla moda italiana? Hai mai comprato scarpe italiane? Hai un vestito o un accessorio firmato Made in Italy?

° *closet*

La moda italiana

## Attività

 **Comprensione: le frasi sbagliate.** Le seguenti frasi sono tutte sbagliate. Trovare il modo di correggerle.

1. A Venezia e Napoli ci sono sfilate di moda molto importanti.
2. I compratori vengono da tutte le città italiane per assistere alle sfilate.
3. *Amica* e *Grazia* sono riviste che presentano notizie sportive.
4. Via Montenapoleone è una via di Roma famosa per le gallerie d'arte.
5. Dolce e Gabbana e Roberto Cavalli sono stilisti tradizionali che piacciono alle persone anziane.
6. Benetton presenta una moda formale ed elegante.

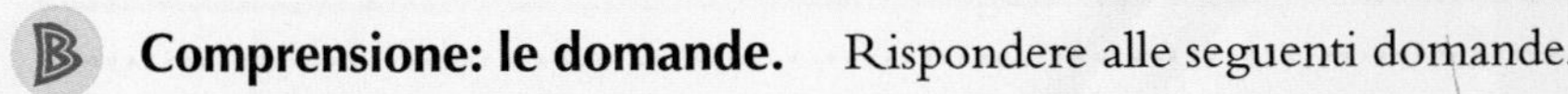

B **Comprensione: le domande.** Rispondere alle seguenti domande.

1. Quali sono gli stilisti italiani più conosciuti nel mondo?
2. Perché si possono facilmente distinguere gli abiti di Moschino da quelli di Armani?
3. Che cosa ha studiato Gianfranco Ferré? Come applica questo studio alla moda?
4. Che cosa producono Gucci e Ferragamo?

C **Progetto.** Trovare in una rivista una pubblicità di stilisti italiani. Trovare una fotografia che ti piace particolarmente. Preparare per la classe una descrizione della fotografia, degli abiti e delle qualità che trovi interessanti.

D **Spunti di conversazione.** Discutere le seguenti domande e preparare le risposte da presentare alla classe.

1. Come si vestono gli studenti della vostra università? Seguono la moda? C'è molta omogeneità nel modo di vestirsi o molta diversità?
2. Secondo voi, come si vestono i giovani italiani? Sono più eleganti dei giovani americani o no? Guardare le foto di questo libro e trovare differenze tra il modo di vestirsi dei giovani italiani e come voi siete vestiti oggi.
3. È importante la moda? O la trovate superficiale? Alcuni dicono "Non mi importa di quello che pensano gli altri." È vero per voi per quanto riguarda la moda?

## LA MODA FREESTYLE

Attività di pre-lettura

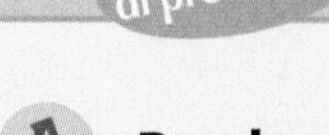

A **Parole simili.** Trovare parole o espressioni simili alle parole elencate in inglese nel seguente brano.

| | | | | |
|---|---|---|---|---|
| alludes to | eclectic | colonized | privileges | philosophy of life |
| expansion | transversal | congested | institutional | unconventional |

B **Sinonimi.** Trovare nella colonna a destra un sinonimo o definizione della parola nella colonna a sinistra.

| | |
|---|---|
| 1. stilista | a. freestyle |
| 2. manifestazione | b. per donne |
| 3. collezione | c. fiera |
| 4. stile libero | d. evento |
| 5. femminile | e. Fiorucci |
| 6. salone | f. vestiti |

# In Fiera, lo stile è 'libero'

## A Milano, il nuovo appuntamento espositivo Freestyle

Lo chiamavano casual, o streetstyle... Ma da oggi ha un nuovo nome, 'freewear', e una nuova vetrina, Milano Freestyle. Una manifestazione che ha esordito alla Fiera milanese dal 30 giugno al 3 luglio, segnando l'inizio delle presentazioni di collezioni al femminile per l'estate 2001. Freestyle privilegia il risvolto 'urban sportivo' della moda, in netta espansione per la sua anima trasversale ed eclettica. Ecco perché è più che probabile che Milano Freestyle diventi un appuntamento da segnarsi in agenda, con buona pace di tutti gli addetti ai lavori, alle prese con un calendario sempre più congestionato. Lo stile libero di Milano Freestyle allude anche a una filosofia di vita: con l'intento di coinvolgere tutta la città e non solo i compratori, la manifestazione ha infatti 'colonizzato' tre punti di Milano con eventi aperti al pubblico: al Museo della Scienza e della Tecnica la mostra telematica "FreeArt"; alla Triennale, "FreeLife" ha proposto il design dei luoghi di lavoro e all'Arengario, una rassegna ludica e anticonvenzionale, "FreeSpirit Fiorucci: i sensi della libertà", ha messo in scena le rivoluzioni del vestire secondo Elio Fiorucci, abile sovvertitore degli stili istituzionali. Infine, il sito Internet *www.milanofreestyle.it* permette di fruire del salone anche dopo la chiusura. Fino alla prossima puntata.

*Sara Del Corona*

esordito: *debuted* risvolto: *aspect* netta: *sharp* anima: *soul, spirit*
gli addetti ai lavori: *experts* alle prese con: *struggling with*
coinvolgere: *involve* rassegna: *show* abile sovvertitore: *able subverter*
fruire: *exploit, take advantage of*

## Attività

C **Comprensione.** Rispondere alle seguenti domande.

1. Quali sono altri nomi per "stile libero"?
2. È più sportivo o più tradizionale il Milano Freestyle?
3. Qual è la filosofia di vita di Milano Freestyle—che la moda è per gli stilisti e gli addetti al lavoro, o che la moda è per tutti, sportivo e libero?
4. Qual è un altro evento aperto al pubblico durante questa manifestazione?
5. Chi è uno stilista sovvertitore degli stili tradizionali e istituzionali?
6. Come può una persona consultare Milano Freestyle dopo la chiusura?
7. Cosa vuol dire "Freestyle," stile libero, per te?

D **In Fiera.** Con un compagno/una compagna, dovete progettare una fiera della moda. Com'è la moda che volete privilegiare: sportiva e libera, audace e trasgressiva, tradizionale ed elegante? Chi sono gli stilisti che invitate a partecipare? Come si chiama la fiera? Ha un sito Internet?

# SCRIVIAMO ITALIANO!

## Comparing and contrasting

To talk about similarities and differences, comparatives are used. Now that you have learned comparatives and superlatives, you can make comparisons, talk about the quality of things and people, and contrast them.

### Attività

 **È più bella la mia!** Cercare in una rivista due pubblicità di moda. Elencare i nomi dei capi di abbigliamento in ciascuna immagine e poi elencare gli aggettivi che descrivono lo stile. Ora confrontare le pubblicità usando la frase comparativa.

*Esempio:* La gonna rossa di Dolce e Gabbana è più di tendenza e meno classica del vestito grigio perla di Armani.

 **La sfilata.** Fare un elenco di tutti gli stilisti americani ed italiani che conosci. Scrivere tre aggettivi per ciascuno. Ora scrivere un articolo immaginando di essere stato/a ad una sfilata per la prossima stagione, paragonando le collezioni presentate dagli stilisti e commentando come erano vestite le celebrità (*celebrities*) che assistevano (*attended*) alla sfilata.

## Vocabolario

### Il corpo

| | |
|---|---|
| il braccio (*pl.* le braccia) | *arm* |
| il dito (*pl.* le dita) | *finger* |
| la gamba | *leg* |
| il ginocchio (*pl.* le ginocchia) | *knee* |
| la mano (*pl.* le mani) | *hand* |
| il petto | *chest* |
| il piede | *foot* |
| la schiena | *back* |
| la spalla | *shoulder* |
| lo stomaco | *stomach* |

### La testa

| | |
|---|---|
| la bocca | *mouth* |
| i capelli | *hair* |
| il ciglio (*pl.* le ciglia) | *eyelash* |
| il collo | *neck* |
| il dente | *tooth* |
| la gola | *throat* |
| il labbro (*pl.* le labbra) | *lip* |
| la lingua | *tongue* |
| il naso | *nose* |
| l'occhio | *eye* |
| l'orecchio (*pl.* le orecchie) | *ear* |
| il sopracciglio (*pl.* le sopracciglia) | *eyebrow* |
| il viso/la faccia | *face* |

## La salute

il dolore *pain*
la febbre *fever*
l'influenza *flu*
la malattia *sickness*
il raffreddore *cold*
il sintomo *symptom*
la tosse *cough*

ammalarsi *to get sick*
farsi male *to hurt oneself*
misurarsi la temperatura *to take one's temperature*
rompersi *to break (a bone)*
sedersi *to sit down*
spogliarsi *to undress*

## L'abbigliamento e la moda

l'abito *suit*
gli accessori *accessories*
i bijoux/la bigiotteria *costume jewelry*
la borsa a tracolla *shoulder bag*
la calza *sock*
la camicetta *blouse*
la camicia *shirt*
la camicia da notte *nightgown*
il cappello *hat*
il cappotto *coat*
la cintura *belt*
il costume da bagno *bathing suit*
la cravatta *tie*
la farfalla *bow tie*
la giacca *jacket*
i gioielli *jewelry*
il giubbotto *short jacket*
la gonna *skirt*
il guanto *glove*
l'impermeabile *raincoat*
la maglia *cardigan sweater*
la maglietta *T-shirt*
il maglione *sweater*
la modella/la fotomodella *fashion model*
l'ombrello *umbrella*
l'orecchino *earring*
la pantofola *slipper*
i pantaloni *pants/trousers*
il pigiama *pajamas*
i sandali *sandals*
la scarpa *shoe*
le scarpe da ginnastica *sneakers*
le scarpe col tacco alto *high-heeled shoes*
la sciarpa/il foulard *scarf*
la sfilata *fashion show*
lo smoking *tuxedo*
lo/la stilista *fashion designer*
gli stivali (*pl.*) *boots*
la tuta *sweatsuit*
i vestiti/gli abiti firmati *designer clothes*
il vestito da sera *evening dress*

di lusso *luxurious/deluxe*
di moda *in style/stylish*
fatto a mano *hand-made*
fuori moda *unfashionable*
slanciato/a *slender*
snello/a *slim*

cucire *to sew*
dimagrire *to lose weight*
ingrassare *to gain weight*
seguire la moda *to keep up with fashion*

## Fare acquisti

il camerino *dressing room*
il cuoio/la pelle *leather*
la fantasia *design/print*
  a righe *striped*
  colorato/a *colorful*
  in tinta unita *solid*
la misura/la taglia *size*
il modello *design/style*
i saldi *sales*
il tessuto/la stoffa *cloth/fabric*
  il cotone *cotton*
  la lana *wool*
  il lino *linen*
  il pizzo *lace*
  la seta *silk*

abbinare *to put/go together*
fare acquisti *to shop for clothes*
provarsi *to try on*

## Verbi riflessivi e reciproci

| | |
|---|---|
| abbracciarsi | *to embrace each other* |
| addormentarsi | *to fall asleep* |
| aiutarsi | *to help each other* |
| alzarsi | *to get up* |
| annoiarsi | *to be bored* |
| arrabbiarsi | *to get angry* |
| baciarsi | *to kiss each other* |
| chiamarsi | *to be called/named* |
| dimenticarsi | *to forget* |
| divertirsi | *to have a good time* |
| incontrarsi | *to meet, to run into each other* |
| innamorarsi (di qualcuno) | *to fall in love (with someone), to fall in love with each other* |
| lamentarsi | *to complain* |
| lavarsi | *to wash oneself* |
| odiarsi | *to hate each other* |
| perdersi | *to get lost* |
| pettinarsi | *to comb one's hair* |
| preoccuparsi | *to worry* |
| prepararsi | *to prepare oneself* |
| radersi | *to shave* |
| rendersi conto | *to realize* |
| ricordarsi | *to remember* |
| salutarsi | *to greet, to greet each other* |
| sedersi | *to sit* |
| scriversi | *to write to each other* |
| spogliarsi | *to undress* |
| sposarsi | *to marry each other* |
| svegliarsi | *to wake up* |
| telefonarsi | *to phone each other* |
| truccarsi | *to put on makeup* |
| vedersi | *to see each other* |
| vestirsi | *to dress, to get dressed* |

## Altre parole ed espressioni

| | |
|---|---|
| a ciascuno il suo! | *to each his own!* |
| avere una brutta faccia | *to look pale, unwell* |
| boh! | *I dunno!* |
| che colpo! | *what luck!* |
| cos'hai? | *what's the matter?* |
| di niente! | *you're welcome! (it's nothing!)* |
| fare una brutta figura | *to make a bad impression* |
| La/ti ringrazio | *thank you* |
| lascia perdere! | *forget it!* |
| mi dica! | *may I help you? (literally, tell me!)* |
| mi fa male la testa, la gola | *my head hurts, my throat aches* |
| non esageriamo! | *let's not go overboard!* |
| non fare lo scemo/la scema! | *don't be a fool!* |
| non me (lo/la/li/le) perderei per nulla al mondo! | *I wouldn't miss it/them for the world!* |
| non mi importa niente di... | *I don't care anything about . . .* |
| per di più | *what's more/moreover* |
| ti prego | *I beg you* |
| ti vedo proprio bene | *you look great* |

UNITÀ

# 8

# Lavorare

## LAVORIAMO INSIEME!

Alcuni operai della Fiat di Torino

## COMMUNICATIVE GOALS

- Expressing desires, opinions, emotions, and doubts
- Talking about professions and the workplace
- Discussing means of transportation

# LE PROFESSIONI

For additional practice on the vocabulary and grammar introduced in this unit, go to **Unità 8** on your Multimedia CD-ROM.

## A.1 Si dice così

**la professione** *profession*
**il mestiere/il lavoro** *job/occupation*
**la carriera** *career*
**l'ufficio** *office*
**l'ingegnere** *engineer*
**il/la giornalista** *journalist*
**il/la commercialista** *accountant*
**l'uomo/la donna d'affari** *businessman/woman*
**la fabbrica** *factory*
**l'operaio** *worker*
**la fattoria** *farm*
**il contadino** *farmer*
**la casalinga** *housewife*
**il pensionato** *retired person*
**diventare** *to become*
**guadagnare** *to earn/to make money*
**realizzarsi** *to be successful*

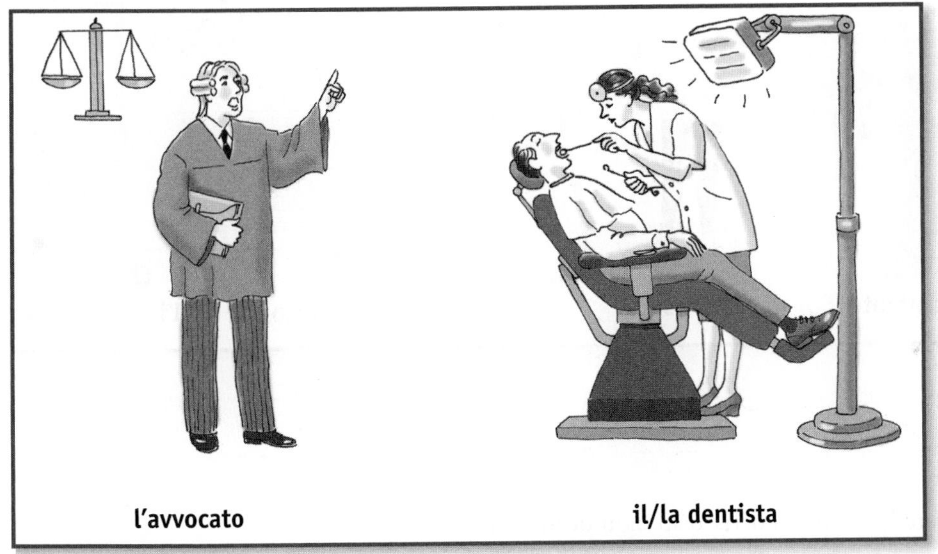


**Lo sapevi che... ?**

Ci sono vari modi per esprimere quale professione si esercita. Comunemente si dice **fare il/la...**, ad esempio **lui fa il medico e lei fa l'ingegnere.** Si può anche dire che **lui è medico e lei è ingegnere.** Oppure si dice che una persona **esercita la professione di medico, esercita la professione di ingegnere.** E tu, quale professione eserciterai?

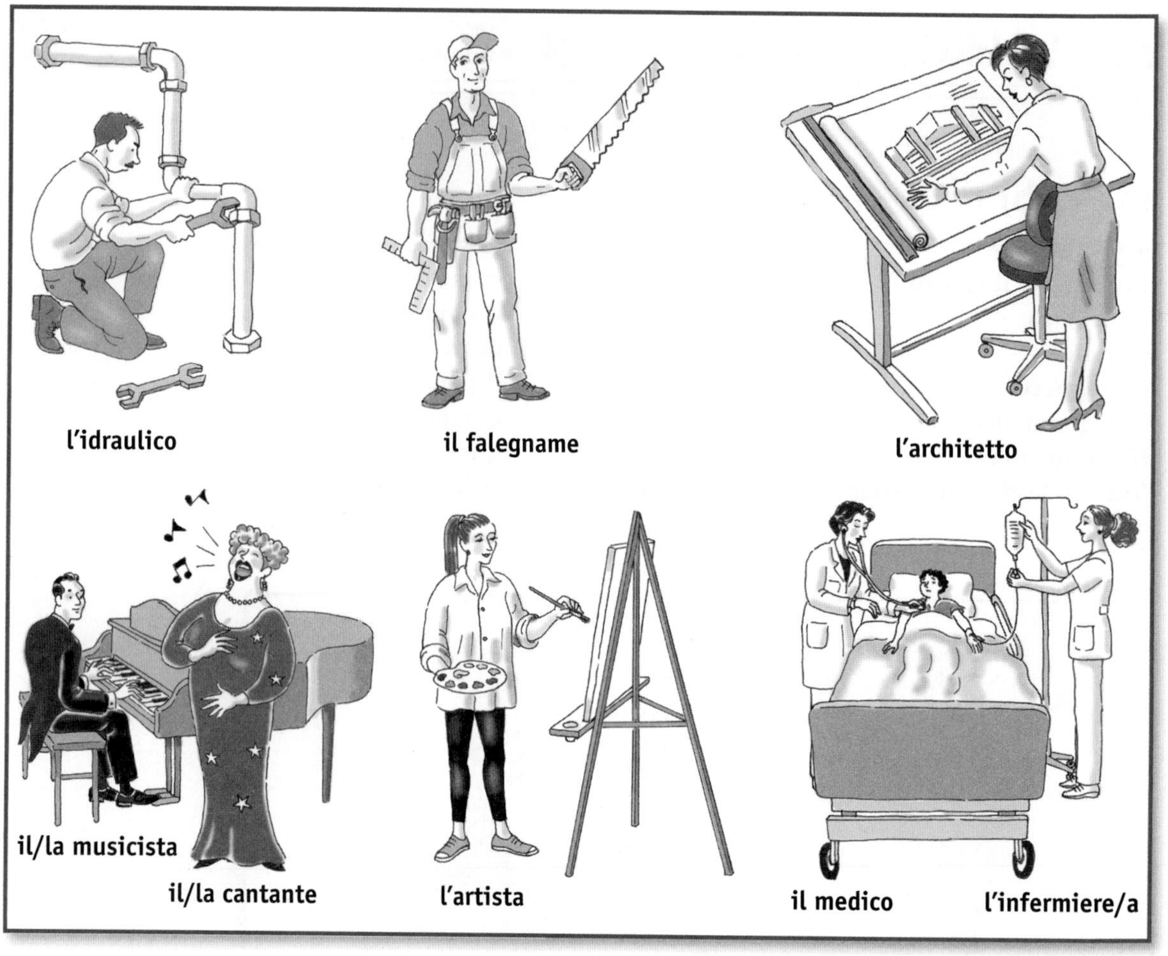

l'idraulico

il falegname

l'architetto

il/la musicista

il/la cantante

l'artista

il medico

l'infermiere/a

## Attività

 **Chi è?** Trovare le risposte corrette ad ogni domanda.

1. Chi lavora in una fattoria?
   a. l'idraulico b. il contadino c. il dentista
2. Chi lavora in fabbrica?
   a. l'artista b. la musicista c. l'operaio
3. Chi non lavora in ufficio?
   a. la casalinga b. il commercialista c. l'uomo d'affari
4. Quando non funziona il bagno, chi chiami?
   a. l'idraulico b. il falegname c. l'avvocato
5. Quando ti fanno male i denti, dove vai?
   a. dal medico b. dal dentista c. dall'operaio
6. Chi guadagna di più?
   a. l'operaio b. la casalinga c. l'avvocato

7. Chi non lavora più?
   a. il pensionato  b. l'ingegnere  c. l'uomo d'affari

8. Chi deve fare i conti e lavora con la calcolatrice?
   a. il contadino  b. il commercialista  c. l'artista

**B** **I ferri del mestiere.** Decidere chi usa i seguenti oggetti nel suo lavoro.

1. la macchina fotografica, un registratore, una matita, un blocco di carta
2. l'aspirapolvere, la lavatrice, il forno
3. il termometro, lo stetoscopio, le medicine
4. i colori, le matite, le modelle
5. le note, il pianoforte, la voce
6. il trattore, le piante, gli animali, l'acqua

**C** **Da grande...** Chiedere al tuo vicino/alla tua vicina quali sono i suoi progetti professionali per il futuro. Fare domande come:

Quale lavoro vorresti fare in futuro?
Perché vorresti esercitare quella professione?
Quali studi devi fare?
Quali sono alcune attività di quella professione?
Quali caratteristiche richiede quella professione?

## A.2 Incontro

**Dopo l'esame di Stato.** *Alcuni studenti del Liceo Classico Massimo d'Azeglio di Torino stanno preparando insieme l'esame di Stato. Parlano del loro futuro.*

GABRIELLA: Nel Canto IV del *Paradiso*, Dante chiede a Beatrice...

ANGELO: Che barba 'sto Dante! Ragazzi, che ne dite di fare una pausa?° Non ce la faccio più! — *take a break*

GABRIELLA: Angelo, non è possibile studiare con uno come te!

MARINA: Dai, Gabriella! Angelo ha ragione: non esageriamo! Piuttosto°... voi cosa farete l'anno prossimo? È facile indovinare° cosa farà Gabriella: studiare, studiare, studiare! — *Rather*; *to guess*

GABRIELLA: Mi prendete sempre in giro! Voglio diventare ingegnere, perciò è necessario che io studi tanto.

FEDERICO: Anch'io voglio studiare ingegneria; bisogna lavorare sodo! E tu, Sandra, sai già cosa fare?

SANDRA: I miei vogliono che io diventi avvocato. Ma a dire il vero, vorrei fare un mestiere creativo; non so, l'artista o la stilista.

MARINA: Che bello fare l'artista o il musicista...

ANGELO: O il presentatore alla TV! I presentatori guadagnano moltissimo: prendete Fiorello, per esempio! Che forte! Ormai è ricco sfondato, famosissimo ed è probabile che lo vedremo ancora per molto tempo alla televisione.

FEDERICO: Vuoi fare il presentatore? Non è facile entrare in televisione.

GABRIELLA: Basta, ragazzi! Bisogna che io prepari dieci canti di Dante per l'esame d'italiano. Altrimenti posso dire addio° alla carriera!

IN CORO: Gabriella, sei sempre la solita secchiona!°

farewell

nerd

## Attività

**Ascoltiamo!** Ascoltare bene l'**Incontro** e scegliere la risposta giusta.

1. Il Liceo Classico d'Azeglio si trova a...
   a. Milano. b. Torino. c. Teramo.
2. I ragazzi stanno leggendo ... di Dante.
   a. l'*Inferno* b. il *Purgatorio* c. il *Paradiso*
3. I ragazzi parlano...
   a. dell'esame di Stato. b. di cosa vogliono studiare. c. dei loro genitori.
4. Quando Angelo parla di presentatori alla TV, fa il nome di...
   a. Zucchero. b. Fiorucci. c. Fiorello.
5. Gabriella vuole diventare...
   a. dentista. b. ingegnere. c. casalinga.
6. Sandra vorrebbe fare un mestiere...
   a. creativo. b. industriale. c. difficile.
7. Gabriella è...
   a. simpatica. b. secchiona. c. semplice.

**Che tipo sei?** Leggere le seguenti affermazioni e trovare quelle adatte a te. Poi leggerle ai compagni, che ti suggeriranno una professione o un mestiere appropriato.

- Amo la natura: vorrei poter lavorare sempre all'aria aperta. Chiuso/a in un ufficio, sicuramente morirei.
- Amo l'ordine, la matematica, le regole, la logica. Non sopporto le cose né le persone illogiche.
- Nella mia professione mi piacerebbe poter aiutare la gente: i bambini, gli anziani, i poveri. Non dobbiamo pensare solo a noi stessi.
- Per me è molto importante fare un'attività creativa: dipingere, disegnare, fare fotografie, scrivere, cioè usare sempre la fantasia.
- Non c'è dubbio: voglio essere un uomo/una donna di successo. Quello che mi interessa di più è guadagnare bene.
- Mi piace leggere, studiare, imparare. Peccato che alla fine dell'università dobbiamo lavorare. Preferirei poter stare sempre all'università.

C **Gabriella e Angelo ... dieci anni dopo.** Rileggere l'**Incontro** e poi usare la fantasia per immaginare quello che succede nei dieci anni successivi a Gabriella, la "secchiona," e ad Angelo, che vorrebbe fare il presentatore televisivo. Com'è andato poi l'esame di Stato? Hanno fatto l'università? Quali lavori hanno trovato? Hanno realizzato i loro progetti?

*Esempio:* Gabriella ha superato l'esame di Stato con il voto di 100. Poi si è iscritta al Politecnico di Torino, dove...
Il povero Angelo invece ha preso 60,...

**Lo sapevi che... ?**

L'esame di Stato è l'esame finale che ogni studente italiano deve superare per ottenere il diploma di scuola superiore. L'esame è composto di (*comprises*) prove scritte e orali, dette "colloqui." Le prove scritte sono tre: la prima è d'italiano, la seconda della materia caratteristica dell'indirizzo della scuola frequentata e la terza è su un argomento scelto dalla commissione. Il voto massimo è 100, il minimo è 60.

***In altre parole***

| | |
|---|---|
| **'sto** | *this, this darn (slang)* |
| **prendere in giro qualcuno** | *to tease someone* |
| **lavorare sodo** | *to work hard* |
| **a dire il vero** | *to tell the truth* |
| **che forte!** | *cool!* |
| **ricco sfondato** | *filthy rich* |
| **basta!** | *enough! enough already!* |

D **Abbinamenti.** Trovare nella colonna a destra la risposta corretta a ogni domanda o affermazione.

1. Leggi qualcosa di interessante?
2. Vorrei essere come Bill Gates.
3. Vuoi giocare con il mio nuovo videogioco?
4. È possibile? O mi stai prendendo in giro?
5. Dai, Antonio! Su! Abbiamo solo dieci problemi ancora!
6. Quando dai l'esame di latino?
7. Vuoi vedere il nuovo film di Giordana? A me piacerebbe vederlo.

a. È assolutamente vero quello che dico.
b. A luglio. Per questo devo lavorare sodo.
c. No! Che barba 'sto libro.
d. Basta! Non ne posso più di matematica. Facciamo una pausa!
e. A dire il vero, non mi piace andare al cinema.
f. Che forte! Adoro "Battaglia Mortale"!
g. Cioè, vuoi lavorare con i computer, o vuoi essere ricco sfondato?

**E** **Non mi dire!** Reagire alle seguenti affermazioni usando un'espressione da **In altre parole.**

1. —Ho due biglietti per il concerto di Anastacia, e ho prenotato la cena in quel ristorante che ti piace. Che ne dici?
   — ________________________!
2. —Non so se conosci la famiglia Agnelli, ma sono i proprietari della Fiat e abitano a Torino.
   —Come no! ________________________!
3. —Sandra, sei in ufficio giorno e notte! Non possiamo mai uscire per andare al cinema!
   —Devo ________________________! Ho un progetto molto importante che voglio finire.
4. —Ho una bella notizia (*news*)! Hai vinto un milione di dollari!
   — ________________________!
5. —Mamma, possiamo mangiare il gelato prima di cena? Possiamo giocare a calcio? Possiamo andare a letto a mezzanotte?
   — ________________________! Adesso pulite le vostre stanze! Non voglio sentire storie!

**F** **Mini-dialoghi.** Completare i seguenti mini-dialoghi usando l'espressione idiomatica giusta.

| fare una pausa | fare colazione | fare la casalinga |
|---|---|---|
| fare un giro | fare freddo | fare il liceo |

1. —Com'è andata la vostra vacanza in montagna?
   —Non me ne parlare! Il tempo era un disastro: ha sempre piovuto e ________________________!
2. — ________________________ è molto duro.
   —Hai ragione. Tutti i giorni bisogna cucinare, pulire, mettere in ordine. Non si finisce mai!
3. —Quando ________________________, mi piaceva studiare il latino.
   —Davvero? Io l'ho sempre detestato!
4. —Abbiamo lavorato sodo per tutta la mattina.
   —Sì, è proprio ora di ________________________. Andiamo a prenderci un caffè.
5. —Perché siete in ritardo?
   —Ci siamo alzati tardi e poi ci siamo fermati in un bar a ________________________.
6. —Devo comprare un regalo per Alessandra. Hai qualche idea?
   —Perché non ________________________ in centro a guardare le vetrine?

# A.3 Punti grammaticali

## Espressioni impersonali

| | |
|---|---|
| —**È difficile** diventare professore? | —*Is it difficult to become a professor?* |
| —Sì, **bisogna** studiare molto! | —*Yes, it's necessary to study a lot!* |

| | |
|---|---|
| —**È possibile** superare l'esame senza studiare? | —*Is it possible to pass the exam without studying?* |
| —No, **è indispensabile** studiare ed **è importante** fare i compiti. | —*No, studying is indispensable and it's important to do homework.* |

**1.** Impersonal expressions **(espressioni impersonali)** consist of a *verb + adjective or noun* or simply a verb; impersonal expressions have no personal subject. They are expressed in the third-person singular and are often followed by an infinitive.

| | |
|---|---|
| **È facile** trovare la strada? | *Is it easy to find the street?* |
| **Basta** guardare bene la cartina. | *It's enough to look carefully at the map.* |

**2.** Some of the most common impersonal expressions are:

| | | | |
|---|---|---|---|
| **è bene** | *it's good* | **è facile** | *it's easy* |
| **è male** | *it's bad* | **è difficile** | *it's difficult* |
| **è meglio** | *it's better* | **è opportuno** | *it's appropriate* |
| **è importante** | *it's important* | **è interessante** | *it's interesting* |
| **è (im)possibile** | *it's (im)possible* | **basta** | *it's enough* |
| **è (im)probabile** | *it's (im)probable* | **bisogna** | *it's necessary* |
| **è incredibile** | *it's incredible* | **sembra** | *it seems* |
| **è necessario** | *it's necessary* | **pare** | *it seems* |
| **è indispensabile** | *it's indispensable* | | |

## Attività

**Nel mondo del lavoro.** Collegare (*Link*) le espressioni della prima colonna con quelle della seconda colonna per formare una frase di senso compiuto.

| | |
|---|---|
| 1. Per lavorare in televisione | a. è molto difficile trovare lavoro. |
| 2. Se vuoi fare carriera | b. bisogna avere molta fortuna. |
| 3. Se vuoi diventare infermiera | c. non è bene arrivare in ritardo. |
| 4. Per sentirsi realizzati | d. bisogna licenziare (*to fire*) gli operai. |
| 5. Quando hai un appuntamento | e. è meglio studiare la matematica. |
| 6. Se vuoi diventare ingegnere | f. non è importante guadagnare molto. |
| 7. Quando la fabbrica chiude | g. è indispensabile lavorare sodo. |
| 8. Quando non hai esperienza | h. non occorre andare all'università. |

**Le cose importanti per tutti.** Alcuni ragazzi parlano dei loro studi e indicano delle cose importanti da fare. Riscrivere le loro frasi secondo il modello.

*Esempio:* Lavoriamo sodo. (È importante)
È importante lavorare sodo.

1. Decidiamo da dove cominciare. (È necessario)
2. Ricordiamo tutti i concetti più importanti. (Non è facile)
3. Vado in biblioteca. (È bene)
4. Troviamo un posto tranquillo per studiare. (È meglio)
5. Studiamo cinque minuti. (Non basta)
6. Hai gli appunti delle lezioni del semestre? (È indispensabile)
7. Sei puntuale alle lezioni. (È importante)
8. Rileggo l'ultimo capitolo. (È opportuno)
9. Studiamo sempre insieme. (È interessante)
10. Finiamo i primi dieci canti del *Paradiso.* (Bisogna)

 **Cosa ne pensate voi?** Esprimere le vostre opinioni completando le seguenti frasi in maniera logica.

1. Per fare il giornalista, è necessario...
2. Per diventare un medico, è importante...
3. Per sentirsi realizzati, è indispensabile...
4. Quando lavori in fabbrica, non è necessario...
5. Quando lavori in ufficio, è necessario...
6. Quando sai parlare una lingua straniera, è facile...
7. Per trovare un buon lavoro, bisogna...
8. Se vuoi fare carriera, è meglio...

## Il congiuntivo presente dei verbi regolari

| | |
|---|---|
| **Prendi** un taxi perché è tardi. | È necessario che tu **prenda** un taxi perché è tardi. |
| *Take a cab because it's late.* | *It's necessary that you take a cab because it's late.* |
| Salvatore **guadagna** molto. | Non credo che Salvatore **guadagni** molto. |
| *Salvatore earns a lot.* | *I don't believe Salvatore earns very much.* |
| **Capisci** bene l'italiano. | Penso che tu **capisca** bene l'italiano. |
| *You understand Italian well.* | *I think you understand Italian well.* |
| I bambini **dormono** di notte. | Sono contenta che i bambini **dormano** di notte. |
| *The babies sleep at night.* | *I'm glad the babies sleep at night.* |

1. Verbs in the indicative mood generally express statements of fact or certainties. The subjunctive **(il congiuntivo)** is another mood, used to express necessity, uncertainty, doubt, desire, and emotion. The subjunctive is less commonly used in English; an example is: *I wish it were true.*

2. The subjunctive is used primarily in dependent clauses introduced by **che.** The verb or verbal expression in the independent clause determines whether the indicative or the subjunctive is used in the dependent clause. Some verbs and expressions that call for the subjunctive are:

| | | | |
|---|---|---|---|
| **avere bisogno** | *to need* | **preferire** | *to prefer* |
| **pensare** | *to think* | **sperare** | *to hope* |
| **dubitare** | *to doubt* | **essere contento** | *to be happy* |
| **(non) credere** | *to (not) believe* | **temere/avere paura** | *to be afraid* |
| **desiderare** | *to desire* | **essere triste** | *to be sad* |
| **volere** | *to want* | **dispiacere** | *to be sorry* |

Impersonal expressions like those in the previous section (**è necessario, è importante, è bene, sembra,** etc.) may also introduce the subjunctive.

3. To form the present subjunctive of regular verbs, drop the infinitive suffix and add the following endings.

| | parlare | prendere | partire | finire |
|---|---|---|---|---|
| **io** | parl**i** | prend**a** | part**a** | fin**isca** |
| **tu** | parl**i** | prend**a** | part**a** | fin**isca** |
| **lui/lei/Lei** | parl**i** | prend**a** | part**a** | fin**isca** |
| **noi** | parl**iamo** | prend**iamo** | part**iamo** | fin**iamo** |
| **voi** | parl**iate** | prend**iate** | part**iate** | fin**iate** |
| **loro** | parl**ino** | prend**ano** | part**ano** | fin**iscano** |

The **noi** form in the present subjunctive is identical to the **noi** form in the present indicative.

4. Verbs ending in **-care** or **-gare** (such as **dimenticare, giocare, pagare**) require an **h** between the stem and endings to represent the hard **c** or **g** sound.

Non è necessario che voi **paghiate,** offro io! — *It's not necessary that you pay, it's my treat!*
È naturale che i bambini **giochino.** — *It's natural that the children play.*

Verbs ending in **-iare, -ciare,** or **-giare** (such as **studiare, lasciare, mangiare**) do not double the **i.**

È importante che io **studi** stasera. — *It is important that I study tonight.*
Sembra che Luisa **mangi** con Pino. — *It seems that Luisa is eating with Pino.*

5. Because the first-, second-, and third-person singular forms are identical, it is often necessary to specify the subject to avoid confusion.

Sembra che **Margherita** non **conosca** Michele.
Sembra che **tu** non **conosca** Michele.

6. The subjunctive is used when the subject of the dependent clause differs from that of the independent clause. If the subject is the same, the infinitive is used. The infinitive is sometimes preceded by the preposition **di.** Compare:

| **Change in subject** | **Same subject** |
|---|---|
| Spero che tu vinca la partita.<br>*I hope you win the game.* | Spero di vincere la partita.<br>*I hope I win the game.* |
| Voglio che Roberto mangi.<br>*I want Roberto to eat.* | Voglio mangiare.<br>*I want to eat.* |
| È importante che loro studino.<br>*It's important that they study.* | È importante studiare.<br>*It's important to study.* |

## Attività

**Cosa vogliono i genitori?** Alcuni amici che hanno superato l'esame di Stato stanno parlando del loro futuro. Completare le frasi con la forma corretta del congiuntivo presente del verbo indicato tra parentesi.

—Mio padre vuole che io (iscriversi) alla Facoltà di Giurisprudenza e che (diventare) avvocato come lui. Mia madre è più comprensiva; per lei è più importante che io (seguire) una carriera che mi piace. Preferisce che io (prendere) tempo per pensarci bene.

—I miei invece sono tremendi. Desiderano che io (seguire) dei corsi di ingegneria. Non vogliono che io (finire) come mio fratello maggiore, che ha studiato al Conservatorio di musica e adesso è senza lavoro.

—Ragazzi, ma voi siete fortunati! Mio padre insiste che io (trovare) un lavoro e che (aiutare) a pagare le spese di casa!

**Secondo me.** Trasformare le seguenti frasi secondo il modello.

*Esempio:* Mauro non parla inglese. *Credo che* Mauro non parli inglese.

1. Suo cugino lavora in fabbrica. Mi sembra che...
2. Giulia e Cristina finiscono gli studi. È ora che...
3. Io cammino di più. Bisogna che...
4. Voi partite subito. Non è necessario che...
5. Luigi mi prende in giro. Non voglio che...
6. I signori Colarusso preferiscono viaggiare in autobus. È strano che...
7. Voi parlate una lingua straniera. Bisogna che...
8. Io seguo il professore nel suo ufficio. È necessario che...
9. Noi apriamo la finestra. Bisogna che...
10. I miei fratelli diventano bravi professionisti. Noi speriamo che...

**Che secchione/a!** Sei una persona molto seria e studiosa e hai sempre consigli per tutti. Formulare dei consigli per gli amici in base ai suggerimenti. Utilizzare espressioni impersonali come **bisogna che... , è importante/necessario/opportuno che...**

*Esempio:* Luigi partecipa poco alle lezioni.
È importante che Luigi partecipi di più.

1. Gli studenti rispondono male alle domande del professore.
2. Alberto non legge abbastanza.
3. Andrea studia poco.
4. Voi non capite quello che dice il professore.
5. Loro non prendono gli appunti in classe.
6. Marco dorme durante la lezione.
7. Nino prende voti bassi perché non studia.
8. Voi scrivete le risposte sbagliate.

**D** **Le colonne.** Formare delle frasi logiche utilizzando un'espressione della prima colonna, un soggetto della seconda colonna, e un'espressione della terza.

| | | |
|---|---|---|
| Papà non vuole che | io | partire un po' presto |
| Speriamo che | Renata | pagare con la carta di credito |
| Mi sembra che | i professori | diventare medico |
| È possibile che | tu | guadagnare molto |
| Siamo contenti che | Roberto | realizzarsi |
| Bisogna che | tu e tua sorella | lavorare sodo |
| È meglio che | gli amici | decidere una futura professione |
| | | superare l'esame di Stato |
| | | leggere quegli articoli |

**E** **Studiare o lavorare?** Un vostro amico vuole lasciare l'università per il mondo del lavoro. Date dei consigli su cosa fare.

*Esempio:* —Ho deciso di lasciare l'università. Non mi piacciono le lezioni e non prendo buoni voti. Non ho una lira, devo guadagnare. Non ne posso più!
—Ma cosa dici? È importante che tu finisca l'università. Bisogna che tu segua le lezioni e che studi. È difficile che ti offrano un bel lavoro se non hai un titolo.

**Lo sapevi che... ?**

Torino, il capoluogo del Piemonte, è stata una città importante durante il Risorgimento, periodo storico che porta all'Unità d'Italia (1815–1871). Nel 1861 i Savoia, sovrani del Piemonte, diventano Re d'Italia e Torino diventa la prima capitale dell'Italia unita. In seguito la capitale si trasferisce per breve tempo a Firenze e poi nel 1871 definitivamente a Roma. Oggi Torino è conosciuta soprattutto come città industriale, sede dell'industria automobilistica, la Fiat.

Palazzo Carignano, sede del primo Parlamento italiano (1861–1865)

# B I MEZZI DI TRASPORTO

## B.1 Si dice così

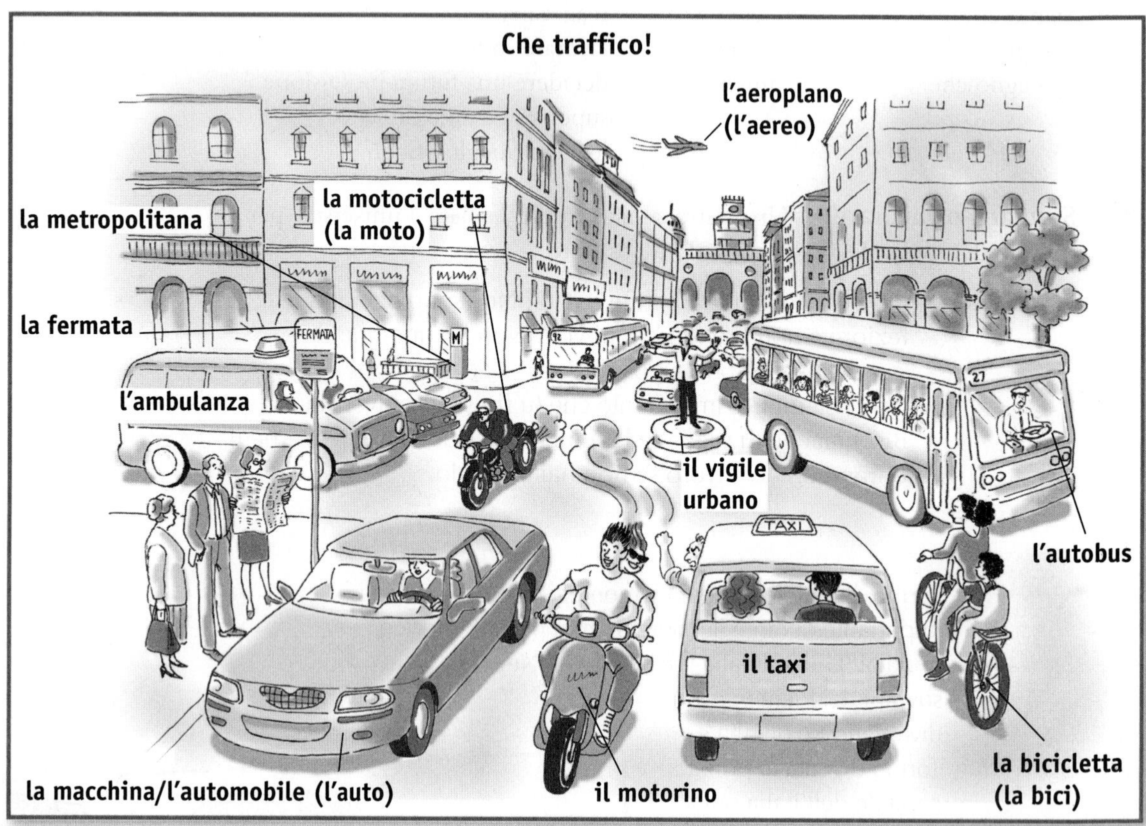


### Parole utili

| | | | |
|---|---|---|---|
| **il mezzo di trasporto** | *means of transportation* | **spostarsi/muoversi** | *to get around (a city)* |
| **la patente** | *driver's license* | **salire su** | *to get on* |
| **la multa** | *ticket/fine* | **scendere da** | *to get off* |
| **il traghetto** | *ferry* | **parcheggiare** | *to park* |
| **la nave** | *ship* | **dare un passaggio a qualcuno** | *to give someone a lift* |
| **l'autista** | *driver* | **accompagnare qualcuno** | *to accompany someone* |
| **il tassista** | *taxi driver* | | |
| **guidare** | *to drive* | | |
| **prendere la patente** | *to get a driver's license* | | |

## Attività

 **Definizioni.** Trovare nella colonna a destra la definizione per ogni parola a sinistra.

| | |
|---|---|
| 1. la fermata | a. il permesso di guidare |
| 2. l'autobus | b. lasciare l'automobile in un determinato posto |
| 3. la patente | c. una motocicletta, popolare fra i giovani |
| 4. l'autista | d. il mezzo che porta i pazienti all'ospedale |
| 5. parcheggiare | e. il posto dove le persone aspettano l'autobus |
| 6. l'ambulanza | f. la persona che guida |
| 7. il motorino | g. un mezzo che le persone prendono per spostarsi in città |

**Lo sapevi che... ?**

L'industria delle automobili è molto importante in Italia. Due case automobilistiche italiane prendono i loro nomi da una sigla: la Fiat (Fabbrica Italiana Automobili Torino) e l'Alfa Romeo (Associazione Lombarda di Fabbricazione di Automobili). La Ferrari, la Lamborghini e la Maserati, tutte prodotte in Emilia-Romagna, sono famosissime macchine sportive di lusso. Invece, per chi preferisce girare su due ruote, ci sono parecchi produttori di moto e motorini: Moto Guzzi, Aprilia, Piaggio, Cagiva, Gilera e Ducati sono alcuni dei più conosciuti.

**B** **Quale mezzo?** Devi andare in Italia per motivi di lavoro. Decidere quale mezzo di trasporto useresti per fare i seguenti viaggi.

per andare da New York a Milano
per andare da Milano a Modena
per andare dalla stazione del treno all'albergo (mezzo chilometro)
per andare dall'albergo alla fabbrica della Lamborghini, un po' fuori città
per andare poi a Venezia
per girare Venezia

**C** **Quali mezzi preferisci?** Fare le seguenti domande ad un altro studente/un'altra studentessa.

1. Hai la macchina? Che modello? L'hai comprata nuova o usata?
2. Hai mai preso una multa? Perché? Quanto hai dovuto pagare?
3. Prendi mai l'autobus? Per andare dove? Devi aspettare molto l'arrivo del tuo autobus?
4. Hai mai fatto un viaggio in treno? Dove sei andato/a? Ti è piaciuto?
5. Prendi mai il taxi? Per andare dove? Costa molto?
6. Ti piace viaggiare in nave? in aereo?

**D** **Nella vostra città.** Discutere i mezzi di trasporto più usati nella vostra zona. Come si muove la gente nella vostra città? Usa l'auto o i mezzi pubblici? Quali? C'è la metropolitana? Quante persone si spostano in bicicletta? È difficile trovare parcheggio? C'è molto traffico? Presentare alla classe i risultati della vostra indagine.

**Lo sapevi che... ?**

Molti Italiani si spostano in città col motorino o con la moto per evitare le code e il traffico. Il clima mite (*mild*) dell'Italia permette l'utilizzo di questo mezzo tutto l'anno. La Vespa è il più famoso motorino italiano, ed il suo nome è ormai sinonimo di tutta la categoria. Lo sciame (*swarm*) di motorini e moto che si mettono davanti alle macchine al semaforo rosso (*red light*) dà l'impressione di un traffico caotico, ma è la norma nelle grandi città.

## B.2 Incontro

**In cerca di un passaggio.** *Donatella e Valentina sono sorelle. Donatella vuole andare in centro ma non sa come arrivarci e così cerca un passaggio.*

DONATELLA: Vale, mi puoi accompagnare in centro? Oggi vorrei andare a Torino a fare due passi e guardare un po' le vetrine.

VALENTINA: Purtroppo, pare che io non possa darti un passaggio. Sai che ho appena preso la patente e papà teme che io non guidi ancora abbastanza bene. Ma vengo volentieri con te. Telefoniamo a Giulia: credo che lei vada in centro oggi.

DONATELLA: Stiamo fresche! Ieri ho litigato° con lei. Sarà difficile° che mi dia un passaggio... *I argued / It's unlikely*

VALENTINA: Che peccato! Allora, perché non prendiamo un taxi?

DONATELLA: Sì, il taxi!!! Sei sempre la solita! È importante che io faccia attenzione ai soldi. Non te ne rendi conto?

VALENTINA: Ho trovato!° Basta chiamare quel ragazzo ... come si chiama? Vincenzo, il tuo ammiratore segreto! È probabile che abbia già la patente, ed è un tipo carino.° Sono sicura che ha una cotta per te ... magari lui ci accompagna. Che ne dici? *I've got it!* *he's a nice guy*

DONATELLA: Sarà carino, ma io non lo sopporto proprio!... Dai, è probabile che ci sia un autobus tra poco. Andiamo!

VALENTINA: Di Vincenzo, non ne vuoi proprio sapere, eh?

Attività

### A. Ascoltiamo! **Perché?** Ascoltare l'**Incontro** e scegliere la risposta giusta.

1. Chi sta parlando?
   a. due amiche  b. due sorelle
2. Dove vogliono andare?
   a. a fare una gita  b. in centro a vedere le vetrine
3. Perché non possono telefonare a Giulia?
   a. Perché Donatella ha litigato con lei.  b. Perché Giulia non ha la patente.
4. Perché non possono prendere un taxi?
   a. Perché devono fare attenzione ai soldi.  b. Perché fa fresco e piove.
5. Perché Valentina suggerisce di chiamare Vincenzo?
   a. Perché è simpatico e disponibile.  b. Perché ha una cotta per Donatella e probabilmente ha già la patente.
6. Perché Donatella non ne vuole sapere di Vincenzo?
   a. Perché preferisce prendere l'autobus.  b. Perché non lo sopporta proprio.

 **L'ammiratore segreto.** Donatella decide di telefonare a Vincenzo. Creare la conversazione telefonica tra Donatella e Vincenzo.

*Esempio:* —Pronto, chi parla?
—Pronto, Vincenzo?
—Sì, sono io.
—Vincenzo, non so se ti ricordi di me. Sono Donatella, la ragazza del corso di... Senti, Vincenzo...

**Lo sapevi che... ?**

La rete delle autostrade italiane si estende dalle Alpi fino alla Sicilia. Per entrare in autostrada si ritira un biglietto e all'uscita si paga con i contanti, la carta di credito, la Viacard (una tessera speciale che si compra prima del viaggio), o il Telepass, che permette di passare il casello (*toll booth*) senza fermarsi. In Italia le autostrade sono molto care, in confronto a quanto si paga normalmente negli Stati Uniti; però a sud di Napoli e in Sicilia sono gratis. Esiste un limite di velocità sulle autostrade italiane (al massimo 150 chilometri l'ora), ma purtroppo non è sempre osservato dagli automobilisti.

**Un cartello stradale. Quale autostrada dobbiamo prendere?**

***In altre parole***

| | |
|---|---|
| **star fresco** | *to be in trouble* |
| **avere una cotta per** | *to have a crush on* |
| **sei sempre il solito/la solita** | *you'll never change* |
| **non lo/la sopporto proprio** | *I really can't stand him/her/it* |

 **Cioè...** Trovare l'espressione di **In altre parole** che corrisponde ad ogni frase.

1. Sono un po' innamorato di quella persona, cioè...
2. Abbiamo un grosso problema, cioè...
3. Tu non cambierai mai, cioè...
4. Non mi piace per niente quel tipo. Lo odio! Cioè...

 **Mi dai un passaggio?** Creare una conversazione secondo i seguenti suggerimenti.

*S1:* Vorresti andare in centro ma non hai ancora la patente e non ti piace prendere l'autobus. Chiedi a tuo fratello/a tua sorella maggiore un passaggio. Lui/lei non vuole, ma tu insisti.

*S2:* Tuo fratello/tua sorella minore vuole un passaggio per andare in centro. Tu non hai voglia di accompagnarlo/la e cerchi tutte le scuse possibili per non uscire (la macchina non parte, aspetti una telefonata ecc.). Alla fine accetti, ma ad una condizione: che...

# B.3 Punti grammaticali

## Il congiuntivo presente dei verbi irregolari

| | |
|---|---|
| Ho paura che loro **siano** in ritardo. | *I'm afraid they're late.* |
| Mi dispiace che voi non **possiate** venire. | *I'm sorry that you can't come.* |
| Dubito che lei mi **dia** un passaggio. | *I doubt that she will give me a lift.* |
| È importante che tu **vada** dal medico. | *It's important that you go to the doctor.* |
| Vuoi che io **venga** con te? | *Do you want me to come with you?* |

1. The following verbs have irregular present subjunctive forms.

| | |
|---|---|
| **andare:** | vada, vada, vada, andiamo, andiate, vadano |
| **avere:** | abbia, abbia, abbia, abbiamo, abbiate, abbiano |
| **bere:** | beva, beva, beva, beviamo, beviate, bevano |
| **dare:** | dia, dia, dia, diamo, diate, diano |
| **dire:** | dica, dica, dica, diciamo, diciate, dicano |
| **dovere:** | debba, debba, debba, dobbiamo, dobbiate, debbano |
| **essere:** | sia, sia, sia, siamo, siate, siano |
| **fare:** | faccia, faccia, faccia, facciamo, facciate, facciano |
| **piacere:** | piaccia, piacciano |
| **potere:** | possa, possa, possa, possiamo, possiate, possano |
| **rimanere:** | rimanga, rimanga, rimanga, rimaniamo, rimaniate, rimangano |
| **sapere:** | sappia, sappia, sappia, sappiamo, sappiate, sappiano |
| **stare:** | stia, stia, stia, stiamo, stiate, stiano |
| **uscire:** | esca, esca, esca, usciamo, usciate, escano |
| **venire:** | venga, venga, venga, veniamo, veniate, vengano |
| **volere:** | voglia, voglia, voglia, vogliamo, vogliate, vogliano |

2. Remember that the **noi** form of the present subjunctive is identical to the **noi** form of the present indicative. For many irregular verbs, the **noi** form is a key to predicting the subjunctive stem (**abbiamo–abbia, possiamo–possa, facciamo–faccia, diamo–dia, sappiamo–sappia,** etc.). Note that the **loro** form is similar to the singular persons, but ends in **-no.**

## Attività

**A** **I mezzi di trasporto.** Completare le frasi con il congiuntivo presente del verbo dato.

1. Prima di salire sull'autobus, bisogna che tu (avere) il biglietto.
2. Non credi che la metropolitana (essere) più veloce?
3. Pensi che Claudia e Patrizia (andare) ai giardini in bicicletta?
4. Sembra che voi non (dovere) prendere l'aereo.
5. È meglio che tu non (bere) prima di guidare.
6. Mi dispiace che tu (dovere) viaggiare per molte ore in treno.
7. Sembra che Rossana e Patrizia non (sapere) cosa fare.
8. Vogliono che io (venire) con loro alla festa.
9. Giorgio non crede che a noi (piacere) camminare molto.
10. Cosa credi che lui (volere) da noi—un passaggio?

**B** **Programmi per il fine settimana.** Gianluca pensa a quello che vuole fare questo fine settimana. Completare il brano con il congiuntivo presente di un verbo della lista; usare ogni verbo solo una volta.

| | |
|---|---|
| esserci | piacere |
| decidere | chiamare |
| potere | fare |
| avere | rimanere |
| partire | |

Bisogna che io _______________ cosa fare questo fine settimana. Mi sembra che _______________ molto caldo, quindi non è il caso che io _______________ chiuso in casa da solo. È meglio che io _______________ subito Luisa e Francesco per sapere se sono liberi. Speriamo che loro non _______________ già altri programmi. Penso che a Luisa _______________ molto nuotare, così è probabile che noi _______________ per il mare. È possibile che io _______________ usare l'automobile di mio fratello, così non dovremo prendere il treno. Sembra che _______________ uno sciopero (*strike*) dei treni e chissà quando finirà!

**C** **Ci raccomandiamo!** Prima di lasciare i loro due bambini con la nuova baby-sitter, i signori Paolini hanno fatto mille raccomandazioni alla povera ragazza. Immaginare quello che le hanno detto.

*Esempio:* Non vogliamo che tu (invitare amici, fare telefonate, addormentarsi ecc.)
È essenziale che i bambini (andare a letto alle otto, fare i compiti, non guardare la televisione ecc.)
È possibile che noi (tornare presto ecc.)

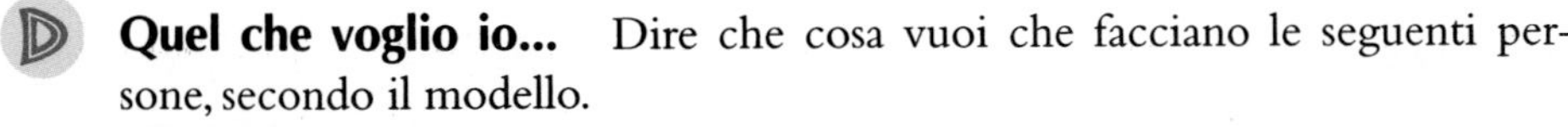

**D** **Quel che voglio io...** Dire che cosa vuoi che facciano le seguenti persone, secondo il modello.

*Esempio:* il professore d'italiano
Voglio che oggi il professore d'italiano non ci dia compiti.

il mio migliore amico/la mia migliore amica
il decano (*dean*) dell'università
i miei genitori
il presidente degli Stati Uniti

**Lo sapevi che... ?**

Nel 2003, il codice della strada (*rules for the road*) è stato rivisto, soprattutto per quanto riguarda la sicurezza (*safety*). Per chi non rispetta la legge, le penalità sono severe. Per esempio, è stata istituita la patente "a punti" e così per ogni infrazione, come viaggiare senza cinture di sicurezza o superare il limite di velocità consentita (*allowed*), vengono dati un certo numero di punti sulla patente. Se si raggiungono venti punti, la patente viene sospesa (*suspended*)!

Per poter guidare una macchina in Italia, bisogna avere diciotto anni, mentre per guidare un motorino basta avere quattordici anni. In ogni caso, per tutti vale il famoso proverbio italiano, *Chi va piano, va sano e va lontano!*

**Una vigilessa che dirige il traffico**

**E** **Problemi e soluzioni.** Elencare i problemi legati al trasporto pubblico della vostra città o zona geografica, come l'insufficienza dei parcheggi, le strade in cattive condizioni, il rumore, l'inquinamento (*pollution*), il costo del biglietto. Poi proporre alla classe le vostre soluzioni ai problemi.

*Esempio:* Noi crediamo che l'Azienda dei Trasporti della città debba...
È necessario che la gente sia più...
Bisogna che tutti provino a...

# C L'INDUSTRIA

## C.1 Si dice così

**la ditta, l'azienda** *company, business*
**l'impiegato** *employee*
**il libero professionista** *self-employed person*
**il segretario/la segretaria** *secretary*
**il/la dirigente** *executive*
**il/la collega** *colleague*
**il capo** (*inv.*) *boss*
**il sindacato** *union*
**lo stipendio** *salary*
**la borsa** *stock market*
**la crisi** *crisis*
**la disoccupazione** *unemployment*
**il disoccupato** *unemployed person*
**lo sciopero** *strike*
**fare sciopero** *to strike*
**migliorare** *to improve*
**peggiorare** *to worsen*
**evitare** *to avoid*

### Attività

**Il mondo del lavoro.** Completare le seguenti frasi.

1. Il direttore o la persona che comanda è...
2. I soldi che una persona guadagna sono...
3. Quando i lavoratori protestano e non lavorano fanno...
4. Quelli che lavorano per una grande ditta sono gli...
5. Quando una persona rimane senza lavoro, è...
6. Il contrario di migliorare è...
7. Un'organizzazione che protegge (*protects*) i diritti degli operai è...

B **Mini-dialoghi.** Completare i seguenti mini-dialoghi con un vocabolo opportuno.

1. —Domani la Fiat resterà chiusa.
   —Perché? Gli operai _______________?
2. —Oggi è il tuo primo giorno di lavoro. Ti presento agli altri _______________?
   —Sì, grazie, mi farebbe molto piacere conoscerli.

3. —La nuova crisi sta creando tanti problemi.
   —Lo so. La _______________ è molto alta; ci sono tante persone senza lavoro.
4. —Cosa fa tua cugina Silvia?
   —Fino a poco tempo fa era _______________ di un avvocato, ma non le piaceva l'orario. Così ha deciso di lavorare per se stessa; è _______________.
5. —È in ripresa (*recovering*) l'euro?
   —Non lo so. La _______________ di Milano non ha ancora chiuso.

**Temevamo il Grande Fratello.
E'arrivato il Grande Amico.**

*Salvo approvazione della società finanziaria - Intel Inside™ Pentium™ è un marchio della Intel Co. - Windows® 95 è un marchio della Microsoft Co.

**Olivetti Envision.**

**Il primo PC che unisce la TV, l'Hi-Fi, il telefono, il videoregistratore, il fax. E la famiglia.**

Grazie ad Olivetti, un mondo si spalanca: quello del PC familiare. Pensato per la famiglia. Potente ma divertente. Capace di tutto. Anche d'essere amico.
Il Grande Amico.

▶ Usa la tua TV come monitor, si collega all'Hi-Fi e al videoregistratore.

▶ E' facile da usare con la sua tastiera senza fili ed il suo telecomando.

▶ E' un potente PC con processore Pentium® e Windows® 95.

▶ E' un lettore CD audio, CD ROM, CD video e foto CD.

▶ E' fax e segreteria telefonica.

▶ Ti collega con Internet e con tutto il mondo.

▶ Lo trovi dai Concessionari, Systems Partner e Rivenditori Autorizzati Olivetti.

Su Internet:
http://www.olivetti.it

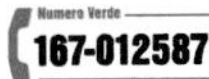


Eccezionali condizioni di finanziamento con "Olivetti Fa Credito" (12 mesi a interessi zero)*

**olivetti**
**personal computers**

**Lo sapevi che... ?**

In Italia esiste "la tredicesima," cioè un altro stipendio mensile, che è una specie di bonus, oltre ai dodici stipendi per ogni mese dell'anno. Normalmente, "la tredicesima" è data poco prima di Natale. In certi settori, come per esempio in quello bancario, gli impiegati ricevono addirittura una "quattordicesima" in estate.

**C. Dirigenti e sindacati.** Nel mondo dell'industria, cosa vogliono i dirigenti delle aziende e cosa vogliono i sindacati? Fare una lista degli obiettivi delle due parti. Poi presentarla alla classe.

*Esempio:* — I dirigenti vogliono che la produzione aumenti.
— I sindacati vogliono che le condizioni degli operai migliorino.

**Suggerimenti:**

I sindacati: ricevere la tredicesima, non fare sciopero, avere stipendi alti

I dirigenti: guadagnare molti soldi per la ditta, tenere basso il costo della produzione, migliorare la produzione

## C.2 Incontro

**Scioperi, settimana di fuoco.** *Giorgio Garbarino è un dirigente sindacale* (labor union leader). *Manda il seguente articolo con una nota ad un collega, Enrico Gobbi, anche lui dirigente sindacale.*

Enrico,

Mi congratulo con te per il lavoro di trattative.° Purtroppo, lo Stato non ha mantenuto buoni rapporti con i nostri sindacati. Benché tu abbia fatto molto, ora sembra che lo sciopero generale sia inevitabile. A proposito, ti mando l'articolo che sarà sul giornale domani affinché tu lo legga. Secondo te, va bene?

Ci sentiamo presto,

Giorgio

° *negotiations*

Differito dal 12 al 16 lo stop dei controllori di volo. I bar minacciano la serrata

# Scioperi, settimana di fuoco

**ROMA**—Lo sciopero degli uomini radar, in programma per martedì, slitta di 4 giorni: voli regolari, dunque, il 12 dicembre. Ma sul fronte degli scioperi sarà ancora una settimana calda, anche per i trasporti, in attesa della tregua natalizia, il 17.

L'ondata di protesta, a meno di ripensamenti, riguarderà i giornali, gli uffici postali, i lavoratori Fiat, i dipendenti dei monopoli di Stato, di nuovo la scuola, i benzinai, le navi traghetto, le ferrovie e i casellanti autostradali nel tratto di Bologna.

Il sindacato autonomo Fisast conferma la protesta del personale ferroviario e marittimo Fs per oggi e domani, a partire dalle 24 di oggi per 24 ore. Il fine settimana successivo toccherà ancora ai treni, questa volta il blocco di 24 ore è proclamato dalle sigle autonome dell'Orsa, senza la garanzia dei servizi minimi (perché si tratta di un giorno festivo). Lunedì 11, nuovo sciopero dei giornalisti, a sostegno della vertenza per il rinnovo del contratto.

A proposito dei benzinai, si tratta per scongiurare l'agitazione ma, con un effetto domino, potrebbero chiudere i bar. Il governo vuole permettere ai titolari delle stazioni di servizio di aprire anche un bar: ci sarebbero così 5 mila nuovi esercizi, addirittura 25 mila secondo le stime di Edi Sommariva (Fipe-Confcommercio) che ora minaccia lo «sciopero della tazzina».

slitta: *shifts*
tregua natalizia: *Christmas truce*
vertenza: *labor dispute*
rinnovo: *renewal*

IL CALENDARIO DEGLI SCIOPERI

**Oggi**
**FERROVIERI**
ADERENTI ALLA FISAT:
SCIOPERO NAZIONALE DI 24 ORE PER I TRENI E NAVI TRAGHETTO DALLE 21 DI SABATO 9 ALLE 21 DI DOMENICA 10

**Domani**
**I CASELLANTI**
DELLE AUTOSTRADE DEL TRONCO DI BOLOGNA

**Lunedì 11**
**I GIORNALISTI**
DELLA CARTA STAMPATA, PROCLAMATO DALLA FNSI

**Martedì 12**
**BENZINAI**
DALLE ORE 19 LA 'SERRATA' DI 3 GIORNI

**Giovedì 14**
**TRAGHETTI TIRRENIA**
SI ASTENGONO DAL LAVORO PER 24 ORE, CON DIVERSE MODALITA', I LAVORATORI DELLA SOCIETA' DI NAVIGAZIONE

**Venerdì 15**
**FIAT**
4 ORE DI PROTESTA NEGLI STABILIMENTI IN ITALIA

**Sabato 16**
**FERROVIE**
SCATTA DALLE 21 LO STOP DI 24 ORE DEI DIPENDENTI ADERENTI ALL'ORSA

**A Comprensione.** Completare la frase scegliendo le informazioni giuste dalla nota, dall'articolo e dal calendario.

1. Secondo Giorgio, lo Stato non ha mantenuto buoni rapporti con (gli impiegati / i sindacati).
2. I voli degli aerei saranno (regolari / irregolari) il 12 dicembre.
3. Non sciopereranno (i professori / i lavoratori Fiat / i giocatori di calcio).
4. La protesta del personale ferroviario durerà (3 giorni / 24 ore).
5. I giornalisti scioperano per (il rinnovo del contratto / migliorare le condizioni del lavoro).
6. Gli operai della Fiat fanno sciopero (giovedì / venerdì).
7. I benzinai chiudono per (un giorno / tre giorni).

**B** **Il calendario degli scioperi.** Guardando il calendario degli scioperi, rispondere alle seguenti domande.

1. Chi sciopera oggi?
2. Chi fa sciopero lunedì 11?
3. Quando scioperano i traghetti?
4. Chiude la fabbrica della Fiat per sciopero? Quando?
5. Quando sarà impossibile prendere un treno?

**C** **Troviamo la soluzione.** Con un compagno/una compagna, siete i dirigenti di una grande azienda. I lavoratori non sono contenti delle condizioni di lavoro e mandano un loro rappresentante a parlare con i dirigenti. Lui/lei presenta i problemi, e "i dirigenti" le possibili soluzioni. Riuscite a risolvere i problemi in modo soddisfacente?

***In altre parole***

| | |
|---|---|
| **mantenere buoni rapporti** | *to maintain good relations* |
| **congratularsi con...** | *to congratulate* |
| **secondo te, Lei, lui ecc.** | *in your, his, etc., opinion* |
| **a proposito** | *that reminds me/speaking of which* |

**D** **Sostituzioni.** Sostituire ogni espressione in corsivo con un'espressione da **In altre parole.**

1. *Se volete la mia opinione,* l'economia è in ripresa.
2. La direzione di questa ditta *è sempre andata d'accordo* con i sindacati.
3. Che bella macchina! *Parlando di questo,* sai che ho preso la patente?
4. Avete fatto un bellissimo lavoro. Voglio *esprimervi la mia felicità e ammirazione.*

**E** **Mini-dialoghi.** Completare i seguenti mini-dialoghi con un'espressione da **In altre parole.**

1. —Ho vinto la partita di tennis!
   —Davvero? Mi ________________________ con te.
2. —Ho letto il giornale stamattina, e dice che la crisi sta finendo.
   —________________________, hai visto quell'articolo sulla disoccupazione?
3. —Noi impiegati siamo contenti di lavorare in questa ditta.
   —Lo credo bene. I dirigenti ________________________ con voi e con i sindacati.
4. —Io penso che sia una buon'idea. Cosa ne pensa Luca?
   —________________________, è un'ottima idea!

# C.3 Punti grammaticali

## Le congiunzioni e l'uso del congiuntivo

| | |
|---|---|
| **Benché** faccia molto freddo, Giorgio esce stasera. | *Even though it's very cold, Giorgio is going out tonight.* |
| Ti do un passaggio **di modo che** tu possa venire alla festa. | *I'll give you a lift so that you can come to the party.* |
| Noi non andiamo al cinema **a meno che non** venga anche tu. | *We're not going to the movies unless you come too.* |

1. Thus far you have learned that the subjunctive is used after impersonal expressions

| | |
|---|---|
| **È importante** che Giulio **faccia** bene l'esame. | *It's important that Giulio does well on the exam.* |

or verbal expressions of necessity, uncertainty, doubt, desire, and emotion

| | |
|---|---|
| **Penso** che Stefano **abbia** un appuntamento oggi. | *I think Stefano has an appointment today.* |

when the subject of the dependent clause is different from that in the independent clause.

2. The subjunctive also follows some conjunctions **(congiunzioni).** A conjunction joins two complete phrases. Some conjunctions that commonly take the subjunctive are:

| | | | |
|---|---|---|---|
| **affinché**<br>**perché**<br>**di modo che** | *so that* | **a condizione che**<br>**purché**<br>**a patto che** | *provided that* |
| **sebbene**<br>**benché**<br>**nonostante che**<br>**malgrado** | *although* | **a meno che non**<br>**prima che**<br>**senza che** | *unless*<br>*before*<br>*without* |

| | |
|---|---|
| Studio l'inglese **affinché** i miei colleghi americani mi capiscano. | *I am studying English so that my American colleagues can understand me.* |
| Ti accompagno alla stazione **sebbene** io non abbia voglia di uscire. | *I'll accompany you to the station, although I don't want to go out.* |
| Ti do una mano ora **a condizione che** tu mi faccia un favore. | *I'll give you a hand now provided that you do me a favor.* |
| **Prima che** venga tardi, fate il compito. | *Do your homework before it gets late.* |
| Voglio comprare quell'orologio **senza che** mia madre lo sappia. | *I want to buy that watch without my mother knowing it.* |

If there is no change of subject, **prima** is followed by **di** + *infinitive* and **senza** is followed directly by the infinitive.

| | |
|---|---|
| Fa' il letto **prima di** uscire. | *Make your bed before going out.* |
| L'ho detto **senza** pensare. | *I said it without thinking.* |

3. The subjunctive is also used in a relative clause introduced by a superlative or a negative.

| | |
|---|---|
| È il più bravo atleta che io **conosca.** | *He's the best athlete I know.* |
| È la migliore auto che **ci sia** in Italia. | *It's the best car there is in Italy.* |
| Non conosco nessuno che **parli** quattro lingue. | *I know no one who speaks four languages.* |
| Non c'è niente che ti **possa** far piacere? | *Isn't there anything that would please you?* |

## Attività

**Congiunzioni.** Completare le seguenti frasi usando una congiunzione appropriata, come nel modello.

*Esempio:* Puoi fare carriera in questa ditta purché tu abbia intenzione di lavorare sodo.

1. ______________ Clara abbia un ottimo lavoro, non si sente realizzata.
2. I lavoratori faranno sciopero ______________ le condizioni di lavoro non migliorino.
3. Ti accompagnerò a vedere quel film ______________ non mi piaccia andare al cinema.
4. ______________ gli studenti facciano bene gli esami è necessario studiare molto.
5. ______________ i lavoratori facciano sciopero, è meglio che i dirigenti e il sindacato trovino un accordo.
6. Si parla ancora di crisi ______________ l'economia sia buona in questo momento.

B **Opinioni e pareri.** Completare le frasi in maniera logica.

1. Ho deciso di studiare ... affinché...
2. Qualche volta mi sento triste benché...
3. Aiuto i miei amici a patto che...
4. Mi piace guardare la televisione nonostante che...
5. Lascerò quel lavoro a meno che non...
6. Molte persone continuano a fumare benché...
7. Lavoro durante il fine settimana di modo che...
8. Studio italiano ogni sera affinché...

C **Creare la frase.** Riunire le due parti della frase usando una congiunzione appropriata.

| | |
|---|---|
| 1. Usciamo stasera | piova. |
| 2. Puoi lavorare in quest'ufficio | tu sappia una lingua straniera. |
| 3. Non trovi un lavoro | ti laurei bene. |
| 4. Lui lavora | guadagni tantissimi soldi. |
| 5. Non andiamo al cinema | venga anche tu. |
| 6. Lavoro giorno e notte | possiamo fare una bella vacanza. |
| 7. Cerco un lavoro | sia molto difficile trovarne uno. |
| 8. Lavoro dopo le lezioni | io sia molto stanca. |

 **Cosa pensano i giovani di oggi?** Un giornale italiano recentemente ha pubblicato un lungo articolo sui giovani e le loro opinioni. Leggere le citazioni prese dall'articolo ed esprimere le proprie opinioni su quello che dicono, usando espressioni come

credo che la prima persona abbia ragione...
penso che sia triste ma vero che...
benché i giovani laureati... ecc.

1. I miei mi hanno sempre detto di lavorare sodo, perché questo è l'unico modo per avere successo. Adesso vedo che è più importante chi conosci, non quello che sai.
2. Volevo sempre fare qualcosa per aiutare gli altri. Adesso invece vedo che per la società successo vuol dire avere molti soldi.
3. Alcuni miei compagni, dopo tanti anni di studio, non trovano lavoro o non sanno cosa vogliono fare. Figuratevi che un mio amico che si è laureato in filosofia due anni fa adesso fa il cameriere nel ristorante di suo padre.
4. Che delusione quando ho finito l'università e ho scoperto che tutti quei corsi che ho seguito non mi hanno preparato per il mondo reale. Troppa teoria e poca pratica.

# IL COLLOQUIO DI LAVORO

## D.1 Si dice così

| | | | |
|---|---|---|---|
| **il lavoro** | *job* | **il curriculum** | *résumé* |
| **il colloquio di lavoro** | *job interview* | **lo stage** | *internship* |
| **l'attività** | *activity/business* | **le ferie** | *holidays* |
| **il campo** | *field* | **fare domanda di lavoro** | *to apply for a job* |
| **l'imprenditore/ l'imprenditrice** | *entrepreneur* | **riuscire a** | *to succeed in/to manage to* |
| | | **assumere** | *to hire* |
| **il personale** | *personnel* | **impiegare** | *to employ* |
| **l'annuncio di lavoro** | *job announcement* | **licenziare** | *to fire* |
| **l'inserzione di lavoro** | *classified ad* | **fare carriera** | *to have a career* |

### Attività

 **O l'uno o l'altro.** Rispondere alle seguenti domande in modo appropriato.

1. Quando cerchi un lavoro, cosa puoi fare?
   a. leggere gli annunci sul giornale  b. andare in ferie
2. Se la ditta ha bisogno di personale, che cosa fa?
   a. assume nuovi impiegati  b. licenzia tutti gli impiegati

3. Quando lavori per fare esperienza senza ricevere uno stipendio, cosa fai?
   a. uno stage  b. un campo
4. Quando ti presenti per un colloquio di lavoro, che cosa prepari?
   a. il tuo curriculum  b. un'inserzione
5. Ad agosto generalmente le aziende sono chiuse. Perché?
   a. per sciopero  b. per ferie
6. Vedi sul giornale un'inserzione per un lavoro che ti interessa. Che fai?
   a. faccio domanda  b. faccio carriera

**B** **Che cosa ha detto?** Vittoria ha sostenuto (*had*) un colloquio di lavoro recentemente. Cercare di indovinare quali erano le domande.

—______________________________?

—Ho visto l'inserzione pubblicata sul giornale.

—______________________________?

—Sì, mi sono laureata a luglio in Lingue e letterature straniere.

—______________________________?

—L'estate scorsa ho fatto uno stage presso (*at*) una casa editrice.

—______________________________?

—Perché sono una persona seria e preparata, e voglio davvero lavorare sodo.

—______________________________?

—Dice sul serio? Posso cominciare anche domani!

**C** **Cosa ne pensi tu?** Fare le seguenti domande ad un amico/un'amica.

1. Quando vai ad un colloquio di lavoro, come bisogna vestirsi? Perché?
2. Hai mai fatto un colloquio di lavoro? Com'è andato? Che cosa ti hanno domandato?
3. Quando hai bisogno di trovare lavoro, come lo cerchi?
4. Che cosa fai per prepararti per un colloquio di lavoro?
5. Che cosa ti interessa di più in un lavoro? Lo stipendio? L'opportunità di fare carriera? Le ferie pagate? Essere creativo/a?

**Lo sapevi che... ?**

Titoli quali **dottore, ingegnere, architetto** e **avvocato** sono usati frequentemente al posto del nome quando si parla ad una persona che esercita quella professione. È simile all'uso in inglese di *professor* o *doctor* quando ci si riferisce ad un dottore in medicina. Ad esempio, in Italia si sente molto spesso "Buongiorno, ingegnere!" "Buongiorno, avvocato!"

**Lo sapevi che... ?**

Per ottenere un posto di lavoro in un ente (*agency*) pubblico (scuola, università, poste, trasporti oppure uffici comunali, provinciali, regionali o ministeri), oltre a possedere i requisiti richiesti per tale lavoro, è necessario superare un concorso (*selection*) pubblico. Il bando di concorso (*announcement*) è pubblicato su un giornale speciale chiamato *Gazzetta Ufficiale*. Sulla *Gazzetta Ufficiale* si trovano i termini della domanda e le informazioni necessarie per i candidati. Normalmente, nonostante i pochi posti disponibili, si presentano migliaia di candidati alle prove d'esame.

## D.2 Incontro

**Il colloquio di lavoro.** *Nell'ufficio dell'architetto Marina Volpe.*

VOLPE: Buongiorno, signor Bassetti.

VINCENZO: Buongiorno.

VOLPE: Si accomodi! Vedo dal Suo curriculum che è molto preparato. L'anno scorso ha fatto uno stage presso° uno studio di architettura. Complimenti! Mi dica, com'è andata l'esperienza in questo campo? — *°at*

VINCENZO: Molto bene. Ho imparato tanto, soprattutto che ci vuole tempo per diventare bravi. Mi piacerebbe lavorare in uno studio come il Suo e fare restauri di vecchi palazzi. Ma ho ancora tanto da imparare.

VOLPE: Non si preoccupi! Vedrà, man mano che si lavora, si acquisisce l'esperienza necessaria. Senta, come imprenditrice, libera professionista e madre di famiglia, non ho più tempo di respirare! In questo momento abbiamo tanti progetti per le mani. Vorrei offrirLe un lavoro... Ah, ecco Donatella! Le presento mia figlia. Anche lei si è laureata alla Facoltà di Architettura e lavora con me.

DONATELLA: Salve! Oh, ciao, Vincenzo! Che ci fai qui?

VINCENZO: Veramente, sono qui per un colloquio di lavoro.

VOLPE: Ma allora, vi conoscete?

DONATELLA: Ma certo! Abbiamo preparato un sacco di esami insieme! Senti, Vincenzo, mia madre è un capo molto esigente,° te lo dico io! (*Squilla il telefonino.*) Scusatemi, devo scappare! Mi chiamano per il restauro di palazzo Gancia! Ciao, Vincenzo! Fatti vivo, mi raccomando! — *°demanding*

## Attività

 **Ascoltiamo! Chi lo dice?** Ascoltare bene l'**Incontro** ed indicare chi pronuncia le seguenti frasi, Vincenzo (V), l'architetto Volpe (A) o Donatella (D).

| | V | A | D |
|---|---|---|---|
| 1. Si accomodi! | ______ | ______ | ______ |
| 2. ...ha fatto uno stage presso uno studio d'architettura. | ______ | ______ | ______ |
| 3. ...ci vuole tempo per diventare bravi. | ______ | ______ | ______ |
| 4. ...ho ancora tanto da imparare. | ______ | ______ | ______ |
| 5. ...man mano che si lavora si acquisisce l'esperienza. | ______ | ______ | ______ |
| 6. Abbiamo preparato un sacco di esami insieme. | ______ | ______ | ______ |
| 7. Scusatemi, devo scappare! | ______ | ______ | ______ |

 **Preparandosi per il colloquio.** Avete mai sostenuto un colloquio di lavoro? Quali sono alcune domande tipiche durante un colloquio di lavoro? Fare una lista di almeno sei domande appropriate. Poi preparare delle risposte opportune.

*Esempio:* —Ha esperienza in questo campo?
—Beh, veramente no, ma sono una persona che impara molto rapidamente.

 **Cercasi...** Leggere attentamente le inserzioni riprodotte. Immaginare di essere le persone descritte qui sotto: a quali inserzioni risponderanno? Se c'è più di una possibilità, indicarla.

1. Stai cercando un lavoro nel campo della finanza. Hai venticinque anni e sei alla tua prima esperienza.
2. Vorresti un lavoro che ti permette di lavorare con la gente, possibilmente nel campo del turismo.
3. Sei molto bravo/a con i computer. Non ti piace lavorare con la gente—preferisci lavorare da solo/a.
4. Stai cercando un lavoro part-time perché sei ancora studente all'università di Milano.
5. Ti piacerebbe lavorare per un'azienda internazionale. Parli bene anche il francese.

**MARKETING**
ricerca ambosessi max 30 anni, anche prima esperienza, per villaggi turistici Italia/estero: animatori, hostess, mini-club, sportivi.
049-65.16.66•075-57.27.817

**PROGRAMMATORI**
ambiente Windows tecnologia 00. Esperienza in applicativi gestionali.
Edicta Srl piazza Maria Adelaide 5, Milano
Telefono 29.51.40.06
Fax 29.40.69.01

Azienda Internazionale
*ricerca*
**10 collaboratori**
per attività operativa ed organizzativa, possibilità part time.
02-21.33.605

**SOCIETÀ FINANZIARIA**
CERCA PERSONALE
laureati
ottimo inglese, francese
settore commerciale
Telefonare ore ufficio
02-18.54.72

**Laureati/Diplomati**
area economico-finanziaria, con esperienza vendita servizi, cercasi quali account-venditori nello sviluppo di convenzione assicurativa Milano-Lombardia.
Tel. 039-23.02.152

| | |
|---|---|
| **si accomodi!** | *make yourself comfortable! (formal)* |
| **complimenti!** | *good for you!* |
| **man mano** | *little by little* |
| **per le mani** | *on my plate* |
| **fatti vivo/a!** | *keep in touch!* |

**D** **Come rispondere?** Che cosa dici nelle seguenti situazioni? Usare un'espressione da **In altre parole.**

1. Dopo un colloquio di lavoro un tuo amico è stato assunto (*hired*).
2. Un'amica di tua madre arriva a casa vostra e entra nel salotto.
3. Una tua amica con cui vorresti mantenere i contatti deve partire perché ha accettato un lavoro in un'altra città.
4. Un amico ha troppo lavoro ed è molto stressato.

**E** **Mini-dialoghi.** Completare i mini-dialoghi con un'espressione da **In altre parole.**

1. —Ciao, Daniela, ci vediamo tra un mese, al mio ritorno.
   —Aspetterò una tua telefonata, Michele. Mi raccomando, ________________!
2. —Ragazzi, ho sostenuto l'esame per il concorso e pare che io abbia vinto!
   — ________________, Gianfranco, sei bravissimo!
3. —Ho troppi progetti ________________ in questo periodo.
   —Davvero? Be', pensa a tutta la gente senza un lavoro!
4. —Buongiorno, avvocato! ________________!
   —Grazie. Aspettavo questa riunione per parlarLe di una cosa importante.

**F** **Due mondi a confronto.** Rispondere alle domande e discutere in classe.

1. Nel tuo paese, bisogna laurearsi prima di cercare lavoro?
2. Quanto durano le ferie normalmente nel tuo paese: una settimana? due settimane? un mese? di più? e in Italia?
3. Si usa molto il telefonino nel tuo paese? e in Italia?
4. Nel tuo paese è normale lavorare mentre si studia? Che tipo di lavoro fanno normalmente gli studenti? e in Italia?
5. Lavori durante l'estate? Hai amici che lavorano d'estate? Quali sono i lavori tipici che fanno gli studenti? In Italia è così?
6. È facile trovare un lavoro dopo la laurea nel tuo paese? e in Italia?

# D.3 Punti grammaticali

## I pronomi relativi

| | |
|---|---|
| Mio padre, **che** lavora in fabbrica, andrà in pensione l'anno prossimo. | *My father, who works in the factory, will retire next year.* |
| Mi piace il lavoro **che** ho trovato. | *I like the job that I found.* |
| Ti ho detto **tutto quello che** so. | *I told you everything I know.* |
| La serenità è **ciò che** conta nella vita. | *Serenity is what counts in life.* |
| Kevin, **i cui** nonni sono italiani, studia l'italiano. | *Kevin, whose grandparents are Italian, is studying Italian.* |

1. Relative pronouns **(i pronomi relativi)** connect two clauses. The relative pronoun refers to a person or thing in the main clause; it may be the subject or the object in the relative clause.

   Mio fratello abita a Milano. + Mio fratello lavora per la Pirelli. =
   Mio fratello, **che** abita a Milano, lavora per la Pirelli.
   *My brother, who lives in Milan, works for Pirelli.*

   Il ragazzo è un mio amico. + Sto parlando con il ragazzo. =
   Il ragazzo **con cui** sto parlando è un mio amico.
   *The boy to whom I am speaking is a friend of mine.*

2. **Che** (*who, whom, that, which*) is the most frequently used relative pronoun. It is invariable and can refer to people and things.

   | | |
   |---|---|
   | La macchina **che** hai comprato è giapponese. | *The car (that) you bought is Japanese.* |
   | La ragazza **che** ho salutato è mia cugina. | *The girl (whom) I said "hi" to is my cousin.* |
   | Il giornale **che** ho preso ha le inserzioni di lavoro. | *The paper (that) I got has classified ads.* |

3. **Cui** (*which, whom*) is used after a preposition and is also invariable.

   | | |
   |---|---|
   | Il progetto **a cui** collabori è interessante. | *The project on which you are collaborating is interesting.* |
   | L'uomo **per cui** lavora Marco è un mio amico. | *The man for whom Marco is working is a friend of mine.* |
   | La donna **di cui** parlo è un'imprenditrice famosa. | *The woman about whom I am speaking is a famous entrepreneur.* |
   | L'azienda **a cui** scrivo offre posti di lavoro ai laureati. | *The business to which I am writing offers jobs to graduates.* |

   When **cui** is preceded by an article, it indicates possession and corresponds to *whose*. The article agrees with the noun it modifies.

   | | |
   |---|---|
   | L'artista americano, **le cui** opere sono esposte al Museo Guggenheim, abita a Roma. | *The American artist whose works are on display at the Guggenheim Museum lives in Rome.* |
   | La fabbrica, **i cui** operai scioperano, rischia di chiudere. | *The factory whose workers are striking risks closing.* |

4. **Il quale (la quale/i quali/le quali)** can replace both **che** and **cui.** The number and gender are determined by the preceding noun. When used with a preposition, the article contracts with the preposition as appropriate.

| | |
|---|---|
| La fabbrica **che/la quale** produce tante automobili è a Torino. | *The factory that makes so many automobiles is in Turin.* |
| Il signore **a cui/al quale** chiedi informazioni è simpatico. | *The man (whom) you're asking for information is nice.* |
| La riunione **in cui/nella quale** è stato presentato il nuovo modello ha avuto successo. | *The meeting at which the new model was presented was a success.* |

5. **Quello che, ciò che,** or **tutto quello che/tutto ciò che** (*what, that which,* or *all that*) refers to things and abstractions.

| | |
|---|---|
| Non ho capito **quello che/ ciò che** hai detto. | *I don't understand what you said.* |
| Mi piace **tutto quello che/tutto ciò che** ha disegnato. | *I like everything he designed.* |
| **Ciò che/Quello che** credi non è vero. | *What you think isn't true.* |
| Non è oro **tutto quello che** luccica. | *All that glitters is not gold.* |

6. **Dove** may be used in place of **in cui** or **nel/nella quale** to refer to places.

| | |
|---|---|
| Il paese **dove/in cui/nel quale** sono nata è molto bello. | *The town where/in which I was born is very pretty.* |

## Attività

**L'elemento in comune.** Collegare le seguenti frasi con un pronome relativo, come nell'esempio.

*Esempio:* Ho visto *il film.* Mi hai parlato *del film.*
Ho visto il film di cui mi hai parlato.

1. La storia è incredibile. Manuela mi ha raccontato la storia.
2. L'auto consuma molta benzina. Ho comprato l'auto tre mesi fa.
3. Non conosco quell'attore. Tutti parlano di quell'attore.
4. Sei andato alla festa di Carnevale? Marco ha organizzato la festa.
5. Lo stadio è vicino a casa nostra. Noi giochiamo a calcio nello stadio.
6. Ho scritto una lettera alla mia amica. La mia amica abita in Giappone.
7. Lo scrittore non concede interviste. I libri dello scrittore sono famosi.
8. L'attrice recita molto bene. I film dell'attrice sono famosi.
9. Come sono andate le ferie? Tu hai trascorso le ferie a Bardonecchia.
10. Gli amici sono vecchi compagni di scuola. Mi hai visto con gli amici.

**B** **Il lavoro dei miei sogni.** Completare il seguente brano con i pronomi relativi dati.

| | | |
|---|---|---|
| alle quali | dei quali | ciò che |
| che | quello che | con cui |

Ho finalmente trovato il lavoro ______________ desideravo! Non crederai mai a ______________ ti racconto ora! Dunque, dopo aver fatto mille domande di lavoro ______________ nessuno ha mai risposto, ieri ho letto per caso sul giornale un'inserzione ______________ diceva: "Cercasi giovane laureato ______________ sia disposto a viaggiare in Europa." Era proprio ______________ cercavo. Andare all'estero e fare nuove esperienze! Così mi sono presentato per il colloquio di lavoro. La persona ______________ ho parlato mi ha fatto molte domande. Io ero nervosissimo, ma devo aver fatto una bella figura, perché alla fine del colloquio mi hanno assunto. Mi hanno già presentato i colleghi, molti ______________ sono giovani e simpatici. Credo proprio di aver trovato ______________ ho sempre desiderato!

**C** **Il mondo del lavoro.** Collegare le frasi con un pronome relativo.

1. Quella coppia ha aperto un'azienda di import-export. I loro figli studiano all'estero.
2. Telefono al mio collega domani. Il mio collega è in Germania per motivi di lavoro.
3. Il progetto mi interessa molto. Sto parlando del progetto in questo momento.
4. L'imprenditore guadagna molto bene. Io lavoro per l'imprenditore.
5. Normalmente non leggo questo giornale. Ho trovato l'inserzione sul giornale.

**D** **Preferenze personali.** Completare le frasi in maniera logica.

1. Voglio trovare un lavoro in cui io possa...
2. Preferisco lavorare per una ditta che...
3. Mi piace avere colleghi con i quali...
4. Certo, non mi piace lavorare con persone che...
5. Spero di avere un capo che...
6. Quello che cerco in un lavoro è...

# Immagini e parole

## L'Italia: quinta potenza industriale al mondo

Una manifestazione in piazza

For self-tests and practice of unit topics, go to the website for *Parliamo italiano!*

View video episode 8, *Lavorare* (*Torino*), and do the activities in the Workbook.

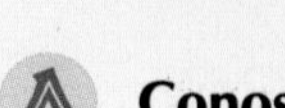

**A** **Conoscete i prodotti italiani?** Trovare l'azienda italiana nella colonna a destra che fabbrica il prodotto nella colonna a sinistra.

| | |
|---|---|
| 1. computer | a. Perugina |
| 2. macchine | b. Fila |
| 3. cioccolatini | c. Ferragamo |
| 4. vestiti eleganti | d. Berio |
| 5. scarpe | e. Parmalat |
| 6. motociclette | f. Riunite |
| 7. vestiti sportivi | g. Fiat |
| 8. latte | h. Armani |
| 9. olio d'oliva | i. Olivetti |
| 10. vino | j. Ducati |

**B** **I temi principali.** Scorrere (*skim*) il brano che segue e decidere quale paragrafo parla dei seguenti argomenti.

_____ l'importanza dell'industria del turismo in Italia

_____ le zone geografiche più industrializzate dell'Italia

_____ alcuni settori economici importanti in Italia

_____ la posizione dell'Italia nell'economia internazionale

_____ la produzione alimentare

_____ alcune aziende importanti in Italia

_____ l'industria della moda e la sua importanza

Milano, capitale della finanza

L'Italia è una delle nazioni più industrializzate al mondo. Infatti, fa parte del G8 insieme agli Stati Uniti, al Giappone, alla Germania, al Canada, alla Francia, all'Inghilterra e alla Russia. L'Italia è il quinto tra questi paesi. I principali settori dell'economia italiana sono il turismo, la moda, i prodotti alimentari e la produzione automobilistica.

Più di cento milioni di turisti visitano l'Italia ogni anno, un numero che è quasi il doppio della popolazione dell'intero paese. Tutti i servizi offerti ai turisti, dagli alberghi ai ristoranti, dalle guide ai musei agli accompagnatori, costituiscono il settore economico più importante del Bel Paese. Il Made in Italy, dall'abbigliamento al design, porta alta la bandiera del buon gusto italiano. Nel campo alimentare, chi non conosce l'olio d'oliva, i pomodori in scatola e la pasta italiani? Inoltre, è notevole che l'Italia sia il maggior produttore di vino nel mondo e che sia anche il numero uno nella coltivazione del pomodoro, dell'uva e ... del kiwi!

Tra i grandi nomi dell'industria italiana si segnala la **Fiat,** conosciuta tradizionalmente per la produzione automobilistica ma che ha diversificato la sua attività nel settore finanziario ed assicurativo.° La **Pirelli** è conosciuta in tutto il mondo per la produzione di pneumatici° e infrastrutture per le telecomunicazioni, dove però dominano **Olivetti** e **Tiscali.** Primeggiano° nel campo alimentare la **Barilla,** nota per la pasta, e la **Ferrero,** famosa per i cioccolatini e la celeberrima Nutella.

*insurance*
*tires*
*Stand out*

Comunque non sono le grandi aziende o corporazioni a formare la base dell'economia italiana, bensì la presenza di innumerevoli piccole e medie imprese con pochi dipendenti e che solitamente sono controllate direttamente da una famiglia. Le regioni di maggior concentrazione industriale sono la Lombardia, il Veneto, l'Emilia-Romagna e il Piemonte, anche se l'industrializzazione ha ormai toccato tutta la penisola. Dunque, la realtà italiana, con la sua alta percentuale di piccoli produttori, offre un modello economico di successo alternativo.

## Attività

**Comprensione: vero o falso?** Indicare se le seguenti frasi sono vere o false e poi correggere quelle false.

1. Il G8 è formato dalle otto città più industrializzate d'Italia.
2. Ci sono cento milioni di abitanti in Italia.
3. L'Italia produce più vino di ogni altro paese.
4. In Italia si coltiva anche il kiwi.
5. L'Olivetti è importante nel campo automobilistico.
6. Le regioni più industrializzate sono le Marche e l'Umbria.

**Spunti di conversazione.** Discutere insieme i seguenti argomenti.

1. Avete a casa prodotti "Made in Italy"? Quali prodotti sono? Vestiti? Prodotti alimentari? Articoli per la casa? Descrivere al gruppo i vari prodotti, dove li hai comprati, se sono di alta qualità ecc.

2. Quali sono i settori più importanti dell'economia del tuo paese? Quali sono alcune aziende importanti? Quali sono alcuni prodotti tipici? Se voi doveste (*If you were to*) scegliere cinque prodotti rappresentativi dei seguenti paesi, quali sarebbero: la Francia, gli Stati Uniti, l'Inghilterra, la Cina, il Giappone o il tuo paese?
3. Secondo voi, l'industria rovina un paese? Quali sono i vantaggi che l'industria porta? Gli svantaggi? Come cambia la vita della gente?

# SCRIVIAMO ITALIANO!

## Curriculum vitae

**Il tuo curriculum.** Seguendo le seguenti rubriche (*headings*), preparare un curriculum vitae.

```
Dati personali
    Nato a:
    Il:
    Luogo di nascita:
    Stato civile: (nubile/celibe/sposato/divorziato)
Indirizzo:
Indirizzo di posta elettronica:
Numero di telefono, di cellulare:
Titoli di studio:
Esperienze di lavoro:
Qualifiche:
Interessi personali:
```

## Business letters

When writing a business letter in Italian, there are several key phrases and words.

| | |
|---|---|
| Egregio Signor/Professor..., | *Dear Mr./Professor . . . ,* |
| Egregia Signora/Signorina/Professoressa..., | *Dear Mrs./Miss/Professor . . . ,* |
| In risposta a... | *In reply to . . .* |
| In risposta all'inserzione apparsa sul *Corriere della Sera* del 6 ottobre... | *In response to the job ad that appeared in the* Corriere della Sera *on October 6 . . .* |
| Troverà qui acclusa una copia del mio curriculum. | *Enclosed please find a copy of my résumé.* |
| in allegato | *attached* |

| | |
|---|---|
| in passato | *in the past* |
| attualmente | *currently* |
| il mio sviluppo professionale | *my professional development* |
| In attesa di un Suo cortese riscontro | *I look forward to your reply* |
| Cordiali saluti/Distinti saluti, | *Sincerely/Yours truly,* |

Remember to use the correct form for the date:
Parma, 23 novembre 2006

**Lavorare a Milano.** Scrivere una lettera per rispondere ad un'inserzione di lavoro. Descrivi la tua esperienza e le tue qualifiche. Non dimenticare di accludere una copia del tuo curriculum vitae!

Nella New Economy, è utile una preparazione al computer.

# Vocabolario

## Le professioni e il lavoro

| | |
|---|---|
| l'architetto | *architect* |
| l'artista | *artist* |
| l'avvocato | *lawyer* |
| il/la cantante | *singer* |
| la carriera | *career* |
| la casalinga | *housewife* |
| il/la commercialista | *accountant* |
| il contadino | *farmer* |
| il/la dentista | *dentist* |
| la donna d'affari | *businesswoman* |
| la fabbrica | *factory* |
| il falegname | *carpenter* |
| la fattoria | *farm* |
| il/la giornalista | *journalist* |
| l'idraulico | *plumber* |
| l'infermiere/a | *nurse* |
| l'ingegnere | *engineer* |
| il medico | *doctor* |
| il mestiere/il lavoro | *job/occupation* |
| il/la musicista | *musician* |
| l'operaio | *worker* |
| il pensionato | *retired person* |
| la professione | *profession* |
| l'ufficio | *office* |
| l'uomo d'affari | *businessman* |
| diventare | *to become* |
| guadagnare | *to earn/to make money* |
| realizzarsi | *to be successful* |

## I mezzi di trasporto

| | |
|---|---|
| l'aereo/l'aeroplano | *airplane* |
| l'ambulanza | *ambulance* |
| l'autista | *driver* |
| l'autobus | *bus* |
| la fermata dell'autobus | *bus stop* |
| la macchina/l'automobile/l'auto | *car* |
| la metropolitana | *subway* |
| il mezzo di trasporto | *means of transportation* |
| il motorino | *scooter* |
| la multa | *ticket/fine* |
| la nave | *ship* |
| la patente | *driver's license* |
| il tassista | *taxi driver* |
| il taxi | *taxi* |
| il traghetto | *ferry* |
| il vigile urbano/la vigilessa urbana | *traffic cop* |
| accompagnare qualcuno | *to accompany someone* |
| dare un passaggio a qualcuno | *to give someone a ride/lift* |
| guidare | *to drive* |
| parcheggiare | *to park* |
| prendere la patente | *to get one's driver's license* |
| salire su | *to get on* |
| scendere da | *to get off* |
| spostarsi/muoversi | *to get around (a city)* |

## Espressioni impersonali

| | |
|---|---|
| basta | *it's enough* |
| bisogna | *it's necessary* |
| è bene | *it's good* |
| è difficile | *it's difficult* |
| è facile | *it's easy* |
| è importante | *it's important* |
| è (im)possibile | *it's (im)possible* |
| è (im)probabile | *it's (im)probable* |
| è incredibile | *it's incredible* |
| è indispensabile | *it's indispensable* |
| è interessante | *it's interesting* |
| è male | *it's bad* |
| è meglio | *it's better* |
| è necessario | *it's necessary* |
| è opportuno | *it's appropriate* |
| pare | *it seems* |
| sembra | *it seems* |

## Congiunzioni

| | |
|---|---|
| a condizione che | *provided that* |
| a meno che non | *unless* |
| a patto che | *provided that* |
| affinché | *so that* |
| benché | *although* |
| di modo che | *so that* |
| malgrado | *although* |
| nonostante che | *although* |
| perché | *so that* |
| prima che | *before* |
| purché | *provided that* |
| sebbene | *although* |
| senza che | *without* |

## Il colloquio di lavoro e l'industria

| | |
|---|---|
| l'annuncio di lavoro | *job announcement* |
| l'attività | *activity/business* |
| la borsa | *stock market* |
| il campo | *field* |
| il capo | *boss* |
| il/la collega | *colleague* |
| il colloquio di lavoro | *job interview* |
| la crisi | *crisis* |
| il curriculum | *CV/résumé* |
| il/la dirigente | *executive* |
| il disoccupato | *unemployed person* |
| la disoccupazione | *unemployment* |
| la ditta, l'azienda | *company, business* |
| le ferie | *holidays* |
| l'impiegato | *employee* |
| l'imprenditore/l'imprenditrice | *entrepreneur* |
| l'inserzione (*f.*) di lavoro | *classified ad* |
| il lavoro | *job* |
| il libero professionista | *self-employed person* |
| il personale | *personnel* |
| lo sciopero | *strike* |
| il segretario/la segretaria | *secretary* |
| il sindacato | *union* |
| lo stage | *internship* |
| lo stipendio | *salary* |
| assumere | *to hire* |
| evitare | *to avoid* |
| fare carriera | *to have a career* |
| fare domanda di lavoro | *to apply for a job* |
| fare sciopero | *to strike* |
| impiegare | *to employ* |
| licenziare | *to fire* |
| migliorare | *to improve* |
| peggiorare | *to worsen* |
| riuscire a | *to succeed in/to manage to* |

## Altre parole ed espressioni

| | |
|---|---|
| a dire il vero | *to tell the truth* |
| a proposito | *that reminds me/speaking of which* |
| avere una cotta per | *to have a crush on* |
| basta! | *enough! enough already!* |
| che forte! | *cool!* |
| che traffico! | *what traffic!* |
| complimenti! | *good for you!* |
| congratularsi con... | *to congratulate* |
| fatti vivo/a! | *keep in touch!* |
| lavorare sodo | *to work hard* |
| man mano | *little by little* |
| mantenere buoni rapporti | *to maintain good relations* |
| non lo/la sopporto proprio | *I really can't stand him/her/it* |
| per le mani | *on my plate* |
| prendere in giro qualcuno | *to tease someone* |
| ricco sfondato | *filthy rich* |
| secondo te/Lei/lui ecc. | *in your/his, etc., opinion* |
| sei sempre il solito/la solita | *you'll never change* |
| si accomodi! | *make yourself comfortable* |
| star fresco | *to be in trouble* |
| 'sto | *this, this darn (slang)* |

UNITÀ

9

# Viaggiare

## ANDIAMO IN VACANZA!

Sardegna

Alla stazione ferroviaria di Milano

## COMMUNICATIVE GOALS

- Describing past actions
- Making travel plans
- Taking a train or plane
- Expressing doubts, opinions, and emotions about past events
- Making negative statements

# A LE FERIE

For additional practice on the vocabulary and grammar introduced in this unit, go to **Unità 9** on your Multimedia CD-ROM.

## A.1 Si dice così

| | | | |
|---|---|---|---|
| **il viaggio** | *trip* | **il bagaglio** | *baggage/luggage* |
| **la settimana bianca** | *a traditional winter vacation week spent skiing* | **il bagaglio a mano** | *carry-on bag* |
| | | **la valigia** | *suitcase* |
| **la festa** | *party, holiday* | **festivo** | *weekend day, holiday* |
| **la sagra** | *traditional local festival* | **feriale** | *weekday* |
| **la processione** | *procession* | **fare la valigia** | *to pack a suitcase* |
| **i fuochi d'artificio** | *fireworks* | **trascorrere le vacanze** | *to spend one's vacation* |
| **gli auguri** | *(best) wishes/ congratulations* | **celebrare/festeggiare** | *to celebrate* |

### Lo sapevi che... ?

Il Capodanno inizia l'anno; è tradizionale buttare via delle vecchie cose, ad esempio le pentole, per inaugurare il nuovo anno. La stagione delle feste finisce con l'Epifania, quando arriva la Befana portando dei regali ai bambini. Il Carnevale è festeggiato con balli in maschera, soprattutto a Venezia e a Viareggio. Due feste segnano alcuni momenti importanti della storia italiana: la festa della Repubblica, che celebra la creazione dello Stato italiano, e la festa della Liberazione, che ricorda la fine della Seconda guerra mondiale nel 1945.

La Befana

### Attività

**La parola giusta.** Indicare la parola o l'espressione che completa ogni frase.

1. Quando si festeggia un compleanno, si fanno (gli auguri / le ferie).
2. Prima di partire per un viaggio bisogna (celebrare il Natale / fare le valigie).
3. Mercoledì, giovedì e venerdì sono (giorni festivi / giorni feriali).
4. Sette giorni dedicati allo sci si chiamano (Ferragosto / la settimana bianca).
5. Durante alcune feste importanti ci sono (i bagagli / i fuochi d'artificio).

**B** **Mini-dialoghi.** Completare i seguenti mini-dialoghi in modo appropriato.

1. —Hai già deciso come ______________ il Natale?
   —Conosci il detto, no? 'Natale con i tuoi, Pasqua con chi vuoi'!
2. —Non so quale costume indossare per ______________. Hai qualche idea?
   —Be', perché non ti vesti da astronauta?
3. —Cosa avete fatto a Capodanno?
   —A mezzanotte abbiamo guardato ______________. Erano bellissimi!
4. —Perché c'è tutta quella gente per strada?
   —Oggi è Sant'Antioco e qui si porta la statua del santo in ______________ per le vie del paese.
5. —Barbara, sei mai stata a vedere la ______________ della fragola a Nemi?
   —Sì, ci vado ogni anno. È una bellissima festa per celebrare un prodotto importante di quella zona.
6. —Vi auguro una buona Pasqua.
   —Grazie per ______________ e per l'uovo di cioccolato!

**C** **Due paesi a confronto.** Guardare il calendario e rispondere alle seguenti domande.

1. Quali sono le feste estive e le feste invernali in Italia? E nel tuo paese?
2. Quali feste celebrate nel tuo paese non sono celebrate in Italia?
3. C'è la festa del lavoro nel tuo paese? È il 1° maggio?
4. Qual è la festa più importante dell'estate nel tuo paese? E in Italia?
5. Il Carnevale è celebrato nel tuo paese? Dove? C'è una festa simile?

**GIORNI FESTIVI 2006**

| | |
|---|---|
| *1 gennaio* | Capodanno |
| *6 gennaio* | Epifania |
| *8–20 febbraio* | Carnevale |
| *4 aprile* | Pasqua |
| *25 aprile* | Anniversario della Liberazione (1945) |
| *1 maggio* | Festa del Lavoro |
| *2 giugno* | Festa della Repubblica |
| *15 agosto* | Assunzione (Ferragosto) |
| *1 novembre* | Ognissanti |
| *4 novembre* | Festa dell'Unificazione Nazionale |
| *8 dicembre* | Immacolata Concezione |
| *25 dicembre* | Natale |
| *26 dicembre* | Santo Stefano |

**D** **Tutti amano le feste.** Chiedere ad alcuni altri studenti...

- quale giorno festivo preferiscono e perché.
- quali sono alcune tradizioni associate a quella festa.
- se hanno tradizioni in famiglia per quella festa.

Poi presentare le informazioni alla classe.

## A.2 Incontro

**Un viaggio in Sardegna.** *Annamaria e Bruno sono arrivati a Olbia con il traghetto. Si incontrano sul treno per la Costa Smeralda.*

BRUNO: Scusa, è occupato questo posto?

ANNAMARIA: No, è libero. Accomodati! Sei in vacanza?

BRUNO: Sì, sto andando all'isola di Caprera. E tu?

ANNAMARIA: Vado dai miei nonni che vivono in Costa Smeralda.

BRUNO: Beata te!

ANNAMARIA: Conosci la Sardegna?

BRUNO: No, non ci sono mai° stato. I ragazzi con cui lavoro ci vanno in barca a vela. Figurati che prima di oggi non avevo mai preso un traghetto! *never*

ANNAMARIA: Pazzesco!

BRUNO: Sì, e per un pelo non lo prendevo neanche oggi! Sono arrivato in ritardo e ho scoperto che avevo dimenticato il biglietto a casa. Lo ammetto, sono un po' imbranato.° Anche quest'inverno, quando volevo fare una settimana bianca con gli amici, non avevo portato gli sci e così è andato tutto a monte! *spacey*

ANNAMARIA: Non parlarmi di settimane bianche! Questo treno è senza aria condizionata e io sono sudata fradicia. Non vedo l'ora di arrivare.

BRUNO: Anch'io! Dimmi, che si fa di bello da queste parti la sera?

ANNAMARIA: Un sacco di cose! La settimana di Ferragosto c'è la sagra del pecorino° e c'è la processione per il santo patrono. Alla sera ci sono feste, fuochi d'artificio e musica in piazza. È proprio divertente! *pecorino cheese*

BRUNO: Però! Quasi quasi vengo con te... Perché non mi dai il tuo numero di cellulare?

**Lo sapevi che... ?**

In Italia la festa del santo patrono della città è molto sentita. Tutti i negozi chiudono e normalmente ci sono i fuochi d'artificio la sera. Alcune feste da ricordare sono:

| | | |
|---|---|---|
| Venezia | San Marco | il 25 aprile |
| Firenze, Torino, Genova | San Giovanni Battista | il 24 giugno |
| Roma | San Pietro e Paolo | il 29 giugno |
| Palermo | Santa Rosalia | il 4 settembre |
| Napoli | San Gennaro | il 19 settembre |
| Milano | Sant'Ambrogio | il 7 dicembre |

San Francesco (il 4 ottobre) è il santo patrono di tutta l'Italia.

## Attività

**A** **Ascoltiamo! A chi si riferisce?** Ascoltare l'**Incontro** e indicare se la frase è riferita ad Annamaria (A) o a Bruno (B).

| | A | B |
|---|---|---|
| 1. Va dai nonni. | ______ | ______ |
| 2. I suoi amici vanno in barca a vela. | ______ | ______ |
| 3. Non conosce la Sardegna. | ______ | ______ |
| 4. Ha quasi perso il traghetto. | ______ | ______ |
| 5. Soffre il caldo nel treno e non vede l'ora di arrivare. | ______ | ______ |
| 6. Spiega cosa c'è di bello da fare. | ______ | ______ |
| 7. Chiede il numero di cellulare. | ______ | ______ |

**B** **Preferenze personali.** Fare le seguenti domande ad un compagno/una compagna.

1. Come trascorri le vacanze estive generalmente? Lavori? Studi? Fai dei viaggi? Vai al mare? Al lago? In montagna?
2. Con chi ti piace andare in vacanza? Con la famiglia? Con gli amici? Da solo/a?
3. Hai mai fatto una settimana bianca? Dove? Ti sei divertito/a?
4. Ti piacciono i fuochi d'artificio? Quando li hai visti l'ultima volta?

**C** **Un incontro straordinario!** Immaginare di essere su un traghetto diretto in Sardegna. Raccontare ad un amico/un'amica cosa è successo quando hai conosciuto una persona affascinante (*fascinating*). L'amico/a ti farà domande per conoscere tutti i particolari di questo incontro straordinario. Modellare il dialogo secondo le seguenti domande.

*Esempio:* —Come si chiama?
—Dove andava?
—Perché viaggiava in traghetto?
—Che cosa ti ha detto? Lavora? Studia?

**A Carnevale, ogni scherzo vale!**

**In altre parole**

| | |
|---|---|
| **pazzesco!** | *crazy!/insane!* |
| **per un pelo** | *by the skin of one's teeth* |
| **andare a monte** | *to come to nothing* |
| **sudato fradicio, bagnato fradicio** | *soaked with sweat, soaking wet* |
| **un sacco di...** | *a ton of . . .* |
| **quasi quasi** | *just maybe/possibly* |

D **Abbinamenti.** Trovare nella lista a destra una risposta opportuna per ogni frase a sinistra.

1. Come ti sembrano i nostri progetti per le vacanze?
2. Fosca, ti dispiace se apro un po' il finestrino?
3. Franca, è vero che ti sei rotta (*broke*) il ginocchio?
4. Beppe, finalmente sei arrivato! Il treno sta per partire!
5. Mamma, il nonno mi ha detto che da bambina non ti piaceva studiare.
6. Ti è piaciuto il Carnevale di Venezia?

a. Scusa il ritardo! Per un pelo perdevamo il treno!
b. Purtroppo sì. Vuol dire che la settimana bianca andrà a monte.
c. Bellissimi. Quasi quasi vengo anch'io!
d. Era pazzesco! Ogni sera feste, balli, fuochi d'artificio...
e. Fai pure. Anch'io sono sudata fradicia.
f. Non credergli! Tuo nonno racconta un sacco di storie.

E **Un sacco di...** Trasformare le frasi senza cambiarne il senso, seguendo il modello.

*Esempio:* Il Dottor Bianchi ha molti pazienti.
Il Dottor Bianchi ha un sacco di pazienti.

1. Sul treno c'era moltissima gente.
2. Mio cugino ha una collezione enorme di francobolli rari.
3. Riccardo sa molte cose.
4. La casa dei miei nonni è piena di stanze.
5. Hanno speso moltissimi soldi in vacanza.

**Lo sapevi che... ?**

La maggior parte degli Italiani ha un mese di ferie all'anno. Anche un operaio al suo primo anno di lavoro ha diritto a tre settimane di vacanza. In estate, a Ferragosto, tutto chiude ed è difficile trovare negozi e ristoranti aperti nelle città. I giornali pubblicano gli indirizzi dei supermercati, dei benzinai e delle farmacie aperti anche durante il mese di agosto.

**sardinia ferries** Tourship Group **ORARI 07**

**GENOVA-OLBIA**

| **GIUGNO** PARTENZA | M 1 | M 2 | G 3 | V 4 | S 5 | D 6 | L 7 | M 8 | M 9 | G 10 | V 11 | S 12 | D 13 | L 14 | M 15 | M 16 | G 17 | V 18 | S 19 | D 20 | L 21 | M 22 | M 23 | G 24 | V 25 | S 26 | D 27 | L 28 | M 29 | M 30 | | ARRIVO |
|---|---|---|---|---|---|---|---|---|---|---|---|---|---|---|---|---|---|---|---|---|---|---|---|---|---|---|---|---|---|---|---|---|
| 09.30 | | | | | | | | | | | | | ★ | ★ | | ★ | ★ | | | ★ | ★ | ★ | ★ | | | | ★ | ★ | ★ | ★ | | 18.45 |
| 21.30 | | | | | | | | | | | | | | | | | | | | | | | | | | | | | | | | 07.15 |

| **LUGLIO** | V 1 | S 2 | D 3 | L 4 | M 5 | M 6 | G 7 | V 8 | S 9 | D 10 | L 11 | M 12 | M 13 | G 14 | V 15 | S 16 | D 17 | L 18 | M 19 | M 20 | G 21 | V 22 | S 23 | D 24 | L 25 | M 26 | M 27 | G 28 | V 29 | S 30 | D 31 | |
|---|---|---|---|---|---|---|---|---|---|---|---|---|---|---|---|---|---|---|---|---|---|---|---|---|---|---|---|---|---|---|---|---|
| 09.30 | | | | ★ | ★ | | ★ | | | | ★ | ★ | ★ | ★ | | | | ★ | ★ | ★ | ★ | ★ | | ★ | ★ | ★ | ★ | | | | | 18.45 |
| 21.30 | | | | | | | | | | | | | | | | | | | | | | | | | | | | | | | | 07.15 |

| **AGOSTO** | L 1 | M 2 | M 3 | G 4 | V 5 | S 6 | D 7 | L 8 | M 9 | M 10 | G 11 | V 12 | S 13 | D 14 | L 15 | M 16 | M 17 | G 18 | V 19 | S 20 | D 21 | L 22 | M 23 | M 24 | G 25 | V 26 | S 27 | D 28 | L 29 | M 30 | M 31 | |
|---|---|---|---|---|---|---|---|---|---|---|---|---|---|---|---|---|---|---|---|---|---|---|---|---|---|---|---|---|---|---|---|---|
| 09.30 | | | | | | | | | ★ | | | | | | | | | | | | | | | | | | | | | | | 18.45 |
| 21.30 | | | | | | | | | | ★ | ★ | | | | ★ | ★ | ★ | ★ | | | ★ | ★ | ★ | ★ | ★ | | | ★ | ★ | ★ | ★ | 07.15 |

| tariffe adulti traversata | 09.30 | 21.30 | auto |
|---|---|---|---|
| economica | €45 | €50 | €125 |
| A/R | €84 | €96 | €250 |
| prima classe | €83 | €102 | €125 |
| A/R | €155 | €198 | €250 |

★ prezzo speciale: 2 persone + auto A/R: €600

**Andare in Sardegna.** Tu ed un amico/un'amica volete fare una settimana di vacanze in Sardegna. Siccome (*Since*) vorreste vedere tutta l'isola, forse porterete anche l'automobile. Guardare l'orario e decidere:

- In quale data partirete? Quando tornerete?
- A che ora partirà il traghetto, e a che ora arriverete in Sardegna?
- Quanto costerà il viaggio?
- Porterete la macchina? Perché?

Poi spiegate alla classe i vostri progetti di viaggio.

# A.3 Punti grammaticali

## Il trapassato prossimo

| | |
|---|---|
| Quando siamo arrivati a Milano, **avevamo** già **visitato** la Sardegna. | *When we arrived in Milan we had already visited Sardinia.* |
| Sono arrivata alla stazione dopo che il treno **era** già **partito.** | *I arrived at the station after the train had already left.* |
| Michele ha preparato la cena, dopo che Elisa **aveva servito** l'aperitivo. | *Michael prepared dinner after Elisa had served the aperitifs.* |
| Non **aveva** mai **visto** un film così bello. | *She had never seen such a beautiful film.* |
| Non **avevi** mai **votato** prima? | *You had never voted before?* |

1. The past perfect **(il trapassato prossimo)** is used to describe a past action that preceded another past action. It corresponds to the English *I had spoken, we had eaten,* etc.

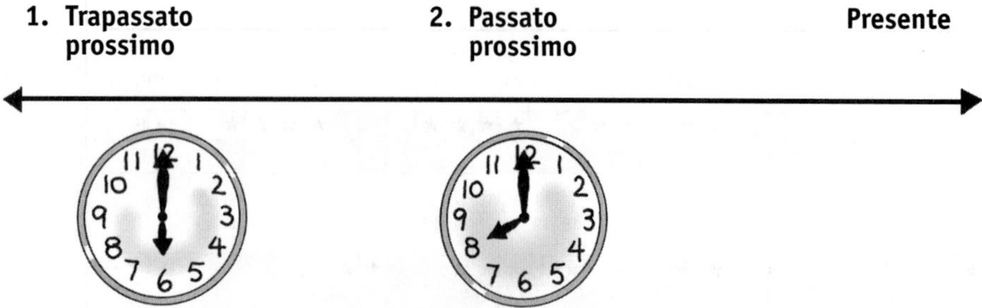


**Maria aveva già mangiato quando è andata al cinema.**

2. **Il trapassato prossimo** is a compound tense formed with the imperfect of **essere** or **avere** plus the past participle of the verb. The past participle agrees with the subject when the verb is conjugated with **essere.**

| **mangiare** | | **andare** | |
|---|---|---|---|
| avevo mangiato | avevamo mangiato | ero andato/a | eravamo andati/e |
| avevi mangiato | avevate mangiato | eri andato/a | eravate andati/e |
| aveva mangiato | avevano mangiato | era andato/a | erano andati/e |

3. Sentences containing the **trapassato prossimo** often use words such as **già** (*already*), **prima** (*before*), **dopo che** (*after*), **appena** (*as soon as, just*), and **quando** (*when*) to indicate that one action preceded another.

| | |
|---|---|
| Avevamo **già** studiato l'italiano quando siamo andati in Italia. | *We had already studied Italian when we went to Italy.* |
| Non avevamo **mai** preso un aereo prima. | *We had never taken a plane before.* |
| Lucia non si era **ancora** vestita quando Mario è arrivato. | *Lucia had not yet dressed when Mario arrived.* |
| Mi ero **appena** alzata quando mia madre mi ha chiamato. | *I had just gotten up when my mother called me.* |

Note that **già, mai, appena,** and **ancora** are placed between the auxiliary verb and the past participle.

## Attività

 **Un viaggio disastroso.** Completare il brano mettendo i verbi tra parentesi al trapassato prossimo.

È stato un viaggio disastroso. Per cominciare, mi sono alzato tardi perché (dimenticare) di mettere la sveglia (*alarm clock*) la notte prima. In macchina ho scoperto che (lasciare) il portafoglio a casa. Quando finalmente sono arrivato al porto, il traghetto (già partire). Meno male che c'era un altro traghetto. Ho trovato un posto libero accanto ad un signore che (fumare) un sigaro. Che profumo! Quando sono arrivato in Sardegna era così tardi che i miei amici (decidere) di non aspettarmi più e (tornare) a casa. Purtroppo la mia amica Gabriella non mi (dare) il suo numero di telefono. Io non (fare) mai un viaggio così pieno di problemi!

B **Una giornata al mare.** Completare le frasi a sinistra con la frase giusta dalla colonna destra.

1. Mi ero appena svegliata
2. Bruno e Lucia avevano visto che era una giornata splendida e
3. Dopo che Bruno aveva messo le sdraio in macchina,
4. Dopo che erano arrivati tutti,
5. Appena aveva finito di mangiare,
6. Dopo che avevamo riposato un po',
7. Quando era tramontato (*set*) il sole,

a. abbiamo giocato a beach volley.
b. siamo partiti per la spiaggia.
c. abbiamo mangiato.
d. siamo andati tutti a casa.
e. volevano andare al mare.
f. quando il telefono è squillato.
g. Bruno ha fatto il bagno in mare e si è sentito male.

C **Prima e poi.** Decidere quale azione succede prima e quale dopo, e completare le frasi usando il trapassato prossimo e il passato prossimo.

1. Noi (fare già) le valigie quando Mario (venire) a prenderci.
2. Mia madre (preparare) la cena dopo che io (fare) la spesa.
3. Io (salire appena) sull'aereo, quando (vedere) il mio amico Marco.
4. Quando Elena ti (scrivere) la lettera, non (ricevere ancora) la tua!
5. Noi non (prenotare ancora) le vacanze quando tu ci (parlare) della Costa Smeralda.
6. Enrico (perdere appena) l'aereo quando (incontrare) la sua amica Nicoletta in aeroporto.

D **Perché...** Completare le seguenti frasi in maniera logica come nel modello.

*Esempio:* Ho preso un brutto voto all'esame perché...
... non mi ero preparata bene. /
... non avevo dormito la notte.

1. Ieri sera non avevo fame perché...
2. Ho fatto tardi a lezione perché...
3. Ho dovuto pagare con la carta di credito perché...
4. Mia madre non era contenta di me perché...
5. Non c'era niente da mangiare in cucina perché...
6. Il viaggio è andato a monte perché...

E **Non l'avevo mai fatto prima.** Pensa a tutte le cose nuove che hai fatto nel primo semestre all'università. Poi raccontane almeno tre ad un compagno/una compagna, dicendo che non le avevi mai fatte prima.

*Esempio:* —Vivo con un compagno di stanza. Non avevo mai avuto prima un compagno di stanza.

# B ALLA STAZIONE FERROVIARIA

## B.1 Si dice così

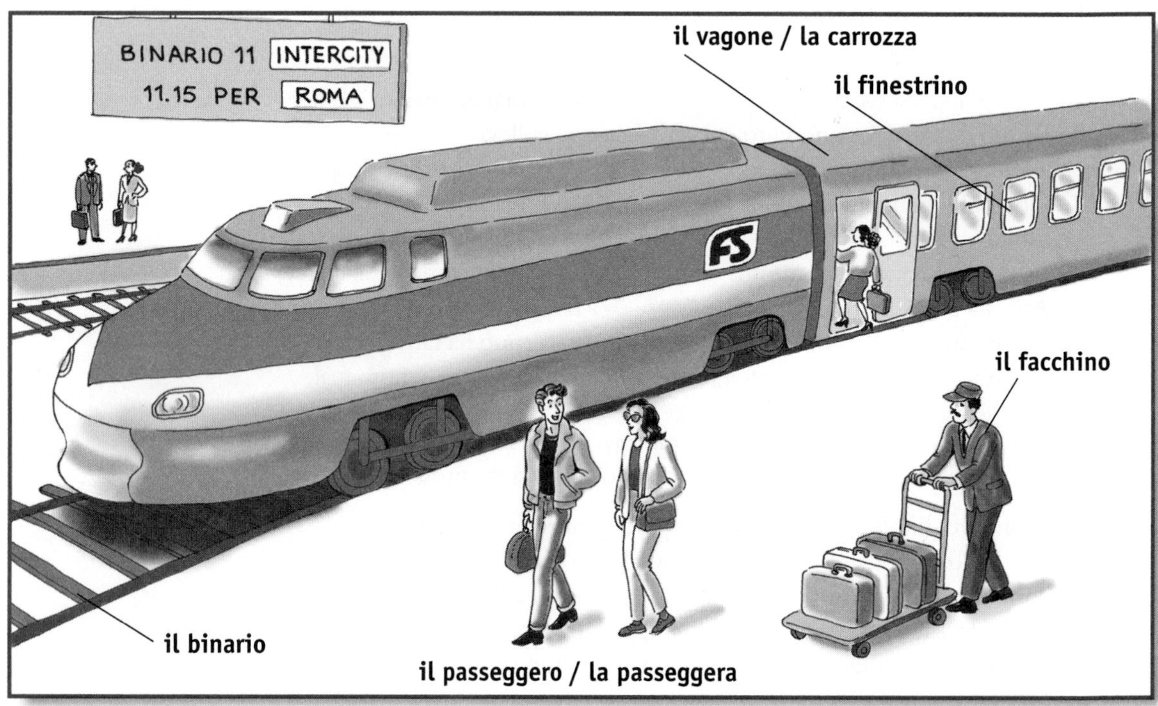


### Parole utili

| | | | |
|---|---|---|---|
| **il treno** | *train* | **l'arrivo** | *arrival* |
| **la coincidenza** | *connection* | **la partenza** | *departure* |
| **il posto (a sedere)** | *seat* | **il ritardo** | *delay* |
| **lo scompartimento** | *compartment* | **essere in orario** | *to be on time* |
| **il controllore** | *conductor* | **essere in partenza/ in arrivo** | *to be leaving/arriving* |
| **la biglietteria** | *ticket office* | **perdere il treno** | *to miss a train* |
| **lo sportello** | *ticket window* | **fare il pendolare** | *to commute* |
| **l'andata e ritorno** | *round trip* | **timbrare il biglietto** | *to stamp/validate a ticket* |
| **il/la pendolare** | *commuter* | | |
| **la prima classe, seconda classe** | *first class, second class* | | |

**Lo sapevi che... ?**

In Italia, come in Europa in generale, si viaggia moltissimo in treno. Spesso ci sono vagoni-ristoranti sui treni. Per lunghi viaggi si può dormire sul treno in un vagone-letto (simile ad una camera d'albergo) o in cuccette: scompartimenti in cui i posti a sedere si trasformano in lettini.

## Attività

**A** **Quale?** Scegliere l'espressione corretta.

1. Avete tante valigie pesantissime, così chiamate (il facchino / il controllore).
2. Il vagone ha molti (scompartimenti / finestrini) dove ci sono i posti a sedere.
3. Aspettiamo il treno al (vagone / binario).
4. Compro un biglietto (al finestrino / allo sportello).
5. Gli studenti vogliono spendere meno: comprano un biglietto di (seconda / prima) classe.
6. Quando una persona cambia treno a Bologna per arrivare a Milano, prende (la cittadinanza / la coincidenza).
7. Il treno da Olbia arriva puntuale alle 11.00. È (in orario / in partenza).
8. Vuoi andare da Sassari a Cagliari e poi da Cagliari a Sassari. Compri un biglietto di (andata e ritorno / seconda classe).

**B** **Un biglietto del treno.** Annamaria ha fatto recentemente un viaggio in treno. Guardare il biglietto che ha comprato e rispondere alle seguenti domande.

1. Da dove è partita Annamaria?
2. Qual era la destinazione del suo viaggio?
3. A che ora parte il treno?
4. Quanto è costato il biglietto?
5. Qual è il numero della carrozza? E del suo posto?

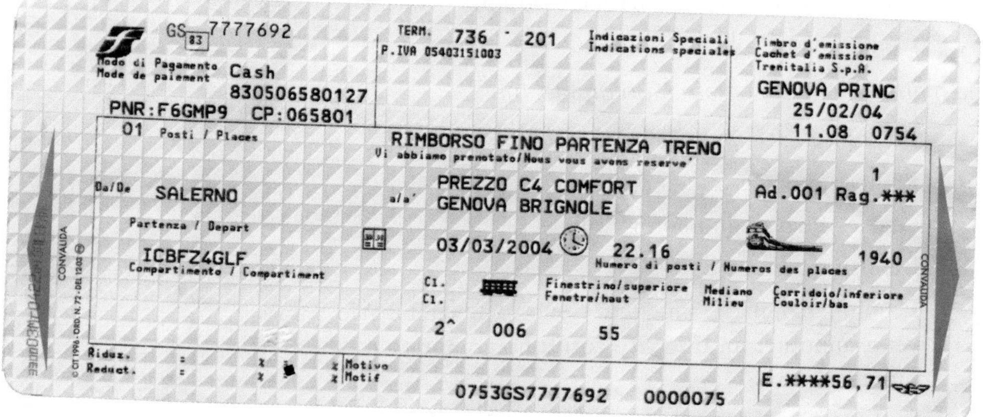


**C** **Alla biglietteria.** Lavori alla biglietteria della stazione ferroviaria di Milano. Un turista americano viene allo sportello perché vuole andare a Genova. Bisogna chiedere...

- dove vuole andare.
- quando viaggia.
- quale tipo di biglietto vuole comprare, cioè un biglietto semplice o di andata e ritorno.
- in quale classe preferisce viaggiare.

Poi bisogna preparare il biglietto e dire al viaggiatore quanto deve pagare.

**Lo sapevi che... ?**

Le Ferrovie dello Stato (F.S.) sono la compagnia nazionale dei treni in Italia. Ci sono diversi tipi di treno che variano molto nel servizio. Il treno regionale è il meno rapido: si ferma a tutte le stazioni tra la città di partenza e quella di arrivo. I treni più rapidi, come l'Intercity, l'Eurostar o il "Pendolino," richiedono un supplemento rapido. Costano di più e la prenotazione dei posti è obbligatoria, però sono più veloci perché fanno meno fermate.

## B.2 Incontro

**In partenza.** *Carlo e Paolo s'incontrano al binario 4 alla stazione di Cagliari.*

CARLO: Ciao, Paolo! Ma che sorpresa! Che ci fai tu qui? Credevo che fossi ancora a Roma e che tornassi in Sardegna solo d'estate! Stai partendo?

PAOLO: No, non vado da nessuna parte. Ho solo accompagnato mia madre, ma c'era traffico e siamo arrivati in ritardo. Così ha perso il treno e ora deve aspettare il prossimo. E tu, che fai di bello?

CARLO: Vado a Sassari per un colloquio di lavoro. Il mio treno parte tra un quarto d'ora.

PAOLO: Allora, in bocca al lupo per il colloquio!

CARLO: Crepi! Ciao, Paolo!

*Paolo torna dalla mamma, che sta chiamando un facchino.*

SIGNORA: Facchino! Facchino! È libero?

FACCHINO: Prego, signora. A Sua disposizione.

SIGNORA: Grazie. Queste sono le mie valigie.

FACCHINO: Benissimo.

PAOLO: Eccomi, mamma! Il prossimo treno parte dal binario 3 fra venti minuti. È un Intercity, così ti ho comprato il supplemento.

SIGNORA: Santo cielo! Fra venti minuti! Sbrighiamoci!

PAOLO: Non ti preoccupare, mamma. Vado a prenderti il giornale all'edicola, così lo potrai leggere durante il viaggio. Abbiamo ancora un sacco di tempo prima che parta il treno.

SIGNORA: Mica tanto, sai. Sbrigati, per favore. Se no, perderò il treno un'altra volta!

Attività

**A** **Ascoltiamo! Di che cosa parlano?** Ascoltare l'**Incontro** e indicare di che cosa parlano le seguenti persone, scrivendo tutte le lettere giuste.

a. giornali
b. perdere il treno
c. supplemento rapido
d. vacanze
e. un colloquio di lavoro
f. valigie
g. sbrigarsi
h. traffico

1. Carlo e Paolo parlano di ____________.
2. La signora e il facchino parlano di ____________.
3. Paolo e la mamma parlano di ____________.

**B** **Un lungo viaggio.** Tu e un amico/un'amica state partendo per un viaggio in treno che durerà almeno dieci ore. Discutere di tutte le cose che porterete con voi per non annoiarvi durante il lungo viaggio.

*Esempio:* —Perché non portiamo... ? Così possiamo...
—Buona idea! E io porto anche...

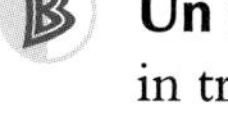

**Lo sapevi che... ?**

In Italia è necessario timbrare il biglietto prima di salire sul treno; altrimenti non è valido. Quando si compra un biglietto per il treno, è valido per due mesi, su tutti i treni che fanno quel viaggio, in qualsiasi giorno e a qualsiasi ora. Bisogna solo ricordarsi di comprare un supplemento rapido se il treno è un Intercity o un Eurostar!

***In altre parole***

**da nessuna parte** — *nowhere*
**a Sua (tua) disposizione!** — *at your service!*
**santo cielo!** — *good heavens!*
**mica tanto** — *not really, hardly*

**C** **La risposta giusta.** Trovare nella lista a destra una risposta opportuna per ogni domanda a sinistra.

1. Dove vai stasera, Gianfranco?
2. Facchino! Mi può aiutare con queste valigie?
3. Ti piace viaggiare in aereo?
4. Ma non dovevi prendere il treno?
5. Gianni, hai finito di leggere il giornale? Mi puoi aiutare ora?

a. A Sua disposizione, signora.
b. Da nessuna parte. Resto a casa.
c. Sono a tua disposizione!
d. Santo cielo! Hai ragione! Ciao!
e. Mica tanto. Preferisco il treno.

D **Alla stazione.** Completare il brano con un'espressione da **In altre parole.**

Gabriella e Alberto si sono incontrati per caso alla stazione ferroviaria.

GABRIELLA: Dove vai di bello, Alberto?

ALBERTO: ______________, sto aspettando un amico che arriva da Parigi.

GABRIELLA: Davvero? Io vado a Parigi quando finisce l'anno accademico.

ALBERTO: Che bello! Parli bene il francese allora.

GABRIELLA: ______________, sai. Però intendo studiarlo mentre sono a Parigi. Quando arriva questo amico?

ALBERTO: Doveva essere già qui, ma il suo treno è in ritardo. ______________! Stanno annunciando che il treno non arriverà per un'altra ora!

**Conversazione sul treno.** Finalmente parti per le vacanze. Sul treno con te c'è un altro/un'altra giovane, evidentemente in vacanza anche lui/lei. Creare una conversazione in cui chiedi...

- dove sta andando.
- da dove viene.
- come trascorrerà le vacanze. (Con chi starà? Che cosa farà? Quando dovrà tornare a casa?)

Rispondere alle domande e poi invitare il nuovo amico/la nuova amica a trascorrere una giornata di vacanza con te.

# B.3 Punti grammaticali

## Il congiuntivo imperfetto

| | |
|---|---|
| Pensavo che tu **fossi** italiana. | *I thought you were Italian.* |
| Era bene che io non **portassi** molto bagaglio. | *It was a good thing I didn't bring a lot of baggage.* |
| Credevamo che voi **partiste** a maggio. | *We thought you were leaving in May.* |
| Avevo paura che i miei amici **si perdessero** a Roma. | *I was afraid my friends would get lost in Rome.* |

1. The imperfect subjunctive **(il congiuntivo imperfetto)** is used in a dependent clause when the verb in the independent clause is in a past tense or in the conditional. It is used in the same way as the present subjunctive, for example, after verbs of necessity, uncertainty, doubt, desire, or emotion. Compare:

   | | |
   |---|---|
   | —Sapevi che Mario **era** argentino? | —*Did you know Mario was Argentinian?* |
   | —No, credevo che **fosse** italiano! | —*No, I thought he was Italian!* |

   The imperfect subjunctive is used when the action of the dependent clause is contemporaneous to or later than the action of the independent clause.

2. **Il congiuntivo imperfetto** is highly regular and is formed by dropping the infinitive ending and adding the following endings.

| **arrivare** | **prendere** | **dormire** | **finire** |
|---|---|---|---|
| arriv**assi** | prend**essi** | dorm**issi** | fin**issi** |
| arriv**assi** | prend**essi** | dorm**issi** | fin**issi** |
| arriv**asse** | prend**esse** | dorm**isse** | fin**isse** |
| arriv**assimo** | prend**essimo** | dorm**issimo** | fin**issimo** |
| arriv**aste** | prend**este** | dorm**iste** | fin**iste** |
| arriv**assero** | prend**essero** | dorm**issero** | fin**issero** |

Note that the endings are the same except for the characteristic vowel preceding the ending **(a, e, i).**

3. **Essere, dire, bere,** and **fare** are irregular and have the following forms.

**essere:** fossi, fossi, fosse, fossimo, foste, fossero
**dire:** dicessi, dicessi, dicesse, dicessimo, diceste, dicessero
**bere:** bevessi, bevessi, bevesse, bevessimo, beveste, bevessero
**fare:** facessi, facessi, facesse, facessimo, faceste, facessero

**Stare** and **dare** are irregular in the same way.

**stare:** stessi, stessi, stesse, stessimo, steste, stessero
**dare:** dessi, dessi, desse, dessimo, deste, dessero

4. Compare the following.

**Credo** che lei **venga** alla festa.
*I think she is coming to the party.*

**Credevo** che lei **venisse** alla festa.
*I thought she was coming to the party.*

**Esco** benché **faccia** freddo.
*I'm going out although it's cold.*

**Sono uscito** benché **facesse** freddo.
*I went out although it was cold.*

**Sembra** che quel treno **parta.**
*It seems that train is leaving.*

**Sembrava** che quel treno **partisse.**
*It seemed that train was leaving.*

## Attività

**Programmi andati a monte.** I signori Galletti hanno invitato i tre figli, che abitano in altre città, a tornare a casa per Pasqua. Purtroppo il programma di pranzare tutti insieme è andato a monte. Completare le frasi con il congiuntivo imperfetto dei verbi dati.

1. Paolo credeva che il suo treno (arrivare) puntuale a mezzogiorno. Invece è arrivato con tre ore di ritardo. Era strano che lui non (essere) con noi per il pranzo di Pasqua!

2. Non pensavamo che Roberta (venire) in macchina; credevamo che (prendere) il treno. Benché (piovere), Roberta ha deciso di guidare. Era necessario che lei (accompagnare) anche la zia Lina. Quando non sono arrivate, ci siamo preoccupati: avevamo paura che lei (stare) male.
3. Stefania ha telefonato per dirci che era possibile che i suoi bambini (avere) l'influenza. Ha detto che era meglio che loro (restare) a casa questa volta e che noi (festeggiare) senza di loro.

**B** **Le colonne.** Creare delle frasi originali prendendo un elemento da ogni colonna, legando il tutto con la congiunzione **che.** Mettere il secondo verbo al congiuntivo imperfetto.

*Esempio:* Era importante che gli studenti lavorassero sodo.

| | | | |
|---|---|---|---|
| Era importante | **che** | Margherita | avere tanti figli |
| Temevo | | il treno | sapere cantare così bene |
| Non eravamo sicuri | | voi | lavorare sodo |
| Era necessario | | gli studenti | fare colazione |
| Non sapevi | | tu | dire la verità |
| Credevate | | Massimiliano | essere così pieno di gente |
| Bisognava | | io | trascorrere le ferie con noi |
| L'insegnante pensava | | | bere un bicchier d'acqua |
| | | | prendere appunti |

**C** **Non lo sapevo.** Reagire alle seguenti frasi come nel modello.

*Esempio:* La Sardegna è un'isola.
Non sapevo che fosse un'isola.

1. Il paesaggio della Sardegna varia molto da una costa all'altra.
2. Le città principali dell'isola sono Sassari e Cagliari.
3. La Sardegna ha una grande ricchezza mineraria.
4. Nelle acque della Sardegna si pesca il tonno.
5. Sulle montagne abbondano i cinghiali (*wild boars*).
6. I sardi parlano un dialetto molto particolare.
7. Il turismo è molto importante per l'economia sarda.

**D** **La luna di miele (*honeymoon*) di Luca e Stefania.** Luca e Stefania sono una coppia di sposi che hanno trascorso la luna di miele in Sardegna, un viaggio con dei momenti bellissimi ma anche con dei momenti di tensione. Ora commentano il loro viaggio. Completare le seguenti frasi.

| Luca dice: | Stefania dice: |
|---|---|
| Ero contento che tu... | Sembrava che il viaggio... |
| Non sapevo che tua madre... | Non volevo che noi... |
| Mi sembrava impossibile che tu... | Non sapevo che dentro la valigia... |
| Non mi è piaciuto il fatto che tu... | Non mi è piaciuto il fatto che tu... |

 **Cosa pensavi da piccolo?** Parlare con un amico/un'amica delle cose a cui credevi quando eri piccolo/a. Rispondere all'osservazione, come nel modello.

*Esempio:* —Da piccolo credevo che la scuola fosse molto grande.
—È vero, anche a me sembrava che la scuola fosse enorme.

#  ALL'AGENZIA DI VIAGGIO

## C.1 Si dice così

| | |
|---|---|
| **le informazioni** (*f. pl.*) | *information* |
| **il programma** | *travel plans* |
| **il dépliant** | *brochure* |
| **la disponibilità** | *availability* |
| **la destinazione** | *destination* |
| **la prenotazione** | *reservation* |
| **l'alta/la bassa stagione** | *high/low season* |
| **l'auto a noleggio** | *rental car* |
| **l'ospite** (*m. or f.*) | *guest* |
| **la pensione** | *small hotel* |
| **l'ostello** | *hostel* |
| **la tariffa** | *rate/price* |
| **le tariffe** (*pl.*) | *price list* |
| **con pensione completa, con mezza pensione** | *with meals, with breakfast and dinner* |
| **economico** | *cheap* |
| **pernottare** | *to spend the night* |
| **informarsi** | *to find out* |
| **fare una prenotazione/prenotare** | *to reserve* |
| **noleggiare** | *to hire/to rent* |

### Attività

 **Le definizioni.** Trovare nella lista una parola o un'espressione per ogni definizione data.

1. Il periodo in cui molta gente frequenta un luogo turistico
2. I prezzi dei vari servizi in un albergo
3. Pagare per l'uso limitato di un'automobile
4. Con i pasti inclusi
5. Riservare una camera in un albergo o un tavolo al ristorante
6. Dormire in un albergo o in una pensione

**Villa Paradiso.** Guardare attentamente il dépliant di "Villa Paradiso" e poi rispondere alle seguenti domande.

Villa Paradiso — Porto Cervo
Albergo a Quattro Stelle ★★★★
LE TARIFFE
bassa stagione
alta stagione
camera singola €125 €170
camera doppia €160 €250
con servizi
con mezza pensione €42/persona/notte
Sconto di 25%-gruppi di 4+ persone
Tariffe speciali per sposi
Servizi extra:
Autonoleggio
Babysitting
Telefax
Attività sportive


1. Villa Paradiso è un albergo di lusso o una pensione? Come lo sai?
2. Quanto costa una camera doppia durante la bassa stagione? E in alta stagione?
3. Ci sono i servizi in tutte le camere?
4. Quanto si deve pagare in più se uno vuole mangiare in albergo?
5. Fanno prezzi speciali? A chi?
6. Quali sono alcuni dei servizi offerti dall'albergo? Spiegare l'utilità di ogni servizio.

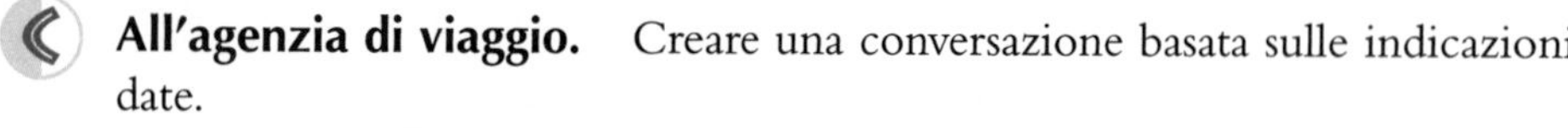

**All'agenzia di viaggio.** Creare una conversazione basata sulle indicazioni date.

*S1:* Hai passato un periodo di stress e ora vuoi riposarti al mare. Vai in agenzia di viaggio per programmare un viaggio rilassante ma con attività sportive e camera con vista sul mare. Chiedere informazioni all'agente e decidere se prenotare o no.

*S2:* Sei un agente di viaggio. Un giovane manager vuole informazioni per un viaggio. Rispondere alle domande del cliente a proposito di servizi, sport, prezzi. Domandare se vuole la mezza pensione. Raccomandare l'albergo Villa Paradiso, spiegando che è alta stagione.

**Lo sapevi che... ?**

La Sardegna, l'isola più grande del Mediterraneo dopo la Sicilia, ha una storia ricca e antica. I nuraghi sono delle interessanti case-fortezze in pietra dalla insolita forma a cono. Per lungo tempo l'economia della Sardegna si è basata sull'agricoltura e sull'allevamento delle pecore; un prodotto molto tipico è infatti il formaggio pecorino sardo. Oggi la Sardegna è una destinazione popolare per turisti provenienti da tutto il mondo.

**Il mare limpido di una spiaggia in Sardegna**

## C.2 Incontro

**Destinazione: Sardegna!** *Angelo e Susanna sono una giovane coppia. Stanno programmando una vacanza in Sardegna.*

SUSANNA: Amore, ti sei ricordato di andare all'agenzia di viaggio oggi?

ANGELO: Sì, tesoro. Pensavi che mi fossi dimenticato? No, no. Mi sono informato per la nostra vacanza in Sardegna.

SUSANNA: Bene! Non vedo l'ora di andarci! Hai preso qualche dépliant?

ANGELO: Naturalmente. (*Ne fa vedere tanti.*) Guarda qui...Vorrei visitare sia la Costa Smeralda che l'interno. Che ne dici?

SUSANNA: D'accordo, ma spero che tu abbia già pensato alle prenotazioni.

ANGELO: No, non pensavo che fosse necessario.

SUSANNA: Ma come? Angelo, è possibile che tu sia stato all'agenzia senza fare almeno una prenotazione? Dobbiamo sbrigarci se vogliamo trovare biglietti e posto in albergo. Dai, ora andiamo in agenzia insieme per organizzare il tutto.

(*In agenzia*)

IMPIEGATO: Buongiorno, signora. Mi dica.

SUSANNA: Vorremmo prenotare due biglietti aerei di andata e ritorno Pisa-Cagliari con partenza intorno a Ferragosto.

IMPIEGATO: La disponibilità è limitata, signora, ma vediamo intanto... Oh, che colpo! Se prenotate entro domani, c'è uno sconto.

SUSANNA: Ottimo! Senta, per la Costa Smeralda, c'è mica qualche tariffa speciale per un albergo con la pensione completa?

IMPIEGATO: Signora, non mi chieda l'impossibile! Vediamo... Qui c'è una possibilità. Cala di Volpe, è un posto molto romantico dove trascorrere le vacanze.

SUSANNA: Me lo auguro!

AMBIENTE, NATURA, FLORA, FAUNA, ARCHEOLOGIA, STORIA, LETTERATURA, ARTE, ARCHITETTURA, RELIGIONE, CULTURA, TRADIZIONI, GENTE, FESTE, PAESI, COSTUMI, GASTRONOMIA, VINI, ARTIGIANATO, TERME, SPORT. NEL NORD SARDEGNA NON C'È SOLO IL MARE PIÙ BELLO DEL MONDO: C'È UN ITINERARIO PER OGNUNO DEI TUOI INTERESSI. LA PROVINCIA DI SASSARI HA PREDISPOSTO DEI PERCORSI CHE TOCCANO I MOLTEPLICI ASPETTI DI UN TERRITORIO CHE, ASSIEME O IN ALTERNATIVA AL TEMA MARINO-BALNEARE, È IN GRADO DI OFFRIRE ATTRAZIONI E STIMOLI DI GRANDE INTENSITÀ. UN SISTEMA TURISTICO-CULTURALE INTEGRATO CHE CONSENTE DI NON FERMARSI ALLA SUPERFICIE MA DI PENETRARE PROFONDAMENTE L'ANIMA PIÙ ANTICA E PIÙ GENUINA DI QUESTA TERRA MILLENARIA.

**A** **Ascoltiamo!** Ascoltare bene l'**Incontro** e scegliere l'espressione che completa la frase in maniera corretta.

1. Angelo e Susanna hanno intenzione di trascorrere le vacanze
   a. in Toscana. b. a Pisa. c. in Sardegna.
2. Angelo è andato all'agenzia di viaggio per
   a. fare campeggio. b. informarsi. c. litigare.
3. Angelo vorrebbe visitare la costa della Sardegna e anche
   a. Cala di Volpe. b. l'interno. c. i dépliant.
4. Angelo non ha comprato i biglietti perché non gli sembrava che
   a. fosse necessario. b. andassero in treno. c. costassero molto.
5. Partono per le vacanze
   a. domani. b. intorno a Ferragosto. c. intorno a Natale.
6. Susanna vorrebbe
   a. una pensione. b. un albergo con mezza pensione. c. un albergo con la pensione completa.
7. L'impiegato suggerisce
   a. una tariffa speciale. b. un posto molto romantico. c. un campeggio.

**B** **C'è posta per te.** Hai ricevuto il seguente messaggio di posta elettronica da un amico/un'amica. Completare il brano con un vocabolo o un'espressione opportuna. Poi rispondere al messaggio.

Ciao, bello/a! Fra pochi mesi è estate e tutti parlano già di ______________. Quest'anno mi piacerebbe ______________ in un'isola. Non so se andare in Sicilia o in Sardegna. Devo anche decidere se andare in aereo o via mare. In questo caso, è meglio ______________ subito il traghetto, perché in estate sono sempre molto affollati (*crowded*). Sono stata in ______________ per prendere alcuni dépliant, così posso scegliere ______________ o una pensione. Non voglio spendere molto, magari andrò all'______________ per gli studenti. Che ne dici? Vuoi venire con me?

**In altre parole**

| | |
|---|---|
| **tesoro, amore** | *darling, love* |
| **sia... che...** | *both* |
| **intanto** | *in the meantime* |
| **entro (una settimana)** | *within/in (a week)* |
| **me lo auguro!** | *I hope so!* |

C **Sostituzioni.** Sostituire le parole in corsivo, adoperando un'espressione da **In altre parole.**

1. Non vedo l'ora di partire per le vacanze. Immagina, Carlo, *fra sette giorni* saremo sulle spiagge della Costa Smeralda.
2. Daniela, *stella,* puoi farmi questo piacere?
3. Carola *e anche* Gila amano dormire sotto le stelle.
4. Vado a chiamare l'Alitalia. *Nel frattempo* può guardare questo orario perché dovrà scegliere un volo.
5. L'agente dice che non è troppo tardi per trovare posto in un albergo decente. *Speriamo bene!*

D **Sia l'uno che l'altro.** Inventare una frase usando gli elementi dati secondo il modello.

*Esempio:* Giulio / Antonella / andare al mare quest'estate
Sia Giulio che Antonella vanno al mare quest'estate.

1. mia madre / mio padre / volere andare in Grecia
2. l'albergo / la pensione / costare l'ira di Dio
3. il treno / l'autobus / essere lenti
4. l'ostello / il campeggio / costare di meno
5. Roberto / Laura / fare un viaggio all'estero quest'anno

E **Angelo e Susanna vanno in vacanza.** Come saranno le vacanze di Angelo e Susanna? Rileggere l'**Incontro** e con un altro studente/un'altra studentessa inventare la prossima conversazione tra i due. Che tipo di albergo prenoterà Susanna? Come reagirà (*react*) Angelo? Cosa faranno poi?

*Esempio:* Susanna: Tesoro, che ne dici della prenotazione per Cala di Volpe? Sarà un posto romantico come ha detto l'impiegato all'agenzia? Un bel mare, e poi...
Angelo: Sarà carissimo! È di lusso, ed è alta stagione. Io preferisco vedere anche l'interno della Sardegna. Pensavo che andassimo in campeggio...

# C.3 Punti grammaticali

## Il congiuntivo passato

| | |
|---|---|
| Spero che l'aereo non **sia** già **partito.** | *I hope the plane hasn't already left.* |
| Sembra che Andrea **abbia dimenticato** il portafoglio. | *It seems that Andrea forgot his wallet.* |
| Sono contenta che tu **abbia ricevuto** dei bei regali per il tuo compleanno. | *I'm glad you received nice gifts for your birthday.* |
| È bene che loro **si siano informati** all'agenzia prima di partire. | *It's good that they got information at the agency before leaving.* |

1. The past subjunctive **(il congiuntivo passato)** is used when the independent clause is in the present tense, but the action of the dependent clause occurred before that of the independent clause.

2. The past subjunctive is formed with the present subjunctive of **essere** or **avere** and the past participle of the verb.

| **vedere** | | **andare** | |
|---|---|---|---|
| abbia visto | abbiamo visto | sia andato/a | siamo andati/e |
| abbia visto | abbiate visto | sia andato/a | siate andati/e |
| abbia visto | abbiano visto | sia andato/a | siano andati/e |

3. Compare the following:

Penso che il treno **parta.**

Penso che il treno **sia** già **partito.**

| | |
|---|---|
| Credo che lei **mangi** ora.<br>*I think she is eating.* | Credo che il bambino **abbia** già **mangiato.**<br>*I think the child has already eaten.* |
| Non so se lei **vada** alla festa.<br>*I don't know if she's going to the party.* | Non so se lei **sia andata** alla festa.<br>*I don't know if she went to the party.* |

Attività

 **Viaggiando.** Completare ogni frase con il congiuntivo passato del verbo dato.

1. Penso che Giuseppe (andare) in Francia l'anno scorso.
2. È bene che tu (prenotare già) i biglietti aerei.
3. Sembra che i signori Simonetti (partire già) per le vacanze.
4. Spero che tu non (vedere già) questo museo.
5. Sono contenta che voi (comprare) i biglietti in anticipo.
6. Luciano pensa che Silvia (andare) all'agenzia di viaggio ieri.
7. Dubitate che noi (conoscere) Sophia Loren a Roma?
8. È male che io non (prendere) l'ombrello.

 **Vacanze indimenticabili.** Completare il brano con il congiuntivo passato del verbo dato.

Quest'estate Laura e Marco sono andati in vacanza in Sardegna. Credo che loro (scegliere) la Sardegna perché lì il mare è davvero meraviglioso. Penso che Marco e Laura (andare) con i bambini e che (portare) anche il cane. Hanno girato l'isola in auto, quindi pare che (prendere) il traghetto da Genova e che Marco (prenotare) il traghetto con mesi di anticipo per essere sicuro di avere il posto per l'auto. Sembra che la loro vacanza (essere) indimenticabile e che i bambini (divertirsi) un sacco. Peccato che io invece (fare già) una prenotazione in un albergo in montagna per Ferragosto!

C **Un viaggio incredibile.** Il vostro amico, Pippo, è andato a fare un viaggio nel deserto. Doveva tornare la settimana scorsa, ma non è tornato e voi non avete le sue notizie. Cosa è successo? Usare il congiuntivo passato per creare una conversazione basata sul modello.

*Esempio:* —Spero che lui non abbia avuto dei problemi.
—Dubito che Pippo...
—È probabile che lui...

## Il congiuntivo trapassato

| | |
|---|---|
| Credevo che tu **avessi** già **visitato** la Sardegna l'anno scorso. | *I thought you had already visited Sardinia last year.* |
| —Avevi paura che io non **avessi prenotato** l'albergo? | *—Were you afraid I hadn't reserved a hotel room?* |
| —Sì, temevo che **ti fossi dimenticato!** | *—Yes, I was afraid you'd forgotten!* |

1. **Il congiuntivo trapassato** (past perfect subjunctive) is used to describe a past action in the dependent clause that preceded another past action in the independent clause. Compare the following.

| **il congiuntivo imperfetto** | **il congiuntivo trapassato** |
|---|---|
| Non sapevo che lei **andasse** in Argentina. | Non sapevo che lei **fosse andata** in Argentina. |
| *I didn't know she was going to Argentina.* | *I didn't know she had gone to Argentina.* |
| Credevo che gli studenti **leggessero** *Via col vento.* | Credevo che gli studenti **avessero letto** *Via col vento.* |
| *I thought the students were reading* Gone with the Wind. | *I thought the students had read* Gone with the Wind. |

2. **Il congiuntivo trapassato** is formed with the imperfect subjunctive of **essere** or **avere** and the past participle of the verb.

| **vedere** | |
|---|---|
| avessi visto | avessimo visto |
| avessi visto | aveste visto |
| avesse visto | avessero visto |

| **andare** | |
|---|---|
| fossi andato/a | fossimo andati/e |
| fossi andato/a | foste andati/e |
| fosse andato/a | fossero andati/e |

## Attività

**Destinazioni turistiche.** Volgere le frasi al passato, utilizzando il congiuntivo trapassato secondo il modello.

*Esempio:* Penso che Gilberto abbia già prenotato l'albergo. Pensavo che...
Pensavo che Gilberto avesse già prenotato l'albergo.

1. Mi sembra che Beppe sia andato in Sicilia.
   Mi sembrava che...
2. Sembra che Caterina sia arrivata senza problemi.
   Sembrava che...
3. Pare che i cugini siano partiti per la Spagna.
   Pareva che...
4. Enrico viaggia in prima classe benché abbia perduto il lavoro.
   Enrico ha viaggiato in prima classe benché...
5. Spero che voi siate riusciti a trovare un volo diretto.
   Speravo...
6. È strano che Giulia e Carlo abbiano deciso di rimanere a casa.
   Era strano...

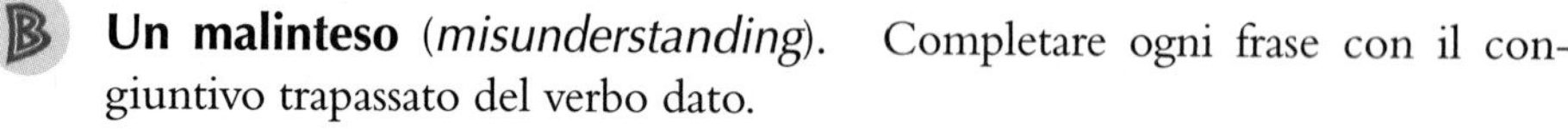

**B** **Un malinteso** (*misunderstanding*). Completare ogni frase con il congiuntivo trapassato del verbo dato.

Carola e Luigi dovevano incontrarsi alla stazione. Purtroppo era molto affollata (*crowded*); peccato che loro non (vedersi) tra la gente. Quando Carola non ha visto Luigi, pensava che lui (dimenticarsi) dell'appuntamento. Luigi invece credeva che Carola (andare già) via. Però Luigi non sapeva che Carola (aspettare) mezz'ora. Carola pensava che Luigi (dire) "Ci vediamo alle 11 alla biglietteria," mentre Luigi credeva che Carola gli (dare) l'appuntamento per le 10.30.

**Nozze d'oro!** I signori Volpe stanno celebrando il cinquantesimo anniversario del loro matrimonio. I loro cinque figli, con l'aiuto di molti altri parenti ed amici, hanno organizzato una festa per loro.

Dopo una ricca cena e una torta enorme, il figlio maggiore ha brindato (*toasted*) alla coppia felice. Dopo il brindisi un'orchestra ha suonato la canzone preferita dei signori Volpe e tutti hanno ballato insieme a loro. Alla fine della festa i figli hanno presentato ai genitori un bellissimo regalo: un viaggio a Parigi.

Il giorno dopo i signori Volpe parlavano con amici della festa. Con un compagno/una compagna, inventare i commenti e le reazioni usando frasi come:

—Eravamo contenti che i figli avessero organizzato...
—Io ero sorpresa che...
—Io ero felice che i nostri figli...

# D ALL'AEROPORTO

## D.1 Si dice così

### Parole utili

| | | | |
|---|---|---|---|
| **l'accettazione** | *check-in (desk)* | **la carta d'imbarco** | *boarding pass* |
| **l'aeroporto** | *airport* | **la dogana** | *customs* |
| **il volo/il volo di linea** | *flight* | **proseguire per...** | *to continue on to . . .* |
| **il volo diretto** | *nonstop flight* | **consegnare** | *to hand over/to give* |
| **l'assistente di volo/hostess** | *flight attendant* | **imbarcare** | *to board* |
| **la cintura di sicurezza** | *seatbelt* | **allacciare** | *to fasten* |
| **lo scalo** | *stopover* | **passare la dogana** | *to go through customs* |
| **la tappa** | *leg (of a journey)* | | |

All'aeroporto di Roma

Attività

**A** **Viaggiando per il mondo.** Completare i brani con vocaboli ed espressioni appropriati.

1. I signori Politi stanno partendo per la Sardegna. Sono all'aeroporto per il loro ______________ delle 15.10. Vanno al banco Alitalia e consegnano i loro ______________ all'impiegata. ______________ dura solo un'ora ed è diretto: quindi non ci sono ______________ da fare.
2. Lucia e Marco sono in aereo. ______________ annuncia ai passeggeri che fra pochi minuti l'aereo ______________. I passeggeri devono ______________ le cinture di sicurezza. Il loro viaggio è molto lungo: l'aereo fa ______________ a Londra prima di volare verso New York. Da lì Lucia e Marco prenderanno ______________ per New Orleans.
3. Quando si fa un viaggio all'estero, i passeggeri devono mostrare i loro passaporti e i loro bagagli alla ______________ per il controllo. Prima di salire sull'aereo, i passeggeri possono leggere il numero del loro posto sulla ______________.

 **Voli da Cagliari.** Guardare bene l'orario dei voli da Cagliari e poi rispondere alle seguenti domande.

1. Quanti voli ci sono per Pisa ogni giorno? A che ora parte il primo? Quando parte l'ultimo?
2. Quando parte il volo per Trieste? A che ora arriva a Trieste?
3. Quanti voli ci sono per Venezia? Ci sono ogni giorno? Bisogna fare scalo?

| VALIDITÀ / CONC. | | GIORNI / APT | PARTENZA / ARRIVO | ARRIVO / PARTENZA | VOLO / VOLO |
|---|---|---|---|---|---|
| **DA CAGLIARI** segue | | | | | |
| **PER** | | | | | |
| **PISA** PSA | | | | | |
| 01/10 | | 1234567 | **07.05** | **10.35** | AZ1570 |
| | | FCO | 08.10 | 09.30 | AZ1665 |
| | 30/09 | 1234567 | **07.15** | **10.35** | AZ1570 |
| | | FCO | 08.20 | 09.30 | AZ1665 |
| | | 1234567 | **10.45** | **14.00** | AZ1574 |
| | | FCO | 11.50 | 13.10 | AZ1667 |
| 02/10 | | 12345 | **14.45** | **18.00** | AZ1580 |
| | | FCO | 15.50 | 17.10 | AZ1669 |
| 02/10 | | 67 | **14.45** | **18.25** | AZ1580 |
| | | FCO | 15.50 | 17.35 | AZ1669 |
| | 01/10 | 12345 | **14.55** | **18.00** | AZ1580 |
| | | FCO | 16.00 | 17.10 | AZ1669 |
| | 01/10 | 67 | **14.55** | **18.25** | AZ1580 |
| | | FCO | 16.00 | 17.35 | AZ1669 |
| | 30/06 | 1234567 | **16.15** | **20.25** | AZ1582 |
| | | FCO | 17.20 | 19.20 | AZ1671 |
| 01/07 | 30/09 | 1234567 | **17.55** | **21.30** | AZ1586 |
| | | FCO | 19.00 | 20.40 | AZ1673 |
| 01/10 | | 1234567 | **18.00** | **21.30** | AZ1586 |
| | | FCO | 19.05 | 20.40 | AZ1673 |
| | 30/06 | 1234567 | **19.00** | **22.10** | AZ1588 |
| | | FCO | 20.05 | 21.20 | AZ1673 |
| 01/07 | | 1234567 | **19.00** | **22.10** | AZ1588 |
| | | FCO | 20.05 | 21.20 | AZ1671 |

| VALIDITÀ / CONC. | | GIORNI / APT | PARTENZA / ARRIVO | ARRIVO / PARTENZA | VOLO / VOLO |
|---|---|---|---|---|---|
| **DA CAGLIARI** segue | | | | | |
| **PER** | | | | | |
| **TRIESTE** segue | | | | | |
| | 30/09 | 1234567 | **20.25** | **23.30** | AZ1590 |
| | | FCO | 21.30 | 22.20 | AZ1363 |
| **VENEZIA** VCE | | | | | |
| | | 1234567 | **06.40** | **10.05** | AZ1568 |
| | | FCO | 07.45 | 09.00 | AZ1463 |
| | | 1234567 | **10.45** | **13.50** | AZ1574 |
| | | FCO | 11.50 | 12.45 | AZ1471 |
| 02/10 | | 1234567 | **14.45** | **17.55** | AZ1580 |
| | | FCO | 15.50 | 16.50 | AZ1477 |
| | 01/10 | 1234567 | **14.55** | **17.55** | AZ1580 |
| | | FCO | 16.00 | 16.50 | AZ1477 |
| | 30/09 | 1234567 | **17.55** | **21.00** | AZ1586 |
| | | FCO | 19.00 | 19.55 | AZ1479 |
| 01/10 | | 1234567 | **18.00** | **21.00** | AZ1586 |
| | | FCO | 19.05 | 19.55 | AZ1479 |
| | | 1234567 | **19.00** | **22.30** | AZ1588 |
| | | FCO | 20.05 | 21.25 | AZ1481 |

**Da Cagliari a Pisa.** Sei in Sardegna per le vacanze, ma all'improvviso devi tornare a Pisa per un problema di lavoro. Telefonare ad un agente dell'Alitalia (l'altro studente/l'altra studentessa) per avere informazioni sui voli Cagliari-Pisa di domani. Chiedere quanti voli ci sono, se c'è un volo verso le undici, a che ora arriva, se bisogna fare scalo e quanto costa il biglietto.

## D.2 Incontro

**Benvenuti a bordo!°** *Cristina Bianchi è una guida. Sta portando un gruppo di turisti nordamericani in Sardegna. Li incontra all'aeroporto Malpensa di Milano. Il volo non è ancora partito e quindi lei sta parlando all'altoparlante.°*

*° on board; loudspeaker*

CRISTINA: Buongiorno a tutti! Benvenuti! CostaSmeralda Tours vi ringrazia di aver scelto il nostro servizio. Sono Cristina Bianchi e sarò la vostra guida per la durata° del viaggio.

Ora vi spiego come andrà questa prima parte del viaggio. Andate prima all'accettazione e riceverete le carte d'imbarco. Proseguite per l'uscita° numero 5. Il nostro volo oggi fa scalo a Pisa e poi prosegue per Cagliari. Non dimenticate di allacciare le cinture di sicurezza a bordo. Ovviamente, è vietato fumare. Se avete domande, sono a vostra disposizione.

*° duration; gate*

TURISTA: Scusi, signorina Bianchi, ma Lei...

CRISTINA: Lasciamo perdere le formalità—ci possiamo dare del tu! Saremo compagni di viaggio per i prossimi dieci giorni, vivremo momenti indimenticabili° di grande emozione, e vedremo insieme qualche posticino davvero speciale.

*° unforgettable*

TURISTA: Grazie, Cristina. Ma scusa, una domanda: cosa devo fare se ho perso il passaporto?

## Attività

**A** **Ascoltiamo!** **Che cosa ha detto?** Leggere bene le seguenti frasi. Poi ascoltando l'**Incontro,** indicare l'ordine giusto.

_______ Non dimenticate di allacciare le cinture...
_______ Sarò la vostra guida per la durata del viaggio.
_______ Vedremo insieme qualche posticino davvero speciale.
_______ Vi ringrazia di aver scelto il nostro servizio.
_______ Andate prima all'accettazione e riceverete le carte d'imbarco.
_______ Ovviamente, è vietato fumare.

**B** **Paura di volare?** Fare le seguenti domande ad un compagno/una compagna.

1. Ti piace viaggiare in aereo? Hai volato molto? Dove?
2. Hai paura di volare? Qual è la parte del volo che ti piace di meno?
3. Qual è il volo più lungo che hai mai fatto? Cosa fai di solito durante un volo?
4. Quando è stata l'ultima volta che hai viaggiato in aereo? Com'è andato? Quale linea hai preso?
5. Ci sono voli diretti per l'Italia dalla tua città? Con quale linea? Se uno vuole andare in Italia dalla tua città, come deve fare?

**C** **Al banco dell'accettazione.** Una persona è l'agente dell'Alitalia, l'altra è un viaggiatore che prende un volo da Cagliari per Pisa. Inventare una conversazione in cui l'agente chiede il biglietto, se il viaggiatore vuole il posto finestrino e chiede anche del bagaglio (*baggage*). Il viaggiatore chiede del volo, delle condizioni del tempo, se c'è un ritardo ecc.

***In altre parole***

| | |
|---|---|
| **lasciar perdere** | *to forget about it* |
| **darsi del tu/del Lei** | *to use the **tu** form/**Lei** form with each other* |
| **un posticino** | *a nice little spot* |
| **è vietato** | *it is prohibited* |

**D** **A te la parola!** Cosa dici nelle seguenti situazioni?

1. Su un volo Torino–Roma c'è una persona che accende una sigaretta.
2. Dopo mezz'ora di discussione, tu ed un'amica non avete ancora deciso quale film vedere.
3. Una tua amica vuole invitare un amico ad una cena romantica in un piccolo ristorante della tua città. Ti chiede se conosci un posto adatto.
4. Sei in aereo e dopo un quarto d'ora di piacevole conversazione con un altro passeggero, proponi di essere più informale con questa persona.

**Lo sapevi che... ?**

Le persone che vivono in Sardegna sono sardi. Chi viene da Milano è milanese, chi viene da Firenze è fiorentino. Sai da quale città provengono i napoletani, i parmigiani, i torinesi, i palermitani, i piacentini, i veneziani, gli aretini, i baresi, i perugini, i pescaresi?

**Un viaggio orrendo.** È vero che quando si viaggia le cose non vanno sempre perfettamente. Immaginare un viaggio in aereo dove ogni particolare del viaggio finisce male e poi raccontarlo ad un compagno/una compagna. Alcune situazioni possibili: ritardi, voli cancellati, cattivo tempo, compagni di viaggio antipatici, cibo disgustoso ecc.

*Esempio:* —Non puoi immaginare che viaggio spaventoso ho fatto! C'era accanto a me una signora che parlava continuamente di... Per quattro ore ho dovuto... Finalmente...
—Figurati! Ma che brutto! Però, ascolta questo...

# D.3 Punti grammaticali

## I negativi

| | |
|---|---|
| **Non** mi piace **affatto** quel ristorante. | *I don't like that restaurant at all.* |
| **Non** ho mangiato **niente** tutto il giorno. | *I didn't eat anything all day.* |
| **Non** c'era **nessuno** nello scompartimento. | *There was no one in the compartment.* |
| **Non** beve **né** il tè **né** il caffè. | *He drinks neither tea nor coffee.* |
| **Nulla** è accaduto. | *Nothing happened.* |

1. In addition to the simple negative formed by placing the word **non** before the verb, there are several other negative expressions that are used in combination with **non.**

| | |
|---|---|
| **non ... nulla, niente** | *nothing* |
| **non ... nessuno** | *nobody* |
| **non ... nessuno/a** | *not any, not one* |
| **non ... affatto** | *not at all* |
| **non ... più** | *not anymore* |
| **non ... mai** | *never* |
| **non ... ancora** | *not yet* |
| **non ... né ... né** | *neither . . . nor* |
| **non ... neanche, neppure, nemmeno** | *not even* |

The usual construction of these expressions is **non** + *verb* + *second negating word.*

| | |
|---|---|
| **Non** va **più** da quel medico. | *She doesn't go to that doctor anymore.* |
| **Non** ha **neanche** il tempo per respirare. | *He hasn't even got the time to breathe.* |
| **Non** viene **neppure** Giuseppe. | *Not even Giuseppe is coming.* |

2. With compound verbs, **ancora, più,** and **mai** are generally placed between the auxiliary verb and the participle.

| | |
|---|---|
| **Non** ho **ancora** visto il Taj Mahal. | *I haven't seen the Taj Mahal yet.* |
| —E Gino? —**Non** l'ho **più** visto. | *—And Gino? —I didn't see him again.* |
| Tina **non** ha **mai** visto quel film. | *Tina has never seen that film.* |

3. **Nessuno, niente,** and **nulla** may be used as subjects. Used in this way, they precede the verb and **non** is not used.

| | |
|---|---|
| **Niente** funzionava in quell'ufficio. | *Nothing worked in that office.* |
| **Nessuno** ha potuto rispondere. | *No one could answer.* |

4. **Nessuno** can be a pronoun or an adjective. As an adjective, it expresses the idea *not any, not a single one.* It follows the same pattern as the indefinite article **uno.** The noun that it modifies is always in the singular.

| | |
|---|---|
| **Non** ha **nessuna** prenotazione per il volo. | *He has no reservation for the flight.* |
| **Non** hai fatto **nessuno** sbaglio all'esame. | *You didn't make any mistakes on the exam.* |
| La libreria **non** ha **nessun** libro di fantascienza. | *The bookstore doesn't have a single science-fiction book.* |
| **Non** ho **nessuna** voglia di uscire. | *I have no desire to go out.* |

## Attività

 **Risposte negative.** Rispondere alle domande usando l'espressione negativa indicata.

*Esempio:* Chi c'è alla porta? (nessuno) Non c'è nessuno.

1. Hai visitato il Giappone? (mai)
2. È presidente Clinton? (più)
3. Ti sei laureato/a? (ancora)
4. Che cosa fai stasera? (niente)
5. Hai molti amici tedeschi? (nessuno)
6. Conosci personalmente Leonardo Di Caprio? (affatto)
7. Parli il russo e il cinese? (né ... né)
8. Dormi spesso negli alberghi a quattro stelle? (mai)

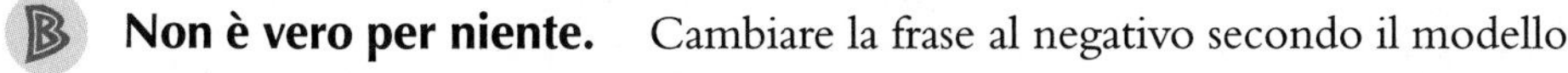

**B** **Non è vero per niente.** Cambiare la frase al negativo secondo il modello.

*Esempio:* Ho una macchina. Non ho nessuna macchina.

1. C'è qualcuno al telefono.
2. Andiamo sempre in vacanza al mare.
3. Dormo ancora con l'orsacchiotto (*teddy bear*).
4. Mangio i fagioli e i piselli.
5. Conosco molte persone a Berlino.
6. Giulia beve la birra e il vino.
7. Ho una motocicletta giapponese.
8. Parlo già correntemente l'italiano.

**C** **Non ho niente da dichiarare** (*to declare*)! Arrivi all'aeroporto internazionale di Malpensa. Quando passi la dogana, l'agente sospettoso ti fa alcune domande. Rispondere con espressioni negative.

1. Che cosa ha da dichiarare?
2. Ci sono piante o prodotti alimentari dentro la valigia?
3. Ha più di duemila dollari?
4. Ha parenti in Italia?
5. Ha mai avuto contatto con ribelli politici?
6. È mai stato/a arrestato/a?
7. Che cosa c'è dentro quella borsa?

**D** **Albergatori bugiardi** (*liars*). Il dépliant diceva che l'albergo è di prima categoria, frequentato da VIP internazionali. Spiegava che l'albergo ha camere comodissime e spaziose, e che ci sono la piscina, il campo da tennis, il minigolf. Diceva pure che c'è sempre qualcuno a tua disposizione e che ti puoi divertire in ogni momento della giornata. Dopo due giorni, hai capito che gli albergatori sono bugiardi. Torni dal soggiorno e ti lamenti con il tuo agente di viaggio. Con un compagno/una compagna, create un dialogo in cui S1/il cliente si lamenta della mancanza di servizi e S2/l'agente di viaggio difende l'albergo.

**E** **Esperienze personali.** Fare le seguenti domande ad un altro studente/un'altra studentessa.

1. Che cosa non hai mai fatto e invece vorresti fare?
2. Che cosa non fai più di ciò che facevi una volta?
3. Quali città e quali monumenti vorresti visitare?
4. Che cosa non ti piace affatto? Perché?
5. Che cosa non faresti mai? Perché?
6. C'è una cosa che nessuno sa fare meglio di te?

# Immagini e parole

For self-tests and practice of unit topics, go to the website for *Parliamo italiano!*

View video episode 9, *Viaggiare* (*Sardegna*), and do the activities in the Workbook.

## *Dove andiamo in vacanza?*

Gregge al pascolo, Sardegna

**Sostituzioni.** Trovare nella colonna a destra una parola o un'espressione con un significato simile a quello di ogni parola in corsivo.

1. le città *si svuotano* d'estate — a. vanno
2. il 70% *possiede* una casa per le vacanze — b. tranquillità
3. un periodo di *riposo* al mare — c. fuori dall'Italia
4. i campeggi sono *affollati* — d. diventano vuote
5. molti studenti fanno le vacanze *all'estero* — e. pieni di gente
6. i turisti *si spingono* in ogni direzione — f. ha

**Che cosa vuol dire "vacanze" per voi?** Guardare la seguente lista di parole ed espressioni e sceglierne cinque che tu associ all'idea di "vacanze". Poi spiegare al compagno/alla compagna quali termini hai scelto e perché. Puoi aggiungere altre espressioni, a piacere.

Esempio: —Perché il mare ti ricorda le vacanze?
—Perché a Ferragosto faccio sempre i bagni in mare.

| | | |
|---|---|---|
| andare all'estero | la chiusura delle scuole | cambiare aria |
| i boschi | il caldo soffocante | riposare |
| l'estate | il grande silenzio | la montagna |
| il mare | i laghi | studiare |
| le città deserte | lo zaino in spalla | sciare |
| i negozi e gli uffici chiusi | l'ombrellone | il tempo libero |

Il mese di agosto in Italia è sinonimo di ferie. Le grandi città si svuotano: le strade sono deserte. Negozi, uffici e fabbriche sono chiusi e la gente lascia il caldo soffocante per trovare il fresco al mare, sotto l'ombrellone, o in montagna, tra laghi e boschi.

**Il mare stupendo della Sardegna a Stintino**

Fin dal primo anno di lavoro, ogni impiegato o operaio può contare generalmente su tre settimane di ferie in estate. Recenti statistiche rivelano che circa il 70% degli Italiani possiede una casa per le vacanze dove trascorrere le proprie ferie. È molto importante per gli Italiani "cambiare aria." Spesso le famiglie programmano un periodo di riposo al mare seguito da un successivo periodo in montagna.

Finita la scuola, molti studenti trascorrono parte delle loro vacanze all'estero per una vacanza-studio che è di solito organizzata da scuole di lingua private. Gli studenti vivono in un *college* o presso una famiglia. Oltre a studiare, possono praticare sport e fare escursioni. Per molti giovani si tratta della prima esperienza di vita lontani dall'Italia, dalle proprie abitudini e ... dal controllo di papà e mamma. Per chi ama andare in vacanza in campeggio, con tenda e sacco a pelo, occorre prenotare un posto con mesi di anticipo. In Italia esistono pochi campeggi e spesso sono affollati.

Agli Italiani piace molto viaggiare: i turisti italiani si spingono in ogni direzione del mondo, spesso a gruppi o in comitive.° Per programmare le loro vacanze, gli Italiani prendono informazioni nelle numerose agenzie di viaggio presenti in tutte le città, o dai siti Internet dedicati al turismo. Dai tempi di Marco Polo e Cristoforo Colombo fino ai nostri giorni, gli Italiani hanno sempre girato il mondo. Ma anche quando scelgono di rimanere a casa, il panorama ricco e vario della penisola italiana offre agli Italiani invidiabili° mete° turistiche dalla Sicilia fino alle Dolomiti.

*group, party*

*enviable / destinations*

## Attività

 **Comprensione: completare le frasi.** Completare in maniera corretta le seguenti frasi con parole ed espressioni dalla lettura.

1. Ad agosto le grandi città italiane...
2. Sono chiusi...
3. I lavoratori generalmente ricevono...
4. Più della metà degli Italiani hanno...
5. Spesso gli Italiani, dopo un periodo al mare, vanno...
6. Molti studenti vanno all'estero per...
7. Per informazioni sul turismo, gli Italiani vanno...

**Due mondi a confronto.** Discutere le differenze tra il tuo paese e l'Italia per quanto riguarda le vacanze e i viaggi. Parlare dei seguenti argomenti.

- periodo di tempo dedicato alle vacanze
- destinazioni turistiche
- mezzi di trasporto più comuni
- attività preferite per le vacanze
- una tipica vacanza italiana in confronto a una tipica vacanza nel tuo paese

**C Spunti di conversazione.** Discutere i seguenti argomenti per poi presentare le vostre conclusioni alla classe.

1. Qual è la destinazione turistica dei vostri sogni? Scegliere il luogo ideale delle vostre vacanze e spiegare alla classe perché lo avete scelto.
2. I preparativi: cosa bisogna fare prima di partire per una vacanza di tre settimane in un paese straniero? Discutere come organizzate il vostro programma, e che cosa fate prima di partire.
3. Vacanza-studio: vi piace l'idea? Dove vorreste andare per una vacanza-studio e perché?

# LA SARDEGNA ARCHEOLOGICA

**Parole simili.** Trovare nel seguente brano le parole italiane corrispondenti alle seguenti parole in inglese.

| | | | |
|---|---|---|---|
| fragments | altars | rites | divinities |
| tombs | descendants | fortresses | cone |
| temples | peculiar | characteristic | solemn |

**Abbinamenti.** Trovare nell'elenco a destra le parole che traducono l'espressione in italiano nell'elenco a sinistra.

1. un'isola orgogliosa dei suoi millenni
2. di genti e di credenze antiche
3. il loro ruolo di simbolo
4. porta che si schiude su civiltà remotissime
5. questi monumenti in onore dei defunti
6. i raffinati lasciti dei mercanti fenici

a. the refined legacy of Phoenician merchants
b. these monuments in honor of the dead
c. of ancient peoples and beliefs
d. an island proud of its millennia
e. door that opens on ancient civilizations
f. their role as a symbol

# FRAMMENTI DEL PASSATO SCRITTI NELLE PIETRE

I nuraghi, certo. Arroccati come fortezze, solenni come templi, affascinanti come un enigma. Ma la Sardegna archeologica ha anche altri tesori da mostrare. Lasciamo alle torri con la caratteristica forma a tronco di cono il loro ruolo di simbolo, di elemento peculiare del paesaggio sardo. E però evitiamo di trascurare, per questo, le tracce che ci portano verso riti, opere, testimonianze carichi di secoli almeno quanto le fortezze dell'età nuragica. Segni di pietra, come i dolmen o i bétili dei culti megalitici, ci parlano di genti e di credenze antiche. Tombe, altari, recinti evocano uomini e donne che forse sono i discendenti di quel cacciatore sepolto, dodicimila o addirittura diciassettemila anni fa, in una grotta del territorio di Oliena. Meritano attenzione, questi monumenti in onore di defunti e divinità. Perché qui sta la porta che si schiude su civiltà remotissime, e quasi sconosciute, capaci ancora di stupirci con l'abilità dei maestri d'ascia o la poesia delle decorazioni incise su una parete di roccia. Immagini di preistoria che spesso si accavallano con i raffinati lasciti dei mercanti fenici o degli artisti dell'impero di Roma. Immagini che invitano a scoprire, nella Sardegna dei silenzi e della roccia, l'infanzia di un'isola orgogliosa dei suoi millenni. □

Nuraghe Losa in Sardegna

## Attività

**A Comprensione.** Mettere un cerchio su tutte le parole che completano correttamente la frase. Le informazioni sono nell'articolo *Frammenti del passato.*

1. I nuraghi sono
   solenni divertenti stupidi affascinanti
   antichi morti moderni misteriosi
2. I nuraghi hanno la forma di
   quadrato cono torre circolo
3. Le civiltà della Sardegna sono
   modernissime remotissime famose
   sconosciute preistoriche medievali (*medieval*)
4. In Sardegna si possono trovare
   silenzio autostrade
   montagne palazzi
   roccia torri

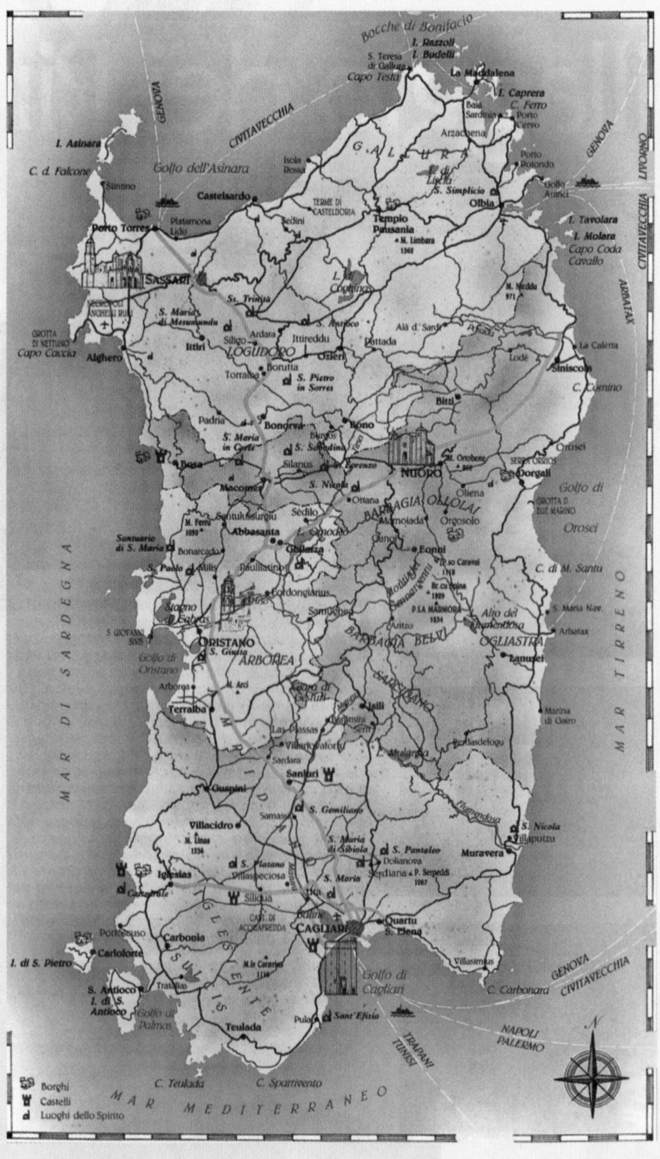


**B Sardegna, terra di sorprese** (*surprises*). Siete due impiegati dell'Azienda Autonoma di Soggiorno (*Tourist Board*) della Sardegna. Dovete preparare una presentazione per un gruppo di tour operators internazionali. Basandovi su tutte le informazioni presentate in questa unità, preparate un discorso di presentazione sulla Sardegna.

**C Un convegno in Sardegna.** Lavorate per un'azienda di Pubbliche Relazioni (PR) e dovete organizzare un convegno (*convention*) in Sardegna. Preparate una presentazione per il vostro cliente, una grande azienda di telecomunicazioni. Dov'è l'albergo? Com'è l'albergo? Quali monumenti turistici visiteranno i clienti?

# SCRIVIAMO ITALIANO!

## Writing an e-mail

Nowadays much of our written communication takes the form of an e-mail, be it for business purposes, for social purposes, or to request information or inquire about things like reservations.

Here are some useful phrases for writing e-mail messages in Italian.

| | |
|---|---|
| Egregio Signore, | *Dear Sir,* |
| Gentile Elisabetta Rossi, | *Dear Elisabetta Rossi,* |
| Stimato Dottor Negri, | *Dear Dr. Negri,* (*more formal*) |
| Le scrivo per richiedere... | *I am writing to request . . .* |
| In seguito alla nostra conversazione telefonica del 3 marzo... | *Following our telephone conversation of March 3 . . .* |
| La pregherei di inviarmi via fax/via e-mail... | *I would ask that you send me via fax/via e-mail . . .* |
| Attendo notizie. | *I await your reply.* |
| In attesa di un Suo gentile riscontro, | *I await your reply.* (*more formal*) |

### Attività

 **Hotel Bellavista.** Scrivere un messaggio di posta elettronica all'albergo Hotel Bellavista in Sardegna per richiedere un dépliant ed alcune informazioni sulla disponibilità per il mese di agosto. Specificare se si preferisce la camera singola o matrimoniale, quali attività si intendono praticare, domandare quali sono i servizi disponibili ecc.

 **Gentile cliente...** Rispondere alla precedente e-mail, cercando di convincere il cliente che il vostro albergo è il migliore della Sardegna. Descrivere in dettaglio i servizi offerti e le bellezze del luogo.

# Vocabolario

## Le ferie

| | |
|---|---|
| gli auguri | *(best) wishes/ congratulations* |
| il bagaglio | *baggage/luggage* |
| il bagaglio a mano | *carry-on bag* |
| feriale (*adj.*) | *weekday* |
| la festa | *party, holiday* |
| festivo (*adj.*) | *weekend day, holiday* |
| i fuochi d'artificio | *fireworks* |
| la processione | *procession* |
| la sagra | *traditional local festival* |
| la settimana bianca | *winter vacation week traditionally spent skiing* |
| la valigia | *suitcase* |
| il viaggio | *trip* |
| celebrare/festeggiare | *to celebrate* |
| fare la valigia | *to pack a suitcase* |
| trascorrere le vacanze | *to spend one's vacation* |

## Alla stazione ferroviaria

| | |
|---|---|
| l'andata e ritorno | *round trip* |
| l'arrivo | *arrival* |
| la biglietteria | *ticket office* |
| il binario | *platform* |
| la carrozza/il vagone | *railway car* |
| la coincidenza | *connection* |
| il controllore | *conductor* |
| il facchino | *porter* |
| il finestrino (di auto, di treno) | (*car, train*) *window* |
| la partenza | *departure* |
| il/la passeggero/a | *passenger* |
| il/la pendolare | *commuter* |
| il posto (a sedere) | *seat* |
| la prima classe | *first class* |
| il ritardo | *delay* |
| lo scompartimento | *compartment* |
| la seconda classe | *second class* |
| lo sportello | *ticket window* |
| il treno | *train* |
| essere in orario | *to be on time* |
| essere in partenza/ in arrivo | *to be leaving/arriving* |
| fare il pendolare | *to commute* |
| perdere il treno | *to miss the train* |
| timbrare il biglietto | *to stamp/validate a ticket* |

## All'agenzia di viaggio

| | |
|---|---|
| l'alta/la bassa stagione | *high/low season* |
| l'auto a noleggio | *rental car* |
| il dépliant | *brochure* |
| la destinazione | *destination* |
| la disponibilità | *availability* |
| le informazioni (*f. pl.*) | *information* |
| l'ospite (*m. or f.*) | *guest* |
| l'ostello | *hostel* |
| la pensione | *small hotel* |
| la prenotazione | *reservation* |
| il programma | *travel plans* |
| la tariffa | *rate/price* |
| le tariffe (*pl.*) | *price list* |
| | |
| con mezza pensione | *with breakfast and dinner* |
| con pensione completa | *with meals* |
| economico | *cheap* |
| | |
| fare una prenotazione/prenotare | *to reserve/make a reservation* |
| informarsi | *to find out* |
| noleggiare | *to hire/to rent* |
| pernottare | *to spend the night* |

## All'aeroporto

| | |
|---|---|
| l'accettazione | *check-in (desk)* |
| l'aeroporto | *airport* |
| l'assistente di volo/l'hostess | *flight attendant* |
| l'atterraggio | *landing* |
| la carta d'imbarco | *boarding pass* |
| la cintura di sicurezza | *seatbelt* |
| il decollo | *takeoff* |
| la dogana | *customs* |
| lo scalo | *layover/stopover* |
| la tappa | *leg (of a journey)* |
| l'uscita | *gate* |
| il volo/il volo di linea | *flight* |
| il volo diretto | *nonstop flight* |
| | |
| a bordo | *on board* |
| | |
| allacciare | *to fasten (e.g., seatbelt)* |
| atterrare | *to land* |
| consegnare | *to hand over/to give* |
| decollare | *to take off* |
| imbarcare | *to board* |
| passare la dogana | *to go through customs* |
| proseguire per… | *to continue on to . . .* |
| volare | *to fly* |

## I negativi

| | |
|---|---|
| non ... affatto | *not at all* |
| non ... ancora | *not yet* |
| non ... mai | *never* |
| non ... né ... né | *neither . . . nor* |
| non ... neanche | *not even* |
| non ... nemmeno | *not even* |
| non ... neppure | *not even* |
| non ... nessuno | *nobody* |
| non ... nessuno/a | *not any, not one* |
| non ... nulla, niente | *nothing* |
| non ... più | *not anymore* |

## Altre parole ed espressioni

| | |
|---|---|
| a Sua (tua) disposizione! | *at your service!* |
| amore (*m.*) | *love* |
| andare a monte | *to come to nothing* |
| bagnato fradicio | *soaking wet* |
| da nessuna parte | *nowhere* |
| darsi del tu/del Lei | *to use the* ***tu*** *form/* ***Lei*** *form with each other* |
| è vietato | *it is prohibited* |
| entro (una settimana) | *within/in (a week)* |
| intanto | *in the meantime* |
| lasciar perdere | *to forget about it* |
| me lo auguro! | *I hope so!* |
| mica tanto | *not really* |
| pazzesco! | *crazy!/insane!* |
| per un pelo | *by the skin of one's teeth* |
| posticino (*m.*) | *nice little spot* |
| quasi quasi | *just maybe/possibly* |
| santo cielo! | *good heavens!* |
| sia... che... | *both* |
| sudato fradicio | *soaked with sweat* |
| tesoro | *darling* |
| un sacco di... | *a ton of . . .* |

# UNITÀ 10

# Divertirsi

## USCIAMO STASERA!

Campania

Due volti del cinema italiano: Marcello Mastroianni e Sophia Loren

## COMMUNICATIVE GOALS

- Talking about hypothetical situations
- Talking about what we wish would happen
- Modifying words
- Talking about theater, cinema, and music
- Specifying how long something has been going on

# GLI SPETTACOLI, IL TEATRO E IL CINEMA

For additional practice on the vocabulary and grammar introduced in this unit, go to **Unità 10** on your Multimedia CD-ROM.

## A.1 Si dice così

### Parole utili

| | | | |
|---|---|---|---|
| **lo spettacolo** | *show* | **il fiasco** | *flop* |
| **la rappresentazione** | *performance* | **il dramma** | *drama* |
| **il commediografo/il drammaturgo** | *playwright* | **la commedia** | *comedy* |
| **il critico** | *critic* | **la tragedia** | *tragedy* |
| **la recensione** | *review* | **recitare** | *to act/to speak lines* |
| **il/la protagonista** | *protagonist* | **applaudire** | *to applaud* |
| **il ruolo** | *role* | **dare un film** | *to show a film* |
| **il successo** | *success* | **girare un film** | *to film* |

Attività

 **C'è qualcosa che non va!** Trovare l'elemento che non corrisponde alla definizione data.

1. Quale di queste parole non è una parte del teatro?
   le quinte il palcoscenico il fiasco il sipario
2. Quale non è un genere (*genre*) teatrale?
   il regista la tragedia il dramma la commedia
3. Qual è una cosa che non fa il pubblico?
   guardare recitare ascoltare applaudire
4. Quale non è una persona?
   il critico il regista l'attrice la recensione

 **Le definizioni.** Trovare nella lista **Si dice così** i vocaboli che corrispondono alle seguenti definizioni.

1. chi scrive la recensione
2. quello che fa il pubblico se lo spettacolo piace
3. il personaggio principale di un'opera teatrale o di un film
4. un uomo che interpreta un ruolo in un film
5. uno spettacolo che non piace al pubblico
6. nasconde la scenografia sul palcoscenico

 **L'ultimo spettacolo.** Descrivere ad un compagno/una compagna l'ultimo spettacolo che hai visto. Come s'intitolava? Chi era l'autore? Che genere era, una commedia o un dramma? Chi era il regista? Gli attori hanno recitato bene? Com'era la scenografia? Dove e quando hai visto lo spettacolo? Ti è piaciuto? È stato un successo o un fiasco?

**Lo sapevi che... ?**

La tradizione teatrale in Italia risale al (*dates back to the*) sedicesimo secolo, con la Commedia dell'arte. Famoso per le sue commedie in rima è Carlo Goldoni, che visse a Venezia nel Settecento. Tra i nomi illustri del teatro italiano moderno ricordiamo Luigi Pirandello (nato in Sicilia), che scrisse il celeberrimo (*very famous*) *Sei personaggi in cerca d'autore;* il napoletano Eduardo De Filippo, che ha scritto testi in dialetto napoletano come *Filumena Marturano;* e Dario Fo, vincitore del Premio Nobel nel 1997 per il suo teatro politico-satirico.

 **Al Teatro Lirico.** Guardare il programma per la stagione del Teatro Lirico e poi rispondere alle domande.

**al Teatro Lirico**/Compagnia di Teatro di Luca De Filippo
*da martedì 16 gennaio a domenica 4 febbraio 1996*
**Uomo e galantuomo**
feriali ore 20.30
domenica ore 16
pomeridiana per le scuole 18 gennaio ore 15
***di Eduardo De Filippo***
***regia di Luca De Filippo***
***scene di Bruno Garofalo***
***con Luca De Filippo, Angela Pagano e Nicola Di Pinto***
Elledieffe - Compagnia di Teatro di Luca De Filippo

**al Teatro Lirico**/Compagnia di Teatro di Luca De Filippo
*da martedì 6 a domenica 18 febbraio 1996*
**Il contratto**
feriali ore 20.30
domenica ore 16
***di Eduardo De Filippo***
***regia di Luca De Filippo***
***scene di Bruno Garofalo***
***costumi di Silvia Polidori***
***con Luca De Filippo, Angela Pagano e Nicola Di Pinto***
Elledieffe - Compagnia di Teatro di Luca De Filippo
Taormina Arte

1. Come si intitolano le due commedie in programma?
2. Chi è l'autore delle commedie?
3. Chi è il regista delle due produzioni? Chi sono gli attori?
4. Quando cominciano le rappresentazioni di *Uomo e galantuomo*? E quando va in scena *Il contratto*?
5. Se uno vuole vedere *Il contratto* di venerdì, a che ora comincia lo spettacolo? E di domenica?
6. Quale titolo ti interessa di più? Perché?

## A.2 Incontro

**Che facciamo di bello stasera?** *È venerdì. Mario telefona alla sua amica Renata per sapere cosa ha in programma per la serata.*

MARIO: Pronto? Ciao, Renata. Sono Mario. Cosa fai di bello stasera?

RENATA: Be', in verità non ne ho la più pallida idea... Potremmo andare al cinema, se ci fosse qualche film interessante.

MARIO: Lascia perdere il cinema per una volta! Perché non vieni con me a teatro? Ho due biglietti per la commedia di Eduardo De Filippo.

RENATA: Se fossi in te, inviterei Antonella al posto mio. È lei quella appassionata di teatro!

MARIO: Cosa c'entra Antonella? Io voglio uscire con te! Senti, e se andassimo a teatro questa sera e al cinema domani, ti andrebbe bene?

RENATA: D'accordo.

MARIO: Sai già che film vorresti vedere domani?

RENATA: Aspetta, do un'occhiata al giornale... All'Odeon danno un vecchio film di Roberto Benigni. All'Ariston c'è un film di Marco Tullio Giordana. Ah, ho trovato!° Al Nazionale c'è una rassegna° di film di Visconti. Domani danno *Rocco e i suoi fratelli*. Se non l'hai ancora visto, non perderei questa occasione.

*I've got it! / retrospective*

MARIO: Ci sto! Visconti è un grande. A che ora inizia il film?

RENATA: Alle venti e trenta. Allora, scappo! Mi devo preparare per il teatro. A più tardi, Mario!

**Lo sapevi che... ?**

Il Festival del cinema di Venezia è uno dei più importanti festival internazionali per il cinema e ha luogo ogni settembre. Una speciale giuria di esperti premia i film più belli e gli attori più bravi che vengono da tutto il mondo al Lido di Venezia.

*film famosi*

| Film | Regista | Anno |
|---|---|---|
| Roma, città aperta | Rossellini | 1945 |
| Ladri di biciclette | De Sica | 1948 |
| La dolce vita | Fellini | 1960 |
| Pasqualino Settebellezze | Wertmüller | 1975 |
| Nuovo Cinema Paradiso | Tornatore | 1988 |
| Mediterraneo | Salvatores | 1990 |
| Il Postino | Radford | 1994 |
| La vita è bella | Benigni | 1998 |
| La stanza del figlio | Moretti | 2001 |
| La meglio gioventù | Giordana | 2003 |

## Attività

 **Ascoltiamo!** Leggere bene l'elenco prima di ascoltare l'**Incontro.** Poi, ascoltando, indicare con un numero l'ordine in cui vengono menzionate le seguenti cose.

_______ Visconti
_______ prepararsi per andare a teatro
_______ Antonella
_______ film che danno all'Odeon e all'Ariston
_______ una commedia di Eduardo De Filippo
_______ non sapere cosa fare stasera

 **Preferenze personali.** Intervistare un compagno/una compagna per sapere...

- se va spesso al cinema. Quante volte alla settimana o al mese?
- che tipo di film preferisce.
- attore/attrice preferito/a, regista preferito/a.
- se preferisce vedere i film al cinema o in videocassetta o in DVD.
- se va mai a teatro; che tipo di spettacolo gli/le piace.
- se conosce qualche film italiano. Quale?

 **Scegliere un film.** Siete due amici che vorrebbero andare al cinema. Guardare la seguente lista dei film che danno stasera e decidere fra di voi quale film vedere, a quale cinema e a che ora.

*Esempio:* —All'Anteo questa sera danno il nuovo film di Soldini, *Agata e la tempesta.* Lo spettacolo inizia alle 20.10. Mi piacerebbe tanto vederlo.
—Perché invece non andiamo a vedere il film di... È al Ducale ... e inizia alle...

# MILANO

## PRIME VISIONI

| Cinema | Programma | Disabili/Audiolesi | Prenotazioni | Posti/Bar | Voto alle poltrone |
|---|---|---|---|---|---|
| **ANTEO** sala Cento<br>Via Milazzo, 9<br>Tel. 02.65.97.732<br>Prenot. 02.65.99.775 | 14.30, *16.30, *18.30, *20.30, *22.30<br>**Le invasioni barbariche** ****<br>Commedia *Con R. Girard, S. Rousseau.*<br>*Regia di D. Arcand* € 5,00/*7,00 | ♿ | ☎ | 100 (bar) | 7 |
| sala Duecento | 14.40, *16.35, *18.30, *20.30, *22.30<br>**La ragazza con l'orecchino di perla** *** Commedia *Con S. Johansson, C. Firth. Regia di P. Webber* € 5,00/*7,00 | ♿ | ☎ | 200 (bar) | 8 |
| sala Quattrocento | 15.10, *17.40, *20.10, *22.30<br>**Agata e la tempesta** ***<br>Commedia *Con L. Maglietta, G. Battiston.*<br>*Regia di S. Soldini* € 5,00/*7,00 | ♿◆ | ☎ | 400 (bar) | 8 |
| **APOLLO**<br>Galleria De Cristoforis, 3<br>Tel. 02.78.03.90 | **Chiusura per lavori di ristrutturazione** | | | 1.200 (bar) | 8 |
| **ARCOBALENO** sala 1<br>Viale Tunisia, 11<br>Tel. 199.199.166<br>**posto fisso numerato** | 15, *17.30, *20, *22.30<br>**L'amore è eterno finché dura** *** Commedia *Con C. Verdone, L. Morante. Regia di C. Verdone* € 5,20/*7,20 | ♿◆ | ☎ | 318 (bar) | 8,5 |
| sala 2 | 14.40, *16.35, *18.30, *20.30, *22.30<br>**Scary Movie 3** ***<br>Comico *Con A. Faris, M. Wayans.*<br>*Regia di D. Zucker* € 5,20/*7,20 | ♿◆ | ☎ | 108 (bar) | 8,5 |
| sala 3 | 15, *17.30, *20, *22.30<br>**Primo amore** ****<br>Drammatico *Con V. Trevisan.*<br>*Regia di M. Garrone* € 5,20/*7,20 | ♿◆ | ☎ | 108 (bar) | 8,5 |
| **ARIOSTO**<br>Via Ariosto, 16<br>Tel. 02.48.00.39.01 | 14.30, 17, 19.30, 22<br>**Rosenstrasse** ***<br>Drammatico *Con K. Riemann, M. Schrader.*<br>*Regia di M. Von Trotta* € 6,00 | | | 270 | 6 |
| **ARLECCHINO**<br>Via San Pietro all'Orto, 9<br>Tel. 02.76.00.12.14<br>Prenot. 199.10.53.00 | 15.20, 17.50, 20.20, 22.40<br>**Agata e la tempesta** ***<br>Commedia *Con L. Maglietta, G. Battiston.*<br>*Regia di S. Soldini* € 7,25 | | | 300 (bar) | 7,5 |
| **ARTI**<br>Via Pietro Mascagni, 8<br>Tel. 02.78.14.63 | 15, 17.30 - **Alla ricerca di Nemo** **** Cartoni<br>19.50, 22.30 - **Master & Commander** ****<br>Avventura € 7,25 | | | 504 (bar) | 5,5 |
| **BRERA** sala 1<br>Corso Garibaldi, 99<br>Tel. 02.29.00.18.90<br>Prenot. 199.10.53.00 | 16.15, 19.30, 22.30<br>**Ritorno a Cold Mountain** ***<br>Avventura *Con J. Law, N. Kidman.*<br>*Regia di A. Minghella* € 7,25 | ♿ | | 350 (bar) | 8 |
| sala 2 | 15, 16.55, 18.50, 20.45, 22.40<br>**La rivincita di Natale** ***<br>Commedia *Con D. Abatantuono, C. Delle Piane.*<br>*Regia di P. Avati* € 7,25 | ♿ | | 150 (bar) | 5 |
| **CAVOUR**<br>Piazza Cavour, 3<br>Tel. 02.65.95.779 | 15, *17.30, *20, *22.30<br>**Tutto può succedere** ***<br>Commedia *Con J. Nicholson, D. Keaton.*<br>*Regia di N. Meyers* € 5,00/*7,00 | | | 460 (bar) | 8,5 |
| **CENTRALE** sala 1<br>Via Torino, 30/32<br>Tel. 02.87.48.26 | 14.20, 16.20 - **Looney Tunes: Back in action** *** Fantast.<br>18.10, 20.20, 22.30 - **A mia madre piacciono le donne** *** Commedia € 6,70 | | | 120 | 7 |
| sala 2 | 15, 17.30, 20, 22.30<br>**The mother** ***<br>Commedia **VM14** *Con A. Reid, S. Mackintosh.*<br>*Regia di R. Michell* € 6,70 | | | 90 | 6 |
| **COLOSSEO** sala Allen<br>Viale Monte Nero, 84<br>Tel. 02.59.90.13.61<br>Prenot. 199.10.53.00 | 14, 16.55, 19.50, 22.45<br>**L'ultimo samurai** ***<br>Avventura *Con T. Cruise, B. Connolly.*<br>*Regia di E. Zwick* € 7,25 | | | 191 (bar) | 5 |
| **COLOSSEO** sala Chaplin | 15, 17.30, 20, 22.30<br>**21 Grammi** ***<br>Drammatico *Con S. Penn, B. Del Toro. Regia di A. Gonzalez Inarritu* € 7,25 | | | 198 (bar) | 5 |
| sala Visconti | 16, 18.15, 20.30, 22.30<br>**Lost in translation** ****<br>Commedia *Con S. Johansson, B. Murray.*<br>*Regia di S. Coppola* € 7,25 | | | 666 (bar) | 7,5 |
| **CORALLO**<br>Largo Corsia dei Servi, 9<br>Tel. 02.76.02.07.21 | 17.10, *19.50, *22.30<br>**Mystic River** ****<br>Thriller *Con S. Penn, T. Robbins.*<br>*Regia di C. Eastwood* € 4,00/*7,20 | ♿ | | 380 | 4,5 |
| **CORSICA**<br>Viale Corsica, 68<br>Tel. 02.70.00.61.99 | 15 - **Sinbad - La leggenda dei sette mari** ** Cartoni<br>16.45, 20.30 - **Il Signore degli Anelli - Il ritorno del Re** *** Fantastico € 6,50 | | | 230 (bar) | 5,5 |
| **DUCALE** sala 1<br>Piazza Napoli, 27<br>Tel. 199.199.166<br>**posto fisso numerato** | 15, *17.30, *20, *22.30<br>**L'amore è eterno finché dura** *** Commedia *Con C. Verdone, L. Morante. Regia di C. Verdone* € 5,20/*7,20 | ♿◆ | ☎ | 359 (bar) | 7,5 |
| sala 2 | 15, *17.30, *20, *22.30<br>**Big Fish** *****<br>Fantastico *Con E. McGregor, A. Finney.*<br>*Regia di T. Burton* € 5,20/*7,20 | ♿ | ☎ | 126 (bar) | 6,5 |
| sala 3 | 14.40, *16.35, *18.30, *20.30, *22.30<br>**Scary Movie 3** ***<br>Comico *Con A. Faris, M. Wayans.*<br>*Regia di D. Zucker* € 5,20/*7,20 | ♿ | ☎ | 118 (bar) | 6,5 |
| sala 4 | 14.50, *17.25, *19.55, *22.30<br>**Tutto può succedere** ***<br>Commedia *Con J. Nicholson, D. Keaton.*<br>*Regia di N. Meyers* € 5,20/*7,20 | ♿ | ☎ | 118 (bar) | 6,5 |

### In altre parole

| | |
|---|---|
| **non averne la più pallida idea** | *not to have the faintest idea* |
| **se fossi in te...** | *if I were you . . .* |
| **essere appassionato/a di** | *to love (something)* |
| **cosa c'entra/c'entrano... ?** | *what's . . . got to do with it?* |
| **dare un'occhiata a** | *to glance at* |
| **(non) ci sto** | *it's (not) all right with me* |

 **Abbinamenti.** Trovare nella lista a destra la risposta appropriata per ogni frase a sinistra.

1. Vuoi vedere il giornale?
2. Mi sembra che tutti i politici...
3. Abbiamo un altro biglietto per la partita. Che ne dici di venire con noi?
4. Questo mese ho visto quindici film.
5. Chi è il regista di *Rocco e i suoi fratelli?*

a. Sì, ci sto! Sono appassionato di pallacanestro.
b. Boh! Non ne ho la più pallida idea!
c. Accidenti! Sei veramente appassionata di cinema!
d. Sì, grazie. Voglio dare un'occhiata alle recensioni teatrali.
e. Ma cosa c'entrano i politici? Stiamo parlando di moda!

 **Se fossi in te...** Alcuni amici ti chiamano e ti descrivono le seguenti situazioni. Dare consigli usando la frase **se fossi in te** + *il condizionale.*

*Esempio:* —Non so quale sciarpa comprare, quella nera o quella grigia.
—Se fossi in te, comprerei quella nera.

1. Aiuto! Arrivo a casa e trovo due messaggi sulla segreteria telefonica: Mario che mi invita a teatro stasera e Claudio che mi propone una cena in un ristorante romantico, sempre per questa sera. Che devo fare?
2. Che disastro! I miei genitori insistono che io faccia ingegneria ma la odio! Non mi darebbe nessuna soddisfazione. Io sono un tipo artistico e loro non lo capiscono.
3. Da quando ho detto a Flavia che non mi piaceva il suo vestito di Moschino, non mi parla più e non risponde alle mie telefonate. Che posso fare?
4. Sono disperata! In ufficio il direttore mi ha detto che c'è crisi economica e che la ditta licenzierà molte persone. Poi mi ha chiesto di scrivere trenta lettere per lui, mettere in ordine la sua scrivania e portargli un caffè. Che devo fare?

 **Una commedia degli equivoci** (*A Comedy of Errors*). Il famoso commediografo, Filippo De Eduardo, ha scritto una nuova commedia, *Ma che c'entra l'amore?* Siete due attori nel ruolo dei protagonisti. A gruppi di tre, inventate un dialogo comico e recitatelo con emozione ascoltando i commenti del vostro regista.

# A.3 Punti grammaticali

## Il periodo ipotetico

| | |
|---|---|
| Se **avessi** i soldi, **andrei** a teatro. | *If I had the money, I would go to the theater.* |
| Pino **farebbe** un viaggio in Italia, se non **dovesse** lavorare. | *Pino would take a trip to Italy if he didn't have to work.* |
| Se **potessimo** scegliere, **prenderemmo** due posti in prima fila. | *If we could choose, we would get two front-row seats.* |
| Mi **faresti** un favore se te lo **chiedessi?** | *Would you do me a favor if I asked you?* |

1. A hypothetical sentence **(il periodo ipotetico)** consists of a condition, expressed with *if,* and its consequences. In the **periodo ipotetico,** the dependent clause is introduced by **se** (*if*), and the independent clause states

the consequence of the hypothesis. Hypothetical situations can be real, probable, or impossible: *If it rains, I won't go to the beach; If I had a million dollars, I'd buy a villa in Italy; If I had seen the car coming, I wouldn't have had the accident.*

**2.** When the condition is actual or possible, the *if* clause is in an indicative tense (present, future, or past). When the *if* clause is expressed in the future tense, the main clause must also be expressed in the future.

| | |
|---|---|
| Se **fa** bello domani, **vado** al mare. | *If it's nice tomorrow, I'm going to the beach.* |
| Se **farà** bello domani, **andrò** al mare. | *If it's nice tomorrow, I'll go to the beach.* |
| Se **finiamo** di studiare, **potremo andare** a teatro stasera. | *If we finish studying, we can go to the theater tonight.* |
| Se non **hai letto** il libro, non **puoi capire** la discussione. | *If you haven't read the book, you can't understand the discussion.* |

**3.** When the condition is imaginary (whether possible, improbable, or impossible), the *if* clause is in the subjunctive. When the imaginary condition refers to the present, the *if* clause is in the imperfect subjunctive **(congiuntivo imperfetto)** and the main clause is in the conditional **(condizionale).**

| | |
|---|---|
| **Se fossi** una brava cantante, **canterei.** | *If I were a good singer, I would sing.* |
| **Se** lui **sapesse** parlare italiano, **parleremmo** molto. | *If he knew how to speak Italian, we would speak a lot.* |
| Lo **inviteresti** a teatro, **se** lo **conoscessi?** | *Would you invite him to go to the theater if you knew him?* |
| **Se** gli asini **avessero** ali, **volerebbero.** | *If donkeys had wings, they would fly.* |

When the imaginary condition refers to the past, the *if* clause is in the past perfect subjunctive **(congiuntivo trapassato)** and the main clause is in the past conditional **(condizionale passato).**

| | |
|---|---|
| **Avrei risposto** al telefono, **se** l'**avessi sentito.** | *I would have answered the phone if I had heard it.* |
| **Se avessimo comprato** i biglietti, **saremmo potuti andare** al concerto. | *If we had bought the tickets, we would have been able to go to the concert.* |
| **Se** tu non **fossi arrivata** in ritardo, non **avremmo perso** il treno. | *If you hadn't arrived late, we wouldn't have missed the train.* |

Remember that it is the *if* clause, containing the word **se,** that is in the subjunctive.

## Attività

 **Se fossi fuoco...** Completare le seguenti frasi con il congiuntivo imperfetto del verbo dato.

1. Andrei a teatro più spesso, se io (avere) tempo.
2. Se voi (essere) liberi, uscireste con noi?
3. Lucia sarebbe felice se lei (potere) andare al Festival del cinema di Venezia.
4. Se i biglietti (costare) meno, potremmo andare a teatro ogni sera.
5. Cosa diresti se noi (uscire) con quelle ragazze?
6. Se l'attore (recitare) meglio, avrebbe più successo.

7. Ti capirei se tu (parlare) più lentamente.
8. Se i miei amici (sapere) che sono uscito senza di loro, si arrabbierebbero (*get angry*) molto.
9. Se tu (finire) di studiare, potresti andare allo spettacolo.
10. I critici scriverebbero una buona recensione se lo spettacolo (essere) più divertente.

**B** **Che cosa farebbero?** Creare delle frasi logiche con gli elementi presi da ciascuna colonna. Mettere i verbi al tempo giusto, come nel modello.

*Esempio:* Se Marcello avesse il numero di Sandra, le telefonerebbe.

| | | |
|---|---|---|
| Se io | non essere stanco | fare una settimana bianca |
| Se i ragazzi | avere un pezzo di gesso | leggere *El Quijote* |
| Se Patrizia | sapere sciare | fare campeggio |
| Se voi | studiare di più | potere vedere il Papa |
| Se Tommaso | avere una tenda | uscire con noi |
| Se tu e Rino | vedere quel film triste | scrivere alla lavagna |
| Se l'insegnante | sapere lo spagnolo | prendere voti migliori |
| | andare a Roma | parlare perfettamente |
| | vivere in Italia | piangere |

**C** **Cosa faresti se... ?** A turno, formulare delle domande con le espressioni date. Poi rispondere al compagno/alla compagna.

*Esempio:* che cosa fare / se avere più tempo
—Che cosa faresti, se avessi più tempo?
—Se avessi più tempo, andrei a lezione di pianoforte. E tu?

1. cosa fare / avere una voce bellissima
2. dove lavorare / sapere bene l'italiano
3. dove andare / avere un sacco di soldi da spendere
4. come reagire / prendere una F in italiano
5. chi scegliere / dovere stare su un'isola deserta per un anno con una sola persona
6. cosa fare / essere invisibile

**D** **Ah, se fosse vero!** Completare le seguenti frasi in maniera logica.

1. Se fossi il Presidente degli Stati Uniti...
2. Se avessi cinque milioni di euro...
3. Se potessi cambiare la mia università...
4. Se potessi conoscere una persona famosa...
5. Sarebbe davvero meraviglioso se...
6. Il mondo sarebbe migliore se...
7. Se potessi tornare nel passato...

**E** **Se fossi nato/a in Italia!** Immaginare come sarebbe stata diversa la tua vita se fossi nato/a e vissuto/a in Italia. Raccontare al compagno/alla compagna alcune differenze, usando il congiuntivo trapassato e il condizionale passato.

*Esempio:* —Se io fossi nata in Italia, non mi avrebbero chiamata Tracy...
—Se fossi nato in Italia, probabilmente non avrei giocato a...
—Se fossi nato in Italia, avrei frequentato...

**F** **Se tu fossi un/una regista.** Che tipo di film faresti se tu fossi regista? Dove lo gireresti (*film it*)? Chi sarebbero gli attori? Spiegare a un altro studente/un'altra studentessa il film che ti piacerebbe girare.

*Esempio:* Se io fossi un regista famoso, farei un film dal mio libro preferito...

# B LA MUSICA CLASSICA E L'OPERA LIRICA

## B.1 Si dice così

### Parole utili

| | | | |
|---|---|---|---|
| **il compositore** | *composer* | **la nota** | *musical note* |
| **il conservatorio** | *conservatory* | **la musica classica** | *classical music* |
| **la prova** | *rehearsal* | **l'opera lirica/la lirica** | *opera* |
| **gli strumenti musicali** | *instruments* | **il/la solista** | *soloist* |

**Lo sapevi che... ?**

L'italiano è la lingua internazionale della musica. Moltissimi termini musicali sono in italiano; forse riconoscerai alcune delle seguenti espressioni: **il tenore, il soprano, l'aria, il libretto, crescendo, diminuendo, allegro ma non troppo, con brio, da capo.**

## Attività

**Abbinamenti.** Abbinare elementi della colonna a sinistra con parole ed espressioni della colonna a destra.

| | |
|---|---|
| 1. dove si studia la musica | a. l'orchestra |
| 2. do, re, mi, fa, sol, la, si | b. le note della scala |
| 3. chi scrive la musica | c. la musica classica |
| 4. un insieme di musicisti | d. il conservatorio |
| 5. chi suona o canta da solo/a | e. il/la solista |
| 6. chi suona uno strumento musicale | f. il/la musicista |
| 7. pezzi di Vivaldi, di Bach | g. il compositore |

**B Un gioco musicale.** Per ogni categoria nell'elenco, nominare il maggior numero di elementi possibili. Chi ne trova di più, vince.

*Esempio:* opere liriche
—*Aida* è un'opera lirica.
—Anche *Madama Butterfly* è un'opera lirica.

1. opere liriche
2. strumenti musicali
3. compositori
4. tenori
5. direttori d'orchestra
6. teatri famosi

**C Adagio-prestissimo.** La musica classica utilizza quasi sempre termini italiani. Ecco alcuni esempi di tempo, in ordine di velocità.

| | |
|---|---|
| lento | *very slowly* |
| adagio | *slowly* |
| andante | *at an even, walking pace* |
| allegro | *quickly* |
| presto | *very fast* |

A turno, provare a ripetere i seguenti scioglilingua (*tongue twisters*) nei cinque tempi elencati.

—Trentatré trentini entrano a Trento tutti e trentatré trotterellando.
—Apelle, figlio di Apollo, fece una palla di pelle di pollo. Tutti i pesci vennero a galla per vedere la palla di pelle di pollo, fatta da Apelle, figlio di Apollo.
—Sopra la panca la capra campa, sotto la panca la capra crepa.

**Lo sapevi che... ?**

Uno dei teatri più famosi in tutto il mondo per l'opera lirica è La Scala di Milano. Quando un cantante, un musicista o un direttore d'orchestra fa il proprio debutto (*debut*) alla Scala, è un segno di grandissimo successo.

**La Scala, il famoso teatro dell'opera lirica di Milano**

## B.2 Incontro

**Andiamo al concerto!** *Lucia è una giovane musicista che suona il violino nell'orchestra del Conservatorio di Napoli. Lucia vuole invitare sua sorella Cecilia ad un concerto.*

LUCIA: Vorrei proprio tanto che tu venissi al nostro concerto. Mi piacerebbe che tu mi sentissi suonare.

CECILIA: Quando è il concerto?

LUCIA: Alla fine del mese, e io non mi sento ancora pronta.° Ho sempre paura di prendere una stecca! *ready*

CECILIA: Tu? Ma cosa dici? Sei la Paganini napoletana!

LUCIA: Uffa! Cecilia, non prendermi in giro! Vorrei che tu non scherzassi sempre e mi prendessi sul serio, una volta tanto! Vorremmo che il concerto fosse perfetto.

CECILIA: Lucia, stai tranquilla! Andrà tutto per il meglio. Non devi preoccuparti e soprattutto, devi riposarti un po'.

LUCIA: Hai ragione—devo rilassarmi.

CECILIA: Senti, perché non vieni con me al concerto di Pino Daniele? Lui suona musica un po' diversa dalla tua.

LUCIA: In effetti Vivaldi è tutta un'altra cosa! Quasi quasi vengo con te.

CECILIA: E io vengo al tuo concerto di musica classica. Ma ti avverto,° sono stonata come una campana. *I'm warning you*

LUCIA: Cecilia, non devi cantare, devi solo ascoltare!

**Attività**

**A Ascoltiamo! I grandi della musica.** Cecilia e Lucia menzionano diversi compositori e musicisti. Ascoltando l'**Incontro,** indicare con un cerchio (*circle*) quali dei seguenti vengono nominati.

| | | |
|---|---|---|
| Zucchero | Verdi | Pino Daniele |
| Ligabue | Paganini | Rossini |
| Vivaldi | Sting | Eros Ramazzotti |

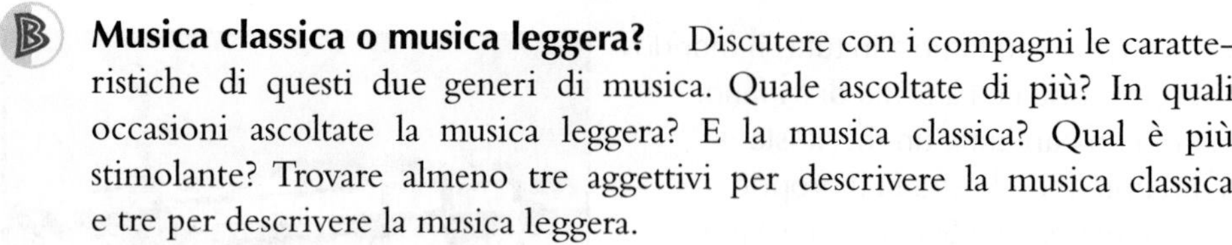

**B** **Musica classica o musica leggera?** Discutere con i compagni le caratteristiche di questi due generi di musica. Quale ascoltate di più? In quali occasioni ascoltate la musica leggera? E la musica classica? Qual è più stimolante? Trovare almeno tre aggettivi per descrivere la musica classica e tre per descrivere la musica leggera.

**C** **Non mi sento pronto/a!** Certo che recitare davanti al pubblico è un'esperienza emozionante! Raccontare al compagno/alla compagna di quando hai dovuto parlare, recitare o suonare davanti a un gruppo di persone. Parlare di...

- che cosa hai dovuto fare.
- che tipo di pubblico c'era.
- come ti sei preparato/a.
- come ti sentivi prima.
- com'è andata.
- come ti sentivi dopo.

*Esempio:* L'anno scorso ho dovuto presentare una relazione (*report*) in classe e...

***In altre parole***

| | |
|---|---|
| **prendere una stecca** | *to hit a sour note* |
| **prendere qualcosa/qualcuno sul serio** | *to take someone/something seriously* |
| **una volta tanto** | *once in a while* |
| **andare per il meglio** | *to go well* |
| **essere stonato come una campana** | *to be tone-deaf* |

**D** **Sostituzioni.** Sostituire le parole in corsivo con un'espressione da **In altre parole.**

1. Se sapessi cantare, mi piacerebbe diventare un tenore. Purtroppo *non so cantare per niente.*
2. Abbiamo iniziato un nuovo progetto al lavoro e fino adesso tutto *va benissimo.*
3. Carlo, lo so che sei molto occupato con il lavoro, ma *qualche volta* devi anche rilassarti.
4. È stato un bellissimo spettacolo, ma proprio nel momento più importante il soprano ha *cantato una nota sbagliata.*
5. Cerco sempre di aiutare mio figlio e di dargli buoni consigli, ma lui non mi *ascolta.*

**Jazz o Monteverdi?** Siete due amici e volete organizzare un viaggio culturale per sentire un po' di musica, ma avete gusti diversi. Guardare i dépliant per scegliere una possibilità. Discutere a quale festival o concerto volete andare e perché.

**Lo sapevi che... ?**

Durante il Risorgimento, cioè il periodo dell'unificazione italiana, gli Italiani esprimevano il loro patriottismo usando il nome del compositore Giuseppe Verdi come una parola in codice. Siccome l'Italia era dominata da potenze straniere, gli Italiani dovevano nascondere i loro sentimenti nazionalistici. Quando scrivevano sui muri "W Verdi," in realtà usavano un acronimo per acclamare il re, dicevano cioè "Viva **V**ittorio **E**manuele, **R**e **D'I**talia."

# B.3 Punti grammaticali

## Il condizionale con il congiuntivo

**Vorrei** che tu **venissi** con me a teatro. — *I would like you to come to the theater with me.*

**Preferirei** che le persone non **parlassero** durante il concerto. — *I would prefer that people not talk during a concert.*

**Sarebbe** bello se **potessimo** uscire stasera. — *It would be nice if we could go out tonight.*

**Sarebbe stato** fantastico se **avessimo potuto** conoscere Zucchero dopo il concerto. — *It would have been great if we could have met Zucchero after the concert.*

1. The conditional and the subjunctive are often used together to express desires. A desire in the present is expressed with the **condizionale presente** + **congiuntivo imperfetto.**

   **Vorrei** che tu **venissi** alla mia festa stasera. — *I would like you to come to my party tonight.*

   A desire in the past is expressed with the **condizionale passato** + **congiuntivo trapassato.**

   **Avrei voluto** che tu **fossi venuto** alla mia festa sabato scorso. — *I would have liked you to have come to my party last Saturday.*

2. Necessity, uncertainty, doubt, desire, or emotion expressed in the conditional calls for the imperfect subjunctive. If expressed in the past conditional, the past perfect subjunctive is used. Compare:

   **Voglio** che tu mi **dia** una mano. — *I want you to give me a hand.*
   **Vorrei** che tu mi **dessi** una mano. — *I would like you to give me a hand.*
   **Avrei voluto** che tu mi **avessi dato** una mano. — *I would have liked you to have given me a hand.*

   **Sono** contenta che lui **possa** venire a cena. — *I'm happy he can come to dinner.*
   **Sarei** contenta se lui **potesse** venire a cena. — *I would be happy if he were able to come to dinner.*
   **Sarei stata** contenta se lui **fosse potuto** venire a cena. — *I would have been happy if he had been able to come to dinner.*

### Attività

**Quanti desideri!** Completare le seguenti frasi con il verbo dato al congiuntivo imperfetto o trapassato, secondo i modelli.

*Esempio:* Mi piacerebbe che mio fratello mi *aiutasse*.
Sarebbe stato bello se voi *foste andati* in Italia.

1. Mia madre vorrebbe che io (studiare) di più.
2. Avrei voluto che Giorgio mi (portare) a ballare.

3. I nostri amici desidererebbero che tu (prenotare) i biglietti per il concerto.
4. Sarebbe bello se noi (potere) andare al concerto di Pino Daniele.
5. Ci sarebbe piaciuto che voi (venire) con noi in discoteca sabato scorso.
6. Vorremmo che tu (essere) il protagonista.
7. Sarebbe meglio che Giuseppe non (cantare) ad alta voce.
8. Non vorrei che tu (prendere) una stecca!

**B** **Tutti amano la musica.** Costruire una frase con gli elementi dati come nel modello. Usare i verbi al condizionale presente e al congiuntivo imperfetto, in maniera appropriata.

*Esempio:* (tu) / desiderare / io / suonare / il pianoforte
Tu desidereresti che io suonassi il pianoforte?

1. (tu) / volere / noi / ascoltare / lo stereo
2. (io) / desiderare / tu / accompagnarmi / in discoteca
3. mi / piacere / noi / potere / assistere ad un concerto di musica classica
4. mio padre / volere / io / fare più esercizio con il mio violino
5. (io) / sperare / loro / non dimenticare / i biglietti per il concerto
6. a Claudio / piacere / i suoi genitori / comprare / un nuovo stereo
7. il musicista / desiderare / gli spettatori / applaudire al concerto
8. (io) / volere / la cantante / essere / più brava

**C** **Due brani.** Completare i brani usando il tempo opportuno.

1. Mi sarebbe piaciuto che Rocco (cercare) biglietti per il concerto di Ligabue. Ma Rocco voleva che io (andare) con lui in discoteca. Per Giulia era indifferente—le piacerebbe che noi (decidere) sempre cosa fare, dove andare, come trascorrere la serata. E Michele, alla fine avrebbe preferito che (rimanere, noi) tutti a casa!
2. Ti piacerebbe che noi (suonare) un po' di musica insieme? Vorrei che Angela (essere) la solista del gruppo perché è la più brava. Ma Stefano preferirebbe che noi (cantare) in coro. Vorremmo che la nostra musica (piacere) ai vicini di casa. Ma mia madre avrebbe preferito che noi (vedersi) in un locale invece che a casa nostra!

**D** **Cosa vogliono da me?!** Dire al compagno/alla compagna le cose che gli altri vorrebbero che tu facessi.

*Esempio:* —Mio padre desidererebbe che io...
—Invece i miei genitori vorrebbero che io...
—Il mio fratello minore sarebbe contento se io...
—I miei professori preferirebbero che io...
—Alla mia migliore amica piacerebbe che io...

# LA MUSICA LEGGERA

## C.1 Si dice così

| | | | |
|---|---|---|---|
| **la musica leggera/pop** | *pop music* | **il testo** | *lyrics* |
| **il CD** | *CD* | **alto/basso volume** | *high/low volume* |
| **il lettore CD** | *CD player* | **a tutto volume** | *loud* |
| **il registratore** | *tape deck* | **dal vivo** | *live* |
| **la canzone** | *song* | **alzare/abbassare il volume** | *to turn up/to turn down the volume* |
| **il complesso** | *band* | | |
| **il cantautore/ la cantautrice** | *singer-songwriter* | **canticchiare** | *to hum* |

**Lo sapevi che... ?**

Il Festival di San Remo è il più importante festival della musica leggera italiana. San Remo, una città in provincia di Imperia (Liguria), è famosa per la sua produzione di fiori. Ma ogni febbraio, ormai da molti anni, diventa la sede di questa gara di canto (*song competition*). Sui giornali e alla TV per qualche giorno non si parla d'altro. La canzone che vince è "la miglior canzone italiana" di quell'anno e viene scelta da una giuria.

**La cantautrice Elisa, vincitrice del Festival di San Remo 2001**

**Attività**

**A Definizioni musicali.** Trovare nella lista parole o espressioni che corrispondono alle seguenti definizioni.

1. un gruppo di musicisti
2. le parole di una canzone
3. la cosa che si usa per sentire le audiocassette
4. quando si canta sottovoce
5. un musicista che canta le proprie (*his/her own*) canzoni
6. non registrato
7. quando la musica è suonata molto forte

**B** **Vi piace la musica?** La vostra classe ha ricevuto una lettera da un ragazzo italiano, appassionato di musica leggera. Vuole conoscere le preferenze dei giovani americani per quanto riguarda (*as regards*) la musica. Preparate un breve discorso in cui discutete sui seguenti argomenti.

- il complesso più popolare fra gli studenti della vostra università
- un cantautore/una cantautrice che vi piace in questo momento
- alcune canzoni che vi piacciono in questo momento
- una canzone che non sopportate più
- CD che avete comprato recentemente

**C** **Il concerto di Zucchero.** Ieri sera sei andato/a a sentire un concerto del tuo cantautore preferito, Zucchero. Spiegare ad un compagno/una compagna com'era il concerto. Dov'era? A che ora è cominciato lo spettacolo? Dove hai comprato il biglietto? Ti sei divertito/a?

cantautori italiani
Zucchero Sugar Fornaciari
Claudio Baglioni
Ligabue
Jovanotti
Lucio Dalla
Carmen Consoli
Vasco Rossi
Giorgia
Eros Ramazzotti
Fabrizio De André
Paolo Conte
Pino Daniele
Alex Britti


## C.2 Incontro

**Radio Deejay.** *Fabio Finzi è il deejay di Radio Partenopea. È una sera d'estate a Napoli e ci dovrebbe essere un concerto rock in piazza, ma...*

FABIO: Ehi, ragazzi! Siamo qui in diretta da Piazza Plebiscito a Napoli per la grande serata del "Rock sotto le stelle" che forse quest'anno dovrebbe chiamarsi "Rock sotto la pioggia," visto il tempaccio. Mamma mia, che acquazzone!° Ma capitano tutte a noi? Stiamo aspettando l'arrivo degli ospiti—Pino Daniele; il complesso più amato di Napoli: gli Almamegretta; i Negrita; e quel vecchio rockettaro di Vasco Rossi per potervi trasmettere il meglio del rock dal vivo... Ma qui in piazza non

° *downpour*

c'è anima viva, e sta piovendo a dirotto! Ehi, ragazzi, ma dico, qualcuno di voi ci ha fatto il malocchio?

Mentre aspettiamo che smetta un po' di piovere, vediamo cosa c'è in programma quest'estate nella città del Vesuvio. È un luglio fitto° di appuntamenti musicali... Per gli amanti° del jazz, dal 28 luglio c'è il festival al Castel dell'Ovo. Non dimenticate la "Musica della baia" che ospita Carmen Consoli questo venerdì sera alle ore 21. E ora facciamoci compagnia ascoltando una vecchia canzone del grande rapper Capa Rezza!!!

*loaded*
*lovers*

## Attività

**Ascoltiamo!** Ascoltare bene l'**Incontro** e poi scegliere la risposta giusta.

1. Da dove trasmette il deejay?
   a. da uno studio registrazione   b. da Piazza Plebiscito
2. Napoli è chiamata anche...
   a. la città del Vesuvio.   b. la Serenissima.
3. Che tipo di musica non menziona il deejay?
   a. la musica rock   b. la musica jazz   c. la musica classica   d. il rap
4. Quali artisti menziona il deejay durante la trasmissione?
   _______ Eros Ramazzotti   _______ i Negrita
   _______ Pino Daniele   _______ Capa Rezza
   _______ Vasco Rossi   _______ Patti Pravo
   _______ Lucio Dalla   _______ Zucchero
   _______ Carmen Consoli   _______ Alex Britti
   _______ Ligabue   _______ Giorgia
5. Che tempo fa?
   a. È una serata stellata.   b. Piove a dirotto.
6. Carmen Consoli suona durante lo spettacolo...
   a. "Musica sotto le stelle".   b. "Musica della baia".
   c. "Musica sulla spiaggia".

**Piazza del Plebiscito, Napoli**

**Radio Deejay.** Sei un deejay della radio della tua università o città. Inventare un monologo in cui presenti le canzoni ed i complessi che ti piacciono di più. Cosa racconti ai tuoi ascoltatori?

*In altre parole*

| | |
|---|---|
| **capitare tutte a qualcuno** | *for everything (unpleasant) to happen to someone* |
| **non c'è anima viva** | *there's not a living soul around* |
| **piovere a dirotto** | *to rain cats and dogs* |
| **fare il malocchio a qualcuno** | *to give someone the evil eye* |
| **farsi compagnia** | *to keep each other company* |

C **La parola giusta.** Completare le situazioni con l'espressione giusta da **In altre parole.**

1. Mamma mia che giornataccia! Ho rotto uno specchio, poi un gatto nero mi ha attraversato la strada. A pranzo mi è caduto il sale sulla tavola... Qualcuno ____________________?
2. Ciao, Giorgio! Elisa mi ha detto che non viene stasera, Beppe è in ritardo di mezz'ora e Anna ci incontra direttamente a teatro. Ma io e te ____________________. Che ne dici se prendiamo un aperitivo?
3. Che tempaccio! ____________________.
4. È stata una serata disastrosa! Siamo arrivati in discoteca dopo un viaggio di due ore, e ____________________. Così siamo tornati a casa subito!
5. Oggi ho perso il portafoglio, non trovavo il biglietto dell'autobus e sono arrivato in ritardo ad un appuntamento importantissimo... ____________________!

D **Siete superstiziosi/e?** Intervistare il compagno/la compagna per sapere...

- se è superstizioso/a.
- a quali superstizioni crede e a quali non crede.
- se crede che certi oggetti o attività portino fortuna. Quali?
- se crede che certi oggetti o attività portino sfortuna. Quali?
- se crede al malocchio.

# C.3 Punti grammaticali

## I suffissi

| | |
|---|---|
| Michele voleva una macchina, ma ha comprato una **macchinona!** | *Michael wanted a car, but he bought a huge car!* |
| Sergio è un ragazzo molto simpatico—è proprio **caruccio.** | *Sergio is a very nice boy—he's really very sweet.* |
| Piove e fa freddo. Che **tempaccio!** | *It's raining and it's cold. What awful weather!* |

Che brutto film che abbiamo visto— un vero **filmaccio!** — *What an awful film we saw— a really terrible film!*

I miei amici hanno comprato una **casetta bellina.** — *My friends bought a pretty little house.*

1. Many Italian words may be modified by adding suffixes that slightly change their meaning. The suffixes **-ino, -etto, -ello,** and **-uccio** indicate smallness or endearment.

   **una mano—una manina**
   **un ragazzo—un ragazzino**
   **un libro—un libriccino**
   **una borsa—una borsetta**
   **un uomo—un omino**
   **una bocca—una boccuccia**
   **un fiore—un fiorellino**
   **un monte—un monticello**

2. The suffixes **-uccio/a** and **-uzzo/a** indicate familiarity, smallness, or endearment.

   **una via—una viuzza** (*a cute little street*)
   **caro—caruccio** (*very sweet, dear*)

3. The suffix **-one/a** indicates largeness.

   **una donna—un donnone**
   **un uomo—un omone**
   **una porta—un portone**
   **una scarpa—uno scarpone**

   Note that the suffix **-one** usually changes feminine words to masculine.

4. The suffixes **-accio/a** and **-astro/a** indicate that something is bad.

   **un ragazzo—un ragazzaccio**
   **un poeta—un poetastro**
   **una giornata—una giornataccia**
   **un libro—un libraccio**

un fiore e un fiorellino

una macchina e una macchinona

una borsa e una borsetta

una donna e un donnone

una parola e una parolaccia

5. Suffixes should not be used indiscriminately since the meaning of a word may change according to its suffix. For example, a **libriccino** is a small book, whereas a **libretto** contains the words to an opera.

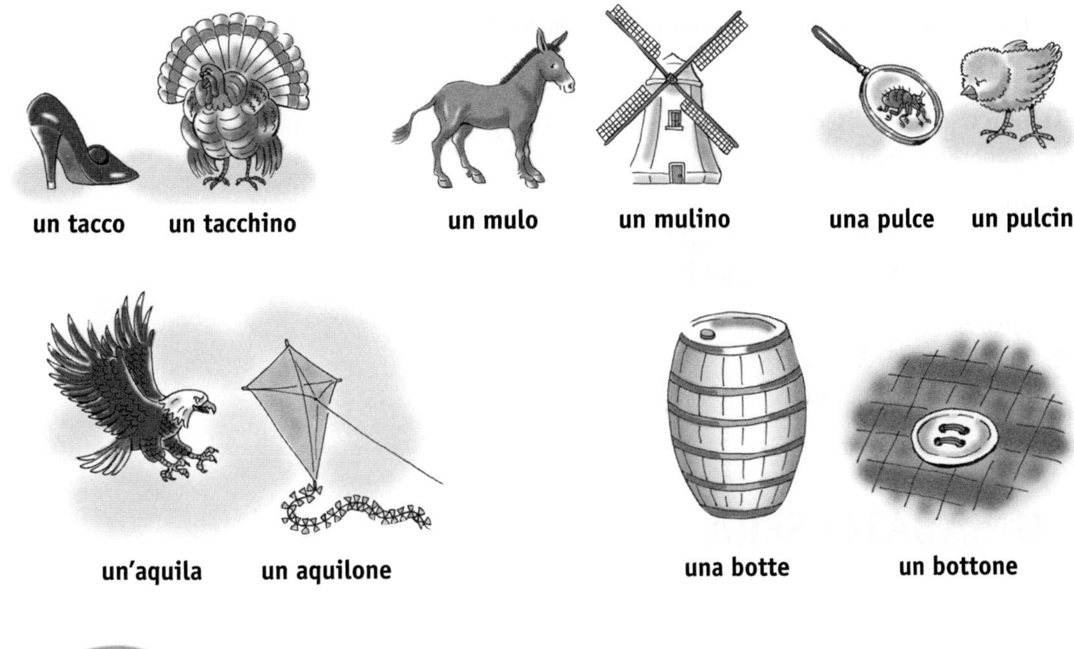


Attività

**A** **Il piccolo, il grande e il brutto.** Dire se le seguenti cose sono piccole, grandi o brutte, secondo l'esempio.

*Esempio:* giornataccia È una brutta giornata.

1. problemone
2. macchinetta
3. finestrino
4. lavorone
5. gattone
6. votaccio
7. gonnella
8. lampadina

**B** **Stella stellina.** Aggiungere il suffisso appropriato per formare la parola richiesta.

*Esempio:* una piccola stella: stellina

1. un uomo grande e grosso
2. occhi grandi e aperti
3. una piccola cucina
4. un libro con poche pagine
5. una via piccola e stretta
6. un piccolo appartamento
7. un'insalata tenera (*tender*) e leggera
8. un film noioso e brutto

**C** **Sostituzioni.** Sostituire alle parole in corsivo un nome alterato appropriato.

*Esempio:* Il mio *grande amico* mi ha dato un *piccolo regalo.*
Il mio *amicone* mi ha dato un *regalino.*

1. La mia *piccola villa* è vicino a un *piccolo monte.*
2. Angela abita in quella *piccola via* in un *piccolo appartamento.*
3. Giorgio ha riempito due *grandi pagine* di problemi matematici.

4. I bambini portano i loro *piccoli zaini* a scuola, pieni di *grandi libri.*
5. Il *ragazzo cattivo* ha detto tante *brutte parole.*
6. Ci incontriamo davanti *alla chiesa piccola* vicino al teatro.
7. La *piccola casa* dei miei zii è in un *piccolo paese* vicino ad Amalfi.
8. I nostri amici hanno mangiato due *grandi piatti* di spaghetti in quel *piccolo ristorante.*

**Ti piace o no?** Con un compagno/una compagna, creare domande e rispondere al negativo come nel modello.

*Esempio:* libro
—Ti piace quel libro?
—Non lo sopporto! È un libraccio!

1. ragazzi
2. film
3. giornale
4. canzoni
5. vino
6. posto

# IL SABATO SERA

## D.1 Si dice così

| | | | |
|---|---|---|---|
| **il locale (notturno)** | *(night) spot/club* | **la velocità** | *speed* |
| **il (punto di) ritrovo** | *meeting place* | **il volante** | *steering wheel* |
| **il/la ballerino/a** | *dancer* | **la stazione di servizio** | *service station* |
| **il lento** | *slow dance* | **il distributore** | *gas pump* |
| **la pista** | *dance floor* | **la benzina** | *gasoline* |
| **scatenarsi** | *to let oneself go* | **il sorpasso** | *passing (another car)* |
| **l'autostrada** | *highway* | **fare il pieno** | *to fill the gas tank* |
| **l'autista** | *driver* | | |

**Lo sapevi che... ?**

"La febbre del sabato sera" colpisce moltissimi giovani italiani. La zona costiera dell'Emilia-Romagna sull'Adriatico è famosa per i locali notturni di straordinarie dimensioni. Spesso in Italia d'estate quando fa bello si balla su una pista all'aperto. Le discoteche sono un ritrovo molto popolare, però non si va a ballare prima di mezzanotte e non si torna a casa prima delle sei!

Attività

 **In discoteca/In macchina.** Scegliere la parola che dà un senso compiuto alla frase.

1. È pericoloso fare (sorpassi / locali) su una piccola strada di campagna.
2. A molti giovani piace (fare il pieno / scatenarsi) in discoteca.
3. Compriamo la benzina alla (pista / stazione di servizio).
4. La persona al volante è (il ballerino / l'autista).
5. Una discoteca o un club si chiama anche (un locale / un lento).
6. Sull'autostrada bisogna fare attenzione (al punto di ritrovo / alla velocità).

B **Mariangela al volante.** Completare il seguente brano con una parola appropriata.

Stasera Mariangela può usare la macchina della mamma, ma è senza benzina. Prima di andare sull'______________ si ferma alla ______________ per fare ______________. Mariangela è al volante. È un'ottima ______________. A lei piace guidare, ma è anche molto prudente. Non supera mai il limite di ______________ e non fa mai ______________ pericolosi (*dangerous*). Mariangela guida molto bene!

 **Preferenze personali.** Intervistare un altro studente/un'altra studentessa per sapere...

- se gli/le piace ballare.
- se balla bene o male.
- dove ha imparato a ballare.
- se gli/le piace andare in discoteca.
- se gli/le piace scatenarsi sulla pista.
- la canzone preferita da ballare.

## D.2 Incontro

**Andiamo a ballare!** *Cecilia, Lucia, Rino e Franco sono in macchina. Stanno andando a ballare in una discoteca a Sorrento.*

CECILIA: Franco, passami il CD di Ligabue così lo ascoltiamo.

FRANCO: Con la tua musica ci stai proprio stressando! Sono stufo di quelle canzoni—le ascoltiamo da settimane!

CECILIA: Tu non capisci un tubo di musica!

FRANCO: E tu, pensa a guidare, piuttosto! Sai come si dice: Donna al volante, pericolo costante!

LUCIA: Che maschilista!° — *What a chauvinist!*

RINO: Piantatela! Dov'è la discoteca? Conoscete la strada?

CECILIA: È un po' fuori mano. Da qui ci vogliono quaranta minuti. Prima di prendere l'autostrada è meglio che facciamo benzina. Possiamo fare il pieno al distributore più avanti.

RINO: E chi paga?

FRANCO: Lo sapevo... Era meglio restare a casa, o magari andare a mangiare una pizza.

LUCIA: Com'è questa discoteca? È all'aperto?° — *outside*

CECILIA: Sì, vedrai che posto! C'è un panorama...

FRANCO: Per ora, tieni gli occhi sulla strada e le mani sul volante, per piacere!

CECILIA: Che cavolo!

FRANCO: Scherzavo, tesoro! Guidi benissimo, e sei anche l'autista più carina che io conosca!

**Lo sapevi che... ?**

In questi ultimi anni si parla spesso del triste fenomeno "la strage del sabato sera." Ci si riferisce al sempre maggior numero di incidenti automobilistici causati dai giovani al volante nella notte del sabato sera, dopo la chiusura delle discoteche. In Italia è proibito guidare se si sono bevuti alcolici, ma non tutti rispettano questa legge, con conseguenze spesso tragiche.

## Attività

**A** **Ascoltiamo!** Ascoltare bene l'**Incontro** e indicare a chi si riferisce la frase, a Cecilia (C), a Franco (F), a Lucia (L) o a Rino (R).

| | C | F | L | R |
|---|---|---|---|---|
| 1. Vuole sentire il CD di Ligabue. | _____ | _____ | _____ | _____ |
| 2. È stanco di sentire la musica di Ligabue. | _____ | _____ | _____ | _____ |
| 3. Pensa che Franco sia maschilista. | _____ | _____ | _____ | _____ |
| 4. Pensa che sia meglio fare benzina. | _____ | _____ | _____ | _____ |
| 5. Vuole sapere chi paga la benzina. | _____ | _____ | _____ | _____ |
| 6. Vuole sapere com'è la discoteca. | _____ | _____ | _____ | _____ |
| 7. Scherza dicendo che bisogna tenere le mani sul volante. | _____ | _____ | _____ | _____ |

**B** **Perché lo dicono?** Scegliere la risposta che spiega perché lo hanno detto.

1. Perché Franco dice "Con la tua musica ci stai proprio stressando"?
   a. Perché è stufo delle canzoni di Ligabue.
   b. Perché non ama la musica.

2. Perché Franco dice "Donna al volante, pericolo costante"?
   a. Perché le donne guidano male.
   b. Perché è maschilista.

3. Perché Rino dice "Piantatela!"?
   a. Perché vuole arrivare subito in discoteca.
   b. Perché Franco e Cecilia stanno litigando.
4. Perché Franco dice "Lo sapevo..."?
   a. Perché la discoteca è all'aperto.
   b. Perché non hanno tanti soldi per la benzina.
5. Perché Cecilia dice "Vedrai che posto!"?
   a. Perché deve parcheggiare la macchina.
   b. Perché dalla discoteca si vede un bel panorama.

**In altre parole**

| | |
|---|---|
| **stressare qualcuno** | *to cause someone stress/to get on their nerves* |
| **essere stufo di** | *to be fed up with/to be sick of* |
| **non capire un tubo** | *not to understand at all* |
| **piantala! piantatela!** | *stop it!* |
| **fuori mano** | *out of the way* |
| **che cavolo!** | *darn!* (*literally, what a cabbage!*) |

**C** **Come rispondere?** Rispondere con un'espressione appropriata ai seguenti commenti.

1. Stai andando troppo veloce! Attenzione! La strada è pericolosa!
2. Ma dov'è questo nuovo locale? Siamo in macchina da un'ora e non siamo ancora arrivati!
3. Vai prima a destra, poi dopo il benzinaio vai a sinistra, prosegui per un chilometro, poi prendi la curva e dopo dieci minuti sei arrivato. Capito?
4. Mi fai sempre mille domande e non stai zitto un secondo!
5. Perché dobbiamo sempre sentire la musica che piace a te? Perché non sentiamo qualcos'altro?

**D** **Mini-dialoghi.** Completare i seguenti mini-dialoghi usando un'espressione appropriata.

1. —Non ne posso più di sentirti parlare. _______________!
   —Va bene, va bene. Ora sto zitto.
2. —Dov'è la vostra casa di campagna?
   —È lontana dal paese, in un posto isolato. In effetti, è un po' _______________.
3. —Francesca, come vanno le lezioni d'inglese?
   —Insomma, quando la maestra parla rapidamente, io non _______________.
4. —Hai già finito l'esercizio? _______________! Sei velocissimo!
   —E tu? Non l'hai ancora finito?
5. —Ti ho preparato un bel piatto di spinaci!
   — Ancora spinaci? Basta! _______________!

 **Un invito nella nuova discoteca.** Creare una conversazione basata sui seguenti suggerimenti.

*S1:* Domani sera tu e un gruppo di amici andate in una nuova discoteca. Ora telefoni al compagno/alla compagna per invitare anche lui/lei.

*S2:* Un amico/un'amica ti telefona per invitarti a ballare domani sera. Ti interessa, ma prima vuoi sapere dove va, con chi, a che ora e che tipo di locale è. C'è anche un problema: tu non sai ballare molto bene.

# D.3 Punti grammaticali

## La preposizione *da*

| | |
|---|---|
| Vengo **da Salerno.** | *I come from Salerno.* |
| Stasera vado **da Sofia.** | *Tonight I'm going to Sofia's house.* |
| Studio l'italiano **da sei mesi.** | *I've been studying Italian for six months.* |
| Vorrei qualcosa **da mangiare.** | *I'd like something to eat.* |

1. The preposition **da** has several idiomatic uses in Italian. The most common is to signify origin.

| | |
|---|---|
| **Da dove** vieni tu? | *Where do you come from?* |
| Vengo **dal Brasile.** | *I come from Brazil.* |

2. When used with a pronoun or proper name, **da** can mean *at the house of* or *at the office/business of.* When used more broadly (**da noi, da voi,** etc.), it may mean *in our/your country.*

| | |
|---|---|
| Mangiamo **dalla zia Amalia.** | *We're eating at Aunt Amalia's.* |
| Se non ti senti bene, vai **dal medico.** | *If you don't feel well, go to the doctor.* |
| **Da noi** se rovesci il sale sul tavolo, porta sfortuna. | *In our country, if you spill salt on the table, it brings bad luck.* |

3. **Da** is used with time expressions and the present tense to indicate how long one has been doing something.

| | |
|---|---|
| —**Da quanto tempo** conosci Riccardo? | —*How long have you known Riccardo?* |
| —Lo conosco **da cinque anni.** | —*I've known him five years.* |

4. An indefinite object or quantity followed by **da** + *infinitive* describes the purpose of the object or quantity.

| | |
|---|---|
| C'è molto **da vedere** a Napoli. | *There's a lot to see in Naples.* |
| Hai qualcosa **da leggere** durante il viaggio? | *Do you have something to read during the trip?* |

An indefinite object followed by **di** + *adjective* describes the object.

| | |
|---|---|
| Ho visto qualcosa **di interessante** sul giornale. | *I saw something interesting in the paper.* |
| Beviamo qualcosa **di fresco.** | *Let's drink something refreshing.* |
| Vorrei qualcosa **di caldo da bere**—ho freddo. | *I'd like something hot to drink—I'm cold.* |

## Attività

**A** **Una festa.** Completare il brano con la preposizione **da,** semplice o articolata.

Domani sera c'è una festa ______________ Beppe. Andiamo ______________ lui dopo cena. La festa è per sua cugina Erica che è venuta ______________ Stati Uniti per una vacanza. Alle feste di Beppe c'è sempre un sacco di gente ______________ conoscere. Io conosco Beppe ______________ sette anni, è un mio caro amico. Infatti, lo scorso weekend siamo andati ______________ suoi genitori perché hanno una casa al mare. ______________ terrazza si vede una splendida spiaggia bianca.

**B** ***Di* o *da?*** Completare le frasi con la preposizione appropriata.

1. Che cosa fai _____ bello stasera?
2. Mariangela ha qualcosa _____ nuovo—ha comprato uno stereo!
3. Purtroppo, signori, non c'è niente _____ fare.
4. Enrico ha molto _____ studiare.
5. Vorrei qualcosa _____ dolce, forse un gelato.
6. È una persona di poche parole. Ha poco _____ dire.
7. Non posso uscire stasera, ho troppe cose _____ fare!
8. Dammi qualcosa _____ buono ... ho fame!

**C** **Esperienze personali.** Fare le seguenti domande ad un compagno/una compagna.

1. Da dove vieni tu? Da dove viene tua madre? E tuo padre?
2. Quando hai mal di denti, da chi vai? E quando ti serve della frutta? E quando la tua macchina è senza benzina?
3. Da voi, a che ora si mangia?
4. Quando torni da scuola, cosa fai?
5. Da quanto tempo studi l'italiano?
6. Da quanto tempo conosci il tuo migliore amico?

# Immagini e parole

For self-tests and practice of unit topics, go to the website for *Parliamo italiano!*

View video episode 10, *Uscire* (*Napoli*), and do the activities in the Workbook.

## *Un popolo di artisti*

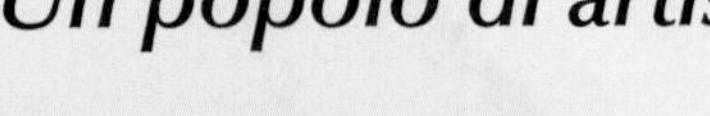

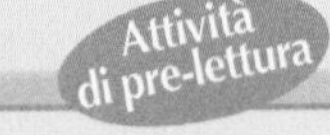

### Attività di pre-lettura

**A Musica o cinema?** Decidere se i seguenti termini, espressioni e nomi si riferiscono al mondo musicale o a quello cinematografico. Se non ne sei sicuro/a, scorrere il brano per trovare la risposta.

1. registi
2. cantautori
3. Enrico Caruso
4. Federico Fellini
5. *Il Barbiere di Siviglia*
6. *le Quattro Stagioni*
7. neorealismo
8. opere liriche
9. polifonia
10. vincere l'Oscar

**B Quale paragrafo?** Prima di leggere il brano, trovare il paragrafo che parla di...

_____ cantanti e direttori d'orchestra.
_____ il ruolo importante degli Italiani in tutti i campi artistici.
_____ registi cinematografici importanti.
_____ l'opera lirica.
_____ la musica leggera.

Il ricco patrimonio culturale dell'Italia è conosciuto in tutto il mondo. Dall'arte all'architettura, dalla scienza alla letteratura, la genialità del popolo italiano si manifesta in molti settori. Anche nel campo della musica e in quello del cinema, l'Italia ha dato contributi importanti a livello internazionale.

Sommi° musicisti quali Claudio **Monteverdi** (1567–1643), padre della polifonia, e Domenico **Scarlatti** (1685–1757), compositore dell'epoca barocca famoso per le sue sonate per clavicembalo,° hanno avuto un forte impatto sullo sviluppo della musica classica. Antonio **Vivaldi** (1675–1741) è celeberrimo° per i *Quattro Concerti delle Stagioni.* Niccolò **Paganini** (1784–1840) è un leggendario virtuoso del violino ed è anche noto compositore. In tempi più recenti, Luciano **Berio** (1925–2003) ha rivoluzionato la musica con le sue note insolite.

*Great*
*harpsichord*
*most renowned*

In qualsiasi città del mondo durante la stagione lirica si trova sempre un'opera italiana. I più famosi compositori sono Gioacchino **Rossini** (1792–1868, *Il Barbiere di Siviglia*), Giuseppe **Verdi** (1813–1901, *Nabucco, Aida* e *Rigoletto*) e Giacomo **Puccini** (1858–1924, *La Bohème, Madama Butterfly* e *Tosca*). Anche i cantanti italiani si sono distinti: i nomi di Enrico **Caruso,** Luciano **Pavarotti** e Renata **Scotto** sono veri e propri sinonimi della lirica. Tra i direttori d'orchestra ricordiamo Arturo **Toscanini,** Claudio **Abbado** e Riccardo **Muti.**

Invece la musica leggera non è così conosciuta fuori dalla penisola, dove i cantautori scrivono e cantano la vita italiana. Tra i più noti ricordiamo Lucio **Battisti,** Claudio **Baglioni,** Lucio **Dalla,** Fabrizio **De André, Zucchero, Ligabue,** Vasco **Rossi** e Pino **Daniele.** Gli Italiani amano cantare e spesso il pubblico canta insieme al cantautore durante un concerto. Persino durante un'aria famosa di un'opera lirica il pubblico italiano canta insieme al solista.

Per quanto riguarda° il cinema, ne hanno segnato la storia alcuni grandi maestri del neorealismo come Vittorio **De Sica** e Roberto **Rossellini.** Tanti attori italiani sono conosciuti a Hollywood come a Cinecittà; tra i volti° più famosi ci sono quelli di Marcello **Mastroianni,** Sophia **Loren,** Giancarlo **Giannini,** Roberto **Benigni** e Maria Grazia **Cucinotta.** Molti registi italiani hanno anche vinto l'Oscar, ad esempio Michelangelo **Antonioni,** Luchino **Visconti,** Bernardo **Bertolucci** e Lina **Wertmüller.** Il nome di Federico **Fellini** è ancora un sinonimo del cinema italiano, anche se in tempi più recenti Roberto **Benigni** ha portato il volto della commedia italiana nel mondo. Tra i giovani registi spesso premiati dalla critica cinematografica ricordiamo Nanni **Moretti,** Gabriele **Salvatores,** Gianni **Amelio,** Giuseppe **Tornatore,** Marco Tullio **Giordana** e Gabriele **Muccino.**

*As for*

*faces*

Così come il cinema offre uno sguardo sulla vita italiana presente e passata, la musica italiana può dare voce ad un mondo ricco e diverso. Il cinema e la musica dunque sono due ottimi approcci per conoscere meglio il Bel Paese e la sua cultura. Gli Italiani sono davvero un popolo di artisti!

**Roberto Benigni con due Oscar per il film *La vita è bella* nel 1999**

## Attività

**A Comprensione: perché è famoso?** Collegare ciascun nome con la descrizione appropriata.

| | |
|---|---|
| 1. Vivaldi | a. un volto famoso del cinema |
| 2. Paganini | b. direttore d'orchestra |
| 3. Verdi | c. cantautore |
| 4. Riccardo Muti | d. giovane regista |
| 5. Fabrizio De André | e. virtuoso del violino |
| 6. Rossellini | f. compositore del *Nabucco* |
| 7. Sophia Loren | g. compositore dei *Quattro Concerti delle Stagioni* |
| 8. Gabriele Muccino | h. regista del neorealismo |

**B Chi sono?** Usando le informazioni della lettura, identificare i seguenti maestri.

*Esempio:* Antonio Vivaldi
Antonio Vivaldi era un compositore. Ha scritto i *Quattro Concerti delle Stagioni.*

Claudio Monteverdi
Domenico Scarlatti
Luciano Pavarotti
Nanni Moretti
Niccolò Paganini
Vittorio De Sica
Zucchero

**C Preferenze personali.** Fare le seguenti domande al compagno/alla compagna.

1. Conosci una canzone italiana? Come s'intitola?
2. Hai mai visto un'opera lirica? Quale? Chi è il compositore? Ti è piaciuta?
3. Conosci un'aria famosa di un'opera lirica italiana? Come inizia?
4. Hai mai visto un concerto con un musicista italiano?
5. Hai mai visto un film italiano? Chi è il regista?
6. Ti piacciono i film stranieri? Perché?

**D Spunti di conversazione.** Discutere con i compagni di classe i seguenti argomenti.

1. Che tipo di musica preferite? Andate spesso ai concerti? Di che tipo? Di musica leggera o classica? Di musica rock o jazz? Di un cantautore famoso/una cantautrice famosa? Ci sono concerti nel campus della vostra università? Come sono?
2. Chi ha mai visto un film italiano? Parlare dei film che avete visto. I film italiani sono differenti dai film nel tuo paese? In che senso?
3. Com'è la vita sociale nella vostra università? Dove vanno normalmente gli studenti quando escono? Quali sono i locali che frequentano? Cosa si fa in quel locale? Com'è un tipico sabato sera nel vostro campus?

**Federico Fellini (1920–1993), grande regista italiano, sul set di un suo film**

# SCRIVIAMO ITALIANO!

## Expressing opinions

Many types of writing—from film or music reviews to editorials, letters, or essays—include opinions. In this unit, you will use opinions to write a film or concert review.

Expressions such as **secondo me, secondo la critica, a mio parere** are used to express opinion. Most often you will need to use the subjunctive following expressions such as

**penso che**
**era evidente che**
**credo che**
**pareva che**
**mi sembrava che**
**(non) era chiaro che**

If you are talking about the past, the imperfect subjunctive or past perfect subjunctive is used.

When writing a review of a film or musical event, you need to establish essential data that tell *what, when,* and *where*—for example, *Madama Butterfly,* an opera by Puccini, at La Scala, last Friday at 8 P.M. Then you can express the *how* and *why*—your opinion.

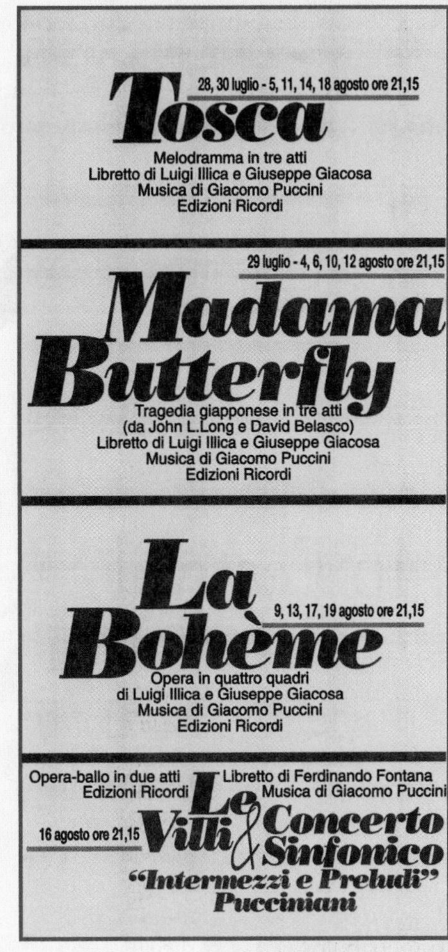

Tosca
28, 30 luglio - 5, 11, 14, 18 agosto ore 21,15
Melodramma in tre atti
Libretto di Luigi Illica e Giuseppe Giacosa
Musica di Giacomo Puccini
Edizioni Ricordi
29 luglio - 4, 6, 10, 12 agosto ore 21,15
Madama Butterfly
Tragedia giapponese in tre atti
(da John L.Long e David Belasco)
Libretto di Luigi Illica e Giuseppe Giacosa
Musica di Giacomo Puccini
Edizioni Ricordi
La Bohème
9, 13, 17, 19 agosto ore 21,15
Opera in quattro quadri
di Luigi Illica e Giuseppe Giacosa
Musica di Giacomo Puccini
Edizioni Ricordi
Opera-ballo in due atti
Edizioni Ricordi
Le Villi
Libretto di Ferdinando Fontana
Musica di Giacomo Puccini
16 agosto ore 21,15
& Concerto Sinfonico
"Intermezzi e Preludi" Pucciniani

**Un brutto spettacolo.** Identificare i dati essenziali (cosa, come, quando, dove) e le opinioni espresse nella seguente recensione.

Ieri sera, gli attori del Teatro Stecca hanno recitato *La Mandragola* di Machiavelli, secondo la critica una delle più importanti commedie del Rinascimento. Il pezzo doveva far ridere ma invece ha fatto piangere. Sembrava che il regista, Pierangelo Pierini, non si fosse reso conto che si tratta di una commedia. Per di più, pareva che gli attori non avessero tanta esperienza. Mi sembrava che non finisse più, e così me ne sono andato prima della fine. Se il povero Machiavelli avesse potuto assistere a un simile fiasco, gli sarebbe venuto un colpo!

 **Una recensione.** Scegliere uno dei seguenti argomenti per scrivere una breve recensione.

1. Scrivere una breve recensione di un film che hai visto recentemente. Ti è piaciuto? Dov'era ambientato? Chi erano gli attori? Come hanno recitato? Chi era il regista? Com'era la regia (*direction*)?
2. Sei un giornalista e devi scrivere la recensione di un concerto di qualche cantante o complesso di musica pop. Dopo il concerto, aspetti di intervistare alcuni spettatori fuori dallo stadio. Scrivi la tua recensione in base ai commenti degli spettatori e esprimi anche la tua opinione.

# Vocabolario

## Il teatro e il cinema

| | |
|---|---|
| l'attore/l'attrice | *actor/actress* |
| la commedia | *comedy* |
| il commediografo/il drammaturgo | *playwright* |
| il critico | *critic* |
| il dramma | *drama* |
| il fiasco | *flop* |
| il palcoscenico | *stage* |
| il/la protagonista | *protagonist* |
| il pubblico | *audience* |
| le quinte | *wings (on stage)* |
| la rappresentazione | *performance* |
| la recensione | *review* |
| il/la regista | *producer, director* |
| il ruolo | *role* |
| la scenografia | *set (design)* |
| il sipario | *curtain* |
| lo spettacolo | *show* |
| il successo | *success* |
| la tragedia | *tragedy* |
| applaudire | *to applaud* |
| dare un film | *to show a film* |
| girare un film | *to film/shoot a movie* |
| recitare | *to act/to speak lines* |

## La musica e gli strumenti musicali

| | |
|---|---|
| la batteria | *drums* |
| il cantautore/la cantautrice | *singer-songwriter* |
| la canzone | *song* |
| il CD | *CD* |
| il clarinetto | *clarinet* |
| il complesso | *band* |
| il compositore | *composer* |
| il conservatorio | *conservatory* |
| il direttore/la direttrice d'orchestra | *conductor* |
| il flauto | *flute* |
| il lettore CD | *CD player* |
| la musica classica | *classical music* |
| la musica leggera/pop | *pop music* |
| il/la musicista | *musician* |
| la nota | *musical note* |
| l'opera lirica/l'opera | *opera* |
| l'orchestra | *orchestra/band* |
| la prova | *rehearsal* |
| il registratore | *tape deck* |
| il/la solista | *soloist* |
| gli strumenti musicali | *musical instruments* |
| il testo | *lyrics* |
| la tromba | *trumpet* |
| il violino | *violin* |
| a tutto volume | *loud* |
| alto/basso volume | *high/low volume* |
| dal vivo | *live* |
| alzare/abbassare il volume | *to turn up/to turn down the volume* |
| canticchiare | *to hum* |

## Il sabato sera

| | |
|---|---|
| l'autista | *driver* |
| l'autostrada | *highway* |
| il/la ballerino/a | *dancer* |
| la benzina | *gasoline* |
| il distributore | *gas pump* |
| il lento | *slow dance* |
| il locale (notturno) | *(night) spot/club* |
| la pista | *dance floor* |
| il (punto di) ritrovo | *meeting place* |
| il sorpasso | *passing (another car)* |
| la stazione di servizio | *service station* |
| la velocità | *speed* |
| il volante | *steering wheel* |
| fare il pieno | *to fill the gas tank* |
| scatenarsi | *to let oneself go* |

## Altre parole ed espressioni

| | |
|---|---|
| andare per il meglio | *to go well* |
| capitare tutte a qualcuno | *for everything (unpleasant) to happen to someone* |
| che cavolo! | *darn! (literally, what a cabbage!)* |
| cosa c'entra/ c'entrano... ? | *what's . . . got to do with it?* |
| dare un'occhiata a | *to glance at* |
| essere appassionato/a di | *to love (something)* |
| essere stonato come una campana | *to be tone-deaf* |
| essere stufo di | *to be fed up with/to be sick of* |
| fare il malocchio a qualcuno | *to give someone the evil eye* |
| farsi compagnia | *to keep each other company* |
| fuori mano | *out of the way* |
| non averne la più pallida idea | *to not have the faintest idea* |
| non capire un tubo | *to not understand at all* |
| non c'è anima viva | *there's not a living soul around* |
| (non) ci sto | *it's (not) all right with me* |
| piantala! piantatela! | *stop it!* |
| piovere a dirotto | *to rain cats and dogs* |
| prendere qualcosa/ qualcuno sul serio | *to take something/ someone seriously* |
| prendere una stecca | *to hit a sour note* |
| se fossi in te... | *if I were you . . .* |
| stressare qualcuno | *to cause someone stress/ to get on their nerves* |
| una volta tanto | *once in a while* |

UNITÀ

# 11

# Leggere

## RECITIAMO UNA POESIA!

Toscana
Firenze

Veduta panoramica di Firenze, con il Duomo e Palazzo Vecchio

### COMMUNICATIVE GOALS

- Talking about the distant past
- Expressing opinions about literature and writing
- Indicating sequence of events
- Reporting what others have said
- Talking about mass media

# LA LETTERATURA

For additional practice on the vocabulary and grammar introduced in this unit, go to **Unità 11** on your Multimedia CD-ROM.

## A.1 Si dice così

| | |
|---|---|
| **l'enciclopedia** | *encyclopedia* |
| **il volume** | *volume* |
| **il titolo** | *title* |
| **il capitolo** | *chapter* |
| **la prosa** | *prose* |
| **la narrativa** | *narrative, fiction* |
| **il romanzo** | *novel* |
| **il racconto/la novella** | *short story* |
| **la trama** | *plot* |
| **il poema** | *long poem* |
| **la poesia** | *poetry, short poem* |
| **il secolo** | *century* |
| **lo scrittore/ la scrittrice** | *writer* |
| **l'autore/l'autrice** | *author* |
| **il poeta/la poetessa** | *poet* |
| **il capolavoro** | *masterpiece* |
| **letterario** | *literary* |
| **trattarsi di** | *to be about* |
| **analizzare** | *to analyze* |

**Lo sapevi che... ?**

Un **romanzo rosa** racconta una storia romantica, mentre quando si parla di **giallo** si intende una storia misteriosa e ricca di suspense. Il termine **giallo** deriva dal colore delle copertine usate dalla casa editrice Mondadori—e tutt'oggi le copertine sono spesso di questo colore. La combinazione di storie fantastiche e di realtà scientifica si chiama **fantascienza.** La **saggistica** è invece il genere letterario che raccoglie le opinioni su determinati argomenti.

**Attività**

**Le definizioni.** Trovare nella lista di **Si dice così** parole che corrispondono ad ogni definizione.

1. Una donna che scrive opere letterarie in versi.
2. Una suddivisione (*subdivision*) di un libro.
3. Un periodo di cento anni.
4. Una breve opera narrativa.
5. Si differenzia dalla poesia.
6. È la storia di un romanzo.
7. Indica il nome di un'opera letteraria.
8. L'opera più bella o più importante di uno scrittore.

**Ti piace leggere?** Intervistare un altro studente/un'altra studentessa per sapere...

- se gli/le piace leggere nel tempo libero.
- che cosa gli/le piace leggere: romanzi? poesia? saggistica?
- chi è lo scrittore preferito/la scrittrice preferita.
- quanti libri legge al mese.
- se compra molti libri o se li prende in prestito alla biblioteca pubblica.
- il titolo dell'ultimo libro che ha letto.

**La biblioteca ideale.** Immaginate di dover partire per un viaggio di due anni su un'isola deserta. Potete portare cinque libri da leggere nel tempo libero. Quali sono i libri che portereste con voi? Fare un elenco dei cinque libri e spiegare il perché della vostra scelta.

*Esempio:* — Io sicuramente porterei *I viaggi di Gulliver* perché è un capolavoro che unisce la satira politica all'avventura.
— E io porterei un grande volume che contiene tutte le poesie di...

## A.2 Incontro

**Una relazione° di letteratura.** *Giacomo e Luisa sono studenti universitari. Stanno preparando una relazione sulla letteratura italiana dalle origini al Rinascimento.°*

*report*

*Renaissance*

GIACOMO: Che figuraccia che hanno fatto Elena e Gianni oggi! La loro relazione sembrava fatta coi piedi! Se non vogliamo fare come loro, bisogna che ci organizziamo bene!

LUISA: Hai ragione. Perché non ti concentri sulla prosa mentre io mi occupo della poesia? A me piacciono di più i poeti: Dante, Petrarca, Poliziano o anche Ariosto.

GIACOMO: Aspetta un attimo... Chi scrisse "Chiare, fresche e dolci acque"?

LUISA: Ma come, mi prendi in giro? Fu Petrarca! Non conosci le *Rime sparse*?

GIACOMO: Certo che le conosco! Volevo vedere se ti ricordavi tu! A dire il vero, preferisco mille volte di più opere divertenti come il *Decameron* o *La Mandragola*.

LUISA: Ho visto una rappresentazione della *Mandragola* l'anno scorso al Teatro della Pergola! Che divertente!

GIACOMO: Pensa, Machiavelli fu un uomo politico eppure scrisse delle commedie! Quando poi lo mandarono in esilio° si mise a scrivere *Il Principe,* una delle opere più famose della letteratura italiana.

*exile*

LUISA: Pensa al povero Dante, anche lui in esilio a Ravenna!

GIACOMO: Che scocciatura, non poter mai più tornare a casa!

LUISA: Davvero! Senti, Giacomo, ora lavoriamo un po'. To'! Qui c'è un libro sulla tradizione in prosa.

GIACOMO: Così posso parlare delle novelle. Vorrei che facessimo una bella figura... Ma dobbiamo proprio parlare davanti a tutti? Che fifa!

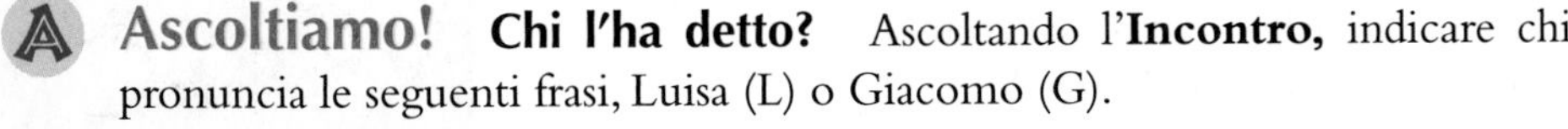


**A** **Ascoltiamo! Chi l'ha detto?** Ascoltando l'**Incontro,** indicare chi pronuncia le seguenti frasi, Luisa (L) o Giacomo (G).

| | L | G |
|---|---|---|
| 1. La loro relazione sembrava fatta coi piedi! | _______ | _______ |
| 2. A me piacciono di più i poeti. | _______ | _______ |
| 3. Chi scrisse "Chiare, fresche e dolci acque"? | _______ | _______ |
| 4. Preferisco mille volte di più opere divertenti. | _______ | _______ |
| 5. To'! Qui c'è un libro sulla tradizione in prosa. | _______ | _______ |
| 6. Vorrei che facessimo una bella figura... | _______ | _______ |

**B** **La relazione.** Siete due studenti/studentesse e state preparando una breve relazione sulla letteratura. Preparate la presentazione per la vostra classe. Di quali autori parlerete? Parlerete di prosa o di poesia? Di quale secolo sono questi autori? Parlerete delle loro vite e opere? Come dividerete il lavoro?

**In altre parole**

| | |
|---|---|
| **fare qualcosa coi piedi** | *to do something in a slapdash way* |
| **preferire mille volte di più** | *to prefer a thousand times over* |
| **che divertente!** | *how funny!* |
| **che scocciatura!** | *what a nuisance!* |
| **to'!** | *take it!/look at that!* |
| **che fifa!** | *how terrifying!* |

**C** **Sostituzioni.** Sostituire le parole in corsivo con un'espressione da **In altre parole.**

1. Mi dispiace dirtelo, caro Giuseppe, ma questo tema non mi piace per niente. Sembra fatta *in fretta e senza attenzione.*
2. Se tu avessi visto il costume di Claudia! Si è vestita da hippie degli anni '60. *Che buffo!*
3. La professoressa dice che non va bene l'argomento della nostra relazione. Adesso dobbiamo ricominciare da capo. *Che noia!*
4. Maria Luisa, ti ricordi quella maglia che guardavi nella vetrina di quel negozio. *Eccola!* Te l'ho comprata!
5. Dopo aver finito quel libro di Stephen King, non sono riuscito ad addormentarmi. *Che paura!*

 **Mille volte di più!** Esprimere le vostre preferenze come nel modello.

*Esempio:* leggere: prosa / poesia
—Che cosa preferisci leggere, la prosa o la poesia?
—La prosa! La preferisco mille volte di più.

1. studiare: filosofia / matematica
2. bere: tè / caffè
3. guardare: la partita / un dramma
4. leggere volentieri: un giallo / un romanzo rosa
5. guidare: una motocicletta / una Mercedes
6. mangiare: cioccolato / carciofi

9° Festival Internazionale di Poesia
20 giugno • 1 luglio 2003
GE NOVA 04
Genova Capitale Europea della Cultura

 **Festival Internazionale di Poesia.** Invita un amico/un'amica a venire al Festival di Poesia. Lui/lei non ama la poesia e non ha voglia di venire. Cerca di convincerlo/la che sarà divertente. Dove avrà luogo il Festival?

# A.3 Punti grammaticali

## Il passato remoto

| | |
|---|---|
| Dante **scrisse** la *Divina Commedia.* | *Dante wrote the* Divine Comedy. |
| Petrarca **nacque** in Toscana. | *Petrarch was born in Tuscany.* |
| Boccaccio **parlò** il dialetto toscano. | *Boccaccio spoke the Tuscan dialect.* |
| I miei nonni **abitarono** in Italia da bambini. | *My grandparents lived in Italy when they were children.* |
| Avevo tanta paura che non **dormii** quella notte. | *I was so frightened that I didn't sleep that night.* |
| Machiavelli **fece** parte del governo di Firenze. | *Machiavelli was part of the government of Florence.* |

1. The preterit **(il passato remoto)** is a past tense used most commonly to describe actions in the distant past. Often used in writing to describe historical events, it is also known as the historical or narrative past tense.

2. The **passato remoto** of regular verbs is formed by dropping the infinitive suffix and adding the following endings.

| abitare | | vendere | | scoprire | |
|---|---|---|---|---|---|
| abit**ai** | abit**ammo** | vend**ei** (vend**etti**) | vend**emmo** | scopr**ii** | scopr**immo** |
| abit**asti** | abit**aste** | vend**esti** | vend**este** | scopr**isti** | scopr**iste** |
| abit**ò** | abit**arono** | vend**é** (vend**ette**) | vend**erono** (vend**ettero**) | scopr**ì** | scopr**irono** |

Several **-ere** verbs have two alternative forms in the first- and third-person singular and third-person plural **(io, lui/lei, loro).**

3. Many irregular verbs follow a 1–3–3 pattern: only the first-person singular and third-person singular and plural are irregular. The **tu, noi,** and **voi** forms are regular, and are based on the infinitive stem.

| | **scrivere** | **nascere** | **vedere** | **conoscere** |
|---|---|---|---|---|
| 1 | scrissi | nacqui | vidi | conobbi |
| | scrivesti | nascesti | vedesti | conoscesti |
| 3 | scrisse | nacque | vide | conobbe |
| | scrivemmo | nascemmo | vedemmo | conoscemmo |
| | scriveste | nasceste | vedeste | conosceste |
| 3 | scrissero | nacquero | videro | conobbero |

Note that there are no accents in verbs with two stems.

If one knows the first-person singular and the infinitive of an irregular verb, the entire conjugation is predictable.

**leggere:** lessi, leggesti
**scrivere:** scrissi, scrivesti
**vivere:** vissi, vivesti
**sapere:** seppi, sapesti

**tenere:** tenni, tenesti
**venire:** venni, venisti
**volere:** volli, volesti

**dipingere:** dipinsi, dipingesti
**vincere:** vinsi, vincesti

**chiedere:** chiesi, chiedesti
**decidere:** decisi, decidesti
**mettere:** misi, mettesti
**prendere:** presi, prendesti
**rimanere:** rimasi, rimanesti
**rispondere:** risposi, rispondesti
**scendere:** scesi, scendesti
**sorridere:** sorrisi, sorridesti

4. Some verbs whose forms differ from this pattern in that the **tu, noi,** and **voi** forms do not derive directly from the infinitive are:

**dare:** diedi, desti
**dire:** dissi, dicesti
**bere:** bevvi, bevesti

**stare:** stetti, stesti
**fare:** feci, facesti

5. **Essere** and **avere** are irregular; **avere** follows the 1–3–3 pattern.

| **essere** | |
|---|---|
| fui | fummo |
| fosti | foste |
| fu | furono |

| **avere** | |
|---|---|
| ebbi | avemmo |
| avesti | aveste |
| ebbe | ebbero |

**Lo sapevi che... ?**

A scuola in Italia i bambini imparano il seguente detto che serve a ricordare dati importanti che riguardano persone famose. È utile anche per ricordarsi le forme del passato remoto: **Dove nacque? Dove visse? Cosa fece? Cosa scrisse?**

## Attività

**Test di storia.** Cercare di identificare i seguenti nomi, luoghi o date importanti.

1. Fu genovese, ma scoprì l'America con l'aiuto della Spagna.
2. Nacque nel 1265 a Firenze. Scrisse la *Divina Commedia,* nella quale raccontò un viaggio attraverso l'inferno, il purgatorio e il paradiso.
3. L'anno in cui finì la Seconda guerra mondiale.
4. Questa città fu la prima capitale d'Italia. Molti meridionali vi immigrarono per lavorare nelle fabbriche della Fiat.
5. Dipinse una famosa "Primavera."
6. La città in cui vissero e morirono Romeo e Giulietta.
7. Creò un *Cenacolo* (Ultima cena) indimenticabile e inventò l'elicottero.
8. Sorella di Cesare Borgia, fu una donna affascinante. Avvelenò (*poisoned*) molti suoi nemici.

**Dati storici.** Completare le seguenti frasi con il passato remoto del verbo dato.

1. Le guerre del Risorgimento (avere) luogo durante l'Ottocento.
2. George Washington non (dire) mai bugie.
3. Cesare disse: "(venire), (vedere), (vincere)."
4. Truman (decidere) di bombardare il Giappone.
5. Michelangelo (dipingere) la Cappella Sistina.
6. Molti scrittori americani (andare) in Francia durante gli anni Venti.
7. Dante (conoscere) Giotto.
8. Gli Americani (essere) alleati degli Inglesi.

**Che fine fece?** Completare il brano con il passato remoto del verbo dato.

Molti anni fa, (io, conoscere) un uomo che (andare) a vivere nella giungla. A dire il vero, (io, leggere) sul giornale questa strana notizia che mi (incuriosare) e (io, volere) incontrarlo. Appena (io, arrivare) a casa sua, questo tale mi (invitare) ad entrare. Noi (sedersi) in giardino e lui mi (offrire) da bere. (Noi, bere) del caffè. Lui mi (spiegare) che voleva lasciare la città per andare a studiare gli animali della giungla. L'uomo poco dopo (lasciare) il lavoro, (vendere) l'automobile, (chiudere) la casa e (partire). Di lui non si (sapere) più nulla. Chissà che fine (fare).

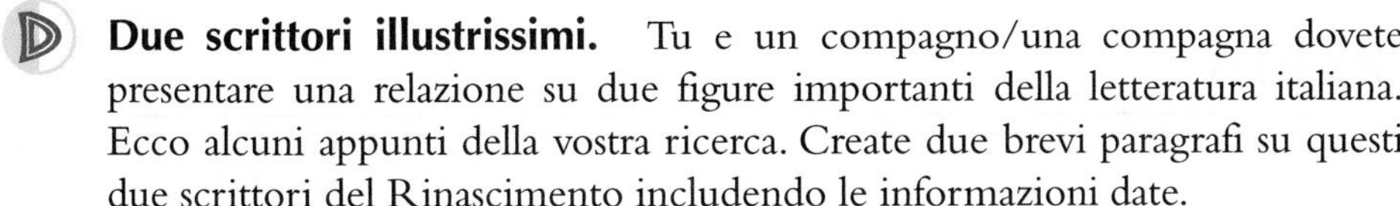

**D** **Due scrittori illustrissimi.** Tu e un compagno/una compagna dovete presentare una relazione su due figure importanti della letteratura italiana. Ecco alcuni appunti della vostra ricerca. Create due brevi paragrafi su questi due scrittori del Rinascimento includendo le informazioni date.

**Niccolò Machiavelli**
- 1469–1527
- Firenze
- patriota fiorentino e teorico di scienze politiche
- viaggiare per tutta l'Europa
- fare missioni diplomatiche per il Comune di Firenze
- i Medici imprigionare e mandare in esilio Machiavelli
- scrivere *Il Principe* e *I ricordi* in esilio
- guadagnarsi la reputazione di cinico

**Veronica Franco**
- 1546–1591
- Venezia
- cortigiana, amica dell'aristocrazia veneziana
- scrivere sonetti e poesie in terza rima
- 1577: abbandonare la vita libera, dedicarsi ad opere di carità
- il pittore Tintoretto fare un bellissimo ritratto

**E** **Vita da scrittore.** Pensare al tuo scrittore preferito/la tua scrittrice preferita e poi descrivere ad un altro studente/un'altra studentessa tutto quello che sai della sua vita: quando nacque, dove visse, i libri che scrisse e altre cose che fece durante la sua vita.

**F** **Quello che fecero.** Completare le seguenti frasi con un verbo al passato remoto.

1. Tanti anni fa in Italia...
2. Alla fine del 19° secolo, le donne...
3. Nel 1995 io...
4. Dieci anni fa, la mia famiglia...
5. Durante la Prima guerra mondiale...
6. Durante la Rivoluzione francese...

**Lo sapevi che... ?**

La prima biblioteca pubblica fu fondata in Italia, nel 1440 da Cosimo de' Medici presso il convento di San Marco a Firenze. Oggi ci sono biblioteche comunali, cioè del comune, paese o città, aperte al pubblico. Inoltre ci sono tre Biblioteche Nazionali, enormi istituzioni che contengono anche manoscritti e libri rari; sono a Torino, Firenze e Roma, le tre città che furono anche capitali d'Italia.

La Biblioteca Nazionale di Firenze

# LA LIBRERIA

## B.1 Si dice così

| | | | |
|---|---|---|---|
| **il lettore/la lettrice** | *reader* | **in traduzione** | *in translation* |
| **la casa editrice** | *publishing house* | **esaurito** | *out of print, sold out* |
| **l'editore** | *editor, publisher* | **illustrato** | *illustrated* |
| **la copertina rigida** | *hardcover* | **stampare** | *to print* |
| **l'edizione tascabile** | *paperback/soft cover book* | **pubblicare** | *to publish* |
| **la copia** | *copy* | **sfogliare** | *to flip through* |
| **la collana** | *collection/series* | | |

### Attività

**A Il processo letterario.** Abbinare l'azione a chi la esegue.

1. scrive un manoscritto
2. cura e crea il libro
3. scrivono recensioni dei libri
4. sfogliano i libri
5. pubblica il libro
6. legge il libro a casa
7. vende i libri

a. i clienti in una libreria
b. i critici
c. la casa editrice
d. l'autore
e. la lettrice
f. il proprietario di una libreria
g. l'editore

**B In libreria: dialoghi.** Completare i seguenti dialoghi con vocaboli appropriati.

1. IMPIEGATO: Buongiorno. Mi dica!
   CLIENTE: ______________. Vorrei un libro di Italo Calvino.
   IMPIEGATO: Conosce ______________?
   CLIENTE: Sì—è *Il barone rampante*. Vorrei il libro in edizione tascabile.
   IMPIEGATO: È fortunata, signora. Ecco l'ultima ______________ che abbiamo.
   CLIENTE: Meno male!

2. CLIENTE: Buongiorno! Ha mica una ______________ delle Fiabe di Esopo (*Aesop*)?
   IMPIEGATO: Sì, signore. Gliela prendo. È un libro ______________ con molti bei disegni. È per un giovane ______________?
   CLIENTE: Sì, è per mio figlio.

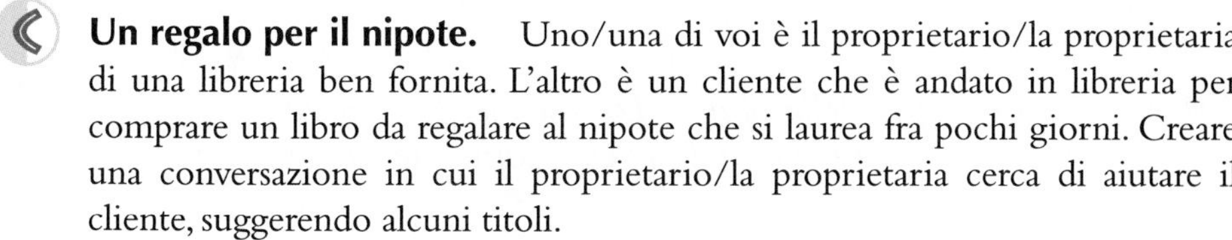

**Un regalo per il nipote.** Uno/una di voi è il proprietario/la proprietaria di una libreria ben fornita. L'altro è un cliente che è andato in libreria per comprare un libro da regalare al nipote che si laurea fra pochi giorni. Creare una conversazione in cui il proprietario/la proprietaria cerca di aiutare il cliente, suggerendo alcuni titoli.

*Esempio:* —Buonasera. Mi dica, signora.
—Ah, buonasera. Senta, io vorrei comprare un libro per mio nipote...
—Che genere preferisce? Gialli? Fantascienza? Quali sono i suoi interessi?

**Lo sapevi che... ?**

Ci sono molte case editrici in Italia. Le più grandi sono Mondadori, Feltrinelli, Rizzoli, Einaudi, Laterza e Zanichelli. La Rizzoli è conosciuta pure per la pubblicazione di libri illustrati. Mondadori e Feltrinelli sono anche i nomi di grandi librerie che si possono trovare nelle maggiori città italiane. La Zanichelli invece è conosciuta per i suoi dizionari ed enciclopedie. E per la letteratura italiana, è famosissima l'Einaudi; tra i grandi scrittori che ci hanno lavorato si trovano i nomi di Italo Calvino, Cesare Pavese e Natalia Ginzburg.

## B.2 Incontro

**Intervista.** *Fosca Pastorino è proprietaria della libreria Lo Scaffale. Organizza serate culturali, letture di poesie e incontri con autori. Un giornalista de* La Stampa *la intervista per l'inserto* Tutto libri.

**Signora Pastorino, com'è nata l'idea di aprire questo splendido posto?**

A dire il vero, è stato un caso.° Cinque anni fa, ho smesso di lavorare per una casa editrice. Mi sono detta, basta! Non guadagnavo una lira, ed ero stufa del solito tran tran° di tutti giorni. Ho deciso così di rischiare, diventando imprenditrice.

*chance*
*routine*

**Complimenti! Che coraggio! Ci parli delle sue attività, che vanno ben oltre la semplice vendita di libri.**

Prima di aprire Lo Scaffale, mi sono guardata intorno° e ho visto un mucchio di librerie tutte uguali, impersonali. Volevo creare qualcosa di diverso. Così, nella mia libreria ho ideato° l'angolo "C'è posta per te"— una specie di cybercafé dove ci si può collegare in rete° per navigare *online* e mandare messaggi di posta elettronica. Perché al giorno d'oggi una libreria deve offrire qualcosa di più! Poi, conoscevo anche degli autori per via del mio precedente lavoro. Quindi, il terzo giovedì di ogni mese viene qualcuno di loro a presentare il suo ultimo libro. Basta organizzare, invitare.

*around*
*designed*
*go online*

**Ed è stato un successone! Ci dica qualcosa dei suoi ultimi progetti.**

All'inizio dell'anno, abbiamo cominciato a pubblicare una collana di edizioni tascabili dedicata ad autori emergenti. L'ultimo volume è già esaurito! Se Lei conosce qualche giornalista o scrittore in gamba...

**Be', io stesso, essendo giornalista, di tanto in tanto scrivo...**

Non mi dica! Allora, mi raccomando, mi mandi un suo manoscritto, che gli do un'occhiata.

**Affare fatto! Grazie, Signora Pastorino!**

### A Ascoltiamo! **Trova l'intruso.**

Ascoltare bene l'**Incontro.** Poi, leggere bene gli elenchi. Riascoltando l'**Incontro,** indicare gli elementi giusti.

1. Quale dei seguenti argomenti **non** viene menzionato da Fosca Pastorino?

| | |
|---|---|
| _______ Era stufa del tran tran. | _______ Non guadagnava una lira. |
| _______ Aveva sempre sognato di aprire una libreria. | _______ Ha vinto la lotteria. |
| | _______ Voleva pubblicare libri. |
| _______ Ha smesso di lavorare per una casa editrice. | _______ Scriveva poesie. |
| | _______ Ha deciso di rischiare. |

2. Quali servizi e eventi **non** offre la libreria Lo Scaffale?

| | |
|---|---|
| _______ letture di poesia | _______ fare fotocopie |
| _______ cybercafé | _______ caffè e brioche |
| _______ vende giornali | _______ presentazioni di libri |
| _______ incontri con autori | _______ cantare con la chitarra |

3. Che cosa offre Fosca Pastorino al giornalista?
   _______ un caffè
   _______ un passaggio in macchina
   _______ di collaborare ad un progetto
   _______ di dare un'occhiata a quello che ha scritto
   _______ un affare

**B** **Una serata letteraria.** Uno/una di voi è un giovane scrittore/una giovane scrittrice che ha appena pubblicato il suo primo romanzo. La proprietaria di una libreria ti ha invitato a partecipare a una serata letteraria per leggere brani scelti del romanzo e per rispondere alle domande dei lettori interessati. Gli altri sono i lettori che fanno domande allo scrittore/alla scrittrice. Domande possibili:

In quanto tempo ha scritto il libro?
Come ha avuto l'idea per la trama del romanzo?
Da quanto tempo scrive? Come ha cominciato?
Sta scrivendo un secondo romanzo?

***In altre parole***

| | |
|---|---|
| **smettere di fare qualcosa** | *to give up doing something* |
| **non guadagnare una lira** | *to not earn a penny* |
| **un mucchio di** | *a ton of* |
| **essere in gamba** | *to be on the ball, smart* |
| **non mi dire!** | *don't tell me!* |
| **affare fatto** | *done deal/consider it done* |

**C** **Mini-dialoghi.** Completare i seguenti dialoghi con una parola o un'espressione adatta.

1. —Sai che cosa ho visto sul giornale? Un articolo su Rosella Nuzio.
   —______________________! Quella ragazza che era a scuola con noi?
2. —Dove vai, Anna? Non vieni con noi al cinema?
   —Vado in biblioteca! Ho ______________________ di compiti da fare.
3. —Hai visto la fotografia di Fulvio sul giornale? Ha pubblicato un nuovo libro.
   —Quel Fulvio! È sempre stato ______________________!
4. —Senti, se mi dai una mano a pulire un po' qui, poi ti aiuto a preparare la cena.
   —______________________!
5. —Giacomo, perché hai smesso di scrivere? Ti piaceva tanto la letteratura!
   —Eh, sì. Ma purtroppo i poeti ______________________.

**Ho smesso, ero stufo!** Creare mini-dialoghi come nel modello. Uno di voi domanda all'altro/a se fa ancora le cose suggerite. L'altro/a risponde che ha smesso di farle, e poi spiega il perché.

*Esempio:* scrivere poesie
—Non scrivi più poesie?
—Ho smesso di farlo perché ero stufo/a di... (perdere tempo / trovare rime)

1. frequentare le lezioni di matematica
2. uscire con Vittorio
3. andare in discoteca il sabato sera
4. mangiare alla mensa
5. abitare nella casa dello studente
6. lavorare al ristorante

**C'è posta per te.** Scrivere un messaggio di posta elettronica ad un amico in Italia. Chiedere quali libri sta leggendo ora e raccontargli che cosa stai leggendo tu. Puoi anche indicare qual è il tuo libro più amato, i tuoi scrittori preferiti, il tuo genere di libro preferito, e chiedergli delle sue preferenze.

# B.3 Punti grammaticali

## I numeri ordinali

| | |
|---|---|
| Fu amore a **prima** vista. | *It was love at first sight.* |
| L'ufficio è all'**undicesimo** piano. | *The office is on the eleventh floor.* |
| La **quinta** sinfonia di Beethoven è la mia preferita. | *Beethoven's fifth symphony is my favorite.* |
| Ero così felice—ero al **settimo** cielo! | *I was so happy—I was in seventh heaven!* |
| Lorenzo de' Medici visse nel **quindicesimo** secolo. | *Lorenzo de' Medici lived in the fifteenth century.* |

1. Ordinal numbers **(i numeri ordinali)** are used to indicate order or rank. The first ten ordinal numbers are as follows.

| | | | |
|---|---|---|---|
| 1° | primo | 6° | sesto |
| 2° | secondo | 7° | settimo |
| 3° | terzo | 8° | ottavo |
| 4° | quarto | 9° | nono |
| 5° | quinto | 10° | decimo |

2. All other ordinal numbers are formed by dropping the final vowel of the cardinal number and adding the suffix **-esimo.**

cento **centesimo** ottantadue **ottantaduesimo**

Numbers ending in **-tré** or **-sei** (**ventitré, trentasei,** etc.) keep the final vowel before adding **-esimo: ventitreesimo, trentaseiesimo.**

3. Ordinal numbers are adjectives, and thus agree in number and gender with the noun they modify. They usually precede the noun. The ordinal number is signified by the symbol ° if the noun is masculine, ª if the noun is feminine.

**la 5ª strada** *Fifth Avenue* **il 15° secolo** *the fifteenth century*

**4.** In writing, Roman numerals are usually used to designate centuries, popes, and royalty.

| | | |
|---|---|---|
| Enrico VIII | Enrico ottavo | *Henry the Eighth* |
| Giovanni XXIII | Giovanni ventitreesimo | *John the Twenty-third* |
| il secolo XVIII | il diciottesimo secolo | *the eighteenth century* |

In dates, only the first of the month is expressed as an ordinal number.

1 agosto: il primo agosto    14 maggio: il quattordici maggio

**5.** In Italian, centuries are referred to in two ways.

| | | |
|---|---|---|
| 1200–1300 | il Duecento | il tredicesimo secolo |
| 1300–1400 | il Trecento | il quattordicesimo secolo |
| 1400–1500 | il Quattrocento | il quindicesimo secolo |
| 1500–1600 | il Cinquecento | il sedicesimo secolo |
| 1600–1700 | il Seicento | il diciassettesimo secolo |
| 1700–1800 | il Settecento | il diciottesimo secolo |
| 1800–1900 | l'Ottocento | il diciannovesimo secolo |
| 1900–2000 | il Novecento | il ventesimo secolo |
| 2000–2100 | il Duemila | il ventunesimo secolo |

## Attività

**Dov'è Adriana?** La piccola Adriana abita in un grande palazzo di dieci piani con un ascensore (*elevator*) moderno. Ad Adriana piace moltissimo andare su e giù nell'ascensore del palazzo. Completare il brano con i numeri ordinali appropriati.

Adriana e la sua famiglia abitano al piano numero sei, cioè al ______________ piano. Mentre la mamma era occupata con il fratellino, Adriana è uscita di casa, si è diretta all'ascensore, ed è scesa di due piani (ora si trova al ______________ piano). Poi è salita di cinque piani, cioè al ______________ piano. È scesa di nuovo, questa volta otto piani (ora sta al ______________ piano). Poi è risalita ancora di cinque piani, cioè al ______________ piano. È uscita dall'ascensore ed è salita a piedi al piano di sopra (*above*). Non ha trovato la porta di casa sua, e ha cominciato a piangere e a chiamare la mamma. A quale piano si trova ora la piccola Adriana? Al ______________ piano.

**Quando nacque? Quando visse?** Dire in quali secoli nacquero, vissero o morirono le seguenti persone.

*Esempio:* Dante Alighieri (1265–1321)
Dante nacque nel 1265, visse nei tredicesimo e quattordicesmio secoli e morì nel 1321.

1. Alessandro Manzoni (1785–1873)
2. Umberto Eco (1932–presente)
3. Brunetto Latini (1220–1294)
4. Lorenzo de' Medici (1449–1492)
5. Francesco Petrarca (1304–1374)
6. Galileo Galilei (1564–1642)
7. Vittorio Alfieri (1749–1803)
8. Natalia Ginzburg (1916–1991)

 **Numero, per favore.** Rispondere alle seguenti domande usando un numero ordinale, secondo il modello.

*Esempio:* Questa è la lezione numero dieci?
Sì, è la decima lezione.

1. Questo è il piano numero diciotto?
2. Questa è la pagina numero ventitré?
3. Siamo alla lezione numero undici?
4. Questa è la sinfonia numero cinque?
5. È l'edizione numero sette del libro?
6. Sei all'anno numero tre all'università?
7. Siamo al capitolo numero trenta?
8. Questo quadro è del secolo numero sedici?

 **Sono tutti...** Leggere ad alta voce le parole elencate usando i numeri ordinali. Poi decidere a quale categoria appartengono. Ecco le possibili categorie: re, anniversario, papa, sinfonia.

1. Riccardo III, Enrico VIII, Elisabetta II, Giorgio III, Edoardo IV
2. Giovanni Paolo II, Pio IX, Giulio II, Gregorio X, Giovanni XXIII
3. 15°: cristallo; 25°: argento; 30°: perle; 50°: oro; 60°: diamante
4. 3ª: Eroica; 6ª: Pastorale; 9ª: Inno alla Gioia
5. Vittorio Emanuele II, Umberto I, Vittorio Emanuele III

# C LA STAMPA: GIORNALI E RIVISTE

## C.1 Si dice così

| | | | |
|---|---|---|---|
| **l'edicola** | *newsstand* | **la rubrica** | *column* |
| **il giornalaio** | *newspaper vendor* | **l'inserto** | *section* |
| **il giornale/il quotidiano** | *daily newspaper* | **la pubblicità** | *advertisement* |
| **la rivista** | *magazine* | **il/la giornalista** | *journalist* |
| **il settimanale** | *weekly* | **il cartellone** | *poster/placard* |
| **il mensile** | *monthly* | **il numero** | *issue* |
| **il periodico** | *periodical* | **l'abbonamento** | *subscription* |
| **l'articolo** | *article* | **in omaggio/in regalo** | *free/complimentary* |
| **i titoli** | *headlines* | **abbonarsi** | *to subscribe* |

### Attività

 **Quale?** Rispondere alle seguenti domande.

1. Un giornalista può avere una rubrica o un cartellone?
2. L'uomo che vende all'edicola si chiama il giornalaio o il quotidiano?
3. Quando una rivista offre un regalo, è in omaggio o in onda?
4. L'inserto è un articolo o una parte del giornale?

5. Per sapere cosa succede nel mondo, si guardano i titoli o le pubblicità?
6. Quando una persona riceve regolarmente un periodico si chiama un omaggio o un abbonamento?

**B** **Associazioni.** Associare una parola della prima colonna con una della seconda.

1. l'annuncio
2. il quotidiano
3. il mensile
4. la rivista
5. l'articolo

a. la rubrica
b. il settimanale
c. la pubblicità
d. il periodico
e. il giornale

**C** **Che cosa leggi tu?** Con le informazioni date, creare delle domande e delle risposte secondo il modello.

*Esempio:* —Quale rivista settimanale conosci?
—Conosco *Panorama, L'Espresso,...* E tu?

1. una rivista settimanale
2. una rivista mensile per le donne
3. un quotidiano popolare
4. un inserto del giornale della domenica
5. un giornalista famoso/una giornalista famosa
6. un periodico settimanale che si compra al supermercato
7. un giornale italiano
8. una rivista con bellissime fotografie

**D** ***La Settimana Enigmistica.*** *La Settimana Enigmistica* è un periodico popolare in tutta l'Italia da molti anni. Guardare il titolo di un numero recente e poi rispondere alle domande.

LA RIVISTA CHE VANTA INNUMEREVOLI TENTATIVI D'IMITAZIONE!

LA SETTIMANA ENIGMISTICA

6 Marzo 2004
N. 3754 Anno 73
€ 1,10 (in Italia)
Numeri arretrati: € 2,20
Sped. abb. post. 45% articolo 2 comma 20/b Legge 662/96 Filiale di Milano

Periodico di parole crociate, rebus, enigmi, passatempi, varietà, umorismo, ecc.

ESCE IL SABATO
Direzione e Redazione
Palazzo Vittoria
Piazza Cinque Giornate 10
20129 - Milano
Telefoni: Direzione e Redazione 02-55.190.591
Distribuzione 02-660.301
www.aenigmatica.it
Abbonamento: € 55,00 (in Italia, per 52 numeri)
Versamenti sul C.C.P. n. 293274 - «Bresi spa - La Settimana Enigmistica»

1. In quale giorno della settimana esce?
2. Dov'è la sede della direzione del periodico? In quale città? Qual è l'indirizzo? Il numero di telefono?
3. Che tipo di periodico è? Che cosa pubblicano?
4. Qual è la data di questo numero? Da quanti anni si pubblica?
5. Quanto costa un numero della *Settimana Enigmistica*?
6. Quanto costa l'abbonamento al periodico? Per quanto tempo?

Davanti all'edicola alcuni cartelli annunciano le notizie del giorno

## C.2 Incontro

**All'edicola.** *Tutte le mattine, prima di andare in ufficio, Matteo Bellini si ferma all'edicola vicino a casa per comprare i giornali.*

MATTEO: Buongiorno! Come andiamo oggi?

GIORNALAIO: Ah, Signor Bellini. Le cose vanno di male in peggio. Ha visto? Hanno annunciato nuove tasse!° Questo governo manderà tutto a rotoli!

*taxes*

MATTEO: Eh, sì. Ho visto i cartelloni in strada. Che Le devo dire? Sa come dicono, di due cose si può essere certi: le tasse e la morte. Mi dia *La Repubblica* e *Il Corriere,* per piacere.

GIORNALAIO: Guardi, oggi con *Il Corriere* c'è anche l'inserto speciale sul cinema.

MATTEO: Benissimo, piacerà a mia figlia. Mi dia pure *Quattroruote.*

GIORNALAIO: Scusi, Le consiglio l'ultimo numero di *Autosport,* appena uscito. In copertina c'è la nuova Maserati, vede, lì tra i mensili.

MATTEO: Accidenti! Che macchinone! Va be', lo prendo, e a mia moglie ho promesso l'ultimo numero di *Amica.*

GIORNALAIO: È esaurito, Signor Bellini. Sa com'è, c'è in omaggio una borsetta di plastica e le signore sono tutte corse a comprarlo.

MATTEO: Non fa niente. Basta così, allora.

GIORNALAIO: Sono €5,50 in tutto.

MATTEO: Ecco a Lei. Grazie, e buongiorno.

GIORNALAIO: Buongiorno e buona lettura!

Attività

 **Ascoltiamo!** Ascoltare bene l'**Incontro.** Poi, leggere bene gli elenchi. Riascoltando l'**Incontro,** cerchiare (*circle*) gli elementi giusti.

1. Quali giornali e riviste **non** menzionano Matteo e il giornalaio?

| | | |
|---|---|---|
| *La Repubblica* | *L'Espresso* | *Amica* |
| *Autosport* | *Quattroruote* | *Panorama* |
| *Il Corriere* | *La Nazione* | *Grazia* |

2. De che cosa **non** parlano Matteo e il giornalaio?

| | | |
|---|---|---|
| tasse | inserti | sport |
| cinema | inserzioni | macchine |
| letteratura | viaggi | calcio |

 **Sondaggio.** Fare un sondaggio fra i compagni di classe per sapere...

- che cosa preferiscono leggere.
- se leggono di più riviste o giornali.
- la rivista più popolare fra gli altri studenti.
- il giornale più letto.
- se hanno un abbonamento ad una rivista o ad un giornale.

**Lo sapevi che... ?**

In Italia ci sono giornali locali e giornali a tiratura (*readership*) nazionale come *La Repubblica* e *Il Corriere della Sera*. Spesso, durante la settimana, con un aumento di prezzo minimo (30 centesimi di euro), questi giornali offrono una rivista femminile o un inserto sulla salute, il viaggio o la musica. Ci sono anche quotidiani specializzati come *Il Sole 24 Ore* (per l'economia), *Il Corriere dello Sport* o *La Gazzetta dello Sport*.

I settimanali più conosciuti sono *Panorama* e *L'Espresso*, che parlano di politica, di economia, di costume e di spettacolo. Le innumerevoli riviste si dividono per campi: ci sono quelle femminili (ad esempio *Amica* o *Donna moderna*), quelle sul turismo (*I Meridiani, Bell'Italia, Dove*), quelle automobilistiche (*Autosprint, Quattroruote*) e quelle con pettegolezzi sulle celebrità (*Oggi, Gente, Novella 2000*).

| **città** | **giornale** |
|---|---|
| Roma | *La Repubblica, Il Messaggero* |
| Napoli | *Il Mattino* |
| Milano | *Il Corriere della Sera, Il Giornale* |
| Torino | *La Stampa* |
| Genova | *Il Secolo XIX* |
| Firenze | *La Nazione* |

CORRIERE DELLA SERA
LA STAMPA
IL SECOLO XIX
la Repubblica

**In altre parole**

| | |
|---|---|
| **andare di male in peggio** | *to go from bad to worse* |
| **mandare tutto a rotoli** | *to ruin* |
| **che Le/ti devo dire?** | *what can I tell you?* |
| **accidenti!** | *my gosh!/wow!* |
| **sa/sai com'è** | *you know how it is* |

**C** **Abbinamenti.** Trovare nella lista a destra la risposta logica per ogni domanda a sinistra, e poi completarla con un'espressione da **In altre parole.**

1. Allora, come vanno le cose al lavoro?
2. Hai visto la copertina dell'*Espresso* oggi? C'è una foto incredibile!
3. Hai sentito delle nuove tasse? Però c'è tanta disoccupazione. Che ne pensi?
4. Ho sentito che hai cambiato lavoro. Ti trovi bene nel nuovo posto?
5. Perché non mi hai telefonato oggi?

a. ________________________! Non posso credere che abbiano messo una foto così!
b. ________________________, cara? Non ho avuto un minuto libero.
c. Non me ne parlare! Le cose vanno ________________________!
d. Sì, benissimo, ma ________________________. Le prime settimane sono le più difficili.
e. Il governo ________________________. Meno male che ci sono le elezioni a giugno.

**D** **All'edicola.** Vai all'edicola per comprare...

- il giornale della tua città.
- una rivista settimanale di attualità.
- una rivista per un amico che sta male.

Creare una conversazione con il giornalaio (l'altro studente/l'altra studentessa). Prima salutarlo/la, poi chiedergli/le le cose che vuoi e forse qualcos'altro. Poi pagare.

## C.3 Punti grammaticali

### *Che* e *quale*

—**Che** tipo di libri leggi di solito? — *What kinds of books do you usually read?*
—Preferisco i gialli. — *I prefer thrillers.*

—**Quale** autore preferisci? — *Which author do you prefer?*
—Preferisco Patricia Cornwell. — *I prefer Patricia Cornwell.*

—**Che** film guardi normalmente? — *What films do you watch normally?*
—Guardo film classici. — *I watch the classics.*

—**Quale** film guardi? — *Which film are you watching?*
—*La dolce vita* di Fellini. — *Fellini's* La dolce vita.

1. **Che** (*what*) and **quale** (*which*) are interrogative adjectives and pronouns. **Che** is used to inquire about a general category of things or people. **Quale** and its plural form **quali** are used to distinguish among specific things or people. **Quale** agrees in number with the noun it modifies.

| | |
|---|---|
| —**Che** libri compri di solito? | —*What books do you normally buy?* |
| —Compro dei gialli. | —*I buy thrillers.* |
| —**Quale** libro stai leggendo? | —*Which book are you reading?* |
| —*I Promessi Sposi* di Manzoni. | —*Manzoni's* The Betrothed. |
| **Quali** quotidiani leggi di solito? | *Which newspapers do you usually read?* |

2. When the interrogative pronoun **quale** is followed by **è,** it is written **qual è.** Compare:

| | |
|---|---|
| **Qual è** la tua rivista preferita, *Amica* o *Grazia*? | *Which is your favorite magazine,* Amica *or* Grazia*?* |
| **Quale** compri, *Amica* o *Grazia*? | *Which one are you buying,* Amica *or* Grazia*?* |
| —**Quali** sono i miei? | —*Which ones are mine?* |
| —Quelli! | —*Those!* |

3. **Che** may also be used in exclamations.

| | |
|---|---|
| **Che** bel film! | *What a beautiful film!* |
| **Che** giornataccia! | *What a horrible day!* |
| **Che** brutto! | *How ugly!* |

## Attività

**A** **Quale o che?** Completare le seguenti frasi in maniera appropriata usando **che, quale** o **quali.**

1. Allora, ragazzi, ______________ facciamo domani sera?
2. —______________ giornali hai comprato?
   —Ho comprato *Il Messaggero* e *Bellacasa.*
3. ______________ moto vorresti guidare? Una Gilera o un'Aprilia?
4. Non ci posso credere! ______________ bella sorpresa!
5. ______________ differenza c'è fra un settimanale e una rivista?
6. ______________ vento! Pensi che pioverà oggi?
7. —______________ frutta vorresti comprare?
   —Mah, decidi tu.
8. Ho chiesto al vigile ______________ strada fosse la più breve.
9. —Ti piacciono quei fiori?
   —______________?
   —Quelli laggiù.
10. ______________ dice il giornale?

**B** **Leggo anch'io!** Inserire nella posizione corretta i seguenti interrogativi.

che quale chi quante quali

Ma ______________ ha detto che non leggo mai? Proprio oggi ho finito di leggere un bellissimo romanzo, molto molto lungo. Di ______________ pagine? Circa 700! Eppure, vi assicuro, l'ho letto con interesse. E ______________ argomento trattava? È una storia di fantascienza che racconta le avventure di un uomo che viaggia su un'astronave. In ______________ secolo è ambientata? Nel ventiduesimo secolo. ______________ fantasia, vero? E voi, ______________ libri leggete? Romanzi o gialli?

**C** **Quali corsi segui questo semestre?** Creare una serie di domande per sapere cosa fa il tuo compagno/la tua compagna questo semestre. Potrai chiedere

- l'anno all'università e il corso di studio.
- i corsi che sta seguendo.
- i libri che ha dovuto comprare.
- il corso più/meno interessante.
- i compiti da fare questa settimana e le lezioni da preparare.
- il prossimo esame da superare.

# LA TELEVISIONE

## D.1 Si dice così

| | | | |
|---|---|---|---|
| **il telecomando** | *remote control* | **il programma a puntate** | *series* |
| **il canale** | *channel* | **il telefilm** | *made-for-TV movie* |
| **la rete (televisiva)** | *(television) network* | **la pubblicità/lo spot** | *advertisement* |
| **la trasmissione** | *telecast* | **accendere/spegnere la TV** | *to turn on/turn off the TV* |
| **il presentatore/la presentatrice** | *announcer* | **andare in onda** | *to be on the air* |
| **il telegiornale/il Tg** | *news program* | **in diretta** | *live broadcast* |
| **la notizia/le notizie** | *news* | **registrato** | *taped* |
| **il programma** | *program* | | |

**Lo sapevi che... ?**

La Rai (Radiotelevisione italiana) è la compagnia nazionale che controlla tre reti televisive (Rai Uno, Rai Due, Rai Tre) e tre canali radiofonici. Ogni anno gli Italiani pagano una tassa (un po' più di cento dollari) che serve a finanziare i programmi e le produzioni di film e telefilm della Rai. Canale 5, Italia 1, Rete 4, Tele Più, LaSette e MTV sono invece canali televisivi di proprietà privata. Rispetto ai canali Rai, queste reti trasmettono molti spot pubblicitari, proprio perché sono reti commerciali.

Attività

**Comprensione.** Rispondere alle seguenti domande.

1. Quale programma televisivo trasmette le notizie del giorno?
2. Cosa si usa per cambiare i canali della televisione?
3. Cos'è *E.R. – Medici in prima linea?*
4. Chi annuncia i programmi televisivi?
5. Come si chiama un programma che non è dal vivo?
6. Cos'è la Rai?

**La televisione e la radio: un sondaggio.** Fare un sondaggio fra i compagni in classe per sapere...

- quante ore al giorno guardano la TV.
- a che ora la guardano.
- il canale preferito.
- i programmi preferiti.
- quando e per quanto tempo ascoltano la radio ogni giorno.
- i programmi preferiti.
- se preferiscono la radio o la televisione. Perché?

**Il potere** (*power*) **del telecomando.** Il telecomando è diventato uno strumento importantissimo nella vita di oggi. In gruppi di tre o quattro, discutere del vostro uso del telecomando. Qual è la vostra tecnica? Quando cambiate canale? Spesso? Alla fine di un programma? Quando c'è la pubblicità? Continuamente? Litigate mai con gli amici o la famiglia per l'uso del telecomando?

## D.2 Incontro

**Una lite** (*fight*) **davanti alla TV.** *Teresa e Gianni stanno guardando la televisione.*

TERESA: Passami il telecomando!

GIANNI: Cosa? Non vorrai mica cambiare canale proprio adesso? Sto guardando *Tutto il calcio*! Ehi, questa è davvero una notizia bomba! Il Milan ha perso contro la Juve!

TERESA: Se non ti dispiace, vorrei vedere il telegiornale. Uno di noi deve pure tenersi aggiornato su quello che succede nel mondo.

GIANNI: Aspettiamo il Tg 2 delle venti e trenta, va bene? Chissà se oggi legge le notizie quella giornalista carina ... a me piace proprio.

TERESA: Lo credo bene! Comunque ora cambiamo canale, tanto c'è la pubblicità.

GIANNI: Un attimo! Stanno annunciando i programmi per la serata.

| | | |
|---|---|---|
| ANNUNCIATRICE: | Su Rai Uno alle venti il Tg con Lilli Gruber seguito dalla partita Italia-Spagna. Alle ventitré, a *Porta a Porta* un dibattito sulle nuove tasse condotto da Bruno Vespa. Alle venti e trenta su Rai Due il telegiornale. Alle ventuno il telefilm, *Il commissario Montalbano*. Su Rai Tre alle venti dopo il telegiornale, *Blob.* Alle ventuno, Piero Angela con *Quark*. | |
| TERESA: | Sei così prepotente° con quel telecomando, Gianni! Ho letto un articolo che dice che gli uomini che vogliono sempre avere il telecomando in mano sono... | *arrogant* |
| GIANNI: | Zitta! Porca miseria! Guarda, Teresa! È tuo cugino Carlo! | |
| TERESA: | Al telegiornale? Questa poi! Dai, alza il volume! | |

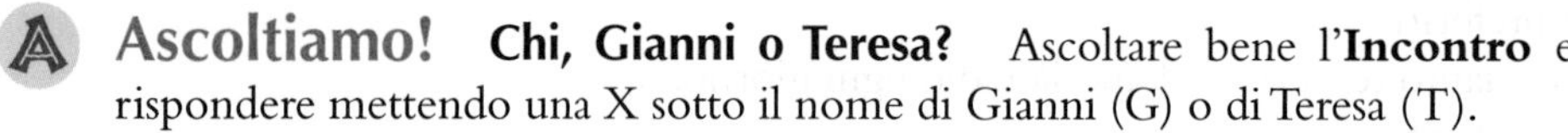


**A** **Ascoltiamo! Chi, Gianni o Teresa?** Ascoltare bene l'**Incontro** e rispondere mettendo una X sotto il nome di Gianni (G) o di Teresa (T).

| | G | T |
|---|---|---|
| 1. Chi controlla il telecomando? | ______ | ______ |
| 2. Chi si interessa di calcio? | ______ | ______ |
| 3. Chi vuole vedere il telegiornale? | ______ | ______ |
| 4. Chi ha letto un articolo sull'uso del telecomando? | ______ | ______ |
| 5. Chi vuole sentire i programmi per la serata? | ______ | ______ |
| 6. Chi vede il cugino Carlo alla TV? | ______ | ______ |

**B** **Programmi preferiti.** Leggere la seguente lista di programmi televisivi e ordinarli secondo la propria preferenza (1 al programma meno interessante; 8 al programma preferito). Poi cercare di indovinare le preferenze del compagno/della compagna.

*Esempio:* —Credo che tu preferisca...
—Penso che per te il programma meno interessante sia...

| | |
|---|---|
| i cartoni animati | lo shopping in poltrona |
| una rubrica sportiva | un programma musicale di varietà |
| un videoclip di video music | un documentario scientifico |
| il telegiornale | un film classico |

**C** **Cosa guardare?** Stasera non vi sentite bene e avete deciso di rimanere a casa a guardare la TV. Ecco la pagina dei programmi televisivi di oggi. Scegliere le trasmissioni più interessanti e poi discutere con il compagno/la compagna le vostre scelte. Dovete essere contenti tutti e due!

*Esempio:* —Alle 20.00 su Rai Tre c'è un programma sportivo che mi interessa.
—Va bene, però alle 20.30 io vorrei vedere...

# 31 GENNAIO

sorge 7,51 - tramonta 17,36 - sorge 11,14 - tramonta -,-

| RAIUNO ☎ 199/123000 | RAIDUE ☎ 199/123000 | RAITRE ☎ 199/123000 |
|---|---|---|
| 20,00 **TELEGIORNALE** | 20,00 **GREED** - Gioco a quiz con L. Barbareschi | 19,00 **TG3** - Telegiornale - **Meteo Regionali** |
| 20,35 **IL FATTO DI ENZO BIAGI** - Attualità | 20,20 **IL LOTTO ALLE OTTO** - Con S. Orlando | 20,00 **RAI SPORT TRE** - Notizie sportive |
| **PROGRAMMI DELLA SERA** | 20,30 **TG2 - 20,30** - Telegiornale | 20,10 **BLOB. DI TUTTO DI PIÙ** - Varietà |
| 20,45 **UN PUGNO O UNA CAREZZA** Talk show condotto da Alda d'Eusanio | **PROGRAMMI DELLA SERA** | 20,30 **UN POSTO AL SOLE** - Serial Tv |
| 23,05 **TG1** - Telegiornale | 20,50 **AMA IL TUO NEMICO 2** - Film Tv con Andrea Di Stefano, Bianca Guaccero **Regia di Damiano Damiani** - *(1ª parte)* | **PROGRAMMI DELLA SERA** |
| 23,10 **PORTA A PORTA** - Con Bruno Vespa | 22,45 **SATYRICON** - Condotto da D. Luttazzi | 20,50 **MI MANDA RAITRE** - Rubrica d'attualità condotta da Piero Marrazzo |
| 0,30 **TG1 - NOTTE** - Telegiornale | 23,40 **ESTRAZIONI DEL LOTTO** | 22,45 **TG3** - Telegiornale - **TG3 Primo Piano** |
| 0,55 **STAMPA OGGI - Che tempo fa** | 23,45 **TG2 - NOTTE** - Telegiornale | 23,20 C'ERA UNA VOLTA *presenta:* **«I RAGAZZI DI PADRE SAVERIO»** Di **Marco Melega** |
| 1,05 **RAI EDUCATIONAL** - Rubriche culturali | 0,15 **NEON - CINEMA** - Rubrica | 0,10 **TG3** - Telegiornale - **Meteo** |
| 1,30 **SOTTOVOCE** - Di Gigi Marzullo | 0,20 **TG PARLAMENTO** - Rubrica | 0,20 **RAI EDUCATIONAL** - Rubriche culturali |
| 2,10 **SANSONE CONTRO I PIRATI (Italia, avventura, 1963)** Film con Kirk Morris, Margaret Lee (T) **Regia di Amerigo Anton** ●●○○ | 0,40 **LEGAMI VIOLENTI - (USA, dramm., '95)** Film con John Ritter, Marley Jane Kozek (G) **Regia di Greame Campbell** ●●○○ | 0,50 **SCI** - Campionati Mondiali - *(Sintesi)* |
| 3,30 **IL COMMISSARIO CORSO** - Telefilm | 2,10 **RAINOTTE** - Rubrica contenitore | 1,20 **FUORI ORARIO. COSE (MAI) VISTE** |
| 4,20 **DON FUMINO** - Telefilm | 3,40 **DIPLOMI UNIVERSITARI A DISTANZA** | 1,25 **RAI NEWS 24** - Informazione e rubriche |
| 5,20 **TG1 - NOTTE** - Telegiornale - *(Replica)* | | |
| -5,50 **DALLA CRONACA** - Rubrica | | |

### *In altre parole*

| | |
|---|---|
| **notizia bomba** | *sensational news* |
| **tenersi aggiornato su** | *to keep up to date on* |
| **lo credo bene!** | *I believe it!/I bet!* |
| **zitto!** | *shhh!/be quiet!/shut up!* |
| **questa poi!** | *now this!* |

**D** **Mini-dialoghi.** Completare i mini-dialoghi con una parola o un'espressione adatta.

1. —Mi dispiace, signora, non può usare questa carta di credito. Non è più valida.
   —Che giornataccia! Ho perso le chiavi della macchina, ho dimenticato il compleanno di un amico e ______________!
2. —Giuseppe, vieni! Dammi una mano a preparare la cena!
   —Sto guardando il Tg. Senti che ______________: la squadra nazionale di calcio ha vinto contro la Francia!
3. —Io non guardo mai il Tg. Non mi interessa!
   —Ma scherzi! Io lo guardo sempre: mi piace ______________.
4. —Sai che cosa mi ha detto Lucia oggi per telefono?
   —______________, Silvia, non vedi che sto ascoltando il telegiornale?
5. —È brava questa giornalista. Non perdo mai il telegiornale quando c'è lei.
   —______________! È bellissima!

**Che notizia bomba!** State guardando il telegiornale. A turno, creare una notizia per ogni argomento elencato e poi rispondere con un commento appropriato.

*Esempio:* —Il governo ha deciso di eliminare tutte le tasse.
—Che notizia bomba! E hai sentito? La squadra americana di pallacanestro ha perso alle Olimpiadi!
—Mamma mia, che disastro!

| | | |
|---|---|---|
| notizie politiche | spettacolo e sport | celebrità |
| notizie sportive | notizie locali | previsioni del tempo |

**Amo quello spot!** Certe volte la pubblicità dà fastidio, ma può essere anche molto divertente. Con un altro studente/un'altra studentessa scegliere uno spot pubblicitario che conoscete e che vi piace o che vi sembra molto efficace. Poi fare una versione italiana dello spot da presentare alla classe.

# D.3 Punti grammaticali

## Il discorso indiretto

| | |
|---|---|
| Dice: "**Vado** al cinema." | Dice che **va** al cinema. |
| Ha detto: "**Vado** al cinema." | Ha detto che **andava** al cinema. |
| Diceva: "**Andrò** al cinema." | Diceva che **sarebbe andato** al cinema. |
| Ha detto: "**Sono andato** al cinema." | Ha detto che **era andato** al cinema. |

1. Direct discourse **(il discorso diretto)** is the exact quotation of a person's words. Indirect discourse **(il discorso indiretto)** reports a person's words indirectly. Verbs such as **dire, domandare, rispondere,** and **chiedere** are used to introduce indirect discourse.

2. When the introductory verb is in the present tense, no change of tense occurs in the transition from direct to indirect discourse.

| | |
|---|---|
| Dice: "Leggo un libro." | Dice che legge un libro. |
| Dice: "Leggevo un libro." | Dice che leggeva un libro. |
| Dice: "Ho letto il libro." | Dice che ha letto il libro. |

3. When the introductory verb is in the **passato prossimo, imperfetto,** or **passato remoto,** the shift from direct to indirect discourse involves these changes in verb tense.

| introductory verb | discorso diretto | | discorso indiretto |
|---|---|---|---|
| **passato prossimo, imperfetto, passato remoto** | presente | ⟶ | imperfetto |
| | imperfetto | ⟶ | imperfetto |
| | passato prossimo | ⟶ | trapassato |
| | futuro | ⟶ | condizionale passato |
| | condizionale | ⟶ | condizionale passato |

| | |
|---|---|
| Ha detto: "Il treno parte." | Ha detto che il treno partiva. |
| Ha detto: "Il treno partiva." | Ha detto che il treno partiva. |
| Ha detto: "Il treno è partito." | Ha detto che il treno era partito. |
| Ha detto: "Il treno partirà." | Ha detto che il treno sarebbe partito. |
| Ha detto: "Il treno partirebbe." | Ha detto che il treno sarebbe partito. |

4. Certain expressions of time, place, and direction also change when converting direct discourse to indirect discourse.

| **discorso diretto** | **discorso indiretto** |
|---|---|
| oggi | quel giorno |
| domani | il giorno dopo |
| ieri | il giorno prima |
| questo | quello |
| qui | là |
| venire | andare |

Lucio disse: "Ho comprato questa rivista ieri."
Lucio disse che aveva comprato quella rivista il giorno prima.

5. A question that calls for a yes-or-no answer is introduced with **se** in indirect discourse.

Mi ha domandato: "Ti piacciono i romanzi di Calvino?"
Mi ha domandato se mi piacevano i romanzi di Calvino.

## Attività

**Trasformazioni.** Trasformare la frase dal discorso diretto al discorso indiretto, secondo i modelli.

*Esempio:* Dice: "Non conosco quel ragazzo."
Dice che non conosce quel ragazzo.

Ha risposto: "Luigi viene con noi."
Ha risposto che Luigi andava con loro.

1. Andrea dice: "Mi piace leggere romanzi."
2. Cristina dice: "È facile trovare un bel ristorante a Roma."
3. Marco risponde: "Verrò con voi."
4. Lina dice: "Mi metto un paio di scarpe."
5. Giorgio ha detto: "Vado al supermercato."
6. Tu dici: "Ho visto un bel film ieri."
7. Gli studenti hanno confessato: "Non abbiamo fatto il compito."
8. Patrizia dice: "Mi sembra di conoscere quel ragazzo."
9. Alberto insiste: "Non ero alla festa sabato scorso."
10. Sofia chiede: "Perché non siete venuti?"

**Un messaggio telefonico.** Hai ricevuto il seguente messaggio sulla segreteria telefonica. Raccontare al tempo presente cosa dice il tuo amico e poi ripeterlo al tempo passato.

*Esempio:* Franco dice che si trova...
Franco ha detto che si trovava...

—Ciao! Sono Franco Morelli! Mi trovo qui in città per lavoro. Sono arrivato ieri e dovrò ripartire domani pomeriggio. Mi piacerebbe tanto vederti. Potremmo parlare dei vecchi tempi. Questa sera sono libero. Mi puoi chiamare in albergo, all'Hotel Ariston.

**C Dice lui/Dice lei.** Trasformare il dialogo in un brano al discorso indiretto. Attenzione ai pronomi e all'uso appropriato dei verbi **dire** e **chiedere.**

*Esempio:* Emilio chiede a Caterina se...
E poi Caterina dice che...

EMILIO: Vuoi andare a vedere il nuovo film di Nanni Moretti?

CATERINA: No, grazie, Emilio. Devo studiare.

EMILIO: Sei sempre la solita secchiona. Potresti invece studiare sabato.

CATERINA: Veramente preferisco prepararmi ora. Non ho ancora letto l'articolo per la lezione.

EMILIO: Io l'ho letto oggi. Ti darò i miei appunti.

CATERINA: Mi piacerebbe leggere quest'articolo per conto mio.

EMILIO: Allora, potremmo andare a vedere il film domani. Che ne dici?

CATERINA: Ci penserò.

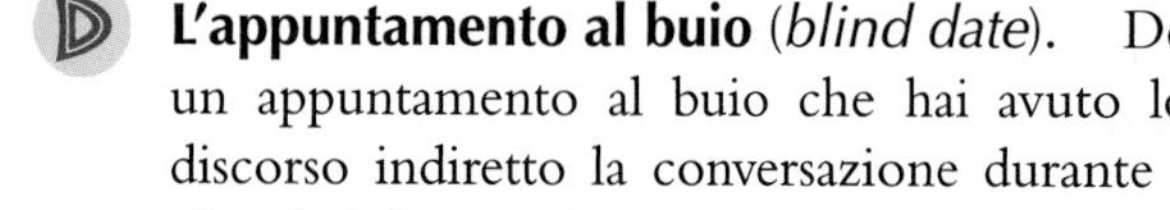

**L'appuntamento al buio** (*blind date*). Descrivere ad un amico/un'amica un appuntamento al buio che hai avuto lo scorso weekend. Spiegare in discorso indiretto la conversazione durante la cena: Cosa ha detto lui/lei? Cosa hai detto tu?

*Esempio:* Lui mi ha chiesto che tipo di musica ascoltavo. Gli ho risposto che mi piacevano i Pearl Jam e ha fatto una faccia! Poi ha detto che ascoltava solo l'opera lirica!
Gli ho detto che...

# Immagini e parole

Internet

For self-tests and practice of unit topics, go to the website for *Parliamo italiano!*

View video episode 11, *Leggere* (*Firenze*), and do the activities in the Workbook.

## La letteratura italiana

Le vetrine di una libreria a Firenze

**A** **Cenni letterari.** Scorrere il brano sulla letteratura italiana e trovare i seguenti nomi e riferimenti. Sulla base delle informazioni del brano, cercare di collocarli nel secolo giusto.

| | | |
|---|---|---|
| Alessandro Manzoni | Salvatore Quasimodo | Niccolò Machiavelli |
| Carlo Goldoni | il *Decameron* | *Orlando furioso* |
| Francesco Petrarca | Lorenzo de' Medici | Baldassar Castiglione |
| il Rinascimento | | |

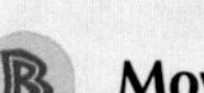
**B** **Movimenti culturali.** Trovare nel seguente brano i nomi dei movimenti culturali o correnti letterarie italiane che corrispondono alle descrizioni qui sotto. Indicare dove possibile il secolo a cui appartengono.

1. movimento culturale e artistico caratterizzato dal libero rifiorire (*rebirth*) delle arti e dello studio del periodo classico
2. un concetto di vita e una filosofia basati sulla riscoperta dei valori umani
3. movimento culturale europeo che propone una sensibilità basata sull'individualismo, animato dal sentimento e dal patriottismo
4. corrente letteraria che riporta eventi in termini realistici e che cerca di imitare la vita in modo naturale
5. movimento artistico che influisce sul cinema e sulla letteratura dopo la Seconda guerra mondiale

Quando si parla delle origini della letteratura italiana, si risale° al Duecento, generalmente considerato il secolo che segnò la nascita della letteratura in volgare.° Alla corte di Federico II a Palermo, la poesia fu influenzata da temi dell'amor cortese,° tipici della poesia francese dell'epoca. Il maggior poeta della cosiddetta scuola siciliana fu Iacopo da Lentini (1210 circa–1260 circa), considerato l'inventore del sonetto.

*one harks back*

*vernacular language*

*courtly love*

Nel Trecento la Toscana fu il centro dell'attività letteraria: Dante (1265–1321), Petrarca (1304–1374) e Boccaccio (1313–1375) nacquero tutti in Toscana e scrissero le loro opere in lingua volgare. Furono chiamati le "Tre Corone° della letteratura italiana" perché i loro capolavori hanno fornito un modello di linguaggio letterario. Dante è noto per la sua *Commedia*, un poema composto di cento canti. Petrarca compose poesie nel *dolce stil novo,* raccolte nelle *Rime sparse*. Boccaccio invece scrisse il *Decameron*, una raccolta di cento novelle, la prima grande opera in prosa in lingua italiana.

*Three Crowns*

Durante il Rinascimento (il Quattrocento e il Cinquecento) la letteratura fu influenzata dall'*umanesimo*. La figura di Lorenzo de' Medici (1449–1492), uno dei maggiori poeti di questo periodo, rappresenta il vero uomo rinascimentale, perché fu non solo poeta, ma grande uomo politico e un famoso mecenate.°

*patron*

Nel Cinquecento, la letteratura del Rinascimento toccò il suo punto più alto con le opere di Ludovico Ariosto (1474–1533) che compose il poema cavalleresco° l'*Orlando furioso,* e di Torquato Tasso (1544–1595), celebre per la sua *Gerusalemme liberata*, un altro poema epico narrativo. Il sedicesimo secolo è anche un periodo in cui il trattato° viene usato da tutti i più grandi scrittori del secolo: Pietro Bembo (1470–1547) scrisse *Prose della volgar lingua*, Niccolò Machiavelli (1469–1527) *Il Principe* e Baldassar Castiglione (1478–1529) *Il Cortegiano*.

*poem of chivalry*

*treatise*

**Luigi Pirandello (1867–1936) vinse il Premio Nobel nel 1934**

Nella storia del teatro bisogna ricordare l'opera del veneziano Carlo Goldoni (1707–1793), famoso per le sue brillanti e vivaci commedie.

L'Ottocento vede l'arrivo del romanzo. *I Promessi Sposi*, scritto da Alessandro Manzoni (1785–1873), è considerato il più grande romanzo della narrativa italiana. Per la poesia bisogna anche ricordare Ugo Foscolo (1778–1827) e Giacomo Leopardi (1798–1837) che segnarono il punto più alto dello spirito del *romanticismo* italiano.

Il *verismo* segnò il passaggio tra Ottocento e Novecento; il massimo rappresentante di questo movimento fu uno scrittore siciliano, Giovanni Verga (1840–1922). Un altro siciliano, Luigi Pirandello, è forse lo scrittore italiano più conosciuto all'estero per le sue opere teatrali, come *Sei personaggi in cerca d'autore*. Nel 1934 vinse il Premio Nobel per la letteratura.

Altri cinque scrittori italiani vinsero il Premio Nobel: una donna, Grazia Deledda (1871–1936) ricevette il premio nel 1926 per i suoi romanzi che parlano della sua terra natia,° la Sardegna. Per le loro poesie, invece, vinsero il toscano Giosuè Carducci nel 1906, il siciliano Salvatore Quasimodo nel 1959, e il ligure Eugenio Montale nel 1975. Per la sua produzione teatrale, Dario Fo ha ricevuto il prestigioso riconoscimento nel 1997.

*native*

Nel periodo del dopoguerra° troviamo figure importanti quali Italo Calvino ed Elio Vittorini, che contribuirono allo sviluppo della narrativa italiana sia con le loro opere letterarie che con il loro lavoro editoriale. Autori come Cesare Pavese e Beppe Fenoglio, che facevano parte della corrente letteraria del *neorealismo,* scrissero sulla Resistenza. Fra gli autori del Novecento da ricordare ci sono Alberto Moravia, Elsa Morante, Natalia Ginzburg, Giorgio Bassani e Primo Levi. Più recentemente bisogna segnalare il lavoro di Dacia Maraini, Umberto Eco, Andrea Camilleri, Antonio Tabucchi, Stefano Benni, Oriana Fallaci ed Alessandro Baricco.

*postwar period*

## Attività

**Dove nacque? Dove visse?** Abbinare gli scrittori a sinistra con le descrizioni a destra.

1. Carlo Goldoni
2. Giacomo Leopardi
3. Giovanni Boccaccio
4. Iacopo da Lentini
5. Italo Calvino
6. Grazia Deledda
7. Ludovico Ariosto
8. Luigi Pirandello

a. Visse nel sedicesimo secolo e compose un grande poema cavalleresco.
b. Compose poesie in volgare alla corte di Federico II e inventò il sonetto.
c. Creò brillanti commedie in dialetto veneziano.
d. Conosciuto per le sue opere teatrali, questo siciliano vinse il Premio Nobel.
e. Visse nel diciannovesimo secolo. Fu una figura chiave del *romanticismo*.
f. Visse nel Novecento e vinse il Premio Nobel.
g. Contemporaneo di Petrarca, creò una famosissima raccolta di cento novelle.
h. Contribuì allo sviluppo della narrativa del dopoguerra.

**Comprensione: le domande.** Rispondere alle seguenti domande.

1. Quando si può parlare della nascita della letteratura italiana?
2. Chi sono le "Tre Corone della letteratura italiana"? Che cosa scrissero?
3. Cosa significa "uomo rinascimentale"? Perché Lorenzo de' Medici rappresenta bene questo ideale?
4. Quali tipi di letteratura sono tipici del Cinquecento?
5. Quali letterati italiani ricevettero il Premio Nobel per la letteratura?
6. Quali autori hanno scritto sulla Resistenza in Italia?

**Spunti di conversazione.** Discutere con i compagni di classe i seguenti argomenti.

1. La storia della letteratura americana o inglese: cosa sapete della letteratura in lingua inglese? Quali sono alcuni scrittori importanti? Opere importanti? Movimenti letterari? Che cosa avete letto a scuola?
2. È più bello leggere un libro o vedere un film? Parlare di un film tratto da un romanzo famoso. Quale vi è piaciuto di più? Perché? Quali differenze c'erano tra il film e il romanzo?

3. L'uomo o la donna rinascimentale: Michelangelo, Leonardo da Vinci e Lorenzo de' Medici sono celebri esempi dell'ideale dell'uomo rinascimentale, perché eccellevano in molti campi culturali. Chi potete nominare come uomo o donna rinascimentale dei tempi moderni? Perché? Che cosa fa questa persona?

# LEGGIAMO ITALIANO!

## Figuring out unfamiliar words

When you read Italian, totally unfamiliar words may present a problem. You may be tempted to look them up in a dictionary, but this can be time consuming and interrupt the flow of what you are trying to read. Here are some strategies for dealing with unfamiliar words.

1. Try to understand the meaning of the word from context. If you can't understand, don't worry and keep reading.
2. Try to grasp the meaning of the sentence without focusing on the word you don't know.
3. Identify the part of speech. Is it a noun (subject or object)? A verb (an action)? An adjective or adverb describing something?
4. Is there a way to break the word down to understandable parts? Is there a verb ending? Is it an adverb ending in *-mente*? Is there a modifying suffix (*fratellino*—smaller or younger brother)? Is there a root word you can identify (*raffreddore*, head cold)?

If the above strategies don't help decipher the meaning, and the word is essential to understanding the passage, it's time to use the dictionary!

**Espressioni idiomatiche.** Abbinare l'espressione idiomatica italiana nella colonna a sinistra con l'espressione corrispondente in inglese.

| | |
|---|---|
| 1. non valere un'acca | a. to leave high and dry |
| 2. montare in superbia | b. to beg on bended knee |
| 3. fare la sua figura | c. all hell broke loose |
| 4. c'era una volta | d. to put on airs |
| 5. apriti cielo | e. to cut a certain figure |
| 6. piantare in asso | f. to be not worth a damn |
| 7. fare un torto | g. once upon a time |
| 8. pregare in ginocchio | h. to wrong |

 **Verbi sconosciuti** (*unknown verbs*). Identificare dal contesto il significato in inglese dei seguenti verbi in corsivo.

| | | | |
|---|---|---|---|
| to break | to collapse | to melt | to double |
| to get angry | to escape | to treat | |

1. Ma bisogna *trattarla* con rispetto, altrimenti ci pianterà in asso un'altra volta.
2. Le chiese *crollarono* come sotto i bombardamenti.
3. I bicchieri *schiattavano* in mille pezzi.
4. I posti di frontiera furono avvertiti di *raddoppiare* la vigilanza.
5. Il chiodo (*nail*) *si squagliò* come se fosse stato di burro.

## L'Acca in fuga

***Gianni Rodari***

C'era una volta un'Acca.

Era una povera Acca da poco: valeva un'acca, e lo sapeva. Perciò non montava in superbia, restava al suo posto e sopportava con pazienza le beffe° delle sue compagne. Esse le dicevano:

°*practical jokes*

—E così, saresti anche tu una lettera dell'alfabeto? Con quella faccia?

—Lo sai o non lo sai che nessuno ti pronuncia?

Lo sapeva, lo sapeva. Ma sapeva anche che all'estero ci sono paesi, e lingue, in cui l'acca ci fa la sua figura.

"Voglio andare in Germania, —pensava l'Acca, quand'era più triste del solito. —Mi hanno detto che lassù le Acca sono importantissime."

Un giorno la fecero proprio arrabbiare. E lei, senza dire né uno né due, mise le sue poche robe in un fagotto° e si mise in viaggio con l'autostop. *bundle*

Apriti cielo! Quel che successe da un momento all'altro, a causa di quella fuga,° non si può nemmeno descrivere. *escape*

Le chiese, rimaste senz'acca, crollarono come sotto i bombardamenti. I chioschi, diventati di colpo troppo leggeri, volarono per aria seminando giornali, birre, aranciate e granatine in ghiaccio un po' dappertutto.

In compenso, dal cielo caddero giù i cherubini: levargli l'acca, era stato come levargli le ali.

Le chiavi non aprivano più, e chi era rimasto fuori casa dovette rassegnarsi° a dormire all'aperto. *resigned themselves*

Le chitarre perdettero tutte le corde e suonavano meno delle casseruole.

Non vi dico il Chianti, senz'acca, che sapore disgustoso. Del resto era impossibile berlo, perché i bicchieri, diventati "biccieri," schiattavano in mille pezzi.

Mio zio stava piantando un chiodo nel muro, quando le Acca sparirono:° il "ciodo" si squagliò sotto il martello peggio che se fosse stato di burro. *disappeared*

La mattina dopo, dalle Alpi al Mar Jonio, non un solo gallo riuscì a fare chicchirichì: facevano tutti *ciccirìcì,* e pareva che starnutissero.° Si temette un'epidemia. *they sneezed*

Cominciò una gran caccia all'uomo, anzi, scusate, all'Acca. I posti di frontiera furono avvertiti di raddoppiare la vigilanza. L'Acca fu scoperta nelle vicinanze del Brennero, mentre tentava di entrare clandestinamente in Austria, perché non aveva passaporto. Ma dovettero pregarla in ginocchio: —Resti con noi, non ci faccia questo torto! Senza di lei, non riusciremmo a pronunciare bene nemmeno il nome di Dante Alighieri. Guardi, qui c'è una petizione degli abitanti di Chiavari, che le offrono una villa al mare. E questa è una lettera del capo-stazione di Chiusi-Chianciano, che senza di lei diventerebbe il capo-stazione di Ciusi-Cianciano: sarebbe una degradazione.

L'Acca era di buon cuore, ve l'ho già detto. È rimasta, con gran sollievo del verbo chiacchierare e del pronome chicchessia. Ma bisogna trattarla con rispetto, altrimenti ci pianterà in asso un'altra volta.

Per me che sono miope, sarebbe gravissimo: con gli "occiali" senz'acca non ci vedo da qui a lì.

## Attività

**Comprensione.** Rispondere alle domande con una frase completa.

1. Perché l'acca è triste e vuole fuggire?
2. Dove vuole andare? Perché?
3. Cosa succede a causa della fuga dell'acca?
4. Dove fu scoperta l'acca?
5. Perché bisogna trattare l'acca con rispetto?
6. Che cosa sono gli "occiali" e a che cosa servono?

**Secondo me...** Con un compagno/una compagna, parlate del racconto. Vi è piaciuto il racconto? Perché? Quale descrizione preferite? Esprimete le vostre opinioni; non dimenticate di usare il congiuntivo!

# SCRIVIAMO ITALIANO!

## Creative writing

Creative writing in a foreign language, either in prose or poetry, can be both liberating and limiting. Letting your imagination run and playing with words is a challenge in any language. One way to practice writing the language, without worrying about whether a phrase is correct or not, is to keep a journal in Italian. The goal is to just keep writing, even in a stream of consciousness, without stopping to check words in a dictionary.

Try the following activities, and for once, do not worry about grammar or "getting it right"—just write!

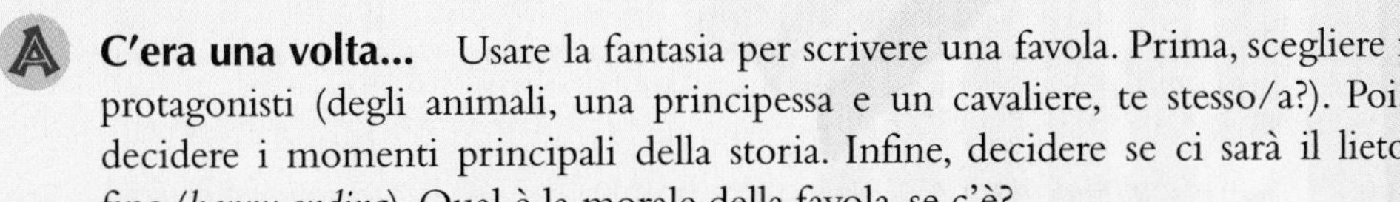

**A** **C'era una volta...** Usare la fantasia per scrivere una favola. Prima, scegliere i protagonisti (degli animali, una principessa e un cavaliere, te stesso/a?). Poi, decidere i momenti principali della storia. Infine, decidere se ci sarà il lieto fine (*happy ending*). Qual è la morale della favola, se c'è?

**B** **Una poesia per te.** Cercare di scrivere una breve poesia. Alcuni suggerimenti: descrivere come ti senti, una scena in natura o una persona che conosci. Ci sarà la rima? Se sì, fare un elenco di parole che fanno rima (fiore-amore, ad esempio) prima di cominciare.

## Vocabolario

### La letteratura

| | |
|---|---|
| l'autore/l'autrice | *author* |
| il capitolo | *chapter* |
| il capolavoro | *masterpiece* |
| l'enciclopedia | *encyclopedia* |
| la narrativa | *narrative, fiction* |
| il poema | *long poem/epic poem* |
| la poesia | *poetry, short poem* |
| il poeta/la poetessa | *poet* |
| la prosa | *prose* |
| il racconto/la novella | *short story* |
| il romanzo | *novel* |
| lo scrittore/la scrittrice | *writer* |
| il secolo | *century* |
| il titolo | *title* |
| la trama | *plot* |
| il volume | *volume* |
| letterario | *literary* |
| | |
| analizzare | *to analyze* |
| trattarsi di | *to be about* |

### La libreria

| | |
|---|---|
| la casa editrice | *publishing house* |
| la collana | *collection/series* |
| la copertina rigida | *hardcover* |
| la copia | *copy* |
| l'editore | *editor, publisher* |
| l'edizione tascabile | *paperback/soft cover book* |
| il lettore/la lettrice | *reader* |
| | |
| esaurito | *sold out, out of print* |
| illustrato | *illustrated* |
| in traduzione | *in translation* |
| | |
| pubblicare | *to publish* |
| sfogliare | *to flip through* |
| stampare | *to print* |

### Giornali e riviste

| | |
|---|---|
| l'abbonamento | *subscription* |
| l'articolo | *article* |
| il cartellone | *poster/placard* |
| l'edicola | *newsstand* |
| il giornalaio | *newspaper vendor* |
| il giornale/il quotidiano | *daily newspaper* |
| il/la giornalista | *journalist* |
| l'inserto | *section* |
| il mensile | *monthly* |
| il numero | *issue* |
| il periodico | *periodical* |
| la pubblicità | *advertisement* |
| la rivista | *magazine* |
| la rubrica | *column* |
| il settimanale | *weekly* |
| i titoli | *headlines* |
| in omaggio/in regalo | *free/complimentary* |
| abbonarsi | *to subscribe* |

### La televisione

| | |
|---|---|
| il canale | *channel* |
| la notizia/le notizie | *news* |
| il presentatore/la presentatrice | *announcer* |
| il programma | *program* |
| il programma a puntate | *series* |
| la pubblicità/lo spot | *advertisement* |
| la rete (televisiva) | *(television) network* |
| il telecomando | *remote control* |
| il telefilm | *made-for-TV movie* |
| il telegiornale/il Tg | *news program* |
| la trasmissione | *telecast* |
| in diretta | *live broadcast* |
| registrato | *taped* |
| accendere la TV | *to turn on the television* |
| andare in onda | *to be on the air* |
| spegnere la TV | *to turn off the television* |

### Altre parole ed espressioni

| | |
|---|---|
| accidenti! | *my gosh/wow!* |
| affare fatto | *done deal/consider it done* |
| andare di male in peggio | *to go from bad to worse* |
| che divertente! | *how funny!* |
| che fifa! | *how terrifying!* |
| che Le/ti devo dire? | *what can I tell you?* |
| che scocciatura! | *what a nuisance!* |
| essere in gamba | *to be on the ball, smart* |
| fare qualcosa coi piedi | *to do something in a slapdash way* |
| lo credo bene! | *I believe it!/I bet!* |
| mandare tutto a rotoli | *to ruin* |
| non guadagnare una lira | *to not earn a penny* |
| non mi dire! | *don't tell me!* |
| notizia bomba | *sensational news* |
| preferire mille volte di più | *to prefer a thousand times over* |
| questa poi! | *now this!* |
| sa/sai com'è | *you know how it is* |
| smettere di fare qualcosa | *to give up doing something* |
| tenersi aggiornato su | *to keep up to date on* |
| to'! | *take it!/look at that!* |
| un mucchio di | *a ton of* |
| zitto! | *shhh!/be quiet!/shut up!* |

# UNITÀ 12

# Sognare

## IMMAGINIAMO IL FUTURO!

*L'Italia Stato d'Europa*

**Una manifestazione politica a Milano**

## COMMUNICATIVE GOALS

- Discussing politics
- Comparing cultures
- Talking impersonally
- Talking about Italy's future

# A LA POLITICA

For additional practice on the vocabulary and grammar introduced in this unit, go to **Unità 12** on your Multimedia CD-ROM.

## A.1 Si dice così

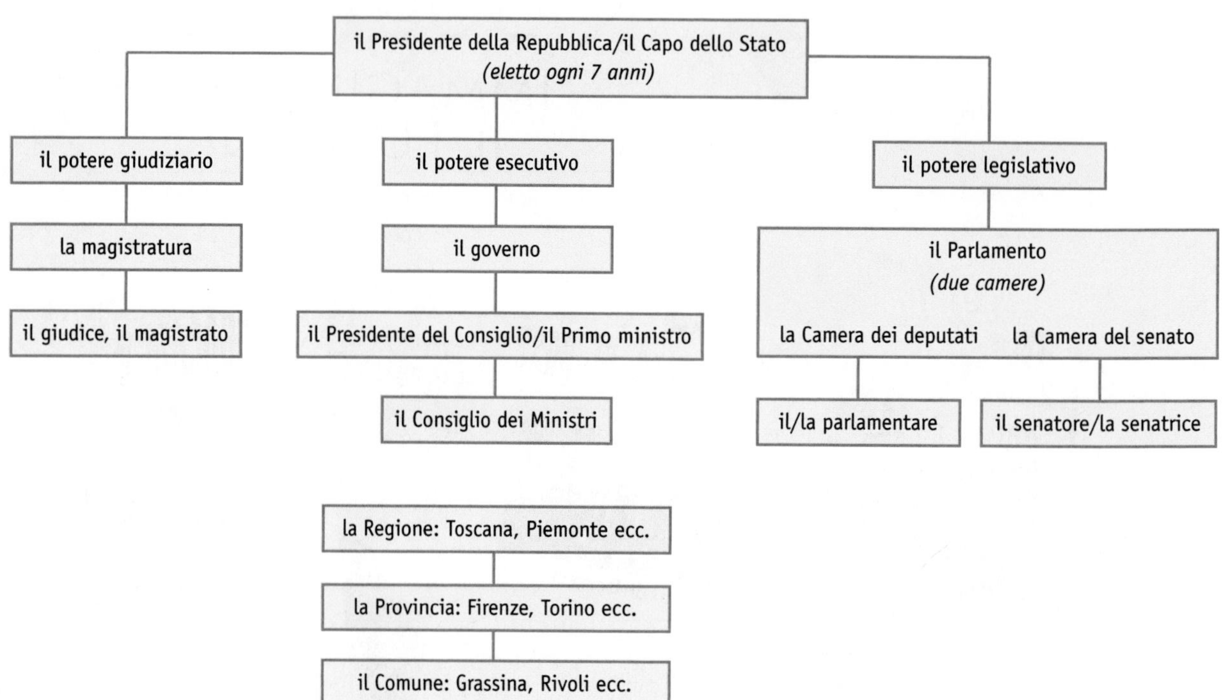


### Parole utili

| | | | |
|---|---|---|---|
| **la politica** | *politics* | **l'inquinamento** | *pollution* |
| **la costituzione** | *constitution* | **la droga** | *drugs* |
| **il partito (politico)** | *(political) party* | **attuale** | *current* |
| **l'elezione** (*f.*) | *election* | **affrontare** | *to deal with* |
| **il popolo** | *people/citizenry* | **impegnarsi** | *to commit oneself to* |
| **il costume** | *habit/custom* | **garantire** | *to guarantee* |
| **il cittadino/la cittadina** | *citizen* | **eleggere** | *to elect* |
| **il potere** | *power* | **votare** | *to vote* |
| **la manifestazione/ la protesta** | *demonstration/ protest* | **governare** | *to govern* |

**Lo sapevi che... ?**

Le parole **parlamentare, politico, comunista, socialista** ecc. possono essere sia aggettivi sia nomi. Ad esempio:

| | |
|---|---|
| Lui è un **politico** famoso. | Il sistema **politico** è complicato. |
| Filippo Turati era un **socialista** importante. | Il partito **socialista** non esiste più. |
| La Melandri è una **parlamentare.** | L'Italia è una repubblica **parlamentare.** |

**Definizioni.** Trovare nella lista una parola o un'espressione per ogni definizione.

1. È il Capo dello Stato italiano.
2. Un altro modo per indicare il Presidente del Consiglio.
3. È composto da senatori e deputati.
4. Le abitudini (*habits*) della gente di una specifica zona o nazione.
5. Sostanza narcotica.
6. Regola la vita politica e civile della Repubblica italiana.
7. La contaminazione dell'ambiente.
8. Insieme formano la magistratura.

 **Il governo italiano.** Guardare lo schema del governo italiano, e poi rispondere alle seguenti domande.

1. Quali sono i tre poteri del governo italiano?
2. Il potere legislativo in Italia è bicamerale. Quali sono i due elementi che costituiscono il Parlamento?
3. Chi collabora con il Presidente del Consiglio per governare l'Italia?
4. Quali differenze ci sono tra il sistema governativo dell'Italia e quello del tuo paese?
5. Conosci il nome di qualche politico italiano del momento? Chi è?

 **Preferenze personali.** Fare le seguenti domande al compagno/alla compagna.

1. Discuti di politica con i tuoi amici? Ti tieni aggiornato sulla politica nazionale? Come?
2. Segui di più la politica internazionale, nazionale o locale?
3. Voti alle elezioni? Secondo la legge nel tuo paese, a che età è possibile votare?
4. Come giudichi (*judge*) il governatore del tuo stato? E i senatori del tuo stato? E il presidente o il leader del tuo paese?
5. Qual è stata la causa dell'ultima crisi di governo nel tuo paese? Ci sono scandali politici?
6. Per quanto riguarda la politica, sei idealista o realista? In che senso?
7. Quali sono i problemi più grandi nel tuo paese?

## A.2 Incontro

**Un discorso politico.** *Mario Rossi è candidato al parlamento. È in visita all'università dove pronuncia un discorso elettorale.*

Cari studenti e concittadini,° *fellow citizens*

in vista delle prossime elezioni sono qui oggi fra voi per parlare dei problemi che più mi stanno a cuore. È un vero piacere per me essere qui e vedere tanti giovani, perché è proprio dei vostri problemi che vi voglio parlare. C'è stata una grande manifestazione la settimana scorsa, duemila giovani in piazza a protestare per la mancanza di lavoro. La disoccupazione è un grave problema che dobbiamo affrontare insieme! Ma non basta prendersela con chi sta oggi al governo. Proviamo a trovare delle soluzioni tutti insieme, mettiamocela tutta! Se sarò eletto, mi impegnerò a collaborare con gli imprenditori della nostra città affinché si creino nuovi posti di lavoro. Anche l'università deve fare la sua parte, perché la preparazione dei leaders di domani è importantissima.

La crisi di governo che ci porta al voto è il risultato di una serie di disagi° sociali ed economici. L'inflazione è alle stelle. Per quanto riguarda l'inquinamento, dobbiamo impegnarci tutti: limitare l'uso della macchina, rispettare le regole del riciclaggio,° non sprecare° le risorse naturali.

*troubles*

*recycling / to waste*

Voi giovani, cosa volete per il vostro futuro? La tranquillità, la sicurezza, una casa e un lavoro, m'immagino. Possiamo raggiungere queste mete insieme. Riflettete bene prima delle prossime elezioni, e quando sarete alle urne,° votate la persona giusta.

*at the polls*

## Attività

**A** **Ascoltiamo! Quali sono le soluzioni?** Il candidato Mario Rossi menziona diversi problemi e propone alcune soluzioni. Ascoltare bene l'**Incontro,** leggere i seguenti elenchi e poi, ascoltando ancora l'**Incontro,** indicare con una X i problemi menzionati nella colonna a sinistra e le soluzioni proposte nella colonna a destra.

| **Problemi** | **Soluzioni** |
|---|---|
| _______ scioperi | _______ l'università deve preparare i leaders |
| _______ disoccupazione, mancanza di lavoro | _______ riciclaggio |
| _______ criminalità | _______ multe |
| _______ disagi sociali ed economici | _______ non votare |
| _______ inflazione | _______ creare nuovi posti di lavoro |
| _______ inquinamento | _______ limitare l'uso della macchina |
| _______ la droga | _______ non sprecare risorse naturali |

**B** **Gruppi di lavoro.** Con dei compagni, discutete i seguenti argomenti e poi presentate le vostre conclusioni alla classe.

1. Cosa pensate del discorso del candidato Rossi? È tipico di un discorso politico? Perché?
2. Tra i problemi elencati sotto, quali sono i più gravi (*serious*)?

| | | |
|---|---|---|
| la disoccupazione | la droga | l'inquinamento |
| il crimine | l'inflazione | |

3. La vostra università è impegnata (*committed*) in un programma di riciclaggio? Sta facendo abbastanza per affrontare questo problema? Perché?

**C** **Le elezioni politiche.** Guardare la tessera elettorale (*voter registration certificate*) e poi rispondere alle seguenti domande.

1. Come si chiama la persona che voterà?
2. In quale comune è iscritta? Chi è il sindaco del Comune?
3. Dov'è nata? In quale mese è nata?
4. Qual è l'indirizzo della sezione dove voterà?
5. Qual è l'indirizzo dell'elettrice?

Modul. Interno Pref. 70 — Mod. 70

Unione Europea
Repubblica Italiana

TESSERA ELETTORALE
N. 043611273

GENOVA
Comune di

FABBRICATORE
Cognome

ANTONELLA
Nome

TORINO 16/04/1965
Luogo e data di nascita

27/03/2001 G. PERICU
Data di rilascio — Il Sindaco/Il Commissario

043611273 648 (L.G. 105997)
Numero Tessera Elettorale — Iscritto/a nella lista elettorale della Sezione n.

VIA ANT. ROMANA DI QUINTO 63 B
Indirizzo della sezione

VIA ARGIROFFO MONTETTO
Indirizzo dell'elettore/elettrice
3 003

Data di aggiornamento — Il Sindaco/Il Commissario

**In altre parole**

| | |
|---|---|
| **stare a cuore/ mi sta a cuore...** | *to be concerned about/ I am concerned about . . .* |
| **prendersela (con qualcuno)** | *to get angry (at someone)* |
| **mettercela tutta** | *to give it one's all* |
| **essere alle stelle** | *to be sky-high* |
| **per quanto riguarda** | *as for* |
| **m'immagino** | *I would imagine/I presume* |

D **Abbinamenti.** Trovare nella lista a destra la reazione corretta per le frasi a sinistra.

1. Non capisco niente di questo articolo sul potere legislativo in Italia.
2. Sono molto offesa: Claudio non è venuto alla mia festa e non ha nemmeno telefonato!
3. Sara, perché ti occupi di politica internazionale?
4. Per quanto riguarda le elezioni, quando dovremo votare?
5. Pronto, signora Saraceno, c'è Marco?
6. Hai visto quanto costa la benzina qui?

a. No, non c'è. Vuoi chiedergli com'è andata la manifestazione, m'immagino.
b. Eh, sì, dopo la crisi petrolifera (*oil*), i prezzi sono saliti alle stelle.
c. Non te la prendere. È molto distratto in questo periodo: ha due esami la settimana prossima.
d. Perché i problemi degli immigrati mi stanno a cuore.
e. Sicuramente prima dell'estate.
f. Eh, la politica italiana è complicata. Per capirla bene devi mettercela tutta.

E **Una donna Capo dello Stato.** Discutere con il compagno/la compagna della possibilità che una donna diventi presidente del vostro paese. Discutere...

- se e quando potrebbe succedere.
- le qualità che un presidente deve avere.
- possibili candidate alla presidenza.
- il ruolo dell'eventuale marito e famiglia durante la presidenza.

Riportare le conclusioni alla classe.

**Lo sapevi che... ?**

Anche se le donne italiane hanno ottenuto il voto solo nel 1946, ci sono sempre più donne nella politica italiana. Nilde Iotti fu la prima donna a ricoprire la carica di Presidente della Camera dei deputati. In tempi più recenti, Irene Pivetti fu eletta per la stessa carica a soli 32 anni. Il Ministero delle Pari Opportunità fu creato nel 1996 con Anna Finocchiaro come ministro. Altre donne ministro sono state Susanna Agnelli, Rosa Russo Jervolino, Livia Turco, Giovanna Melandri e Rosy Bindi.

# A.3 Punti grammaticali

## La concordanza dei tempi

1. When a sentence contains two clauses, the sequence of the actions they describe (which happens first, which second) determines the correct verb tense. Actions may be simultaneous or one may precede the other.

   **a. Presente**

| | | |
|---|---|---|
| Maria sa | che Franco verrà alla festa. | *Maria knows that Franco will come to the party.* |
| | che Franco viene alla festa. | *Maria knows that Franco is coming to the party.* |
| | che Franco è venuto/ veniva alla festa. | *Maria knows that Franco came/was coming to the party.* |

   **b. Passato**

| | | |
|---|---|---|
| Maria sapeva che | Franco sarebbe venuto alla festa. | *Maria knew that Franco would come to the party.* |
| | Franco veniva alla festa. | *Maria knew that Franco was coming to the party.* |
| | Franco era venuto alla festa. | *Maria knew that Franco had come to the party.* |

2. When the subjunctive is called for in the dependent clause, its tense is determined by the tense of the verb in the independent clause and the sequence of the actions. If the action in the dependent clause is in the future with respect to the independent clause, the subjunctive is not used.

   **c. Presente con il congiuntivo**

| | | |
|---|---|---|
| Paolo pensa | che dirai la verità. | *Paolo thinks that you will tell the truth.* |
| | che tu dica la verità. | *Paolo thinks that you are telling the truth.* |
| | che tu abbia detto la verità. | *Paolo thinks that you told the truth.* |

   **d. Passato con il congiuntivo**

| | | |
|---|---|---|
| Paolo pensava che | avresti detto la verità. | *Paolo thought that you would tell/would have told the truth.* |
| | tu dicessi la verità. | *Paolo thought that you were telling the truth.* |
| | tu avessi detto la verità. | *Paolo thought that you had told the truth.* |

   Remember the pairings of the conditional with the imperfect subjunctive, and the past conditional with the past perfect subjunctive.

**e. Condizionale con il congiuntivo**

| | |
|---|---|
| Sarebbe bello se io potessi visitare l'Italia quest'estate. | *It would be nice if I could visit Italy this summer.* |
| Sarebbe stato bello se io avessi potuto visitare l'Italia l'estate scorsa. | *It would have been nice if I had been able to visit Italy last summer.* |

## Attività

 **Le colonne.** Costruire delle frasi riunendo elementi dalla prima, dalla seconda e dalla terza colonna, e mettendo il verbo dipendente al tempo appropriato.

| | | |
|---|---|---|
| Ho chiesto se | gli amici | guardare troppo la TV |
| Penso che | noi | tenersi aggiornato |
| È importante che | il giornalista | andare a votare |
| Mi sembra che | tu | essere troppo idealista |
| Vorrei che | i candidati | capire altri sistemi governativi |
| Non pensavo che | tu e Mauro | finire alle 10.30 |
| Elena mi ha chiesto se | il programma | seguire un corso di chimica |
| Era incredibile che | io | avere le idee chiare |
| | | partecipare al programma |

 **Tutti i tempi.** Completare le frasi con la forma corretta del verbo dato.

1. Ho chiesto ai miei amici se (uscire) ieri sera.
2. Lina vorrà sapere se tu (potere) accompagnarla a casa.
3. Gli abbiamo chiesto se (loro, volere) uscire con noi stasera.
4. Le abbiamo chiesto se Mario (partire) già.
5. Domanderò a mio fratello se (potere) prestarmi la sua macchina.
6. Mi chiedo se (essere) possibile finire tutto il lavoro per domani.
7. Angelo pensa che tu (scrivere) molto bene.
8. Era importante che noi (riportare) i libri in biblioteca fra due giorni.
9. Non crediamo che Beppe (dimenticarsi) di noi!
10. Vorrei che tu (seguire) le mie istruzioni.

 **Il primo mese all'università.** Pensare al primo mese all'università, alle vostre esperienze ed avventure. Poi completare le seguenti frasi in maniera logica.

1. Pensavo che tutti gli altri studenti...
2. I miei amici mi hanno detto che...
3. Avrei voluto che i miei professori...
4. I miei genitori speravano che...
5. Mi sembrava che l'università...
6. Mi sarebbe piaciuto se...
7. Adesso che ci ripenso (*I'm rethinking it*), capisco che...
8. E ora ho cambiato idea: non credo più che...

 **Il dibattito.** Voi siete candidati alla presidenza del comitato studentesco della vostra università. Partecipate ad un dibattito con tutti i candidati. Rispondere alle seguenti domande usando frasi come **Vorrei che..., Sono convinto/a che..., Mi pare che..., Mi piacerebbe che...** ecc.

1. Secondo Lei, qual è il problema più urgente dell'università?
2. Come crede di poter risolvere questo problema?
3. Se potesse, quale aspetto della vita del campus cambierebbe? Perché?
4. Che cosa vorrebbe Lei dall'amministrazione dell'università? E dagli studenti?
5. Che cosa spera per il futuro dell'università?
6. Perché noi dovremmo credere che Lei sia il candidato/la candidata migliore?

# L'ITALIANO MEDIO

## B.1 Si dice così

| | | | |
|---|---|---|---|
| **l'indagine** (*f.*) | *survey* | **uguale** | *equal* |
| **il paragone** | *comparison* | **simile** | *similar/like* |
| **l'interesse** (*m.*) | *interest* | **grave** | *serious* |
| **l'individuo** | *individual* | **paragonare** | *to compare* |
| **il valore** | *value* | **generalizzare** | *to generalize* |
| **l'orgoglio** | *pride* | **giudicare** | *to judge* |
| **la vergogna** | *shame* | **accontentarsi di** | *to settle for/to be content with* |
| **lo stereotipo** | *stereotype* | **vantarsi di** | *to boast of* |
| **medio** | *average* | **godere** | *to enjoy* |

### Attività

 **O l'uno o l'altro.** Rispondere alle seguenti domande.

1. Una cosa molto seria è simile o grave?
2. Per raccogliere i dati su un argomento, fai un'indagine o uno stereotipo?
3. Quando dici una cosa molto banale, paragoni o generalizzi?
4. Un'idea troppo semplice e generalizzata è uno stereotipo o un orgoglio?
5. Ogni persona è un'indagine o un individuo?
6. Quando sei soddisfatto/a di quello che hai, giudichi o ti accontenti?
7. Quando metti in relazione una cosa con un'altra, fai un paragone o fai un valore?
8. Due cose quasi uguali sono orgogliose o simili?

 **Descrizioni stereotipate.** Con un altro studente/un'altra studentessa, discutere delle immagini stereotipate dei seguenti personaggi (come sono, cosa fanno).

1. la tipica mamma italiana
2. il tipico abitante del tuo Stato
3. il classico turista americano in Italia
4. il tipico *Latin lover*
5. il tipico Italo-americano
6. l'Americano medio

## B.2 Incontro

**Due mondi a confronto.** *Angelo e Cara, due giovani Italo-americani, sono a Roma a casa del loro cugino Emilio.*

ANGELO: Mi stupisco di quante macchine di lusso ci sono in giro! Si vede che l'Italia è un paese dove si sta veramente bene.

EMILIO: Guarda che le apparenze ingannano°... la disoccupazione in Italia è grave e l'economia è un po' in crisi. *appearances can be deceiving*

CARA: Sì, ma il giornale ieri diceva che più del sessanta per cento delle famiglie italiane ha una seconda casa! Da noi, non è così.

EMILIO: Ma che dici?! Voi sì che vivete bene negli States! Basta guardare *Beautiful* per farsi un'idea! Altro che l'Italia!

CARA: Ma, Emilio! Quei programmi non riflettono per niente la realtà della vita americana! Sono esagerazioni!

EMILIO: Sarà, ma io mi accontenterei di una bella villetta con giardino, due macchine...

ANGELO: Ma certo, Emilio, l'erba del vicino è sempre più verde. Anch'io vivrei volentieri in una casa come la tua, al centro di Roma con la vista sul Colosseo.

EMILIO: Ma, ditemi, è vero secondo voi che in America vivete per lavorare, mentre noi in Italia lavoriamo per vivere?

CARA: Queste frasi fatte!° Io ne ho sentita un'altra: cioè, che in Italia si vive per mangiare, mentre in America si mangia per vivere! *clichés*

ANGELO: Quanti stereotipi! Invece, mi piacerebbe sapere, Emilio, come si vive veramente in Italia.

EMILIO: Così, su due piedi, è difficile risponderti, ma ci provo. L'Italiano medio ama la sua famiglia e trascorre molto tempo con i figli e parenti. Di solito la famiglia mangia tutta insieme. L'Italiano ama il calcio e tifa normalmente per la squadra della sua città. Legge il giornale ed è abbastanza informato sulla politica. Gli piace stare in compagnia, uscire e prendere il caffè al bar. Gli amici—cioè i legami personali, affettivi—sono un valore prezioso. E non dimentichiamo le vacanze: in agosto, tre settimane sotto il sole, o al mare, o in montagna.

ANGELO: E qual è l'immagine che hai tu dell'Americano medio?

EMILIO: Be'... Dollari, hamburger e cocacola!

CARA: Questo, caro cuginetto, è uno stereotipo davvero banale!

Attività

**A** Ascoltiamo! **Stereotipo o verità?** Angelo, Cara ed Emilio condividono impressioni generalizzate ma anche informazioni vere sulle loro culture. Leggere il seguente elenco e poi, ascoltando l'**Incontro,** indicare se ciascun elemento è uno stereotipo (S) o la verità (V) sull'Italia (I) o sugli Stati Uniti (USA).

| | S | V | I | USA |
|---|---|---|---|---|
| 1. Ci sono tante macchine di gran lusso. | _____ | _____ | _____ | _____ |
| 2. Ci sono belle ville con giardino. | _____ | _____ | _____ | _____ |
| 3. Le famiglie hanno due macchine. | _____ | _____ | _____ | _____ |
| 4. Il 60% delle famiglie ha una seconda casa. | _____ | _____ | _____ | _____ |
| 5. Vivono per mangiare. | _____ | _____ | _____ | _____ |
| 6. Mangiano per vivere. | _____ | _____ | _____ | _____ |
| 7. Di solito la famiglia mangia tutta insieme. | _____ | _____ | _____ | _____ |
| 8. In agosto hanno tre settimane di vacanze. | _____ | _____ | _____ | _____ |
| 9. Hanno dollari e mangiano hamburger. | _____ | _____ | _____ | _____ |

**B** **Buongiorno, Mario Rossi!** Rileggere la descrizione che Emilio dà dell'Italiano medio. Poi, pensare al tuo paese e creare una descrizione simile per il cittadino medio (anche se banale e piena di generalizzazioni!). Quali sono i valori? i passatempi preferiti? l'atteggiamento verso la famiglia? verso il lavoro? verso il cibo? Come passa le vacanze? Si tiene aggiornato sulla politica? Si può parlare di un cittadino medio?

**In altre parole**

| | |
|---|---|
| **stupirsi di qualcosa** | *to be amazed by something* |
| **altro che...** | *anything but!* (*ironic*) |
| **sarà...** | *maybe so . . .* |
| **su due piedi** | *off the top of* (*one's*) *head* |

**C** **Mini-dialoghi.** Completare i seguenti mini-dialoghi con parole ed espressioni appropriate.

1. —Ecco la mia casetta!
   —_______________ casetta! È enorme! Sembra un palazzo!
2. —Allora, non mi rispondi? Che ne pensi?
   —Be', così _______________, non trovo le parole.

3. —Un mio amico dice che ormai l'inglese è diventato la lingua internazionale.
   —_______________, ma secondo me è sempre importante sapere bene più di una lingua.
4. —Allora, hai sentito la novità?
   —_______________ di quello che mi hai raccontato. Incredibile, davvero!

**D** **Ma cosa credevi?** Nina, una ragazza italiana, e Jack, un Italo-americano del Texas, sono amici. Discutono di stereotipi. Completare la loro conversazione con parole ed espressioni appropriate.

JACK: _______________ di quanto le donne siano eleganti a Roma!

NINA: Perché? Cosa credevi? Che fossero tutte grasse, vestite di nero?

JACK: _______________ grasse! Sembrano delle fotomodelle.

NINA: Guarda, Jack, tu t'inganni (*fooling yourself*) con un'immagine stereotipata.

JACK: _______________, ma nel paese dei miei nonni le donne sono un pochino più "robuste."

**E** **Prima di studiare l'italiano...** Con un altro studente/un'altra studentessa, creare una lista di tutte le cose che non sapevate o che credevate prima di studiare l'italiano. Poi dire quello che avete imparato.

*Esempio:* —Prima di studiare l'italiano, non sapevo che l'Italia avesse...
—Prima di studiare l'italiano, pensavo che l'Italia fosse...

## Lo sapevi che... ?

La rivista *Focus* ha pubblicato un ritratto dell'Italiano medio in base ad un sondaggio con delle statistiche rilevanti.

Casa e famiglia: La famiglia media è composta da 2,7 persone; risiede al Nord, in una casa di proprietà.

Acqua in bottiglia: La maggioranza degli Italiani beve acqua minerale. Uno su tre beve vino ogni giorno.

Soldi da parte: Gli Italiani sono i maggiori risparmiatori (*savers*) in Europa.

Al cinema: Il divertimento preferito è il cinema, seguito dagli spettacoli sportivi.

A tavola: Il pasto principale è quello di mezzogiorno.

Non legge, chiama: L'Italiano medio ha un cellulare, ma legge un giornale (il più venduto è *Il Corriere della Sera*) solo un giorno su sette.

Per muoversi: La macchina più comune è la Fiat Uno grigia, ma quasi metà degli Italiani sogna di pilotare un'auto di Formula 1.

# B.3 Punti grammaticali

## La forma passiva

| | |
|---|---|
| La manifestazione **è stata organizzata** dal partito politico. | *The protest was organized by the political party.* |
| I cartelloni **sono stati preparati** dai giovani. | *The signs were prepared by the young people.* |
| Il discorso **sarà pronunciato** dal candidato in piazza. | *The speech will be made by the candidate in the square.* |
| L'articolo **era scritto** da un giornalista famoso. | *The article was written by a famous journalist.* |
| Grazia Deledda **fu premiata** con il Nobel. | *Grazia Deledda was awarded the Nobel Prize.* |

1. Transitive verbs—verbs that can have objects—can be either active or passive. A verb is in the active voice when the subject performs the action of the verb. A verb is in the passive voice **(la forma passiva)** when the subject is *acted upon*. The performer of the action is called the agent and is introduced by the preposition **da.**

| | | | |
|---|---|---|---|
| Sergio | fa | il compito. | *Sergio is doing the homework.* |
| **subject** | **verb** | **direct object** | |
| Il compito | è fatto | da Sergio. | *The homework is done by Sergio.* |
| **subject** | **verb** | **agent** | |
| Molta gente | ha visto | il programma. | *Many people saw the program.* |
| **subject** | **verb** | **direct object** | |
| Il programma | è stato visto | da molta gente. | *The program was seen by many people.* |
| **subject** | **verb** | **agent** | |

2. The passive is formed with the appropriate tense of **essere** + *past participle.* The past participle always agrees in number and gender with the subject. The preposition **da** introduces the agent.

| | |
|---|---|
| I giornalisti **hanno diffuso** la notizia. | *The journalists spread the news.* |
| La notizia **è stata diffusa** dai giornalisti. | *The news was spread by the journalists.* |
| I cittadini **eleggeranno** il nuovo presidente ad aprile. | *The citizens will elect the new president in April.* |
| Il nuovo presidente **sarà eletto** (dai cittadini) ad aprile. | *The new president will be elected (by the citizens) in April.* |

3. The passive can be used without naming the agent.

| | |
|---|---|
| La macchina è stata riparata. | *The car was repaired.* |
| La crisi è stata superata. | *The crisis was overcome.* |
| Il nuovo programma sarà presentato domani. | *The new program will be presented tomorrow.* |

## Attività

 **Attivo-passivo.** Cambiare le seguenti frasi dalla forma attiva alla forma passiva.

*Esempio:* Abbiamo notato molti stereotipi.
Molti stereotipi sono stati notati (da noi).

1. Il professore ha presentato alcune generalizzazioni sugli Italo-americani.
2. Di conseguenza, gli studenti hanno giudicato il valore delle generalizzazioni.
3. Per esprimersi meglio, gli studenti hanno evitato le frasi fatte.
4. Noi abbiamo apprezzato la discussione.
5. Ora prepareremo un sondaggio da distribuire nelle altre classi.
6. Presenteremo i risultati del sondaggio alla prossima riunione.
7. Non accetteremo più gli stereotipi.

 **Il governo italiano.** Parlare del sistema politico italiano usando la forma passiva come nel modello.

*Esempio:* i diritti dei cittadini / garantire / la Costituzione
I diritti dei cittadini sono garantiti dalla Costituzione.

1. i parlamentari / eleggere / il popolo italiano
2. il Parlamento / formare / il Senato e la Camera dei deputati
3. le leggi / scrivere / le due Camere legislative
4. il Presidente della Repubblica / eleggere / il Parlamento
5. il Presidente del Consiglio / nominare / il Presidente della Repubblica
6. i ministri / scegliere / il Presidente del Consiglio

C **È stato fatto così.** Cambiare la frase attiva in una frase passiva.

1. I Romani costruirono il Colosseo.
2. Cristoforo Colombo scoprì l'America.
3. Boccaccio scrisse il *Decameron*.
4. Gli Alleati hanno vinto la Seconda guerra mondiale.
5. Renzo Piano ha disegnato il Centre Pompidou a Parigi.
6. Modigliani ha dipinto molti quadri.
7. Benigni ha vinto l'Oscar.

 **È stato un bell'anno!** Con un compagno/una compagna, fate un elenco dei dieci eventi più importanti dell'anno scorso. Trasformate le frasi al passivo come nel modello.

*Esempio:* I Red Sox hanno vinto il World Series.
Il World Series è stato vinto dai Red Sox.

# L'ITALO-AMERICANO

## C.1 Si dice così

| | | | |
|---|---|---|---|
| **l'immigrato** | *immigrant* | **l'integrazione** | *integration* |
| **l'antenato** | *ancestor* | **offensivo** | *offensive* |
| **la generazione** | *generation* | **offendere** | *to offend* |
| **la radice** | *root* | **dare fastidio** | *to annoy/to bother* |
| **il patrimonio** | *heritage* | **rinunciare** | *to give up/to forgo* |
| **il pregiudizio** | *prejudice* | **emigrare** | *to emigrate* |
| **l'immagine** (*f.*) | *image* | **immigrare** | *to immigrate* |
| **il mito** | *myth* | **integrarsi** | *to integrate/to assimilate* |
| **il fastidio** | *bother/nuisance* | **contribuire** | *to contribute* |

Attività

**Le parole mancanti.** Completare le seguenti frasi con parole adatte.

1. I nonni, i bisnonni, sono tutti nostri...
2. Quando una persona vuole sapere da dove viene la sua famiglia, cerca di scoprire le proprie...
3. La differenza di età tra genitori e figli, o nonni e nipotini, è una differenza di...
4. Quando una persona parla male degli altri senza capire, a volte è perché ha qualche...
5. Le generalizzazioni su gruppi razziali o etnici sono spesso...
6. Molto spesso i gruppi di immigrati trovano difficoltà nell'assimilazione della nuova cultura, cioè per loro è difficile...
7. Nell'Ottocento, chi voleva emigrare negli Stati Uniti vedeva l'America come...
8. Tutta la ricchezza della nostra cultura e della nostra storia è una parte importante di noi; è il nostro...

**Il contributo degli Italo-americani.** Preparare una lista di Italo-americani in tutti i campi—politica, arte, musica, moda, commercio—che hanno contribuito allo sviluppo della società americana. Accanto ad ogni nome, scrivere una frase che riassume brevemente l'attività della persona menzionata.

**Siamo un paese di immigrati.**

*S1:* Sei un/a Italo-americano/a i cui genitori o nonni sono immigrati negli Stati Uniti.

*S2:* Sei un/a giornalista di *L'America oggi* e scrivi un articolo sull'esperienza degli immigrati. Fare domande all'intervistato/a per sapere...

- quando la sua famiglia è immigrata negli Stati Uniti e da dove.
- se hanno incontrato pregiudizi o se è stato facile integrarsi nella cultura americana.
- quali generalizzazioni sugli Italo-americani trova offensive.
- che cosa fa per combattere gli stereotipi.
- se è orgoglioso/a delle sue radici italiane e perché.

Una festa del santo patrono in una comunità italo-americana

## C.2 Incontro

**Quanti stereotipi.** *Angelo, Cara ed Emilio continuano la loro conversazione sugli stereotipi.*

EMILIO: E ora raccontatemi voi qualcosa sull'immagine degli Italiani in America.

ANGELO: Cosa ti interessa sapere, oltre al fatto che mangiano spaghetti e polpette?° 

*meatballs*

CARA: Aspetta un attimo, vuoi sapere qualcosa dell'immagine che noi Americani abbiamo degli Italiani, o degli Italo-americani? Perché secondo me, molte persone si sbagliano e pensano che la cultura italo-americana coincida con quella italiana.

EMILIO: Cioè, credono che non ci siano differenze tra le "Little Italy" delle città americane e l'Italia reale?

ANGELO: (*ridendo*) Esatto! A mio parere, è molto difficile per un Americano distinguere la cultura italiana da quella italo-americana. Io sono di origine italiana e mi dà molto fastidio quando certe persone credono che tutti gli Italiani o gli Italo-americani siano mafiosi. È offensivo.

EMILIO: Ma davvero la pensano così? Be', non avrei mai detto!

CARA: Ma molti film—anche film famosi e belli come *Il Padrino*—hanno contribuito a formare l'immagine dell'Italo-americano "gangster."

EMILIO: Come Al Capone!

ANGELO: Invece, c'è da dire che ormai, da generazioni, gli Italo-americani si sono completamente integrati nella cultura americana. Molto spesso non parlano più né la lingua italiana né il dialetto dei nonni. Addirittura° sanno a mala pena da quale regione italiana provengono i loro antenati! *Really, Actually*

EMILIO: Che peccato!

CARA: È vero, ma bisogna anche riconoscere il contributo che gli Italo-americani hanno dato alla società americana. Da Sinatra a Madonna, da Scorsese a Tarantino...

ANGELO: Per non parlare di Joe Di Maggio, gli Italiani sono delle vere icone!° *icons*

EMILIO: Ma finora nessun Italo-americano è stato eletto presidente.

ANGELO: Non ancora...

**Lo sapevi che... ?**

Alcuni Italo-americani che hanno contribuito in modo significativo alla società americana sono Mother Cabrini, la prima santa americana; Giovanni Giannini, il fondatore della banca Bank of America; Geraldine Ferraro, la prima donna ad essere candidata al vice presidente degli USA; Lee Iacocca, un grande dirigente d'industria; Francis Ford Coppola nel campo del cinema; lo scrittore Don DeLillo; Frank Stella, noto artista e gallerista. E tu, quanti Italo-americani famosi puoi nominare?

## Attività

**Ascoltiamo! Immagini e stereotipi.** Ascoltare bene l'**Incontro.** Poi, ascoltando una seconda volta, scegliere la risposta giusta.

1. Secondo Angelo, uno stereotipo sugli Italo-americani è che...
   a. mangiano la pizza.
   b. mangiano spaghetti e polpette.
2. Secondo Cara, molte persone pensano che...
   a. la cultura italiana coincida con quella italo-americana.
   b. la cultura italiana coincida con quella americana.
3. Secondo Cara, che cosa ha contribuito a formare l'immagine dell'Italo-americano "gangster"?
   a. Al Capone
   b. Molti film, come *Il Padrino*
4. Secondo Angelo, gli Italo-americani...
   a. si sono completamente integrati nella cultura americana.
   b. sono orgogliosi (*proud*) delle loro origini.

5. Secondo Cara, Sinatra, Madonna, Scorsese e Tarantino sono esempi di...
   a. persone coinvolte in storie di mafia.
   b. Italo-americani che hanno dato un contributo alla società.
6. Secondo Angelo, ...
   a. un Italo-americano diventerà presidente un giorno.
   b. un Italo-americano non diventerà mai presidente.

 **Una Little Italy.** Intervistare un compagno/una compagna per vedere se conosce una comunità italo-americana. Domande possibili:

- Conosci una comunità italo-americana? Dove?
- Sei mai andato/a ad una festa italo-americana, ad esempio una festa del santo patrono?
- Conosci l'origine di questa comunità? Di dove sono questi italo-americani?
- Quali professioni esercitano?
- Quali sono alcuni negozi, ristoranti o aziende italiani di questa comunità?

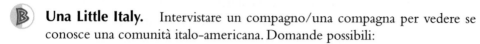

**In altre parole**

| | |
|---|---|
| **a mio parere** | *in my opinion* |
| **essere d'origine...** | *to be of . . . origin* |
| **dare fastidio a qualcuno** | *to bother someone* |
| **c'è da dire che...** | *it must be said that . . .* |
| **sapere a mala pena** | *to hardly know* |

C **Mini-dialoghi.** Completare i seguenti mini-dialoghi con un'espressione appropriata.

1. —Di dove sono i tuoi nonni?
   —Sono venuti da Napoli, infatti io ______________________ italiana.
2. —Cosa pensi di questo nuovo film di Tarantino?
   —______________________ è il suo film migliore.
3. —Quelle persone sono piene di pregiudizi! Non le sopporto proprio!
   —Sì, ma ______________________ è più una questione di ignoranza che di pregiudizio.
4. —Non mi ricordo più come finisce quella poesia di Petrarca. Chiediamo a Enrico!
   —Ma se Enrico ______________________ chi è Petrarca! Chiediamo invece a Laura.

D **Quanto mi dà fastidio!** Fare una lista di cinque cose o situazioni che ti danno fastidio. Poi comunicarle ad un altro studente/un'altra studentessa e domandare se è del tuo stesso parere.

*Esempio:* —Mi dà molto fastidio quando sono al cinema e la gente intorno a me parla ad alta voce. Dà fastidio anche a te?
—Sì, anche a me dà fastidio. / No, a me non dà fastidio.

 **Sondaggio: Di che origine sei?** Domandare al maggior numero di studenti possibile quali sono le loro origini. Chiedere la provenienza degli antenati e anche a quale generazione appartengono (prima, seconda ecc.). Poi presentare i risultati del sondaggio alla classe.

## C.3 Attività di ripasso

 **La bacchetta magica** (*the magic wand*). Leggere la seguente descrizione della vita di Arturo Toscanini. Poi riscriverla, volgendo i verbi ai tempi passati appropriati.

Arturo Toscanini nasce a Parma. Il padre di Arturo è un modesto sarto (*tailor*) che, come tutti i parmigiani, ha una grande passione per la musica. La sartoria è anche il soggiorno della casa. Mentre si confezionano abiti, spesso si cantano arie di opere liriche e qualcuno talvolta legge i libri classici. È in questa modesta sartoria che Arturo impara ad amare la musica e la letteratura. Quando ha nove anni entra nella Regia Scuola di Musica di Parma, da cui ottiene il diploma di composizione in pianoforte e violincello. La prima occasione per dirigere una grande orchestra gli si presenta nel 1886 quando ha solo diciannove anni. A Rio de Janeiro, durante una rappresentazione dell'*Aida,* è chiamato a sostituire il direttore che improvvisamente si è dimesso (*resigned*). Questa rappresentazione è un vero trionfo per Toscanini, che continua a dirigere le più importanti orchestre del mondo.

 **Una domenica al mare.** Completare il brano con il tempo appropriato del verbo dato.

Domenica scorsa io e Sandro (volere) andare al mare. Il tempo (essere) brutto, quindi (decidere) di andare al cinema. Se (fare) bello, (andare) a Portofino. (Essere) per un'altra volta! Al cinema (incontrare) i nostri amici Massimo e Renzo, che (vedere) già la scorsa volta che siamo andati a vedere un film. (Dire, noi) loro: "Ma che ci (fare) qui voi? (Andare) sempre al cinema?" Renzo (rispondere): "Massimo (volere) che noi (andare) al mare, ma (guardare) che tempo!" (Essere) tutti d'accordo che (essere) meglio passare la domenica al chiuso. Purtroppo il film (essere) brutto!

# D L'ITALIA IN EUROPA

## D.1 Si dice così

| | | | |
|---|---|---|---|
| **l'UE** | *European Union* | **diplomatico** | *diplomatic* |
| **la Commissione europea** | *European Commission* | **in futuro** | *in the future* |
| **il consolato** | *consulate* | **all'estero** | *abroad* |
| **l'ambasciatore** | *ambassador* | **sognare** | *to dream* |
| **l'ambasciata** | *embassy* | **realizzare** | *to bring about/to effect* |
| **la diplomazia** | *diplomacy* | **raggiungere** | *to reach* |
| **la meta** | *goal* | **prevedere** | *to predict* |

## Attività

**Definizioni.** Trovare la parola o l'espressione che corrisponde ad ogni definizione.

1. sapere in precedenza quel che succederà
2. ufficio che cura la rappresentanza di uno stato all'estero
3. il più alto rappresentante diplomatico di uno stato presso un altro
4. un fine da raggiungere
5. tradurre in realtà
6. abbreviazione che si riferisce all'Europa Unita

**Diplomazia e no.** Con un compagno/una compagna, fare una lista di alcune qualità necessarie per un ambasciatore. Poi elencare alcune cose che si devono fare durante un incontro con un importante capo di stato straniero e alcune cose che non si devono fare.

### Lo sapevi che... ?

Negli ultimi anni, l'Italia è diventata un paese di destinazione per tanti immigranti, normalmente persone "extracomunitarie," cioè nate fuori dall'UE. Spesso provengono dall'Africa (Marocchini, Tunisini, Senegalesi), dall'Europa dell'Est (Albanesi, Russi, Polacchi), dall'Asia (Filippini, Indiani, Cinesi) e dall'America del Sud (Ecuadoriani, Argentini, Cubani). Vengono in Italia soprattutto per lavorare e per trovare una vita migliore, spesso nelle fabbriche o come collaboratori domestici.

Il controllo del flusso migratorio è diventato un problema per l'Italia, dovuto ai lunghi chilometri di costa che permettono arrivi clandestini in piccole barche dalle vicine coste africane ed albanesi.

L'Italia è diventata una società multirazziale e multietnica. E dove vivi tu, com'è la società? Ci sono flussi migratori?

## D.2 Incontro

**Un brindisi al futuro!** *Emilio, Cara ed Angelo stanno guardando le foto di quando erano bambini e parlano del loro futuro.*

ANGELO: Guardate questa vecchia foto! Quanti anni sono ormai? Saranno dieci anni!

CARA: Era l'ultima volta che siamo venuti a trovare Emilio. Guarda la macchina, è la vecchia Cinquecento! Che fine ha fatto?

EMILIO: Ce l'abbiamo ancora! Figurati! Non lascerei che i miei la buttassero via,° nemmeno per sogno. Si parcheggia dappertutto con quella. *throw away*

CARA: Quanto ci siamo divertiti con te, Emilio! Come possiamo ringraziarti?° Dai, vieni a trovarci a New York! *thank you*

EMILIO: Eh, magari! Chissà quando ci rivedremo, cari cugini. Ora parto per Londra con la borsa di studio del programma Socrates. È il mio sogno, studiare all'estero. E poi, nel villaggio globale, come si suol dire, bisogna parlare l'inglese!

CARA: La diplomazia è ancora la tua meta?

EMILIO: Diciamo che non mi dispiacerebbe un giorno lavorare in un consolato, o chissà, diventare ambasciatore!

CARA: Allora, una permanenza° negli USA ti potrà essere utile. Ti ospitiamo° l'estate prossima, va bene? Così vedi anche l'ONU. *stay* *host*

ANGELO: Dai, così vedrai come viviamo noi. Scambieremo ancora qualche idea e distruggeremo qualche altro stereotipo.

EMILIO: Ci sto! E ora, un brindisi! Alla bella vacanza che avete trascorso in Italia e al vostro rientro! Buon viaggio!

ANGELO: Ai tuoi studi a Londra! In bocca al lupo!

CARA: E al futuro! Ci si rivede tutti a New York!

### Attività

**A Ascoltiamo!** Ascoltando l'**Incontro,** decidere a quali personaggi menzionati nell'**Incontro** si riferiscono le seguenti frasi, a Cara (C), ad Angelo (A) o ad Emilio (E).

| | C | A | E |
|---|---|---|---|
| 1. Non lascerebbe che i suoi genitori buttassero via la macchina. | ______ | ______ | ______ |
| 2. Non sa come ringraziare suo cugino. | ______ | ______ | ______ |
| 3. Vuole avere una carriera nella diplomazia. | ______ | ______ | ______ |
| 4. Vuole ospitare Emilio a New York. | ______ | ______ | ______ |
| 5. Va a Londra a studiare. | ______ | ______ | ______ |
| 6. Dice ad Emilio che potrà vedere l'ONU a New York. | ______ | ______ | ______ |

**B** **Comprensione: le domande.** Rispondere alle seguenti domande.

1. Cosa stanno guardando Cara, Angelo ed Emilio?
2. Qual è il tipo di macchina? Cosa ne pensa Emilio?
3. Dove va Emilio e perché?
4. A che cosa brindano i ragazzi?

**C** **Brindiamo a noi!** Pensate ad un raduno (*gathering*) della vostra classe d'italiano tra cinque anni. Che cosa vi direte? Che cosa ricorderete della classe? E dei vostri compagni? Qualcuno ha studiato all'estero? Qualcuno ha scelto una carriera in cui si usano le lingue straniere? A che cosa brinderete?

***In altre parole***

| | |
|---|---|
| **venire a trovare** | *to come visit* |
| **che fine ha fatto... ?** | *whatever happened to . . . ?* |
| **nemmeno per sogno!** | *(I) wouldn't dream of it!/not at all!* |
| **come si suol dire** | *as they say/as the saying goes* |

**D** **Abbinamenti.** Trovare nella lista a destra una risposta per ogni frase a sinistra.

1. Peccato! Piove, e oggi c'è il matrimonio di Angela.
2. Non sappiamo dove andare in vacanza l'estate prossima.
3. Non vedo Laura da mesi. Chissà che fine ha fatto?
4. Ottima questa torta! L'hai comprata in pasticceria, m'immagino.

a. Ho una casa al mare. Venite a trovarmi!
b. Nemmeno per sogno! L'ho fatta io!
c. Sì, ma come si suol dire, "Sposa bagnata, sposa fortunata"!
d. Non lo sapevi? Ora vive a Vienna.

**E** **In un paese lontano.** Domandare agli altri studenti cosa succederebbe se dovessero andare a vivere in un paese straniero. Di quali cose sentirebbero la mancanza?

*Esempio:* —Che cosa ti mancherebbe di più se vivessi in un'altro paese?
—Mi mancherebbe molto... (il mio programma preferito / la tecnologia avanzata ecc.)
—A me mancherebbero... (gli amici / il cibo e la musica ecc.)

 **Un incontro inaspettato.** Con un compagno/una compagna, creare una conversazione secondo i seguenti suggerimenti.

*S1:* Da cinque anni vivi e lavori in uno dei paesi dell'UE. Sei in aeroporto e incontri il tuo vecchio/la tua vecchia insegnante d'italiano. Rispondi alle sue domande sulla vita lì e poi invitalo/la a venire a trovarti.

*S2:* Non hai più visto un tuo studente/una tua studentessa, ma viaggiando lo/la incontri in aeroporto. Chiedi come sta, cosa sta facendo in Europa, com'è la vita dove abita, se gli/le piace, quali sono gli aspetti positivi e quelli negativi del vivere all'estero. Racconta anche quello che stai facendo tu.

## D.3 Attività di ripasso

 **Emilio a Londra.** Completare il brano con il tempo appropriato del verbo dato.

Ieri Emilio (chiamare) i suoi genitori da Londra per telefono. Sua madre (rispondere) e gli (dire) che tre giorni prima loro lo (cercare), ma non c'era nessuno. Lui le (domandare) come (stare, loro) e la mamma gli (spiegare) che la settimana prima (fare) molto freddo. Allora Emilio le (raccontare) che non (sentire) mai un freddo come a Londra e che (prendere) l'influenza. Sua madre (dire) che lei e suo padre (temere) che lui (lavorare) troppo e che non (dormire) abbastanza. Emilio (rassicurare) sua madre che (divertirsi, lui) moltissimo. Lei (essere) contenta che lui (trovarsi) così bene all'estero. Allora lui (lamentarsi) del pessimo cibo inglese, e la mamma gli (promettere) che (mandare) il giorno dopo un pacco con del buon cibo italiano. Lui (salutare) dicendo che (chiamare, lui) la prossima volta.

 **Una grande attrice.** Recentemente hai intervistato la più celebre attrice italiana: Sophia Loren. Ecco alcuni appunti che hai preso durante l'intervista. Scrivere un breve articolo sulla vita e carriera della Loren.

anno di nascita: 1934 luogo di nascita: Pozzuoli (NA)
residenza: Ginevra in Svizzera città preferita: Roma
sposata con Carlo Ponti (produttore cinematografico)
film internazionali con i maggiori registi e attori
attore preferito: Marcello Mastroianni
premi: l'Oscar per *La ciociara,* ufficiale della Legion d'Onore,
6 David di Donatello, l'Orso d'oro di Berlino ecc.
aspetto più importante della vita: i figli
il segreto del suo successo: disciplina e sacrifici
piatto preferito: gli spaghetti

# Immagini e parole

## L'Italia, Stato d'Europa

For self-tests and practice of unit topics, go to the website for *Parliamo italiano!*

View video episode 12, *Sognare*, and do the activities in the Workbook.

**Definizioni.** Cercare di spiegare in italiano il significato delle parole in corsivo.

1. scegliere tra *monarchia* e *repubblica*...
2. il periodo del *dopoguerra* è un momento importante...
3. il partito di *maggioranza* al governo...
4. gli *scandali* provocati da un'inchiesta giudiziaria
5. una fase di grande *rinnovamento* politico ed economico...
6. l'Italia presenta gravi problemi di *disoccupazione*...
7. la società di oggi è più *multiculturale*...

**La politica di casa.** Quanto sapete della storia politica del vostro paese? Cercare delle risposte alle seguenti domande.

1. Quali sono i partiti politici principali del vostro paese? Qual è il partito di maggioranza? Ci sono anche numerosi partiti minori?
2. Da quando esiste la Costituzione? Da quanto tempo hanno il diritto di votare le donne?
3. Quali sono stati i momenti storici più importanti del vostro paese? Ci sono stati mai scandali nel governo? Quando?
4. Vivi in una società multiculturale? In che senso?

L'Italia è uno stato "giovane" poiché è diventata una nazione solo nel 1861. Dopo la Seconda guerra mondiale, un referendum popolare decise quale forma costituzionale dovesse avere l'Italia. Il 2 giugno 1946 fu un giorno importantissimo: per la prima volta votarono anche le donne e fu chiesto agli Italiani di scegliere fra monarchia e repubblica. Gli Italiani scelsero la repubblica e da allora il 2 giugno è un giorno di festa nazionale.

**Il nuovo volto dell'Italia**

Il periodo dell'immediato dopoguerra è un momento importante per comprendere la storia politica italiana. Dalle elezioni del giugno 1946 nacquero i tre partiti politici principali—la Democrazia

**Il passato e il presente, la città e la natura a confronto**

cristiana (Dc), il Partito socialista (Psi) e il Partito comunista (Pci)—che influenzarono profondamente la politica del paese per più di quarant'anni. Oggi, in seguito agli scandali dei primi anni '90 ed ai processi successivi, noti con il nome "Tangentopoli" o "Mani Pulite," perché rivolti contro la corruzione politica, la Dc e il Psi non esistono più, e il Pci si è diviso nel Partito democratico della sinistra (Ds) e in Rifondazione comunista. L'eliminazione di alcuni vecchi partiti ha così dato spazio a nuove formazioni politiche, quali il Partito popolare italiano (Ppi), Forza Italia, la Lega Nord e Alleanza nazionale (An).

L'Italia è fra i paesi più industrializzati del mondo e come tale, offre una qualità di vita superiore. Tuttavia in Italia si presentano gravi problemi di disoccupazione, inquinamento e traffico. I beni culturali° ed ambientali dell'Italia rappresentano un tesoro inestimabile per il paese e per il mondo, ma il mantenimento di questa ricchezza grava° pesantemente sul governo e sugli enti pubblici. In questi ultimi anni, si è notato un sempre maggiore intervento di sponsorizzazioni di privati in questo ambito.

*cultural heritage*

*weighs*

Con l'Unione Europea, il Vecchio Continente sta vivendo una fase di grande rinnovamento politico e socioeconomico. Anche l'immagine dell'Italia sta cambiando: l'arrivo in Italia di immigrati extracomunitari, provenienti dal Senegal, dal Marocco, dalla Tunisia, dalla Polonia, dall'Albania, dalle lontane Filippine e dalla Cina, ha aperto nuovi dibattiti legati a questioni di razza,° religione e mentalità differenti.

*race*

Come conciliare il passato con il presente, o meglio con il futuro? Il volto della popolazione italiana sta cambiando; la società è sempre più multietnica. Con l'afflusso di immigrati extracomunitari e l'apertura delle frontiere europee, mantenere l'identità della propria cultura, rispettando le culture e le tradizioni altrui,° diventa una sfida. Gli Italiani hanno un'enorme ricchezza storica e culturale alle spalle, ma non basta; dovranno saper affrontare questa sfida perché il loro è un paese in transizione.

*of others*

## Attività

**Comprensione: vero o falso?** Decidere se le seguenti affermazioni sono corrette oppure no. Poi correggere quelle sbagliate.

1. L'Italia è uno stato molto vecchio.
2. In Italia le donne ottennero il voto nel 1925.
3. Tre partiti controllavano l'Italia dopo la Seconda guerra mondiale: i Democristiani, i Socialisti e i Comunisti.
4. La scena politica attuale in Italia non è differente dagli anni del dopoguerra.
5. Molti Italiani stanno emigrando in Tunisia e Polonia.
6. L'industrializzazione ha distrutto ogni traccia della ricca storia italiana.
7. Proteggere il patrimonio artistico del Paese richiede molti soldi.
8. È difficile definire con precisione le caratteristiche del popolo italiano.

**B** **Comprensione.** Rispondere alle seguenti domande con frasi complete.

1. Perché si dice che l'Italia è un paese "giovane"?
2. Perché il 2 giugno 1946 è una data importante per gli Italiani?
3. Quali dei tre partiti politici che dominarono il campo politico fino agli anni '90 esistono ancora oggi?
4. Che cos'è "Tangentopoli"? Quali sono stati i risultati di questo fenomeno?
5. Quali sono alcuni dei problemi che l'industrializzazione ha portato all'Italia?
6. Quale sarà la sfida più grande per i giovani Italiani?

**C** **Antico e moderno.** Fare una lista di almeno dieci cose che potreste vedere in Italia che testimoniano il ricchissimo patrimonio storico e culturale del Paese. Poi fare un'altra lista di cose che potreste vedere in Italia che dimostrano la vitalità contemporanea di questo paese.

*Esempio:* le rovine del Foro Romano l'aeroporto Leonardo da Vinci

**D** **Spunti di conversazione.** Discutere con i compagni di classe i seguenti argomenti.

1. Paragonare il sistema politico italiano con quello del tuo paese. Quali sono le differenze e le somiglianze?
2. Qual è l'immagine dell'Italia vista dal di fuori? Cosa pensa la persona media nel tuo paese dell'Italia e degli Italiani? Sono riflessioni valide o sono solo stereotipi?
3. Quali saranno le sfide più importanti per i giovani del tuo paese? Quali problemi sociali dovranno affrontare?

# SCRIVIAMO ITALIANO!

## Organizing an essay

An essay is a more formal kind of writing than what you've done in previous **unità.** In an essay you present your ideas, views, or perspectives on a topic. The inclusion of factual information and supporting detail is important in order to make your point convincing. Here are some tips for organizing an essay.

1. Choose a topic narrow enough to treat thoroughly in a few paragraphs.
2. Make an outline to follow when you write, arranging your ideas in a logical order.
3. In the first paragraph, state the problem or topic in the first sentence; this is the topic sentence. Then state how you will go about treating it.
4. Start each subsequent paragraph with a topic sentence that states the main idea of the paragraph.
5. In the final, concluding paragraph, clearly express your final thoughts or the logical outcome of what you have demonstrated in preceding paragraphs. Your conclusion may be a proposed solution to the problem or a succinct analysis of the topic.
6. Don't forget to edit your work!!

**Nuovo argomento.** Quali dei seguenti argomenti potrebbe essere sviluppato in un bel tema? Identificare quali vanno bene per un breve tema. Individuare come definire meglio un argomento troppo complesso inventando un sottotitolo (*subtitle*).

Italiani—un popolo di geni
Il contributo degli Italo-americani alla musica, al cinema
I problemi politici oggi
L'Italia, un bel paese
La politica italiana e la Nuova Europa
Cosa pensano i giovani della politica
L'Italia e il tuo paese

**Stesura** (*Outline*). Scegliere uno degli argomenti sopraindicati e sviluppare una stesura di cinque punti che corrisponderanno ai cinque paragrafi.

*Esempio:* Italiani—un popolo di geni: L'architettura
(1) Introduzione: panorama dell'architettura italiana
(2) I "grandi maestri" del Rinascimento: Brunelleschi, Bramante
(3) Lo sviluppo della città durante il periodo moderno
(4) Il periodo moderno: Renzo Piano, Gae Aulenti
(5) Conclusione: le mie opinioni

**C Tema.** Scrivere un tema di cinque paragrafi in base alla stesura. Ricordare di utilizzare gli elementi sopraindicati.

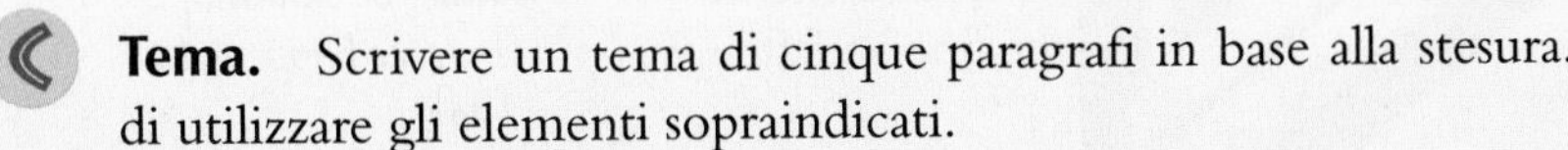

## Vocabolario

### La politica

| | |
|---|---|
| il Capo dello Stato | *president/head of state* |
| il/la cittadino/a | *citizen* |
| la costituzione | *constitution* |
| il costume | *custom/habit* |
| la droga | *drugs* |
| l'elezione (*f.*) | *election* |
| l'inquinamento | *pollution* |
| la manifestazione/la protesta | *demonstration/protest* |
| il partito (politico) | *(political) party* |
| la politica | *politics* |
| il popolo | *people/citizenry* |
| il potere | *power* |
| il potere esecutivo | *executive branch (of government)* |
| il potere giudiziario | *judicial branch (of government)* |
| il potere legislativo | *legislative branch (of government)* |
| il presidente | *president* |
| il primo ministro | *prime minister* |
| attuale | *current* |
| affrontare | *to deal with* |
| eleggere | *to elect* |
| garantire | *to guarantee* |
| governare | *to govern* |
| impegnarsi | *to commit oneself to* |
| votare | *to vote/to vote for* |

## L'Italiano medio

| | |
|---|---|
| l'indagine (*f.*) | *survey* |
| l'individuo | *individual* |
| l'interesse (*m.*) | *interest* |
| l'orgoglio | *pride* |
| il paragone | *comparison* |
| lo stereotipo | *stereotype* |
| il valore | *value* |
| la vergogna | *shame* |
| grave | *serious* |
| medio | *average* |
| simile | *similar/like* |
| uguale | *equal* |
| accontentarsi di | *to settle for/to be content with* |
| generalizzare | *to generalize* |
| giudicare | *to judge* |
| godere | *to enjoy* |
| paragonare | *to compare* |
| vantarsi di | *to boast of* |

## L'Italo-americano

| | |
|---|---|
| l'antenato | *ancestor* |
| il fastidio | *bother/nuisance* |
| la generazione | *generation* |
| l'immagine (*f.*) | *image* |
| l'immigrato | *immigrant* |
| l'integrazione | *integration/assimilation* |
| il mito | *myth* |
| il patrimonio | *heritage* |
| il pregiudizio | *prejudice* |
| la radice | *root* |
| offensivo | *offensive* |
| contribuire | *to contribute* |
| dare fastidio (a qualcuno) | *to annoy/to bother (somebody)* |
| emigrare | *to emigrate* |
| immigrare | *to immigrate* |
| integrarsi | *to integrate/to assimilate* |
| offendere | *to offend* |
| rinunciare | *to give up/to forgo* |

## L'Italia in Europa

| | |
|---|---|
| l'ambasciatore | *ambassador* |
| l'ambasciata | *embassy* |
| la Commissione europea | *European Commission* |
| il consolato | *consulate* |
| la diplomazia | *diplomacy* |
| la meta | *goal* |
| l'UE | *European Union* |
| all'estero | *abroad* |
| diplomatico | *diplomatic* |
| in futuro | *in the future* |
| prevedere | *to predict* |
| raggiungere | *to reach* |
| realizzare | *to bring about/to effect* |
| sognare | *to dream* |

## Altre parole ed espressioni

| | |
|---|---|
| a mio parere | *in my opinion* |
| altro che... | *anything but!* (*ironic*) |
| c'è da dire che... | *it must be said that . . .* |
| che fine ha fatto... ? | *whatever happened to . . . ?* |
| come si suol dire | *as they say/as the saying goes* |
| dare fastidio a qualcuno | *to bother someone* |
| essere alle stelle | *to be sky-high* |
| essere d'origine... | *to be of . . . origin* |
| mettercela tutta | *to give it one's all* |
| m'immagino | *I would imagine/I presume* |
| nemmeno per sogno | (*I*) *wouldn't dream of it!/not at all!* |
| prendersela (con qualcuno) | *to get angry (at someone)* |
| per quanto riguarda | *as for* |
| sapere a mala pena | *to hardly know* |
| sarà... | *maybe so . . .* |
| stare a cuore/mi sta a cuore... | *to be concerned about/I am concerned about . . .* |
| stupirsi di qualcosa | *to be amazed by something* |
| su due piedi | *off the top of* (*one's*) *head* |
| venire a trovare | *to come visit* |

# Appendices

## A. *Essere* e *avere*

| Presente | Imperfetto | Futuro | Passato remoto | Congiuntivo presente | Congiuntivo imperfetto | Condizionale presente | Imperativo |
|---|---|---|---|---|---|---|---|
| **ESSERE** | | | | | | | |
| sono | ero | sarò | fui | sia | fossi | sarei | — |
| sei | eri | sarai | fosti | sia | fossi | saresti | sii |
| è | era | sarà | fu | sia | fosse | sarebbe | sia |
| siamo | eravamo | saremo | fummo | siamo | fossimo | saremmo | siamo |
| siete | eravate | sarete | foste | siate | foste | sareste | siate |
| sono | erano | saranno | furono | siano | fossero | sarebbero | siano |
| *Participio passato:* stato | | | | | | | |
| **AVERE** | | | | | | | |
| ho | avevo | avrò | ebbi | abbia | avessi | avrei | — |
| hai | avevi | avrai | avesti | abbia | avessi | avresti | abbi |
| ha | aveva | avrà | ebbe | abbia | avesse | avrebbe | abbia |
| abbiamo | avevamo | avremo | avemmo | abbiamo | avessimo | avremmo | abbiamo |
| avete | avevate | avrete | aveste | abbiate | aveste | avreste | abbiate |
| hanno | avevano | avranno | ebbero | abbiano | avessero | avrebbero | abbiano |
| *Participio passato:* avuto | | | | | | | |

# B. Verbi regolari

## Coniugazione *-are* parlare

| | |
|---|---|
| *INDICATIVO presente:* | parlo, parli, parla, parliamo, parlate, parlano |
| *Imperfetto:* | parlavo, parlavi, parlava, parlavamo, parlavate, parlavano |
| *Futuro:* | parlerò, parlerai, parlerà, parleremo, parlerete, parleranno |
| *Passato remoto:* | parlai, parlasti, parlò, parlammo, parlaste, parlarono |
| *Passato prossimo:* | ho parlato, hai parlato, ha parlato, abbiamo parlato, avete parlato, hanno parlato |
| *Trapassato prossimo:* | avevo parlato, avevi parlato, aveva parlato, avevamo parlato, avevate parlato, avevano parlato |
| *CONGIUNTIVO presente:* | parli, parli, parli, parliamo, parliate, parlino |
| *Imperfetto:* | parlassi, parlassi, parlasse, parlassimo, parlaste, parlassero |
| *Passato:* | abbia parlato, abbia parlato, abbia parlato, abbiamo parlato, abbiate parlato, abbiano parlato |
| *Trapassato:* | avessi parlato, avessi parlato, avesse parlato, avessimo parlato, aveste parlato, avessero parlato |
| *CONDIZIONALE presente:* | parlerei, parleresti, parlerebbe, parleremmo, parlereste, parlerebbero |
| *Passato:* | avrei parlato, avresti parlato, avrebbe parlato, avremmo parlato, avreste parlato, avrebbero parlato |
| *IMPERATIVO:* | —, parla, parli, parliamo, parlate, parlino |
| *Participio passato:* | parlato |
| *Gerundio:* | parlando |

## Coniugazione *-ere* scrivere

| | |
|---|---|
| *INDICATIVO presente:* | scrivo, scrivi, scrive, scriviamo, scrivete, scrivono |
| *Imperfetto:* | scrivevo, scrivevi, scriveva, scrivevamo, scrivevate, scrivevano |
| *Futuro:* | scriverò, scriverai, scriverà, scriveremo, scriverete, scriveranno |
| *Passato remoto:* | scrissi, scrivesti, scrisse, scrivemmo, scriveste, scrissero |
| *Passato prossimo:* | ho scritto, hai scritto, ha scritto, abbiamo scritto, avete scritto, hanno scritto |
| *Trapassato prossimo:* | avevo scritto, avevi scritto, aveva scritto, avevamo scritto, avevate scritto, avevano scritto |

| | |
|---|---|
| *CONGIUNTIVO presente:* | scriva, scriva, scriva, scriviamo, scriviate, scrivano |
| *Imperfetto:* | scrivessi, scrivessi, scrivesse, scrivessimo, scriveste, scrivessero |
| *Passato:* | abbia scritto, abbia scritto, abbia scritto, abbiamo scritto, abbiate scritto, abbiano scritto |
| *Trapassato:* | avessi scritto, avessi scritto, avesse scritto, avessimo scritto, aveste scritto, avessero scritto |
| *CONDIZIONALE presente:* | scriverei, scriveresti, scriverebbe, scriveremmo, scrivereste, scriverebbero |
| *Passato:* | avrei scritto, avresti scritto, avrebbe scritto, avremmo scritto, avreste scritto, avrebbero scritto |
| *IMPERATIVO:* | —, scrivi, scriva, scriviamo, scrivete, scrivano |
| *Participio passato:* | scritto |
| *Gerundio:* | scrivendo |

## Coniugazione *-ire* partire

| | |
|---|---|
| *INDICATIVO presente:* | parto, parti, parte, partiamo, partite, partono |
| *Imperfetto:* | partivo, partivi, partiva, partivamo, partivate, partivano |
| *Futuro:* | partirò, partirai, partirà, partiremo, partirete, partiranno |
| *Passato remoto:* | partii, partisti, partì, partimmo, partiste, partirono |
| *Passato prossimo:* | sono partito/a, sei partito/a, è partito/a, siamo partiti/e, siete partiti/e, sono partiti/e |
| *Trapassato prossimo:* | ero partito/a, eri partito/a, era partito/a, eravamo partiti/e, eravate partiti/e, erano partiti/e |
| *CONGIUNTIVO presente:* | parta, parta, parta, partiamo, partiate, partano |
| *Imperfetto:* | partissi, partissi, partisse, partissimo, partiste, partissero |
| *Passato:* | sia partito/a, sia partito/a, sia partito/a, siamo partiti/e, siate partiti/e, siano partiti/e |
| *Trapassato:* | fossi partito/a, fossi partito/a, fosse partito/a, fossimo partiti/e, foste partiti/e, fossero partiti/e |
| *CONDIZIONALE presente:* | partirei, partiresti, partirebbe, partiremmo, partireste, partirebbero |
| *Passato:* | sarei partito/a, saresti partito/a, sarebbe partito/a, saremmo partiti/e, sareste partiti/e, sarebbero partiti/e |
| *IMPERATIVO:* | —, parti, parta, partiamo, partite, partano |
| *Participio passato:* | partito |
| *Gerundio:* | partendo |

## Coniugazione *-ire* (*-isc*) capire

| | |
|---|---|
| *INDICATIVO presente:* | capisco, capisci, capisce, capiamo, capite, capiscono |
| *Imperfetto:* | capivo, capivi, capiva, capivamo, capivate, capivano |
| *Futuro:* | capirò, capirai, capirà, capiremo, capirete, capiranno |
| *Passato remoto:* | capii, capisti, capì, capimmo, capiste, capirono |
| *Passato prossimo:* | ho capito, hai capito, ha capito, abbiamo capito, avete capito, hanno capito |
| *Trapassato prossimo:* | avevo capito, avevi capito, aveva capito, avevamo capito, avevate capito, avevano capito |
| *CONGIUNTIVO presente:* | capisca, capisca, capisca, capiamo, capiate, capiscano |
| *Imperfetto:* | capissi, capissi, capisse, capissimo, capiste, capissero |
| *Passato:* | abbia capito, abbia capito, abbia capito, abbiamo capito, abbiate capito, abbiano capito |
| *Trapassato:* | avessi capito, avessi capito, avesse capito, avessimo capito, aveste capito, avessero capito |
| *CONDIZIONALE presente:* | capirei, capiresti, capirebbe, capiremmo, capireste, capirebbero |
| *Passato:* | avrei capito, avresti capito, avrebbe capito, avremmo capito, avreste capito, avrebbero capito |
| *IMPERATIVO:* | —, capisci, capisca, capiamo, capite, capiscano |
| *Participio passato:* | capito |
| *Gerundio:* | capendo |

# C. Verbi coniugati con *essere*

**andare** to go
**arrivare** to arrive
**cadere** to fall
**costare** to cost
**diminuire** to diminish, to decrease
**diventare** to become
**durare** to last
**entrare** to enter
**essere (stato)** to be
**ingrassare** to put on weight
**morire (morto)** to die
**nascere (nato)** to be born
**partire** to leave, to depart
**piacere (piaciuto)** to like, to please
**restare** to remain, to stay
**rimanere (rimasto)** to remain
**ritornare** to return
**riuscire** to succeed
**salire*** to go up, to get in, to climb up
**scendere* (sceso)** to go down, to get off
**sembrare** to seem
**stare** to stay, to be
**succedere (successo)** to happen
**tornare** to return
**uscire** to go out, to leave
**venire (venuto)** to come

*Coniugato con **avere** quando è usato con un oggetto diretto:
***Esempio:*** Ho salito le scale a piedi.

Tutti i verbi **riflessivi** sono coniugati con **essere:**
***Esempio:*** **nascondersi** to hide oneself
*Passato prossimo:* mi sono nascosto/a, ti sei nascosto/a, si è nascosto/a, ...

# D. Verbi con participio passato irregolare

**accendere (acceso)** to turn on, to light
**aggiungere (aggiunto)** to add
**apparire (apparso)** to appear
**aprire (aperto)** to open
**assumere (assunto)** to hire
**bere (bevuto)** to drink
**chiedere (chiesto)** to ask
**chiudere (chiuso)** to close
**concludere (concluso)** to conclude
**conoscere (conosciuto)** to know
**convincere (convinto)** to convince
**coprire (coperto)** to cover
**correre (corso)** to run
**correggere (corretto)** to correct
**cuocere (cotto)** to cook
**decidere (deciso)** to decide
**dipingere (dipinto)** to paint
**dire (detto)** to say
**discutere (discusso)** to discuss
**eleggere (eletto)** to elect
**esprimere (espresso)** to express
**essere (stato)** to be
**fare (fatto)** to do, to make
**interrompere (interrotto)** to interrupt
**leggere (letto)** to read
**mettere (messo)** to put
**morire (morto)** to die
**muovere (mosso)** to move
**nascere (nato)** to be born
**offrire (offerto)** to offer
**parere (parso)** to seem
**perdere (perso/perduto)** to lose
**permettere (permesso)** to permit
**piangere (pianto)** to cry, to weep
**prendere (preso)** to take
**promettere (promesso)** to promise
**proporre (proposto)** to propose
**proteggere (protetto)** to protect
**raggiungere (raggiunto)** to reach
**rendere (reso)** to render
**richiedere (richiesto)** to require, to seek
**ridere (riso)** to laugh
**ridurre (ridotto)** to reduce
**rimanere (rimasto)** to remain
**risolvere (risolto)** to resolve
**rispondere (risposto)** to answer
**rompere (rotto)** to break
**scegliere (scelto)** to select, to choose
**scendere (sceso)** to go down, to get off
**scommettere (scommesso)** to bet
**scoprire (scoperto)** to discover
**scrivere (scritto)** to write
**soffrire (sofferto)** to suffer
**sorridere (sorriso)** to smile
**spegnere (spento)** to turn off, to extinguish
**spendere (speso)** to spend
**succedere (successo)** to happen
**togliere (tolto)** to remove
**trasmettere (trasmesso)** to transmit
**vedere (visto/veduto)** to see
**venire (venuto)** to come
**vincere (vinto)** to win
**vivere (vissuto)** to live

# €. Verbi irregolari

I verbi elencati sono irregolari solo nei modi e nei tempi indicati.

**accendere** to turn on
*Passato remoto* accesi, accendesti, accese, accendemmo, accendeste, accesero

**andare** to go
*Indicativo presente* vado, vai, va, andiamo, andate, vanno
*Futuro* andrò, andrai, andrà, andremo, andrete, andranno
*Congiuntivo presente* vada, vada, vada, andiamo, andiate, vadano
*Condizionale presente* andrei, andresti, andrebbe, andremmo, andreste, andrebbero
*Imperativo* —, va', vada, andiamo, andate, vadano

**assumere** to hire
*Passato remoto* assunsi, assumesti, assunse, assumemmo, assumeste, assunsero

**bere** to drink
*Indicativo presente* bevo, bevi, beve, beviamo, bevete, bevono
*Imperfetto* bevevo, bevevi, beveva, bevevamo, bevevate, bevevano
*Futuro* berrò, berrai, berrà, berremo, berrete, berranno
*Passato remoto* bevvi, bevesti, bevve, bevemmo, beveste, bevvero
*Gerundio* bevendo

**chiedere** to ask for
*Passato remoto* chiesi, chiedesti, chiese, chiedemmo, chiedeste, chiesero

**chiudere** to close
*Passato remoto* chiusi, chiudesti, chiuse, chiudemmo, chiudeste, chiusero

**comprendere** to understand (see **prendere**)

**concludere** to conclude
*Passato remoto* conclusi, concludesti, concluse, concludemmo, concludeste, conclusero

**conoscere** to know
*Passato remoto* conobbi, conoscesti, conobbe, conoscemmo, conosceste, conobbero

**convincere** to convince (see **vincere**)

**dare** to give
*Indicativo presente* do, dai, dà, diamo, date, danno
*Passato remoto* diedi (detti), desti, diede (dette), demmo, deste, diedero (dettero)
*Congiuntivo presente* dia, dia, dia, diamo, diate, diano
*Congiuntivo imperfetto* dessi, dessi, desse, dessimo, deste, dessero
*Imperativo* —, da', dia, diamo, date, diano

**decidere** to decide
*Passato remoto* decisi, decidesti, decise, decidemmo, decideste, decisero

**dire** to say, to tell

| | |
|---|---|
| *Indicativo presente* | dico, dici, dice, diciamo, dite, dicono |
| *Imperfetto* | dicevo, dicevi, diceva, dicevamo, dicevate, dicevano |
| *Passato remoto* | dissi, dicesti, disse, dicemmo, diceste, dissero |
| *Congiuntivo presente* | dica, dica, dica, diciamo, diciate, dicano |
| *Congiuntivo imperfetto* | dicessi, dicessi, dicesse, dicessimo, diceste, dicessero |
| *Imperativo* | —, di', dica, diciamo, dite, dicano |
| *Gerundio* | dicendo |

**discutere** to discuss

| | |
|---|---|
| *Passato remoto* | discussi, discutesti, discusse, discutemmo, discuteste, discussero |

**dovere** to have to, must

| | |
|---|---|
| *Indicativo presente* | devo, devi, deve, dobbiamo, dovete, devono |
| *Futuro* | dovrò, dovrai, dovrà, dovremo, dovrete, dovranno |
| *Congiuntivo presente* | debba, debba, debba, dobbiamo, dobbiate, debbano |
| *Condizionale* | dovrei, dovresti, dovrebbe, dovremmo, dovreste, dovrebbero |

**eleggere** to elect

| | |
|---|---|
| *Passato remoto* | elessi, eleggesti, elesse, eleggemmo, eleggeste, elessero |

**esprimere** to express

| | |
|---|---|
| *Passato remoto* | espressi, esprimesti, espresse, esprimemmo, esprimeste, espressero |

**fare** to do, to make

| | |
|---|---|
| *Indicativo presente* | faccio, fai, fa, facciamo, fate, fanno |
| *Imperfetto* | facevo, facevi, faceva, facevamo, facevate, facevano |
| *Passato remoto* | feci, facesti, fece, facemmo, faceste, fecero |
| *Congiuntivo presente* | faccia, faccia, faccia, facciamo, facciate, facciano |
| *Congiuntivo imperfetto* | facessi, facessi, facesse, facessimo, faceste, facessero |
| *Imperativo* | —, fa', faccia, facciamo, fate, facciano |
| *Gerundio* | facendo |

**interrompere** to interrupt (see **rompere**)

**leggere** to read

| | |
|---|---|
| *Passato remoto* | lessi, leggesti, lesse, leggemmo, leggeste, lessero |

**mettere** to put, to place

| | |
|---|---|
| *Passato remoto* | misi, mettesti, mise, mettemmo, metteste, misero |

**morire** to die

| | |
|---|---|
| *Indicativo presente* | muoio, muori, muore, moriamo, morite, muoiono |
| *Congiuntivo presente* | muoia, muoia, muoia, moriamo, moriate, muoiano |

**muovere** to move

| | |
|---|---|
| *Passato remoto* | mossi, movesti, mosse, movemmo, moveste, mossero |

**nascere** to be born

| | |
|---|---|
| *Passato remoto* | nacqui, nascesti, nacque, nascemmo, nasceste, nacquero |

**nascondere** to hide

| | |
|---|---|
| *Passato remoto* | nascosi, nascondesti, nascose, nascondemmo, nascondeste, nascosero |

**ottenere** to obtain (see **tenere**)

**permettere** to permit (see **mettere**)

**piacere** to like, to please

| | |
|---|---|
| *Indicativo presente* | piaccio, piaci, piace, piacciamo, piacete, piacciono |
| *Passato remoto* | piacqui, piacesti, piacque, piacemmo, piaceste, piacquero |
| *Congiuntivo presente* | piaccia, piaccia, piaccia, piacciamo, piacciate, piacciano |

**potere** to be able

| | |
|---|---|
| *Indicativo presente* | posso, puoi, può, possiamo, potete, possono |
| *Futuro* | potrò, potrai, potrà, potremo, potrete, potranno |
| *Congiuntivo presente* | possa, possa, possa, possiamo, possiate, possano |
| *Condizionale* | potrei, potresti, potrebbe, potremmo, potreste, potrebbero |

**prendere** to take

| | |
|---|---|
| *Passato remoto* | presi, prendesti, prese, prendemmo, prendeste, presero |

**promettere** to promise (see **mettere**)

**promuovere** to promote (see **muovere**)

**richiedere** to require, to seek (see **chiedere**)

**ridere** to laugh

| | |
|---|---|
| *Passato remoto* | risi, ridesti, rise, ridemmo, rideste, risero |

**ridurre** to reduce

| | |
|---|---|
| *Indicativo presente* | riduco, riduci, riduce, riduciamo, riducete, riducono |
| *Futuro* | ridurrò, ridurrai, ridurrà, ridurremo, ridurrete, ridurranno |
| *Passato remoto* | ridussi, riducesti, ridusse, riducemmo, riduceste, ridussero |
| *Congiuntivo presente* | riduca, riduca, riduca, riduciamo, riduciate, riducano |
| *Condizionale* | ridurrei, ridurresti, ridurrebbe, ridurremmo, ridurreste, ridurrebbero |
| *Gerundio* | riducendo |

**rimanere** to remain

| | |
|---|---|
| *Indicativo presente* | rimango, rimani, rimane, rimaniamo, rimanete, rimangono |
| *Futuro* | rimarrò, rimarrai, rimarrà, rimarremo, rimarrete, rimarranno |
| *Passato remoto* | rimasi, rimanesti, rimase, rimanemmo, rimaneste, rimasero |
| *Congiuntivo presente* | rimanga, rimanga, rimanga, rimaniamo, rimaniate, rimangano |
| *Condizionale* | rimarrei, rimarresti, rimarrebbe, rimarremmo, rimarreste, rimarrebbero |
| *Imperativo* | —, rimani, rimanga, rimaniamo, rimanete, rimangano |

**riprendere** to start again (see **prendere**)

**rispondere** to answer

| | |
|---|---|
| *Passato remoto* | risposi, rispondesti, rispose, rispondemmo, rispondeste, risposero |

**rompere** to break

| | |
|---|---|
| *Passato remoto* | ruppi, rompesti, ruppe, rompemmo, rompeste, ruppero |

**salire** to go up

| | |
|---|---|
| *Indicativo presente* | salgo, sali, sale, saliamo, salite, salgono |
| *Congiuntivo presente* | salga, salga, salga, saliamo, saliate, salgano |

**sapere** to know

| | |
|---|---|
| *Indicativo presente* | so, sai, sa, sappiamo, sapete, sanno |
| *Futuro* | saprò, saprai, saprà, sapremo, saprete, sapranno |
| *Passato remoto* | seppi, sapesti, seppe, sapemmo, sapeste, seppero |
| *Congiuntivo presente* | sappia, sappia, sappia, sappiamo, sappiate, sappiano |
| *Condizionale* | saprei, sapresti, saprebbe, sapremmo, sapreste, saprebbero |
| *Imperativo* | —, sappi, sappia, sappiamo, sappiate, sappiano |

**scegliere** to choose

| | |
|---|---|
| *Indicativo presente* | scelgo, scegli, sceglie, scegliamo, scegliete, scelgono |
| *Passato remoto* | scelsi, scegliesti, scelse, scegliemmo, sceglieste, scelsero |
| *Congiuntivo presente* | scelga, scelga, scelga, scegliamo, scegliate, scelgano |
| *Imperativo* | —, scegli, scelga, scegliamo, scegliete, scelgano |

**scendere** to go down, to get off

| | |
|---|---|
| *Passato remoto* | scesi, scendesti, scese, scendemmo, scendeste, scesero |

**scrivere** to write

| | |
|---|---|
| *Passato remoto* | scrissi, scrivesti, scrisse, scrivemmo, scriveste, scrissero |

**sedere** to sit

| | |
|---|---|
| *Indicativo presente* | siedo, siedi, siede, sediamo, sedete, siedono |
| *Congiuntivo presente* | sieda, sieda, sieda, sediamo, sediate, siedano |
| *Imperativo* | —, siedi, sieda, sediamo, sedete, siedano |

**sorridere** to smile (see **ridere**)

**spegnere** to turn off

| | |
|---|---|
| *Passato remoto* | spensi, spegnesti, spense, spegnemmo, spegneste, spensero |

**stare** to be

| | |
|---|---|
| *Passato remoto* | stetti, stesti, stette, stemmo, steste, stettero |
| *Congiuntivo presente* | stia, stia, stia, stiamo, stiate, stiano |
| *Congiuntivo imperfetto* | stessi, stessi, stesse, stessimo, steste, stessero |
| *Imperativo* | —, sta', stia, stiamo, state, stiano |
| *Gerundio* | stando |

**tenere** to keep
*Indicativo presente* tengo, tieni, tiene, teniamo, tenete, tengono
*Futuro* terrò, terrai, terrà, terremo, terrete, terranno
*Passato remoto* tenni, tenesti, tenne, tenemmo, teneste, tennero
*Congiuntivo presente* tenga, tenga, tenga, teniamo, teniate, tengano
*Condizionale* terrei, terresti, terrebbe, terremmo, terreste, terrebbero
*Imperativo* —, tieni, tenga, teniamo, tenete, tengano

**togliere** to take, to remove
*Indicativo presente* tolgo, togli, toglie, togliamo, togliete, tolgono
*Passato remoto* tolsi, togliesti, tolse, togliemmo, toglieste, tolsero
*Congiuntivo presente* tolga, tolga, tolga, togliamo, togliate, tolgano
*Imperativo* —, togli, tolga, togliamo, togliete, tolgano

**trasmettere** to transmit (see **mettere**)

**uscire** to go out
*Indicativo presente* esco, esci, esce, usciamo, uscite, escono
*Congiuntivo presente* esca, esca, esca, usciamo, usciate, escano
*Imperativo* —, esci, esca, usciamo, uscite, escano

**vedere** to see
*Futuro* vedrò, vedrai, vedrà, vedremo, vedrete, vedranno
*Passato remoto* vidi, vedesti, vide, vedemmo, vedeste, videro
*Condizionale* vedrei, vedresti, vedrebbe, vedremmo, vedreste, vedrebbero

**venire** to come
*Indicativo presente* vengo, vieni, viene, veniamo, venite, vengono
*Futuro* verrò, verrai, verrà, verremo, verrete, verranno
*Passato remoto* venni, venisti, venne, venimmo, veniste, vennero
*Congiuntivo presente* venga, venga, venga, veniamo, veniate, vengano
*Condizionale* verrei, verresti, verrebbe, verremmo, verreste, verrebbero
*Imperativo* —, vieni, venga, veniamo, venite, vengano

**vincere** to win
*Passato remoto* vinsi, vincesti, vinse, vincemmo, vinceste, vinsero

**vivere** to live
*Futuro* vivrò, vivrai, vivrà, vivremo, vivrete, vivranno
*Passato remoto* vissi, vivesti, visse, vivemmo, viveste, vissero
*Condizionale* vivrei, vivresti, vivrebbe, vivremmo, vivreste, vivrebbero

**volere** to want

| | |
|---|---|
| *Indicativo presente* | voglio, vuoi, vuole, vogliamo, volete, vogliono |
| *Futuro* | vorrò, vorrai, vorrà, vorremo, vorrete, vorranno |
| *Passato remoto* | volli, volesti, volle, volemmo, voleste, vollero |
| *Congiuntivo presente* | voglia, voglia, voglia, vogliamo, vogliate, vogliano |
| *Condizionale* | vorrei, vorresti, vorrebbe, vorremmo, vorreste, vorrebbero |

# Vocabolario italiano-inglese

The Italian-English vocabulary contains the words and expressions presented for active use as well as other basic words used in the text. A number following a vocabulary entry refers to the unit or units where the word is introduced for active use; the letter P refers to the **Unità preliminare.** Definitions are limited to those used in the book. Idiomatic expressions are listed under their dominant word. The gender of nouns is indicated by the abbreviation *m.* or *f.* Irregular plurals and nouns used only in the plural form are also indicated. Adjectives are listed by their masculine form. Irregular stress is indicated by a dot under the stressed vowel.

The following abbreviations are used in the vocabulary.

| | | | |
|---|---|---|---|
| *agg.* | adjective | *m.* | masculine |
| *avv.* | adverb | *n.* | noun |
| *f.* | feminine | *pl.* | plural |
| *inf.* | infinitive | *p.p.* | past participle |
| *inv.* | invariable | *pr.* | pronounce |
| *irr.* | irregular | | |

**a, ad** at, in, to 1
**a bordo** on board 9
**a condizione che** provided that 8
**a meno che** not unless 8
**a patto che** provided that 8
**a propọsito** that reminds me, speaking of which 8
**abbastanza** quite P
**abbigliamento** (*m.*) clothing 7
**abbinare** to put/go together 7
**abbonamento** (*m.*) subscription 11
**abbonarsi** to subscribe 11
**abbracciarsi** to hug each other 7
**abbronzato** suntanned 6
**abitare** to live 1
**ạbito** (*m.*) suit 7; **ạbiti firmati** (*m. pl.*) designer clothes 7
**accessori** (*m. pl.*) accessories 7
**accidẹmpoli!** my gosh! 11
**accidenti!** darn it! 2
**accipicchia!** darn it! 4, good heavens! 11
**accomodarsi: si accọmodi!** make yourself comfortable! 8
**accompagnare qualcuno** to accompany someone 8
**accontentarsi (di)** to settle (for), to be content (with) 12
**accordo** (*m.*) agreement; **d'accordo** agreed 1; **ẹssere d'accordo** to agree
**aceto** (*m.*) vinegar 5
**acqua** (*f.*) water; **acqua minerale** mineral water 1
**addio** farewell P, 8
**addormentarsi** to fall asleep 7
**aẹreo, aeroplano** (*m.*) airplane 8
**aerọbica** (*f.*) aerobics 6; **fare aerọbica** to do aerobics 6
**aeroporto** (*m.*) airport 3, 9
**affare** (*m.*) deal, bargain 4; **affare fatto** done deal, consider it done 11
**affascinante** fascinating 9
**affatto: non... affatto** not at all 9
**affinché** so that 8
**affittare** to rent 3
**affollato** crowded 9
**affrontare** to deal with 12
**afoso** muggy 3
**agenzia** (*f.*) agency; **agenzia di viạggio** travel agency 1
**aggiornato** up-to-date; **tenersi aggiornato (su)** to keep up to date (on) 11
**aglio** (*m.*) garlic 5
**agosto** August 1
**aiutare** to help 1; **aiuto!** help! 2
**aiutarsi** to help each other 7
**ạlbero** (*m.*) tree 6

**alcuni/e** some 4
**alfabeto** (*m.*) alphabet P
**allacciare** to fasten 9
**allegro** happy 2
**allenamento** (*m.*) practice, training 6
**allenare** to train others 6
**allenatore** (*m.*) coach, trainer 6
**allieva** (*f.*) elementary-level student 2
**allievo** (*m.*) elementary-level student 2
**allontanarsi** to move away, to depart
**allora** then 1
**alto** tall 2; **alto volume** high volume 10
**altoparlante** (*m.*) loudspeaker 10
**altrettanto** likewise, same to you 5
**altro** other; **altro che!** anything but! (*ironic*)
**alunna** (*f.*) student (elementary level) 2
**alunno** (*m.*) student (elementary level) 2
**alzarsi** to get up
**amare** to love 3
**ambasciata** (*f.*) embassy 12
**ambasciatore** (*m.*) ambassador 12
**ambiente** (*m.*) environment 8
**ambulanza** (*f.*) ambulance 8
**americano** American 1
**ammalarsi** to get sick 7
**ammettere** (*p.p.* **ammesso**) to admit 4
**amore** (*m.*) love 9; darling, dear (*term of endearment*) 3
**analizzare** to analyze 11
**ananas** (*m.*) pineapple 4
**anche** also, too, even; **anch'io** me too 1
**ancora** still 4, yet 5
**andare** (*irr.*) to go 2; **andare a monte** to come to nothing 9; **andare avanti** to go on 6; **andare bene/male** to do well/poorly 2; **andare di male in peggio** to go from bad to worse 11; **andare dritto** to go straight ahead 6; **andare in barca a vela** to sail 6; **andare in bicicletta** to bicycle 8; **andare in onda** to be on the air 11; **andare in vacanza** to go on vacation 6; **andare per il meglio** to go well 10; **ti va di?** are you up for? 5
**angolo** (*m.*) corner 2
**anima** (*f.*) soul; **non c'è anima viva** there's not a living soul around 10
**anno** (*m.*) year 1; **anno scolastico** school year 2; **l'anno scorso** last year 4
**annoiarsi** to get bored 7
**annoiato** bored 2
**annunciatore** (*m.*) announcer, newscaster 11
**annunciatrice** (*f.*) announcer, newscaster 11
**antenato** (*m.*) ancestor 12
**anticipo** (*m.*) advance; **in anticipo** early 2
**antico** ancient 2
**antipasto** (*m.*) appetizer 5
**antipatico** mean, unlikeable 2
**antiquariato** (*m.*) antiques 3
**antiquario** (*m.*) antique dealer 3
**anzi** on the contrary, actually 4
**aperto** open 1
**apparecchiare** to set the table 5
**appartamento** (*m.*) apartment 3
**appassionato** (*m.*) fan, admirer; **essere appassionato/a di...** to love (something) 10
**appetito** (*m.*) appetite 5; **buon appetito!** enjoy your meal! 5
**applaudire** to applaud 10
**aprile** April 1
**aprire** (*p.p.* **aperto**) to open 2
**aquila** (*f.*) eagle 10
**aquilone** (*m.*) kite 10
**arancia** (*f.*) orange (*fruit*) 2, 4
**arancione** (*inv.*) orange (*color*) 2
**arbitro** (*m.*) referee 6
**architetto** (*m. or f.*) architect P, 8
**architettura** (*f.*) architecture 2
**argomento** (*m.*) topic 2
**aria** (*f.*) air
**armadio** (*m.*) closet 2
**arrabbiarsi** to get angry 7
**arrabbiato** angry 11
**arrivare** to come 1
**arrivederci/arrivederLa** good-bye P
**arrivo** (*m.*) arrival 9; **essere in arrivo** to be arriving 9
**arte** (*f.*) art; **galleria d'arte** art gallery 6
**articolo** (*m.*) article 11
**artigiana** (*f.*) artisan 8
**artigiano** (*m.*) artisan 8
**artista** (*m. or f.*) artist 8
**ascensore** (*m.*) elevator 11
**ascoltare** to listen to 1
**asilo** (*m.*) nursery school 2
**aspettare** to wait for 1
**assaggiare** to try, to taste 4
**assegno** (*m.*) check 4
**assumere** to hire 8
**astronave** (*f.*) spaceship 11
**atleta** (*m. or f.*) athlete 6
**atletico** athletic 2
**attento** attentive 2
**atterraggio** (*m.*) landing 9
**atterrare** to land 9
**attore** (*m.*) actor 10
**attrice** (*f.*) actress 10
**attuale** current 12
**auguri** (*m. pl.*) (best) wishes, congratulations 9; **me lo auguro!** I hope so! 9
**aula** (*f.*) classroom 1
**australiano** Australian 2
**autista** (*m. or f.*) driver 8
**auto** (*f.*) automobile, car 1
**autobus** (*m.*) bus
**automobile** (*f.*) automobile, car 1, 8; **automobile a noleggio** rental car 9
**autore** (*m.*) author 11
**autostrada** (*f.*) superhighway 10
**autrice** (*f.*) author 11
**autunno** (*m.*) autumn, fall 1
**avanti** forward; **avanti!** come in! 3
**avere** (*p.p.* **avuto**) to have 1; **avere... anni** to be . . . years old 1; **avere bisogno di** to need 1; **avere caldo** to feel hot, to be hot 1; **avere da fare** to have things to do 3; **avere fame** to be hungry 1; **avere freddo** to be cold 1; **avere fretta** to be in a hurry 1; **avere l'acqua alla gola** to be at the end of one's rope 9; **avere l'acquolina in bocca** to make one's mouth water 5; **avere la febbre** to be feverish 7; **avere paura (di)** to be afraid (of) 1; **avere ragione** to be right 1; **avere sete** to be thirsty 1; **avere sonno** to be sleepy 1; **avere torto** to be wrong 1; **avere una cotta per** to have a crush on 8; **avere una fame da lupi** to be ravenous 5; **avere voglia di** to want 1
**avvocatessa** (*f.*) lawyer
**avvocato** (*m. or f.*) lawyer P, 8
**azienda** (*f.*) firm 3, 8
**azzurro** light blue 2

**babbo** (*m.*) daddy, father 3
**baciarsi** to kiss each other 7
**baffi** (*m. pl.*) moustache 6
**bagnino** (*m.*) lifeguard 6
**bagno** (*m.*) bathroom 3

**bagnoschiuma** (*m.*) bubble bath 4
**ballare** to dance 1
**ballerina** (*f.*) dancer 10
**ballerino** (*m.*) dancer 10
**ballo** (*m.*) dance 10; **pista da ballo** dance floor 10
**bambina** (*f.*) child, baby 3
**bambino** (*m.*) child, baby 3
**banana** (*f.*) banana 4
**banca** (*f.*) bank 3
**banco** (*m.*) desk 2, counter 5
**banconota** (*f.*) bill, paper money 4
**bandiera** (*f.*) flag 2
**bar** (*m.*) café, coffee shop 3, 5
**barba** (*f.*) beard; **che barba!** how boring! 6
**barca** (*f.*) boat 2; **barca a vela** sailboat
**barista** (*m. or f.*) bartender 5
**barzelletta** (*f.*) joke 7
**basso** short 2; **basso volume** low volume 10
**bastare** to be enough 1; **basta!** enough! enough already! 8
**batteria** (*f.*) drums 10
**beato te!** lucky you! 6
**bello** beautiful, handsome, nice 2; **che bello!** how nice! 2, 4
**benché** although 8
**bene** fine, well P; **benissimo** very well P; **benone** terrific P; **è bene** it's good 8; **molto bene** very well P; **non sto bene** I'm not well P; **va bene** OK, fine 1
**benvenuto** welcome 1, 3
**benzina** (*f.*) gasoline 10; **fare il pieno di benzina** to fill up (the gas tank) 10
**bere** (*irr., p.p.* **bevuto**) to drink 3
**bianco** white 2
**biblioteca** (*f.*) library 2
**bicchiere** (*m.*) glass 5
**bicicletta** (*f.*) bicycle 1
**biglietto** (*m.*) ticket 1; **fare il biglietto** to buy a ticket 9; **biglietto da visita** business card P; **biglietto di andata e ritorno** round-trip ticket 9; **biglietto di sola andata** one-way ticket 9; **timbrare il biglietto** to stamp/validate a ticket 9
**bimba** (*f.*) child
**bimbo** (*m.*) child
**binario** (*m.*) track (*train*) 9
**binocolo** (*m.*) binoculars 6
**biologia** (*f.*) biology 2
**biondo** blond 2
**birra** (*f.*) beer 5
**bisogna** it's necessary 8
**bistecca** (*f.*) steak 4
**blu** (*inv.*) blue 2, 7
**bocca** (*f.*) mouth 7; **avere l'acquolina in bocca** to make one's mouth water 5; **in bocca al lupo** good luck! 2
**bolletta** (*f.*) bill 12
**bollito** boiled 5
**borsa** (*f.*) bag 7, stock market 8; **borsa a tracollo** shoulder bag 7
**bosco** (*m.*) woods, forest 6
**bottega** (*f.*) shop 2, 4
**bottone** (*m.*) button 10
**braccio** (*m., pl. f.* **le braccia**) arm 7
**bravo** good, well done 1; **come sei bravo/a!** you're so good (*at something*)! 2
**brindare** to toast
**brindisi** (*m.*) toast; **fare un brindisi** to offer a toast 5
**brodo** (*m.*) broth; **in brodo** in broth 5
**bruciare** to burn 5
**brutto** ugly, bad 2; **fa brutto** it's bad weather 3
**buca: buca delle lettere** (*f.*) mailbox 3
**bucato** (*m.*) laundry 12
**buffo** funny
**bugia** (*f.*) lie
**buio** (*m.*) dark 1; **al buio** in the dark 4
**buono** good 2; **buon appetito!** enjoy your meal! 5; **buon compleanno** happy birthday! 1; **buona fortuna** good luck! 2; **buonanotte** good night P; **buonasera** good evening P; **buongiorno** good morning P; **che buono!** how delicious! 4
**buttare** to throw 1; **buttare la pasta** to throw pasta into boiling water 5

**caffè** (*m.*) coffee; café, coffee shop 3, 5
**calcio** (*m.*) soccer 6; **giocare a calcio** to play soccer 6
**caldo** (*m.*) heat 1; **fa un caldo bestiale** it's sweltering 3
**calma** (*f.*) calm; **con calma!** take it easy! 1
**calza** (*f.*) sock 7
**cambiare** to change, to exchange 1, 4; **cambiare facoltà** to change majors 2
**camera** (*f.*) room 2; **camera da letto** bedroom 3
**cameriera** (*f.*) waitress 5
**cameriere** (*m.*) waiter 5
**camerino** (*m.*) dressing room 7
**camicetta** (*f.*) blouse 7
**camicia** (*f.*) shirt 7; **camicia da notte** nightgown 7
**camminare** to walk 1
**campagna** (*f.*) country 3
**campeggio** (*m.*) campground 6, camping; **fare campeggio** to go camping 6
**campo** (*m.*) field 8; **campo da calcio** soccer field 6; **campo da tennis** tennis court
**canale** (*m.*) channel 11
**cantante** (*m. or f.*) singer 8
**cantare** to sing 1
**cantautore** (*m.*) singer-songwriter 10
**cantautrice** (*f.*) singer-songwriter 10
**canticchiare** to hum 10
**canzone** (*f.*) song 10
**capelli** (*m. pl.*) hair 4
**capire** to understand 2; **capirai!** you must be kidding! 4; **non capire un tubo** not to understand at all 10; **si capisce!** naturally!, of course! 5
**capitale** (*f.*) capital 1
**capitare** to happen; **capitare tutte a qualcuno** for everything (unpleasant) to happen to someone 10
**capitolo** (*m.*) chapter 11
**capo** (*m. or f.*) boss 8
**capolavoro** (*m.*) masterpiece 11
**cappello** (*m.*) hat 7
**cappotto** (*m.*) coat 7
**carne** (*f.*) meat 4; **troppa carne sul fuoco** too many irons in the fire 8
**caro** expensive 4; dear
**carota** (*f.*) carrot 4
**carriera** (*f.*) career 8
**carrozza** (*f.*) railway car 9
**carta** (*f.*) paper, playing card; **carta d'identità** ID card P; **carta d'imbarco** boarding pass 9; **carta di credito** credit card 4
**cartello** (*m.*) sign 1
**cartellone** (*m.*) poster, placard 11
**cartina** (*f.*) map 6
**cartoleria** (*f.*) stationery store 4
**cartolina** (*f.*) postcard 1
**casa** (*f.*) home, house; **a casa** at home 1; **casa dello studente** dormitory 2; **casa editrice** publishing house 11

**casalinga** (*f.*) housewife 8
**casco** (*m.*) helmet 8
**cạspita!** wow! 6
**cassa** (*f.*) cash register 4
**cassetta** (*f.*) audiocassette 2
**cassiera** (*f.*) cashier 4
**cassiere** (*m.*) cashier 4
**cattedrale** (*f.*) cathedral 3
**cattivo** bad, naughty, sorry 2
**cavạrsela** to manage, to get by 1; **me la cavo** I get by 1; **te la cavi bene** you get by just fine 1
**cạvolo: che cạvolo!** damn! (*literally, what a cabbage!*) 10
**CD** (*m., pr.: cidì*) compact disc 10; **lettore CD** (*m.*) CD player 10
**celebrare** to celebrate 9
**cena** (*f.*) dinner 5
**cenare** to eat dinner 5
**cento** one hundred 4
**centralinista** (*m. or f.*) telephone operator P
**centro** (*m.*) center; **in centro** downtown 3
**cercare** to look for 1
**che** what, which 3; **che barba!** how boring! 6; **che cạvolo!** damn! (*literally, what a cabbage!*) 10; **che colpo!** what luck! 7; **che ne dici di** (+ *inf.*)**?** what do you say to (*doing something*)? 4; **che ora è?/che ore sono?** what time is it? 2
**chi** he who, she who; **chi** who, whom 1, 3; **chi si vede!** look who's here! 4
**chiamare** to call; **chiamarsi** to be named, called P; **come si chiama?/ti chiami?** what's your name? P
**chiaro** light (color) 7
**chiave** (*f.*) key 1
**chiẹdere** (*p.p.* **chiesto**) to ask (for)
**chiesa** (*f.*) church 1
**chilo** (*m.*) kilo, kilogram 4
**chịmica** (*f.*) chemistry 2
**chissà** who knows 6
**chiụdere** (*p.p.* **chiuso**) to close 2
**chiuso** closed 1
**ci** there 4; **ci sono** there is/there are 4
**ciao** hi; bye P
**ciascuno: a ciascuno il suo** to each his own 7
**ciclismo** (*m.*) bicycle racing 6
**cielo** (*m.*) sky 6; **santo cielo!** good heavens! 9
**ciglio** (*m., pl. f.* **le ciglia**) eyelash 7
**ciliẹgia** (*f.*) cherry 4
**cịnema** (*m.*) movie theater, cinema 1, 3
**cinematọgrafo** (*m.*) cinema 1
**cinese** Chinese 2
**cintura** (*f.*) belt 7; **cintura di sicurezza** seatbelt 9
**cipolla** (*f.*) onion 4
**circondare** to surround 1
**città** (*f.*) city 1
**cittadina** (*f.*) citizen 12
**cittadino** (*m.*) citizen 12
**clarinetto** (*m.*) clarinet 10
**classe** (*f.*) class (of students), classroom 2; **la prima classe** first class 9; **la seconda classe** second class 9
**clientela** (*f.*) clientele 4
**cognata** (*f.*) sister-in-law 3
**cognato** (*m.*) brother-in-law 3
**cognome** (*m.*) last name P
**coincidenza** (*f.*) connection 9
**colazione** (*f.*) breakfast 2
**collana** (*f.*) collection, series 11
**colle** (*m.*) hill 1
**collega** (*m. or f.*) colleague 8
**collezionare** to collect, to gather 6
**collezione** (*f.*) collection 6
**collina** (*f.*) hill 1
**collo** (*m.*) neck 7
**colonna** (*f.*) column 2
**colorato** colored, colorful 7
**colore** (*m.*) color 2
**colpo: che colpo!** what luck! 7
**coltello** (*m.*) knife 5
**come** how, like, as; **come mai?** how come? why? 2; **come si suol dire** as they say, as the saying goes 12; **come va?** how's it going? P
**cominciare** to begin, to start P; **cominciare a** (+ *inf.*) to start, to begin (*to do something*)
**commẹdia** (*f.*) comedy 10
**commediọgrafo** (*m.*) playwright 10
**commercialista** (*m. or f.*) accountant 8
**commessa** (*f.*) salesperson, clerk 4
**commesso** (*m.*) salesperson, clerk 4
**cọmodo** comfortable 3
**cọmpito** (*m.*) homework 2
**compleanno** (*m.*) birthday 1
**complesso** (*m.*) band 10
**complimenti!** good for you! 8
**compositore** (*m.*) composer 10
**comprare** to buy 1
**computer** (*m.*) computer 2
**comunque** anyway, at any rate 9
**con** with 1; **con calma!** take it easy! 1
**concerto** (*m.*) concert 10
**condire** to dress a salad 5
**conferenza** (*f.*) lecture 3
**confezione** (*f.*) package 4
**confronto: in confronto a** compared to 9
**confusione** (*f.*) confusion 1
**conọscere** (*irr., p.p.* **conosciuto**) to know (a person or place) 2; to meet P; **conọscere qualcuno da anni** to know somebody for years 6; **conọscersi** to meet each other; to know each other P
**consegnare** to hand over, to give 9
**conservare** to save, to preserve 2
**conservatọrio** (*m.*) conservatory 10
**considerare** to consider 1
**consigliare** (**di** + *inf.*) to advise (*to do something*), to recommend; **ti consiglio...** my advice to you is . . . 5; **Presidente del Consiglio** (*m.*) prime minister 12
**consịstere** to consist 2
**consolato** (*m.*) consulate 12
**cọnsole** (*m.*) consul 12
**contadina** (*f.*) farmer 8
**contadino** (*m.*) farmer 8
**contento** happy 1
**conto** (*m.*) check, bill 1, 4
**contorno** (*m.*) side dish 5
**contribuire** to contribute 12
**conveniente** cheap, reasonably priced 4
**conversazione** (*f.*) conversation P
**copertina** (*f.*) cover; **copertina rigida** hard cover (book) 11
**coperto** (*m.*) cover charge 5; **è coperto** it's cloudy 3
**copia** (*f.*) copy 11
**coppia** (*f.*) couple, pair 1
**corpo** (*m.*) body 7
**corrẹggere** (*p.p.* **corretto**) to correct
**cọrrere** (*p.p.* **corso**) to run 2, 6
**corretto** correct
**corsa** (*f.*) race 6; **di corsa** in a hurry 2
**corso** (*m.*) course 2
**cosa** (*f.*) thing; **cosa, che cosa?** what? 3; **cos'hai?** what's the matter? 5; **cosa intendi?** what do you mean? 3
**così** like this, therefore, thus; **così così** so-so P
**costare** to cost 4
**costituzione** (*f.*) constitution 12
**costoso** expensive, costly 4

**costume** (*m.*) costume 7; habit, custom 12; **costume da bagno** bathing suit 7

**cotone** (*m.*) cotton 7

**cotto** cooked 4

**cravatta** (*f.*) tie 7; **cravatta a farfalla** bowtie 7

**creare** to create 2

**crẹdere (a, in)** to believe (in) 4; **lo credo bene!** I believe it! 11

**crẹscere** to grow 2, 4

**crisi** (*f.*) crisis 8

**crịtico** (*m.*) critic 10

**crudo** raw 4

**cucchiaino** (*m.*) teaspoon 5

**cucchiaio** (*m.*) spoon 5

**cucina** (*f.*) kitchen 3

**cucire** to sew 7

**cuffiette** (*f. pl.*) headphones 2

**cugina** (*f.*) cousin 3

**cugino** (*m.*) cousin 3

**cuoca** (*f.*) chef 5

**cuọcere** (*p.p.* **cotto**) to cook 5

**cuoco** (*m.*) chef 5

**cuoio** (*m.*) leather 7

**cuore** (*m.*) heart 1; **a cuor leggero** without thinking 12

**curare** to care for, to look after 1

**curioso** curious 1

**currịculum** (*m.*) résumé 8

**da** at, from, by; **da anni** for years 6; **da noi, da te** at our place, at your place 6; **da solo** alone 6; **da lì** from there 1

**dai!** come on! 6

**dama** checkers; **giocare a dama** to play checkers 6

**dare** (*p.p.* **dato**) to give 2; **dare fastịdio** to annoy, to bother 12; **dare la mano** to shake hands; **dare un esame** to take an exam 2; **dare un film** to show a film 10; **dare un passaggio (a qualcuno)** to give someone a lift 8; **dare una mano** to lend a hand; **dare un'occhiata a** to glance at 10; **darsi del tu/del Lei** to use the **tu** form/**Lei** form with each other 9

**data** (*f.*) date 1

**davanti a** in front of 1

**davvero** really 1

**decịdere** to decide 2

**decollare** to take off (*plane*) 9

**decollo** (*m.*) takeoff (*plane*) 9

**delizioso** delicious 5

**denaro** (*m.*) money 4

**dente** (*m.*) tooth 7; **al dente** cooked just right, not overdone (*pasta*) 5

**dentifrịcio** (*m.*) toothpaste 4

**dentista** (*m. or f.*) dentist 8

**dẹ́pliant** (*m.*) brochure 9

**desiderare** to desire, to want 1; **desịdera?** may I help you? 4

**destinazione** (*f.*) destination 9

**destra** right; **a destra** on, to the right 6

**detto** (*m.*) saying 1

**di** of, about, from 1; **di chi?** whose? 3; **di dove sei/è?** where are you from? P; **di lusso** luxurious, deluxe 7; **di modo che** so that 8; **di nuovo** again 4; **di sọlito** normally 6

**dicembre** December 1

**dietro a** behind 1

**diffịcile** difficult 2

**diluviare** to pour (*rain*) 6

**dimagrire** to lose weight 7

**dimenticare** to forget 1; **dimenticarsi (di)** to forget 7

**dipịngere** (*p.p.* **dipinto**) to paint 6

**diplomạtico** diplomatic 12

**diplomazia** (*f.*) diplomacy 12

**dire** (*p.p.* **detto**) to say 3; **a dire il vero** to tell the truth 8; **c'è da dire che...** it must be said that . . . 12; **come si suol dire** as they say, as the saying goes 12; **dire sul serio** to say something seriously/honestly 6; **mi dica!** may I help you?; **non mi dire!** you don't say! 4, 11

**diretta: in diretta** live (*television*) 11

**direttore** (*m.*) director; **direttore d'orchestra** conductor 10

**direttrice** (*f.*) director 10

**direzione** (*f.*) direction 1

**dirigente** (*m. or f.*) executive 8

**diritto** (*m.*) law 2

**disastro** (*m.*) disaster; **che disastro!** what a disaster! 6

**dischetto** (*m.*) diskette 2

**disco** (*m.*) record 10

**discoteca** (*f.*) discotheque, club 3

**discụtere** (*p.p.* **discusso**) to discuss 2

**disegnare** to draw 6

**disoccupata** (*f.*) unemployed person 8

**disoccupato** (*m.*) unemployed person 8

**disoccupazione** (*f.*) unemployment 8

**dispiacere** to be sorry, to mind 8; **mi dispiace** I'm sorry 2

**disponibilità** (*f.*) availability 9

**disposizione: a Sua (tua) disposizione!** at your service 9

**distributore** (*m.*) gas pump 10

**disturbare** to disturb, to bother 2

**dito** (*m., pl. f.* **le dita**) finger 7

**ditta** (*f.*) company 8

**divano** (*m.*) couch 3

**divenire** to become 8

**diventare** to become 8

**diverso** different 2

**divertente** fun 2; **che divertente!** what fun! 11

**divertirsi** to have a good time 7

**divịdere** (*p.p.* **diviso**) to divide 2

**divorziato** divorced 3

**dọccia** (*f.*) shower 3

**dogana** (*f.*) customs 9; **passare la dogana** to go through customs 9

**dolce** (*m.*) dessert 5; (*agg.*), sweet 3

**dolore** (*m.*) pain 7

**domanda** (*f.*) question 1

**domandare** to ask 1

**domani** tomorrow 1; **domani l'altro** day after tomorrow 6

**domẹnica** Sunday 1

**donna** (*f.*) woman 1; **donna d'affari** businesswoman 8

**dopo** then, later 6

**dopodomani** day after tomorrow 1

**dormigliona** (*f.*) sleepy head 4

**dormiglione** (*m.*) sleepy head 4

**dormire** to sleep 2

**dormitọrio** (*m.*) dormitory 2

**dottore** (*m.*) doctor P

**dottoressa** (*f.*) doctor P

**dove** where P; **dov'è?** where is? P, 1; **di dov'è Lei/sei?** where are you from? P

**dovere** to have to, must 3

**dramma** (*m.*) drama 10

**dritto** straight; **andare dritto** to go straight ahead 6

**droga** (*f.*) drugs 12

**duomo** (*m.*) large church, cathedral 3

**dubitare** to doubt 8

**durante** during; **durante l'estate** during the summer 1

**eccellente** excellent 1

**ecco** here is/are P, 1

**ẹccome!** and how!, of course!, certainly! 4

**economia** (*f.*) economics, economy 2

**econọmico** economical, cheap 4, 9

**edịcola** (*f.*) newsstand 3, 11

**edificio** (*m.*) building 3

**editore** (*m.*) editor, publisher 11
**edizione** (*f.*) edition, issue; **edizione tascabile** paperback, softcover 11
**elegante** elegant 3
**eleggere** to elect 12
**elenco** (*m.*) list 4
**elettore** (*m.*) voter 12
**elettrice** (*f.*) voter 12
**elezione** (*f.*) election 12
**emigrare** to emigrate 12
**emigrato** (*m.*) emigrant 12
**enciclopedia** (*f.*) encyclopedia 11
**entrare** to enter 4; **cosa c'entra... ?** what's . . . got to do with it? 10
**entro (una settimana)** within, in (a week) 9
**esame** (*m.*) exam 2; **dare un esame** to take an exam 2
**esattamente** exactly 1
**esatto** exactly 1
**esaurito** out of print, sold out 11
**esempio** (*m.*) example P
**esserci: c'è** there is 1; **ci sono** there are 1
**essere** (*irr., p.p.* **stato**) to be 1; **essere alle stelle** to be sky-high 12; **essere appassionato di...** to love (*something*) 10; **essere d'accordo** to agree; **essere d'origine...** to be of . . . origin 12; **essere di** to be from P; **essere goloso** to have a sweet tooth 5; **essere in anticipo** to be early 2; **essere in arrivo** to be arriving 9; **essere in forma** to be in shape 1; **essere in gamba** to be on the ball, smart 11; **essere in orario** to be on time 9; **essere in partenza** to be leaving 9; **essere in ritardo** to be late 2; **essere scemo** to be a fool 4; **essere senza parole** to be speechless 5; **essere stonato come una campana** to be tone-deaf 10; **essere stufo di** to be fed up with, sick of 10; **sarà...** maybe so . . . 12; **siamo in (quattro)** there are (four) of us 5
**est** (*m.*) east 1
**estate** (*f.*) summer 1; **d'estate, in estate** in the summer 1
**estero: all'estero** abroad 12
**età** (*f.*) age 1
**eterno** eternal 1
**etto** (*m.*) one hundred grams 4
**evitare** to avoid 8
**fa** ago 4
**fabbrica** (*f.*) factory 8
**facchino** (*m.*) porter 9
**faccia** (*f.*) face 7; **avere una faccia brutta** to look pale, unwell 7
**facile** easy 2
**falegname** (*m.*) carpenter 8
**famiglia** (*f.*) family 3
**famoso** famous 2
**fantasia** (*f.*) design, print 7
**fare** (*p.p.* **fatto**) to do, to make 3; **fare acquisti** to shop for clothes 7; **fare aerobica** to do aerobics 6; **fare attenzione** to pay attention; **fare il bagno** to take a swim 6; **fare una bella/brutta figura** to make a good/bad impression 7; **fare bello/brutto** to be nice/bad weather 3; **fare il biglietto** to buy a ticket 9; **fare caldo** to be hot out (*weather*) 3; **fare un caldo bestiale** to be a sweltering hot day 3; **fare campeggio** to go camping 6; **fare carriera** to have a career 8; **fare delle commissioni** to run errands 3; **fare una domanda** to ask a question; **fare due passi** to take a stroll 4; **fare footing** to jog 6; **fare freddo** to be cold out (*weather*) 3; **fare un freddo cane** to be a freezing cold day 3; **fare ginnastica** to exercise 6; **fare il malocchio (a qualcuno)** to give (someone) the evil eye 10; **fare un pacchetto regalo** to gift-wrap 4; **fare una passeggiata** to take a walk 6; **fare una pausa** to take a break 8; **fare pena** to be pitiful 6; **fare il pendolare** to commute 7; **fare il pieno** to fill the tank 10; **fare una prenotazione** to make a reservation 9; **fare qualcosa coi piedi** to do something in a slapdash way 11; **fare sciopero** to go on strike 8; **fare la spesa** to shop for food 4; **fare sport** to play a sport 6; **fare il tifo** to be a fan, to cheer 6; **fare i tirchi** to be cheap, to be a cheapskate 4; **fare la valigia** to pack a suitcase 9; **(non) farcela** (not) to be able to make it, handle it 5; **farsi compagnia** to keep each other company 10; **farsi male** to hurt oneself 7
**farfalla** (*f.*) butterfly; bow tie 7
**farmacia** (*f.*) pharmacy, drugstore 2, 3
**farmacista** (*m. or f.*) pharmacist 4
**fastidio** (*m.*) bother, nuisance 12; **dare fastidio** to annoy, to bother 12
**fattoria** (*f.*) farm 8
**favola** (*f.*) fairy tale 6
**febbraio** February 1
**femminile** feminine P
**feriale** (*agg.*) weekday 9
**ferie** (*f. pl.*) holidays 8
**fermata** (*f.*) stop; **fermata dell'autobus** bus stop 8
**festa** (*f.*) party, holiday P, 9
**festeggiare** to celebrate 9
**festivo** (*agg.*) weekend day, holiday 9
**fiasco** (*m.*) flop 10
**ficcanaso** nosy person, busybody 3
**fidanzata** (*f.*) fiancée 3
**fidanzato** (*m.*) fiancé 3
**fifa: che fifa!** how terrifying! 11
**figlia** (*f.*) daughter 1
**figlio** (*m.*) son 1
**figurare: figurati!** don't mention it 1, just imagine! 2
**filosofia** (*f.*) philosophy 2
**finalmente** at last, finally 5
**fine** (*f.*) end; **che fine ha fatto... ?** whatever happened to . . . ? 12; **fine settimana** (*m.*) weekend 1; **lieto fine** (*m.*) happy ending 11
**finestra** (*f.*) window 2
**finestrino** (*m.*) (car, train) window 9
**finire** to finish 2
**finito** finished P
**fino: fino a** until, till 4
**fiocco** (*m.*) ribbon, knot; **coi fiocchi** excellent, first-rate 12
**fiore** (*m.*) flower 6
**fisica** (*f.*) physics 2
**fiume** (*m.*) river 1
**flauto** (*m.*) flute 10
**foglio** (*m.*) sheet 2; **foglio di carta** sheet of paper 2
**fondato** founded 1
**fontana** (*f.*) fountain 1
**forchetta** (*f.*) fork 5
**forma** (*f.*) shape
**formaggio** (*m.*) cheese 4
**fornito** stocked 11
**forno** (*m.*) oven, stove 5; **al forno** baked 5
**forse** perhaps 3
**forte** strong
**fortuna** (*f.*) fortune, luck
**forza!** go! 6
**fotografia** (*f.*) photograph 1
**fotomodella** (*f.*) fashion model 7
**fra** in, within, among, between 1

**frạdicio** soaked; **bagnato frạdicio** soaking wet 9; **sudato frạdicio** soaked with sweat 9

**frạgola** (*f.*) strawberry 4

**francese** French 2

**francobollo** (*m.*) stamp 3

**frase** (*f.*) phrase, sentence; **frase fatta** cliché 12

**fratelli** (*m. pl.*) siblings 3

**fratello** (*m.*) brother 3

**freddo** cold

**frequentare** to attend 2

**fresco** cool, fresh 3; **bello fresco** very fresh 4; **star fresco** to be in a fine mess 8

**frịggere** (*p.p.* **fritto**) to fry 5

**fritto** fried 5

**frizzante** carbonated 5

**frutti di mare** (*m. pl.*) shellfish 5

**fruttivẹndolo** (*m.*) fruit vendor 4

**fumetti** (*m. pl.*) comics 2

**fungo** (*m.*) mushroom 2

**funivia** (*f.*) cable car 6

**funzionare** to function, to work 2

**funzionạrio** (*m.*) functionary 12

**fuochi d'artificio** (*m. pl.*) fireworks 9

**fuori** out of, outside; **fuori mano** out of the way 10; **fuori moda** unfashionable 7

**futuro** (*m.*) future; **in futuro** in the future 6

**galleria** (*f.*) tunnel; **galleria d'arte** art gallery 6

**gamba** (*f.*) leg 7; **ẹssere in gamba** to be on the ball, smart 11

**gara** (*f.*) match, competition 6

**garantire** to guarantee 12

**gasata** carbonated 5

**gelateria** (*f.*) ice cream store 4

**gelato** (*m.*) ice cream 4

**gemello** (*m.*) twin 1

**generalizzare** to generalize 12

**generazione** (*f.*) generation 12

**genitori** (*m. pl.*) parents 3

**gennaio** January 1

**gentile** polite 1

**geografia** (*f.*) geography 1

**gesso** (*m.*) chalk 2

**ghiaccio** (*m.*) ice 5

**già** already 4

**giacca** (*f.*) jacket 7

**giallo** yellow 2

**giapponese** Japanese 2

**giardino** (*m.*) garden 3

**ginnạstica** (*f.*) gymnastics 6; **fare ginnạstica** to exercise 6

**ginọcchio** (*m., pl. f.* **le ginocchia**) knee 7

**giocare** to play 1; **giocare (a +** *n.***)** to play (a sport or a game) 6; **giocare a calcio** to play soccer 6; **giocare a carte, scacchi** to play cards, chess 6

**giocatore** (*m.*) player 6

**giocatrice** (*f.*) player 6

**gioco** (*m.*) game 1

**gioiello** (*m.*) jewel 7

**giornalaio** (*m.*) newspaper vendor 11

**giornale** (*m.*) newspaper 3, 11

**giornalista** (*m. or f.*) journalist 3, 8, 11

**giornata** (*f.*) day; **che giornata!** what a day! 2

**giorno** (*m.*) day 1

**giọvane** young 2

**giovedì** Thursday 1

**girare** to turn, to go around 1; **girare a destra, a sinistra** to turn right, left 6; **girare un film** to film 10

**gita** (*f.*) trip, excursion; **gita scolạstica** school trip 2

**giubbotto** (*m.*) short jacket 7

**giudicare** to judge 12

**giụdice** (*m.*) judge 12

**giugno** June 1

**giurisprudenza** (*f.*) law 2

**godere** to enjoy 12

**gol** (*m.*) goal 6

**gola** (*f.*) throat 7

**goloso** greedy; **ẹssere goloso** to have a sweet tooth 5

**gonna** (*f.*) skirt 7

**governare** to govern 12

**governo** (*m.*) government 12

**grande** big 2

**grasso** fat 2

**grave** serious 12

**grạzie** thank you P

**grembiule** (*m.*) apron 2

**grigio** gray 2, 7

**griglia** (*f.*) grill; **alla griglia** grilled 5

**guadagnare** to earn, to make money 8; **non guadagnare una lira** not to earn a penny 11

**guanto** (*m.*) glove 7

**guardare** to look at 1

**guida** (*f.*) guide; **guida turịstica** guidebook 1

**guidare** to drive 8

**hobby** (*m.*) hobby 6

**idea** (*f.*) idea; **non averne la più pạllida idea** not to have the faintest idea 10

**identificare** to identify

**identificazione** (*f.*) identification 1

**idrạulico** (*m.*) plumber 8

**ieri** yesterday 1; **ieri sera** last night 4; **l'altro ieri** day before yesterday, the other day 1

**illustrato** illustrated 11

**imbarcare** to board 9

**immaginare** to imagine; **m'immạgino** I would imagine, I presume 12

**immạgine** (*f.*) image 1, 12

**immigrare** to immigrate 12

**immigrato** (*m.*) immigrant 12

**imparare** to learn 2

**impegnarsi** to commit oneself to 12

**impermeạbile** (*m.*) raincoat 7

**impianto stereofọnico, stẹreo** (*m.*) stereo system 10

**impiegare** to employ 8

**impiegata** (*f.*) employee 8

**impiegato** (*m.*) employee 8

**importante** important 8

**impossịbile** impossible 7

**imprenditore** (*m.*) entrepreneur 8

**imprenditrice** (*f.*) entrepreneur 8

**improbạbile** improbable 8

**in** at, in, to 1; **in bocca al lupo!** good luck! 2; **in centro** downtown 3; **in mezzo a** in the middle of 6; **in piedi** standing 3

**incassare** to cash a check 4

**incontrare** to meet 1; **incontrarsi** to meet, to run into each other 7

**incontro** (*m.*) meeting, match 1

**incredịbile** incredible 7

**indạgine** (*f.*) survey 12

**indispensạbile** indispensable 8

**indivịduo** (*m.*) individual 12

**indossare** to wear 7

**indovinare** to guess

**indụstria** (*f.*) industry 8

**infatti** in fact, indeed 2

**infermiera** (*f.*) nurse 8

**infermiere** (*m.*) nurse 8

**influenza** (*f.*) flu 7

**informarsi** to find out 9

**informạtica** (*f.*) computer science

**informazioni** (*f. pl.*) information 9

**ingegnere** (*m. or f.*) engineer P, 8

**ingegneria** (*f.*) engineering 2

**inglese** English 2

**ingrassare** to gain weight 7

**ingrediente** (*m.*) ingredient 5

**innamorarsi (di qualcuno)** to fall in love (with someone) 7
**inquinamento** (*m.*) pollution 8
**insegnante** (*m. or f.*) teacher 2
**insegnare** to teach 2
**inserto** (*m.*) section (*of a newspaper*) 11
**insieme** together 3
**intanto** in the meantime 9
**integrarsi** to integrate, to assimilate 12
**integrazione** (*f.*) integration 12
**intelligente** intelligent 2
**intẹndere** (*p.p.* **inteso**) to intend, to mean; **cosa intendi?** what do you mean? 3; **te ne intendi di** you understand about, you know a lot about 6
**interessante** interesting 8
**interessato** interested 2
**interesse** (*m.*) interest 12
**interrogare** to question, to test 2
**intervista** (*f.*) interview 1
**intervistare** to interview 3
**intonare** to tune 10
**introduzione** (*f.*) introduction 1
**invece** instead, on the other hand 6
**inverno** (*m.*) winter 1
**inviare** to send, to mail 3; **inviare messaggi** to send messages 2
**invitare** to invite 3
**iscrịversi (a)** to enroll in 2
**ịsola** (*f.*) island 1; **ịsola pedonale** pedestrian street, closed to traffic 6
**italiano** Italian P, 2
**itinerạrio** (*m.*) itinerary 6

**labbro** (*m., pl. f.* **le labbra**) lip 7
**laggiù** down there 6
**lago** (*m.*) lake 1
**lamentarsi** to complain 7
**lạmpada** (*f.*) lamp 3
**lana** (*f.*) wool 7
**lasciare** to leave 1; **lasciar pẹrdere** to forget about it 9
**lassù** up there 6
**latte** (*m.*) milk 4
**lattuga** (*f.*) lettuce 4
**laụrea** (*f.*) degree 2
**laurearsi** to graduate, to have a degree 2; **ẹssere laureato** to have a degree 2; **laurearsi in** to major in 2
**laureato** graduated 2
**lavagna** (*f.*) blackboard 2
**lavarsi** to wash (oneself) 7; **lavarsi i denti** to brush one's teeth 7
**lavastoviglie** (*f.*) dishwasher 3
**lavorare** to work 1; **lavorare sodo** to work hard 8
**lavoro** (*m.*) job, work 1, 8; **annuncio di lavoro** job announcement 8; **collọquio di lavoro** job interview 8; **fare domanda di lavoro** to apply for a job 8; **inserzione di lavoro** classified ad 8
**legge** (*f.*) law 2
**lẹggere** (*p.p.* **letto**) to read 2
**leggero** light 7
**lentamente** slowly 5
**lento** (*agg.*) slow; **il lento** slow dance 10
**lẹttera** (*f.*) letter; **buca delle lẹttere** mailbox 3; **le lẹttere** humanities 2; **le lẹttere clạssiche** classics 2
**letterạrio** literary 11
**letteratura** (*f.*) literature 2
**letto** (*m.*) bed 2
**lettore** (*m.*) reader 11
**lettrice** (*f.*) reader 11
**lettura** (*f.*) reading 1
**lezione** (*f.*) class (hour), lesson 2
**lì** there 3
**lịbero** free 2; **lịbero professionista** self-employed person 8
**libertà** (*f.*) liberty 12
**libreria** (*f.*) bookstore 2, 11
**libretto universitạrio** (*m.*) report card 2
**libro** (*m.*) book 2
**licenziare** to fire 8
**liceo** (*m.*) high school 2
**limone** (*m.*) lemon 4
**lingua** (*f.*) tongue 7; language
**lino** (*m.*) linen 7
**lịrica, ọpera lịrica** (*f.*) opera 10
**listino prezzi** (*m.*) price list 5
**litro** (*m.*) liter 4
**locale notturno** (*m.*) nightspot, club 10
**lontano da** far from 1
**luglio** July 1
**luna** (*f.*) moon; **luna di miele** honeymoon 9
**lunedì** Monday 1
**lupo** (*m.*) wolf
**lusso: di lusso** luxurious, deluxe 7
**lussuoso** luxurious

**mạcchina** (*f.*) car 8
**macedọnia** (*f.*) fruit salad 4
**macelleria** (*f.*) butcher shop 4
**madre** (*f.*) mother 3
**maestra** (*f.*) elementary-school teacher 2
**maestro** (*m.*) elementary-school teacher 2
**magari** perhaps, if only; **magari!** it would be nice! if only! 2
**magazzino, grande magazzino** (*m.*) department store 4
**maggio** May 1
**maggioranza** (*f.*) majority 12
**maggiore** older 3; larger 7; **la maggior parte** majority 9
**magistrato** (*m.*) magistrate 12
**magistratura** (*f.*) courts 12
**maglia** (*f.*) cardigan sweater 7
**maglietta** (*f.*) T-shirt 7
**maglione** (*m.*) sweater 7
**magro** thin 2
**mai** ever, never 4
**malattia** (*f.*) sickness 7
**male** badly P; bad 8; **non c'è male** not too bad P
**malgrado** although 8
**malọcchio** (*m.*) evil eye; **fare il malọcchio (a qualcuno)** to give (someone) the evil eye 10
**mamma** (*f.*) mother, mom 3; **mamma mia!** wow! gosh! 2
**mancanza** (*f.*) lack 12
**mancare: manca solo (un mese)** it's just (a month) away 9
**mancia** (*f.*) tip 5
**mandare** to send 3; **mandare (tutto) a rọtoli** to ruin 11
**mangiare** to eat 1
**manifestazione** (*f.*) demonstration, protest 12
**mano** (*f., pl.* **mani**) hand 2; **fatto a mano** hand-made 7; **fuori mano** out of the way 10; **di seconda mano** second-hand 8; **man mano** little by little 8; **per le mani** on my plate 8; **stare con le mani in mano** to do nothing 12
**mantenere** to maintain, to keep; **mantenere buoni rapporti** to maintain good relations 8
**mappa** (*f.*) map 6
**marca** (*f.*) brand 4
**mare** (*m.*) sea 1; **mare calmo** calm water 6; **mare mosso** rough seas 6
**marito** (*m.*) husband 2
**marrone** brown 2, 7
**martedì** Tuesday 1
**marzo** March 1
**maschile** masculine P

**mạssimo** greatest, largest 7; **è il mạssimo** it's the greatest 1

**matẹria** (*f.*) subject 2

**matita** (*f.*) pencil 2

**matrimọnio** (*m.*) wedding 3

**mattina** (*f.*), **mattino** (*m.*) morning 1

**matto** mad, crazy; **roba da matti!** that's crazy! 6

**maturo** ripe 4

**medicina** (*f.*) medicine 2

**mẹdico** (*m. or f.*) doctor P, 8

**mẹdio** average 12

**meglio** better 7, 8

**mela** (*f.*) apple 4

**melanzana** (*f.*) eggplant 4

**melone** (*m.*) melon 4

**memọria** (*f.*) memory 1

**meno male!** thank goodness! 2

**mensa** (*f.*) cafeteria 2

**mensile** monthly 11

**mentre** while 6

**mercato** (*m.*) market; **mercato all'aperto** open-air market 4

**merce** (*f.*) goods, merchandise 4

**mercoledì** Wednesday 1

**merenda** (*f.*) snack 5

**mese** (*m.*) month 1

**messaggio** (*m.*) message 2

**mestiere** (*m.*) job, occupation 8

**meta** (*f.*) goal 12

**metrò** (*m.*) subway 8

**metropolitana** (*f.*) subway 8

**mẹttere** (*p.p.* **messo**) to put 2; **mẹttercela tutta** to give it one's all 12

**mẹttersi** to put on (clothes) 7

**mezzanotte** midnight 2

**mezzo** (*m.*) means; half 2; **in mezzo a** in the middle of 6; **mezzo di trasporto** means of transportation 8; **mezzi pubblici** public transportation 8; **le tre e mezzo** half-past three 2

**mezzogiorno** noon 2

**mica** not really, hardly 6; **mica tanto** not really 9; **non... mica** not at all

**migliorare** to improve 8

**migliore** better 7

**miliardo** (*m.*) billion 4

**milione** (*m.*) million 4

**mille** (*pl.* **mila**) thousand 4

**minestra** (*f.*) soup, first course 5

**minestrone** (*m.*) vegetable soup 4

**mịnimo** smallest 7

**ministro** (*m.*) minister 12; **Primo ministro** prime minister 12

**minore** younger 3; smaller

**misto** mixed 5

**misura** (*f.*) size 7

**mito** (*m.*) myth 12

**mọbile** (*m.*) piece of furniture; **mọbili** furniture 3

**moda** (*f.*) fashion 7; **alla/di moda** stylish 7; **fuori moda** unfashionable 7

**modella** (*f.*) fashion model 7

**modello** (*m.*) design, style 7

**moglie** (*f.*) wife 2

**molto** much, a lot of, very P; **molto lieto** very pleased to meet you P

**moneta** (*f.*) coin 1, 4

**montagna** (*f.*) mountain 1

**monte** (*m.*) mountain; **andare a monte** to come to nothing 9

**monumento** (*m.*) monument 1

**morire** (*irr., p.p.* **morto**) to die 4

**mostra** (*f.*) exhibition, art show 6

**mostrare** to show 5

**motocicletta, moto** (*f.*) motorcycle 2

**motorino** (*m.*) scooter 8

**multa** (*f.*) ticket, fine 8

**municịpio** (*m.*) city hall 3

**mụoversi** to get around (*a city*) 8

**museo** (*m.*) museum 1

**mụsica** (*f.*) music 10; **mụsica clạssica** classical music 10; **mụsica leggera** pop music 10

**musicista** (*m. or f.*) musician 8, 10

**narrativa** (*f.*) narrative, fiction 11

**nạscere** (*p.p.* **nato**) to be born 4

**naso** (*m.*) nose 7

**Natale** (*m.*) Christmas; **Babbo Natale** Santa Claus 4; **buon Natale!** Merry Christmas!

**nato** born 1

**naturale** noncarbonated 5

**nave** (*f.*) ship 8

**nazione** (*f.*) nation 1

**ne** of it/them, about it/them 4

**neanche: neanche per sogno** (I) wouldn't dream of it! Not at all! 12

**nẹbbia** (*f.*) fog 3

**necessạrio** necessary 7, 8

**negoziante** (*m. or f.*) shopkeeper 4

**negọzio** (*m.*) shop 3

**nemmeno: nemmeno per sogno** (I) wouldn't dream of it! Not at all! 12

**neppure** not even 9

**nero** black 2

**neve** (*f.*) snow 3

**nevicare** to snow 3

**niente** nothing; **fa niente** it's nothing 5

**nipote** (*m. or f.*) nephew, niece 3

**nipotina** (*f.*) granddaughter 3

**nipotino** (*m.*) grandson 3

**noioso** boring 2

**noleggiare** to hire, to rent 9

**nome** (*m.*) name P

**non** not; **non... affatto** not at all 9; **non... ancora** not yet 9; **non appena** as soon as 9; **non c'è problema!** no problem! 2; **non importa** never mind 3; **non... mai** never 9; **non... né... né** neither . . . nor 9; **non... neanche, neppure, nemmeno** not even 9; **non... nessuno** nobody 9; **non... nessuno/a** not any, not one 9; **non... nulla, niente** nothing 9; **non... più** not anymore 9

**nonna** (*f.*) grandmother 3

**nonno** (*m.*) grandfather 3

**nonostante** so that 8

**nord** (*m.*) north 1

**nota** (*f.*) musical note 10

**notịzia** (*f.*) piece of news 3; **notịzia bomba** sensational news 11

**notte** (*f.*) night 1

**novella** (*f.*) short story 11

**novembre** November 1

**nozze** (*f. pl.*) wedding 3

**nụbile** unmarried (*female*) 3

**nụmero** (*m.*) number P; issue 11

**nuora** (*f.*) daughter-in-law 3

**nuotare** to swim 6

**nuoto** (*m.*) swimming 6

**nuovo** new 2; **di nuovo** again 4

**nụvola** (*f.*) cloud 3

**nuvoloso** cloudy 3

**ọasi** (*f.*) oasis 1

**ọcchio** (*m.*) eye 7

**odiarsi** to hate (each other) 7

**offẹndere** to offend 12

**offensivo** offensive 12

**offerta** (*f.*) offer; **in offerta** on sale 4

**offrire** (*p.p.* **offerto**) to offer 2; **ti offro io** my treat 3

**oggetti smarriti** (*m. pl.*) lost and found 11

**oggi** today 1; **oggi pomerịggio** this afternoon 1

**ogni** each 2; every 6

**olio** (*m.*) oil 5

**omạggio: in omạggio** free, complimentary 11

**ombrello** (*m.*) umbrella 7
**ombrellone** (*m.*) beach umbrella 6
**onda** (*f.*) wave 6; **in onda** on the air 11
**operaia** (*f.*) blue-collar worker 8
**operaio** (*m.*) blue-collar worker 8
**opposizione** (*f.*) opposition 12
**ora** (*f.*) hour, time 2; (*avv.*) now 1; **a che ora?** at what time? 2; **che ora è/che ore sono?** what time is it? 2; **non vedo l'oro (di)** I can't wait (to) 1; **un'ora fa** an hour ago 4
**orario** (*m.*) timetable 1
**orchestra** (*f.*) orchestra, band 10
**ordinare** to order 1, 5
**orecchino** (*m.*) earring 7
**orecchio** (*m.*) ear 7
**orgoglio** (*m.*) pride 12
**orgoglioso** proud 8
**origine** (*f.*) origin; **essere d'origine...** to be of . . . origin 12
**orologio** (*m.*) clock 2
**orto** (*m.*) vegetable garden 3
**ospedale** (*m.*) hospital 1
**ospite** (*m. or f.*) guest 9
**ostello** (*m.*) hostel 9
**ottimo** great 5; **di ottima qualità** best-quality 4
**ottobre** October 1
**ovest** (*m.*) west 1

**pacchetto** (*m.*) small package 4; **fare un pacchetto regalo** to gift-wrap 4
**pace** (*f.*) peace; **in santa pace** in peace and quiet 12
**padella** (*f.*) pan 5
**padre** (*m.*) father 1, 3
**paesaggio** (*m.*) countryside 6
**paese** (*m.*) country, small town 1
**pagare** to pay (for) 1; **pagare in contanti** to pay cash 4
**pagina** (*f.*) page; **la terza pagina** cultural page (*newspaper*) 11
**paio** (*m.*) pair, couple; **un paio di...** a couple of . . . 9
**palazzo** (*m.*) apartment building, palace 3
**palcoscenico** (*m.*) stage 10
**palestra** (*f.*) gymnasium, gym 2
**palla** (*f.*) ball 6
**pallacanestro** (*f.*) basketball 6
**pallavolo** (*f.*) volleyball 6
**pallone** (*m.*) soccer ball 6; **giocare a pallone** to play soccer 6
**pane** (*m.*) bread 4
**panetteria** (*f.*) bread store 4
**panificio** (*m.*) bread store 4
**panino** (*m.*) sandwich 5
**panorama** (*m.*) view 1
**pantaloni** (*m. pl.*) pants, trousers 7
**pantofola** (*f.*) slipper 7
**papà** (*m.*) daddy, father 3
**paragonare** to compare 12
**paragone** (*m.*) comparison 12
**parcheggiare** to park 8
**parco** (*m.*) park 6
**pare** it seems 8
**pareggiare** to tie 6
**parente** (*m. or f.*) relative 3
**parenti** (*pl.*) relatives 3
**parere** (*m.*) opinion; **a mio parere** in my opinion 12
**parlamentare** (*m. or f.*) member of parliament 12
**parlamento** (*m.*) parliament 12
**parlare** to speak 1
**parola** (*f.*) word P
**parolaccia** (*f.*) bad word 10
**parte** (*f.*) part, role; **da nessuna parte** nowhere 9; **la maggior parte** majority 9
**partenza** (*f.*) departure 9; **essere in partenza** to be leaving 9
**partire** to leave 2
**partita** (*f.*) game 6
**partito** (*m.*) political party 12
**passare** to pass, to spend 1
**passeggiare** to take a walk 6
**passeggiata** (*f.*) walk; **fare una passeggiata** to take a walk 6
**passo** (*m.*) step; **essere a due passi** to be nearby 4; **fare due (quattro) passi** to take a walk, to stroll 4
**pasticceria** (*f.*) bakery 4
**pasticcino** (*m.*) small pastry 5
**pasto** (*m.*) meal 5
**patata** (*f.*) potato 4
**patente** (*f.*) driver's license 8; **prendere la patente** to get a license 8
**patrimonio** (*m.*) heritage 12
**pattinaggio** (*m.*) skating 6; **pattinaggio sul ghiaccio** ice skating 6
**pazzesco** crazy, incredible; **pazzesco!** crazy! insane! 9
**peccato** (*m.*) sin; **che peccato!** too bad! 2
**peggio** worse 7
**peggiorare** to worsen 8
**peggiore** worse 7
**pelle** (*f.*) skin, leather 7
**pelo: per un pelo** by the skin of one's teeth 9
**pena: fa pena, che pena** it's pitiful, how pitiful 6
**pendolare** (*m. or f.*) commuter 9; **fare il pendolare** to commute 9
**penisola** (*f.*) peninsula 1
**penna** (*f.*) pen 2
**pensare** to think 1
**pensiero** (*m.*) thought; **farci un pensierino** to give it a little thought 12
**pensionata** (*f.*) retired person 8
**pensionato** (*m.*) retired person 8
**pensione** (*f.*) small hotel 9; **con mezza pensione** with breakfast and dinner 9; **con pensione completa** with meals 9
**pentola** (*f.*) pot 5
**pepe** (*m.*) pepper 5
**peperoncino** (*m.*) hot red pepper 5
**per** for, through, in order to P; **per carità** please! for heaven's sake 4; **per cento** percent; **per di più** what's more, moreover 7; **per esempio** for example; **per fortuna** luckily 2; **per piacere** please 4; **per quanto riguarda** as for 12
**pera** (*f.*) pear 4
**perché** why, because, so that; **perché no?** why not? 3
**perciò** thus 1
**percorso** (*m.*) way, course, route 6
**perdere** (*p.p.* **perso**) to lose 6; **perdere il treno** to miss the train 9; **lascia perdere!** forget it! 7; **perdersi** to get lost 7
**pericoloso** dangerous 10
**periodico** periodical 11
**permesso** (*m.*) permission; **permesso?** with your permission, excuse me 3
**pernottare** to spend the night 9
**persona** (*f.*) person P
**personale** (*m.*) personnel 8
**pesante** heavy 7
**pesca** (*f.*) peach 4
**pesce** (*m.*) fish 4
**pescheria** (*f.*) fish store 4
**pettinarsi** to comb one's hair 7
**petto** (*m.*) chest 7
**piacere** to be pleasing to, to like 2; (*m.*) pleasure; **per piacere** please P; **(tanto) piacere!** nice to meet you! P
**piano** (*m.*) floor 3
**piano** softly, slowly
**pianoforte, piano** (*m.*) piano 6

**piantare: piantala! piantatela!** stop it! 10
**piantina** (*f.*) map 6
**pianura** (*f.*) plain 1
**piattino** (*m.*) dessert plate 5
**piatto** (*m.*) dish, plate 5; **primo, secondo piatto** first, second course 5
**piazza** (*f.*) square, plaza 1
**piccante** spicy, hot 5
**piccolo** small, little 2
**piede** (*m.*) foot 7; **a piedi** on foot 3; **in piedi** standing 3; **su due piedi** off the top of (one's) head 12; **fare qualcosa coi piedi** to do something in a slapdash way 11
**pigiama** (*m.*) pajamas 7
**pigro** lazy 2
**pioggia** (*f.*) rain 3
**piovere** to rain 3; **piovere a dirotto** to rain cats and dogs 10
**piscina** (*f.*) swimming pool 6
**piselli** (*m. pl.*) peas 4
**pista (da ballo)** (*f.*) dance floor 10
**pizzo** (*m.*) lace 7
**po', un po' di** a little bit (of), some 1, 4
**poema** (*m.*) long poem 11
**poesia** (*f.*) poetry, short poem 2, 11
**poeta** (*m.*) poet 11
**poetessa** (*f.*) poet 11
**politica** (*f.*) politics 12
**pollo** (*m.*) chicken 4
**poltrona** (*f.*) armchair 3
**pomeriggio** (*m.*) afternoon 1
**pomodoro** (*m.*) tomato 4
**ponte** (*m.*) bridge 1; long weekend 3
**popolo** (*m.*) people, citizenry 12
**porta** (*f.*) door 2
**portafoglio** (*m.*) wallet 4
**portare** to bring 5
**portone** (*m.*) main door 3
**posate** (*f. pl.*) silverware 5
**posta** (*f.*) mail; **posta elettronica** e-mail 2
**posteggiare** to park 8
**postino** (*m.*) mail carrier P
**posto** (*m.*) place; **posto a sedere** seat 9; **un posticino** a nice little spot 9
**potere** (*m.*) power 11, 12
**potere** (*p.p.* **potuto**) can, may, to be able 3; **non ne posso più!** I can't take it anymore! 6; **può darsi** maybe
**povero** poor 2; **poverino!** poor thing! 5
**pranzare** to eat lunch 5
**pranzo** (*m.*) lunch 5
**preferire** to prefer 2; **preferire mille volte di più** to prefer a thousand times over 11
**preferito** favorite 5
**prefisso telefonico** (*m.*) area code P
**pregiudizio** (*m.*) prejudice 12
**prego** you're welcome 1; please 3; **ti prego** I beg you, please 7
**preliminare** preliminary P
**premio** (*m.*) prize 7
**prendere** (*p.p.* **preso**) to take 2; **prendere appunti** to take notes 2; **prendere il sole** to sunbathe 6; **prendere in giro (qualcuno)** to tease (someone) 8; **prendere la laurea in** to major in 2; **prendere la patente** to get a license 8; **prendere qualcuno/qualcosa sul serio** to take someone/something seriously 10; **prendere una stecca** to hit a sour note 10; **prendersela con qualcuno** to get angry (at someone) 12
**prenotare** to reserve 9
**prenotazione** (*f.*) reservation 9; **fare una prenotazione** to reserve 9
**preoccuparsi** to worry 7; **non ti preoccupare** don't worry 5
**preparare** to prepare 1; **prepararsi** to prepare oneself 7
**preparato** prepared 2
**preparazione** (*f.*) preparation 5
**presentare** to present, to introduce; **ti presento** let me introduce you to 1
**presentazione** (*f.*) introduction P
**presidente** (*m. or f.*) president 12; **Presidente della Repubblica** President 12; **Presidente del Consiglio** prime minister 12
**prestare** to lend 4
**prestito** (*m.*) loan 4
**presto** early, quickly, soon; **a presto** see you soon P
**prevedere** (*p.p.* **previsto**) to predict 12
**previsione** (*f.*) forecast; **previsioni del tempo** weather forecast 3
**prezzo** (*m.*) price 4; **listino prezzi** price list 5
**prima: per la prima** for the first time 1; **prima che** before 8
**primavera** (*f.*) spring 1
**primo** first, first course 1; **primo piano** second floor 3
**principe** (*m.*) prince 11
**principessa** (*f.*) princess 6
**problema** (*m.*) problem 1; **non c'è problema!** no problem! 2
**processione** (*f.*) procession 9
**professione** (*f.*) profession 8
**professore** (*m.*) professor P
**professoressa** (*f.*) professor P
**profumeria** (*f.*) perfume-and-soap shop 4
**profumo** (*m.*) perfume 4
**programma** (*m.*) plan, program 1; **programma a puntate** (television) series 11
**prolungare** to extend 1
**promettere** (**di** + *inf.*, *p.p.* **promesso**) to promise (*to do something*) 4
**pronto** ready; **pronto?** hello? P; **pronto in tavola** the meal is ready
**prosa** (*f.*) prose 11
**prosciutto** (*m.*) ham 4
**prossimo** next; **alla prossima!** until next time P
**protagonista** (*m. or f.*) protagonist 10
**protesta** (*f.*) demonstration, protest 12
**prova** (*f.*) test; rehearsal 10
**provarsi** to try on 7
**prudentemente** carefully 5
**psicologia** (*f.*) psychology 2
**pubblicare** to publish 11
**pubblicità** (*f.*) advertisement 11
**pubblico** (*m.*) audience 10
**pulire** to clean 2
**punteggio** (*m.*) score (*sports*) 6
**puntuale** punctual, on time 2
**purché** provided that 8
**purtroppo** unfortunately 2

**quaderno** (*m.*) notebook 2
**quadro** (*m.*) painting 3
**qual/quale** which P, 3
**qualche** some 4
**quando** when 3
**quanto** how much, how many 3
**quarto** quarter 2
**quasi** almost; **quasi quasi** just maybe, possibly 9
**quello** that
**questo** this; **questa poi!** now this! 11
**quinte** (*f. pl.*) wings (*stage*) 10
**quotidiano** (*m.*) daily newspaper; (*agg.*) daily

**raccọgliere** (*p.p.* **raccolto**) to collect, to gather 6
**raccolta** (*f.*) collection 6, 11
**raccomandare: mi raccomando!** I'm warning you! Don't forget! 4
**racconto** (*m.*) short story 11
**rạdersi** to shave 7
**radice** (*f.*) root 12
**raffreddore** (*m.*) cold (*illness*) 7
**ragazza** (*f.*) girl, girlfriend 3
**ragazzo** (*m.*) boy, boyfriend 3
**raggiụngere** to reach 12
**rana** (*f.*) frog 6
**rappresentazione** (*f.*) performance 10
**realizzare** to bring about, to effect 12
**realizzarsi** to be successful 8
**recensione** (*f.*) review 10
**recitare** to act, to speak lines 10
**regalare** to give a gift to 5
**regalo** (*m.*) gift 4; **in regalo** free, complimentary 11
**regione** (*f.*) region 1
**regista** (*m. or f.*) producer, director 10
**registratore** (*m.*) tape deck 3
**registrato** taped 11
**relazione** (*f.*) report 11
**remare** to row, to paddle 6
**rẹndersi conto** to realize 7
**repụbblica** (*f.*) republic 1, 12
**residenza** (*f.*) residence, city P
**restituire (a qualcuno)** to return to 5
**resto** (*m.*) change 4
**restare** to stay 4
**rete** (*f.*) net; **rete televisiva** television network 11
**ricco** rich 2; **ricco sfondato** filthy rich 8
**ricetta** (*f.*) recipe 5
**ricẹvere messaggi** to receive messages 2
**ricevimento** (*m.*) reception 3
**ricevuta** (*f.*) receipt 4
**ricordare** to remember 1; **ricordarsi** to remember 7
**rịdere** (*p.p.* **riso**) to laugh 2
**riga** (*f.*) line 2; **a righe** striped 7
**rilassante** relaxing 6
**rimanere** (*p.p.* **rimasto**) to remain 2
**rinunciare** to give up, to forgo 12
**riposare** to rest 1
**riposo** (*m.*) rest 1
**risparmiare** to save 4
**rispọndere** (*p.p.* **risposto**) to answer 2
**ristampa**: **in ristampa** reprint 11
**ristorante** (*m.*) restaurant 3, 5
**ritardo** (*m.*) delay 9; **ẹssere in ritardo** to be late 2; **scusa/scusate il ritardo** sorry I'm late 5
**ritornare** to return, to go back 1
**ritratto** (*m.*) portrait 1
**riuscire a** (+ *inf.*) to succeed in, to manage to 8
**rivista** (*f.*) magazine 11
**romanzo** (*m.*) novel 11
**rọmpere** (*p.p.* **rotto**) to break 2; **rọmpersi** to break a bone 7
**rosa** (*f.*) rose; (*agg., inv.*) pink 2, 7
**rosso** red 2
**rovine** (*f. pl.*) ruins 1
**rubrica** (*f.*) column 11
**rumore** (*m.*) noise 2
**ruolo** (*m.*) role 10
**russo** Russian 2
**rụstico** rustic 3

**sạbato** Saturday 1
**sạbbia** (*f.*) sand 6
**sacco** (*m.*) sack; **un sacco di** a ton of 9; **sacco a pelo** sleeping bag 6
**sagra** (*f.*) traditional local festival 9
**sala** (*f.*) room; **sala da pranzo** dining room 3
**salato** salty 5
**saldi** (*m. pl.*) sales 7
**sale** (*m.*) salt 5
**salire** to ascend 4; **salire su** to get on 8
**salotto** (*m.*) living room 3
**saltare una lezione** to cut a class 2
**salutare** to greet; to say hello P; **salutarsi** to greet each other 7
**salute** (*f.*) health 7; **salute!** bless you! (*sneeze*); **alla salute!** cheers!
**saluto** (*m.*) greeting P
**salve** hello P
**sạndali** (*f. pl.*) sandals 7
**sano** healthy 5
**sapere** to know 5; **sapere** (+ *inf.*) to know how to 5; **non lo so** I don't know 5; **non si sa mai!** one never knows! 6; **sa/sai com'è** you know how it is 11; **sapere a mala pena** to hardly know 12
**sapone** (*m.*) soap 4
**sbagliare** to make a mistake 2
**sbagliato** incorrect 2
**sbaglio** (*m.*) mistake 2
**sbrigarsi: sbrighiạmoci!** let's hurry up! 4
**scacchi** (*m. pl.*) chess 6; **giocare a scacchi** to play chess 6
**scaffale** (*m.*) bookshelf, bookcase 2
**scala** (*f.*) staircase 3
**scalare** to climb 6
**scalo** (*m.*) stopover 9
**scappare** to run away, to rush off
**scarpa** (*f.*) shoe 7; **scarpe col tacco alto** high-heeled shoes 7; **scarpe da ginnạstica** sneakers 7
**scatenarsi** to let oneself go 10
**scẹgliere** (*p.p.* **scelto**) to choose 4
**scemo: non fare lo scemo/la scema!** don't be a fool! 7
**scena** (*f.*) setting 1
**scẹndere** (*p.p.* **sceso**) to descend 2; **scẹndere da** to get off 8
**scenografia** (*f.*) set design 10
**scherzare** to joke; **ma scherzi!** you're joking! 1
**scherzo** (*m.*) joke 1
**schiena** (*f.*) back 7
**sci** (*m.*) skiing 6
**sciare** to ski 6
**sciarpa** (*f.*) scarf 7
**scienze** (*f. pl.*) science(s); **le scienze polịtiche** political science 2; **le scienze naturali** natural sciences 2
**sciocco** stupid 6
**scioglilingua** (*f.*) tongue twister 10
**sciọpero** (*m.*) strike 8; **fare sciọpero** to strike 8
**scocciatura: che scocciatura!** what a nuisance! 11
**scolạstico** scholastic 2
**sconto** (*m.*) discount 4
**scontrino** (*m.*) receipt 4
**scoprire** (*p.p.* **scoperto**) to discover 2
**scorso** last 4
**scrittore** (*m.*) writer 11
**scrittrice** (*f.*) writer 11
**scrivanịa** (*f.*) desk 2
**scrịvere** (*p.p.* **scritto**) to write 2; **scrịversi** to write each other 7
**scuola** (*f.*) school 2; **scuola materna** nursery school 2; **scuola elementare** elementary school 2; **scuola mẹdia** middle school 2
**scuro** dark 7
**scusare** to excuse; **scusa/scusi** excuse me P
**se** if; **se fossi in te** if I were you 10
**sebbene** although 8
**sẹcolo** (*m.*) century 11
**secondo** according to; **secondo te** in your opinion 1
**sedersi** to sit down 7

**sẹdia** (*f.*) chair 2; **sẹdia a sdraio** lounge chair, deck chair 6
**segretaria** (*f.*) secretary 8
**segretario** (*m.*) secretary 8
**seguire** to follow 2; **seguire la moda** to keep up with fashion 7; **seguire un corso** to take a course 2; **seguire una lezione** to take a course 2
**sembra** it seems 8
**semestre** (*m.*) semester 2
**semplicemente** simply 5
**sempre** always 1; **sei sempre il solito** you're always the same 8
**senatore** (*m.*) senator 12
**senatrice** (*f.*) senator 12
**sentiero** (*m.*) path 6
**sentire** to hear, to feel 2
**senza** without; **senz'altro** without a doubt 3; **senza che** without 8
**sera** (*f.*) evening 1
**sẹrio** serious; **sul sẹrio** seriously, honestly 6
**servire** to serve 2, 5; **servire a** (+ *inf.*) to be used for 6
**servịzio** (*m.*) service 5
**seta** (*f.*) silk 7
**settembre** September 1
**settimana** (*f.*) week 1; **fine settimana** (*m.*) weekend 1; **settimana bianca** a traditional winter vacation week spent skiing 9
**settimanale** weekly 11
**sfida** (*f.*) challenge P
**sfilata** (*f.*) fashion show 7
**sfogliare** to flip through 11
**shampoo** (*m.*) shampoo 4
**sia... che...** both 9
**sigla** (*f.*) abbreviation P
**signora** (*f.*) lady, Mrs. P
**signore** (*m.*) gentleman, Mr. P
**signorina** (*f.*) young lady, Miss P
**sịmile** similar, like 12
**simpạtico** nice 2
**sindacato** (*m.*) union 8
**sinistra** left; **a sinistra** on, to the left 6
**sịntomo** (*m.*) symptom 7
**sipạrio** (*m.*) curtain 10
**sistema** (*m.*) system 1
**slanciato** slender 7
**smẹttere** (*p.p.* **smesso**) to stop, to quit; **smẹttere di (fare qualcosa)** to give up (*doing something*) 11
**smoking** (*m.*) tuxedo 7
**snello** slim 7
**soggiorno** (*m.*) living room 3
**sognare** to dream 12
**sogno** (*m.*) dream; **nemmeno per sogno! neanche per sogno!** (I) wouldn't dream of it! Not at all! 12
**soldi** (*m. pl.*) money 2, 4
**sole** (*m.*) sun 1; **c'è il sole** it's sunny 3; **prẹndere il sole** to sunbathe 6
**sọlito** usual, typical; **di sọlito** usually 2, 6; **sei sempre il sọlito/la sọlita** you'll never change 8
**solo** (*agg.*) alone; (*avv.*) only; **da solo/a** alone 6
**sopportare** to stand, to bear, to support; **non lo/la sopporto proprio** I really can't stand him/her/it 8
**sopracciglio** (*m., pl. f.* **le sopracciglia**) eyebrow 7
**soprattutto** above all 3
**sorella** (*f.*) sister 3
**sorpassare** to pass (*driving*) 10
**sorpasso** (*m.*) passing (*another car*) 10
**sorpresa** (*f.*) surprise 2
**sorrịdere** (*p.p.* **sorriso**) to smile 11
**spagnolo** Spanish 2
**spalla** (*f.*) shoulder 7
**sparecchiare** to clear the table 5
**spazzolarsi** to brush one's hair 7
**spẹcchio** (*m.*) mirror 7
**speciale** special P
**specialità** (*f.*) specialty 5
**spedire** to mail 3
**spẹndere** (*p.p.* **speso**) to spend 2, 4
**sperare** to hope 8
**spesa** (*f.*) shopping; **fare la spesa** to shop for food 4
**spesso** often 5
**spettạcolo** (*m.*) show 10
**spiạggia** (*f.*) beach 1, 6
**spịccioli** (*m. pl.*) coins, small change 4
**spinaci** (*m. pl.*) spinach 4
**spogliarsi** to undress 7
**sportello** (*m.*) ticket window 9
**sportivo** casual 7
**sposa** (*f.*) bride 3
**sposarsi** to get married 3
**sposato** married 1
**sposo** (*m.*) groom 3
**spostarsi** to get around (*a city*) 8
**spot** (*m.*) advertisement 11
**spremuta** (*f.*) freshly squeezed juice
**spumante** (*m.*) sparkling wine 5
**spuntino** (*m.*) snack 5
**spunto** (*m.*) hint, cue
**squadra** (*f.*) team 6
**squillare** to ring 6
**squisito** exquisite 5
**stadio** (*m.*) stadium 3
**stagione** (*f.*) season 1; **alta stagione** high season 9; **bassa stagione** low season 9
**stamattina** this morning 1
**stampante** (*f.*) printer 2
**stampare** to print 11
**stanco** tired 1, 2
**stanza** (*f.*) room 3
**stare** (*p.p.* **stato**) to stay, to be 2; **come sta?/stai?** how are you? P; **(non) ci sto** it's (not) all right with me 10; **stare a cuore** to be concerned about; **mi sta a cuore** I'm concerned about 12; **stare attento a** to watch 5; **stare bene a qualcuno** to fit someone (*clothes*) 7; **stare bene** to be well, fine P; **star fresco** to be in trouble 8; **stare male** not to be well P
**stasera** (*f.*) tonight 3
**stato** (*m.*) state 1
**stạtua** (*f.*) statue 3
**stazione** (*f.*) station 1; **stazione di servịzio** service station 10
**stereọtipo** (*m.*) stereotype 12
**stipẹndio** (*m.*) salary 8
**stivale** (*m.*) boot 1, 7
**'sto** this, this darn (*slang*) 8
**stoffa** (*f.*) cloth 7
**stọmaco** (*m.*) stomach 7
**stonato: ẹssere stonato come una campana** to be tone-deaf 10
**stọria** (*f.*) history, story 2; **stọria dell'arte** art history 2; **non fare tante stọrie!** don't complain so much! 6
**strada** (*f.*) street 1
**straniero** foreign 3
**strano** strange 3
**stressante** stressful 6
**stressare (qualcuno)** to cause someone stress, to get on someone's nerves 10
**strumento** (*m.*) instrument 10
**studente** (*m.*) student 1, 2
**studentessa** (*f.*) student 1, 2
**studiare** to study 1, 2
**studioso** studious 2
**stufo: ẹssere stufo di** to be fed up with, sick of 10
**stupirsi (di qualcosa)** to be amazed (*by something*) 12
**su** on, upon, above 1
**successo** (*m.*) success 10
**succo di frutta** (*m.*) fruit juice

**sud** (*m.*) south 1
**sugo** (*m.*) sauce 5
**suọcera** (*f.*) mother-in-law 3
**suọcero** (*m.*) father-in-law 3
**suonare** to play (*an instrument*) 6; to ring
**supermercato** (*m.*) supermarket 4
**supplemento rạpido** (*m.*) supplemental charge for fast trains 9
**surgelato** frozen 4
**svantạggio** (*m.*) disadvantage 2
**sveglia** (*f.*) alarm clock 9
**svegliarsi** to wake up 7

**tabaccheria** (*f.*) tobacco shop 4
**tacchino** (*m.*) turkey 10
**tacco** (*m.*) heel 7; **a tacco alto** with high heels 7
**taglia** (*f.*) size 7
**tagliare** to cut 5
**tanto** so much, so many P; so; **tanto per cambiare** just for a change 6
**tappa** (*f.*) leg (of a journey) 9
**tariffa** (*f.*) rate, price list 9
**tassista** (*m.*) taxi driver 8
**tạvola** (*f.*) dinner table 3; **a tạvola!** (come) to the table! 5
**tavolino** (*m.*) café table 5
**taxi** (*m.*) taxi 8
**tazza** (*f.*) cup 5
**tazzina** (*f.*) coffee cup 5
**tè** (*m.*) tea 5
**tedesco** German 2
**telecomando** (*m.*) remote control 11
**telefịlm** (*m.*) made-for-TV movie 11
**telefonare** to telephone 5; **telefonarsi** to phone each other 7
**telẹfono** (*m.*) telephone P
**telegiornale** (*m.*, **Tg** *pr.: tigì*) TV news program 2, 11
**televisione, tivù** (*f.*) television 2; **alla televisione/alla TV** on television
**televisore** (*m.*) television set 2; **accẹndere/spẹgnere la TV** to turn on/turn off the TV 11
**tema** (*m., pl.* **i temi**) essay 2
**temere** to be afraid 8
**tempo** (*m.*) time, weather 1; **c'è tempo!** there's time! 1; **che tempo fa?** what's the weather like? 3; **tempo lịbero** free time 2
**temporale** (*m.*) storm 3
**tenda** (*f.*) tent 6
**tenere** to keep 2; **tenersi aggiornato su** to keep up to date on 11

**tennis** (*m.*) tennis; **giocare a tennis** to play tennis
**terrazzo** (*m.*) terrace 3
**tesi** (*f.*) thesis 2
**tesoro** (*m.*) treasure, darling 9
**tẹssera** (*f.*) identification card, pass; **tesserino universitạrio** (*m.*) student identification card 2
**tessuto** (*m.*) cloth 7
**testa** (*f.*) head 7
**testo** (*m.*) lyrics 10
**tifare, fare il tifo** to be a fan, to cheer 6
**tifoso** (*m.*) fan 6
**timbrare** to stamp; **timbrare il biglietto** to stamp/validate the ticket 9
**tinta: in tinta unita** solid (*design*)
**tịtoli** (*m. pl.*) headlines 11
**tịtolo** (*m.*) title 11
**to'!** take it! take a look! 11
**tornare** to return, to come back 1, 4
**torre** (*f.*) tower 1
**tosse** (*f.*) cough 7
**tovaglia** (*f.*) tablecloth 5
**tovagliolo** (*m.*) napkin 5
**tra** in, within, among, between 1; **tra cinque minuti** in five minutes 2; **tra una settimana/un mese/un anno** in a week/month/year 6
**tradurre** (*p.p.* **tradotto**) to translate 4
**trạffico** (*m.*) traffic 8
**tragẹdia** (*f.*) tragedy 10
**traghetto** (*m.*) ferry 8
**trama** (*f.*) plot 11
**tramezzino** (*m.*) sandwich on sliced bread 5
**trascọrrere le vacanze** to spend one's vacation 9
**traslocare** to move 3
**trasmissione** (*f.*) telecast 11
**trattarsi** to be about 11
**treno** (*m.*) train 9; **treno diretto** direct train 9; **treno espresso** express train 9; **treno IC** intercity train 9; **treno locale** local train 9; **treno rạpido** rapid train 9; **pẹrdere il treno** to miss the train 9
**triste** sad 2
**tromba** (*f.*) trumpet 10
**troppo** too much 5
**trovare** to find 1; **trovarsi** to meet 2
**truccarsi** to put on makeup 7
**trucco** (*m.*) makeup

**turista** (*m. or f.*) tourist 1
**tuta** (*f.*) sweatsuit 7
**tutto** all 1

**uccịdere** (*p.p.* **ucciso**) to kill 4
**uffịcio** (*m.*) office 7; **uffịcio postale** post office 3
**uguale** equal 12
**ụltimo** last 1
**ụmido** humid 3
**Unione Europea** (*f.*) European Union 12
**università** (*f.*) university P; **iscrịversi all'università** to enroll in college 2
**uomo** (*m., pl.* **uọmini**) man 1; **uomo d'affari** businessman 8
**uovo** (*m., pl. f.* **le uova**) egg 2
**uscire** to go out 2
**uscita** (*m.*) exit 9
**ụtile** useful 3
**uva** (*f.*) grape(s) 4

**vacanza, vacanze** (*f.*) holiday, vacation 3; **andare in vacanza** to go on/to take a vacation 6; **ẹssere in vacanza** to go/be on vacation 3
**vagone** (*m.*) railway car 9
**valịgia** (*f.*) suitcase 9; **fare la valịgia** to pack a suitcase 9
**valle** (*f.*) valley 6
**valore** (*m.*) value 12
**vantạggio** (*m.*) advantage 2
**vantarsi (di)** to boast (of) 12
**vaporetto** (*m.*) steamship 8
**vassoio** (*m.*) tray 5
**vẹcchio** old 2
**vedere** (*p.p.* **visto**) to see; **vedersi** to see each other 7; **ci vediamo** see you P; **ti vedo prọprio bene** you look great 7; **visto che** since 4
**vela** (*f.*) sail, sailing 6; **andare a gonfie vele** to go smoothly, to have smooth sailing 10; **barca a vela** sailboat 6
**veloce** fast 2
**velocità** (*f.*) speed 10; **il lịmite di velocità** speed limit
**venerdì** Friday 1
**venire** to come 2; **venire a trovare** to come visit 12
**vento** (*m.*) wind 3; **c'è vento** it's windy 3
**ventoso** windy 3

**veramente** really 5
**verde** green 2, 7
**verdura** (*f.*) vegetable 4
**vergogna** (*f.*) shame 12; **vergọgnati!** shame on you! 5
**vero** true 1
**verso** toward 1
**vestirsi** to dress, to get dressed 7
**vestito** (*m.*) dress 7; **vestiti firmati** designer clothes 7; **vestito da sera** evening dress 7
**vetrina** (*f.*) display window of a shop or store 4
**via** (*f.*) street, road 1
**viaggiare** to travel 1
**viạggio** (*m.*) trip 9
**vicino a** near 1; **lì/qui vicino** nearby 1
**vicino di casa** (*m.*) neighbor 3
**videoregistratore** (*m.*) VCR 2
**vietare** to prohibit; **è vietato** (+ *inf.*) it is prohibited 9
**vịgile urbano** traffic policeman 8
**vignetta** (*f.*) illustration 1
**vịncere** (*p.p.* **vinto**) to win 6
**vino** (*m.*) wine 3
**viola** (*inv.*) purple 2, 7
**violino** (*m.*) violin 10
**visitare** to visit 1
**viso** (*m.*) face 7
**vịvere** (*p.p.* **vissuto**) to live 2
**vivo** live, alive, living; **viva...!** long live . . . !; **fatti vivo!** keep in touch! 8
**voglia** (*f.*) desire, wish; **avere voglia di** (+ *inf.*) to want, to feel like 1
**volante** (*m.*) steering wheel 10
**volare** to fly 9
**volentieri, ben volentieri** with pleasure 3
**volere** to want 3; **volendo** if we/you like 3; **voler dire** to mean; **voler bene** to love 3; **vorrei** I would like 2
**volo** (*m.*) flight 9; **volo diretto** nonstop flight 9
**volta** (*f.*) time, occurrence; **per la prima volta** for the first time 1; **c'era una volta** once upon a time; **una volta tanto** once in a while 10; **un'altra volta** again; **a volte** sometimes 2
**volume** (*m.*) volume 11; **alto/basso volume** high/low volume 10; **abbassare il volume** to turn down the volume 10; **alzare il volume** to turn up the volume 10
**votare** to vote 12
**voto** (*m.*) grade 2
**vulcano** (*m.*) volcano 1

**WC** (*m.*) toilet

**zaino** (*m.*) backpack 2
**zia** (*f.*) aunt 1, 3
**zio** (*m.*) uncle 3
**zitto** silent; **zitto!** be quiet! 11; **stare zitto** to keep quiet
**zụcchero** (*m.*) sugar 5
**zuppa** (*f.*) soup 5

# Vocabolario inglese-italiano

**abbreviation** la sigla P
**able: be able** potere (*p.p.* potuto) 3
**about** di 1; **be about** trattarsi 11
**above** su 1; **above all** soprattutto 3
**abroad** l'ẹstero, all'ẹstero 12
**accessories** gli accessori 7
**accompany** accompagnare 8
**according to** secondo
**accountant** il/la commercialista 8
**act** recitare 10
**actor** l'attore 10
**actress** l'attrice 10
**actually** anzi 4
**address** l'indirizzo
**admirer** l'appassionato
**admit** ammẹttere (*p.p.* ammesso) 4
**advance** l'antịcipo
**advantage** il vantaggio 2
**advertisement** la pubblicità, lo spot 11; **classified ad** l'inserzione di lavoro (*f.*) 8
**advise** consigliare; **advise** (*to do something*) consigliare (di + *inf.*); **my advice to you is . . .** ti consiglio... 5
**aerobics** l'aerọbica 6; **do aerobics** fare aerọbica 6
**afraid: be afraid** avere paura 1
**after** dopo 6
**afternoon** il pomeriggio 1; **this afternoon** oggi pomeriggio 1
**again** di nuovo 4
**age** l'età 1
**agency** l'agenzia; **travel agency** l'agenzia di viaggio 1
**ago** fa 4; **an hour/a week ago** un'ora/una settimana fa 4
**agree** ẹssere d'accordo
**agreed** d'accordo 1
**agreement** l'accordo
**air** l'aria
**airplane** l'aẹreo, l'aeroplano 8
**airport** l'aeroporto 3, 9
**alive** vivo
**all** tutto 1
**all right** va bene; **it's (not) all right with me** ci sto/non ci sto 10
**almost** quasi
**alone** solo, da solo/a 6
**alphabet** l'alfabeto P
**already** già 4
**also** anche
**although** benché, sebbene, malgrado 8
**always** sempre 1
**amaze** stupire; **be amazed (by something)** stupirsi (di qualcosa) 12
**ambassador** l'ambasciatore (*m.*) 12
**ambulance** l'ambulanza 8
**American** americano 1
**among** tra, fra 1
**analyze** analizzare 11
**ancestor** l'antenato 12
**ancient** antico 2
**angry** arrabbiato 11; **get angry** arrabbiarsi 7
**announcer** l'annunciatore, l'annunciatrice 11
**annoy** dare fastịdio 12
**answer** rispọndere (*p.p.* risposto) 2
**antiques** l'antiquariato; **antique dealer** l'antiquạrio 6
**anything but!** (*ironic*) altro che!
**anyway** comunque 9
**apartment** l'appartamento 3; **apartment building** il palazzo 3
**appetite** l'appetito 5
**appetizer** l'antipasto 5
**applaud** applaudire 10
**apple** la mela 4
**April** aprile (*m.*) 1
**apron** il grembiule 2
**architect** l'architetto (*m. or f.*) P, 8
**architecture** l'architettura (*f.*) 2
**area code** il prefisso telefọnico P
**arm** il braccio (*pl. f.* le braccia) 7
**armchair** la poltrona 3
**arrival** l'arrivo 9; **be arriving** ẹssere in arrivo 9
**arrive** arrivare 1
**art** l'arte (*f.*); **art history** la storia dell'arte 2
**art gallery** la galleria d'arte 6
**art show** l'esposizione (*f.*), la mostra 6
**article** l'artịcolo 11
**artisan** l'artigiano, l'artigiana 8
**artist** l'artista (*m. or f.*) 8
**as** come; **as for** per quanto riguarda 12; **as soon as** non appena 9
**ascend** salire 4
**ask** domandare 1; **ask (for)** chiẹdere (*p.p.* chiesto) 2; **ask a question** fare una domanda
**asleep: to fall asleep** addormentarsi 7

**assimilate** integrarsi 12
**at** a (*frequently* ad *before a vowel*), da, in 1; **at any rate** comunque 9; **at last** finalmente 5
**athlete** l'atleta (*m. or f.*) 6
**athletic** atletico 2
**attend** frequentare 2; **attend a concert** assistere ad un concerto 10
**attention** l'attenzione (*f.*); **pay attention** fare attenzione
**attentive** attento 2
**audience** il pubblico 10
**August** agosto 1
**aunt** la zia 1, 3
**Australian** australiano 2
**author** l'autore (*m.*), l'autrice (*f.*) 11
**automobile** l'auto (*f.*), l'automobile (*f.*) 1
**autumn** l'autunno 1
**availability** la disponibilità 9
**average** il medio 12
**avoid** evitare 8

**baby** il bambino, la bambina 3
**back** la schiena 7
**backpack** lo zaino 2
**bad** brutto 2; **not too bad** non c'è male P; **too bad!** che peccato! 2
**badly** male P
**bag** la borsa 7; **shoulder bag** la borsa a tracollo 7
**baked** al forno 5
**ball** la palla, il pallone 6
**banana** la banana 4
**band** il complesso 10
**bank** la banca 3
**bargain** l'affare (*m.*) 4
**bartender** il/la barista 5
**basketball** la pallacanestro 6
**bathing suit** il costume da bagno 7
**bathroom** il bagno 3
**be** essere (*irr., p.p.* stato), stare (*p.p.* stato) 1, 2; **be at the end of one's rope** avere l'acqua alla gola 9; **be nearby** essere a due passi 4; **be of . . . origin** essere d'origine... 12; **be on the ball/smart** essere in gamba 11; **be pitiful** fare pena 6; **be there** esserci 1; **be well, fine** stare bene P; **be . . . years old** avere ... anni 1; **not be well** stare male P
**beach** la spiaggia 1
**bear** sopportare
**beard** la barba
**beautiful** bello 1
**because** perché
**become** diventare, divenire 4, 8
**bed** il letto 2
**bedroom** la camera da letto 3
**beer** la birra 5
**begin** cominciare P; **begin** (*to do something*) cominciare a (+ *inf.*)
**behind** dietro a 1
**believe (in)** credere (a, in) 4; **I believe it!** lo credo bene! 11
**belt** la cintura 7
**best** ottimo; **best-quality** di ottima qualità 4
**better** meglio, migliore 7
**between** tra, fra 1
**bicycle** la bicicletta 2; andare in bicicletta 8
**bicycle racing** il ciclismo 6
**big** grande 2
**bill** (*check*) il conto 1; la bolletta 12; (*paper money*) la banconota 4
**billion** il miliardo 4
**binoculars** il binocolo 6
**biology** la biologia 2
**birthday** il compleanno 1; **happy birthday!** buon compleanno! 1
**bit: a bit of** po', un po' di 1
**black** nero 2
**blackboard** la lavagna 2
**bless you!** (*sneeze*) salute!
**blond** biondo 2
**blouse** la camicetta 7
**blue** blu (*inv.*) 2; **light blue** azzurro 2
**board** imbarcare 9
**boarding pass** la carta d'imbarco 9
**boast (of)** vantarsi (di) 12
**boat** la barca 2; **sailboat** la barca a vela
**body** il corpo 7
**boiled** bollito 5
**book** il libro 2
**bookcase** lo scaffale 2
**bookstore** la libreria 2, 11
**boot** lo stivale 1, 7
**bored** annoiato 2; **get bored** annoiarsi 7
**boring** noioso 2; **how boring!** che barba! 6
**born** nato 1; **be born** nascere (*p.p.* nato) 4
**boss** il/la capo 8
**both** sia... che... 9
**bother** disturbare 2, dare fastidio 12; il fastidio 12
**bowtie** la cravatta a farfalla 7
**boy** il ragazzo 3
**boyfriend** il ragazzo 3
**brand** la marca 4
**bread** il pane 4
**bread store** la panetteria, il panificio 4
**break** rompere (*p.p.* rotto) 2; **break** (*a bone*) rompersi 7
**breakfast** la colazione 2
**bride** la sposa 3
**bridge** il ponte 1
**briefcase** la cartella 2
**bring** portare 5; **bring about** realizzare 12
**brochure** il dépliant 9
**broth** il brodo; **in broth** in brodo 5
**brother** il fratello 3
**brother-in-law** il cognato 3
**brown** marrone 2
**brush one's hair** spazzolarsi 7; **brush one's teeth** lavarsi i denti 7
**bubblebath** il bagnoschiuma 4
**building** l'edificio 3
**burn** bruciare 5
**bus** l'autobus (*m.*)
**bus stop** la fermata dell'autobus 8
**business** il commercio 2
**businessman** l'uomo d'affari 8
**businesswoman** la donna d'affari 8
**busybody** il/la ficcanaso 3
**butcher shop** la macelleria 4
**butterfly** la farfalla
**button** il bottone 10
**buy** comprare 1
**by** da; **by the way** a proposito 8
**bye** ciao P

**cable car** la funivia 6
**café** il caffè, il bar 3, 5
**cafeteria** la mensa 2
**call** chiamare; **be called** chiamarsi P
**calm** la calma
**campground** il campeggio 9
**camping** il campeggio; **go camping** andare in campeggio 6
**can** potere (*p.p.* potuto) 3
**capital** la capitale 1
**car** l'auto (*f.*), l'automobile (*f.*), la macchina 1, 8; **rental car** l'automobile a noleggio (*f.*) 9
**carbonated** frizzante, gasata 5
**card** il biglietto, la carta P; **business card** il biglietto da visita P; **credit card** la carta di credito 4;

**identification card (ID)** la carta d'identità, il tesserino universitario P, 2; **playing card** la carta
**care for** curare 1
**carefully** prudentemente 5
**career** la carriera 8; **have a career** fare carriera 8
**carpenter** il falegname 8
**carrot** la carota 4
**cash a check** incassare 4
**cash register** la cassa 4
**cashier** il cassiere, la cassiera 4
**cassette** la cassetta 2
**casual** sportivo 7
**cathedral** la cattedrale, il duomo 3
**celebrate** celebrare, festeggiare 9
**cent: be without a cent** essere senza una lira 4
**center** il centro
**century** il secolo 11
**chair** la sedia 2; **lounge chair, deck chair** la sedia a sdraio 6
**chalk** il gesso 2
**challenge** la sfida P
**change** cambiare 1; (*coins*) il resto 4; **change majors** cambiare facoltà 2; **you'll never change** sei sempre il solito/la solita 8
**channel** il canale 11
**chapter** il capitolo 11
**cheap** conveniente 4, economico 9; **be cheap** (*person*) fare i tirchi 4
**check** il conto 1, 4, l'assegno 4
**checkers** la dama 6; **play checkers** giocare a dama 6
**cheer** tifare, fare il tifo 6
**cheers!** alla salute!
**cheese** il formaggio 4
**chef** il cuoco, la cuoca 5
**chemistry** la chimica 2
**cherry** la ciliegia 4
**chess** gli scacchi 6; **play chess** giocare a scacchi 6
**chest** il petto 7
**chicken** il pollo 4
**child** il bambino, la bambina; il bimbo, la bimba 3
**Chinese** cinese 2
**choose** scegliere (*p.p.* scelto) 4
**Christmas** il Natale; **Merry Christmas!** Buon Natale!
**church** la chiesa 1; **large church** il duomo 3
**cinema** il cinema, il cinematografo 1
**citizen** il cittadino, la cittadina 12
**citizenry** il popolo 12
**city** la città 1
**city hall** il municipio 3
**clarinet** il clarinetto 10
**class** la classe, la lezione 2; **first class** la prima classe 9; **second class** la seconda classe 9
**classics** le lettere classiche 2
**classroom** l'aula 1
**clean** pulire 2
**clear the table** sparecchiare 5
**clerk** il commesso, la commessa 4
**cliché** la frase fatta 12
**clientele** la clientela 4
**climb** scalare 6
**clock** l'orologio (*m.*) 2; **alarm clock** la sveglia 9
**close** chiudere (*p.p.* chiuso) 2
**closed** chiuso 1
**closet** l'armadio 2
**cloth** la stoffa, il tessuto 7
**clothes** gli abiti 7; **designer clothes** gli abiti firmati, i vestiti firmati 7
**clothing** l'abbigliamento 7
**cloud** la nuvola 3
**cloudy** nuvoloso 3
**club** la discoteca 3
**coach** l'allenatore (*m.*) 6
**coat** il cappotto 7
**coffee** il caffè 1
**coffee shop** il caffè 3, 5; il bar 3, 5
**coin** la moneta 1; **coins** gli spiccioli 4
**cold** freddo; **be cold** avere freddo 1; **it's cold** fa freddo 3
**cold** (*illness*) il raffreddore 7
**colleague** il/la collega 8
**collect** collezionare 6
**collection** la collezione, la raccolta 6, 11
**color** il colore 2
**colored** colorato 7
**colorful** colorato 7
**column** la colonna 2, la rubrica (*newspaper*) 11
**comb one's hair** pettinarsi 7
**come** arrivare 1, venire 2; **come back** tornare 1, 4; **come in!** avanti! 3; **come on!** dai! 6
**comedy** la commedia 10
**comfortable** comodo 3; **make yourself comfortable!** si accomodi! 8
**commit oneself (to)** impegnarsi (a) 12
**community** la zona 3
**compact disc** il CD (*pr.: cidi*) 10; **CD player** il lettore CD 10
**company** la ditta 8
**comparable** simile 12
**compare** paragonare 12
**compared to** in confronto a 9
**comparison** il paragone 12
**competition** la gara 6
**complain** lamentarsi 7; **don't complain so much!** non fare tante storie! 6
**complimentary** (*free*) in omaggio, in regalo 11
**composer** il compositore 10
**computer** il computer 2
**computer science** l'informatica
**concert** il concerto 10
**conductor** il direttore d'orchestra 10
**confuse** confondersi 12
**confusion** la confusione 1
**congratulations** gli auguri 9
**connection** la coincidenza 9
**conservatory** il conservatorio 10
**consider** considerare 1; **consider it done** affare fatto 11
**consist** consistere 2
**constitution** la costituzione 12
**consul** il console 12
**consulate** il consolato 12
**content: be content (with)** accontentarsi (di) 12
**contrary: on the contrary** anzi 4
**contribute** contribuire 12
**conversation** la conversazione P
**cook** cuocere (*p.p.* cotto) 5; **cooked** cotto 4; **cooked just right, not overdone** (*pasta*) al dente 5
**cool** (*weather*) fresco 3
**copy** la copia 11
**corner** l'angolo 2
**correct** correggere (*p.p.* corretto)
**cost** costare 4
**costly** costoso 3
**costume** il costume 7
**cotton** il cotone 7
**couch** il divano 3
**cough** la tosse 7
**counter** il banco 5
**country** il paese 1, la campagna 3
**countryside** il paesaggio 6
**couple** il paio, la coppia 1; **a couple of . . .** un paio di... 9
**course** il corso, il percorso 2, 6; **first course** la minestra, il primo piatto 5; **second course** il secondo piatto 5; **take a course** seguire un corso, seguire una lezione 2
**courts** la magistratura 12
**cousin** il cugino, la cugina 3

**cover** (*book*) la copertina; **hard cover** la copertina rigida 11; **softcover book** l'edizione tascabile (*f.*) 11
**cover charge** il coperto 5
**crazy** matto; **it's crazy** è pazzesco 9; **that's crazy!** roba da matti! 6
**create** creare 2
**crisis** la crisi 8
**critic** il critico 10
**crowded** affollato 9
**cue** lo spunto
**cup** la tazza 5; **coffee cup** la tazzina 5
**curious** curioso 1
**current** attuale 12
**curtain** il sipario 10
**custom** il costume 12
**customs** la dogana 9; **go through customs** passare la dogana 9
**cut** tagliare 5; **cut a class** saltare una lezione 2

**daddy** il babbo, il papà 3
**daily** quotidiano
**dance** ballare 1; il ballo 10; **slow dance** il lento 10; **dance floor** la pista da ballo 10
**dancer** il ballerino, la ballerina 10
**dangerous** pericoloso 10
**dark** il buio, lo scuro 7; **in the dark** al buio 4
**darling** l'amore (*m.*) 3, il tesoro 9
**darn it!** accidenti! 2, accipicchia! 4; che cavolo! 10
**date** la data 1
**daughter** la figlia 1, 3
**daughter-in-law** la nuora 3
**day** il giorno 1; **day before yesterday, the other day** l'altro ieri 1; **what a day!** che giornata! 2
**deaf** sordo; **be tone-deaf** essere stonato come una campana 10
**deal** l'affare (*m.*) 4; **done deal** affare fatto (*m.*) 11; **deal with** affrontare 12
**dear** l'amore (*m.*) 3; caro
**December** dicembre 1
**decide** decidere 2
**degree** la laurea 2; **have a degree** essere laureato 2
**delay** il ritardo 9
**delicious** delizioso 5; **how delicious!** che buono! 4
**deluxe** di lusso 7
**dentist** il/la dentista 8
**department store** il magazzino, il grande magazzino 4
**departure** la partenza 9
**descend** scendere (*p.p.* sceso) 2
**design** il modello, la fantasia (*fabric*) 7
**desire** desiderare; il desiderio 1
**desk** il banco, la scrivania 2
**dessert** il dolce 5
**dessert plate** il piattino 5
**destination** la destinazione 9
**die** morire (*p.p.* morto) 4
**different** diverso 2
**difficult** difficile 2
**dinner** la cena 5; **eat dinner** cenare 5
**diplomacy** la diplomazia 12
**diplomatic** diplomatico 12
**direction** la direzione 1
**director** il direttore, la direttrice; il/la regista 10
**disadvantage** lo svantaggio 2
**disaster** il disastro; **what a disaster!** che disastro! 6
**discotheque** la discoteca 3
**discount** lo sconto 4
**discover** scoprire (*p.p.* scoperto) 2
**discuss** discutere (*p.p.* discusso) 2
**dish** il piatto 5
**dishwasher** la lavastoviglie 3
**diskette** il dischetto 2
**display window** la vetrina 4
**disposal** la disposizione 9
**disturb** disturbare 2
**divide** dividere (*p.p.* diviso) 2
**divorce** divorziare 3
**do** fare (*p.p.* fatto) 3; **do aerobics** fare aerobica 6; **do errands** fare le commissioni 3; **have things to do** avere da fare 3; **do something in a slapdash way** fare qualcosa coi piedi 11; **do well/poorly** andare bene/male 2
**doctor** il dottore, la dottoressa P; **medical doctor** il medico P, 8
**door** la porta 2; **main door** il portone 3
**dormitory** il dormitorio, la casa dello studente 2
**down there** laggiù 6
**downtown** in centro 3
**drama** il dramma 10
**draw** disegnare 6
**dream** il sogno 12; sognare 12; **I wouldn't dream of it!, not at all!** nemmeno per sogno! neanche per sogno! 12
**dress** vestirsi 7
**dress a salad** condire 5
**dressing room** il camerino 7
**drink** bere (*p.p.* bevuto) 3
**drive** guidare 8
**driver** l'autista (*m. or f.*) 8
**drugstore** la farmacia 2
**drugs** la droga 12
**drums** la batteria 10
**during** durante

**e-mail** la posta elettronica P
**each** ogni 2; **to each his own** a ciascuno il suo 7
**ear** l'orecchio 7
**early** presto, in anticipo 2; **be early** essere in anticipo 2
**earn** guadagnare 8; **not earn a penny** non guadagnare una lira 11
**earring** l'orecchino 7
**east** l'est (*m.*) 1
**easy** facile 10
**eat** mangiare 1
**economic** economico 4, 9
**economics** l'economia (*f.*) 2
**economy** l'economia (*f.*) 2
**edition** l'edizione (*f.*)
**editor** l'editore (*m.*) 11
**effect** realizzare 12
**egg** l'uovo (*pl. f.* le uova) 2
**eggplant** la melanzana 4
**elect** eleggere 12
**election** l'elezione (*f.*) 12
**elegant** elegante 3
**elevator** l'ascensore (*m.*) 11
**embassy** l'ambasciata 12
**emigrant** l'emigrato 12
**emigrate** emigrare 12
**employ** impiegare 8
**employee** l'impiegato, l'impiegata 8
**encyclopedia** l'enciclopedia (*f.*) 11
**end** la fine; finire 2
**engineer** l'ingegnere (*m. or f.*) P, 8
**engineering** l'ingegneria 2
**English** inglese 2
**enjoy** godere 12; **enjoy (your meal)!** buon appetito! 5
**enough: be enough** bastare 1; **enough!, enough already!** basta! 8
**enroll** iscriversi 2
**enter** entrare 4
**entrepreneur** l'imprenditore, l'imprenditrice 8
**environment** l'ambiente (*m.*) 8
**equal** uguale 12

**errands** le commissioni 3; **do errands** fare le commissioni 3
**essay** il tema (*pl.* i temi) 1, 2
**eternal** eterno 1
**evaluation** il giudịzio 2
**even** anche
**evening** la sera 1, la serata; **good evening** buonasera P
**ever** mai 4
**every** ogni 6
**evil eye** il malọcchio; **give (someone) the evil eye** fare il malọcchio (a qualcuno) 10
**exactly** esatto, esattamente 1
**exam** l'esame (*m.*) 2; **take an exam** dare un esame 2
**example** l'esẹmpio P; **for example** per esẹmpio
**excellent** eccellente 1
**exchange** cambiare 1
**exclusive** esclusivo 7
**excursion** la gita 2
**excuse** scusare; **excuse me!** scusi! P; **excuse me** permesso? 3
**executive** il/la dirigente 8
**exercise** fare ginnạstica 6
**exhibition** la mostra 6
**exit** uscire 2, 4; l'uscita
**expensive** costoso 3, caro 4
**exquisite** squisito 5
**extend** prolungare 1
**eye** l'ọcchio 7
**eyebrow** il sopraccịglio (*pl. f.* le sopraccịglia) 7
**eyelash** il ciglio (*pl. f.* le ciglia) 7

**face** la faccia, il viso 7
**factory** la fạbbrica 8
**fairy tale** la fạvola 6
**family** la famiglia 3
**famous** famoso 2
**fan** l'appassionato, il tifoso; **be a fan** tifare, fare il tifo 6
**far from** lontano da 1
**farewell** addio P, 8
**farm** la fattoria 8
**farmer** il contadino, la contadina 8
**fascinating** affascinante 9
**fashion** la moda 7; **fashion show** la sfilata 7; **keep up with fashion** seguire la moda 7
**fast** veloce 2
**fasten** allacciare 9
**fat** grasso 2
**father** il padre 1, 3; il babbo, il papà 3
**father-in-law** il suọcero 3
**February** febbrạio 1
**fed up** stufo 10; **be fed up with** ẹssere stufo di 10
**feel** sentire 2; **feel better** guarire 2; **feel like having** avere voglia di (+ *inf.*) 1
**feminine** femminile P
**ferry** il traghetto 8
**festival** la sagra 9
**fever** la febbre 4
**fiancé(e)** il fidanzato, la fidanzata 3
**fiction** la narrativa 11
**field** il campo 8; **playing field** il campo sportivo 2
**fill up (the gas tank)** fare il pieno 10
**film** il film; girare un film 10; **show a film** dare un film
**finally** finalmente 5
**find** trovare 1
**find out** informarsi 9
**fine** bene, va bene P, 1; (*penalty*) la multa 8
**finger** il dito (*pl. f.* le dita) 7
**finish** finire 2; **finished** finito P
**fire** (*dismiss*) licenziare 8
**fireworks** i fuochi d'artificio 9
**firm** l'azienda 3
**first** primo 1
**first-rate** coi fiocchi 12
**fish** il pesce 4
**fish store** la pescheria 4
**fish vendor** il pescivẹndolo 4
**fishing** la pesca 6
**fit** (*clothes*) stare bene a qualcuno 7
**fitting room** il camerino 7
**flag** la bandiera 2
**flight** il volo 9; **nonstop flight** il volo diretto 9
**flip through** sfogliare 11
**floor** il piano 3; **dance floor** la pista (da ballo) 10
**flop** il fiasco 10
**flower** il fiore 6
**flu** l'influenza 7
**flute** il flauto 10
**fly** volare 9
**fog** la nẹbbia 3
**follow** seguire 2
**fool: be a fool** ẹssere scemo 4; **don't be a fool!** non fare lo scemo/la scema! 7
**foot** il piede 7; **on foot** a piedi 3
**for** per P
**forecast** la previsione; **weather forecast** le previsioni del tempo 3
**foreign** straniero 3
**forest** il bosco 6
**forget** dimenticare, dimenticarsi 1, 7; **forget (about) it!** lascia pẹrdere 9
**forgo** rinunciare 12
**fork** la forchetta 5
**fortune** la fortuna
**forward** avanti
**founded** fondato 1
**fountain** la fontana 1
**free** lịbero 2; in omạggio, in regalo 11
**French** francese 2
**fresh** fresco 3
**Friday** venerdì 1
**fried** fritto 5
**frog** la rana 6
**from** da, di 1; **be from** ẹssere di P; **from there** da lì 1
**frozen** surgelato 4
**fruit salad** la macedọnia 4
**fruit vendor** il fruttivẹndolo 4
**fry** frịggere (*p.p.* fritto) 5
**fun** divertente 2
**function** funzionare 2
**functionary** il funzionạrio 12
**funny** buffo; **how funny!** che buffo! 11
**furniture** i mọbili 3; **piece of furniture** il mọbile
**future** il futuro; **in the future** in futuro 12

**gain weight** ingrassare 7
**game** il gioco 1, la partita 6
**garden** il giardino 3
**garlic** l'aglio 5
**gas pump** il distributore 10
**gasoline** la benzina 10; **fill up (the gas tank)** fare il pieno 10
**gather** raccọgliere (*p.p.* raccolto) 6
**generalize** generalizzare 12
**generation** la generazione 12
**gentleman** il signore P
**geography** la geografia 1
**German** tedesco 2
**get: get around** (*a city*) spostarsi 8; **get by** cavạrsela; **I get by** me la cavo 1; **you get by just fine** te la cavi bene 1; **get lost** pẹrdersi 7; **get off** scẹndere da 8; **get on** salire su 8; **get up** alzarsi 7
**gift** il regalo 4
**gift-wrap** fare un pacchetto regalo 4
**girl** la ragazza
**girlfriend** la ragazza

**give** dare (*p.p.* dato) 2, consegnare 9; **give a gift to** regalare a (qualcuno) 5; **give it one's all** mettercela tutta 12; **give someone a lift** accompagnare (qualcuno), dare un passaggio (a qualcuno) 8; **give up** rinunciare 12
**glance at** dare un'occhiata a 10
**glass** il bicchiere 5
**glove** il guanto 7
**go** andare 1, 2; **go around** girare 1; **go back** ritornare 1; **go by bicycle** andare in bicicletta 8; **go from bad to worse** andare di male in peggio 11; **go on** andare avanti 6; **go out** uscire 2; **go smoothly** andare a gonfie vele 10; **go straight ahead** andare dritto 6; **go well** andare per il meglio 10
**go!** forza! 6
**goal** il gol 6, la meta 12
**good** bravo 1, buono 3; **it's good** è bene 8; **good for you!** complimenti! 8; **good heavens!** santo cielo! 9, accipicchia! 11
**good-bye** arrivederci/arrivederLa P
**goods** la merce 4
**gosh!** mamma mia! 2; accidempoli! 11
**govern** governare 12
**government** il governo 12
**grade** il voto 2
**graduate** laurearsi 2
**graduated** laureato 2
**gram: one hundred grams** l'etto 4
**grandfather** il nonno 3
**grandmother** la nonna 3
**grape(s)** l'uva (*f.*) 4
**gray** grigio 7
**great** ottimo 5
**greedy** goloso 5
**green** verde 2
**greet** salutare P; **greet each other** salutarsi 7
**greeting** il saluto P
**grill** la griglia; **grilled** alla griglia 5
**groom** lo sposo 3
**grow** crescere 2
**guarantee** garantire 12
**guess** indovinare
**guest** l'ospite (*m. or f.*) 9
**guide** la guida
**guidebook** la guida turistica 1
**gym** la palestra 2
**gymnasium** la palestra 6
**gymnastics** la ginnastica 6

**habit** il costume 12
**hair** i capelli 4
**half** mezzo 2
**ham** il prosciutto 4
**hand** la mano (*pl. f.* le mani) 2
**hand-made** fatto a mano 7
**hand over** consegnare 9
**handsome** bello 1
**happen** capitare; **for everything (unpleasant) to happen to someone** capitare tutte a qualcuno 10; **whatever happened to . . . ?** che fine ha fatto... ? 12
**happy** contento 1, allegro 2
**hard cover** la copertina rigida 11
**hardly** mica 6
**hat** il cappello 7
**hate (each other)** odiarsi 7
**have** avere (*p.p.* avuto) 1; **have a crush on** avere una cotta per 8; **have a good time** divertirsi 7; **have things to do** avere da fare 3; **have to** dovere 3
**head** la testa 7
**headlines** i titoli 11
**headphones** le cuffiette 2
**heal** guarire 2
**health** la salute 7
**healthy** sano 5
**hear** sentire 2
**heart** il cuore 1
**heat** il caldo 1
**heavy** pesante 7
**heel** il tacco 7; **with high heels** a tacco alto 7
**hello** pronto, salve P; **say hello** salutare P
**helmet** il casco 8
**help** aiutare 1; **may I help you?** desidera? 4; **help (each other)** aiutarsi 7; **help!** aiuto! 2
**here is/are** ecco P, 1
**heritage** il patrimonio 12
**hi** ciao P
**high** alto 2
**highway** l'autostrada 10
**hill** il colle, la collina 1
**hint** lo spunto
**hire** assumere, noleggiare 8, 9
**history** la storia 2
**hit a sour note** prendere una stecca 10
**hobby** l'hobby (*m.*)
**holiday** la festa P, la vacanza 3, 9; festivo 9; **holidays** le ferie 8
**home** la casa; **at home** a casa 1

**homework** il compito 2
**honestly** sul serio 6
**honeymoon** la luna di miele 9
**hope** sperare; **I hope so!** me lo auguro! 9
**hospital** l'ospedale (*m.*) 1
**hostel** l'ostello 9
**hot** caldo; (*spicy*) piccante 5; **be hot** (*weather*) fare caldo; **be/feel hot** avere caldo 1
**hotel (small)** la pensione 9
**hour** l'ora 2
**house** la casa
**housewife** la casalinga 8
**how** come 3; **how's it going?** come va? P; **and how!** eccome! 4; **how are you?** come sta?/stai? P; **how come?** come mai? 2; **how many?** quanto 3; **how much?** quanto 3
**hug (each other)** abbracciarsi 7
**hum** canticchiare 10
**humanities** le lettere 2
**humid** umido 3
**hungry: be hungry** avere fame 1
**hurry: be in a hurry** avere fretta 1; **let's hurry up!** sbrighiamoci! 4
**hurt oneself** farsi male
**husband** il marito 2, 3

**ice** il ghiaccio
**ice cream** il gelato 4; **ice cream store** la gelateria 4
**idea** l'idea; **not have the faintest idea** non avere la più pallida idea 10
**identification** l'identificazione (*f.*) 1; **identification (ID) card** la carta d'identità P, il tesserino universitario 2
**identify** identificare
**if** se; **if I were you** se fossi in te 10; **if only . . .** magari
**illustrated** illustrato 11
**illustration** la vignetta 1
**image** l'immagine (*f.*) 1, 12
**imagine** immaginare; **I would imagine, I guess** m'immagino 12; **just imagine!** figurati! 2
**immigrant** l'immigrato 12
**immigrate** immigrare 12
**impossible** impossibile 7
**impression: make a good/bad impression** fare una bella/brutta figura 7

**improve** migliorare 8
**in** a, ad, fra, in, tra 1; **in a week/a month/a year** tra una settimana/un mese/un anno 6; **in front of** davanti a 1; **in the middle of** in mezzo a 6; **in order to** per P; **in the meantime** intanto 9
**incorrect** sbagliato
**incredible** incredibile 7, pazzesco; **it's incredible!** è pazzesco! 9
**indeed** infatti 2
**individual** l'individuo 12
**industry** l'industria 8
**information** le informazioni 9
**ingredient** l'ingrediente (*m.*) 5
**instead** invece 6
**intelligent** intelligente 2
**instrument** lo strumento 10
**integrate** integrarsi 12
**integration** l'integrazione (*f.*) 12
**intend** intendere (*p.p.* inteso)
**interest** l'interesse (*m.*) 12
**interested** interessato 2
**interview** l'intervista 1; intervistare 3
**introduce** presentare; **let me introduce you to** ti presento 1
**introduction** l'introduzione (*f.*) 1, la presentazione P
**invite** invitare 3
**island** l'isola 1
**issue** l'edizione (*f.*), il numero 11
**Italian** italiano P, 2
**itinerary** l'itinerario 6

**jacket** la giacca 7; **short jacket** il giubbotto 7
**January** gennaio 1
**Japanese** giapponese 2
**jewel** il gioiello 7
**job** il lavoro 1, il mestiere 8; **job announcement** l'annuncio di lavoro 8; **apply for a job** fare domanda di lavoro 8; **job interview** il colloquio di lavoro 8
**jog** fare footing 6
**joke** la barzelletta, lo scherzo 7; scherzare; **you're joking!** ma scherzi! 1
**journalist** il/la giornalista 3, 8, 11
**judge** il giudice 12; giudicare 12
**July** luglio 1
**June** giugno 1

**keep** mantenere, tenere 2
**keep in touch!** fatti vivo! 8
**key** la chiave 1
**kid: you must be kidding!** capirai! 4
**kill** uccidere (*p.p.* ucciso) 4
**kilo** il chilo 4
**kiss (each other)** baciarsi 7
**kitchen** la cucina 3
**kite** l'aquilone (*m.*) 10
**knee** il ginocchio (*pl. f.* le ginocchia) 7
**knife** il coltello 5
**knot** il fiocco, il nodo
**know** sapere 5; **know a person or place** conoscere (*irr., p.p.* conosciuto) P, 2; **know each other** conoscersi P; **hardly know** sapere a mala pena 12; **know how to** sapere (+ *inf.*) 5; **I don't know** non lo so 5; **one never knows!** non si sa mai! 6; **you know how it is** sa/sai com'è 11

**lace** il pizzo 7
**lady** la signora
**lake** il lago 1
**lamp** la lampada 3
**land** atterrare 9
**landing** l'atterraggio 9
**language** la lingua
**last** ultimo 1, scorso 4
**late** in ritardo 2; **sorry I'm late** scusa/scusate il ritardo 5
**lateness** il ritardo 9
**later** dopo, poi
**laugh** ridere (*p.p.* riso) 2
**law** la legge, la giurisprudenza 2
**lawyer** l'avvocato (*m. or f.*), l'avvocatessa P, 8
**lazy** pigro 2
**learn** imparare 1, 2
**leather** il cuoio, la pelle 7
**leave** lasciare 1, partire; **be leaving** essere in partenza 9
**lecture** la conferenza 3
**left** sinistra; **on the left, to the left** a sinistra 6
**leg** la gamba 7; **(of a journey)** la tappa 9
**lemon** il limone 4
**lend** prestare 4; **lend a hand** dare una mano
**lesson** la lezione 2
**let yourself go** scatenarsi 10
**letter** la lettera

**lettuce** la lattuga 4
**liberty** la libertà 12
**library** la biblioteca 2
**license (driver's)** la patente 8; **get a license** prendere la patente 8
**lifeguard** il bagnino 6
**light** leggero 7; **(color)** chiaro 7
**like** come 12; piacere 2; **like this** così P
**likewise** altrettanto
**line** la riga 2
**linen** il lino 7
**lip** il labbro (*pl. f.* le labbra) 7
**list** l'elenco (*m.*) 4
**listen to** ascoltare 1; **listen to this!** senti senti! 10
**liter** il litro 4
**literary** letterario 11
**literature** la letteratura 2
**little** piccolo 2; **little by little** man mano 8
**live** abitare 1, vivere (*p.p.* vissuto) 2; **long live . . . !** viva...!
**live** (*television*) vivo, in diretta 11
**living** vivo
**loan** il prestito 4
**look: look after** curare 1; **look at** guardare 1; **look for** cercare 1; **look who's here!** chi si vede! 4
**lose** perdere (*p.p.* perso) 6; **lose weight** dimagrire 7
**lot: a lot of** molto P
**loudspeaker** l'altoparlante (*m.*) 10
**love** l'amore (*m.*) 9; amare, voler bene 3; **fall in love (with someone)** innamorarsi (di qualcuno) 7; **love something** essere appassionato di... 10
**low** basso 2; **low volume** basso volume 10
**luck** la fortuna; **good luck!** buona fortuna!, in bocca al lupo! 2; **lucky you!** beato te! 6
**luckily** per fortuna 2
**lunch** il pranzo 5; **eat lunch** pranzare 5
**luxurious** di lusso 7
**lyrics** il testo 10

**mad** matto (*insane*), arrabbiato (*angry*) 11
**magazine** la rivista 11
**magistrate** il magistrato 12
**mail** la posta; spedire 3
**mail carrier** il postino P

**mailbox** la buca delle lettere 3
**maintain** mantenere; **maintain good relations** mantenere buoni rapporti 8
**major in** laurearsi in, prendere la laurea in 2
**majority** la maggior parte 9, la maggioranza 12
**make** fare (*p.p.* fatto) 3
**makeup** il trucco; **put on makeup** truccarsi 7
**man** l'uomo (*pl.* gli uomini) 1, 3
**manage** cavarsela, riuscire a (+ *inf.*) 8
**map** la cartina, la piantina, la mappa 6
**March** marzo 1; **protest march** la manifestazione 12
**market** il mercato; **open-air market** il mercato all'aperto 4; **stock market** la borsa 8
**married** sposato 1
**marry** sposare; **get married** sposarsi 3
**masculine** maschile P
**masterpiece** il capolavoro 11
**match** l'incontro 1, la gara 6
**May** maggio 1
**may** potere (*p.p.* potuto) 3; **maybe** può darsi; **maybe so . . .** sarà... 12
**meal** il pasto 5; **(hotel) with meals** con pensione completa 9
**mean** intendere (*p.p.* inteso), voler dire; **what do you mean?** cosa intendi? 3; (*agg.*) antipatico 2
**means** il mezzo; **means of transportation** il mezzo di trasporto 8
**meat** la carne 4
**medicine** la medicina 2
**meet** incontrare 1, trovarsi, conoscere (*p.p.* conosciuto) 2, incontrarsi 7; **meet each other** conoscersi P; **meet someone** conoscere (*p.p.* conosciuto) P
**meeting** l'incontro 1
**melon** il melone 4
**member of parliament** il/la parlamentare 12
**memory** la memoria 1
**merchandise** la merce 4
**mess: be in a fine mess** star fresco 8
**message** il messaggio; **receive messages** ricevere messaggi 2; **send messages** inviare messaggi 2
**middle: in the middle of** in mezzo a
**midnight** la mezzanotte 2
**milk** il latte 4
**million** il milione 4
**minister** il ministro 12
**mirror** lo specchio 7
**Miss** signorina P
**miss the train** perdere il treno 9
**mistake** lo sbaglio 2; **make a mistake** sbagliare 2
**mixed** misto 5
**model** la fotomodella 7, la modella 7
**mommy** la mamma 3
**Monday** lunedì 1
**money** il denaro, i soldi; (*paper*) la banconota 4; **make money** guadagnare 8
**month** il mese 1
**monthly** mensile 11
**monument** il monumento 1
**moon** la luna
**morning** il mattino, la mattina 1; **good morning** buongiorno P; **this morning** stamattina 1
**mother** la madre 1, la mamma 3
**mother-in-law** la suocera 3
**motorcycle** la motocicletta, la moto 2
**mountain** la montagna 1, il monte
**moustache** i baffi 6
**mouth** la bocca 7; **make one's mouth water** avere l'acquolina in bocca 5
**move** cambiare casa, traslocare 3; **move away** allontanarsi
**movie theater** il cinema 1
**Mr.** signore P
**Mrs.** signora P
**much** molto P, un sacco di 9; **so much** tanto P
**muggy** afoso 3
**museum** il museo 1
**mushroom** il fungo 2
**music** la musica 10; **classical music** la musica classica 10; **pop music** la musica leggera/pop 10
**musical note** la nota 10
**musician** il/la musicista 8, 10
**must** dovere 3
**myth** il mito 12

**name** il nome P; **last name** il cognome P; **my name is** mi chiamo P; **what's your name?** come si chiama/ti chiami? P
**napkin** il tovagliolo 5
**narrative** la narrativa 11
**nation** la nazione 1
**naturally!** si capisce! 5
**near** vicino a 1; **nearby** lì/qui vicino 1
**necessary** necessario 7, 8
**neck** il collo 7
**need** avere bisogno di 1
**neighbor** il vicino di casa 3
**neither . . . nor** né... né 9
**nephew** il nipote 3
**net** la rete
**network** la rete televisiva 11
**never** mai, non... mai 4
**new** nuovo 2
**news** la notizia 3, 11; **sensational news** la notizia bomba 11
**newscaster** l'annunciatore, l'annunciatrice 11
**newspaper** il giornale 3, 11; **daily newspaper** il quotidiano
**newspaper vendor** il giornalaio 11
**newsstand** l'edicola 3, 11
**next** prossimo; **till next time!** alla prossima! P
**nice** bello, simpatico 1, 2; **how nice!** che bello! 2; **it would be nice!** magari! 2; **it's nice weather** fa bello 3
**niece** la nipote 3
**night** la notte 1; **good night** buonanotte P; **last night** ieri sera 4
**nightspot** il locale notturno 10
**nightgown** la camicia da notte 7
**nobody** non... nessuno 9
**noise** il rumore 2
**noon** il mezzogiorno 2
**normally** di solito 6
**north** il nord 1
**nose** il naso 7
**nosy person** il/la ficcanaso 3
**not** non 6; **not any** non... nessuno/a 9; **not anymore** non... più 9; **not at all** non... mica, non... affatto 9; **not even** non... neanche, neppure, nemmeno 9; **not ever** non... mai; **it's not necessarily the case** non è detto che... 12; **not really** mica tanto 9; **not yet** non... ancora 9
**notebook** il quaderno 2; **take notes** prendere appunti 2
**nothing** niente; **it's nothing** fa niente! 5; **come to nothing** andare a monte 9
**novel** il romanzo 11
**November** novembre 1

**now** ora 1; **now this!** questa poi! 11
**nowhere** da nessuna parte 9
**nuisance** il fastidio 12
**number** il numero P
**nurse** l'infermiera, l'infermiere 8

**oasis** l'oasi (*f.*) 1
**occupation** il mestiere 8
**occurrence** la volta
**October** ottobre 1
**of** di 1; **of course!** si capisce! 5
**off the top of (one's) head** su due piedi 12
**offend** offendere 12
**offensive** offensivo 12
**offer** l'offerta; offrire (*p.p.* offerto) 2
**office** l'ufficio 8
**often** spesso 5
**oil** l'olio 5
**okay** va bene 1
**old** vecchio 2; **older** maggiore 3
**on** su 1; **on the air** in onda 11; **on the contrary** anzi 4; **on the other hand** invece 6
**once in a while** una volta tanto 10
**one hundred** cento 4
**onion** la cipolla 4
**only** solo; **if only!** magari 2
**open** aperto 1; aprire (*p.p.* aperto) 2
**opera** la lirica, l'opera lirica 10
**operator** (*telephone*) il/la centralinista
**opinion** il parere; **in my opinion** a mio parere 12; **in your opinion** secondo te 1
**opposition** l'opposizione (*f.*) 12
**orange** (*color*) arancione (*inv.*) 7; **orange** (*fruit*) l'arancia 2, 4
**orchestra** l'orchestra 10
**order** ordinare 1
**origin** l'origine (*f.*); **be of . . . origin** essere d'origine... 12
**other** altro
**out of** fuori; **out of the way** fuori mano 10; **out of print** esaurito 11
**outside** fuori
**oven** il forno 3

**pack a suitcase** fare la valigia 9
**package** la confezione 4
**paddle** remare 6
**page** la pagina
**pain** il dolore 7
**paint** dipingere (*p.p.* dipinto) 6
**painting** il quadro 3
**pair** la coppia, il paio 1
**pajamas** il pigiama 7
**palace** il palazzo 3
**pan** la padella 5
**pants** i pantaloni 7
**paper** la carta; **piece of paper** il foglio di carta 2
**paperback** l'edizione tascabile (*f.*) 11
**park** il parco 6; parcheggiare, posteggiare 8
**parliament** il parlamento 12
**part** la parte
**party** la festa P, 9; **political party** il partito 12
**pass** la tessera
**pass** (*driving*) sorpassare 10
**passing** (*another car*) il sorpasso 10
**path** il sentiero 6
**pay for** pagare 1; **pay cash** pagare in contanti 4
**peace** la pace; **in peace and quiet** in santa pace 12
**peach** la pesca
**pear** la pera 4
**peas** i piselli 4
**pedestrian street** l'isola pedonale 6
**pen** la penna 2
**pencil** la matita 2
**peninsula** la penisola 1
**people** il popolo 12
**pepper** il pepe 5; **hot red pepper** il peperoncino 5
**percent** per cento
**performance** la rappresentazione 10
**perfume** il profumo 4; **perfume-and-soap shop** la profumeria 4
**perhaps** magari 2; forse
**periodical** periodico 11
**permission** il permesso; **with your permission** permesso? 3
**person** la persona P
**personnel** il personale 8
**pharmacist** il/la farmacista 4
**pharmacy** la farmacia 2
**philosophy** la filosofia 2
**photograph** la fotografia 1
**phrase** la frase
**physics** la fisica 2
**piano** il pianoforte, il piano
**pineapple** l'ananas (*m.*) 4
**pink** rosa (*inv.*) 2
**place** il posto; **a nice little spot** un posticino 9; **at our place, at your place** da noi, da te 6
**plain** la pianura 1
**plan** il programma 1, 11
**plate** il piatto 5
**play** giocare 1; **play** (*a sport or game*) giocare (a + *n.*) 6; **play** (*an instrument*) suonare 6; **play cards** giocare a carte 6; **play checkers** giocare a dama 6; **play chess** giocare a scacchi 6; **play soccer** giocare a calcio 6; **play tennis** giocare a tennis
**player** il giocatore, la giocatrice 6
**playwright** il commediografo, il drammaturgo 10
**please** per piacere, prego P, 3; **pleased to meet you!** piacere! P; **very pleased to meet you** molto lieto P
**pleasure** il piacere; **with pleasure** volentieri, ben volentieri 3
**plot** la trama 11
**plumber** l'idraulico 8
**pocketbook** l'edizione tascabile (*f.*) 11
**poem** (*long*) il poema 11, (*short*) la poesia 11
**poet** il poeta, la poetessa 11
**poetry** la poesia 2, 11
**politics** la politica 12
**polite** gentile 1
**pollution** l'inquinamento 8
**poor** povero 2; **poor thing!** poverino! 5
**porter** il facchino 6, 9
**portrait** il ritratto 1
**post office** l'ufficio postale 3
**postcard** la cartolina 1
**poster** il cartellone 11
**pot** la pentola 5
**potato** la patata 4
**pour** (*rain*) diluviare 6
**power** il potere 11, 12
**practice** l'allenamento 6
**predict** prevedere (*p.p.* previsto) 12
**prefer** preferire 2; **prefer a thousand times over** preferire mille volte di più 11
**prejudice** il pregiudizio 12
**preliminary** preliminare P
**preparation** la preparazione 5
**prepare** preparare 1; **prepare (oneself)** prepararsi 7
**prepared** preparato 2
**present** presentare P
**preserve** conservare 2
**president** il/la presidente, il/la Presidente della Repubblica 12

**price** il prezzo 4; **price list** il listino prezzi 5, la tariffa 9
**pride** l'orgoglio 12
**prime minister** il Presidente del Consiglio, il Primo ministro 12
**princess** la principessa 6
**print** stampare 11
**printer** la stampante 2
**prize** il premio 7
**problem** il problema 1; **no problem!** non c'è problema! 2
**procession** la processione 9
**profession** la professione 8
**professor** il professore, la professoressa P, 2
**program** il programma 1, 11
**prohibit** vietare; **it is prohibited** è vietato (+ *inf.*) 9
**promise** (*to do something*) promettere (di + *inf.*, *p.p.* promesso) 4
**prose** la prosa 11
**protagonist** il/la protagonista 10
**protest** la protesta, la manifestazione 12
**proud** orgoglioso 8
**public transportation** i mezzi pubblici 8
**publish** pubblicare 11
**publisher** l'editore (*m.*) 11
**publishing house** la casa editrice 11
**punctual** puntuale 2
**purple** viola (*inv.*) 2
**put** mettere (*p.p.* messo) 2; **put on** (*clothes*) mettersi 7; **put together** abbinare 7

**quarter** un quarto 2
**question** interrogare 2
**quickly** presto
**quiet** calmo, zitto; **be quiet!** zitto! 11; **keep quiet** stare zitto
**quit** smettere (*p.p.* smesso); **to quit** (*doing something*) smettere di (fare qualcosa) 11
**quite** abbastanza P

**race** la corsa 6
**railway car** la carozza, il vagone 9
**rain** la pioggia 2; piovere 3
**raincoat** l'impermeabile (*m.*) 7
**rate** la tariffa 9
**raw** crudo 4
**reach** raggiungere 12
**read** leggere (*p.p.* letto) 2
**reader** il lettore, la lettrice 11
**reading** la lettura 1
**ready** pronto; **the meal is ready** pronto in tavola
**realize** rendersi conto 7
**really** davvero 1, veramente 5
**reasonably priced** conveniente 4
**receipt** la ricevuta, lo scontrino 4
**reception** il ricevimento 3
**recess** l'intervallo 2
**recipe** la ricetta 5
**recite** recitare 10
**recommend** consigliare (di + *inf.*)
**record** il disco 10
**recover** (*health*) guarire 2
**red** rosso 2
**referee** l'arbitro 6
**region** la regione 1
**rehearsal** la prova 10
**relative** il/la parente, (*pl.*) i parenti 3
**relaxing** rilassante 6
**remain** rimanere (*p.p.* rimasto) 2
**remind: that reminds me** a proposito 8
**remember** ricordare, ricordarsi 1, 7
**remote control** il telecomando 11
**rent** affittare 3, noleggiare 9
**report card** il libretto universitario, la pagella 2
**reprint** ristampa, in ristampa 11
**republic** la repubblica 1, 12
**reservation** la prenotazione 9
**reserve** prenotare, fare una prenotazione 9
**residence** (*city*) la residenza P
**rest** il riposo 1; riposare 1
**restaurant** il ristorante 3, 5
**résumé** il curriculum 8
**retired person** il pensionato, la pensionata 8
**return** ritornare, tornare 1; **return (to someone)** restituire (a qualcuno) 10
**review** la recensione 10
**ribbon** il fiocco
**rich** ricco 2; **filthy rich** ricco sfondato 8
**right** destra; **be right** avere ragione 1; **on the right, to the right** a destra 6
**ring** squillare, suonare 6
**ripe** maturo 4
**river** il fiume 1
**road** la via 1
**rock** la roccia 6
**role** la parte, il ruolo 10
**room** la camera, la sala, la stanza 3; **dining room** la sala da pranzo 3; **living room** il salotto, il soggiorno 3
**root** la radice 12
**rose** la rosa
**route** il percorso 6
**row** remare 6
**ruin** mandare a rotoli 11
**ruins** le rovine (*f. pl.*) 1
**run** correre (*p.p.* corso) 2, 6; **run away** scappare
**rush off** scappare
**Russian** russo 2
**rustic** rustico 3

**sack** il sacco
**sad** triste 2
**sail** la vela; andare in barca a vela 6; **have smooth sailing** andare a gonfie vele 10
**sailboat** barca a vela 6
**sailing** la vela 6
**salary** lo stipendio 8
**sales** i saldi (*m. pl.*) 7; **on sale** in offerta 4
**salesperson** il commesso, la commessa 4
**salt** il sale 5
**salty** salato 5
**same to you!** altrettanto! 5
**sand** la sabbia 6
**sandals** i sandali (*m. pl.*) 7
**sandwich** il panino, il tramezzino 5
**Santa Claus** Babbo Natale 4
**Saturday** sabato 1
**sauce** il sugo 5
**save** conservare, risparmiare 2, 4
**say** dire (*p.p.* detto) 3; **as they say, as the saying goes** come si suol dire 12; **it must be said that . . .** c'è da dire che... 12; **say something seriously, honestly** dire sul serio 6; **what do you say to** (*doing something*)? che ne dici di... (+ *inf.*)?
**saying** il detto 1
**scarf** la sciarpa 7
**scholastic** scolastico 2
**school** la scuola 2; **nursery school** l'asilo (*m.*), la scuola materna 2; **elementary school** la scuola elementare 2; **middle school** la scuola media 2; **high school** il liceo 2

**scooter** il motorino 8

**score** il punteggio, segnare 6

**sea** il mare 1; **calm seas** mare calmo 6; **rough seas** mare mosso 6

**season** la stagione 1; **high season** l'alta stagione 9; **low season** la bassa stagione 9

**seat** il posto a sedere 9; **seatbelt** la cintura di sicurezza 9

**second-hand** di seconda mano 8

**secretary** il segretario, la segretaria 8

**see** vedere (*p.p.* visto) 1, 2; **see each other** vedersi 7; **see you soon** a presto P

**seem: it seems** sembra, pare 8

**self-employed person** il/la libero professionista 8

**semester** il semestre 2

**senator** il senatore, la senatrice 12

**send** mandare 3, spedire 2

**sentence** la frase

**September** settembre 1

**series** il programma a puntate 11

**serious** grave, serio 12

**seriously** sul serio 6

**serve** servire 2, 5

**service** il servizio 5; **at your service** a Sua (tua) disposizione 9

**service road** la tangenziale 10

**set design** la scenografia 10

**set the table** apparecchiare 5

**setting** la scena 1

**settle for** accontentarsi (di) 12

**sew** cucire 7

**shake hands** dare la mano

**shame** la vergogna 12; **shame on you!** vergognati! 5

**shape** la forma; **be in shape** essere in forma 1

**shave** radersi 7

**sheet** il foglio 2; **sheet of paper** il foglio di carta 2

**shellfish** i frutti di mare (*pl.*) 5

**shelter** il rifugio 6

**ship** la nave 8

**shirt** la camicia, la camicetta 7

**shoe** la scarpa 7

**shop** la bottega 2, il negozio 3; **shop for clothes** fare acquisti 7; **shop for food** fare la spesa 4; **shop window** la vetrina 4

**shopkeeper** il/la negoziante 4

**shopping** la spesa

**short** basso 2; **short story** la novella, il racconto 11

**shoulder** la spalla 7

**show** lo spettacolo 10

**shower** la doccia 3

**siblings** i fratelli (*pl.*) 3

**sick: feel sick** stare male; **be sick of** essere stufo di 10; **get sick** ammalarsi 7

**sickness** la malattia 7

**side dish** il contorno 5

**sign** il cartello 1

**silent** zitto

**silk** la seta 7

**silverware** le posate (*f. pl.*) 5

**similar** simile 12

**simply** semplicemente 5

**sin** il peccato

**sing** cantare 1

**singer** il/la cantante 8; **singer-songwriter** il cantautore, la cantautrice 10

**sister** la sorella 3

**sister-in-law** la cognata 3

**sit down** sedersi 7

**size** la misura, la taglia 7

**skating** il pattinaggio; **ice skating** il pattinaggio sul ghiaccio 6

**ski** sciare 1

**skiing** lo sci 6; **a traditional winter vacation week spent skiing** la settimana bianca 9

**skin** la pelle 7; **by the skin of one's teeth** per un pelo 9

**skirt** la gonna 7

**sky** il cielo 6

**sleep** dormire 2; **fall asleep** addormentarsi 7; **be sleepy** avere sonno 1

**sleeping bag** il sacco a pelo 9

**slender** slanciato 7

**slim** snello 7

**slipper** la pantofola 7

**slow** lento; **slow dance** il lento 10

**slowly** piano

**small** piccolo 2; **smaller** minore 7; **smallest** minimo 7

**snack** la merenda 5

**sneakers** le scarpe da ginnastica 7

**snow** la neve 3; nevicare 3

**so** tanto P; **so-so** così così P; **so many** tanto P; **so that** affinché 8

**soaked** fradicio; **soaking wet** bagnato fradicio 9; **soaked with sweat** sudato fradicio 9

**soap** il sapone 4

**soccer** il calcio 6; **play soccer** giocare a calcio 6; **soccer ball** il pallone; **soccer field** il campo da calcio 6

**sock** la calza 7

**soft** soffice 7

**softly** piano

**sold out** esaurito 11

**some** alcuni, qualche, un po' di 4

**sometimes** a volte 2

**son** il figlio 1, 3

**song** la canzone 10

**sorry: be sorry** dispiacere; **I'm sorry** mi dispiace 2

**soul** l'anima; **there's not a living soul around** non c'è anima viva 10

**soup** la minestra, la zuppa 5

**south** il sud 1

**spaceship** l'astronave (*f.*) 11

**Spanish** spagnolo 2

**sparkling wine** lo spumante 5

**speak** parlare 1; **speak lines** recitare 10

**speaking of which** a proposito 8

**special** speciale P

**specialty** la specialità 5

**speechless: be speechless** essere senza parole 5

**speed** la velocità 10; **speed limit** il limite di velocità

**spend** spendere (*p.p.* speso) 2, 4; **spend the night** pernottare 9

**spicy** piccante 5

**spinach** gli spinaci 4

**spoon** il cucchiaio 5

**spring** la primavera 1

**square** la piazza 1

**stadium** lo stadio 3

**stage** il palcoscenico 10

**staircase** la scala 3

**stamp** il francobollo 3; **stamp/validate the ticket** timbrare il biglietto 9

**stand** sopportare; **I really can't stand him/her/it** non lo/la sopporto proprio 8; **standing** in piedi 3; **stand up** alzarsi

**start** cominciare P; **start** (*to do something*) cominciare a (+ *inf.*)

**state** lo stato 1

**station** la stazione 1; **service station** la stazione di servizio 10

**stationery store** la cartoleria 4

**stay** stare (*p.p.* stato)

**steak** la bistecca 4

**steering wheel** il volante 10
**step** il passo
**stereotype** lo stereotipo 12
**still** ancora 1
**stocked** fornito 11
**stomach** lo stomaco 7
**stop** la fermata; smettere (*p.p.* smesso); **stop it!** piantala! piantatela! 10
**stopover** lo scalo 9
**storm** il temporale 3
**story** la storia 2
**straight** dritto; **go straight ahead** andare dritto 6
**strange** strano 3
**strawberry** la fragola 4
**street** la via, la strada 1; **street closed to traffic** l'isola pedonale 6
**stress: cause someone stress** stressare (qualcuno) 10
**stressful** stressante 6
**strike** fare sciopero 8; lo sciopero 8
**striped** a righe 7
**stroll** fare due (quattro) passi 4; **take a stroll** fare due passi 4
**strong** forte
**student** lo studente, la studentessa 1, 2; (*elementary level*) l'alunno, l'alunna 2
**studious** studioso 2
**study** studiare 1, 2
**stupid** sciocco 6
**stylish** alla/di moda 7
**subject** la materia 1, 2
**subscribe** abbonarsi 11
**subscription** l'abbonamento 11
**subway** la metropolitana, il metrò 8
**succeed** riuscire a (+ *inf.*) 8
**success** il successo 10
**successful: be successful** realizzarsi 8
**sugar** lo zucchero 5
**suit** l'abito 7
**suitcase** la valigia 9; **pack a suitcase** fare la valigia 9
**summer** l'estate (*f.*) 1; **in the summer** d'estate, in estate 1
**sun** il sole 1
**sunbathe** prendere il sole 6
**Sunday** domenica 1
**sunny: it's sunny** c'è il sole 3
**suntanned** abbronzato 6
**supermarket** il supermercato 4
**supplemental charge for fast trains** il supplemento rapido 9
**support** sopportare
**surprise** la sorpresa 2
**surround** circondare 1
**survey** l'indagine (*f.*) 12
**sweater** il maglione 7; **cardigan sweater** la maglia 7
**sweatsuit** la tuta 7
**sweet** dolce 5; **have a sweet tooth** essere goloso 5
**swim** nuotare 6; **take a swim** fare il bagno 6
**swimming** il nuoto 6; **swimming pool** la piscina 6
**symptom** il sintomo 7
**system** il sistema 1

**T-shirt** la maglietta 7
**table (dinner)** la tavola 3; **café table** il tavolino 5; **(come) to the table!** a tavola! 5
**tablecloth** la tovaglia 5
**take** prendere (*p.p.* preso); **take a break** fare una pausa 8; **take it easy!** con calma! 1; **take someone/something seriously** prendere qualcuno/qualcosa sul serio 10; **I can't take it anymore!** non ne posso più 6
**takeoff** il decollo, decollare 9
**tall** alto 2
**tape deck** il registratore 10
**taped** (*recorded*) registrato 11
**taste** assaggiare; il gusto 4; **in good taste** di buon gusto 7
**taxi** il taxi 8
**taxi driver** il tassista 8
**teach** insegnare 1
**teacher** l'insegnante (*m. or f.*) 2; (*elementary school*) il maestro, la maestra 2
**team** la squadra 6
**tease** prendere in giro (qualcuno) 8
**teaspoon** il cucchiaino 5
**telecast** la trasmissione 11
**telephone** il telefono P; telefonare 5; **telephone each other** telefonarsi 7
**television** la televisione, la tivù 2, 11; **on television** alla televisione/alla TV; **turn on/turn off the TV** accendere/spegnere la TV 11; **television network** la rete televisiva 11; **television news program** il telegiornale (Tg *pr.: tigì*) 2, 11; **made-for-TV movie** il telefilm 11
**tell: to tell the truth** a dire il vero 8
**temperature** la febbre 4; **take one's temperature** misurare la febbre 7
**tennis** il tennis; **tennis court** il campo da tennis
**tent** la tenda 6
**terrace** il terrazzo 3
**terrific** benone P
**terrifying: how terrifying!** che fifa! 11
**test** la prova 10
**thank goodness** meno male! 2
**thank you** grazie P
**that** quello 3
**then** allora 1; dopo
**there** lì 3, ci 4; **there is/are** ci sono 1
**therefore** così P
**thesis** la tesi 2
**thin** magro 2
**thing** la cosa
**think** pensare
**thirsty: be thirsty** avere sete 1
**this** questo 3; **now this!** questa poi! 11
**thought** il pensiero; **give it a little thought** farci un pensierino 12
**thousand** mille (*pl.* mila) 4
**throat** la gola 7
**through** per P
**throw** buttare 1; **throw pasta into boiling water** buttare la pasta 5
**Thursday** giovedì 1
**thus** perciò 1; così P
**ticket** il biglietto 1; (*fine*) la multa 8; **buy a ticket** fare il biglietto 9; **one-way ticket** il biglietto di sola andata 9; **round-trip ticket** il biglietto di andata e ritorno 9; **stamp/validate the ticket** timbrare il biglietto 9; **ticket window** lo sportello 9
**tie** (*score*) pareggiare 6; la cravatta 7
**till** fino a 4
**time** l'ora 1, il tempo 2; (*occurrence*) la volta; **at what time?** a che ora? 2; **be on time** essere in orario 9; **for the first time** per la prima volta 1; **free time** il tempo libero 2; **once upon a time** c'era una volta; **on time** puntuale 2; **what time is it?** che ora è/che ore sono? 2
**timetable** l'orario 1
**tip** la mancia 5

**tired** stanco 1, 2
**title** il titolo 11
**to** a, ad, in 1
**toast** brindare 5; **offer a toast** fare un brindisi 5
**tobacco shop** la tabaccheria 4
**today** oggi 1
**together** insieme 3
**tomato** il pomodoro 4
**tomorrow** domani 1; **day after tomorrow** dopodomani 1
**tone-deaf** stonato 10
**tongue** la lingua 7
**tongue twister** lo scioglilingua 10
**tonight** stasera 3
**too** anche; **me too** anch'io 1; **too many irons in the fire** troppa carne sul fuoco 8; **too much** troppo 5
**tooth** il dente 7
**toothpaste** il dentifricio 4
**tourist** il/la turista 1
**toward** verso 1
**tower** la torre 1
**town** (*small*) il paese 1
**town hall** il municipio 4
**(train) track** il binario 9
**traffic** il traffico 8
**traffic policeman** il vigile urbano 8
**tragedy** la tragedia 10
**train** il treno 9; **direct train** il treno diretto 9; **express train** il treno espresso 9; **intercity train** il treno IC 9; **local train** il treno locale 9; **miss the train** perdere il treno 9; **rapid train** il treno rapido 9
**trainer** l'allenatore (*m.*) 6
**training** l'allenamento 6
**translate** tradurre (*p.p.* tradotto)
**travel** viaggiare 1
**tray** il vassoio 5
**treasure** il tesoro 9
**treat: my treat** ti offro io 3
**tree** l'albero 6
**trip** la gita 2, il viaggio 9
**trousers** i pantaloni 7
**true** vero 1
**trumpet** la tromba 10
**try** assaggiare 4; **try on** provarsi 7
**Tuesday** martedì 1
**tune** intonare 10
**tunnel** la galleria
**turkey** il tacchino 10
**turn** girare 1; **turn right/left** girare a destra, a sinistra 6
**tuxedo** lo smoking 7
**twin** il gemello 1
**typical** solito

**ugly** brutto
**umbrella** l'ombrello 7; **beach umbrella** l'ombrellone 6
**uncle** lo zio 3
**understand** capire 2; **not understand at all** non capire un tubo 10; **you understand about, you know a lot about** ti intendi di... 6
**undress** spogliarsi 7
**unemployed person** il disoccupato, la disoccupata 8
**unemployment** la disoccupazione 8
**unfashionable** fuori moda 7
**unfortunately** purtroppo 2
**union** il sindacato 8
**university** l'università P
**unlikeable** antipatico 2
**until** fino a 4; **until next time** alla prossima! P
**up there** lassù 6
**up-to-date** aggiornato 11; **keep up to date on** tenersi aggiornato su 11
**upon** su 1
**use: be used for** servire a (+ *inf.*) 6; **use the familiar/formal form with each other** darsi del tu/del Lei 9
**useful** utile 3
**usual** solito
**usually** di solito 2

**vacation** la vacanza 3; **be on vacation** essere in vacanza 3; **go on vacation** andare in vacanza 6
**valley** la valle 6
**value** il valore 12
**vegetable** la verdura 4; **vegetable garden** l'orto 3; **vegetable soup** il minestrone 4
**very** molto P; **very pleased to meet you** molto lieto P
**videocassette recorder (VCR)** il videoregistratore 2, 11
**view** il panorama 1
**vinegar** l'aceto 5
**violin** il violino 10
**visit** visitare 1
**volcano** il vulcano 1
**volleyball** la pallavolo 6
**volume** il volume 11; **high/low volume** alto/basso volume 10; **turn down the volume** abbassare il volume 10; **turn up the volume** alzare il volume 10
**vote** votare 12
**voter** l'elettore, l'elettrice 12

**wait: wait for** aspettare 1; **I can't wait to** non vedo l'ora di 1; **wait a second!** aspetta un attimo! 11
**waiter** il cameriere 5
**waitress** la cameriera 5
**wake up** svegliarsi 7
**walk** camminare 1; la passeggiata; **take a walk** passeggiare 6, fare una passeggiata 6, fare due (quattro) passi 4
**wallet** il portafoglio 4
**want** desiderare 1, volere 3, avere voglia di (+ *inf.*) 1, 3
**wash (oneself)** lavarsi 7
**watch** stare attento a 5
**water** l'acqua; **mineral water** l'acqua minerale 1; **make one's mouth water** avere l'acquolina in bocca 5
**wave** l'onda 6
**way** il percorso 6
**wear** indossare 7
**weather** il tempo 1; **be good/bad weather** fare bello/brutto 3; **be hot/cold weather** fare caldo/freddo 3; **it's nice weather** fa bello 3; **the weather is bad** fa brutto 3; **what's the weather like?** che tempo fa? 3
**wedding** il matrimonio, le nozze 3
**Wednesday** mercoledì 1
**week** la settimana 1
**weekday** feriale (*agg.*) 9
**weekend** il fine settimana 1; **weekend day** festivo (*agg.*) 9; **long weekend** il ponte 3
**weekly** settimanale 11
**weight** il peso 4
**welcome** benvenuto 1; **you're welcome** prego 1
**well** bene P; **I'm not well** non sto bene P; **not be well** stare male P; **very well** benissimo, molto bene P; **well done** bravo 1

**west** l'ovest (*m.*) 1
**what** che, che cosa, cosa 3; **what a nuisance!** che scocciatura! 1; **what do you mean?** cosa intendi? 3; **what's . . . got to do with it?** cosa c'entra... ? 10; **what's the matter?** cos'hai? 3
**when** quando 3
**where** dove P, 3; **where is?** dov'è? P, 1; **where are you from?** di dove sei/dov'è Lei? P
**which** qual/quale P, che 3
**while** mentre 6
**white** bianco 2
**who, whom** chi 1; **he who, she who** chi; **who knows?** chissà? 6
**whose?** di chi? 3
**why** perché, come mai? 2; **why not?** perché no? 3
**wife** la moglie 2
**win** vincere (*p.p.* vinto) 4, 6
**wind** il vento 3
**window** la finestra 2; il finestrino (*car, train*) 9; la vetrina (*shop, store*) 4
**windy** ventoso 3
**wine** il vino 3
**wings** (*stage*) le quinte 10
**winter** l'inverno 1
**wish** la voglia
**with** con 1
**within** tra, fra 1; **within (a week)** entro (una settimana) 9
**without** senza; **without a doubt** senz'altro 3
**wolf** il lupo
**woman** la donna 1, 3
**woods** il bosco 6
**wool** la lana 7
**word** la parola P
**work** il lavoro 1, 8; lavorare 1, funzionare 2; **work hard** lavorare sodo 8
**worker (blue-collar)** l'operaio, l'operaia 8
**worry** preoccuparsi 7; **don't worry** non ti preoccupare 5
**worse** peggio, peggiore 7
**worst** peggio, peggiore 7
**worsen** peggiorare 8
**wow!** mamma mia! 2, caspita! 6, che cavolo! 10
**write** scrivere (*p.p.* scritto) 2; **write each other** scriversi 7
**writer** lo scrittore, la scrittrice 11
**wrong: be wrong** avere torto 1

**year** l'anno 1; **for years** da anni 6; **school year** l'anno scolastico 2
**yellow** giallo 2
**yesterday** ieri 1; **day before yesterday** l'altro ieri 1
**yet** ancora 5
**young** giovane 2; **younger** minore 3; **young lady** la signorina P

# Index

# Credits

**Photographs** p. 1, Susanna Rescio/Bildergerg/Aurora; p. 4, Cary Wolinsky/IPN/Aurora; pp. 10, 58, 86, 91, 107, 129, 134, 161, 173, 177, 181, 258 (*left*), 281, 354, 402, 409, 418, 429, 452, 456, Beryl Goldberg; p. 17, ML Sinibaldi/Corbis; p. 22, Freelance Consulting Services Pty Ltd/Corbis; pp. 33, 44, 51 (*top and bottom*), 76, 123, 128, 147, 149, 172, 269, 273, 288, 323, 329, 360, 361, 363, David R. Frazier Photolibrary; p. 97, Massimo Listri/Corbis; p. 113, Everton/The Image Works; p. 167, Bo Zaunders/Corbis; pp. 168, 212, 281, 324, Angelo Cavalli; p. 206, Stock Food America; p. 213, Morando Patrizio/Granata Press/The Image Works; p. 222, Eddy Lemaistre/Photo & Co./Corbis; pp. 226, 304, 307, Marco Garbaccio; p. 230, Nawrocki/Picture Perfect; p. 242, Sergio Pitamitz/Corbis; p. 246, Look GMBH/eStock Photo; pp. 258 (*right*), 379, Chip & Rosa Maria Peterson; pp. 299, 460, 461, Elena Muzzareli; p. 333, The Image Bank; p. 347, International Stock/J.G. Edmanson; p. 368, The Kobal Collection; p. 384, Antonio Condorelli/Graffiti; p. 386, John Raleigh; p. 397, AP/Wide World; p. 398, Emilio Lori/Sygma; p. 430, Bettmann/Corbis; p. 437, Alberto Tizzoli/Corbis Sygma.

**Realia** pp. 12 and 13 (*bottom*), Telecom Italia; p. 50, *La Repubblica;* pp. 54 and 231, Nuova Multiviaggi; p. 68, Università di Bologna, Collegio Erasmus; p. 109, Antonio Boncordo; p. 130, Proposte Immobiliari; p. 138, Riso Gallo S.p.A, F.lli De Cecco de Filippo, Unilever, Barilla G. e R. Fratelli S.p.A., Bolton alimentari S.p.A; p. 144, Superbasko/Basko Spa; p. 183, Trattoria Il Veliero; p. 184, Tigullio pesto; p. 202, Tratto dal mensile di gastronomia, *La Cucina Italiana;* p. 223, *La Gazzetta dello Sport;* p. 250 (*left*), *La Repubblica;* p. 284, Rusconi Editore; p. 309, Olivetti; p. 317, *Gazzetta Ufficiale;* p. 326, Politecnico di Milano; pp. 348, 363, 364, *Bell'Italia;* p. 371, Edizioni Piccolo Teatro di Milano; p. 381, JazzAscona New Orleans & Classics/Ente Turistico Lago Maggiore, Ente Manifestazioni Pescaresi, Fondazione Teatro Amilcare Ponchielli Cremona; p. 406, Festival della poesia di Genova; p. 417, Per gentile concessione de "La Settimana Enigmistica," Italia, copyright riservato; p. 419, *Corriere della Sera, La Stampa, Il Secolo XIX, La Repubblica;* p. 439, *La Repubblica.*

**Text** p. 200, Reprinted by permission of Consorzio del Formaggio Parmigiano-Reggiano from *A tavola con il re dei formaggi, Ricette di Giorgio Fini;* p. 208, Reprinted from *Cucina Moderna,* Numero 8, Anno 3, 2000, p. 71; p. 250 (*right*), From *La Repubblica,* 15 giugno 2000, pp. 4–5; p. 284, "In Fiera, lo stile è libero," from *Donna,* July/August 2000; p. 311, From *La Repubblica,* 9 December 2000, p. 36; p. 363, Reprinted from *Bell'Italia Sardegna,* Numero 22, settembre/ottobre 1998, p. 214; p. 433, Gianni Rodari, *Il Libro degli errori.* Copyright © 1993 Edizioni El Trieste-Italia.

**Illustrations** by Anna Veltfort.

**Computer art** by Catherine Hawkes.

**Maps** by Patti Issacs.